嶺南文庫

學海堂與晚清嶺南學術文化

[美] 麥哲維 著
沈正邦 譯

嶺南文庫編輯委員會 廣東中華民族文化促進會 合編
南方出版傳媒 廣東人民出版社·廣州

圖書在版編目（CIP）數據

學海堂與晚清嶺南學術文化／（美）麥哲維著；沈正邦譯. —廣州：廣東人民出版社，2018. 3
（嶺南文庫）
ISBN 978-7-218-12364-6

Ⅰ. ①學… Ⅱ. ①麥… ②沈… Ⅲ. ①書院-研究-廣東-清後期 ②學術思想-思想史-研究-廣東-清後期 Ⅳ. ①G649. 299. 65 ②B249. 05

中國版本圖書館 CIP 數據核字（2017）第 296999 號

Xuehaitang Yu Wanqing Lingnan Xueshu Wenhua
學海堂與晚清嶺南學術文化
［美］麥哲維 著　　沈正邦 譯

出 版 人：蕭風華

責任編輯：夏素玲　周驚濤
責任技編：周　傑　易志華
裝幀設計：亦可文化

出版發行：廣東人民出版社
地　　址：廣州市大沙頭四馬路 10 號（郵政編碼：510102）
電　　話：（020）83798714（總編室）
傳　　真：（020）83780199
網　　址：http：//www. gdpph. com
印　　刷：恒美印務（廣州）有限公司
開　　本：640mm × 970mm　1/16
印　　張：46　　插　頁：12　　字　數：562 千
版　　次：2018 年 3 月第 1 版　2018 年 3 月第 1 次印刷
印　　數：1—2000
定　　價：190. 00 元

如發現印裝質量問題，影響閱讀，請與出版社（020－83795749）聯繫調換。
售書熱綫：（020）83795240
ISBN 978-7-218-12364-6
9 787218 123646 >

嶺南文庫顧問

嶺南文庫編輯委員會

《嶺南文庫》前言

廣東一隅，史稱嶺南。嶺南文化，源遠流長。採中原之精粹，納四海之新風，融匯升華，自成宗系，在中華大文化之林獨樹一幟。千百年來，爲華夏文明的歷史長卷增添了絢麗多彩、凝重深厚的篇章。

進入19世紀的南粵，以其得天獨厚的地理環境和人文環境，成爲近代中國民族資本的摇籃和資産階級維新思想的啓蒙之地，繼而成爲資産階級民主革命和第一次國内革命戰争的策源地和根據地。整個新民主主義革命時期，廣東人民在反對帝國主義、封建主義和官僚資本主義的殘酷鬥争中前仆後繼，可歌可泣，用鮮血寫下了無數彪炳千秋的史詩。業績煌煌，理當鎸刻青史、流芳久遠。

新中國成立以來，廣東人民在中國共産黨的領導下，摧枯拉朽，奮發圖强，在社會主義物質文明建設和精神文明建設中卓有建樹。當中國社會跨進20世紀80年代這一全新的歷史階段，廣東作爲國家改革開放先行一步的試驗省區，被置於中國現代化經濟建設發展的前沿，沿改革、開放、探索之路突飛猛進；歷十年艱辛，轟轟烈烈，創造了中國經濟發展史上的空前偉績。嶺南大地，勃勃生機，繁花錦簇，碩果累累。

際此歷史嬗變的偉大時代，中國人民尤其是廣東人民，有必要進一步認識嶺南、研究嶺南，回顧嶺南的風雲變幻，探尋嶺南的歷史走向，從而更有利於建設嶺南。我們編輯出版《嶺南文庫》的目的，就在於予學人以展示其研究成果之園地，并幫助廣大讀者系統地了解嶺南的歷史文化，認識其過去和現在，從而激發愛國愛鄉的熱情，增强民族自信心與自豪感；高瞻遠矚，繼往開來。

《嶺南文庫》涵蓋有關嶺南（廣東以及與廣東在歷史上、地理上有密切關係的一些嶺南地域）的人文學科和自然學科，包括歷史政治、經濟發展、社會文化、自然資源和人物傳記等方面。并從歷代有關嶺南之名著中選擇若干爲讀者所需的典籍，編校注釋，選粹重印。個別有重要參考價值的譯著，亦在選輯之列。

《嶺南文庫》書目爲350種左右，計劃在五至七年内將主要門類的重點書目基本出齊，以後陸續補充，使之逐漸成爲一套較爲齊全的地域性百科文庫，并作爲一份有價值的文化積累，在祖國文化寶庫中佔一席之地。

嶺南文庫編輯委員會

一九九一年元旦

圖一　阮元像（圖一至圖三選自葉衍蘭、葉恭綽編《清代學者象傳》）

圖二　陳澧像

圖三　朱次琦像

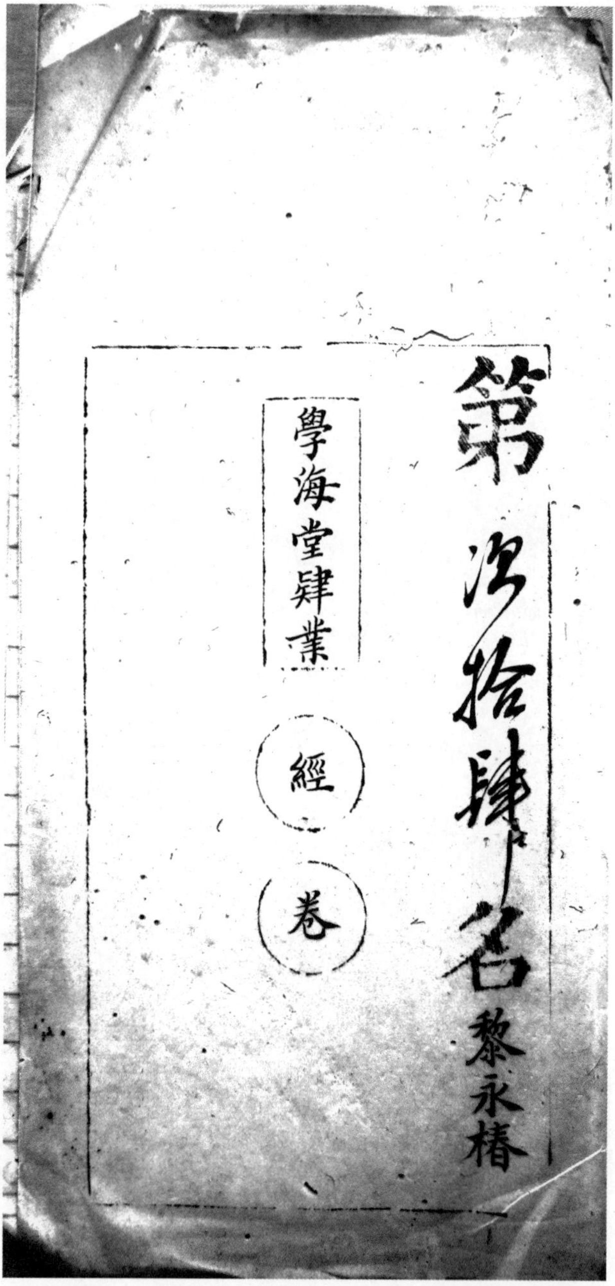

圖四—1　學海堂肄業經卷（圖四、圖五由小古堂書店提供）

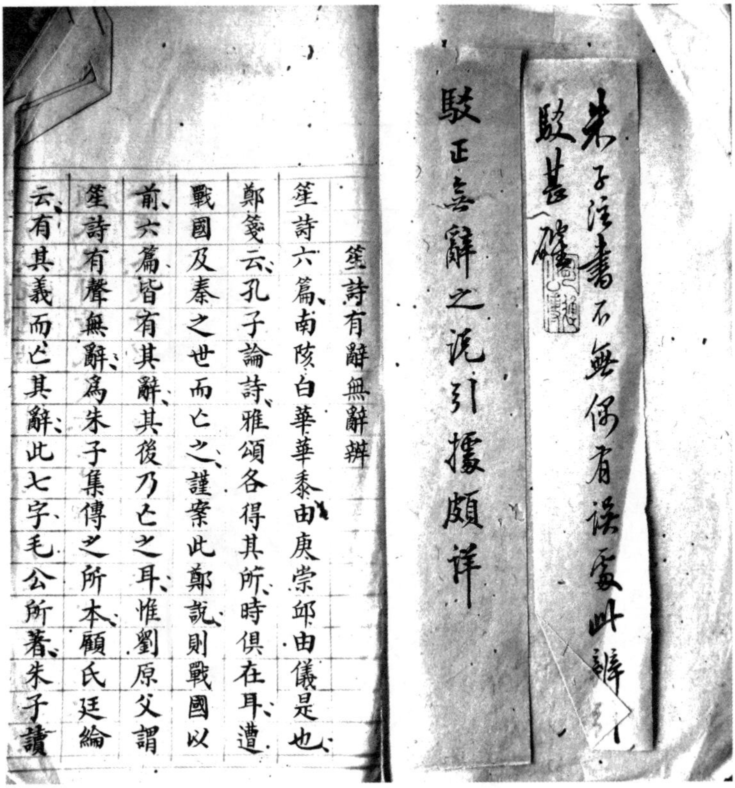
朱子注書不無偶有誤處此辨
駁甚確
駁正無辭之說引據頗詳
笙詩有辭無辭辨
笙詩六篇南陔白華華黍由庚崇邱由儀是也
鄭箋云孔子論詩雅頌各得其所時俱在耳遭
戰國及秦之世而亡之謹案此鄭說則戰國以
前六篇皆有其辭其後乃亡之耳惟劉原父謂
笙詩有聲無辭爲朱子集傳之所本顧氏廷綸
云有其義而亡其辭此七字毛公所著朱子讀

圖四—2　學海堂肄業經卷

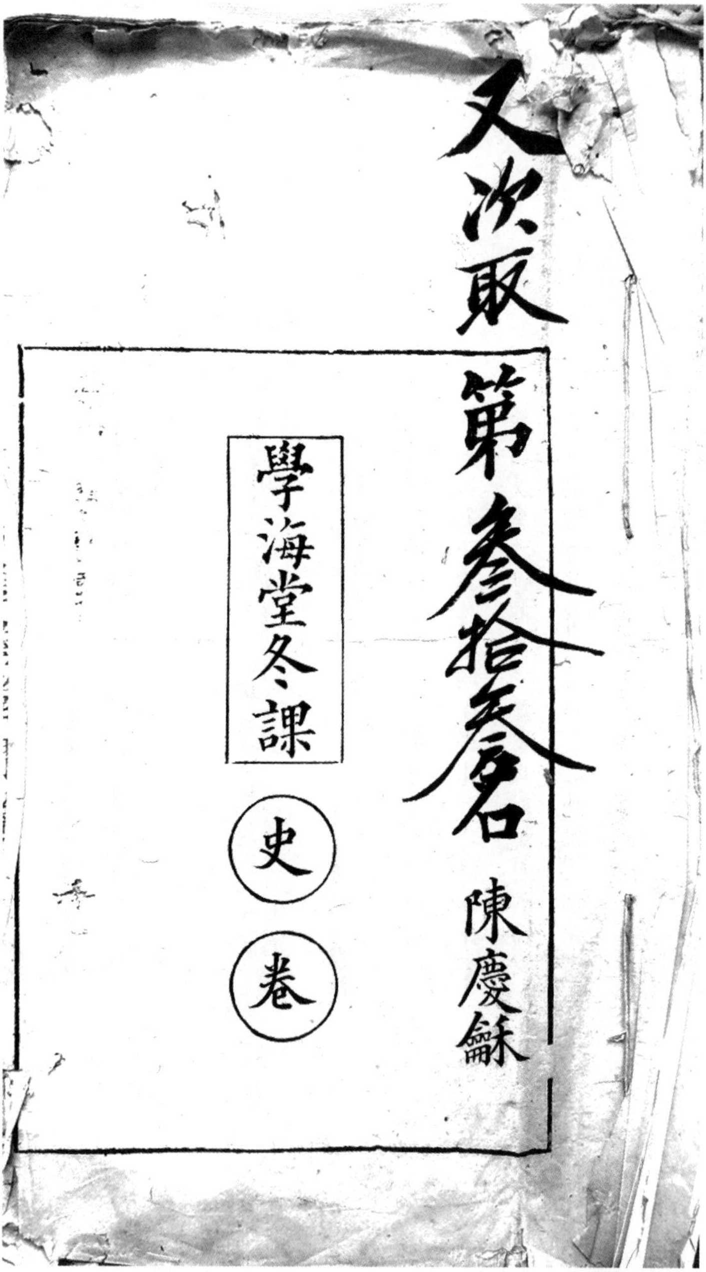

圖五—1　學海堂冬課史卷

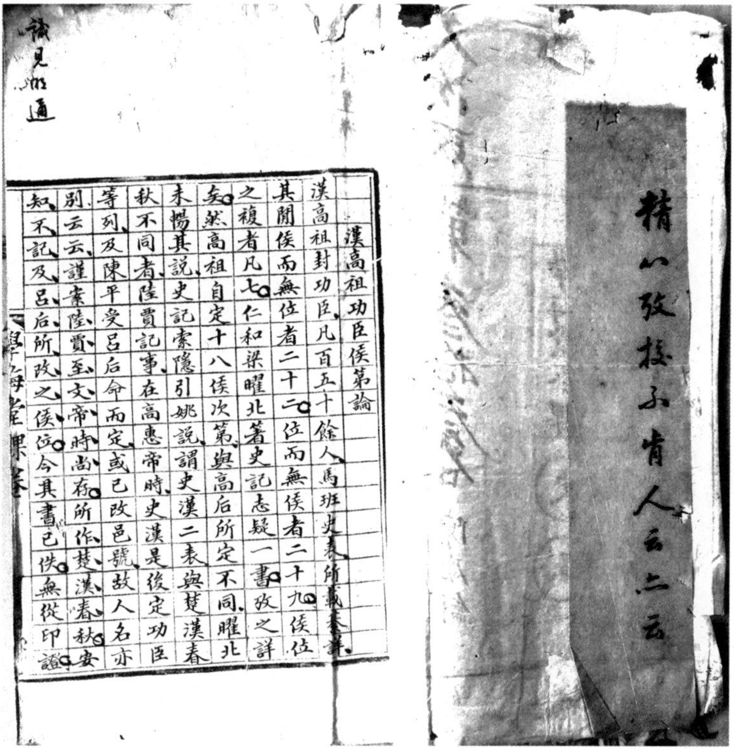

圖五—2　學海堂冬課史卷

目　録

超越地方史的華南研究（中譯本序）

程美寶

麥哲維與我或許可以稱爲“同窗”。求學時他在北美，我在英倫，當然從没做過同學，不過我們在二十世紀九十年代攻讀博士學位期間，因研究廣東之故，都在中山大學圖書館和文德路上的孫中山文獻館讀過書，一定曾坐過同一扇窗下。但當時我與他未曾謀面，只在圖書館聽説，有一位正在研究學海堂的美國博士生，查看古籍時常會調閲經部典籍，初踏史學門檻的我，聞此不禁生出慚愧之感。那些年，我們没有在廣州相遇，但在往后的日子，由於彼此都關注清代省城士子的文化活動，也很自然地由最先的神交，到常在學術會議上面晤切磋，后來他多次寄寓羊城，總會同我們一群中山大學的朋友混在一起，儼然成了我們的同仁。

《學海：十九世紀廣州的流動性與身份證同》這本書（中譯本定名為《學海堂與晚清嶺南學術文化》），是麥哲維在他的博士論文的基礎上寫成的。他畢業未幾，我就讀過他的博士論文，深爲折服，一直期待着他早日出版這部歷經十數載寫成的力作。不過，到 2006 年成書出版時，當我看見主標題改用“The Sea of Learning”，而非博士論文原來的題目“Local Matters”時，感到有點意外。我當時覺得，“Local Matters”比起“The Sea of Learning”來得更切題、更有力。后來，我當面向他表達了這個意見。當然，我也能理解他的一些考慮，儘管他原來用“local matters”一詞，是爲了語帶相關，但不論在中文或英文的語境中，“本地”或“地方”總予人狹隘之感。事實上，雖然以華南作爲“地方”的研究，在二十世紀五六十年代曾經是中國研究的熱點，但到世紀之交的年代，許多歐美的中國歷史研究者已經放眼中國更廣大的地區，許多博士生也紛紛到中國其他口岸或内陸城市開展地方研究，再以華南爲題目，似乎就没有更多的新鮮感了。我相信，他肯定爲這個書名費煞思量，我作爲旁觀的讀者，應該更多地去理解作者的苦心孤詣。

然而，“華南”何止是華南？“地方史”又豈僅關注地方？在用英文出版的中國歷史著作中，以華南爲題享負盛名者，當數魏斐德（Frederic Wakeman）1966年出版的《大門口的陌生人：1839—1861年間華南的社會動亂》。該書自二十世紀八十年代末在中國大陸出版中譯本以來，成了中國近代史學生必讀的經典。也許很少人會特别留意在導言部分，魏斐德是這樣結束的——

> 由是，探討太平天國的源起，終究轉化成另一種研究，也就是解剖一個新的歷史單元——省城、廣州，廣東、華南——這個歷史單元有它内在的連貫性。
>
> 讓我們投身地方歷史研究吧。

“讓我們投身地方歷史研究吧。”—— 這句話没有用上感嘆號，也許魏斐德是用沉着的語氣作出這個呼籲的。他肯定知道，這條地方歷史研究之路何其修遠；他更加清楚，這樣的提倡會很容易引起誤會。所以他説，地方史、帝國史和世界史是密不可分的；所以他説，“世界史織入了地方事件，地方事件織出了世界史，而中國也改變了”。

麥哲維的《學海》一書，可説是對魏斐德這種主張的一個有點遥遠但又十分逢時的呼應。説遥遠，是因爲兩部著作的出版年代相差幾近半個世紀；説逢時，是因爲與魏斐德當年材料有限的情況比較，麥哲維能够利用的史料以及相關的研究成果已經豐富許多；説是呼應，是因爲儘管《大門口的陌生人》出版之后，中、英、日文學術界陸續出版了不少華南地方史的著作，但並非每部都能够在方法和視野上令人眼前一亮。作爲麥哲維的朋友，我不好爲他吹噓，説他這部著作如何鶴立鷄群，如何能比美《大門口的陌生人》，因此我審慎地用“呼應”一詞，或有“庶幾近之”的意思吧。

本書雖以“學海”爲題，却絶非僅談學海堂這個機構，而是要更深入去探究魏斐德所提出的那個有内在連貫性的“歷史單元”—— 省城—廣州、廣東—華南，也就是承托學海堂的社會基礎。如許多治思想史者所言，阮元創立學海堂，是要在粵東提倡樸學，一洗明代以來白沙甘泉之學束書不觀、不立文字之流弊；但阮元的舉措，必須得到本地學人的擁護和商人的贊助，方能成事。那麽，到底積極參與建立和經營學海堂的本地文化精英是些什麽人？既然學海堂在省内外那麽風光，爲什麽會有另一些本地文化精英却選擇與學海堂劃清界綫，或至少保持距離？他們到底擁有什麽資源，得以各自作出安身立命的不同選擇？這些問題，關乎相關歷史人物的浮沉升降，當中也不免呈現出他們在不同時候的自我表述，這就是此書副標題的兩個關鍵詞——“流動性”和“身份認同”的關懷所在。爲了回答這些問題，作者除了鑽研時人的經學著作外，還運用了大量地方文獻，包括族譜、日記、自傳、詩集和文集等等，盡量將其所要研究的“思想家”，置於一個具體的地域和社會情境中，來討論他們的行爲與表述。正因爲如此，作者在撰寫此書的過程中，其學術取向也從傳統意義的思想史，延伸到地方社會文化史。麥哲維試圖將研究對象的學術關懷和表述，他們的家世和個人生活經歷，以及 19 世紀廣東省城和珠江三角洲地區發生的社會變遷聯繫在一起討論。他在“致謝”中說，希望自己無負導師蓋博堅教授（R. Kent Guy）所望，寫出一部思想家的歷史（a history of intellectuals），而非僅僅是一部思想史（an intellectual history）。讀畢此書，我們就知道他不但已經實現了其導師的期望，而且在很多方面的討論，已經超越了他自己原來設想的範疇和深度。

循着作者這樣的問題意識去思考，“本地”這個範疇就變得可堪玩味。誰才算是“本地人”？所謂“本地”究竟是誰的本地？麥哲維在書里一開始比較了省城和珠江三角洲腹地在定居形態方面的差异，揭示了“本地人”的複雜性。興辦學海堂的主力，包括提供捐助的行商和部分學長，很多出自原籍在江南或福建，在廣東省城定居只有三四代的家庭，與這些居住在都會中來自五湖四海的新近移民形成鮮明對照的，是更早扎根於珠江三角洲腹地的大族。明清之際，通過長年的沙田開發和對水利以及漁業等其他資源的争奪，珠江三角洲地區陸續形成了很多控制地方社會的大宗族，商業化市鎮也相繼興起。十八世紀以后，珠江口的泥沙冲積造成新的灘涂迅速擴展，通過大規模投資進行人工圍墾，成爲加快“新沙”形成并獲得占有權的主要途徑，在省城經營貿易的新興勢力與在鄉鎮中的大族均熱衷於投資沙田開發。學海堂的部分經費，就是靠省城行商擁有的沙田産業支持的。在這樣的背景下，無論是新移民還是老“移民”，或採納移民傳説來叙述家世和定義身份的土著，都經歷了一個“成爲本地人”的過程，位於省城的學海堂正是他們創造身份的其中一個活動舞臺。

這個“成爲本地人”的過程，在麥哲維的筆下，成爲學海堂内外的學人治學取向的寫照。祖輩來自江南的陳澧，雖入籍番禺，以廣州人自居，在某些具體的場景中會把自己和“外省人”區分開來，但他多次回江南故里省墓，修纂宗譜，兩次到揚州探訪阮元，還與其他江南學者頻繁通信聯絡。麥哲維認爲，陳澧的這些行爲，都有重建他的江南之根（recreate his Jiangnan roots）的企圖。較諸廣東而言，“江南”所象征的文化氣息，成了陳澧强化自身的學術地位的某種資本。在學術發展方面，中年的陳澧自信已深諳考據之學，開始致力於探尋經典中的微言大義，這就是所謂“調和漢宋”的取向。作者指出，這種學術主張决非陳澧獨有，也是當時許多其他廣州學人的追求。其實，陳澧在許多方面并不認同宋儒和明儒的學説，他考究義理，絶非要恢復宋明理學。陳澧和他的同儕所追求的，是通過證明朱熹也講考據，漢儒也談義理，來達致漢宋調和的理想。隨著老一輩行商的離世，陳澧通過調用其他資源，建立書局，將學術著作出版的中心轉移到學術機構中去，扭轉過去偏重依賴行商贊助出版的局面，爲學海堂也爲他自己建立起一個難以動摇的學術地位。

與陳澧形成强烈對照的是朱次琦。在廣東學術史上，朱次琦與陳澧齊名，但他以不就學海堂學長之職的姿態，刻意與學海堂劃清界綫。朱次琦在去世當年知道自己難以在生前完成計劃中的學術著作，乃把書稿盡行焚毁，故其傳世的著作不多。作者難以詳細勾勒朱次琦的經歷和思想，但他靈活地運用了朱次琦爲自己宗族編纂的《朱氏傳芳集》和其他一些零碎的材料，向讀者展示朱氏世居的南海九江鄉的經濟和社會實力，如何讓朱次琦不必依靠學海堂也可建立自己的學術聲譽。其實，在經學研究取向方面，朱次琦和陳澧在很多方面不謀而合，他也追求漢宋調和，也在考據學方面顯示過他的功力，但他對於學海堂制度化的考據學訓練乃至省城的學風，却因爲無須依傍學海堂而能够作出更直接的批評。相對於陳澧在理念上强調自己的“江南”根源，而實際上立足於廣東省城的自我定位而言，作者特别借用了朱次琦又名“九江先生”這個事實作爲比喻，辯證地總結了朱次琦自身作爲一個文人與其所生産的文本的關係——他參與編纂《朱氏傳芳集》、《九江儒林鄉志》等地方文獻，讓九江朱氏傳芳百世；他焚毀書稿，讓他自己——朱九江——千古留名。這些地方性的資源，正是陳澧所缺乏的。

“地方”除了是一種資源，也是一種意識，這種意識往往是通過文本製作來表達的。學海堂人以秉承來自江南的考據學風標榜，他們很快地也靈巧地用上考證的方法，研究本地的事物，重寫本地的歷史。麥哲維以學海堂學長吴蘭修和梁廷枏分别編修的與南漢有關的史地和金石著作爲例，展示學海堂學者如何運用嚴謹的考證方法，實地搜尋相關的金石碑刻，表現出此時期的廣東學者除了積極參與編纂廣東省的方志而逐漸形成一套地方歷史的論述外，還有能力追溯更早的可以説是屬於廣東自己的“朝代史”。麥哲維注意到，吴蘭修在撰寫《南漢記》等書時，用的是南漢的年號而非宋代學者認爲屬“正統”的五代年號，但他畢竟没有稱南漢的君主爲“帝”，而只是以“漢主”稱之。此外，學海堂學長譚瑩在行商伍崇曜的支持下從1831年至1863年間陸續編輯出版的《嶺南遺書》，也可説是在重建一部廣東學術史。借靠伍氏家藏以及譚瑩和其他學海堂人匯集起來的資源，《嶺南遺書》着重收入一些孤本和珍本，甚至重輯一些散佚的文獻，時段因而可以上起漢下迄清。與順德人羅學鵬1805年開始籌備編輯從唐迄清以理學傳統爲軸的《廣東文獻》相較而言，《嶺南遺書》似乎呈現出一部更“完備”的廣東學術史。

然而，“地方意識”或“地方特色”的表述必須要維持某種平衡，并且在言説上不能偏離當時的正統。一般有關學海堂學術取向的討論，皆强調當中好些學者“漢宋調和”的主張和貢獻，甚至認爲是晚清廣東學術的特色。但麥哲維提醒讀者，無論學海堂如何包容程朱之學，其每年慶賀誕辰的對象只有兩人——阮元和漢儒鄭玄，可見推崇實學的主張是相當明顯的。此外，在阮元的積極推動下，《學海堂集》收入了不少學海堂人的詩歌作品，這些詩賦或多或少是學海堂人展示其考證功力的媒介，題材也有不少是詠贊本地事物的。麥哲維在蔡鴻生教授某次學術發言的啓發下，注意到儘管阮元對廣東學人的詩作表現得頗爲欣賞，但實質上他對廣東的學術和文學傳統并不真心折服——當學海堂人大寫“嶺南荔枝歌”時，阮元却獨贊楊桃更是清妙！

清中后期的中外交戰和社會動亂向來是中國近代史最關心的議題，甚至可以説是“中國近代史”這個命題之所以成立的重要基礎，這也是魏斐德《大門口的陌生人》和孔飛力（Philip Kuhn）的《中華帝國晚期的叛亂及其敵人》的主題所在。學海堂在越秀山上經歷了最初十數年的風光後，便陸續見證着鴉片戰争和各種社會動亂。前人研究學海堂，大多把注意力集中在其始創階段，對於鴉片戰争後學海堂作爲一個學術群體的存在的情況較爲忽略，麥哲維在《學海》的下半部分，詳細鋪陳了學海堂在這段期間的發展情況。咸同年間，學海堂第一代學長陸續辭世，省城和珠江三角洲天灾戰亂頻仍，學海堂由盛轉衰而又復興。第二次鴉片戰争時，省城爲英法聯軍所據，位於越秀山上的學海堂和其他樓房被毁，絶大部分的學海堂學長如陳澧者，由於並非出身於珠三角腹地，一旦被迫離開省城，便無處容身，只能暫居友人家中。兩次鴉片戰争後，學海堂學長更像精明的投資人和經營者，他們購買沙田，收取租金利息，建立惠濟倉，並以這些收入重修學海堂，重印道光《廣東通志》和《皇清經解》，刊行新一輯《學海堂集》。重修之後的學海堂，其地理和學術位置再度得到鞏固；爲商人子弟而設的應元書院也在此時建立，而學海堂人也獲邀參與建立及主持新的書院。在鹽運使監督下建立的菊坡精舍，便由陳澧主持，學海堂專課生的模式也在這個新的機構中發揚光大。麥氏比照《學海堂志》和《應元書院志略》的繪圖，指出時至同治年間，學海堂與菊坡、應元二書院在越秀山上鼎足而立，儼然形成一個學術集群（academic complex）。

以“華南”作爲一個具有分析意義的歷史單元的這種研究視角，使學海堂這後半段的歷史的意義超越了學海堂作爲一個機構的歷史，也突破了華南史作爲地方史的藩籬。書院並非不食人間烟火的“純學術”機構，與其他社會組織一樣，它也需要經營，也會爲經營者和參與者贏得有形或無形的利益。紅巾軍之亂期間，長期在省城定居的番禺士紳李光廷回鄉募集資源，興辦團練，他后來在1863年獲委任爲學海堂學長，大抵不是由於他的學問，而是因爲他的社會背景。要知道，不論是魏斐德抑或是孔飛力，其代表作的主題雖然都有一個“亂”字，但實際上探討的是製造和應付種種動亂的地方軍事化的社會機制與經濟基礎。從這個角度看學海堂，有助於加深我們對晚清地方領袖和社會組織的能動性的了解。特別值得留意的是，麥哲維對學海堂後半期的發展的討論，無異於打開了一扇窗户，讓讀者重新思考中國近代史。他指出，在這個一般通史稱爲“同治中興”的時期，中央政府呈現的也許不過是回光返照，但各地的地方精英却在這個時候通過重新整合資源，建立新型的地方管理機構，大大增强了他們在地方上的威信和治理能力，此時的學海堂人和珠三角腹地的精英也不例外。

晚清這種社會的湧動當然不限於華南，我們不要忘記，在“華南”背後，還有一個在漫長的歷史過程中形成的更寬廣的南洋、西洋、東洋，乃至太平洋彼岸的華人世界，在同光年間源源不斷地匯入資金和其他資源，通過口岸城市的網絡，滲透至鄉村社會。麥哲維用“同治中興”這個中國近代史的熟語，提醒我們“華南”這個地理單元如何跨越華南，讓我們看見“中國”。學海堂及其所立足的廣東省城以及珠江三角洲的社會組織和網絡變幻的歷史圖像，更教我們一再回味魏斐德那句話——“世界史織入了地方事件，地方事件織出了世界史，而中國也改變了”。

是的，中國改變了，世界改變了，我們在近代史的教科書中見到，在鄉村廟堂裡的碑刻牌匾上也見到。地方史研究的意義，必須在放眼世界、環顧中國的視野中尋找。當麥哲維在20世紀末開展學海堂的研究時，以香港及粵閩地區的歷史文化爲主要對象的“華南研究”已經取得了多方面的成果，就好比他説在阮元到任廣東，大張旗鼓地興辦學海堂的前夕，省城並非文化真空一樣，“華南研究”爲他的研究鋪墊了一個厚實的基礎。如果讀者因爲麥哲維這部著作以“本地”和“廣州”爲題，而以爲它的視角囿於一隅，有失“代表性”的話，那是未能了解“華南研究”在通過地方歷史進程來揭示許多大歷史的重要關節方面已經取得的成果，或會誤讀了麥哲維的用心所在。

也許我們不應把話題扯得太遠，而應該把目光仍然集中在學海堂上。以今天學界的關懷而言，同樣的話題也許通過研究團練社學、宗教組織、商會會館更能發揮和展開，麥氏研究一家書院，在二十世紀末似乎不够“時髦”。在英語學術界，要對同行解釋自己研究清代廣州的一個書院，是要費很多唇舌才能説得清楚的；在人人都熱衷於研究底層社會的時候，説自己研究一群書院學長，似乎也顯得很不合時宜。不過，我們必須明白，要理解王朝時期的讀書人，談何容易！我們既不讀經，也没有多少人會賦詩填詞，難與古時文人身處同一境界。在《學海》一書里，我們看見麥哲維盡了很大的努力，去靠近另一個時代另一種文化的讀書人。他運用他在西方所受的漢學訓練，謹慎比勘文獻，翻譯引文時尤其注意一詞一字的選用；他也不忘將具有普遍意義的社會史課題和中國歷史研究獨有的課題帶進討論，處處不離現代學術的問題意識，既講求考據，又琢磨義理，夾叙夾議，融義理於考據之中。他披覽時人的經學著作，又鑽研各種地方文獻；既熟悉西方學界前沿的討論，又與中國的同行聲氣相通。即使在結論一章，他也没有干巴巴地作一番學理的議論，而是用夾叙夾議的方式，以數代與學海堂維繫在一起的山陰汪氏的經歷爲綫索，映照學海堂在十九、二十世紀之交浩浩蕩蕩的時代洪流中的命運，從中回應貫穿全書的若干主題。麥哲維在治學和行文中所作出的種種嘗試，使得他的這部作品既體現了西方學術著作的語理論辯邏輯，也滲透出中國文史寫作在鋪陳史實間透露禪機的某種風味，在中國近代史研究的英文著作中並不多見。

麥哲維這種努力讓我想起二十世紀六十年代美國那場“漢學已死，中國研究萬歲”的討論。面對這聳人聽聞的呼聲，施堅雅（G. William Skinner）和弗里德曼（Maurice Freeman）指出，中國研究的意義，在於其在方法上對社會科學的獨特貢獻。杜希德（Denis Twitchett）則針對漢學被認爲是“過時”的批評，指出以文獻考據爲基礎的漢學所體現的整全性，恰恰是醫治現代學術過度分工造成的惡果的一帖良方。研究學海堂，需要的正是杜希德所提出的具有整全性的漢學訓練，但能够具備這種學術訓練功力的學者，在今天的學術環境和機制中已屬鳳毛麟角。也許，漢學不該死，問題是如何吐故納新；中國研究能否萬歲，要看它能否在中國自身的傳統中汲取滋潤的養分。麥哲維的這部著作，是平衡社會科學的要求和人文科學的旨趣的一種嘗試，這是我認爲它在英文中國研究芸芸著作中別樹一幟的原因。

當我知道廣東人民出版社有意翻譯出版《學海》一書時，

由衷感到欣喜，但也明白翻譯工作殊屬難事。後來了解到，承此由語言轉換達致思想交流重任的，是曾翻譯《舊中國雜記》的沈正邦先生，即心存樂見其成之望。想起沈先生譯出的《舊中國雜記》，我腦海里不禁浮現該書作者威廉·亨特十九世紀在廣州的種種見聞，不期然想到，麥哲維近年來的研究經歷，也好比當年的亨特一樣，是一幕幕"番鬼在廣州"，但他在文德路的地方文獻館與河南康樂之大學堂浸淫良久，在廣州大街小巷游走穿梭，在酒樓排檔飽嘗羊城美食，故能優遊內外，觀之寫之，成此佳作，在我們眼中，他已是廣東省城讀書人的一份子，絶非"大門口的陌生人"了！

程美寶

於粵東城外河南康樂蒲園陋室

甲午　仲秋

譯者說明

一、本書英文原名為 *The Sea of Learning*: *Mobility and Identity in Nineteenth-Century Guangzhou*（《學海：十九世紀廣州的流動性與身份認同》），徵得作者同意，中譯本定名為《學海堂與晚清嶺南學術文化》。

二、本書原著衹以公元紀年，中譯本為方便讀者，對民國以前的年份，採取帝王年號加公元紀年，如：嘉慶二十一年（1816）。

三、中譯本以阿拉伯數字表公元年月日，如：1820 年 4 月 14 日；以中文數字表夏曆年月日，如：道光三年九月初八；以便區分。

四、本書原著對書名、篇名的標示有所區分，書名用斜體，如 *Popular Songs and Ballads of Han China*，中譯文則加書名號，作《中國漢代民歌與歌謠》；原著對刊物、文集內的文章或書籍內的篇章，用正體加引號表示，如“The Hsueh Hai T'ang and the Rise of New Text Scholarship in Canton”，中譯文亦加書名號，作《學海堂與廣州今文經學的興起》。

致謝 V

儘管跟書中描述的那些洋洋大觀的文章總集比起來，這本書的規模是很小的，但是它從眾多的老師、同事和朋友的幫助中所得到的恩惠卻是巨大的。我必須向我在華盛頓大學的導師蓋博堅教授（R. Kent Guy）給我的鼓勵與指導表達我最深切的感激之情。希望我做到了他提出的建議：寫知識分子的歷史，而不是思想史。康達維（David Knechtges）歡迎我進入他的學科，並投入大量時間在許多文本上幫助我。對我在西雅圖的其他老師我同樣充滿感激：陳學霖（Hok-lam Chan）、肯尼思·派爾（Kenneth Pyle）和約翰·圖斯（John Toews）。郝瑞（Steven Harrell）非常熱情地充當行外讀者，我在很短的時間裏向他學到了很多東西。通過討論和批評性閱讀，我也從我的西雅圖朋友與同事那裏學到了很多；他們是：安齊毅（James Anderson）、卞歷南（Morris Bian）、戴瑩琮（Dai Yingcong）、克里斯·戴金（Chris Dakin）、狄志良（Keith Dede）、李毅（Li Yi）、羅賓（Robin McNeal）、阮漢生（Tom Reilly）、陸德芙（Jennifer Rudolph）、舒海瀾（Helen Schneider）、郁得智（Steven Udry）、丁香（Ding Xiang Warner）。

跟許多學海堂的應試者一樣，我的知識發展深深受益於在北方文化中心受教育、而後在南方邊疆為暴發戶子弟教學的學者們。當我在三一大學讀本科的時候，唐納德·克拉克（Donald N. Clark）給我介紹了中國歷史，鼓勵我成為學者。

在德克薩斯大學，路康樂（Edward Rhoads）在我讀研究生之
Ⅵ 初，引導我，或許巧妙地在我腦海裏種下了研究廣州的意念。在一次短期寄寓北方的時候，我從艾愷（Guy Alitto）那裏學到很多讀書的藝術。

在本書成書的各個階段，一些人閱讀了部分手稿。包弼德（Peter Bol）、包筠雅（Cynthia Brokaw）、張勉治（Michael Chang）、克里斯丁·約翰遜（Christine Johnson）、雷久密（Chiu-Mi Lai）、李卓穎（Li Cho-ying）、曼素恩（Susan Mann）、韓德琳（Joanna Handlin Smith）、斯托卡德（Janice Stockard）、杜榮佳（Wing-Kai To）、華樂瑞（Lori Watt）、喬納森·威遜（Jonathan Wiesen），以及麻省理工學院歷史系閱讀小組的組員們，審閱了個別章節並提出意見。鄧爾麟（Jerry Dennerline）為哈佛大學亞洲中心出版項目閱讀了全稿，並提出了非常有益的意見。梅爾清（Tobie Meyer-Fong）幫助我通過無數種方式改善手稿；她以個人身份在不同階段閱讀了個別章節，而作為亞洲中心的評論員閱讀了整個手稿，並回應多項疑問，惠賜了寶貴意見。我對她深有負債之感。杜永濤（Du Yongtao）、艾爾曼（Benjamin Elman）、夏德士（Seth Harter）、何谷理（Robert Hegel）、秦博理（Barry Keenan）、官綺雲（Yeewan Koon）、李小榮（Li Xiaorong）、穆素潔（Sucheta Mazumdar）和嚴志雄（Chi-hung Yim）提出了有益的建議。高馬可（John Carroll）和柯麗莎（Elisabeth Köll）提出了聰明的建議，指導著從手稿到出版的工作。

在臺灣大學，我的老師何佑森（Ho Yu-sen）和夏長樸（Hsia Ch'ang-pu）為我在清代思想史方面打下嚴格的基礎。貝克定（Tim Baker）、鄭吉雄（Dennis Cheng）、蔡長林（Ts'ai Ch'ang-lin）和賀廣如（Ho Guong-ru）也慷慨地給我分享他們的真知卓識。在中央研究院，我受到歷史語言研究所

的親切接待。歷史語言研究所邱澎生（Chiu Peng-sheng）和王汎森（Wang Fan-sen），近代史研究所張壽安（Chang So-an），都慷慨賜予他們的時間。我在中央研究院的訪問博士生同學——龍戴維（David Atwill）、高哲一（Robert Culp）和魏希德（Hilde De Weerdt）——幫助我將難以處理的標題修改成更貼切的表述。在廣州的中山大學，我的老師和朋友們，特別是鮑煒（Bao Wei）、陳春聲（Chen Chunsheng）、程美寶（May-bo Ching）、劉志偉（Liu Zhiwei）、桑兵（Sang Bing）、周湘（Zhou Xiang），在許多方面給了我幫助。他們以及不斷發展的華南研究小組的成員們，包括科大衛（David Faure）、馬木池（Ma Muk-chi）、蔡志祥（Choi Chi-cheung），熱情歡迎我，並且為我樹立了崇高的學術榜樣。雅格·克萊因（Jakob Klein）興致勃勃地陪伴我訪問九江和珠江三角洲各地。 VII

在哈佛大學費正清中心的一年，給了我機會將手稿修訂出版。中心的主任伊維德（Wilt Idema）創造了一個我可以高效利用時間的工作環境。華琛（James Watson）讓我有機會參加他的研討會。包弼德（Peter K. Bol）以及他的學生，給了我許多啓發。在哈佛，我有幸再次就教於康達維，他於2002年至2003年在哈佛作訪問學者。他再次幫助我解決一些疑難的文字，有好幾個小時，我們一起喝着他的馬提尼酒，一面津津有味地交談。

幾個學術機構使本書的研究成為可能。一項華盛頓大學—臺灣大學交流特別研究生助學金、一項富爾布賴特特別研究生助學金和一項太平洋文化基金研究撥款，資助了我1995年至1996年在臺灣的研究。1997年在廣州的研究是在一項富爾布賴特—海斯特別研究生助學金資助下進行。一項夏威夷大學漢學中心的北京大學漢學高級研究助學金使我能在2000年夏天在北京研究謝蘭生日記。華盛頓大學東亞圖書館、哈佛燕京圖書館、歷史語言研究所傅斯年圖書館、北京圖書館，和首爾國立大學奎章閣藏書都為我的研究提供了便利。在日本，東洋文庫的工作人員和大阪大學的片山剛（Katayama Tsuyoshi）給我很大幫助。在廣州，我得到了中山大學圖書館、中山圖書館和孫中山文獻館的幫助。特別是後者，1997 年以來為我多次回訪之行提供了一個方便而舒適的研究環境。

"重塑文化景觀：歷史，詩，選集"一章的材料最初出現在《改寫南漢（917—971）：十九世紀廣州的本地文化生產》一文中，載《哈佛亞洲研究學刊》61 卷第 2 期（2002 年 1 月），頁 39—75；經編者同意採用於此。"朱'九江'：另類身份認同與珠江三角洲對省城的批判"一章的材料最初出現在《創造朱'九江'：十九世紀廣東的地方主義》一文中，載《通報：國際中國學雜誌》90 卷第 4 期（2004 年 12 月），299—340 頁。

我在威廉與瑪麗學院、南伊利諾大學和華盛頓大學的同事們給我許多建議和鼓勵。華盛頓大學提供了極好的環境讓我完成手稿。大藏奈奈（Nana Okura）教我對自己的假設提出疑問，以及用人類學的方式思考。

最後，我要感謝我的父母——多德與芭芭拉·邁爾斯（K. Dodd and Barbara B. Miles），感謝他們多年來對我的鼓勵和支持。

麥哲維

引 言 1

在中國最南方的城市廣州，十九世紀曾經流傳過一則軼聞，說的是一位名叫梁序鏞的中年廣州文人，赴京師參加嘉慶二十二年丁丑（1817）會試，希望能金榜題名，進士及第。在京城的時候，有一次一位隔壁號房的舉子來請教一個考題的題意。梁序鏞当即告訴他，這個題目內容出自《漢書》。這時，旁邊的另一位來自浙江省的舉子，語帶嘲諷地表示驚訝，說廣東竟然也有人能讀《漢書》了。① 這次考試梁序鏞順利中式，成了進士，不過浙江舉子的那一句玩笑話卻灼痛了他的神經。

---

① 原注 1：隔壁號房一位來自山西省的應試者（鄰號山右孝廉）為了瞭解得更確切一些，向梁序鏞詢問一道詩題：以“桐生茂豫”［安娜·比賴爾（Anne Birrell）將這個短語譯成“Makes all living things strengthen and be glad（使一切有生之物旺盛起來並快樂著）”］為詠。梁回答說這可以在《漢書》“郊祀志”裹找到。今天我們不靠記憶而是靠電腦查找，可以查清這一句其實不是出自“郊祀志”，而是出自“禮樂志”。鑒於生員的號房都是按省籍依次編定的，不大清楚為什麼在考試期間能夠有梁序鏞跟不同省份的考生進行交流這樣的事發生。見《漢書》，頁 1045、1052、1055；安娜·比賴爾《中國漢代民歌與歌謠》（*Popular Songs and Ballads of Han China*），頁 33－38；艾爾曼（Benjamin A. Elman）《中華帝國晚期科舉考試文化史》（*A Cultural History of Civil Examinations in Late Imperial China*），頁 185、553－554；魯唯一（Michael Loewe）《漢代的危機與衝突》（*Crisis and Conflict in Han China, 104 BC to AD 9*），頁 197－199；司徒安（Angela Zito）《身與筆：中國近代早期作為文本和表演的大祀》（*Of Body & Brush: Grand Sacrifice as Text/Performance in Eighteenth-Century China*），頁 43。

回到廣州郊外的家鄉，他就創立了一個“誦經社”，意在讓一代代粵中學子自幼背誦經典，為將來的科舉競爭做好準備。他常常向同鄉廣州學子們講到當年會試時的這件事情，叮囑他們要“讀書汲古，毋為江浙輕薄兒所哂”。①

咸豐五年（1855），另一位廣州文人桂文燦（1823—1884）為他自己所著的一部研究當代傑出儒家學者生平與學術的評論集《經學博採錄》作序。儘管截至十九世紀中葉，宣揚清代經
2 學成就的書籍並不少見，桂文燦的《經學博採錄》仍然頗具新意。這不僅因為作者本身是廣州人，而且其“博採”之諸家中也包括不少廣州學人。桂文燦和這些學人中的大多數都與廣州一所出類拔萃的書院有著密切聯繫，這就是桂文燦稱之為在書院發展歷史上登峰造極的學海堂。② 如果說先前那段軼聞描繪了將近四十年前梁序鏞因身為廣州文人而得不到承認所引發的憤懣之意，那麼桂文燦的這部著作則流露了對當時廣州的精英文化地位的自信之情。

僅從表面上看，這兩個小插曲之間的對照，暗示了廣州的精英文化在短短一代人時間裏已獲革新，使這座城市從一個邊遠居民點上昇到一個文化中心的地位。像桂文燦這樣的為廣州的精英文化之繁榮而歡欣鼓舞的廣州學者，大抵都把功績歸於學海堂。這所著名書院的創辦人阮元（1764—1849），是長江

---

① 原注 2：譚宗浚《荔村隨筆》，頁 13 面一背。譚宗浚提到梁序鏞當時已經“年過不惑”（這個說法典出儒家《論語》），由此可知梁序鏞大約的年齡，是已經超過四十歲。又提到梁序鏞比譚宗浚的父親譚瑩（1800—1871）年長三十歲。譚瑩生於嘉慶五年（1800），那麼梁序鏞大約應該出生於乾隆三十五年（1770）。這使他成進士的年齡比常人稍晚了一些。見艾爾曼《中華帝國晚期科舉考試文化史》，頁 290、705—706。

② 原注 3：桂文燦《經學博採錄》，卷四，頁 1 背。桂文燦在其書中收入了梁序鏞的小傳，但並未提到嘉慶二十二年（1817）會試時的事件。桂文燦《經學博採錄》，卷八，頁 8 背—9 面。

下游地區也就是江南人，曾在嘉慶二十二年至道光六年（1817—1826）間任兩廣總督。他除了創辦學海堂之外，還在堂內組織編印了一部文集《皇清經解》，收錄了截至當時為止他認為清代最重要的經史之學著作。所收文章的作者，多是來自江南中心地帶的江蘇、浙江和安徽這三省中的五個府。與此相比，這部文集中收錄廣東人的作品僅有一位，而且是來自粵東嘉應州——遠離省城廣州。桂文燦寫《經學博採錄》，弘揚的是與《皇清經解》同一門的經史之學，不過將重點特別放在自《皇清經解》成書後三十年中的經解類文章。通過收錄眾多的廣州作者，其中多數又與學海堂有淵源，桂文燦就將廣州標明為一個值得注意的文化生產地，同時將廣州精英文化的中心確定在學海堂。 3

毋庸置疑的是，從梁序鏞的憤懣到桂文燦的自信之間的這四十年裏，廣州的精英文化圈子經歷了很大的變化。這個時期的文學活動出現了急劇高漲，從頻繁的文學競賽，到各處書院的建設與翻新，到大量文本的編纂與付印。同樣可以肯定的是，學海堂對引導這些變化起了關鍵作用。從十九世紀二十年代創立之初到十九世紀末葉，與學海堂聯繫的學者們，常常標榜這所書院對地方精英文化所產生的變革性影響。無論他們是著眼於都市廣州，還是環繞城市的珠江三角洲腹地，或更廣地著眼於廣東全省，他們都宣示並慶賀廣州精英文化所得到的新地位。

現代研究清代思想史和政治史的學術界，大體上採納了對學海堂的這種評價，承認其在廣州，或廣而言之在全國之重要性。這樣，學海堂也就自然地被歷史學家們認為是清代最有影響力的書院之一。① 同時，必須承認，十九世紀將學海堂描繪為具有根本變化的文人文化的話語，也使這所新書院在廣州的地位，以及廣州作為一個文化中心在整個帝國的地位，得以合法化。雖然不可否認變化是的確存在的，但還是引起了這樣的問題：是誰構建了這種話語？為什麼許多（當然不是所有）廣州文人覺得這種話語如此有說服力？此外，在廣州城和周圍的珠江三角洲腹地的社會文化精英大圈子中，是哪幾類人對阮元的新書院作出了響應？反過來，為什麼有些精英，我們認為可能會參與其中的，卻沒有與學海堂結盟？

为致力於解答這些問題，我的研究從思想史偏離到地方社會史和文化史領域，同時走出了學海堂而進入了它影響所及的更廣泛的圈子——從廣州城深入到珠江三角洲腹地甚至更遠。由此得出的研究報告，既涉及學海堂本身，也涉及地方上的社會文化景觀和或許能稱為地方文化政治的狀況。像梁序鏞和桂
4 文燦這樣的文人，生息繁衍，不斷改變著當地景觀——從一個地方遷移到另一個地方，定居下來，認同於某一處鄉土。廣義的廣州精英階層來自各個不同的區片，清晰地表現出相異的鄉

① 原注 4：研究清代教育和書院的中國歷史學者都把學海堂看作新式書院的代表，注重經史和文學的嚴格訓練，並非專一為學生參加科舉考試作準備。例如見陳東原《清代書院風氣之變遷》，頁 17；陳東原《中國教育史》，頁 454－455；盛朗西《中國書院制度》，頁 157－159；謝國楨《近代書院學校制度變遷考》，頁 2；張正藩《中國書院制度考略》，頁 37。更晚近的有，李緒柏在研究廣東“樸學”（考據學）時也採用了贊頌的語調，見其《清代廣東樸學研究》，頁 1、9。在西方的歷史學者中，艾爾曼將學海堂描述為既是今文經學的一個中心，也是漢學與宋學融會的一個中心。見其《學海堂與廣州今文經學的興起》（“The Hsueh-hai t'ang and the Rise of New Text Scholarship in Canton”），及《從理學到樸學：中華帝國晚期思想與社會變化面面觀》（*From Philosophy to Philology: Intellectual and Social Aspects of Change in Late Imperial China*），頁 246。

土認同，促成了相映成趣的各種風格的經史之學和文學，使廣州的精英文化呈現爭奇鬥豔的景象。儘管阮元和學海堂的廣州文人竭力要讓他們的新書院無論從實體上還是象徵意義上都脫離城市的塵囂，但是它依然緊緊地嵌入於城市的環境裏，成為這座城市社會文化精英們眾多重要的都市空間之一。從珠江三角洲腹地的角度來看，學海堂直接與廣州城相關；而從清帝國其他地方的文人來看，學海堂就代表了整個廣東省的學術成就。學海堂在廣州、在珠江三角洲以及在更廣闊的中國文化領域中的地位，通過像《經學博採錄》這樣的為書院構建贊頌話語的文本清楚地表達出來。

我將論證，學海堂不僅改變了廣州的精英文化，更與一個已在變化之中的地方社會文化背景相映照，不斷將其擴展、重新定位，並在某種程度上加以限制。此外，儘管學海堂似乎佔有壟斷地位，我們將清楚地看到，在廣州城內或在三角洲腹地，還有其他諸多廣府文人可能認同的文化生產基地。勾畫出這些場所，將有助於解釋為什麼在廣義的廣州精英中，有些區片的人認為稱頌學海堂的言論令人信服，而另一些區片的人卻不以為然。

跨地區的、本土的與都市的背景

本書的研究旨在通過一方面考察學術和文學的各種派系之間的相互作用，另一方面考察社會與地理上的認同現象，來回答上文所述的關於十九世紀早期與中葉廣州文化精英的一些問題。全書各章中，我始終在探索跨地區的、本土的與都市的背景，分析學海堂和緊密認同於學海堂及其議程的學者撰寫出來
的文字作品，把這些作品解讀為基於社會地位、地理因素和文 5
化學術的共鳴而形成的身份宣示。作為一個被本地文人用作身

份認同標誌的地方，學海堂與其他地方的關係可以分為多個層次，大致可以設想為一個同心的活動場所系列，文人們在其範圍內為文化資源而進行競爭。在每一個活動場所，對學海堂的考察都凸顯其空間動力在起作用。①

跨地區動力：江南—嶺南

在最廣闊的第一層面上，大致可以將學海堂放在江南和嶺南之間跨地區動力的背景中去觀察。“嶺南”一詞，正式的用法是指廣東和廣西兩省，但在實際使用中常常專指廣東，甚至範圍更窄，僅指廣州一府或珠江三角洲地區。阮元是江蘇省中部的揚州府人氏，他在《皇清經解》中收入了那麼多揚州學者，可見他是有意識地要確立揚州作為江南文化中心的地位。② 同時，他編纂文章總集、創建學海堂，又顯示出有意要將江南文人擅长的學術和文學實踐體系移植到帝國最南方的邊陲——嶺南。

雖然阮元在學海堂推動的學術努力屬於考證之學，但卻應

---

① 原注 5：在解釋中國地方精英時論及地理上與功能上的活動場所概念，見周錫瑞（Joseph W. Esherick）、冉玫爍（Mary Backus Rankin）編《中國地方精英及其控制模式》（*Chinese Local Elites and Patterns of Dominance*），頁 10－11。

② 原注 6：正如梅爾清（Tobie Meyer-Fong）最近指出的，揚州地處長江以北，只是在十七世紀才開始被稱為是一個江南（字面意思就是“在江的南邊”）的城市。梅爾清《清初揚州文化》（*Building Culture in Early Qing Yangzhou*），頁 26－28。梅爾清關於揚州與江南之間位移關係的討論，使“江南”作為一個地區單位的概念成為疑問。從十九世紀廣州文人的視角看來，由於他們居住的城市離江南太遠，從來不會被認為是江南的一部分，江南這個概念本身不成問題。然而，像我們在第六章將要看到的那樣，有些廣州文人對於嶺南與江南在地方文化層級上對比的問題則深為關切。

用於多種多樣的實用內容。按大多數考證學者看來，最重要的領域是對儒家經典的詮釋。在這種努力中，考證學者強調一種以原文為根據的訓詁學方法，常常把自己的方法跟理學劃清界線。總的來說，理學傾向於強調道德上自我修養的實踐與人類在社會和宇宙中位置的哲學思考。程頤（1033—1107）、朱熹（1130—1200）與宋代及以後的其他理學家，設想有一種由“理”（“原則”或“一致性”）支配的宇宙道德秩序。因此，他們的哲學體系也被稱為“理學”。通過自我修養，同时也像校勘學者一样經常講學，他們要達到的目的是探尋“義理”。這 6
種對終極原理的理解常常是某種近乎直覺的體驗，而且常常是突然之間豁然開朗。這就表明一個人已經達到聖人的境界，也就是達到了理學的終極目標。①

考證學作為一種系統完整的學問，興起於十八世紀。考證學與流行於宋明兩朝的理學在學術取向上之不同，在於十八世紀的考證學者是通過對儒家經典進行嚴謹的文本研究去探尋真理。在這些學者看來，成為聖人是不現實的目標，他們要尋求的是古典經籍原文所體現的確切性與真實性。考證學者稱他們自己的學術實踐为“實學”或“樸學”，與他們看作玄學性質的、理學家喜愛的“空談性理”相對應。他們寧可努力通過對經典和史籍的文本分析去揭示最古老禮儀的最純粹形式。②

---

① 原注 7：包弼德（Peter K. Bol）《理學與地方社會，十二至十六世紀：個案研究》（“Neo-Confucianism and Local Society，Twelfth to Sixteenth Century：A Case Study”），頁 247。

② 原注 8：艾爾曼《從理學到樸學》，頁 3、27。蓋博堅（R. Kent Guy）《皇帝的四庫：乾隆朝晚期的學者與國家》（*The Emperor's Four Treasuries：Scholars and the State in the Late Ch'ien-lung Era*），頁 155。晚近的學術界通過強調這門新學問的求純與崇禮，增進了我們對考證運動的認識。見周啟榮（Kai-wing Chow）《中華帝國晚期儒家崇禮主義的興起》（*The Rise of Confucian Ritualism Late Imperial China*）；張壽安《以禮代理：凌廷堪與清中葉儒學思想之轉變》；司徒安《身與筆》。

這種研究文本的新治學方法，雖然為思想上宗奉不同的學者所採用，卻常常被比較狹義地歸入稱為“漢學”的學派。在十八世紀，以蘇州的惠棟（1679—1758）為首的考證學者認為，漢代儒者的經解著作要比後世——最突出的是宋代——的著作更為可靠，因為漢代更接近古代聖君和推想中經典作者的時代。為此，他們特別推崇鄭玄（127—200）和其他漢儒對經典的注解，把他們置於程頤、朱熹和其他宋儒之上，儘管程朱理學在皇朝的思想體系和科舉考試中都佔據著統治地位。①

除了經典注疏之外，許多考證學者還把他們的考證方法作為工具應用於金石學、地理學和史學。對這些領域的興趣吸引了許多考證學者走出書齋，走進“田野”，對古墓、廟宇等現
7 場作第一手的調查，尋找石刻碑文和其他可用來證實文字記載的人工製品。這一類學術在性質上有助於本土的研究，阮元大力倡導這樣的研究方法。梅爾清（Tobie Meyer-Fong）曾讓人們注意阮元倡導這種研究的一個例子：他藉助一張出自舊方志的地圖，在家鄉揚州走訪當地農民，去尋找隋朝一位皇帝的墓。②在相當大的程度上得益于阮元的不懈推動，這種實踐成了十八世紀末十九世紀初考證研究的一種時尚現象。但情況並不總是如此：十七世紀的學者顧炎武（1613—1682）通常被認為是十八世紀考證學的先驅。顧炎武以其地理學和金石學的造詣，在中國西北比在其家鄉蘇州更有名；而他治學的動機常被跟他忠於明朝、抗拒清朝的態度聯繫起來。③ 在十九世紀早期的廣州，金石學、地理學和史學的運用已經和經典注疏一樣，成為考證學的重要組成部分。

在學海堂，阮元还推動了文學的議程；他最喜歡十六世紀

---

① 原注 9：艾爾曼《中華帝國晚期科舉考試文化史》，頁 440－443。

② 原注 10：梅爾清《清初揚州文化》，頁 118－119。

③ 原注 11：艾爾曼《從理學到樸學》，頁 189－190。

《文選》中的那些文學形式。因此他最喜愛的體裁是駢文、賦和古風，取代了“古文”和模仿唐宋的近體詩。儘管清代文人對學術和文學的愛好存在許多交叠現象，十九世紀初葉前後，許多漢學的支持者偏愛唐以前的文學風格，而理學的支持者則偏愛唐宋的文學風格。在十七和十八世紀，有幾位考證學者以考證為工具開展了對《文選》的徹底解析。①

這些方法彙集在一起，形成了一個學術和文學實踐的體系，進而帶動了寫作、印刷、收藏和閱讀等實踐。② 然而，直到道光元年（1821）學海堂考試首創之前，這些實踐仍然只是與清帝國文化中心——京城以及特別是江南——相聯繫的一個地區範圍學術活動的一部分。③ 由此，艾爾曼（Benjamin A. Elman）在研究十九世紀考證運動時，曾經確定一個包括江蘇 8
的揚州、蘇州和浙江的杭州等一些都市中心組成的“學術社群”。京城北京是考證學的另一中心，它吸引著來自整個帝國各地的讀書人，而且享有像編纂《四庫全書》這樣的皇家資助項目的便利。④ 儘管偶爾也會出現江南或者京師之外的文人為這個領域作出某些重要的貢獻，多數都可能是在旅寓這兩個學

---

① 原注 12：康達維（David R. Knechtges）《文選》（*Wen Xuan, or, Selections of Refined Literature*），頁 58—63；馬積高《清代學術思想的變遷與文學》，頁 99—110。

② 原注 13：雖然不是本書研究的重點，這一系列實踐中還包括書法。考證學者表現出對篆書和隸書的喜愛。見白謙慎《傅山的世界：十七世紀中國書法的嬗變》（*Fu Shan's World: The Transformation of Chinese Calligraphy in the Seventeenth Century*），頁 167、258—260；艾爾曼《從理學到樸學》，頁 191—197。

③ 原注 14：艾爾曼《清代學術流派》（“Ch'ing Dynasty ‘Schools’ of Scholarship”）；麥哲維（Steven B. Miles）《考證學新貌：〈皇清經解續編〉與 1820 年後的經學》（“The New Face of *Kaozheng*: The *Huang Qing jingjie xubian* and Classical Studies After 1820”），頁 175—192。

④ 原注 15：蓋博堅《皇帝的四庫》，頁 155—156。

術中心時濡染了這種品味。這些文人在他們的本鄉本土沒有考證學的學術機構可以讓他們回歸。於是，十九世紀公認的以考證方法研究原文和原址，文體上擅長駢文、賦和古體詩的學術大師，幾乎清一色的不是江南人就是北京人。

作為這個學術實踐體系的富於魅力的倡導者和贊助人，阮元創辦了兩所很有影響的書院：杭州的詁經精舍和廣州的學海堂。現代學者常常把這兩所書院相提並論，作為晚清新型書院的例子。然而，孔飛力（Philip A. Kuhn）和曼素恩（Susan Mann Jones）曾經簡潔地總結出這兩所書院重要的不同之處：一個坐落在帝國的經濟文化中心，另一個則處於邊陲之地；一個是由杭州以外羅致的眾多擁有進士功名的學者所組成，另一個則由遠非那麼顯赫的廣州本地人組成。[①] 本書的研究實際上一開始就是這兩所書院和它們所在的兩個城市的對比，但是因為本次研究的是特定的地區動力，所以後文逐漸把重點轉向學海堂和廣州。正如艾爾曼指出的那樣，考證學十八世紀在江南被認為達到了巔峰之後，在十九世紀意義最重大的發展就是讓其學術實踐推廣到了全國各地。[②] 本書研究的其中一個主要問題，就是要說明前面提到的那個學術實踐的體系從一個文化中心被移植到一個帝國南部邊陲城市的過程中所發生的事情。

9 在廣州文人甚至那些借重學海堂的文人中，我們會發現他們對江南精英文化既有迷戀之情，又有怨恨之意。因此，很重要的一點是要解釋清楚，這個被阮元有意識地從江南輸出到這裏的，很明顯屬於外來的學術和文學實踐體系，是如何在十九

---

① 原注 16：孔飛力（Philip A. Kuhn）、曼素恩（Susan Mann Jones）《王朝的衰落及叛乱的興起》（“Dynastic Decline and the Rise of Rebellion”），頁 159。

② 原注 17：正如艾爾曼指出的那樣，十九世紀在廣東、湖南以及其他地區表現出來的學術傳統，“從很多方面來看，都是對發展於江南都市中心的主導學術潮流的分流或反應”。艾爾曼《從理學到樸學》，頁 12。

世紀中葉之前成了廣州學術和文學話語的主流模式。本書的研究重點明確集中於廣州城市和珠江三角洲，但清代文人的跨地區網絡以及廣州文人的地域認同，將構成我討論的恒定背景。作為書院的創建者，阮元在學海堂此後的歷史中保持著高聳的身影。他身邊為數眾多的江南文人，還有之後來到廣州的官員和江南文人，也都促進了江南的學術和文學實踐在十九世紀的廣州推廣傳播。

廣州城與珠江三角洲腹地

雖然阮元和他的小團體在創建學海堂的工程中所起的作用幾乎是如何高估都不為過，但是這所新書院畢竟不是在真空中建成的。幾乎所有認同於學海堂的學者（我以後將把這群學者稱為“學海堂學者”）都是登記在籍的廣東居民。[①] 此外，儘管很少有廣州文人精通風靡江南的全部學術和文學實踐，但是廣州和珠江三角洲地區的文人以一種生機勃勃的文化而自豪，他們有著至少局部來說是饒有意義的哲學與文學的話語。因

---

① 原注 18：“學海堂學者”是我用以描述一個特殊群體的共同性名稱。就像我們在第三章將要看到的那樣，十九世紀三十年代前後，一批省會的文人自稱“學海堂同仁”或“學海堂諸人”。由於許多廣州文人先後參加過學海堂的考試，一個大約有三四十人的更小群體則在任何時候都跟這所書院保持密切的聯繫。我把重要的資助者、書院的山長們、被以顯著地位收入學海堂考試四卷詩文集文字的作者，以及在自己著作中認同於學海堂或在傳記中被認同於學海堂的文人，都歸入了這一範圍。儘管大部分學海堂學者並不採取跟宋代的理學家強烈對立的立場，並且因而相互之間稍欠凝聚力，我認為學海堂學者的核心群體很符合田浩（Hoyt Cleveland Tillman）對“夥伴關係”的定義；在這種關係中，他們“擁有一個社會關係網絡，有一種使他們區別於其他儒家的、共同的傳統所形成的社群感”。田浩《儒學話語與朱子學说的主流化》(*Confucian Discourse and Chu Hsi's Ascendancy*)，頁 3。

此，學海堂新書院的學術和文學取向，不可避免地因為處於遙遠南方的環境圍繞之中而有所改變。然后，在第二層，也就是中間層次上，本書將同時探索學海堂的創建以何種方式改變了本地的社會文化景觀，以及學海堂適應本地背景的過程。我將論證學海堂書院的創建重構了廣州城跟廣州府屬下週邊珠江三角洲腹地富庶縣份之間的動力關係。

10 儘管地方上的社會文化景觀極為複雜，卻呈現出一個清晰的模式：選擇認同於學海堂的學者的核心群體，大致上是由來自珠江三角洲腹地的都市化家庭和居住在廣州城的來自本地區之外的旅寓者或移民構成的。相反，聚居於廣州之外珠江三角洲西江沿岸一帶的根基深厚的士紳家族的子孫，則廣泛對這所新書院採取忽視的態度。來自這樣的安定的士紳家族的文人成員當然擁有社會的、經濟的和文化的資源，使他們的存在能夠在城市中被人感覺出來。這樣的資源在大多數學海堂學者當中是明顯缺乏的，他們中很多人的家族在廣州居住只不過兩三代而已。於是這就引起了一個問題：處於一片都市型的“飛地”中，被四鄉的腹地所環抱，而在這片腹地中，宗族門第在社會組織上起著如此優越的作用；在這樣的環境下，新來的移民應該怎樣組織起來去為獲得文化資源而進行競爭呢？

任何想要了解珠江三角洲腹地複雜的社會面貌的努力，都可以大大獲助於迄今已經做過的，對華南特別是香港新界和珠江三角洲繁榮城鎮的宗族的大量人類學和歷史學研究。[①] 這些研究著重指出了對定居開拓和血統源流的宣稱以及祠堂、寺廟、書院、會館等機構的重要作用；這一切都是保障經濟資源安全和清楚表明文化身份的手段。大致上，這種方法並沒有被采用到廣州這個珠江三角洲最重要的城市。[②] 因此，在以後的

---

① 原注 19：我最倚重的研究報告包括華琛（James L. Watson）《中國親族關係再探：歷史研究的人類學透視》（"Chinese Kinship Reconsidered：Anthropological Perspectives on Historical Research"）；華若璧（Rubie S. Watson）《兄弟並不平等：華南的階級和親族關係》（*Inequality Among Brothers：Class and Kinship in South China*）；科大衛（David Faure）《中國鄉村社會結構：香港新界東部的宗族和村莊》（*The Structure of Chinese Rural Society：Lineage and Village in the Eastern New Territories，Hong Kong*）（完全根據在新界進行的研究）；科大衛《是什麼使佛山成為城鎮？明清中國鄉村—城市身份認同的進化》（"What Made Foshan a Town? The Evolution of Rural-Urban Identities in Ming-Qing China"）；蕭鳳霞（Helen F. Siu）《中國南方的代理人與受害者：鄉村革命中的同謀者》（*Agents and Victims in South China：Accomplices in Rural Revolution*）；劉志偉《沙田上的家族：沙灣的個案》（"Lineage of the Sands：The Case of Shawan"）；片山剛（Katayama Tsuyoshi）《論清代廣東珠江三角洲的圖甲制》（"Shindai Kantonshō Shukō deruta no tokōsei ni tsuite"）；斯托卡德（Janice Stockard）《廣州三角洲的女兒：中國南方的婚姻模式與經濟策略》（*Daughters of the Canton Delta：Marriage Patterns and Economic Strategies in South China*）（論及南海、新會、番禺和順德等縣的一些地區）。

② 原注 20：其中一個重要的例外是裴達禮（Hugh D. R. Baker）對廣州祠堂的研究。裴達禮《傳統城市中擴展的家族》（"Extended Kinship in the Traditional City"），頁 499—518。關於清末十年與民國初期廣州的情況，見路康樂（Edward J. M. Rhoads）《廣州的商會，1895—1911 年》（"Merchant Associations in Canton，1895-1911"）；錢曾瑗（Michael Tsin）《國家、統治與中國的現代性：廣州，1900—1927》（*Nation，Governance，and Modernity in China：Canton，1900-1927*）。珠江三角洲的第二大城市佛山，是新近的兩篇英文研究報告的主題：科大衛《是什麼使佛山成為城鎮?》；冉玫爍《由人民管理：官吏、士紳與佛山義倉，1795—1845》（"Managed by the People：Officials，Gentry，and the Foshan Charitable Granary，1795-1845"）。

各章中，我將投入大量的注意力去跟蹤城鄉學者各自的定居模式，包括自認歸屬於學海堂的學者和典型的不歸屬於學海堂的學者。

這種對比在本書的研究中將是一個反覆出現的論題，首先也許可以簡短回顧一下我開始討論時提到的那兩位廣州文人，梁序鏞和桂文燦，作為對此點的詮釋。這兩位都是南海縣在籍的居民。南海是分治廣州城這個轄區的兩個縣之一。但是梁的
11 家鄉就在城西的南海縣鄉村，而桂則是浙江人的孫子，其祖父為了在衙門擔任幕友而移居廣州。到文燦這一代，桂家已成為落籍在南海的居民，但是就跟別的外來移民一樣，居住在城內或城關。① 這樣，從梁序鏞到桂文燦的轉變，就不僅僅代表了由學海堂帶來的顯而易見的變化，而且標誌著廣州文人的一個新類型的興起；他們是在珠江三角洲腹地缺乏深厚血緣根脈的、居住在城市裏的旅寓者或移民。

通過熱情投入由阮元支持的一系列外來的學術和文學實踐，這個大範圍廣州文人精英圈中新興的邊緣部分的成員們，就為自己在廣州穩保了一席之地。同樣，在認同於學海堂並稱頌其對廣州本地文化的改革性影響的過程中，這些城市文人們也重構了廣州城與珠江三角洲腹地的相互關係。這一沒有固定界限與範圍、然而很重要的城市與腹地的兩分法，將成為一個中心論題；因此，第一章將會詳細勾畫其蘊含的社會景觀；通貫全章，我將引用各種族譜家史來著重說明廣州文人的籍貫起源與身份認同的問題。我希望能突出表現一些新的城市定居模

① 原注 21：梁序鏞原籍鹽步鎮，而桂文燦則是浙江人的孫子，其祖父是在十八世紀晚期才來到廣州。同治十一年《南海縣志》，卷十三，頁 38 背；桂鴻《漸齋詩鈔》，傳，頁 1 面一背。

式，不同於此前珠江三角洲腹地的認同模式，而是與中華帝國晚期其他城市的“旅寓者”現象相似。①

都市景觀中的書院

在第三層也就是注意力集中到聚焦的層次，我要對學海堂作為一個城市背景中的機構作一番考察。除了將學海堂置於廣州城的書院系統中來考察之外，還包括將學海堂作為一個城市社會空間進行分析，就像別的學者已經對諸如商會與同鄉會、寺廟宮觀、駐防軍隊、園林、倉廩等機構所做的那樣。② 作為

---

① 原注 22：論及其他城市的旅寓者，見羅威廉（William T. Rowe）《漢口：一個中國城市的商業和社會，1798—1889》（*Hankow: Commerce and Society in a Chinese City*，1798-1889）；安東籬（Antonia Finnane）《說揚州——1550－1850 年的一座中國城市》（*Speaking of Yangzhou: A Chinese City, 1550-1850*）。

② 原注 23：近期對城市機構的研究有羅威廉《漢口》（論述十九世紀漢口的會館）；白思奇（Richard Belsky）《帝國晚期北京城市生態再探：中國帝都晚期社會空間的改革》（“The Urban Ecology of Late Imperial Beijing Reconsidered: The Transformation of Social Space in China’s Late Imperial Capital City”）（論述北京的會館）；卜正民（Timothy Brook）《為權力祈禱：佛教與晚明中國士紳社會的形成》（*Praying for Power: Buddhism and the Formation of Gentry Society in Late-Ming China*）；韓書瑞（Susan Naquin）《北京：寺廟與城市生活，1400—1900》（*Peking: Temples and City Life, 1400-1900*）（兩者都論述明清的宮觀寺廟）；柯律格（Craig Clunas）《豐邑：中國明代園林文化》（*Fruitful Sites: Garden Culture in Ming Dynasty China*）（論述明代蘇州園林）；歐立德（Mark C. Elliott）《滿洲之道：八旗制度與清代的民族認同》（*The Manchu Way: The Eight Banners and Ethnic Identity in Late Imperial China*）（論述清代八旗駐軍）；梅爾清《清初揚州文化》（論述十七世紀揚州的多個地點）。這些研究主要集中在中國的中部和北部，但是冉玫爍的《由人民管理》審察了佛山的一個由當地精英建立和運營的糧倉。

一個城市機構，學海堂在形成精英身份上是一個重要的地方，它起到了建構精英地位的關鍵性社會空間的作用。[1]

學海堂在廣州並不擁有物質上的優勢，它沒有宿舍可供學
12 生在書院寄住，而且直到十九世紀六十年代，“專課”機構化之前，教師與學生之間也沒有定時的經常性會面。與其他書院大不相同的是，在其他書院，通常只有一位山長，常年住院；而學海堂則有八位學長輪流負責管理，而且不必住在書院。事實上，在學海堂存在的很多年裏，它作為一個機構主辦的活動僅限於季考，考試時應試者可以把試卷拿回家寫作；還有各種出版工作。[2] 此外，書院的校舍偶爾會作為雅集的場所，常常是由一位或幾位學長主持。就這樣，儘管與其物質存在完全不相稱，學海堂仍然很快在廣州學術界的層次結構中佔據了重要的位置。憑著其所代表的學術和文學的創新理想以及共事人物所具有的領袖魅力與時尚精神，學海堂很快就成為構建廣州城市精英身份的一個重要的聲望來源。

雖然學海堂的支持者強調其獨特性，儘管學海堂在某些方面確實是一所富於創新性的機構，然而它也是深深嵌入於本地的城市背景中的。這樣，我就建構了一種敘事，尋求將學海堂放置於一個由行政、教育、宗族、宗教、商業、慈善等機構以

---

① 原注 24：我要在這裏引用米歇爾・德塞圖（Michel de Certeau）對地方（place）與空間（space）的區分。見其《日常生活實踐》（*Practice of Everyday Life*），頁 117－118。

② 原注 25：學海堂與廣州其他書院之間的各種不同之處（第二、第三章對這些書院將有較詳細論述），還有阮元為其新書院起的富於寓意的名字，都給人以這樣的印象，就是學海堂甚至不應該被當作一所書院來看待。然而，在地方志記載中，學海堂卻始終被歸入書院一類。而且，儘管第三章介紹的許多贊頌學海堂的文字都強調學海堂跟“部學與府學”書院的不同，但它們也同時把它描繪成一所模範的“書院”。本章開頭提到的桂文燦《經學博採錄》的片段就是一個例子。因此，我在本書全文中提到學海堂時，都是把它當作一所書院。

及風景名勝共同構成的城市網絡之中。學海堂的學者也有在廣州的其他書院學習和任教的，有在地方官員建立的編寫方志和其他文字的衙門工作的，有在不同時期供職於為數眾多的倉廩、武備衙門以及城市中其他由精英管理的機構的。他們造訪廣州外貿商人和鹽商的商行和園林，還常常在那裏留宿；他們在廣州及周邊山水之間的各種寺廟、園林和古跡主持雅集。此外，學海堂學者也形成了一個非正式的人際關係網絡，包括聯姻和房地產租售，以及為數眾多而短暫的詩社與詩歌競賽。①

對自認為與學海堂緊密聯繫的文人的家庭背景分析，不僅
透露出他們中許多人來到廣州時間甚短，而且表明幾乎所有這 13
些城市精英都是新近才得到高尚社會地位的。“文人”（literati）這個字眼在本書通篇使用，是專指社會文化精英當中那些生產“文”的人。廣義來說，“文”就是“文化”的意思，狹義一點則指的就是本書研究中主要根據的那一類文字（略舉一二，即地方史、詩文集、族譜）。② 出身於珠江三角洲腹地世家望族的社會精英，更精確一些，可以歸類為擁有土地的“士紳”（後面就將這樣描述，特別是在第七章）；而大多數學海堂

---

① 原注 26：杜贊奇（Prasenjit Duara）在分析清末民初中國北方鄉村社會時，採用了“文化聯結”（cultural nexus）這個概念。他形容那是“由層疊的組織和經常交叉互動的非正式關係網絡構成的”。採用這種分析形式，我們可以說學海堂是處於許多相互交叉的層疊機構與非正式關係的聯結當中。杜贊奇《文化、權力和國家：中國北方鄉村，1900—1942》（*Culture, Power, and the State: Rural North China, 1900-1942*），頁 5。

② 原注 27：本書中採用的“文人”（literati）這個詞，可以看作是一個較大的範疇“文化精英”涵蓋下的一個群體。採納艾爾曼“經典知識”（classical literacy）的概念，孔飛力將文化精英定義為“被訓練來閱讀、闡釋並真正記住科舉考試制度中所使用的規範文本”的人。孔飛力《現代中國國家的起源》（*Origins of the Modern Chinese State*），頁 14—15；艾爾曼《中華帝國晚期科舉考試文化史》，頁 XXX—XXXI。

的城市文人則出身於商人家庭，或出身於專為駐廣州的眾多官員服務的下級官員、吏員，或地位較高的“幕友”（即秘書）的家庭。而且，這所新書院中許多通過科舉考試獲得功名的人，都是其家族中可以做到這樣的第一人。他們從土地上獲得的收入可能大部分來自城市商鋪的租金，而不是來自鄉下的田租。因此，跟江南城市相比起來，在廣州城市，劃分“士紳”階級——無論是以擁有功名還是以擁有土地來定義——與別的社會群體的界線，不是那麼清晰。①

在追尋十九世紀廣州精英的社會與地區起源時，廣州城市與珠江三角洲腹地一分為二的情況就清晰地呈現出來。本書對珠江三角洲腹地研究的部分，充分證實了這樣的觀點：中國明清時代的士紳家族——或者廣義來說，是地方精英——能夠把他們的地位保持許多代人。② 而審察十九世紀的廣州城市，則呈現出一個有所不同的畫面。在這裏，我們不僅可以見證一些單個的家庭的興起，而且可以見證廣州精英這個大群體中一個新的次級群體的出現。在十六、十七世紀，乃至十八世紀早期，廣州的社會文化精英顯然主要是由出身於一些姓氏集團的文人所組成，這些姓氏在珠江三角洲腹地已經形成了宗族，並且宣稱為明代以前的祖先的後人；然而，十九世紀見證了出身於廣州城市家族的文人影響的增長，其中許多家族是清代才從

---

① 原注 28：艾爾曼《從理學到樸學》，頁 92－94。安東籬新近對這個概念提出疑問，認為“模糊”了十八世紀揚州“商”與“紳”的社會範疇。安東籬《說揚州》，頁 253－264。

② 原注 29：貝蒂（Hilary J. Beattie）《中國的土地與氏族：明清兩代安徽桐城縣的一個研究》（*Land and Lineage in China：A Study of T'ung-ch'eng County，Anhwei，in the Ming and Ch'ing Dynasties*），頁 88、129－130；周錫瑞（Joseph W. Esherick）、冉玫爍編《中國地方士紳及其控制模式》（*Chinese Local Elites and Patterns of Dominance*），頁 306。

外省遷入廣東，最初是以經商、從政或作幕友而自立於廣州 14
的。不像出身於珠江三角洲世家望族的文人，新興的廣州城市文人無法宣稱自己在最近幾代有任何顯赫的祖先。

然而，城市文人在宗族門第上的欠缺，由學海堂以學術和文學上的資格憑證給予了補償。廣州的這所新書院之所以對這些新出現的城市文人充滿吸引力，正是因為這些人在廣州地方上缺乏作為精英的連貫性。因此，當學海堂成為地區同化與社會進步的整套戰略的一部分時，寓居的文人和城市化的移民家族對由外地引進的新型文化學術作出了極其踴躍的響應。可能是出於對自己不同的社會背景的憂慮，許多學海堂學者對其周圍所見的“俗氣的”商業文化持特別清醒的批評態度。這裏，由於其致力於推動更細緻的經史之學形式和更優雅的文學風格，學海堂再次為新興的文人們提供了使自己區分於眾人的手段。[①] 換言之，學海堂成了在地方層面為文化資源和聲望競爭的工具。[②]

文本生產：調和論與地方性

除了在空間的動力方面進行分析之外，我也審察了廣州文人在十九世紀所生產的各種類型的文字作品。為爭取在本地的

---

① 原注 30：司徒安認為，考證學研究晦澀的古代禮儀，事實上提高了獲取文人身份的門檻。司徒安《身與筆》，頁 70—76。

② 原注 31：皮埃爾·布迪厄（Pierre Bourdieu）《實踐邏輯》（*The Logic of Practice*），頁 112—121、124—125。艾爾曼提出，“文化資源”（cultural resources）一語較之布迪厄所用的“文化資本”（cultural capital）更適用於晚期帝制中國，因為後者假設經濟上存在著資本主義。見其《經學、政治和宗族：中華帝國晚期常州今文學派研究》（*Classicism, Politics, and Kinship: The Ch'ang-chou School of New Text Confucianism in Late Imperial China*），頁 XIX。

地位和文化資源的競爭，加上引進了新的學術工具與文學風格，其結果就生產出了大量面向文人讀者的印刷文本。本書的研究很大程度依賴於這些學者所生產的文字作品，試圖把它們同時作為史料來源和“戰略性文獻”① 來閱讀。這就是說，除了梳理這些史料以獲取有關其作者學術立場或文學傾向的信息之外，我還力求確定他們寫作背後的動機，研究他們所面向的特定讀者群，並且將這些文字作為身份認同的宣示和社會地位的標志來閱讀。在與學海堂有關聯的學者所生產的大量文字作品中，我選擇了把注意力集中於兩個範疇的文字，這些文字有助於構建兩種盛行於十九世紀廣州文人中的話語：漢宋調和論和廣州地方性。

在所促進的經史之學和文學的多個領域中，學海堂與廣州其他書院一樣，都以研究儒學經典為前提。這反映在道光五年至光緒十二年間（1825—1886）出版的四部《學海堂集》所收入的詩文課卷的編排上。在學海堂考試之外的其他文字作品中，學者們也投入了很大的注意力去辯論正確的學習方法和經典的最佳詮釋。這類文字也已經引起了現代中國、日本和西方的學者們極大的注意，他們寫出了著作來介紹學海堂，其創建者阮元，及其最傑出的學者陳澧（1810—1882）。②

迴盪於所有學海堂學者論述經學的作品中的一個共同論題就是“漢宋調和”論，它反映了一個在經學的兩種研究方法

① 原注 32：宋怡明（Michael Szonyi）在分析明清兩代福建的族譜時採用了這種表述方法。見其《實踐親屬：中華帝國晚期的家族與傳承》（*Practicing Kinship: Lineage and Descent in Late Imperial China*），頁 27。

② 原注 33：例如見錢穆《中國近三百年學術史》第十三章；濱口富士雄（Hamaguchi Fujio）《清代考據學思想史》（『清代考拠學の思想史』），頁 544—547；艾爾曼《學海堂與廣州今文經學的興起》（“The Hsueh-hai t'ang and the Rise of New Text Scholarship in Canton”），各處。

——漢學和宋學——之間設法調和的意圖。截至十九世紀初，“漢學”指的是偏愛漢代經解和訓詁的考證學。學者們特別尊崇鄭玄和《說文解字》的作者許慎（約 55—約 149），奉之為訓詁與經解學問中治學謹嚴的楷模。相反，“宋學”的支持者則偏愛程頤和朱熹對經典的詮釋，以及推動理學的追求成聖的自我道德修煉課題。雖然在實踐上這兩個“學派”之間有許多交疊之處，但在十八世紀晚期，也許是出於怨恨皇家在《四庫全書》之類項目中表現出對漢學倡導者的恩惠，一些宋學的支持者開始清晰地發出對漢學的批判。①“漢宋之爭”在十九世紀早期加劇，結果，那些十九世紀二十年代阮元創建學海堂時跟他在一起的旅寓廣州的江南文人寫出了兩個種類的文字作品。

漢學與宋學的互相批判構成了學海堂建立的背景中一個重 16
要部分。儘管學海堂創辦的目的，部分在於將江南的考证學傳播到遙遠的南方，但漢宋調和論在這所書院也成了一種標簽式的研究方法。有幾位學者談到過十九世紀在全國出現的漢宋調和論現象，還有少數學者涉及到陳澧的思想中漢宋調和的觀點；不過，後一種情況，多數被認為是陳澧勇敢的獨家評論。② 與

---

① 原注 34：蓋博堅《皇帝的四庫》，頁 154—156。

② 原注 35：論述十九世紀中晚期北京和江南的漢宋調和論，見沈陳漢音（Han-yin Chan Shen）《曾國藩在北京，1840—1852：他對治國之道和改革的想法》（“Tseng Kuo-fan in Peking，1840-1852：His Ideas on Statecraft and Reform”），頁 63—64；秦博理（Barry Keenan）《中華帝國最後的古典書院：長江下游的社會變化，1864—1911》（*Imperial China's Last Classical Academies：Social Change in the Lower Yangzi，1864-1911*），頁 84—86。陳澧在西方人的學術研究中沒有受到太多注意，但是中國學者從錢穆到胡楚生都為他獻上了文章或篇章；不過他們都是把他描繪成批評漢學過分之舉的孤獨聲音，是贊成廣州的漢宋調和論的。錢穆《中國近三百年學術史》，頁 601—602；胡楚生《清代學術史研究》，頁 273。艾爾曼雖然沒有把陳澧作為研究重點，但是他認為漢宋調和論是學海堂學者中廣泛流傳的議論。見艾爾曼《從理學到樸學》，頁 246。

此相反，我認為漢宋調和論在十九世紀的廣州文人中是一種廣為傳播的話語，雖然他們之間強調的重點明顯不同。我在談論嶺南與江南的跨地區動力以及廣州與珠江三角洲腹地的本土動力的篇章中，會詳細研究學海堂學者的這種話語。

另一個範疇的文字作品是“地方性”的文字，這並不是指排除非本地人的意思，而是指內容有關某個特定地區的文字作品，從地方史到地方詩會的作品都是。這個範疇的文字尚未得到現代學者足夠的關注，儘管這一類文字的猛增是十九世紀廣州文化史上最顯著的變化之一。學海堂舉行過的多次文學考試，要求應試者調查並贊揚本土文化，包括歷史遺跡、自然物產與賢達先進。此外，與學海堂緊密聯繫的學者運用文本復原、金石學、地理學與原址調查等方面的考證學方法去探索地方文化和歷史；他們還采納了新的文學風格並且創新性地運用編印詩文選集的策略，以重建廣州的精英文化。

要解釋運用新的學術和文學方法的地方性文本的激增，我們必須了解阮元的學術傾向。他不僅對探索家鄉揚州的地方歷史深感興趣，而且在他擔任過官職的許多地方都孜孜不倦地推
17 動當地的本土研究。在十八世紀九十年代擔任山東學政時，阮元就幫助編纂了該省的金石志，以後的十年裏，他先後任浙江學政和巡撫，又組織編纂了浙江的地方文集，並寫下了他著力保護地方墓葬和廟宇的記錄。在廣州就任總督後，阮元繼續這種做法，組織編纂了廣東省志的新版本。①

然而，地方性文字作品的激增始於阮元來粵之前，且在他離粵後還繼續了很長時間，由此可見廣州文人也出力推動了這個地方性工程。包弼德在對宋、元、明三朝浙江金華府文人的研究中發現，理學家們是通過自我表現作為地方文化領袖而在

---

① 原注 36：恒慕義（Arthur W. Hummel）《清代名人傳略》（*Eminent Chinese of the Ch'ing Period，1644-1912*），頁 399－400。

金華上昇到顯赫地位的。① 類似的動力也在十九世紀學海堂的城市文人中起著作用。由於學海堂的大部分學者與定居宗族為中心的歷時久遠的學術和文學傳統並無聯繫，因此他們能更靈活地接受從江南引進的學術實踐與文學風格。不過那些靠精通外來的學術和文學實踐而在本地文化界登上高位的人，明顯地專注於採用這些新工具去從事研究和頌揚本地文化。換言之，新的學術實踐與文學風格用於研究和弘揚本地文化使得學海堂的議程在廣州的文化背景中具有深遠意義。

有學海堂提供的認證，並將其學術和文學的工具應用於本土的探索，通過這兩者的結合，無法借助於珠江三角洲腹地名門望族經濟文化資源的社會新貴與外來移民，就成功地獲得了有關本土內容的廣州精英話語的近乎壟斷的地位。這個過程說明了移民、城市旅寓與社會地位的競爭在中華帝國晚期地方認同建構中的影響。地理的與社會的流動性都常常會促使人們清楚表示地方認同和對所在地的稱頌，新形式的學問為此提供了 18
所需要的工具。他們身為具有社會抱負的人而保持成為文人之前的商業聯繫，他們身為移民而保持與入粵前原籍的聯繫，這些都不妨礙文人們在新的社會圈子裏作為城市精英的一分子去贊美其所在的地方。顧德曼（Bryna Goodman）根據其對上海的研究，將城市身份的建構看成是“身份增生的過程”，這個

① 原注 37：包弼德《理學與地方社會》，頁 281。又見包弼德《中華帝國晚期的“地方轉向”與“地方認同”》（“The ‘Localist Turn’ and ‘Local Identity’ in Late Imperial China”），頁 9—12。

過程允許新身份的增加，而無須取代先前的身份。① 在十九世紀廣州的情況下，學海堂把學問提供給一個高度流動而熱情擁抱廣州本地身份的人群。一種集商業財富、官方聯繫與學術和文學專業資格的強有力綜合，使得這些外來者可以僭用本地文化，通過控制廣州的話語權而控制了廣州。②

學海堂學者這種僭用本地文化符號的作法，並非沒有遇到過抗議。一位出身於西江家族的學者，祖先在明朝之前已在珠江三角洲定居，掌握著大量經濟文化資源，可以很正當地宣稱自己比寓居廣州的幕友或商人的兒子更適合作為廣州文人文化的主宰者。在十九世紀中葉經過一系列危機之後，珠江三角洲的幾位針對學海堂學術與廣州大都會文化的批評者開始表達出他們的關切。於是，我們可以在十九世紀廣州文化的背景中清楚地看到競相從事地方建設的現象。③

學海堂學者創作的地方性文字作品可以被認為是同時面向

---

① 原注 38：顧德曼《家鄉、城市和國家——上海的地緣網絡與認同》（*Native Place, City, and Nation: Regional Networks and Identities in Shanghai, 1853-1937*），頁 46。韓啟瀾（Emily Honng）也關注了十九世紀晚期與二十世紀早期上海的情況，她顯示“蘇北人”這個原籍身份已成為一個標簽，被本地精英們用於遭到鄙視的、來自江蘇北部和山東省的勞動者移民。韓啟瀾《蘇北人在上海，1850—1980》（*Creating Chinese Ethnicity: Subei People in Shanghai, 1850-1980*），頁 4、36；韓啟瀾《家鄉與中國的族群締造》（“Native Place and the Making of Chinese Ethnicity”），頁 151。

② 原注 39：杜贊奇《主權與真實性：滿洲國與東亞現代進程》（*Sovereignty and Authenticity: Manchukuo and the East Asian Modern*），页 235。

③ 原注 40：在對清末民初浙江精英的研究中，蕭邦齊（R. Keith Schoppa）觀察到名門望族每每領導著本地人對該省“核心”中外來移民精英的批評。蕭邦齊《中國精英與政治變化：二十世紀早期的浙江省》（*Chinese Elites and Political Change: Zhejiang Province in the Early Twentieth Century*），頁 89—90。

本地的和跨地區的兩個讀者群。通過使用新的學術實踐和文學風格重新設置本地的文化景觀，他們把學海堂、並進而把他們自己放到了廣州文化的中心。但是，這個工程同時還針對跨地區的另一個讀者群，特別是江南文人。正如程美寶所觀察到的那樣，學海堂是“將廣東置入中華帝國文化地圖的一次最堅定的嘗試”。[①]就是這樣，這些與廣州往昔的文化甚少聯繫的地方文化精英們，憑藉學海堂的活動和聲望，自覺地重塑了廣州文 19
化，使之成為一種手段，讓這種文化在江南以至更遠的北方贏得尊重，同時也將他們自己置於這一重塑後的傳統的中心。

敘事框架

我在下面各章中所建構的敘事，旨在通過檢視上面所勾勒出的跨地區的、本土的和都市的諸種動力如何表現在廣州文人最有興趣創作和保存的那些類型的文字作品中，從而回答學海堂是如何融入本地社會文化背景的這個根本問題。城市文人與腹地文人的對照是其中心論述，由之導致的敘事框架圍繞著它構成。儘管我留意防止對這種差異過於刻板的解讀，我的注意力還是再三被引向這樣的事實，就是許多學海堂學者都是城裏人、“外來者”和社會新貴，他們創作了許多地方性的文字作

① 原注 41：程美寶《文學的、種族的抑或領地的？清末民初廣東文化的界定》(“Literary, Ethnic or Territorial? Definitions of Guangdong Culture in the Late Qing and the Early Republic”)，頁 52。

品，而這些作品看上去跟珠江三角洲腹地的作品大不相同。①

由於所研究的問題賦予的特性，本書觀察的焦點除了對準學海堂之外，也常常落在廣州城和三角洲腹地這個廣闊的背景中。這在第一章和第二章特別明顯。此外，雖然文人一直是敘述的中心角色，但諸如商人、僧侶和娼妓等社會群體也被認為對於認識書院在廣州的地位有重要作用。與此類似的是，除了經典注釋和儒家論爭的文獻之外，我還大量徵引了諸如詩歌、族譜和日記等文字來源。第一章提供了廣州與珠江三角洲社會景觀的廣闊概覽。在這裏，我的主要目的是說明城市和三角洲兩種定居模式的不同，因為這進而決定了人們接觸到特定的一系列文化資源。第二章用了一位廣州文人的日記，以便將視線更加集中到學海堂建立前後二十年中的城市景觀。日記的作者謝蘭生（1760—1831）與學海堂，僅屬外圍接觸的關係，因此他可以代表最後一代的那些並非主要由這所新書院塑造自己的
20 文化體系的廣州城市文人。我們將謝蘭生的日記當作導遊手冊，跟隨他穿行於這個城市，尋訪一處處寺廟、園林和書院，跟商人、僧侶、娼妓、畫家、學者和官員們溷跡在一起。

第三章通過檢視第一代學海堂學者的社會背景、新書院創新性的學術和文學議程以及它的成立紀念，敘述學海堂如何融入這個複雜的社會文化景觀之中。實質的和象徵的景觀也有所提及：坐落在城市北緣的一座山丘上，學海堂跟山下紛擾的商業世界隔離開來，也跟別的書院相隔離；但是同時它又無法逃

① 原注42：本書是在所有語言中第一部專門寫學海堂的研究報告；然而我並不自認為這是對這所書院歷史的全面敘述。限於篇幅和本人的能力，我選擇不去講述學海堂學者文化創造的某些方面——例如數學和書畫——那些都是值得專門研究的。我也尚未探討學海堂作為廣州與東南亞、日本、韓國乃至與歐美之間文化互動渠道的作用。不過根據學海堂學者們創作的各種體裁的文字作品，我還是覺得我所構築的敘事講到了在他們看來最突出的問題。

離跟這個世界的聯繫。第四章分析了學海堂學者創作的三種類型的文字作品：歷史、詩和選集。這一章歸結於兩部詩文選集的比較，它們清楚地表明了廣州的學術和文學經典在三角洲腹地和廣州城市形成對照的兩種建構。第五章記錄了學海堂在危機的四十年中經歷的厄運和在十九世紀中葉的重建。大多數讀者對這數十年中發生的重大事件會很熟悉，特別是第一次鴉片戰爭（道光二十年至二十二年，1840—1842）和第二次鴉片戰爭（咸豐六年至十年，1856—1860），以及紅巾軍起義（咸豐四年至五年，1854—1855）。然而，當我們估量這些事件對廣州城市和三角洲腹地社會文化精英的影響時，它們相關的意義就在一種新的視線下顯現出來。以新一代學海堂學者的出現為標誌，十九世紀中葉的數十年見證了學海堂在地方文化生活中的重要性得到重振，也見證了它在變化的城市景觀中所起的作用以及城市與腹地之間動力作用的嬗替。

第六章和第七章是對十九世紀廣州兩位公認的傑出經學家陳澧和朱次琦（1807—1882）的個案研究。陳朱兩人都常常被描述為擁護某種形式的漢宋調和論，但實際上他們的學術理念相當不同。第六章專寫陳澧，一位移居廣州、在衙門擔任幕友的江南人的孫子。雖然陳澧是廣州在籍的居民，而他所作的評 21
論都是專一於漢學的，在很多情況下他認同於江南及其考證的經史之學。相反，第七章的主題人物朱次琦，則是西江邊上九江鄉的望族之後。雖然他無論以學生的身份還是以教師的身份都曾被邀請到學海堂，但是朱次琦寧可認同於自己原籍所在的九江，他甚至拒絕居住在廣州城，而且對學海堂的學術提出了尖刻的批評。就是这样，陳澧與朱次琦之間的鮮明對比表現出廣州和三角洲腹地之間由於學海堂將地方文化佔為己有而產生的日益增長的分歧。

第八章是為本書的研究作結論的一章，把中心放到了廣州城中那些利用學海堂的多元化的家族。這一章的開頭引了一首詩，是汪瑔（1829—1891）在陳澧和朱次琦去世前不久寫的，委婉地提到書院昔日的繁榮景象；汪瑔的詩嘗試著對學海堂和廣州的城市精英作出一些反映。我以追蹤汪瑔堂兄的兩個兒子的生活軌跡來結束這一章和這本書，這兩個人都活到進入二十世紀後很久。長子生於咸豐十一年（1861），他把自己變成了廣州文人文化的——特別是陳澧學問的——守護人；另一個兒子比長子小二十二歲，年輕時遵循的是十九世紀汪家孩子們典型的生活模式，而在下一個世紀卻轉往了令人驚訝的新方向。

縱貫整個敘事，我闡明了地方與身份認同之間的相互作用。在十九世紀廣州與珠江三角洲精英中，一個人特定的社會地位與地理位置往往對其學術和文學取向有著深遠的影響。然而同時，我並不認為前者會絕對決定後者；身份認同與派別聯繫是既多樣又流動的。當商人和行政管理者變身為文人，當三角洲腹地的子弟遷居到城市，他們就擁抱新的身份，發展新的聯繫。從十九世紀二十年代起，阮元的學海堂提出了供替代的學術和文學聯繫，這種聯繫促進了地理的與社會的流動性，對很多人來說，也促進了新身份的建構。

第一章　都會氣象與自成一隅：省城與珠江三角洲 23

端陽士女塞通津，拉雜龍舟打鼓頻。
忽聽鄰船歌水調，① 尋聲知是外江人。②

——潘兆鑾《羊城竹枝詞》，1875

閒來海口聽漁歌，唱到聲低喚奈何。
莫向珠江搖櫓去，珠江海闊險風波。③

——紫陽山人《九江竹枝詞》，十九世紀中期

儘管十九世紀珠江三角洲的社會文化景觀極其複雜並處於

---

① 原注 1：本句中“歌水調”一語，引人聯想揚州城的形象。唐代詩人杜牧（803—852）在他的《揚州三首》之一的開頭寫到了隋煬帝（605—618 在位）在江都（即揚州）的活動。杜牧在該詩的頷聯中有“誰家唱水調”之問，並在注中解釋道，在後來成為大運河的工程的一部分竣工之時，隋煬帝譜寫了這個曲調。《杜牧詩選》，頁 41－42。又見郭茂倩《樂府詩集》，頁 1114－1115。這個“揚州”也可以認為是指珠江上的妓女“揚州幫”。《廣州城坊志》，頁 636。

② 原注 2：《羊城竹枝詞》，卷一，頁 18 面。詩題中將“廣州”寫成“羊城”，是廣州的別名。我這裏譯成“outsiders”一詞，在中文字面上應為“外江人”，這是在清代廣州人對原籍江南地區以至更遠的北方人的指稱。

③ 原注 3：《九江儒林鄉志》，卷二十一，頁 18 背。

不斷流動的狀態，其中的一些特徵還是可以辨認的。研究珠江三角洲城鎮與農村宗族社團的人類學家和歷史學家，近年來已經為三角洲腹地勾畫出一些這樣的模式；而廣州城則尚少受到注意。人們在自然景觀中所佔據的位置，還常常決定著他們能夠獲得哪些種類的文化資源，這些資源又進而塑造了他們的文化學術偏好。因此，為了解釋為什麼有些受過教育的十九世紀廣東居民對學海堂非常樂意地作出了響應，而另一些則不然，就必須對本地的自然景觀，特別是對那些把廣州城跟三角洲腹地區別開來的特徵，有一個總體的認識。

24 正如上面摘引的第一首詩暗示的那樣，廣州以一種多元化的文化而自豪，其活躍形態主要來自進入這個地區的“外江人”。許多對這種多元化的氣氛作出貢獻的人，是一些旅寓者，或者是祖上在清代才從珠江三角洲之外移居到廣州城的新居民。廣州城的其他居民都是屬於珠江三角洲宗族的一些家庭和分支移居而來的。大多數在學海堂這個新書院裏表現活躍的文人，就是這些不同人群的代表。與此相反，在三角洲腹地較古老區域的世家望族，特別是西江沿岸桑園圍的一些強勢宗族，大部分都沒有加入學海堂新書院。到十九世紀末，這個島嶼式圍田地區的成員明確批判了這所書院及其文化學術議程，以及都市生活的墮落。他們轉而提出在他們眼裏看來更合法的地方文化形式的替代結構。三角洲腹地上另一個對本書研究很重要的地區——被稱為“沙”的沿岸沖積田地——是多元化的廣州和島嶼式的桑園圍地區這兩者的文化追求共同的至關緊要的財源，給雙方對資源的競爭提供著能量。

多元化的廣州的新來者

新來者，無論是暫時寄寓還是永久移民，在清代中國許多城市的商業與文化生活中都佔據著重要位置。① 在十九世紀的廣州，與學海堂緊密聯繫的學者及其贊助者就是來自幾個各不相同的新來者群落，這些群落都居住在廣州城，是一些由職業和籍貫形成的經常性的交際圈子。廣州對於官員們來說是一個重要城市，他們中有些人偶爾會謀求在這個城市的文化景觀中留下自己的印記。廣州的高官來自省外幾乎任何地方，除了他們之外，還可以確認有幾個地區性的群落，其成員多從事某些專門的職業。其中包括來自東北的漢軍旗人；來自江浙和其他 25
一些省份的退休官員和幕友；來自浙江省北部的下級官員和鹽商；以及來自福建的洋行商人。來自福建的移民在十八世紀早期已經出現於廣州的文人圈子當中。② 福建文人一直佔有重要地位，直到進入十九世紀，浙江移民迅速成為這個城市的文化

① 原注 4：論述寄寓的鹽商對清代中國各城市文化生活所起的作用，見何炳棣《揚州鹽商：18 世紀中國商業資本主義的研究》（“The Salt Merchants of Yang-chou：A Study of Commercial Capitalism in Eighteenth-Century China”）；羅威廉《漢口》；關文斌《文明初曙：近代天津鹽商與社會》（*The Salt Merchants of Tianjin：State-Making and Civil Society in Late Imperial China*）；安東籬《說揚州》。宋漢理（Harriet T. Zurndorfer）考察了徽州府，該地輸出了許多寄寓的鹽商。宋漢理《中國地方歷史的變化和連續性：800—1800 年間徽州的發展》（*Change and Continuity in Chinese Local History：The Development of Hui-chou Prefecture，800 to 1800*）。

② 原注 5：原籍福建的廣州文人之現身，莊有恭（1713—1767）是一個典型的例子。作為一位二次移民來到廣州的福建人之子，莊有恭入籍為本地居民，最終在乾隆四年（1739）會試中名列榜首，成為清代廣東“本地人”第一位獲此榮譽者。莊有恭的家族聲稱與江蘇常州的莊家有遠親關係。《番禺縣志》，卷四十四，頁 9 背；艾爾曼《經學、政治和宗族：中華帝國晚期常州今文學派研究》，頁 51。

精英中一股與之抗衡的力量。① 此外，廣東省東北部客家地區的文人也經常現身於廣州城的精英文化圈子。最後，珠江三角洲腹地宗族成員中移居廣州而在各種商業活動中發家致富的，也成了文化生產的贊助者。如果他們的兒子或孫子選擇在城裏永久居住，可能也就成了精英文化的生產者。

作為嶺南的區域性大都會，廣州城是中國南方最重要的行政機構所在地，同時也是重要的商業與文化中心。駐廣州的官員並不按共同籍貫結幫，此外，由於清朝的迴避法阻止了官員在原籍的省份任職，所以他們都不是廣東本地人。然而作為一個群體，他們在這座城市裏是一個強勢的存在。兩廣總督的衙門坐落在靠近珠江邊的被稱為廣州"新城"的區域（見圖 1）。② 粵海關監督［就是西方商人所稱的"戶部"（Hoppo）］衙門也是在新城。其他衙門大部分集中在老城的中心區，包括廣東巡撫衙門、鎮臺衙門、廣州知府衙門，都在惠愛街；這條街從大東門到大西門橫穿廣州老城。③ 惠愛街以南有按察使衙門、學政衙門、鹽運使衙門和糧道衙門。最後，由南海縣在西、番禺縣在東，分管廣州城轄區；這樣，兩縣的縣令在城裏也有各自的衙門。

---

① 原注 6：同治十年《番禺縣志》的傳記部分顯示，來自珠江三角洲古老家族的文人在十六七世紀獨擅風騷，而在十八世紀有少量原籍福建的家族加入來，到了十九世紀則開始被外省人、特別是浙江北部人所取代。浙江移民出類拔萃的表現在民國二十年（1931）的縣志中有更多記載。《番禺縣志》，卷四十三至卷四十六；《番禺縣續志》，尤其卷十九至卷二十一。

② 原注 7：雖然嚴格來說"新城"只是指城牆向南延伸部分所環繞的街區，但實際上通常包括新城的南城牆到珠江邊的地帶。

③ 原注 8：清代的惠愛街相當於今中山四路至中山六路一帶。

譯注：關於英文為何將粵海關監督稱為 Hoppo（戶部），見陳國棟《清代前期的粵海關與十三行》第一章第二節"監督的職銜"（頁 4）。廣東人民出版社，2014。

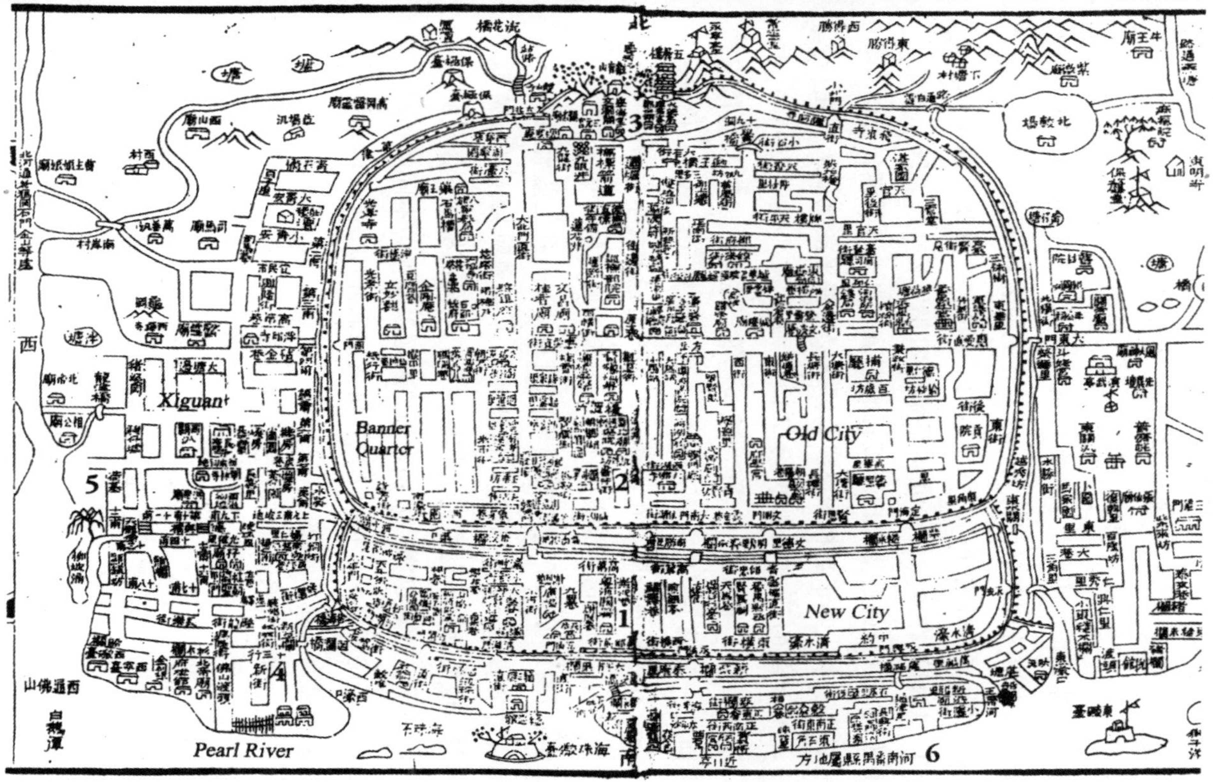

圖 1：謝蘭生的城市：道光十五年《南海縣志》中的廣州地圖。謝蘭生是這部縣志的資深編纂，但是在縣志完稿之前就去世了。與謝的日常社會生活相關的重要地點包括：（1）素波巷，常惺惺齋所在地；（2）羊城書院（此地圖未標出）；（3）學海堂；（4）西關的洋商商行；（5）荔枝灣一帶；（6）指向河南的標示（河南屬番禺縣管轄，所以沒有收入此圖）。（《南海縣志》，卷三，頁 2 背—3 面。）

當被任命到廣州的官員既有這樣的志趣又具備必須的領導魅力時，他們就有可能給這個城市的精英文化生活造成影響，
26 特別是在引導文學及學術潮流方面。一個突出的例子是山東籍詩人王士禎（1634—1711），他在康熙二十四年（1685）奉派主祭南海神廟，這座廟就坐落在廣州城東面。王士禎在廣州的時候，跟本地詩壇名宿們打成一片，在他的名氣幫助下，這個地區在詩歌方面日益提高的聲譽得到了認可。① 蘇州人惠士奇（1671—1741）在康熙五十九年至雍正四年（1720—1726）擔任學政時，廣州的經學出現了短暫的繁榮。惠士奇是漢代經解的早期推崇者；其子惠棟後來成為"漢學"學派的創始人。在廣州，惠士奇的研究路數啓發了像南海人何夢瑤（1693—1764）和順德人羅天尺（1686—1766）等一些學生；順德是廣州南面的一個縣。② 北京詩人兼經學家翁方綱（1733—1818）
27 是另一位有影響的學政，在乾隆二十九年至三十六年（1764—1771）任內，他通過在廣東編印省內發現的碑文的結集《粵東金石略》，幫助促進了當地對碑學的興趣。③ 所有這些官員都在地方上造成過一時的轟動，但他們的影響相對來說是短暫的，因為他們都沒有建立起能夠保存他們衣缽的機構。像他的前任們一樣，阮元也樂於鼓勵人們熱衷地追隨他；不同的是通過學海堂書院這個制度化的手段，阮元的衣缽被造就成本地文化景觀中更為久遠的特徵。

陪伴這眾多官員來到他們在廣州的衙門的，是龐大的隨員

① 原注 9：王士禎《廣州遊覽小志》，頁 2 面—3 面。

② 原注 10：像一個世紀之後的阮元一樣，惠士奇把自己想像為當代的文翁（文翁是漢代人，曾將儒學引進相當於今天四川的地區，促進了當地的文明）。錢大昕《潛研堂文集》，卷三十八，頁 23 背－24 面；《漢書》，頁 3625－3626。

③ 原注 11：關于翁方綱（Weng Fanggang），見恒慕義《清代名人傳略》，頁 856－857。

群體，他們都是來自這些官員家鄉地區的受過教育的文人，其中許多人本身也有志於仕途。這些文人大部分擔任行政管理的專業工作或充當幕友；另一些人則是跟隨他們的贊助人到這個遙遠南方的任所，來從事衙門裏組織的各種各樣的學術上或文學上的工程。這種做法在十九世紀的廣州頗為盛行，很大程度上是由於阮元樹立的榜樣。當阮元於嘉慶二十二年（1817）到廣州來就任兩廣總督的時候，吸引了一大批江南文人作為他的隨員，並且很快就把他們中好幾個人安排到編纂新版《廣東通志》的工作上去。

除了官員和他們的隨員之外，廣州還擁有一支很大的八旗駐軍，由滿族人和早期臣服於清朝而被編入精鋭清軍的東北漢人組成。這種職位是世襲的，整個家庭都落籍為旗人。駐軍之初就遇到了三藩之亂（康熙十二至二十年，1673—1681），所以清廷從京師選派了三千名漢軍旗人來重建了廣州的八旗駐軍。在十八世紀中期，廣州駐軍中的漢軍旗人人數被減半，裁撤的名額由一千五百名來自京師的滿族旗人取代。因此，按官方的總人數，不包括眷屬，仍是三千人；而根據十九世紀的估計，旗人及其眷屬的總人數為兩萬人。①

與大多數其他有八旗駐軍的中國城市不同，廣州的八旗駐 28
地並沒有用圍牆跟城市其他部分隔離開來。老城西部三分之一的地方專門劃為駐軍所用，滿洲將軍的辦公處則坐落在橫穿八旗駐地的一段惠愛街上。雖然沒有圍牆分隔，但是軍隊進駐時，當地的原居民都已徙置他處；所以在十九世紀，八旗駐地

① 原注12：《廣州城坊志》，頁304；歐立德《滿洲之道》（*The Manchu Way*），頁108—110、126；格雷（John Henry Gray）《遊走廣州城》（*Walks in the City of Canton*），頁30。

跟城市的其他部分可以清楚地區別開來。① 僅靠清朝立國之初定下的固定收入，人口逐漸增長的旗民跟這個城市的其他居民相比起來就漸漸貧困化了。十九世紀的一位觀察者注意到，"城市的這一區域跟純漢人居住的區域，顯示出鮮明的對照。他們的房子比較小而簡陋，到處瀰漫著一種荒廢的、不景氣的、沒落的氣氛"。②另一位觀察者則只是說，"這裏的街道比較寬，人口也不那麼稠密"。③

儘管八旗駐地跟城市其他部分存在明顯差異，旗人社區的一些成員卻與廣州的商業和文化精英交往甚密。例如，十九世紀的旗人家庭大多在廣州著名的燈市從事製作燈籠的手工業。④ 一位廣州駐軍的漢軍旗人劉起雄經營鹽業而致富，使之能夠捐款重修八旗街區的道路和廟宇。⑤ 一位評論家在嘉慶十六年（1811）注意到："廣州駐防兵丁內，漢軍多有出城交結外人，勾夥謀利。"⑥這樣一種混雜狀況成了乾隆十九年至四十四年間（1754—1779）帝國范圍內遣散大部分漢軍旗人的起因。⑦ 廣州的八旗駐兵在省級駐兵中是唯一保留有漢軍旗人的，他們現在只占正式駐兵名額的一半，但是其眷屬的人數則遠超新來的滿族人。留在北京駐兵中的漢軍旗人成了"滿族人"，但是在廣州，有幾家漢軍旗人在十九世紀早期開始加入

---

① 原注 13：歐立德強調指出了八旗駐軍給所駐城市的景觀造成改變的程度。見歐立德《滿洲之道》，頁 89。

② 原注 14：香便文（B. C. Henry）《嶺南記》（*Ling-nam, or Interior Views of Southern China: Including Explorations in the Hitherto Untraversed Island of Hainan*），頁 46。

③ 原注 15：《廣東省例新纂》，卷八，頁 8 面。

④ 原注 16：《駐粵八旗志》，卷二十四，頁 10 面。

⑤ 原注 17：《駐粵八旗志》，卷二十四，頁 6 背。

⑥ 原注 18：評論家李可蕃（嘉慶七年進士）原籍是珠江三角洲城鎮佛山，是清朝官場中一名御史。《清實錄·廣東史料》，冊三，頁 417。

⑦ 原注 19：歐立德《滿洲之道》，頁 336、339。

到廣州文人的行列。① 這是由嘉慶二十一年（1816）一項創舉
所促成的，就是在三年一次的廣東鄉試中每次給予廣州駐軍旗 29
人三個舉人的名額。第一批的三個人中有徐榮（1792—1855），他是在這個城市文化生活中起過重大作用的幾位漢軍旗人之一。②

在十九世紀的廣州，地方文化的生產者中有許多人的晚近先輩是在廣州眾多衙門中供職和在廣東各地充當幕友、吏員或下級官員的。③ 這一群體的絕大部分來自廣義的“江南”——也就是江蘇的南部和浙江的北部。而在這個群體內，大部分又來自浙江北部的兩個府：紹興和杭州。來自浙江北部而選擇定居廣州的移民，多落籍為番禺縣居民，以便依法取得參加科舉考試的資格；只有很少的移民為此目的落籍為南海縣居民。在清代和民國的《番禺縣志》中，他們的先輩都被描述為曾在廣州為官或充任幕友。至於說到他們留在廣州的原因，通常簡單地歸結為“流落”南方，或者因貧窮無法回鄉，或者因在廣州任職的父親去世而成為遺孤。族譜中通常會提到一些地方顯貴

---

① 原注 20：廣州駐兵漢軍旗人中可以稱為“廣州化”的現象，對於歐立德認定的漢軍旗人“成為滿族”的總傾向來說，似乎是一個例外。這也許可歸因於廣州地處偏遠，並且旗人駐地周圍沒有圍牆與其他居民相隔離。歐立德《滿洲之道》，頁 340－343。

② 原注 21：《駐粵八旗志》，卷十二，頁 2 面。

③ 原注 22：安樂博（Robert J. Antony）在其新近對廣東鄉一級官員的研究中指出，這些“佐雜”官員大部分都是有官階並且領俸祿的。在本書中，我使用了科爾（James H. Cole）的術語“下級官員”（subofficials），而沒有採用安樂博的“鄉官”（Subcounty officials），以便可以將廣東省內所有行政層次的下級官員都包括在內。安樂博《廣東省的鄉官、國家與地方社會，1644—1860》（“Subcounty Officials, the State, and Local Communities in Guangdong Province, 1644-1860”），頁 30－31；科爾《紹興：十九世紀中國的競爭與合作》（*Shaohsing: Competition and Cooperation in Nineteenth-Century China*），頁 86－105。

人物的祖先當過下級官員或吏，這使人想到至少有一些人的祖先，在志書的傳記中被描述為官員的，很可能只是身份並不高的下級官員而已。有這麼多人從杭州、特別是從紹興來到這裏，絕非巧合。科爾（James H. Cole）描繪了紹興人作為法律專家的聲譽，還詳細記錄了數量之多與原籍人口不合比例的、在帝國各地充當幕友和下級官員的紹興人構成的廣泛網絡。① 許多在十九世紀廣州文化生活中發揮傑出作用的外來移民，本身或近世的先人是來自紹興屬下的山陰、會稽、諸暨、蕭山、上虞等縣，或者來自分治杭州城轄區的兩個縣：錢塘與仁和。②

有兩則初始移民的例子很適合用來介紹來自浙江北部、定居於番禺的行政管理專業者的世代傳承模式。史善長（約
30 1768—1830 或 1831）是山陰人，其父在粵海關監督衙門為吏。善長出世只十個月，父親就去世了；他由母親撫養成人，落籍為番禺居民。成年後，史善長最初當上了塾師，後來就按照父親的榜樣做了吏，期滿之後，他又成了一位從事對外貿易的商人（洋商）。他還不滿足，又捐了一個縣令，後來去了江西當官。他的兒子史澄後來成為廣州的重要學者和教師，於光緒四年（1878）在城內購地建造宗祠，表達了這個家族作為新廣州人的身份認同。③

---

① 原注 23：科爾《紹興》，頁 75、118。

② 原注 24：會稽（Guiji）（按威妥瑪式拼法則為 Kuei-chi），有時候也讀成和寫成 Kuaiji。根據有的資料可以推知，浙江北部人早在清朝初年就開始進入廣州。例如著名的廣州詩人陳恭尹（1631—1700）在順治十七年至康熙十五年（1660—1676）間的詩作中提到來自山陰的兄弟倆，張梯和張杉。兩人在探訪擔任鹽政的侄子期間寄寓在廣州。張杉後來在廣州去世。陳荊鴻《獨漉詩箋·增江後集》，頁 71—72。

③ 原注 25：《番禺縣志》，卷三十三，頁 23 面；《廣州城坊志》，頁 121；陳澧《東塾集》，卷五，頁 11 面—12 面。

許家在十九世紀中期居住在廣州的番禺部分，可以追溯到十六世紀末居住在杭州仁和縣的一個姓氏集團。這個家族的第八代傳人沒有後嗣，不得不從外姓領養了一個兒子。這個領養來的第九代傳人名叫許鏞（1762—1819），他在乾隆末年至嘉慶初年這段時間來到廣東充當幕友。許鏞的三個兒子也相繼南來，於是他們就在廣東省城安了家。許鏞死後安葬在廣州城外，於是就被尊奉為由杭州移居廣州這一宗支的始祖。他的長子許學程（1783—1854），據許氏族譜記載也以作幕友為業，不過他進入這一行最初並不順利，因為這個專業內的人都嚴格地依附於某些小圈子。① 他最終被三角洲南部的香山縣縣令錄用，很快就憑著專業技能贏得了聲譽。② 次子許學周（1789—1826），時而作幕友時而經商，常常從浙江販運文房用品到廣東出售。家族充當幕友的傳統傳到了再下一代，學程的長子許其康（1811—1874）也在海關衙門和別的辦事處服務。但是這個家族也開始向更尊貴的文人行業進軍：學程的次子許其颺（1819—1872，過繼為學周嗣子）為邑庠生，后被任命為羊城書院的監院。學術上更大的成功隨他的第三子許其光（1827—
1884）而來：其光考中了進士，並成為翰林學士和監察 31
御史。③

許鏞和他的子孫通過聯姻鞏固了在新環境裏的地位——不僅跟珠江三角洲的本地人家聯姻，也跟籍貫和職業背景相仿的人家聯姻。許鏞的第三子許學朱把女兒許配給張廷錦（1816—

① 原注 26：許氏族譜用了儒雅的說法來敘述這件事。這樣，廣東的幕友就被說成看重師承關係，持有門戶之見。《浙杭遷粵高陽許氏家譜》，序，頁 3 面；傳，頁 11 背。

② 原注 27：香山縣自 1924 年改名為中山縣。

③ 原注 28：《浙杭遷粵高陽許氏家譜》，序，頁 3 面；傳，頁 9 面—19 背；《高陽許氏家譜》，卷一，頁 15 面—背。

1874?)。張是江蘇吴縣人，在廣州西邊①的東莞縣當幕友。進士許其光娶了番禺舉人楊榮緒（1809—1874）的妹妹為妻。楊是廣州城居民，很可能是外來移民。②

看來，跟留在杭州老家保持仁和縣戶籍的族人維持聯繫，也使許家有所獲益。③ 許鏞能夠打入幕友這一行，其中一個原因也許就是因為仁和許家世代有多人在廣州為顯宦。許氏家族的第九代中，跟許鏞同屬一個曾祖的其他後人，在廣東省做官的有：許鉞（1719—1787），任署廣州知府；許鈞，乾隆三十九年至四十六年間（1774—1781）任順德縣令。這一事業上的軌跡由許鉞的子孫追隨著。其子許學范（乾隆三十七年進士）在父親任職廣東期間一直陪伴左右，甚至受聘為廣州鄉試評卷。學范的長子許乃來（1763—1822），在十九世紀末任香山縣令四年，這也許可以解釋許學程之入行當幕友為什麽能在香山縣取得突破。後來在十九世紀三十年代捲入關於鴉片政策爭論的許乃濟（1777—1839），當了一任廣東督糧道後，又於道光十二年（1832）和道光十三年（1833）任廣東鹽運使。④許乃濟通過納順德女子為妾，並於嘉慶二十二年（1817）由阮元任命為廣州主要書院粵秀書院的山長而進一步鞏固了他與廣東的聯繫。最後，許乃釗（1799—1878）於道光二十九年（1849）被任命為廣東學政。其實，甚至沒有在廣東定居的仁和許氏宗族成員，也在廣東度過了很多時間，以至乾隆四十年（1775）和嘉慶八年（1803）的仁和許氏族譜都是在這個南方

① 譯注：當為“東邊”。

② 原注 29：《浙杭遷粵高陽許氏家譜》，傳，頁 13 背、19 背。

③ 原注 30：留在杭州的許氏族人有些籍載錢塘縣，該縣與仁和縣分治杭州城。《杭州府志》，卷一百三十七，頁 6 面—背。

④ 譯注：當為“兩廣鹽運使”。

省份里編寫和印製的。①

跟他們充當下級官員和幕友的同鄉一樣，來自紹興和杭州的商人在這個城市裏也是一個不合比例的存在；他們的子孫對廣州地方文化的生產也產生了重大的影響。② 在廣州佔主導地位的商人是掌控著鹽業和海外貿易的商人，這兩個群體中都包含了數量可觀的寄寓者和移民。因此，在鹽業貿易中紹興人和杭州人普遍存在。像在其他的鹽業集散中心，例如揚州和天津一樣，廣州的鹽業貿易也是由外地人主導。③ 雖然在近代歷史文獻中，廣州鹽商的光彩為同城的洋商所掩，但是在同時代人的眼中，他們的重要性一點也不遜於他們的洋商同事。這個事實沒有逃過一位西方觀察者的眼睛，他感覺到廣州的鹽商跟洋商“在官階、社會地位和財富上享有同等的重要性”。④ 32

居住在廣州並涉足鹽業貿易的紹興與杭州商人的壓倒性存在，可以從道光十六年（1836）版的廣東與廣西鹽業貿易的志

---

① 原注 31：《浙杭遷粵高陽許氏家譜》，傳，頁 13 背、19 背；跋，頁 4 背。《高陽許氏家譜》，序，頁 6 面—7 面；表，頁 1 背—2 面；卷一，頁 15 背、17 面—背；卷二，頁 2 面、4 面—7 面。咸豐三年《順德縣志》，卷九，頁 10 面。道光七年《香山縣志》，卷三，頁 72 背。《粵秀書院志》，卷九，頁 25 背。黃芝《粵小記》，頁 3 背。許乃濟也曾與阮元創辦的杭州詁經精舍合作，雖然嘉慶六年（1801）書院的文集中沒有收入他的文字。《詁經精舍文集》，碑文與名錄，頁 6 面。

② 原注 32：看來在來自浙江北部的家族中，從事行政管理的跟經商的，兩者有所交疊。據白德瑞（Bradly W. Reed）在對四川巴縣的胥吏研究中認為，由於營商和在縣的鹽務衙門供職兩者所需的各種技能相似，所以有些家族很自然就將這兩個行業的專業策略結合在一起。白德瑞《爪與牙：清代的州縣胥吏與衙役》（*Talons and Teeth: County Clerks and Runners in the Qing Dynasty*），頁 83。

③ 原注 33：何炳棣指出，揚州的鹽商有許多是來自山西和陝西的移民，其餘的則是來自安徽的徽州。何炳棣《揚州鹽商》，頁 143—144。對此更充分的論述見安東籬《說揚州》，頁 49—62。

④ 原注 34：亨特《舊中國雜記》，頁 21。

書《兩廣鹽法志》中窺見端倪。由於在粵經商的外省客商並未落籍為本地居民，所以他們的子弟按法律不能參加這裏的科舉考試。於是清政府創設了一種特殊的寓居者類別，叫做“商籍”考生，允許這一階層有限地參加在廣州舉行的府、縣和省的考試。然後中式的考生就可以赴京競爭最高的進士功名。《兩廣鹽法志》列出了乾隆朝中進士的三名在粵商籍舉子，他們都是會稽縣人。此外，該書還記錄了雍正十年至乾隆四十二年間（1732—1777）在廣東歷次鄉試中中式的二十名商籍考生的姓名與籍貫。這些人也全都是杭州人或紹興人：六名來自杭州府；來自紹興的，有八名來自山陰縣，六名來自會稽縣。乾隆四十二年（1777）以後，鹽商的子弟被允許正式落籍為本地居民，他們幾乎毫無例外都選擇了落籍在番禺縣。①

33 同治十年（1871）《番禺縣志》的傳記部分記載了大量這樣的例子：社會名流的祖先從浙江北部來到廣東從事鹽業貿易，讓子弟以商籍身份參加考試，最後落籍為番禺居民。一位名叫徐本義的，是個典型的例子。② 徐父原籍仁和，寄寓廣

① 原注35：道光十六年《兩廣鹽法志》，卷三十三，頁20面—21面。十八世紀資料《粵臺徵雅錄》提供了兩個早期來自山陰的商人家庭的一些細節。劉煥是山陰人，寄寓廣州，藏書富贍。其子劉邦憲以商籍廣州府學庠生的身份於乾隆十七年（1752）考中舉人。另一位山陰人胡宗裕是廣州的商籍庠生，後來通過捐納成為貢生。其子胡國林也在乾隆十七年考中舉人，不過是作為鶴山縣籍的生員赴試的。很可惜，資料沒有說明這位山陰寄寓者的兒子是如何在鶴山縣入籍的。胡國林的名字在道光二年的《廣東通志》中作“國材”，而在道光十三年的《肇慶府志》中則說他是“國林，南海人，鶴山諸生”。《粵臺徵雅錄》中他的名字也作“國林”。羅元煥《粵臺徵雅錄》，頁15背、頁25背。《廣東通志》，卷七十九，頁37面；卷八十，頁16背、頁17面。《肇慶府志》，卷十五，頁12面。

② 原注36：此“徐”氏家族勿與上文所說的“許”氏家族相混淆；許氏家族的專長是作幕友。

東，有三個兒子，都以商籍取得了生員資格，有文名，人稱“三徐”。① 另一個例子是金氏家族，產生了好幾位有功名的成員，同時還產生了一些本地的詩人和學者。追本溯源，這個家族的祖先來自江陰，或者像《番禺縣志》比較隱晦的講法，是本朝早年的“先世浙人宦粵”。著名詩人、番禺人張維屏(1780—1859)，是金家的密友，同時也是一個來自浙江北部的新來者。他注意到這個家族的一個孩子，嘉慶十三年（1808）舉人金菁茅，後來承擔起了“理鹺務”的責任。② 雖然志書的傳記裏可能略去了文人家庭的商業背景，金家的例子也展示了城市外來移民家庭追求社會發展策略的多樣性。對金家來說，這種策略效果很好。在十九世紀五十年代早期，張維屏在文章中描繪金家一門九中舉，是十九世紀廣州城裏無與倫比的成就。

其他寄寓廣州的紹興鹽商也在城市的景觀中刻下了他們的印跡，並出現在民間文學中。坐落在惠愛街的山陰潘氏烈女祠，祭祀的是一位來自山陰縣的潘姓鹽商的女兒。這位商人破產，女兒的未婚夫悔婚，女孩在絕望中自殺了。這座祠始建於康熙四十五年（1706），在一個多世紀後於嘉慶二十四年（1819）又由這位父親的後人重修。③ 另一處紹興的遺跡是廣州大東門外的地藏庵。這座庵由寓粵的紹興商人出資興建，十九世紀時作為在廣州亡故的外地寓居者棺柩的臨時厝所；這些死者的親屬（如果有親屬的話）無力將靈柩運回故鄉安葬。④ 34

① 原注 37：《番禺縣志》，卷四十五，頁 13 背。更多的例子還有，倪世華的家族來自紹興的上虞縣；他後來成為番禺居民，最後考中了進士。他的兩個叔伯都曾經營鹽業。《番禺縣志》，卷四十六，頁 2 面。

② 原注 38：張維屏《藝談錄》，下，頁 30 面。

③ 原注 39：《廣州城坊志》，頁 42。

④ 原注 40：紹興商人興建該庵一事，見於一部鹽法志的記敘，令人推測這些商人極可能是鹽商。光緒十年《兩廣鹽法志》，卷五十三，頁 48 面；格雷《遊走廣州城》，頁 545－546。

在小說《蜃樓志》中也可以看到紹興影響的印跡。小說的時代背景設在明朝嘉靖年間，而實際上寫的是作者的同時代人（大致是嘉慶朝晚期）。主要人物是一位富有洋商的兒子；但書中還寫了一位很有影響的鹽商，紹興人溫仲翁。他的妹夫也是在廣州從事鹽業貿易的紹興人。溫還安排他的兒子娶了一位南海縣下級官員之女為妻。[①] 這樣，浙江北部人就不僅是在廣州各衙門裏有著不合比例的眾多代表，而且在這個城市的鹽商人群中也在在皆是。如此一來，十九世紀番禺的文化精英就包含了越來越多的祖籍在浙江北部的廣州城市居民。[②]

就像浙江北部的商人在以廣州為基地的鹽業貿易中無所不在一樣，這個城市最有名的官方授權的洋商（公行商人）的原籍則可追溯到福建的中部和南部。儘管他們的子弟中有些人最後進入了文化精英行列，成為真正的文人，但福建商人最重要的仍是作為文化生產的贊助者。在外洋貿易中最強有力的兩個家族都是清朝初年才移居廣州的福建人。

其中之一是伍氏家族，原籍在福建中部沿海；其祖先是一位名叫伍朝鳳（1613—1693）的商人，於康熙年間在廣州西城牆外的郊區西關定居。伍朝鳳後來將他父親伍典備的靈櫬從福建遷葬到廣州城外，這樣就使他作為南海新居民的地位取得了永久性。他的子孫生意發達，在西關及珠江對岸南邊稱為河南的郊區建造了宮殿式的家宅和園林。十八世紀八十年代，伍朝
35 鳳的曾孫伍國瑩成為這個移民家庭在對外貿易壟斷制度下開設自家商號怡和行的第一位成員。伍國瑩的第三子伍秉鑑

① 原注 41：《蜃樓志》，頁 12、66。

② 原注 42：從浙江來到廣州的大量移民沒有為十八世紀末的番禺文人呂堅的觀察所忽略："夫吳會之人多遊嶺海，總百年而計之，宦而能歸者十之四五，賈而能歸者十之六七，羈旅依人栖栖靡定者且不知凡幾。"見呂堅：《陳虹橋先生家譜序》，載《陳氏家乘》卷末。

(1769—1843)，於嘉慶六年（1801）取得了家族商號的領導地位，在嘉慶朝此後的年代成為這個城市最富有的洋商，可能積聚了全世界最大的個人財富。①

十九世紀早期，寄寓廣州的伍氏族人開始著手把自己改寫為一個廣州家族。嘉慶八年（1803），伍國瑩為他的父親立祠祭祀；道光四年（1824），伍國瑩的長子伍秉鏞編訂了族譜。道光十五年（1835），伍家立祠祭祀安葬在廣東的始祖伍典備。為了進一步樹立在廣州上層社會的合法性，伍家跟諸如吳榮光(1773—1843）這樣的學者官員締結姻親，或者就使用其殷實的財力來使自己的社會地位合法化。② 伍秉鑑和另一位洋商盧文錦捐獻了十萬兩銀子重修桑園圍堤壩。伍秉鑑的兒子伍元崧在道光十三年（1833）洪水侵襲桑園圍後再次捐出大筆款項。為了對這樣的捐獻表示嘉獎，伍秉鑑和他的兒子們被賜予科舉功名和官階。③

潘氏家族來自鄰近閩南海港泉州的同安縣，是跟伍家一樣有影響力的洋商家族。在福建與馬尼拉從事對外貿易取得經驗之後，潘家第一位移居廣州的是潘振承（1714—1788)。④ 潘

---

① 原注 43：伍秉鑑與其子伍崇曜（1810—1863），被廣州的西方人稱為“浩官”。《安海伍氏入粵族譜》，序，頁 3 面；表。穆素潔（Sucheta Mazumdar)《中國：糖与社会——農民、技術和世界市場》(*Sugar and Society in China: Peasants, Technology, and the World Market*)，頁 82—84。“伍國瑩”在艾博華（Eberhard）的著作中拼寫為“Wu Kuo-jung”。

② 原注 44：吳榮光的“吳”姓，勿與拼音相同的“伍”姓商人家族相混淆，雖然官員吳榮光出身於佛山一個強勢的商人家庭。恒慕義《清代名人傳略》，頁 872。

③ 原注 45：《安海伍氏入粵族譜》，序，頁 3 背，《萬松園記》。

④ 原注 46：潘振承見於西方資料時多用其商名潘啟官一世。張榮洋（Weng Eang Cheong)《廣州的行商：中西貿易中的中國商人》(*The Hong Merchants of Canton: Chinese Merchants in Sino-Western Trade*)，頁 159—160。

振承將他的洋行命名為“同文”：“同”代表同安縣，“文”代表他家鄉的文圃山，“示不忘本云”。① 潘振承去世後實際上歸葬於同安，儘管他生前在廣州的西關和河南營建了豪華的宅邸和廣闊的園林。跟潘氏家族成員一起安葬在廣東的，只有第二代祖先——潘有為（1744—1821）、潘有度（1755—1820）和潘振承的另外五個兒子。② 由潘振承的一個弟弟派生出的潘家另一支脈，於十八世紀晚期開始在廣州定居。③ 洋商中，潘氏家族在進入城市文人行列方面最為成功。④

除了伍家和潘家之外，至少還有另外三個福建家族擠進了
36 十三家官方指定的洋商這個精英集團。三家之中，以謝家最為經常贊助廣州的精英文化。創業者謝嘉梧（？—1826），原籍福建漳州，於嘉慶十六年（1811）獲准成為洋商，經營其“東裕行”。謝嘉梧的兒子謝有文和謝有仁，以其在新城的宅邸“得月樓”為活動基地，行事更像文人多於像商家。⑤ 伍家、潘家和謝家只是閩商中的佼佼者；早在十八世紀三十年代，至少有上千家來自泉州和漳州這兩個福建城市的商人在廣州經商和居住。⑥ 洋商族長潘振承為同是來自福建的洋商移民建立了

① 原注 47：《河陽世系》，無頁碼。

② 原注 48：繼承其父的位置，潘有度在西方資料中被稱為潘啟官二世。

③ 原注 49：《河陽世系》，無頁碼。

④ 原注 50：跟洋商伍家一樣，潘家也跟佛山的吳榮光聯姻。潘正常（1787—1812）娶了吳榮光之妹為妻。吳榮光《石雲山人文集》，卷三，頁 52 背。

⑤ 原注 51：其他由福建人經營的洋行有蔡義豐行和葉義成行。梁嘉彬《廣東十三行考》，頁 216－217、234－244、267；張維屏《藝談錄》，下，頁 43 背。

⑥ 原注 52：穆素潔《中國：糖與社會——農民、技術和世界市場》，頁 301。

一個組織。① 其子潘有為後來提到廣州河南的一條福建街，那裏居住著“閩人老於航海者”。②

並非所有福建人都通過外洋貿易致富；至少有一個家族，在族長葉廷勳領導下以鹽業自立。葉氏的祖先在歷史上某個時候從福州南面的福清縣移居到同安，也就是洋商潘家祖籍所在地。葉廷勳的高祖在清初移居南海，嘉慶二十年（1815）族人在廣州西關為之立祠，尊為家族南遷的始祖。為了給新建的祠堂增添光彩，葉廷勳請了訪粵的江南文豪惲敬（1757—1817）撰寫碑文。廷勳和葉家的其他成員在嘉慶年間曾捐款賑濟水災和一些別的工程，也跟其他商人家族一樣，獲贈官銜和榮譽。同樣的，廷勳的家族成員以及葉家的後代在十九世紀把自己改造成了文人。③

來自粵東北嘉應州的寓居文人構成了作用於十九世紀早期多元化的廣州文學和學術界的外來者中另一個重要群體。嘉應地方的人口以客家人為主，這個亞族群在文化上有許多方面不同於居住在珠江三角洲的漢人。數百年前，客家人就定居在跨越福建、江西和廣東邊界的山區。廣東最東部的這個“客家之 37
鄉”最重要的地方就是嘉應州。④

雖然嘉應州按行政上來看是廣東省的一部分，因此也在駐廣州的眾多省級官員的管轄範圍之內；但這個地區從地理和經濟方面來看實際上可能跟福建南部和廣東東北部，包括濱海城

---

① 原注 53：張榮洋《廣州的行商》，頁 162。

② 原注 54：《廣州城坊志》，頁 699。

③ 原注 55：惲敬《大雲山房文稿》，卷四，頁 13 面—14 面；宣統二年（1910）《南海縣志》，卷二十，頁 6 背；吴榮光《石雲山人文集》，卷四，頁 16 背。

④ 原注 56：梁肇庭（Sow-theng Leong）《中國歷史上的移民與族群：客家人、棚民及他們的鄰居》（*Migration and Ethnicity in Chinese History: Hakkas, Pengmin, and Their Neighbors*），頁 23。

市潮州，有較緊密的聯繫。[①] 不像廣東的大部分地區都有河道可通廣州，舟楫往來相對容易；而從嘉應去省城則不太方便。這可以從翁心存（1791—1862）的日記裏看到，他在道光五年（1825）從福建任所轉赴廣東就任新職——提督廣東學政。在經過嘉應城之後，他繼續沿著韓江水系溯流而上，經過兩個客家縣份，接下去他的親隨們就不得不由陸路翻過一個山上的關隘，這裏連接著韓江水系（朝東南流向潮州）與東江水系（經珠江三角洲東部流向廣州）。[②]

不顧從客家之鄉到珠江三角洲路途的險阻，在十七世紀之後，越來越多的客家平民移民到珠江三角洲並向更西的地區遷徙。到十八世紀，正如梁肇庭（Sow-theng Leong）指出的，在緊鄰廣州的周圍，已經開始感覺到客家人的存在；特別是在

---

① 原注 57：按施堅雅（G. William Skinner）的看法，中國的東南沿海大區由浙江南部、福建和廣東東北部構成，包括嘉應和海港城市潮州。相鄰的嶺南大區，按施堅雅的定義，則由廣東的中部和西部，以及毗鄰的廣西省大部分地方構成。換言之，就是說嶺南大區大致上是由匯流到珠江三角洲的東江、北江和西江這幾條支流的流域構成的。施堅雅《十九世紀中國的地區城市化》（"Regional Urbanization in Nineteenth-Century China"），見施堅雅編《中華帝國晚期的城市》（*The City in Late Imperial China*），頁 212、214。馬立博（Robert B. Marks）在新近對該地區經濟與環境歷史的研究中，通過展示以嘉應為中心的客家之鄉在帝國晚期並未整合進嶺南市場，進一步支持了施堅雅將嘉應地區劃分在珠江三角洲範圍之外的見解。按照馬立博的說法，稻米從廣西經由西江運入珠江三角洲；而在廣東的最東部，稻米則是從潮州運往嘉應。實際上，稻米的價格在潮州和嘉應通常高於珠江三角洲。馬立博《虎、米、絲、泥：帝國晚期華南的環境與經濟》（*Tigers, Rice, Silk, and Silt: Environment and Economy in Late Imperial South China*），頁 259、262。

② 原注 58：翁心存《入粵紀程》，道光五年十月二十日、十月二十一日。本書引文中，日記的日期是按照陰曆的月、日，以年號紀年。翁心存記錄了大量的商品由男女搬運者經由山徑在韓江和東江水系之間來往搬運。

廣州府內一些比較外圍的地區——地勢低平而富庶的番禺、南海、順德、新會、香山等縣郊外。在珠江三角洲，這些客家移民大多給本地的地主充當佃農。隨著十八世紀的繁榮逐漸讓位於十九世紀的環境與經濟壓力，土著與客家人之間開始爆發衝突。早在嘉慶七年（1802）就有土客衝突事件的報道，到十九世紀中期終於形成廣泛的暴力行為。[1]

除了客家平民移居珠江三角洲之外，希望參加三年一次在廣州舉行的鄉試的嘉應讀書人也被吸引到這個地區。嘉應考生在鄉試中中式的人數一直甚高，其成功可以媲美南海、番禺、順德這珠江三角洲核心的三個主要縣份。[2] 無論是因為希冀學 38
業上成功的機會而被吸引到廣州來，還是在成功後被鼓勵留在這個城市，許多最優秀的嘉應文人寄寓在十九世紀初期的廣州城而遲遲不歸。[3] 在一篇紀念一位嘉應學子徐青離開廣州的文章中，著名的廣州畫家兼詩人謝蘭生解釋說，徐青在鄉試落第之後想立即回嘉應，因而遭到其同鄉文人的嘲笑。[4] 由此可見，大多數嘉應文人是當然地選擇留在廣州，而許多來自嘉應的受過良好教育的精英成員確實對十九世紀早期廣州的文化界產生了顯著的影響，少數人甚至永久居留下來。例如，邱先德

---

① 原注 59：梁肇庭《中國歷史上的移民與族群》，頁 57、60、62、70；穆素潔《中國：糖与社會》，頁 213。

② 原注 60：梁肇庭《中國歷史上的移民與族群》，頁 76。

③ 原注 61：廣州的多所書院可能也吸引了嘉應文人留在省城。雖然十八世紀嘉應興建了幾所書院，加上十九世紀七十年代又建了兩所，但這些書院似乎都沒有太大的名氣。劉伯驥《廣東書院制度》，頁 50、67；大久保英子（Ōkubo Eiko）《明清時代書院的研究》（『明清時代書院の研究』），頁 76。林懋（Tilemann Grimm）著重指出了清代廣東書院的城市化，而以廣州的書院保持著主導地位。見林懋《廣東的書院與城市系統》（“Academies and Urban Systems in Kwangtung”），頁 496—497。

④ 原注 62：謝蘭生《惺惺齋文稿》，頁 31 面。

的父親從嘉應到廣州充當幕友，最後落籍為番禺居民。① 邱先德於乾隆五十二年（1787）中了進士，並擔任了廣州的主要書院粵秀書院的山長。在書院山長任內，邱先德寫了一篇文章來慶賀一座宗祠兼會館的興建；這座宗祠建於嘉慶十二年至十五年之間（1807—1810），是面向廣東全省各客家縣份的邱姓人士的。② 這顯示了某種跡象，說明粵東的客家人在十九世紀初期廣州的文化生活中的重要性正在上升。我們將會看到，嘉應客家人以其缺乏地理近便的條件來看，在學海堂書院內的存在，比例也是奇高的。

然而，作為來自省內偏遠角落族群的代表，即使在廣州這樣的多元化的環境裏，客家人也不是總能夠完全同化而融入漢人的社會。③ 一位十九世紀初期的學者，祖籍浙江北部的番禺人張杓（1781—1851），在稱贊其文友嘉應詩人李黼平（字繡子，1770—1832）的時候，流露出他對大多數嘉應客家人的看法。李黼平的一篇傳記裏面提到，張杓說“繡子之才，固梅州詩人之傑，即以人品論亦絕無梅州人士氣習”。④ 然而，儘管有著這種把客家人看作外地人的明確意識，嘉應的學者和詩人
39 在十九世紀初期廣州城市地方文化資本的競爭中仍然找到了史無前例的機會。

這些外來移民和寄寓者群體——東北來的漢軍旗人；浙江北部來的下級官員、幕友和鹽商；福建來的洋商；和嘉應文

① 原注 63：邱氏的祖先從福建的汀州府移民到嘉應；汀州也是客家之鄉的一部分。《番禺縣志》，卷四十五，頁 6 面。

② 原注 64：《番禺縣志》，卷四十五，頁 6 面；《粵秀書院志》，卷十六，頁 1 面；《廣州市邱氏宗祠特刊》，頁 11—13。

③ 譯注：客家人是漢族的一部分，但也有些西方學者認為客家人是一個不同於漢族的少數民族，故有此論。

④ 原注 65：梅州是嘉應的另一名稱。陳曇《鄺齋師友集》，卷六十六。

人——無一能在珠江三角洲擁有深厚的根基。無論是暫時寄寓廣州城，還是在清代才在此定居，他們在三角洲腹地人們的眼中都是這個地區的新來者。構成這些外來移民群體的大多數人屬於羅威廉（William T. Rowe）所說的“寄寓”。也就是說，這些人遷移到廣州之初，認定移動的性質是暫時的——或者至少是正式地造成了這種印象——因而常常是保留著他們在原籍的戶籍與身份認同。旗人駐軍從未完全拋棄臨時使命的虛構想法，漢軍旗人常常被說成是東北人。來自江蘇、浙江和福建的第一代移民，無論是從事教學、行政管理還是經商的，也同樣保留著原籍的身份認同；即使是在廣州去世，也常常要運回家鄉安葬。①

另一個在廣州商業和精英文化生活中有著重要存在的族群，是來自珠江三角洲腹地而在城市永久定居的家族。這種遷徙的形式，羅威廉稱為“城市化”。② 廣州的洋商中可以找到幾個這一類的例子。梁經國（1761—1837）是番禺境內廣州珠江下游的港口黃埔人氏。他經營著“天寶行”，住在西關，但宣稱先祖在明朝初年已定居黃埔。③ 來自順德縣的李氏家族經營著“西成行”。另外兩家洋商來自珠江三角洲遙遠西部的新會和鶴山縣。乾隆五十七年（1792）創建了“廣利行”的盧觀恒（？—1812），是最強有力的洋商之一。作為新會人，盧氏家族與廣州的聯繫僅屬淺嘗輒止；待至道光二十二年（1842）洋行的特許壟斷取消之後，盧觀恒的子孫便回到了新會。④ 另

① 原注66：尚未在廣州定居的外來移民可能會被稱為“野心家”。羅威廉《漢口》，頁220－221。

② 原注67：羅威廉《漢口》，頁217。

③ 原注68：與梁經國同時代的西方人稱他為“經官一世”。梁嘉彬《番禺黃埔梁氏五世傳略》，頁76。

④ 原注69：盧觀恒被西方人稱為“茂官一世”。梁嘉彬《廣東十三行考》，頁238－240。

40 一位洋商易容之（1791—1854），是與新會毗鄰的鶴山縣人，他是洋商貿易的遲來者，道光十五年（1835）才建立了“孚泰行”。①

像盧家和易家這樣的洋商，雖然可能也被稱為是廣州城內的寄寓者，但是跟外省人明顯不同。儘管福建商人伍家和潘家輕而易舉地確立了自己作為多元化的廣州經史之學和藝術的兩大私人贊助者，他們在打入廣州與佛山之外的珠江三角洲腹地社會文化精英圈子方面遇到了較多的困難。反之，盧觀恒和易容之則是在珠江三角洲土生土長的。易氏族譜認定易容之為家族定居鶴山（當時是新會的一部分）的第十九代。而且，他設法為他十七個兒子中的好幾個娶了三角洲上其他名門望族之女為妻。他就這樣通過姻親關係加固了與珠江三角洲腹地聯繫的紐帶。易容之安排了其次子與羅遇良（道光十二年舉人）之女聯姻；羅家是順德縣城大良很有影響的家族。他還將長女嫁給了另一個姓羅的大良人羅家保，他是道光十二年進士、翰林學士羅傳球的侄子。② 易容之這樣容易跟三角洲上強有力的家族建立姻親關係，顯示出在廣州和珠江三角洲的精英社會，階層的從屬關係不及地區的從屬關係作用之大。

籍貫與職業紐帶看來對外來移民群體的定居與婚姻模式有一定的影響，儘管也許不像羅威廉在漢口發現的情形那麼劃一。③ 因此，路康樂在描繪十九世紀末的廣州時說，“商人與士紳的分界線其實可以在城市地圖上劃出來”，因為“大部分的商業和手工業，以及大部分的商人，都集中在城市的西半

① 原注 70：鶴山是一個較新的縣份，於雍正十年（1732）以新會的一部分與鄰縣合併設縣。易容之的祖上在新會定居之地並不在後來成為鶴山的部分。易容之亦以“易元昌”之名行。道光二十年《新會縣志》，卷二，頁 4 背；梁嘉彬《廣東十三行考》，頁 336。

② 原注 71：《易修禮堂家譜》，頁 17 面—19 背。

③ 原注 72：羅威廉《漢口》，頁 214、243。

部，特別是西關”，而“另一方面，城市的東半部則是士紳的
大本營”。[①] 施堅雅（G. William Skinner）同意這一看法，認
定舊城和東郊一起構成士紳的核心，而將商業的核心定在新
城、西關與珠江南岸的郊區河南。[②] 大部分的會館，即為旅寓
的商人而設的同鄉會，位於新城和西關，這一事實也為這個觀 41
點提供了旁證。這包括服務於前邊所提到的此間的地區群體的
會館，例如在新城的杭州商人的會館。更多的商業機構集中在
西關；洋商的商行就在那裏，靠近歐美貿易者的商館——著名
的十三行。浙江會館（被稱為西關一景）、福建會館和一座為
嘉應旅寓者服務的梅州廟宇，都位於西關。運鹽的大木船就碇
泊在這裏下游的河南岸邊。[③]

像會館這樣的實體結構的選址與設計，往往是要跟特定的意識形態傾向掛鈎的；這也在像學海堂這樣的文化機構的選址上反映出來。在這裏，地點與設計可以起到構建邊界的作用，籌劃者們採取純文人的姿態，超絕於城市的商業喧囂。但是，無論是商業機構還是文化機構的從業人員，都可以在這個城市的不同部分之間自由流動。而且，就像這裏所研究的外來移民群體提供的範例，許多首次有文人產生的家族，都是通過經商而在廣州站穩腳跟的。其他的則是靠充當小官、下級官員或幕友，供職於管理鹽業和外洋貿易的衙門。這樣，要將一個十九世紀廣州城市人的身份定位為“士紳”實際上是不可能的——這裏的“士紳”指擁有科舉功名而與商業沒有聯繫者（無論是家族聯繫、婚姻聯繫，還是財政聯繫）。

但是考慮一下不同群體的籍貫和職業，就可以使我們洞察

---

① 原注 73：路康樂《廣州的商會》，頁 101。

② 原注 74：施堅雅《中華帝國晚期的城市》，頁 535。

③ 原注 75：《廣州城坊志》，頁 520；亨特《舊中國雜記》，頁 172；格雷《遊走廣州城》，頁 185。

這個城市中實體界線的劃分。正如路康樂和施堅雅指出的那樣，文官及其隨員住在衙門，其中大部分集中於舊城東部。八旗駐地雖然沒有圍牆與城市其他部分分隔，但也有明顯可見的區別。其他的地區群體在他們新的城市環境中也展現出各種定居模式。浙江北部人後裔群體，無論是從政還是經商，絕大部分傾向於落籍為番禺居民，因此至少持有番禺所轄的城市地區
42 之內如河南、老城東半部和新城的正式戶籍。來自福建的洋商和鹽商通常把宅邸建在河南或西關，而把戶籍落在番禺（如潘家和謝家），或南海（如伍家和葉家）。從珠江三角洲遷入的移民——日後常常會從中產生文人的商人家庭——最常見的是定居在西關，也有在新城與河南的。

無論從哪一個角度觀察，十九世紀的廣州都顯然是一個新來者的城市，具有清帝國其他大城市一些典型的現象。關文斌將天津（同樣是鹽業貿易的一大中心）描繪為一個只有很少本地人而有很多移民的城市。[1] 與之相似，羅威廉注意到漢口被原籍外省的跨區域貿易商所主導，因而城市“與本地區腹地的聯繫變得可有可無”。[2] 安東籬（Antonia Finnane）將揚州的寓居商人社區描繪為“徽州殖民地”。[3] 廣州同樣也是為外來人所淹沒，由他們來主導地方的慈善事業，主導經史之學和文學的資助，以及主導文化生產本身。這樣，在廣州內部的商人與士紳之間的區別就變得不那麼重要了。更重要的區別變成了以多元化的廣州的外來移民、旅寓者與城市化的精英為一方，以珠江三角洲腹地擁有土地和經商的精英為另一方的區別。然

---

① 原注 76：關文斌《天津鹽商》，頁 10、26。跟廣州鹽商一樣，幾家天津鹽商也是祖籍在紹興或與紹興有聯繫。見關文斌《天津鹽商》，頁 53、80。

② 原注 77：羅威廉《成功的故事：湖北漢陽縣的宗族與精英地位，約 1368—1949》，頁 67－68。

③ 原注 78：安東籬《說揚州》，頁 238。

而，跟一些城市的腹地由旅寓者主導的情況不同，珠江三角洲的士紳保持著強大勢力，擁有大量財富和很高的威望。

珠江三角洲腹地的島嶼型鄉鎮和開闊沙田

從十九世紀初期——學海堂創建之前——的視界望去，廣府文化的中心與其說是在地區的中心城市廣州城，還不如說是在廣州府四周的腹地和西邊的肇慶府的一部分，合起來就構成了今天所說的珠江三角洲（見圖 2）。三角洲上比較古老的部分，特別是西江沿岸，在經濟、社會和文化上都由一些可以炫耀傳承自清朝之前的名門望族所主導。因此，廣府文化在這裏不那麼容易受到競爭，也不會那麼輕易為外來的移民精英所主導。這個地區本土的社會文化精英可以被視為另一個群體，相 43
對於定居在廣州城的外來移民群體，他們立足於腹地的鄉鎮，在三角洲有著深厚的血緣根柢。

在十九世紀早期，三角洲地區包含幾個不同的部分。從西邊開始，是西江和北江匯合處，然後在距廣州約十英里的三水縣又分開。馬立博（Robert Marks）指出，珠江三角洲在很大程度上是人造的，始於宋代，當時水稻的栽培技術從江南引進到這裏。通過水的控制、灌溉和土地的開墾，三水、新會、南海和番禺南部的島嶼和沙洲逐漸被改造成“圍田”。[①] 到嘉慶五年（1800），珠江三角洲的這些比較古老部分的土地就由稠密的人口進行精耕細作，總體上被稱為“老沙圍田”。這些地區由富含沉積土的圩垸構成，依仗主要在明清兩代建造的堤壩網絡的保護，經過長時期耕作而成熟為良田。[②]

---

① 原注 79：馬立博《虎、米、絲、泥》，頁 76、105。

② 原注 80：蕭鳳霞《華南的代理人與受害者》，頁 23－24。

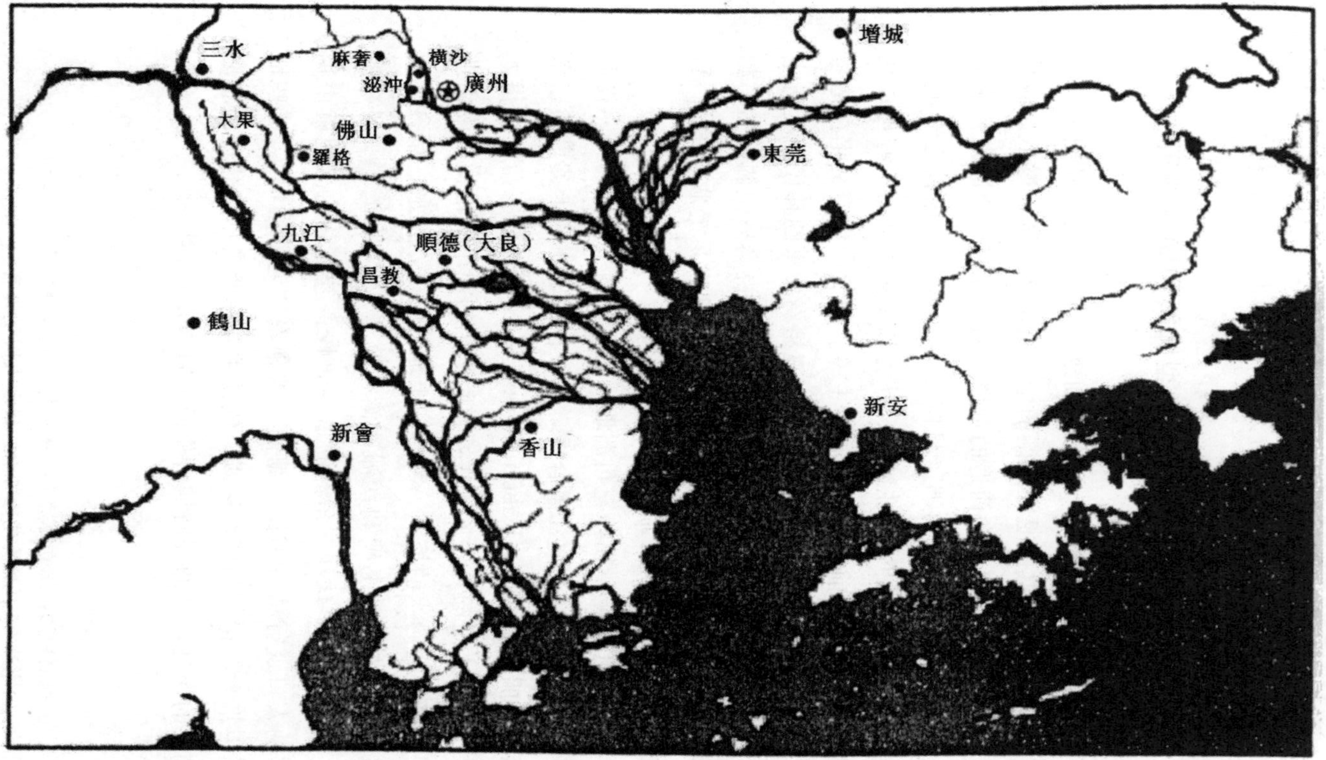

圖 2：珠江三角洲

（轉載自穆素潔《糖与社会》（*Sugar and Society*），頁 200）

三角洲腹地老沙田區的名門望族擅長文化生產；然而在十九世紀早期，並非三角洲的所有地區都具有同樣的文化生產能力。東莞縣（位於番禺之東）在明代中晚期廣府精英文化繁榮 44
期曾產生過不少重要的人物。經過血腥的明清易代，東莞再也沒有恢復其早年在珠江三角洲文化生產中的地位。① 在十九世紀的文人圈子中，東莞只有鄧氏家族引人注目。與此相對照，三角洲西部的鶴山和新會兩縣，以及溯西江而上更遠的肇慶府城，則繼續產生了著名的詩人和學者。

然而，在文化生產方面，珠江三角洲有一個特定的區域表現很突出，這裏產生的擁有科舉功名者和文人為數眾多，同時以鄉志、族譜及其他編纂物留傳下來的地方文化資源非常豐富。這個地區就是在南海縣南部、順德縣西部的桑園圍及其鄰近。這個圍保護著一片精耕細作的良田，四周被江水環繞；南邊和西邊是西江，北邊和東邊是北江的主要支流。這個地區被認為是老沙田的一部分，這裏十九世紀農業形式的特色被稱為"桑基魚塘"系統。② 最後形成桑園圍的堤壩系統大約始建於宋哲宗元符三年（1100）。在帝制時代晚期，桑園圍堤壩趨於高度完善，總長相接二十八英里，保護著大約十萬英畝田地不受洪水侵襲。③ 在十八世紀早期，九江鄉便已作為這種形態的農業的中心而出現；環繞在其周圍的鄉鎮有南海的沙頭、大桐和順德的龍山、龍江、甘竹、勒流。④ 到十八世紀末期，九江

---

① 原注 81：感謝穆素潔使我第一次注意及此。

② 原注 82：譚棣華《清代珠江三角洲的沙田》，頁 2。

③ 原注 83：馬立博《虎、米、絲、泥》，頁 77。儘管馬立博和其他學者認為桑園圍在宋代已存在，但我尚未發現清代之前有提及這個名稱者；自乾隆五十九年（1794）起，始產生一系列題為《桑園圍志》的志書。此問題參見片山剛（Katayama Tsuyoshi）《珠江三角洲桑園圍的構造與治水組織》（『珠江デルタ桑園囲の構造と治水組織』），頁 147。

④ 原注 84：見圖 9。

已經可以說是一個“沒有稻田”的地方，而龍山則可以說是一個“村田”不足百頃的鄉鎮，由此可以想見這個地區的商業化已達到極高的水平。① 十九世紀晚期穿行這一地區的一位英國旅行者為這裏人口的稠密所震懾：

> 沒有穿越過這個地區的人，誰也不能對這裏人口密集的程度有一個正確的概念。除了有無數的村莊之外，還有
> 45 一些很大的城鎮：官山、沙頭、龍江、龍山、九江、勒流和甘竹，互相之間距離都很近。②

不像外國旅行者用著迷的語調，本地詩人黃培芳（1779—1859）對這個地區重要的鄉鎮之一龍山的描繪，只不過說是一個“巨鎮”而已。③

還有兩個鄰近的城市，儘管嚴格說起來並不是桑園圍地區的一部分，對這個地區經濟與文化的繁榮貢獻良多。一個是佛山（在南海，緊鄰桑園圍的北邊），被認為是清代“四大鎮”之一。就是說，它是帝國的四個作為商業中心出現但並沒有同時成為重要行政中心的城市之一。作為加工業中心同時又是粵桂稻米貿易的主要轉運點，佛山在嶺南地區貿易上的地位，在層級上僅次於廣州。佛山的幾乎所有旅寓者都是來自三角洲腹地；清代這個城市的新來者當中，有幾位追溯到他們的“根”是在順德。④ 另一個是位於桑園圍地區東邊的大良（順德的縣城），這個城鎮可能被認為跟西江地區的關係比跟廣州城的關

---

① 原注 85：一頃約等於十四英畝。譚棣華《清代珠江三角洲的沙田》，頁 204、230。

② 原注 86：香便文《嶺南記》，頁 69。

③ 原注 87：黃培芳《雲泉隨札》，卷一，頁 14 背。

④ 原注 88：科大衛《什麼使佛山成為市鎮?》，頁 13－15；馬立博《虎、米、絲、泥》，頁 192。

係更密切。兩個影響力很大的家族集團——龍氏和羅氏，主宰著這裏，不斷地把他們的子弟安插入官府。在有些情況下，大良精英的經濟利益跟桑園圍士紳是有衝突的。例如，大良的羅氏和龍氏都大力從事沿江沖積地的圍墾，此舉會造成西江上游的水災。①

然而，在文化方面，佛山、大良和桑園圍地區的精英的相互結合卻遠遠要比他們跟多元化的廣州的外來移民精英的結合緊密得多。這一點，大良和桑園圍尤其如此，因為這個地區的特殊性還反映在其婚姻習俗中。桑園圍地區和順德的大部分大致上符合斯托卡德（Janice Stockard）所劃定和指出的“延遲轉移婚姻地區”。這裏，新娘按例要到婚後三年之久才能到夫家居住。儘管九江及這個地區一些鄉鎮的士紳領袖偶爾會帶頭起來反對這種風習，但它還是成了這個地區的一個標志，使之 46
區別於緊鄰廣州的地區——那裏人們的嫁娶並沒有這種特別的做法。② 最後，從擁有科舉功名的人數和生產的文本數量這兩方面來衡量，西江沿岸包括佛山、大良，特別是桑園圍地區，在廣州城以外的珠江三角洲精英文化生產上佔據著主體的地位。

更具體地說，在西江沿岸的這個地區，經濟與文化生產由

① 原注 89：從沙田獲得的地租供養著許多龍氏的宗祠。《龍氏家譜》，卷十四，頁 24 背。

② 原注 90：斯托卡德《廣州三角洲的女兒：1860—1930 年中國南方的婚姻模式與經濟策略》（*Daughters of the Canton Delta: Marriage Patterns and Economic Strategies in South China, 1860-1930*），頁 10—11、102—103。斯托卡德注意到在緊鄰廣州的周邊地區，很少有延遲轉移婚姻的報道。這也許在一定程度上可以歸因為來自其他地區的移民和寄寓者在城裏定居的數量很多。亦參見蕭鳳霞《婦女何在？——抗婚和華南地域文化的再思考》（“Where Were the Women? Rethinking Marriage Resistance and Regional Culture in South China”），頁 35—36。

優勢家族所壟斷。[1] 跟東莞和番禺一帶很普遍的甘蔗種植不同，將稻田改造成桑基魚塘需要超出普通農戶的投資水平和組織能力，因而只能由該地區擁有土地的士紳或者作為他們主導的家族公產來經營。[2] 很自然，這些家族也主導著經濟力量的另一個組成部分，那就是對進入珠江三角洲市場的控制。僅舉一例，大良的龍氏家族就是這樣通過組建和控制地方市場在本地建立起其經濟實力的。[3]

佛山尚屬比較多元化，至於在九江、龍山，甚至是大良這樣的地方，清代中期以前，像閩商和浙商這樣的外來者想要在當地產生的財富中分一杯羹是極其困難的。穆素潔列舉了珠江三角洲對土地自由買賣的諸種限制，這些限制的執行之嚴格又以桑園圍地區為甚。例如，家族通常保持對土地的永久擁有，因為族規禁止把私人擁有的本村土地出賣給家族成員之外的人。由於珠江三角洲大部分土地都被家族這樣的產業集團所控制，只有很小部分土地能進入市場，這種情況進而又成了資本

---

① 原注91：我在這裏使用的“家族”(lineage) 一詞，是按照華琛提出而經過科大衛修正的定義。華琛把“家族”定義為“一個以來自共同祖先的血統論證為依據，維護禮儀上統一的社團群體”(著重號為引者所加)。科大衛則認為，對於一群同宗親屬而言，為作為社團群體那樣運作，只需要共同的血統被承認即可。共同血統之論證並非先決條件(著重號為引者所加)。宋怡明在其對帝國晚期福州親屬關係實踐的研究中用這一術語表示“自認的父系血緣集團”，因為擁有公產，對於中國固有的“宗”或“族”的概念，並非必要的標準。我雖然在很大程度上接納宋怡明的觀點，但在本書中則遵照了華琛和科大衛的定義，目的在於突顯九江和珠江三角洲腹地家族的社團性質，以便與廣州城市的血緣集團相對照。見華琛《中國親屬關係再思考》，頁589－622；科大衛《作為文化發明的宗族：珠江三角洲的個案》(“The Lineage as a Cultural Invention: The Case of the Pearl River Delta”)，頁22；宋怡明《實踐親屬關係》，頁4。

② 原注92：馬立博《虎、米、絲、泥》，頁183、194。

③ 原注93：穆素潔《中國：糖與社會》，頁316－317。

投入的障礙。① 穆素潔關於珠江三角洲部分地區經濟滲透障礙的論述，在分析多元化的廣州與島嶼式的桑園圍地區之間的文化互動時，可以啟人聯想。由於在經濟上不可能進入這個地區（可能也沒有興趣在那裏投資），立足廣州的寄寓者精英甚至不太有意願對三角洲名門望族的西江心腹地帶進行文化入侵。

桑園圍地區和珠江三角洲腹地其他比較老舊地區的優勢家 47
族跟廣州城裏新發家的外來移民更大的不同，在於這些家族可以令人信服地聲稱他們是早在宋元之交的時代就在這個三角洲地區定居的漢族祖先的傳人。有各種各樣傳說作為根據，支持著這些歷史悠久的、立足於珠江三角洲的家族的漢族譜系。最廣為人知的就是珠璣巷的傳說。據說是宋朝皇帝的一位妃子逃出皇宮，嫁給了粵北南雄府的一位商人。居民們因為害怕皇帝的震怒，向南雄縣令請求，南遷到現在的珠江三角洲這個地方，向當地官府登記入籍。② 這些對於血統的聲稱，以祖墳和

① 原注 94：穆素潔《中國：糖與社會》，頁 225、230—231。外來移民精英在珠江三角洲腹地立足所經歷的困難，應該會使我們，至少就珠江三角洲較老舊地區而言，修正羅威廉關於“清代的中國紳商可以輕易地通過花錢而進入鄉村精英圈”的論斷。見羅威廉《成功故事》，頁 58。不過，步德茂（Thomas Buoye）顯示，一些限制土地買賣的習慣性權力從十八世紀開始被日益削弱，這已經有利於城市精英向鄉村土地市場的滲透。步德茂《從傳家寶到商品：乾隆朝（1736—1795 年）廣東省土地商品化與土地產權演化的過程》[“From Patrimony to Commodity: The Commercialization of Land in Guangdong Province During the Qianlong Reign (1736-1795)”]，頁 52。

② 原注 95：大良的羅氏和龍氏家族宣稱祖上出自珠璣巷，是在南宋時再次遷移到大良。大良羅氏有北門羅與南門羅之分。羅惇衍《羅文恪公遺集·年譜》，頁 1 面；《順德北門羅氏族譜》，卷五，頁 1 面；《龍氏族譜》，卷一，頁 40 面；譚棣華《廣東歷史問題論文集》，頁 313。珠江三角洲族譜中的其他開基傳說包括東莞的鄧氏家族，據傳這個家族的一位祖先娶了宋朝皇帝的姐妹為妻；以及沙頭的崔氏，據稱與原籍廣東的南宋著名官員崔與之（1158—1239）有親戚關係。科大衛《作為文化發明的宗族》，頁 9、11—12。

宗祠的形式鐫刻在整個珠江三角洲的景觀之中。① 而且，其中最具影響力的一些家族，可以展示他們系出名門，祖上在明代有功名，或是珠江三角洲文化精英的成員，從而證明他們在至少可追溯三百年歷史的珠江三角洲廣府文化傳統中擁有當之無愧的參與者地位。在這些能夠清晰地跟廣州的新來者區分的家族中，有龍江的蔡氏、龍山的溫氏、大良的龍氏和羅氏，以及我們在第七章中將要看到的九江的朱氏。②

儘管廣州城裏的外來者無意將其影響擴大到桑園圍地區和三角洲上其他較老舊的地區，珠江三角洲的世家望族卻有著較多的自由可以在城裏立足。從明代中期起，珠江三角洲家族中許多成功的子弟就遷居到省城，在那裏他們往往建造豪華的園林來招待賓客，或是以教書為業，或是建立書院和為寓居省城的族人服務的宗族會館。例如，大良羅氏的南分支在廣州老城的惠愛街南邊辦有義隱書院。還有為廣州府或廣東省所有同姓人服務的會館，像何姓的廬江書院，建於嘉慶十三年至十八年（1808—1813）之間。③

48 然而，僻處一隅的西江家族與多元化的廣州的聯繫，並不像初看起來應當的那樣一帆風順。穆素潔指出，與清帝國的一些其他地區相比，在廣東比較少見那種跟原籍鄉村沒有聯繫的在外地主，因為稅收的徵集是與家族組織密切相關的。④ 而且，控制市場從而建立家族經濟影響力的策略也需要密切關注。此外，西江望族始祖的宗祠和祭祀禮儀也都仍然以鄉為中

---

① 原注 96：例如大良的龍氏家族有一位十一世紀的祖先葬在順德南面的香山縣黃圃鄉。譚棣華《清代珠江三角洲的沙田》，頁 14。

② 原注 97：民國十八年《順德縣志》，卷十七，頁 3 背、6 面；卷十八，頁 4 面、11 背。

③ 原注 98：《廣州城坊志》，頁 281；《羊城廬江書院全譜》，冊 1，頁 3 面、22 面；裴達禮《傳統城市中擴大的親屬關係》，頁 512－517。

④ 原注 99：穆素潔《中國：糖與社會》，頁 243。

心。因此，桑園圍及其周圍地區的經濟文化精英傾向於牢牢扎根在這西江沿岸一帶人煙稠密的各鄉鎮中。

不過也有一些寓居廣州的珠江三角洲家族的成員永久移居城市，在那裏安了家或建立了家族分支，並且進而成為當地精英文化的贊助者或生產者。像上文介紹過的祖居在珠江三角洲西部的洋商盧家和易家那樣，在廣州經營的一個很重要的鹽商家庭——孔家，原居南海縣的鄉村。孔家來自佛山以西的羅格鄉，但在廣州的新城有奢華的宅邸。在那裏，他們仍然保留他們“羅格孔氏”的身份，而且也成為本地藝術的重要贊助者和收藏家。與此類似，儘管家族成員繼續維持香山籍貫，黃培芳在廣州老城的泰泉舊里擁有宅邸和祠堂，其中有些據推算可以上溯到明代。這個街坊就是以他顯赫的明代先祖、官員和學者黃佐（號泰泉，1490—1566）命名的。既不入籍南海，也不入籍番禺（可能是為了子弟可以在香山參加縣試，競爭沒有那麼激烈）黃家在珠江三角洲的香山與廣州城之間取得了身份的平衡。①

孔家保留了羅格的籍貫名，黃家保留了香山戶籍；但是其他來自珠江三角洲腹地而進入廣州及其近郊的移民，都從他們立足三角洲的親屬那裏分流出來，通過編製新的族譜和建造移民的宗祠，清晰表明了自己的城市人身份。這方面的一個好例 49
子見於道光二十八年（1848）的《城南杜氏家譜》（這裏的“城南”，指的是廣州老城之南的新城）。像大多數珠江三角洲的家族一樣，城南杜氏也聲稱先祖來自南雄珠璣巷。據說這些祖先的一位後人在明朝初年從珠江三角洲的另一地方遷到了南海縣西樵山的大果鄉，後來編寫族譜，就將其尊奉為大果杜氏的始祖。康熙年間，大果杜氏的一位十二代孫遷到了廣州新

① 原注 100：《廣州城坊志》，頁 235－236、452－453；《南海羅格房孔氏家譜》，多處。

城，從此進入番禺縣轄下；康熙四十二年（1703），他的兒子在新城購置了產業。①

從定居大果的第一代祖先連續算下來，到第十五代的杜憲（1708—1759），移居廣州的杜氏支脈開始發家。杜憲在分配家產時，能夠分給他的三個兒子杜崧（1732—1791）、杜用（1746—1807）和杜冕（1749—1809）每人“不過”數千兩銀子。再過了不到三十年，杜用已經積聚起數萬兩家財，足以供養擴大到上百人的大家庭，並且還給自己捐了官職。杜用是靠經營典當業致富的，他擁有幾座控制著廣州天際線的當鋪碉樓。靠著商業上的成功，他安排了他的女兒跟洋商潘有度的侄兒潘正亨（1779—1837）結親，又請城裏的文學精英為家人撰寫祝壽的文章。在這些文章中有一篇是給杜冕的夫人祝賀八十壽辰的，由著名的廣州畫家兼詩人謝蘭生撰寫，裏面描述杜家在擁擠的廣州新城內的大宅院是由數量繁多的房屋構成的複合體，延伸足足有一里（約合三分之一英里）之地。他描繪杜冕以盛宴待客，務令各人盡歡；但飲宴也結合著一些文人活動，如彈奏古箏和吟詩賦詞等。② 到了下一代，開始產生一個有組織的家族的標誌。杜用的第五個兒子，任雲南巡鹽使的杜仁鳳
50 (1787—1835)，建立了祖嘗基金，並且建造了祖先的墳墓。第六個兒子杜游（1795—1853）是番禺縣庠生，娶了劉天惠（？—1829）的姐妹為妻；劉是南海舉人，後來參加了學海堂的考試。杜游編寫了道光二十八年（1848）的杜氏族譜，也許是憑著文學上的關係，也許是靠給錢，讓張維屏給題寫了書名。作為創造這個新的廣州城文學精英家庭的最後一個步驟，

---

① 原注101：杜氏宅邸在新城的迴龍社。《城南杜氏家譜》，杜游序，頁1面一背。

② 原注102：《城南杜氏家譜》，冊1，頁16面一背。

杜家的再下一代就產生了自己的舉人。[①]

儘管新城和河南吸引了許多來自珠江三角洲的城市化家庭，但更多的家庭最後還是定居在西關。例如，西關楊家的先祖在明代晚期從順德遷到佛山。他的第五代孫楊元富（1716—1798）年輕時從佛山再遷到廣州的新城，在那裏的刺繡行業內當學徒。經過二十年的努力，他在這個行業有了一席之地，賺到了錢。家族財富在其子楊大霖（1754—1825）手中更見增長，而且於乾隆六十年（1795）舉家遷到了西關。楊大霖賺到足夠的錢供養他跟一妻四妾所生的十六個兒子，並且以他的兒子們在城市的商業精英中培植姻親關係，包括迎娶了鹽商南海葉廷勳的女兒和洋商南海伍氏和新會盧氏的女兒；大霖的孫子娶了洋商潘家的女兒為妻。[②] 楊大霖自己有六個女兒，他把其中一個許配給邱熙的兒子。邱熙是一位商人，常常在西關著名的遊覽地荔枝灣主辦廣州文人的聚會。[③] 在楊家這樣的情況下，原籍何處已經不那麼令人關注，更令人關注的是跟廣州最富裕的商家建立關係。但是楊家也跟其他來自佛山而屬於再遷徙到西關的人家互通嫁娶，其中包括譚家，這個家族日後產生了學海堂的兩位非常著名的學者。當楊大霖的孫輩在光緒朝初年編寫族譜時，他們宣示了自己廣州城市人的身份，自稱為

---

① 原注 103：《城南杜氏家譜》，冊 1，頁 22 面、28 面—31 面、55 面—58 面；冊 2，頁 23 面。香便文《嶺南記》，頁 29。

② 原注 104：這幾宗婚姻的對象是以下各家的女兒：潘正琛（1786—1847）、潘有科（1808—1830）、伍秉鈞（？—1801）和盧觀恒。《西關楊氏支譜》，多處，無頁碼。

③ 原注 105：《西關楊氏支譜》，多處，無頁碼。

"西關楊氏"。①

就像城南杜氏和西關楊氏這兩個案例所表明的那樣，從珠江三角洲腹地姓氏集團派生出來並再遷移到城市的支脈，在編寫族譜時都會宣稱其城市身份。有些從腹地移民到廣州的家庭
51 最初仍然認同其原籍的身份並偶爾回去參與祭祀活動。一旦一個家族產生了一部族譜，從而清楚表達了跟城市的某個部分的聯繫，這也就是承認它跟腹地的緊密聯繫已被切斷。當他們認同自己是西關居民或者河南居民的時候，自然而然就引起一種意識上的更替，使他們更緊密地與三角洲之外的新來者結合起來，取代了留在三角洲的遠親。② 同時需要強調一下，這種珠江三角洲腹地與廣州城之間的移民幾乎絕對是單向的；從各種族譜和方志來看，清代從無記載有外省精英先定居廣州城然後再遷移到珠江三角洲腹地的情況。

除了珠江三角洲腹地中像大良、佛山和桑園圍這樣的比較老舊的部分之外，還有另一個稱為"沙"（沙田或沙灘）的地帶也很重要，不是因為它產生的文人隊伍，而是因為那是支撐我們前面研究過的文人隊伍活動的財政來源。跟僻處一隅的珠江三角洲桑園圍地區沿岸的"老沙田"形成對照，構成較新的沙田沖積地，在十九世紀還處於被開墾和定居的過程中。因此，在新會、香山、順德、番禺、東莞等縣的這些沿江地段就被十九世紀珠江三角洲的居民簡單地稱為"沙"。這些地段構成了可以看作是三角洲的邊緣部分，也確實展示出邊緣文化的不穩定特性。③

① 原注 106：《西關楊氏支譜》，多處，無頁碼。譚宗浚《城西楊氏家譜序》，收入《楊氏家譜》。《西關楊氏支譜》和《楊氏家譜》記載的是同一個楊家，即楊大霖的家族。前一著作不注日期，記錄事件至光緒四年（1878）；後一著作有譚宗浚光緒八年（1882）的序。

② 原注 107：羅威廉《成功故事》，頁 68。

③ 原注 108：蕭鳳霞《華南的代理人與受害者》，頁 39。

作為邊緣，沙田向所有有組織能力和財政能力從事開墾的
人開放。因此，新開墾的沙田，產權大多落入廣州、佛山和三
角洲較古老部分城鎮的社團產業之手。正如可以預料的那樣，
與新沙田接壤的老沙田的世家望族實際上控制了這個地區許多
新近開墾的土地。順德大良的龍、羅兩家都組織並出資在沙田
區開墾了大片的土地；龍家並控制了香山縣很長的一帶新開墾
的沿江沙田。[①] 在十九世紀的第一個十年，這個家族的一個後
裔龍廷槐（1749—1827），運用他作為進士的影響力，促使省 52
的官員減輕了新墾沙田的賦稅。三十年後，一位傾慕他的同時
代人記述說，由於龍氏的努力，新沙田已經“墾至數萬頃”。[②]
除了家族社團之外，其他參與競爭新墾沙田控制權的社團產業
包括書院、慈善機構以及廣州和西江城鎮的會館。據一些學者
研究，這種對新沙田的大規模開墾到十九世紀中葉的數十年間
達到高潮。這也正是廣州的城市文人聚集在學海堂書院周圍，
藉著經史之學和文學的新潮流而問鼎地方文化霸權的時候。[③]

沙田的開發是由設於廣州與老沙田區城鎮的家族和其他社團信託機構進行的，收取田租及日常操作等事務則委託居住在沙田的下級辦事人員處理。隨著財富的積聚，這些新生代的富人也通過捐錢或考試取得科舉功名、編寫族譜、建造祠堂等方式為自己積累起了文化資源。[④] 儘管這些來自珠江三角洲邊緣的暴發戶蠶食了三角洲較老舊地區家族的權力，但是他們並不

---

① 原注 109：譚棣華《清代珠江三角洲的沙田》，頁 17。

② 原注 110：龍廷槐《敬學軒文集》，朱昌頤序，頁 3 面一背。

③ 原注 111：蕭鳳霞《華南的代理人與受害者》，頁 25、39；伍若賢（Robert Y. Eng）《珠江三角洲常見的二地主制，1600—1949》（“Institutional and Secondary Landlordism in the Pearl River Delta, 1600-1949”），頁 5。

④ 原注 112：蕭鳳霞《婦女何在?》，頁 52。詳細研究沙田邊上的家族，見劉志偉《沙田上的家族》。

擁有像廣州城市舞臺上的文化生產者那樣的明顯影響。這並不是說沙田對城市的文化生活沒有影響。實際上，沙田是許多城市機構——包括學海堂——籌集資金的至為緊要的直接來源。

來自沙田的財富同時也以不那麼直接的方式支持城市的文化追求。廣州城的外來移民精英看來沒有從三角洲老沙田區得到任何經濟利益（由於壁壘森嚴的家族統治），而沿江沙田的開墾則提供了廣闊的投資機會。在整個十八世紀和十九世紀早期，流入廣州的資本進一步促進了沙田的開墾，而在學海堂存在期間達到了民國前的高峰期。有上升能力的人——無論是在沙田還是在城裏——都熱切地將新掙得的財富投資於沙田的開墾。這個地區甚至連外來移民的閩商和浙商都可以投資。所
53 以，據說潘仕成（洋商潘家的一位成員，因為轉營鹽業發了財）的子孫運用其財富和影響力，從沙田發了更大的財。① 潘家在河南的大宅院有位鄰居張鳳華，是廣州居民，一位大茶商的兒子。在十九世紀中期，張鳳華通過買下開墾權和組織開墾番禺縣南部、香山縣北部的大片沙田，在父親的財產上更上一層樓。② 像潘家和張家這樣的收取沙田地租的城市商人家庭，就轉而常常支持廣州在文化上的追求。

簡言之，沙田區有上升能力的精英，其策略与居住在廣州的外來移民精英如出一轍，都是犧牲西江地區世家望族的利益而積累自己的文化資本。但是沙田區有上升能力的精英並未能在城市文化生活中扮演有分量的角色，沙田區是通過為廣州的多項學術和文學追求提供資金來對城市文化作出貢獻的。它提供了投資城市商業財富的替代手段，大方闊綽地贊助廣州的經史之學和藝術。

---

① 原注 113：譚棣華《清代珠江三角洲的沙田》，頁 39。

② 原注 114：《番禺縣續志》，卷二十一，頁 5 面。

結　論

由此可見，按照不同的觀察角度，十九世紀早期廣府精英文化的核心既可以認為是在多元化的廣州，也可以認為是在島嶼式的西江沿岸桑園圍地區。這兩個核心的對立及其為爭取廣州人身份話語控制權的競爭，大體上成了以後各章中分析的框架。珠江三角洲的另一個地帶，十九世紀廣州人稱之為“沙”的，無論對於廣州的外來移民精英還是三角洲的世家望族來說，都被看作是一個獲取財富的源泉。來自沙田的財富為廣州城市精英與桑園圍地區社團家族之間的文化競爭提供了能量。

兩個群體，一個立足於廣州城，一個立足於周圍的珠江三角洲腹地；當阮元和他的江南文人團體開始在廣州本地的學術和文學領域顯露風采的時候，這兩個群體將為他提供潛在人才的來源。身為這個地區的外來者和江南經史之學和文學的宣教 54
者，阮元很自然地發現廣州城的外來移民群體比起島嶼式的桑園圍地區精英對他的新書院更感興趣。通過吸收阮元在學海堂致力推廣的外來學術和文學的實踐，這些新來者們所得極多而所失極少。像這所新書院的學術和文學議程一樣，他們許多人自己也是被移植到這個地區來的。

55 第二章　謝蘭生的城市：嘉慶十五年至道光十年間（1810—1830）廣州文化精英的日常社會活動

> 兩舟載詩客，一舟載春酒。櫓枝搖過江，繫船大堤柳。沿堤千樹花，暖氣蒸成霞。嫣紅嫩綠互矜寵，欲與金谷爭豪奢。①
>
> ——謝蘭生《劉樸石前輩置酒花地翠園邀同西山、龍淵、南山、子羽、文園、雲谷》節錄

這裏摘引的詩句，出自一首記敘在花地賞花雅集的詩。花地位於廣州的珠江對岸，河南島上游處，是廣州的上流階層喜愛的旅遊地點。遊客在這裏可以遊賞商業性的園圃和私家園林。這次雅集的主人劉彬華（嘉慶六年進士）和本詩的作者謝蘭生都屬於廣州最傑出的文學精英之列，兩人都曾在翰林院任職並已致仕。我們從另一位與會者張維屏記敘這次雅集的詩中知道，這次出遊發生在嘉慶十七年或十八年正月十五元宵節後
56 三日，其時牡丹方開。② 這首詩呈現的是獲得了文人身份的一

---

① 章首引詩：劉彬華《嶺南群雅》，二集，謝蘭生章，頁 16 背。

② 原注 1：張維屏《張南山全集》之《松心詩集》，卷二，頁 103—104。張維屏沒有說明這次聚會是在哪一年，但從此詩在作者按年份編排的詩集中的位置來判斷，應是作於嘉慶十七年（1812）或十八年（1813）。

群廣州人的獨特社會形象；然而同時也隱隱透出不同社會階層、不同性別混合的信息。葉夢龍和葉夢麟是富有的鹽商葉廷勳的兒子，這兩人的參與令我們想到商業財富在創造讓詩人們流連的優雅世界中不可或缺的作用。同樣的，詩中許多隱喻，從“花”、“柳”到紅和綠的顏色，都可以解讀為暗指妓女的慣熟說法。在劉彬華的客人們從新城、西關或者河南前往花地的短短航道上要經過的無數船艇之中，就有許多“花艇”在為它們的“名花”，也就是有名的妓女，招徠著顧客。

作為謝蘭生詩中精彩內容的優雅的江上生活，同樣還有詩中只是略微透露的更喧囂的令人目亂情迷的娛樂世界，乃是學海堂創建於斯的地方背景中一個重要的組成部分。書院建成之日——就在這首詩寫成之後十年多一點——原意在於改變廣州的文化景觀，但是與此同時也難以避免地不得不適應本地的環境。因為本書主要是關注於瞭解學海堂作為嵌入在其地方背景中的一個機構，所以第一章中展示了構成十九世紀初期廣州城與珠江三角洲腹地社會文化精英的各個地理群體。而在這一章裏，我們將通過研究那些構成十九世紀初期廣州文人社會活動天地的重要場所、機構和會社，把關注的空間收窄到城牆之內的廣州和緊鄰的城關地區。除了根據方志、族譜和文集等資料外，這一章還大量汲取了謝蘭生日記手稿的內容。日記涵蓋的年份為嘉慶二十四年至道光九年（1819—1829），提供了窺探廣州城文化精英生活天地的獨一無二的視點。通過顯示這一時期廣州城文化景觀的輪廓——謝蘭生日常生活中接觸的有意義的活動、有影響的人物和重要的地點——日記使我們能夠觀察到規定著各個精英文化圈子的地理的和社會的網絡。

有了這樣的瞭解，在第三章我們就可以看到學海堂的起起落落是如何改變著廣州精英們所能獲得的選擇機會，並由此著
手去解開學海堂在地方社會中的重要性的問題。謝蘭生在許多 57

方面代表著最後被學海堂取代的老一輩廣州文人，不過他在十九世紀整個二十年代活躍於廣州，並且將在學海堂的創建中起到支持的作用。由此，他也成了連接學海堂成立之前與之後廣州社會的一個人物。

對學海堂建立的地方背景及早年的詳細分析，顯示出城市精英文化生機勃勃的狀態。謝蘭生和其他文人都在不斷地活動，時聚，時散，從一個場所到另一個場所，縱橫交錯，享受著各種娛樂，培植著各種關係。廣州的商人是這個城市文化精英網絡中一個不可或缺的成分，並且在整個十九世紀將繼續保持其重要性。最後，我們會清楚地看到，學海堂建立時，廣州正處於一個文學中興的階段，表現出對書院和文學會社越來越濃厚的興趣。

謝蘭生和廣州的流動世界

作為一位前翰林學士和本地著名的詩人、畫家和書法家，謝蘭生是廣州城市品味的最重要的評判者之一；然而他的根在珠江三角洲。與新城的城南杜氏家族一樣，謝蘭生及其最親的父系親屬，屬於那種籍貫在珠江三角洲而通過再次移居，在清代進入廣州城的家庭。謝氏家族此前久居的南海縣麻奢鄉，位於廣州城的西北。不過，在南海縣內，麻奢離腹地中最富庶的區域如佛山和九江很遠。謝蘭生是麻奢謝家移居廣州一支的第三代。他的外祖父是番禺的一位學者，曾師事惠士奇；他的一位叔伯祖父是捐來的老貢生，在當地以擅長書法著稱。蘭生之父謝景卿（？—1806）是邑庠生，書法家，也是一位有才能的詩人。可以證明謝景卿的社會地位和文化聲望的是，由一位寓
58 居廣州的北方文人介紹，他獲得一位香山人出貲，於嘉慶二年（1797）在他廣州的書齋印行了一套以漢代字體鐫刻的古璽印

譜。嘉慶八年（1803），景卿從他自己的收藏中選出並印行了這部印譜的續集。同時他還跟順德的詩人兼畫家黎簡（1747—1799）分享了他的漢代風格治印方面的興趣和藝術。景卿的弟弟至少有一次旅行到雲南達一年之長，由此看來這個家族的生存發展策略包括了遠程貿易和當幕友兩種選擇。①

謝蘭生繼續了其家族躋身上層社會的努力和對文人身份的追求。他年輕時已有詩名，後來又從學於劉彬華。謝蘭生最後學業有成是在乾隆五十七年（1792）中了舉人，十年後又中了進士。在當了翰林學士旅居京師一段短時期之後，謝蘭生決定放棄官宦生涯以便照顧年邁的父親。他致仕後回到他的“常惺惺齋”，在新城的番禺一側，緊鄰粵海關監督的衙門（見 33 頁圖 1）；同時從嘉慶十年（1805）開始在廣州的多家書院任教。謝蘭生的哥哥雲生（？—1823）居住在父親以前在廣州的書齋裏；他的弟弟觀生（？—1835）也在城內安家。②

謝蘭生和他的直系親屬雖然在城裏定居，但是跟麻奢的族人仍保持著禮儀上的聯繫。在十九世紀二十年代，大致上按照

---

① 原注 2：謝景卿《續集漢印分韻》；袁日省《選集漢印分韻》，謝景卿序與宋葆淳跋；《番禺縣志》，卷四十四，頁 4 背；溫汝能《粵東詩海》，頁 2018－2019；《粵秀書院志》，卷十五，頁 48 面－背；道光十五年《南海縣志》，卷三十九，頁 37 背－39 面；陳澧《東塾集》，卷三，頁 24 面；《冼玉清文集》，頁 91－93。關於把該書介紹給謝景卿的寓居文人宋葆淳，參看江藩《漢學師承記》，頁 27。藝術史家官綺雲（Yee-wan Koon）指出，謝景卿是黎簡的藝術經紀人。官綺雲個人通信，2003 年 10 月 16 日。

② 原注 3：謝蘭生“常惺惺齋”的齋名顯然是從朱熹的《朱子語類》裏的一篇文章中得來。《朱子語類》，卷十二，頁 1 背。丹尼爾・加德納（Daniel Gardner）將朱熹“惺惺乃心不昏昧之謂”這段話翻譯成“保持頭腦經常的警醒，然後還要用規則去調整它，是同時從內部和外部修養思維的方法”。加德納《學習成為聖人》（*Learning To Be a Sage*），頁 164。

慣例，每逢陰曆九月的初八、初九或初十，謝蘭生要麼跟兄弟們一起回鄉下“拜山”① ——想必就是他祖先埋葬的地方，要麼就派他的兒子和侄子們回去代為拜祭。② 至少有一次，謝蘭生曾經在麻奢會見謝氏家族的長者和另一家族的長者及代表，為雙方的爭執進行調解。麻奢的族人到廣州時，也常常會探訪謝蘭生。因此，謝蘭生和他的兄弟這一代人看來是處于腹地與城市居間的位置，協調著鄉村與城市的兩重身份，儘管城市身份逐漸取得了優先地位。人們可以想像，就像城南杜氏一樣，
59 謝蘭生的後代最終會產生立足於城市的族譜和宗祠。無論如何，謝蘭生對來自城市和三角洲的文人都著意結交。他的兩位較年輕的城裏同事吴蘭修（? —1839）和熊景星（嘉慶二十一年舉人）後來成為學海堂最初的八位學長中的兩位。更加密切相關的是，謝蘭生的次子念功（約 1800—約 1840），在道光十二年（1832）被任命為學長之一。但是謝蘭生同時也跟珠江三角洲腹地的世家望族保持著友誼。例如他曾經造訪九江關氏家族一位學者的書齋，並以這個書齋為題材贈詩贈畫。謝蘭生的女婿蔡錦泉（道光十二年進士）是桑園圍內靠近九江的龍江蔡氏家族的傳人，他也參加過學海堂早期的考試。③

---

① 譯注：拜山，粵語中“山”這個詞有“墳墓”之義，尤指“祖墳”；“拜山”即“掃墓”的意思，尤指祭掃祖墳墓。

② 原注 4：這些對麻奢的回鄉探訪恰好是在陰曆九月初九的重陽節，許多廣州人在這個時候祭掃祖先的墳墓。謝蘭生《常惺惺齋日記》，道光元年九月初八、初九，道光二年九月初七、初八（引文中的月和日是陰曆，年是帝王年號）。謝蘭生和兒子們回鄉時所去的山，地名是孫屋邊，位於麻奢正北的桃子鄉的丘陵地帶。見同治十一年《南海縣志》所載地圖，卷一，頁 28 面；卷二，頁 6 背。

③ 原注 5：謝蘭生《常惺惺齋日記》，道光三年九月初八、初十，道光六年九月初九、初十；伍崇曜《楚庭耆舊遺詩續集》，卷二十，頁 4 背；《粵秀書院志》，卷十五，頁 48 面－49、52 面；《關樹德堂家譜》，卷十五，頁 48 面；卷十八，頁 12 背－13 面；卷十九，頁 33 背。

儘管謝蘭生跟珠江三角洲腹地保持著聯繫並且偶爾造訪那裏，但是他活動的軌跡卻狹窄地集中於廣州及其緊鄰的周邊地帶。這裏坐落著幾座佛教寺院，包括在八旗駐地內的光孝寺和六榕寺；① 但是謝蘭生日常活動中最重要的寺廟則是位於珠江對岸河南的海幢寺。海幢寺在十九世紀上半葉是允許外國人前往的少數幾個地方之一，因此許多西方資料對海幢寺都有詳細的描述。這些記載裏描繪海幢寺是這個地區最大的佛寺，據他們估計佔地有好幾英畝，可以隨便住下兩百僧人。西方遊客注意到寺裏有印刷所和圖書館，不過卻諷刺性地評論說寺裏的僧人大多數是文盲。寺院的隔壁就是洋商伍家的宅邸和園林，那也是西方遊客常去的另一個遊覽地。可能是由於寺院鄰近伍家的住宅，西方觀察者們注意到伍家人，特別是婦女，熱心於對寺廟的施捨。②

西方客人雖然常常由商家主人帶領著在寺裏到處遊玩，卻不會被邀請參加海幢寺裏的文人聚會；這些聚會常常也是由商人召集和參與的。海幢寺對十九世紀初期廣州文人來說所佔地
位之重要，看來與卜正民（Timothy Brook）認為的明末寺院 60
對士紳所佔地位的重要性相仿。③ 例如，海幢寺一直是黎簡最喜愛的一處休憩之所，還保存著黎簡在嘉慶二年（1797）手寫

---

① 原注 6：六榕寺的花塔，是廣州的重要地標。

② 原注 7：香便文《嶺南記》，頁 53；《中國叢報》（*Chinese Repository*），卷二，集六（1833 年 10 月），頁 259；衛三畏（S. Wells Williams），《中央王國》（*The Middle Kingdom*），頁 165；亨特《舊中國雜記》，頁 176－177；格雷《遊走廣州城》，頁 51、58。曼素恩注意到，精英家庭的婦女訪問佛教寺廟非常普遍。曼素恩《綴珍錄：十八世紀及其前後的中國婦女》（*Precious Records：Women in China's Long Eighteenth Century*），頁 179－180、187。

③ 原注 8：卜正民描繪的大部分影響較大的佛教寺院都比海幢寺更遠離城市。參閱卜正民《為權力祈禱》，第 3 章，特別是頁 114。

的一本《金剛經》。① 而且，跟西方觀察者的報道大相徑庭，謝蘭生描述寺中有好幾位詩僧。這些富於才情和學問的僧人，加上這裏的環境，吸引著謝蘭生頻頻渡江來到海幢寺，享用早齋晚宴，並且在這裏跟僧人們談禪論道或獨坐參禪，又或跟僧人和文人朋友們弈棋為樂。② 對於一次這樣的出遊，曾經被鹽商葉廷勳延請撰寫葉氏宗祠碑文的江南作家惲敬在其文集中留下了更詳細的描述。惲敬在文中回憶了他於嘉慶二十年（1815）夏末旅寓廣州時當地文人在海幢寺招待他的一次聚會。參與其中的廣州文人——被描繪為戲穿著沒有襯裏的長袍和草鞋，手執葵扇——包括謝蘭生和弟弟觀生，詩人張維屏和黃培芳，一位鹽商子弟黃喬松，謝蘭生的密友、順德畫家張如芝，未來學海堂考試的參加者鍾啟韶（乾隆五十六年舉人），以及僧人江月。怡和行首席商人伍秉鑑的哥哥伍秉鏞也跟葉夢麟、葉夢龍兄弟一樣，參與了聚會。根據惲敬的描繪，雅集一開始由一位參加者彈箏，另一位吹笛；而惲敬本人可能由於受不了亞熱帶逼人的暑氣，借用了江月的躺椅小睡片刻。醒來後，這位作客的江南文章泰斗跟幾個人下了棋。謝蘭生看到了這個場景，就建議借用元人“六賢圖”之題將與會眾人畫成圖畫。隨後，參加聚會者都以此為題賦詩，抒發與來訪的江南才子交往

① 原注 9：潘正煒《聽颿樓書畫記》，頁 464—465。

② 原注 10：謝蘭生《悝悝齋文稿》，頁 19 面；謝蘭生《常悝悝齋日記》，嘉慶二十四年六月初十，嘉慶二十五年一月十二、四月初九、四月十七、九月十八，道光元年十月初五，道光五年十二月初七，道光九年一月十四。

所獲得的榮譽。①

謝蘭生社交日程上的其他場所和活動與具體的季節和節日相關。新年節慶期間，社交訪問的人有官員、商人和文人；緊接著的陰曆二三月間，他會沿著城牆頂上漫步，從大北門出 61
發，觀賞木棉花。在五月的端午節，遊艇載著文人、妓女和藝人，搶佔著珠江沿岸有利的位置，譬如河南岸邊的赤崗塔等地方，好觀看龍舟競渡。② 五月的到來同時也意味著荔枝成熟了，說到採摘和品嘗荔枝，再沒有什麼地方能比西關西面邊緣的荔枝灣更受歡迎的了。十九世紀二十年代，南海商人邱熙在這裏闢"唐荔園"，園內有著名的"擘荔亭"。自從阮元訪問了此地並且為該園賦詩——該詩還附有阮元的兒子阮福的短文，力言那裏的荔枝種植始於唐代——這個園林便迅速成為廣州文人和入粵官員的至愛。③ 謝蘭生除了至少有一次攜帶夫人和其他女眷到訪邱家這處園林，並且受到主人親自接待之外，更多

---

① 原注 11：惲敬《大雲山房文稿》，第二集，卷三，頁 34 面－35 面；潘飛聲《說劍堂集·老劍文稿》，頁 86 背。"六君子"大致可以肯定與一幅據認為由元代大畫家倪瓚（1301－1374）所作的畫有關。該畫作於元至正五年（1345），描繪了六株高而瘦的樹。喜仁龍（Osvald Sirén）《中國繪畫：名家與技法》（*Chinese Painting: Leading Masters and Principles*），卷四，頁 80－81，卷六，圖版 94；高居翰（James Cahill）《隔江山色：中國元代繪畫》（*Hills Beyond a River: Chinese Painting of the Yüan Dynasty, 1279-1368*），頁 118。儘管惲敬沒有解釋是暗指這幅特定的畫，但倪瓚是極受十九世紀廣州文人喜愛的畫家。十九世紀五十年代晚期學海堂的一位學長沈世良（1823—1860）編了一部倪瓚的年譜《倪高士年譜》。

② 原注 12：謝蘭生《常惺惺齋日記》，嘉慶二十五年五月初四、初五，道光四年五月初五。

③ 原注 13：謝蘭生《常惺惺齋日記》，道光四年五月二十四日，道光五年五月初二，道光六年五月二十七日。阮元注意到廣州的各個"荔枝會"舉行競賽，看誰能坐在那裏一次吃的荔枝最多，輸者罰喝酒。阮元《揅經室集》，卷三，《揅經室續集》，頁 195－196。

的時候是在文人朋友和不知名的“女伴”陪伴下來到“花艇往來如織”的荔枝灣。① 五月繁忙的活動之後，繼之而來的是七月中旬的盂蘭盆節，又叫餓鬼節，和八月中旬的中秋節。最後，在十月，謝蘭生通常會與海幢寺僧人或文人朋友們結伴，到花地的眾多花園和花圃去遊宴賞菊。②

除了節慶之外，謝蘭生一年中的社交日曆上排滿了各種約會。儘管謝蘭生很喜歡在海幢寺“靜坐”，他和他的夥伴們卻似乎一直在不斷地移動，在各種聚會場所和名勝地點之間來來往往。在他社交活動的高峰期，謝蘭生常常一連幾個晚上在不同的地方睡覺，可能在他新城的書齋睡一晚，第二晚在西關一位商人的商行過夜，再下一晚又在河南海幢寺或者一位朋友的書房。謝蘭生的廣州是一個真正的浮動世界——這浮動既是比喻意義上的，意味著社會的各種邊界被跨越；同時也是真實意義上的，意味著大量的社交拜訪和遊覽的船隻在航行。③ 不管是過江往河南來回坐船，在花艇上宴會或觀劇，還是前往江的
62 上游或下游的各個地點，謝蘭生很少有連續幾天是完全在陸地上度過的。

---

① 原注 14：謝蘭生《常惺惺齋日記》，道光二年五月十一日，道光五年五月十四日。

② 原注 15：北京的一年大事也是大致按這樣的循環，见韓書瑞《北京》，頁 272—280。

③ 原注 16：高彥頤（Dorothy Ko）借用了德川時代日本“浮世繪”的“浮動世界”這個概念來描繪晚明江南的邊界流動性。高彥頤《閨塾師：十七世紀中國的婦女與文化》（*Teachers of the Inner Chambers : Women and Culture in Seventeenth-Century China*），頁 30。這個字眼特別適用於十九世紀的廣州，張維屏在一首詠珠江的詩裏就採用了它。詩寫於十九世紀的四十年代，不過是追憶嘉慶年間他年輕時的往事。張描繪“士女”們在這“浮世”裏互訴衷情。張維屏《張南山全集》之《松心詩集》，卷二，頁 507。

確實，珠江不應該被看作是把河南跟廣州其餘部分隔離開來的一個障礙，相反我們應該想像一下它的兩岸以及沿江衆多人口密集的地點是怎樣依靠這江水承載著船隻來往而聯繫在一起的。① 西方觀察者估計，在十九世紀的三四十年代，珠江上的船隻數量在四萬艘至八萬艘左右或更多。② 他們對船艇種類之多也有深刻印象，從蛋民的小艇，到碇泊在河南下游的運鹽大木船，到"每天來往於鄰近大小村莊的班船，不斷往復横過江面的渡船，滿載四鄉產物的巨大運河航船，巡邏船和觀光遊船"。③

儘管這些種類衆多的船隻並沒有經常出現在謝蘭生和其他文人的作品中，作為移動妓院的花艇卻同時吸引著中外遊客窺探的目光。一位在道光二十四年（1844）訪問廣州的西方人描繪一艘駛過的花艇說："這裏，在一艘金碧相間的漂亮大駁船上，樂聲飄揚，從絲綢的帘幔之間，可以看見那些濃妝豔抹的妖婦。"④ 相似的觀感，只不過沒有《聖經》的典故，可以在李鈞（嘉慶二十二年進士）的日記裏看到，日記記載了他赴廣州主持道光八年戊子（1828）廣東鄉試之行。在試卷評定、考試結果開榜之後，李鈞過江來到海幢寺赴宴，送他一起主持考試的考官回京。在途中，他遠遠望見一些花艇停靠在樹蔭之

---

① 原注 17：這點與分隔漢口和武昌的長江很不相同；長江在那裏更多的是起到障礙的作用而不是溝通的作用。見羅威廉《漢口》，頁 21。

② 原注 18：小奧斯蒙德·蒂凡尼（Osmond Tiffany, Jr.）《廣州中國人，或美國人僑居天朝》（*The Canton Chinese, or the American's Sojourn in the Celestial Empire*），頁 24—25；《中國叢報》，卷二，第 7 號（1833 年 11 月），頁 306。

③ 原注 19：《中國叢報》，卷二，第 7 號（1833 年 11 月），頁 306—307。

④ 原注 20：蒂凡尼《廣州中國人》（*The Canton Chinese*），頁 24。
譯注：妖婦，原文作 Jezebel，是《聖經》中以色列王后的名字，常被作為邪惡婦人的代名詞。

下，猩紅的帘幔遮掩著門戶，看不到艇內“珠娘”們的面容，令其覺得可惜。[①] 蘇州人沈復在十八世紀九十年代因經商和遊歷來到廣州，曾經光顧了“揚幫”的花艇，那裏的妓女穿的是江南服裝；他在其名著《浮生六記》中曾經描寫為之服務的酒船“（在江面上）縱橫如亂葉浮水”。[②] 不過花艇並非為娼家所專用。很多時候，“花艇”僅是指裝飾繁複的拖駁船而言，很
63 多屬於私家船隻，例如謝蘭生某日前往海幢寺時，在途中就曾見到龍山溫家的一艘花艇。[③] 在另外一些時候，謝蘭生還會在花艇上品嘗點心或欣賞戲曲，不少時候也會有歌伎陪同。[④]

透過這一切喧擾繁忙，謝蘭生和他的儕輩努力維持著一條在他們所認為的雅與俗之間不那麼嚴密的、不斷被修正的路線。居住在船艇上的成千上萬的疍家人，在社會上跟文人們相距遙遠，不會去挑戰文人們的特權，因此前往麻奢鄉下船上的一名船夫，也可能成為愉快的談話對手。[⑤] 但是社會上大致跟城市商業財富相聯繫的暴發戶，則常常會侵擾謝蘭生的高雅聚會。在五月的一個下雨天，荔枝灣照例擠滿了遊艇，謝蘭生在邱熙的“唐荔園”裏找到一個僻靜的亭子，很愜意地畫了三幅小掛軸；這在他看來是俗人們無法體驗到的一次美妙經歷。當

---

① 原注 21：李鈞《使粵日記》，下，頁 25 背。

② 原注 22：沈復《浮生六記》，卷四，頁 11 面。英譯本有白倫（Leonard Pratt）和江素惠（Chiang Su-hui）譯 *Six Records of a Floating Life*，p. 121。

③ 原注 23：謝蘭生《常惺惺齋日記》，嘉慶二十五年七月二十五日。

④ 原注 24：謝蘭生《常惺惺齋日記》，嘉慶二十四年九月十四日，嘉慶二十五年四月二十二日。

⑤ 原注 25：謝蘭生《常惺惺齋日記》，道光二年九月初八。

一群狂歡的酒徒突然闖進來，氣氛破壞了，謝蘭生就斷然捲起畫卷離開了。①

文人和贊助他們的商家

除了像海幢寺和荔枝灣這樣的地點之外，一些宅邸、書齋、園林，甚至一些廣州商界精英的商行，都是謝蘭生社會活動中經常來往的場所。最大最豪華的宅邸和園林無疑就是這個城市的鹽商和洋商所擁有的了。身為洋商潘家成員而轉為鹽商的潘仕成，在西關荔枝灣畔建造了十九世紀廣州最奢華的園林"海山仙館"。洋商潘家和伍家在河南的大宅，佈滿眾多的花園、房舍和書齋。一位表示贊賞的西方訪客描繪潘家的建筑群是"一連串的別墅……新近裝修過，油了鮮豔的金漆，顯得富麗喜人，庭院裏清一色鋪著磨光的花崗石板"。②

擁有財富又有社會野心的商人家族，利用他們散佈在各處 64
的物業招待這個城市那些尚未成名的學者、作家和畫家；此外這些商人還以更長期的方式為文人提供住所。為了讓兒子們在文人文化應有的技能方面有所長進，潘有度聘請了一些本地的知名學者為私塾教師，包括張維屏的父親張炳文（嘉慶六年舉人）和前文提到過的番禺金氏家族的金菁莪（嘉慶七年進士）。金菁莪身邊帶著他的弟弟金菁茅。這樣，小張和小金就跟潘家的小孩一起在潘家的宅院"義松園"（見圖 3）裏學習和嬉戲，

① 原注 26：謝蘭生《常惺惺齋日記》，道光四年五月二十七日。關於晚明江南文人對雅與俗的劃分，見柯律格（Craig Clunas）《長物：早期現代中國的物質文化與社會地位》（*Superfluous Things: Material Culture and Social Status in Early Modern China*），頁 82—83。

② 原注 27：亨特《舊中國雜記》，頁 31。

圖 3：張維屏在河南的潘家宅院中由父親指導學習經典

（引自《花甲閒談》，卷一，頁 1 背—2 面）

共度許多少年時光。① 嘉慶九年（1804），在謝蘭生就任書院教席之前，潘家也曾經聘他為私塾教師。後來，他繼續為這以前的東家提供教育服務；據記載，他在道光二年（1822）歲晚的某日曾來到潘家的宅邸，隆重地為潘家一個小兒子正式開蒙。潘家也利用女兒們在城市的文化精英中培植關係。例如，潘有為就成功地安排了一個女兒嫁給番禺的神童詩人陳曇（1784—1851）。②

---

① 原注 28：張維屏《花甲閒談》，卷一，頁 3 面。張維屏娶了一位金家的女子。金菁茅編《張南山先生年譜撮略》，頁 1 背。

② 原注 29：潘儀增編《番禺潘氏詩略》，“潘有為”章，頁 2 面，“潘正綱”章，頁 1 面；謝蘭生《常惺惺齋日記》，道光二年十一月初四。由謝蘭生為之正式開蒙的孩子是潘正裕（1818—1891）。

洋商伍家也不甘為人後，在其河南的“萬松園”，同樣招攬了數量相當的本地文人——通常來自珠江三角洲腹地的家鄉。謝蘭生也給萬松園贈送了一塊匾額，上面刻著他得意的書法。在十九世紀的頭十年裏，常到海幢寺的文人們，如謝蘭生和弟弟觀生，由鹽商轉變為詩人的黃喬松，還有後來參加了早期學海堂考試的鍾啟韶和蔡錦泉，經常去萬松園。① 十九世紀二十年代，鍾啟韶和熊景星兩人都在萬松園住過好幾年。順德學者梁梅（1788—1838）大部分時間住在廣州，後來成為學海堂的重要人物，他曾在伍家萬松園緊鄰的“聽濤樓”盤桓了兩年。著名的順德詩人張錦芳（1747—1792）的一個兒子也在萬松園住過多年。② 65

另一家根在福建的洋商謝有仁則是本地教師陳其錕（道光六年進士）的可靠贊助者，同時也主辦有張維屏等詩人參加的文人雅集。③ 謝有仁和乃兄有文，曾經受業於肇慶府著名詩人譚敬昭（1773—1830），本身也能寫出相當不錯的文章。為了進一步展示他在學術上的功力，謝有仁後來給著名的江南詩人袁枚（1716—1798）的全集作了注。④ 來自珠江三角洲西部鶴山縣的洋商易容之在廣州城裏擁有規模很大的藏書樓，常常提

---

① 原注 30：《廣州城坊志》，頁 698；格雷《遊走廣州城》（*Walks in the City of Canton*），頁 79。

② 原注 31：《番禺河南小志》，卷九，頁 4 背、6 面—8 面。

③ 原注 32：陳其錕《陳禮部詩稿》，《循陔集》，卷二，頁 2 面，卷七，頁 7 面。陳其錕和堂兄弟其銳的祖父是山陰人，十八世紀時在廣州當幕友，積攢了三千兩銀子，但因為幫助一個朋友打官司用光了積蓄，無法回鄉，所以孫子們就生而為番禺人。其銳也在廣東當幕友。陳澧《東塾集》，卷六，頁 15 背；《番禺縣續志》，卷十九，頁 9 面—背；張維屏《藝談錄》，下，頁 25 面。

④ 原注 33：張維屏《藝談錄》，下，頁 28 背；何若瑤《何宮贊遺書》，散文集，頁 9 背。

供給像新會阮榕齡這樣的寓居學者使用。① 來自福建的潘家注重資助新近到來的外省移民；而易容之在經史之學和藝術領域為人所知則主要因為資助一位寓居廣州的學者，這位學者像他一樣來自珠江三角洲的西部。

在廣州，對經史之學、文學和藝術的贊助不僅僅來自洋商。家族經營鹽業很有歷史的黃喬松，支持了至少三位本地的詩人，都是未來學海堂考試的應試者——番禺的鄭棻、順德的陳滉和嘉應的李光昭。② 經營鹽業致富的羅格孔家的儒士孔繼
66 勳（1792—1842），在其位於新城的“濠上觀魚軒”中收藏了四萬餘卷書籍。廣東的名詩人馮敏昌（1747—1806）為書齋題寫匾額；而名詩人香山黃培芳則在那裏住了幾年。③ 南海鹽商葉廷勳也常做東款待像馮敏昌這樣的一些名人；馮在嘉慶九年（1804）曾登上“江樓”觀賞夜月。作為回報，他給這座樓留下了一塊匾額。葉廷勳的兒子夢麟和夢龍延請了張維屏來做他們兒子的蒙師，張在葉家的私塾居館三年。他們的這項安排得到了報償，夢龍的長子在道光十一年（1831）中了舉人。④ 謝蘭生描繪典當商杜用的兄弟杜晃時說他以主辦很有特色的聚會著稱，他的聚會雜糅著高雅的文化活動和不甚優雅的狂飲。另一位文人吴應逵（乾隆六十年舉人）在杜晃嘉慶十四年（1809）去世之前兩年才見到他，卻自稱對他非常瞭解。在為

---

① 原注 34：《新會縣志續》，卷六，頁 15 背。

② 原注 35：《番禺縣志》，卷 46，頁 11 背；張維屏《藝談錄》，下，頁 42 背。

③ 原注 36：《廣州城坊志》，頁 452－453；《南海羅格房孔氏家譜》，卷十四，頁 33 面。在孔繼勳的時代，孔家積聚了巨大的書畫收藏。後來繼勳的第三子孔廣陶（1832 年生）在《嶽雪樓書畫錄》中把這些收藏編了目。

④ 原注 37：馮士履、馮士鑣《先君子太史公年譜》，頁 51 面；張維屏《藝談錄》，下，頁 14 背。

亡友寫的悼詞中，吴描繪了泛舟珠江、不醉無歸的舊遊。①

如我們在第一章所見，在城市區域的分佈上展示了商人與文人之間的區别：成功的洋商與鹽商擁有的廣闊物業分佈在西關或河南；幾位著名的文人在老城的番禺一側擁有宅邸，廣州的這一部分通常被認為是士紳文化的大本營。② 例如陳曇的“鄺齋”就坐落在老城的東北角。住在這裏可以滿足陳曇對廣州詩人鄺露（1604—1650）的執著感情，因為鄺露也曾在這附近居住。道光年間，小北門内的“寄園”是很受歡迎的詩酒雅集之地，常常出席的有張維屏、黄培芳、熊景星、楊榮緒，以及楊的姻親——杜用的兒子杜游。③

不過，在十九世紀，城市的“商家區”卻越來越變成了士紳和文人的活動地點。一開頭是一些成功的商人家庭中受過教育的後代，他們進入了廣州文化精英的圈子後，仍然居住在西關或新城。這些地區的宅邸，以及珠江對岸花地和河南的宅 67
邸，成為一些重要的藏書樓、花園和詩社的所在地。當時幾位最著名學者的書齋，大都靠商業財富所建造，就坐落在新城内，有李長榮（1813—?）的“柳堂”，丁熙（約 1808—1850）的“江明樓”，和永清門外珠江邊上許祥光（道光十二年進士）的“袖海樓”。④ 謝蘭生的同人熊景星在西關建起了他的“吉

① 原注 38：陳在謙編《國朝嶺南文鈔》，卷六，頁 7 面。

② 原注 39：路康樂《廣州的商會》（“Merchant Associations in Canton”），頁 101；施堅雅《中華帝國晚期的城市》（*The City in Late Imperial China*），頁 535。

③ 原注 40：《廣州城坊志》，頁 71、80。

④ 原注 41：《廣州城坊志》，页 439－440。許祥光的祖父是個小商人，從潮州府再遷到廣州，在廣州娶了第二位妻子，後來成為祥光的祖母。祥光的父親和叔父在鹽業貿易上得到發展。科舉的功名也接踵而至：祥光是進士，其弟是舉人；祥光的兒子中有兩名舉人和一名進士。龔自珍《定盦續集》，卷四，頁 17 面一背；《廣州高第街許氏家族》，頁 103－104。

羊溪館”。① 當他們不參加考試、不訪問書院、不拜會官員時，廣州的文人們就在老城之外度過時光。

這個模式在道光年間一直延續著。在十九世紀四十年代初期，新城一位民間藥商的兒子鄧大林在珠江對岸緊鄰花地處建起了他的“杏林莊”。他在那裏追求對煉丹術的興趣，同時款待像謝有仁、黃培芳、杜游等廣州文化精英以及海幢寺的幾位僧人。鄧大林最後收集到足夠多的來訪名家的詩作，編成兩卷贊美他的花園的詩集。② 與此同時，詩人張維屏租用了潘家在花地一處園林中的一所住宅。幾年之後，張維屏的兒子們在同一地區為父親建起了自己的“聽松園”。③ 一段同時代的關於鹽商潘仕成的“海山仙館”的記敘文字，顯示出商人與士紳精英對廣州郊區涉入的程度：

> 廣州城外，濱臨珠江之西多隙地，富家大族及士大夫宦成而歸者，皆於是處治廣囿、營別墅，以為休息遊宴之所。其著名者，舊有張氏之聽松園、潘氏之海山仙館、鄧氏之杏林莊。顧張、鄧二園，辟地不廣，一覽便盡。其宏規巨構、獨擅臺榭水石之勝者，咸推潘氏園。④

除了廣州鹽商和洋商的宅邸、藏書樓與園林之外，洋商們
68 的商行也是謝蘭生常到的重要地點。洋商的商行位於西關，毗

① 原注 42：熊景星《吉羊溪館詩鈔》，卷二，頁 37 面。

② 原注 43：《廣州城坊志》，頁 643－644。一位西方遊客描述該園為“一個很小的風景園林”，但仍然點綴了“趣味優雅的”彩色石頭。格雷《遊走廣州城》，頁 647。鄧大林的父親是香山縣的一位藥商，在廣州新城開有一家藥店，名叫“佐壽堂”。鄧大林編《杏莊題詠・杏林莊杏花詩》，卷四，頁 8 背，序。

③ 原注 44：金菁茅編《張南山先生年譜撮略》，頁 7 背。

④ 原注 45：《廣州城坊志》，頁 608－609。

鄰著名的外國商館。謝蘭生的日記里經常提到這些商行，它們是招待客人的地方，也是謀劃或結束一天活動的地點，因而構成他的社交網絡上一些不可或缺的節點。謝蘭生的弟弟觀生、次子念功和第五個兒子在十九世紀二十年代初都曾在伍家的怡和行住過很長時間。① 就像張維屏和金菁茅在河南潘家的物業一樣，謝家的兒子們很可能就跟伍家孩子們在一起念書。在任何情況下商行都是謝蘭生頻頻造訪的去處。例如，有好幾次，在河南伍家的宗祠看了一個下午戲，或者在怡和行吃過一頓筵席之後，謝蘭生會來到李家的西成行過夜；或者換一種選擇，他可能在西成行會見一個朋友，喝喝酒；或者路過怡和行，跟第五個兒子下下棋。② 道光四年（1824）的一天下午，謝陪同寓居廣州的揚州畫家汪浦到盧家的廣利行看戲，當晚他在一艘花艇上參加了盧氏兄弟的宴會，晚上九點客人散去後，他回到廣利行過夜。③ 此前有一次，是在道光元年十二月（1822），謝蘭生在廣利行吃過飯後，跟盧家的隨從人員一起前往盧家的祖居新會縣石頭鄉。在短暫訪問了盧家的宗祠之後，謝大部分時間在盧家的船上跟汪浦論畫。④

像謝蘭生這樣的文人被吸引到廣州商業精英的家中或商行裏，不僅僅因為可以得到教書的酬金，而且因為在這些地方可

① 原注 46：謝蘭生《常惺惺齋日記》，嘉慶二十五年二月初六，道光二年四月初五，道光二年八月初六。

② 原注 47：謝蘭生《常惺惺齋日記》，嘉慶二十四年十月二十日，嘉慶二十五年二月初六，嘉慶二十五年十一月初八。

③ 原注 48：謝蘭生《常惺惺齋日記》，道光四年六月二十八日。“盧氏兄弟”指盧觀恒的四個兒子或其中的部分人，包括盧文錦。見《潮連鄉志》，頁 75。汪浦原籍揚州江都縣，在長期寄寓廣州之後落籍為番禺居民。汪兆鏞《嶺南畫徵略》，卷十，頁 3。

④ 原注 49：謝蘭生《常惺惺齋日記》，道光元年十二月十一日至十七日。石頭盧氏據稱是更著名的新會潮連鄉盧氏的旁系支裔。見《潮連鄉志》，頁 46、74—75。

以看到一些精美的書畫，包括一些由廣東前輩文人創作的、可以作為商品化樣本的書畫，甚至更古老的作品。例如謝蘭生在道光元年（1821）夏天訪問伍秉鏞的時候，秉鑑的兒子元華（1801—1833）就拿出了一些宋元的絹扇和一個小的絹畫卷軸。① 另一次，在道光四年（1824）盂蘭盆節，謝蘭生訪問怡和行的時候，觀賞了伍秉鑑弟弟伍秉珍得到的黎簡的畫冊。當晚，一行人登上一艘花艇，享用了秉鑑做東的宴席，然後觀看節日的各種陳設。②

69 在一次去過海幢寺之後，謝蘭生造訪伍家，看到伍的一個兒子從京城帶回的“各色古玩甚夥”，為之目眩。③ 在潘正煒操持下，潘家收藏的書畫也非常可觀。其中包括唐代的拓片、元代大師倪瓚（1301—1374）和清初大師石濤（1630—1707）的畫，以及黎簡等本地畫家的作品。④ 接觸到這樣的收藏品，不但使謝蘭生和其他文人有機會看到這樣的傑作，而且還可以向他們的商人贊助者把書畫借回去。謝特別喜愛石濤的畫，因此他在驚喜震撼之餘向伍元華借了一本石濤的畫冊；這本畫冊原先曾屬於順德的畫家兼詩人張錦芳。謝蘭生也曾向商人和收藏家南海葉家借過一些山水畫冊。⑤

如果說十九世紀初期廣州的商人與文人之間可以畫一條清楚的分界線的話，雙方之間是存在互惠交流的。這種交流包括

---

① 原注 50：謝蘭生《常惺惺齋日記》，道光元年六月十九日。

② 原注 51：謝蘭生《常惺惺齋日記》，道光四年七月初十。

③ 原注 52：謝蘭生《常惺惺齋日記》，道光二年二月二十三日。

④ 原注 53：潘正煒《聽颿樓書畫記》，頁 17—22、76、353、464；官綺雲《風吹的細語：一位公行商人的藝術收藏及其對十九世紀早期廣州繪畫的影響》（“Windblown Whispers：A Cohong Merchant's Art Collection and Its Impact on Early Nineteenth-Century Guangzhou Painting”）。

⑤ 原注 54：《粵秀書院志》，卷十五，頁 51 面；謝蘭生《常惺惺齋日記》，道光元年六月二十四日；道光三年六月初十。

商家在各種節日贈送給像謝蘭生這樣的文人的禮物。例如，在道光六年（1826）的端午節之前兩天，謝收到了由安徽劉家經營的東生行送來的各種各樣的禮品，也收到了盧家廣利行和謝氏兄弟東裕行送來的禮物；他很謹慎地在日記中注明，每一宗禮物裏他只收了四種。① 寺廟也參與了這種交流。海幢寺通常在端午節會送素齋，而在臘八節，即臘月初八，會送粥。②

作為回報，謝蘭生和文人朋友們不僅以他們的光臨和他們在文學與藝術上的專業鑒賞力給商人們的筵宴帶來優雅的品味，而且還給照顧他們的商家提供一些更加實際的項目。例如謝蘭生就在伍秉鏞所作的冊頁上題寫了自己的書法，又送給伍秉鑑一柄自己畫的扇子。相似的情況還有，在海幢寺的一次素宴上，謝蘭生向一位和尚惠贈了題有他書法的一柄扇子，隨後跟鍾啟韶一起趕往伍秉鏞的花艇。甚至已故的贊助人也仍然要分享謝蘭生的書法和他的聲望——他曾到西關的洋商謝家，為的是給去世不久的謝嘉梧的神主牌“點主”。③ 謝蘭生和其他廣 70
州文人每當要祝賀重要的壽誕、慶賀官銜的頒授、弔唁家屬的死亡，都需要到這些商人們家裏作禮節性的拜訪。④

在描述晚明的情況時，柯律格（Craig Clunas）和余英時

① 原注55：謝蘭生《常惺惺齋日記》，道光六年五月初三。

② 原注56：謝蘭生《常惺惺齋日記》，嘉慶二十五年十二月初八，道光五年五月初五。

③ 譯注：點主，廣州舊時風俗，有一定社會地位或經濟條件的人家，長輩去世後設靈位致祭，書寫神主牌時，往往將“神主”的“主”字上面那一“點”留空，而花重金請有地位或有名望的人士來填上那個“點”，視之為死者和家人的一種哀榮。

④ 原注57：謝蘭生《常惺惺齋日記》，嘉慶二十四年十二月初三、初四，嘉慶二十五年四月二十五日、十月初六、十一月初六，道光六年正月二十一日。謝嘉梧，第一章中曾有介紹，跟謝蘭生沒有親屬關係。

都注意到文人中對於向有錢的商人出售文學服務有一種新態度。[①] 與之相似的動力也在十九世紀早期的廣州起作用，就像謝蘭生與贊助他的商人之間的關係所表現出來的那樣。謝蘭生在他日記的天頭上細緻地記錄了他每月的收入，他還專門記下了諸如為各書院和文學會社批改作文等服務所得的報酬。比謝蘭生年輕的朋友們很多時候對此也很坦然。張維屏注意到，熊景星每年賣字賣畫所得有數百兩銀子。[②] 張維屏有一首詠新城酒肆的打油詩，他在序裏問道：花一擔米的價錢去買酒又有何妨，因為“既醉，有詩書代酒券”。[③] 這裏，張也許是在嘲笑自己成了以文人為一方、商人與店主為另一方的交換行為的參與者，不過他寫來卻並無羞愧之意。相反，當張維屏回憶起在潘家宅院度過的年輕歲月時，他描繪那裏優雅的花園是一個遠離了酒肆與市廛喧囂的世界，儘管他能去到那裏也是通過類似的交換手段。

文人與商人之間的交易並非都是像張維屏的詩中所描繪的那樣玩世不恭。事實上，士紳的影響力和商人的財富常常聯合起來推動地方的福利事業。這方面的一個事例發生在嘉慶十四年（1809），當時由謝蘭生和邱先德領頭，三十七位有功名的士紳一起捐獻了二萬兩銀子，用以抵禦海盜，使之不能侵入珠江口。廣州的鹽商捐獻了更多的錢。[④] 差不多同一時間，謝蘭

① 原注 58：柯律格《長物》(*Superfluous Things*)，頁 163；余英時《士商互動與儒學轉向：明清社會史與思想史之一面向》，頁 11、14—15。

② 原注 59：張維屏《藝談錄》，下，頁 44 面。

③ 原注 60：張維屏《張南山全集》之《松心詩集》，卷二，頁 99—100。

④ 原注 61：光緒十年（1884）《兩廣鹽法志》，卷四十七，頁 14 背—15 面。

生和葉夢龍在西關的華林寺組織了對飢民的賑濟。①

儘管廣州洋商和鹽商扮演著文化追求的贊助者和社會福利的支持者這樣的關鍵角色，但還是可以不時地聽到對他們批評的聲音，其中有玩笑式的嘲諷，也有嚴肅的警告。前一種性質 71
批評的一個例子，是小說《蜃樓記》的作者把鹽商溫氏描繪成一個土裏土氣的人物，卻擁有優雅的園林亭榭。② 以更嚴峻的語調，靠經營自認為是合法的典當業發家致富的杜用告誡他的兒子們不要轉營洋行或鹽業，儘管他安排了自己的女兒跟洋商潘有為兒子的婚姻。杜覺得洋商和鹽商們的財產升降起落太過突然；他指出他們在成功潮頭的奢侈和缺乏謹慎，以及陷入債務之後的災難性後果。③ 番禺文人林伯桐（1775—1845）在晚年寫到自己出身於一個醫生家庭，在廣州執業已經數代，曾經說：

> 市人之子與士大夫之子，其少時不必甚相遠。及其長也，一則威儀習熟，見椎魯而以為不安；一則椎魯無文，見威儀而以為難學。④

也許可以推測，這段話繼續說下去，將從描述的模式轉到預言的模式。在一起長大的商人兒子和文人兒子們，成年後仍然保持頻繁的互動。像張維屏和謝蘭生這樣的文化名人，情況就是如此。

然而，貶損商人的辭令實際上是廣州文人之間一種難以抗拒的話語。在學海堂創建之前的十年裏便發生過的一場文字之

① 原注 62：劉彬華《嶺南群雅》，謝蘭生章，頁 12 面—背。
② 原注 63：《蜃樓志》，頁 22。
③ 原注 64：《城南杜氏家譜》，頁 19 背—20 面。
④ 原注 65：林伯桐《供冀小言》，頁 21 背。

爭中，對一個洋商家族的批評甚囂塵上，導致在政治層面驚動了數十個文人參與辯論。這一公案涉及廣利行的石頭盧家，事發在其族長盧觀恒於嘉慶十七年（1812）去世之後。嘉慶十九年（1814），其子文錦和石頭盧家的其他族人徵集了譚大經（乾隆四十年進士）和其他一些新會士紳的支持，向當局請求准許將盧觀恒入祀鄉賢祠。盧文錦和支持者列出盧觀恒的種種
72 慈善之舉，並且指出他曾出版過本地學者胡方（1654—1727）所編的一部朱熹的《易經》評注《周易本義注》，以證明他們推舉的正當性。這個請求最後得到省裏官員的支持，於1815年1月獲得批准。為慶祝父親的牌位在那年初夏進入鄉賢祠，盧文錦在縣學前邊舉行了喧鬧的慶祝儀式，加之以奏樂、演戲和筵宴。參加盛會的有許多商人。①

與此同時，會試落第歸來心懷不滿的番禺舉人劉華東（1773—1836）瞭解到了這件事情。激於義憤，他寫了一篇文章，題為《悼白沙》，文中說，由於偉大的明代先哲陳獻章（1428—1500，人稱“白沙先生”）跟盧觀恒都是新會人，而將這兩個人同時供奉在鄉賢祠裏，無異於“牛驥同槽”。相應地，他還寫了一封抗議信給總督（阮元的前任），認為商人不應妄入文廟供奉。但是這封信只得到簡單的回覆，因為總督不願意私下垂聽無官職人士的意見。劉隨後向他的好友陳曇流露了他的挫折感，二人共謀，把那封信作了修改並印成小冊子私下散發。劉在小冊子裏指出，盧觀恒在出版胡方的《易經》評注時，因該書的序而博得聲譽，但序的作者其實是譚大經。由於小冊子散發極廣，所以劉華東和陳曇得以在廣州文人中鼓動了兩百多個追隨者。劉寫了一篇祭文，大張旗鼓地帶領他的同情

---

① 原注66：譚宗浚《荔村隨筆》，頁9面—背；《粵東成案初編》，卷二十九，頁56面—59背；《新會縣志》，卷十四，頁6面；《番禺縣志》，卷四十四，頁3背—4面。

者們來到府學內的鄉賢祠向陳獻章的牌位致敬，背誦祭文並焚燒致獻，人群伏地大聲哀號。

這樣做還不滿足，他們去到一個又一個衙門，最後挖掘出一個乾隆三十二年（1787）案件的證據，在案中盧觀恒曾跟一位堂兄打架，拔下了那位堂兄的一些頭髮。就以這新發現的表明盧觀恒品德缺失的證據為武器，他們全體簽署了一封致省裏當局的請願書。但是據說官方予以擱置——據傳是收受了盧文 73
錦的賄賂——反而是拘捕了劉華東和陳曇，因為他們兩人的簽名在請願書的最前面。在這鬧了十個月的案子中，劉華東在南海監獄裏住了五個月。一位年輕的番禺學者儀克中（1796—1838）多次勇敢地去探訪他，並且送粥給他。① 案子鬧成了僵局，清廷派了兩名欽差來調查。經過文人和官員之間更多的周旋，欽差裁決，盧觀恒確實不能被認為是先賢，因為他曾打過他的堂兄；另外，他並不是胡方評注的書之序的作者，所以也沒有證據能表明他有任何學術成就。盧觀恒的牌位於嘉慶二十一年（1816）初被正式從鄉賢祠除去；而劉華東因為在抗議活動中充當主角，被褫奪了舉人功名。②

儘管從某個角度來看，引發盧觀恒一案的，是意欲維持文人與商人之間地位差別的一種願望；但是當支持者和反對者雙方的籍貫被納入考慮時，可能存在的畛域之見就使事情變得複雜了。在案子的初審中，兩位欽差發現最初支持提議讓盧觀恒入祀鄉賢祠的，只有新會本地人；而批評盧觀恒的人中，一個新會人也沒有。只是到後來，當抗議者們迫使當時在廣州教書的新會文人張衍基（嘉慶十三年進士）在反對盧氏的請願書上

---

① 原注 67：譚宗浚《荔村隨筆》，頁 9 背－10 面；《粵東成案初編》，卷二十九，頁 61 背；張杓《磨甋齋文存》，頁 51 面—52 背。

② 原注 68：張杓《磨甋齋文存》，頁 53 面。

簽名時，官員們才被迫採取行動。[1]

具有諷刺意味的是，對盧文錦褻瀆廣東先哲陳獻章的行為表示義憤的兩位文人領袖都是新近才來到廣州的。劉華東的父親由閩西移民廣東，加入鹽業貿易；劉華東是家中第一個入籍番禺的居民。陳曇是來自福建同安縣的移民後代，他們家族從陳曇的父親一代才入籍為番禺居民。就這樣，預示著與學海堂有聯繫的學者此後對廣州文化的挪用，盧氏一案中，外來移民僭用了一個本地文化偶像——在本案中是陳獻章——來使他們自己的立場在本地社會得以合法化。使事情變得更複雜的是，陳曇的姻兄、同時也是最要好的表兄，不是別人，正是來自福建同安的洋商潘家的潘正亨。[2] 就在這次抗議活動之後幾年，
74 正亨的堂弟潘正衡（1787—1830）在潘家的地產上建了一個畫室來存放他收藏的大量黎簡的繪畫。不僅謝蘭生創作了紀念的作品，陳曇也賦詩一首，劉華東則寫了一篇文章。[3] 這樣，儘管對盧觀恒的喧囂一時的批判曾乞靈於貶損商人的言論，那同時也是不同地域的人群和身份集團之間複雜多變的結盟關係的結果；就像廣州文化精英大體的情況那樣，不可能簡化到商人和文人這樣單純的兩分法。[4] 簡言之，就像在帝國晚期的許多中國城市一樣，商人與士紳或文人之間的界線並不是很嚴密

① 原注 69：譚宗浚《荔村隨筆》，頁 10 面。

② 原注 70：陳曇《感遇堂文外集》，卷二，頁 7 面，卷十一，頁 1 面；張杓《磨甋齋文存》，頁 51 面。

③ 原注 71：《番禺河南小志》，卷三，頁 32 背—33 面。

④ 原注 72：在近期一篇論盧觀恒案的文章中，周湘（Zhou Xiang）在很大程度上確認了這一印象。她進一步提出，該案可以從商人與文人競爭聯盟的角度來分析。就是說，可能是潘家借用其資助的文人來損害其對手伍家的地位，因為伍家與盧觀恒保持有婚姻關係。周湘《盧觀恒濫祀鄉賢案始末》（“A Sketch on the Local Worthy Worshipping of Lu Guanheng”），頁 28。

的；然而，貶損商人的言論還可能是具有強大的鼓動性的話語。

廣州的書院和教師

廣州的一些書院，就像對許多廣州文人一樣，也是謝蘭生日常所到的重要場所。廣州城內尚在運行的最古老的大書院是粵秀書院，嘉慶十年（1805），謝蘭生曾在那裏任教過一段短時間。① 雖然書院是以廣州城北的粵秀山得名，但是逐字解釋的意思則是“粵（廣東）的優秀人才”。粵秀書院是典範的官辦書院，地處城牆內的老城中心地帶，惠愛街上的廣州知府衙門和廣東布政使衙門的正南方，在康熙四十九年（1710）由省裏的官員創建，為廣東全省服務，管理科舉考試式的“生監”（生員和監生）考核和“童生”（學徒生）考核。山長大多有進士功名，從“嶺北”（即廣東以北）聘任，實際上最普遍的是來自浙江、江蘇和江西。在十九世紀開始之前，有幾位廣東本地人充任過這個職務，但通常是臨時性質，僅僅任職到能夠聘得另一位山長為止。②

在嘉慶朝的後半期，書院曾兩度受到地方官員的關注。第一次是在嘉慶十四年（1809），省裏的官員和書院的山長邱先
德增加了學生人數的定額，並頒佈了一套新的院規。嘉慶二十 75
五年（1820），廣州知府羅含章（1762—1832）籌集了一筆總額為三千六百兩的資金，用於書院屋宇的大修和增設學生宿舍。此後十年，粵秀書院面臨日益累積的財政問題，而省裏的官員也繼續為書院增加籌款。道光七年（1827），繼之是道光

① 原注73：《粵秀書院志》，卷九，頁24背。

② 原注74：《粵秀書院志》，卷一，頁2背；卷五，頁1面—背；卷九，頁21背—22面；卷九，頁24面—28面。

九年（1829），廣東糧道及一些其他駐廣州的官員捐獻的款項都被儲蓄在商家處，用以生息。至此，書院每年可供支配的款項有四千八百四十兩，以應付不斷增長的開支。山長的年俸是五百兩，加上每月六兩一錢九分的伙食錢。在嘉慶十四年（1809）學生人數定額增加後，有一百名"正課生"、五十名"外課生"，還有九名個別指派的旗人學生，參加書院的月考。①

廣州另一所在嘉慶朝受惠於官員們關注的大書院是越華書院；謝蘭生在十九世紀頭十年曾在這個書院擔任過山長。② 越華書院在廣州的特別之處是，它原本是為迎合寓居廣東的商業人口的需要而設計的。從康熙六十年（1721）開始，給希望在廣東參加科舉考試的寓居鹽商家庭成員設立了一個定額；他們以前不能參加考試，因為他們的戶籍仍在原籍的省份。此舉創造了一個培訓商人子弟的需求，乾隆二十年（1755），廣東鹽運使響應商界的請求和捐獻，建立了越華書院。到十九世紀開始之前，清初已寓居廣東的鹽商居民後裔已被准許作為學生入籍於廣東的縣份（實際上幾乎全在番禺縣），越華書院不再只為商人階層服務，而是發揮著與粵秀書院相似的作用。③

---

① 原注75：《粵秀書院志》，卷二，頁15背；卷四，頁19背—21背；卷五，頁13背—17背。粵秀書院的一百名"正課生"包括八十名生員、庠生和二十名童生，五十名"外課生"包括四十名生員、庠生和十名童生。五名旗人學生為"正課生"，四名為"外課生"。通常，"外課生"不在書院寄宿，津貼方面如果有的話也較低。另外要說明，羅含章後來將他的姓氏改回本姓程。

② 原注76：《粵秀書院志》，卷十五，頁49面。

③ 原注77：何炳棣在對揚州鹽商的經典研究中指出，鄉試中給予商人的名額是專門給予鹽商的。他注意到揚州有兩所書院是專門為鹽商家庭的子弟服務的。見何炳棣《揚州鹽商》（"The Salt Merchants of Yang-chou"），頁155，注68，頁165；《廣州城坊志》，卷六十六，頁17；《越華紀略》，卷一，頁12面。

然而，越華書院仍然保持著跟省的鹽政當局和廣州鹽商社區的聯繫。① 廣東鹽運使曾在嘉慶十一年（1806）致力籌款重建書院，四年後一位署理鹽運使增加了學生人數定額。還有一位鹽運使在嘉慶十九年（1814）引導廣州商人捐款四千兩，儲蓄生息以支持書院。嘉慶二十五年（1820），商界曾捐款修葺 76
書院；道光八年、九年（1828、1829）鹽運使耿維祐（嘉慶七年進士）兩次捐款四千兩，資助由於存款利息回報低而陷入困境的書院。到道光朝中期，越華書院的年收入有三千四百一十二兩。學生的人數定額經過多年發展從最初的三十名“正課生”增加到一百一十八名“正課生”和六十七名“外課生”，其中包括八旗駐軍居民的一個小小定額。從這些人中，通過考核剔除三十名“生員”。這些人數的增長，大多是由於謝蘭生的老師劉彬華不斷地要求。劉在嘉慶十八年（1813）至道光九年（1829）間任山長，年俸三百二十兩。②

像廣州的兩所主要書院一樣為全省服務的，還有另一家書院——位於西邊的肇慶府的端溪書院。粵秀和越華適合於學生為科舉考試做準備，因此這兩所書院的教育很自然地顯出偏向於國家認可的程朱理學。根據乾隆元年（1736）的布告，粵秀書院最初的院規就是以朱熹制定的位於江西省北部的白鹿洞書院的著名院規為範本的。而且，白鹿洞的院規還被鐫刻在粵秀

① 原注 78：大久保英子（Ōkubo Eiko）強調指出粵秀書院與越華書院一樣，與鹽商和行政當局之間存在各種聯繫。大久保英子《明清時代書院的研究》（『明清時代書院の研究』），頁 329－330。

② 原注 79：越華書院的一百一十八名“正課生”包括八十九名生員、庠生和二十名童生，加上五名旗人生員、庠生和四名旗人童生；六十七名“外課生”包括三十六名生員、庠生和二十四名童生，加上四名旗人生員、庠生和三名旗人童生。《廣州府志》，卷六十六，頁 17，卷七十九，頁 12 背；《越華紀略》，卷一，頁 4 面、21 面，卷二，頁 8 面一背、13 背，卷四，頁 31 面、33 背。

書院的先賢堂裏；堂内供奉著五位宋代理學大師——周敦頤（1017—1073）、程頤與程灝（1032—1085）、張載（1020—1077）和朱熹，以及由唐至明各朝代廣東本地先賢和政治家的牌位。越華書院的先賢祠也同樣供奉著這五位宋代大師。[①]

雖然粵秀書院和越華書院的教育著重於為科舉考試做準備，但是書院提倡的經史之學類型，也會隨著有魅力的山長和省官員的知識傾向而變動。他們很多都是程朱理學即“宋學”的熱心擁護者。[②] 直隸人王植在乾隆元年至七年（1736—1742）任粵秀書院山長，“生平專主宋學，掊孔鄭而崇濂
77 洛”。[③] 南海人馮成修（1702—1796）曾兩度任粵秀書院山長（乾隆二十年，1755；乾隆四十六年至四十七年，1781—1782），出版了兩套學生的試帖文集；他提醒學生，寫作八股文若想“載道”，唯有追隨五位大師的學問。[④] 最後，廣東本地的詩人馮敏昌（跟馮成修沒有親戚關係）在嘉慶六年至十一年間（1801—1806）多次短期擔任粵秀書院的山長，他教導學生，“聖賢學問，大抵從事見心”，這是在呼喚總體意義上的理

① 原注80：《粵秀書院志》，卷一，頁8背，卷二，頁6面、13面，卷七，頁1面一背；《越華紀略》，卷三，頁1面。

② 原注81：這裏，我隨魏偉森（Thomas A. Wilson），將程朱之學定義為“由皇權傳播的狹義的儒家學說”，最常被採用為科舉考試的標準。跟大多數清儒一樣，我將“理學”作為對宋明哲理性儒學的總稱；西方的中國學著作中常稱之為“新儒學”。最後，清代學者所說的“宋學”，是與“漢學”對舉的二分式的一半。宋學被認為最關心“義理”，而漢學則首要注重“詮釋”經典。見魏偉森《道統：帝制後期中國的儒學傳統之構建與作用》(*Genealogy of the Way: The Construction and Uses of the Confucian Tradition in Late Imperial China*)，頁19。

③ 原注82：洛，指洛陽的程氏兄弟，即程頤與其兄程灝。《粵秀書院志》，卷十四，頁7面。

④ 原注83：《粵秀書院志》，卷四，頁33背；勞潼《馮潛齋先生年譜》，頁1面、36面。十九世紀廣州文人陳曇描述馮成修在書院山長任上“一以程朱心性之旨為宗”。陳曇《鄺齋雜記》，卷五，頁13背。

學，可能也流露出對明代廣州哲學傳統的興趣。①

同樣的，越華書院的各位前任山長中，也有幾位是程朱之學或者更廣義的理學的強烈支持者。馮成修和馮敏昌都曾在越華書院任教；敏昌教導學生“主敬”之重要，是程朱之學的奠基石。劉彬華在嘉慶九年至十年間（1804—1805）曾短期在越華書院服務，然後從嘉慶十八年到道光九年（1813—1829）連續任職。他強調學生的道德品質優先，要求學生要首先熟習《朱子學的》——一部由廣東人邱濬（1420—1495）以《論語》為樣板按話題編寫的朱熹言論集。不過，除了通常的以“四書”中摘引的段落為題的月考之外，劉還要求學生們參加每年的經解和策問考試。他拿出自己的俸金買書籍和筆墨，獎給成績優秀的學生。②

然而，並不是所有粵秀書院和越華書院的山長都獨尊程朱理學，集中注意於為考試做準備；實際上，他們有些甚至宣揚後來由學海堂系統地引進的考證學和漢學的學術思想。漢學學者惠士奇任廣東學政時期的門徒何夢瑤，在乾隆十五年至十七年間（1750—1752）主政粵秀書院。十九世紀學海堂的學者們一直將何夢瑤作為廣東具有新興的考證學傳統的證據，他寫出了一部數學著作。廣東本地學者中唯一一位作品被收入清代經
解集《皇清經解》的李黼平於嘉慶十年至十三年間（1805— 78
1808）出任越華書院山長，致力於糾正書院學生中喜歡猜測經義的習慣，並改變他們不善於從經典求證的低能狀態。③

像何夢瑤和李黼平這樣的學者，在這兩家書院引進考證學實踐所延續的時間都不長。他們的繼任者們不斷努力拓寬兩家

① 原注84：《粵秀書院志》，卷十五，頁31面。

② 原注85：《越華紀略》，卷三，頁1面；卷四，頁11面、12背—13面、15面—背。

③ 原注86：《越華紀略》，卷四，頁15背—16面。

書院的教育視野，越出了為考試做準備的四書五經之學，表明他們正在進行一場艱苦的努力以維持創新的課程。十九世紀頭十年後期任粵秀書院山長的廣東本地人陳昌齊（？— 1820），曾在成書於十八世紀七八十年代的綜合文集《四庫全書》的編寫班子中跟最著名的考證學者共事。儘管陳昌齊本身在經史之學上傾向於考證學，他還是致力於將漢學和宋學的要素結合起來，因為他認識到這兩種方法都已超越了他的學生們一心關注的目標。為回應粵秀書院學生希望知道怎樣才能提高他們應試文章的水平，他勸他們把考試及第和為官的回報這些想法都擱到一邊，而要“根源經術，陶冶心性，貫通乎物之理”。①

學海堂創辦的前夕，廣州的第三所官辦書院——羊城書院，將成為謝蘭生日常活動中的最重要地點；他於道光元年（1821）開始在這所書院任教。羊城書院創立於此前一年，當時廣州知府羅含章在為修葺粵秀和越華兩書院籌款之後，又把注意力轉到廣州府辦的三所小書院和兩所義學上。羅把這幾個分散機構的資源合併起來，建立了羊城書院，給來自廣州府的一百一十名“正課生”和六十名“外課生”提供教學。靠著出售已停辦學校的資產和在本地精英中募款，並且從廣州府衙門獲得五千兩銀子，羅設法籌集了一筆殷厚的存款，足以為書院
79 提供每年三千兩利息的收入。作為新書院的山長，謝蘭生的年

① 原注 87：《粵秀書院志》，卷二，頁 15 背—16 背，卷三，頁 15 面—背，卷五，頁 16 面，卷十四，頁 18 背—19 面、頁 24 面—背；羅含章《嶺南集》，卷七，頁 54 面—背。關於陳昌齊在《四庫全書》編纂工作中的作用，參閱蓋博堅《皇帝的四庫》(*The Emperor's Four Treasuries*)，頁 84。

俸為四百兩。①

羅含章在廣東的各種地方行政職位上為官二十載，他將他的新書院視為一個載體，去改造他認為省內普遍存在的一些根本習氣。在創建羊城書院之前，羅已經要求粵秀書院的學生應對策問，論述如何制止他在珠江三角洲各地觀察到的奢靡無度現象，另外還要求就鎮壓秘密會社和土匪這樣的話題發表講話。他在羊城書院繼續執行這樣的方針。在他的一篇紀念羊城書院建立的銘文裏，羅表達了他希望訓練出一個教育官員和衙門幕友的核心，能夠改造“風俗侈靡，人情澆薄”，他相信那是導致了他在府治內所遇到的“詐僞習而訟獄多”現象的根源。他希望那些不尋求行政職務的人回到自己家鄉，致力於降低那裏暴力的程度。② 正如謝蘭生簡練描述的那樣，羅含章是一位瞭解教育與治安關係的知府。③

但是推動著謝蘭生及其學生們的，卻是另外一些關心的事項，與羅含章所表達的並不相同。謝在嘉慶二十五年（1820）受聘任職，對他來說羊城書院的好處是位於省城，可以創造一些廣州府以外的府級書院無法得到的機會。除了例行的考試——每月兩次由山長主持，一次由知府主持，羊城書院的學生每月還要由省裏的官員進行考核。總督在陰曆二月開始考

① 原注88：考慮到謝蘭生在道光四年十二月初一日日記的書眉上記下他在這一年的收入“共計一千五百六十二大圓”，就可以使我們產生一個印象，知道他在羊城書院所得的薪俸與他的年收入存在何等重要的關係。可惜的是，不清楚這個數字有沒有包括他羊城書院的薪俸在內。羊城書院每年的一百一十名“正課生”包括七十名生員、庠生與四十名童生；六十名“外課生”包括四十名生員、庠生與二十名童生。《廣州府志》，卷六十六，頁20，卷七十二，頁14背；羅含章《嶺南集》，卷七，頁63—背；《廣東省例新纂》，卷四，頁5面。

② 原注89：羅含章《嶺南集》，卷七，頁63背—64背。

③ 原注90：陳在謙編《國朝嶺南文鈔》，卷五，頁6面。

核，巡撫是在三月，以後按官階由高到低依次主持考核。而且，羊城書院的學生們跟三所省級書院的同學一樣，可以參加學政主持的特別考試；這些考試給了他們機會提高自己的資質去參加鄉試，從而使他們中式的比例要高於通過正式的縣學去備考的學生。在羅含章於道光元年（1821）五月離粵赴山東新任之後，番禺與南海兩縣的教育官員請求學政停止這項措施。
80 由於這兩個縣的教育官員都是廣州以外其他府的人氏，他們對於戶籍在廣州府的羊城書院學生享有這種通往鄉試的新捷徑自然會感到憤憤不平了。謝蘭生回應這種意見，指出他的學生這項特權的正當性；他爭辯說，廣州府的精英在道光二年（1822）為重建貢院捐獻了所需款項的過半之數。他還給羅含章寄去了一封信；也算謝蘭生運氣好，羅在道光二年歲晚作為新任廣東巡撫重回廣州。權力在握，羅含章重申了羊城書院的特權，並且確保其成為先例。①

儘管羅在廣東多年的任職在此之後僅數月就因調任而結束，羊城書院卻保持了它作為廣州主要書院之一的地位，直到十九世紀末葉。這種長久生命力的其中一個原因就是謝蘭生在嘉慶二十五年至道光十一年間（1820—1831）任書院的第一任山長時所設下的穩定路線。此外，在十九世紀二十年代，不僅廣州對新的書院顯然有很大需求，而且羊城書院所提供的這種特權也吸引了大量富裕的學生。道光元年（1821）二月，羊城書院第一個學期，考核了為爭取新書院一百七十個名額而來的二千名生員（或正式生）和童生。這種需求在以後的十年間仍

① 原注 91：道光十五年《南海縣志》，卷十九，頁 13 面，卷三十九，頁 38 面—背；《番禺縣志》，卷九，頁 14 面；《粵秀書院志》卷十五，頁 49 背—50 面；謝蘭生《常惺惺齋日記》，嘉慶二十五年十月二十日，道光元年四月二十一日，道光二年九月二十八日。關於選拔書院學生在科舉考試制度中進一步發展，見盛朗西《中國書院制度》，頁 138。

然方興未艾；道光四年（1824）考核了超過二千名考生，兩年後是超過一千五百名，而道光九年（1829）參加篩選的精確人數為二千一百二十四人。① 道光三年（1823）錄取的學生在春天一段十餘天的時間裏聽了謝蘭生一系列的講課，內容都是理學的文本，如周敦頤的《太極圖說》、張載的《西銘》和程灝的《定性書》（一封寫給張載的覆信，在許多方面補充了周的《太極圖說》）。②

在道光元年（1821）創始了羊城書院的課程之後，謝蘭生在海幢寺和洋商的園林與商行裏待的時間減少了，花了更多的時間來跟粵秀和越華兩個書院的山長和監院交往。從其根據地羊城書院出發，謝蘭生常常在出席城市官員的正式宴請之前造訪越華書院的負責人劉彬華和粵秀書院的監院吴蘭修，或者十
九世紀二十年代粵秀書院的幾位山長之一。有時候，三大書院 81
的其中一處會作為宴請或演戲的地點。不過謝蘭生還是會找時間去造訪洋商們的商行，例如在道光元年歲晚，劉彬華和吴蘭修就曾到羊城書院來，會同謝蘭生一起到廣利、同孚、同東和天寶各商行遊玩。③

另一家書院——文瀾書院，跟此前介紹的三所書院有所不同，但是在謝蘭生的日記裏同樣是頻頻出現，顯示出商人與文

---

① 原注 92：謝蘭生《常惺惺齋日記》，道光四年正月二十二日，道光六年正月十八日，道光九年正月二十一日，與道光元年正月十八日的書眉。

② 原注 93：謝蘭生《常惺惺齋日記》，道光三年三月二十六日、二十八日、四月初一日。

③ 原注 94：謝蘭生《常惺惺齋日記》，嘉慶二十五年六月初一日，道光元年十一月十二日。我沒有在任何有關公行商人的研究中發現同東行的名字。梁嘉彬《廣東十三行考》，各處；陳國棟《中國行商的債負問題，1760—1843》（*The Insolvency of the Chinese Hong Merchants, 1760-1843*），各處。

人利益的匯合。這個多功能的機構始建於嘉慶十五年（1810），當時新任布政使曾燠（1759—1830）組織了疏浚流經廣州城的河涌六脈渠的工程。諸家洋商和當時居住在西關的嘉慶十四年進士、順德人何太青一起，向當局要求一併清理流經西關的一條河涌。洋商們還捐出了幾座建築物，作為在疏浚完成後對河涌進行監控之用；這幾座建築物屬於一位洋商同業在十八世紀八十年代因欠債而充公的產業。其餘的洋商們後來被要求購買這些產業，以便為他們的同業還清債務。①

由於這些產業在嘉慶十五年（1810）仍由洋商們聯合管理著，尤其是由於它們正好位於新疏浚的河涌沿岸，非常方便，因此他們建議把其中一座建築物用作“公所”，管理河涌每年的清理工作，使商用船隻可以通到城市的這一地區。這一年制定了防止不良社會成分侵入河涌的規則。除了禁止建造阻礙水上交通的低矮橋樑之外，規則還禁止糞艇進入河涌。文瀾書院的組織者斷言，這些糞艇借收集糞尿，在沿河人家屋後停泊，不但臭氣逼人，而且令艇家有機可乘，趁屋主不備進行偷竊。② 這些規則在嘉慶十七年（1812）曾燠發出的正式佈告中也予以重申。③

除了建立公所之外，商界領袖們還趁此機會翻修了物業中的另一座建築，用來建立一所書院，一個士子們可以在其中參
82 與詩文競賽的地方。其餘的建築物用來出租，為維護河涌和舉行文學競賽提供資金。書院及其文學競賽打算專為在西關居住

---

① 原注95：財產不幸被沒收的商人是蔡昭復（昭官三世）。見張榮洋《廣州的行商》（*The Hong Merchants of Canton*），頁264；陳國棟《中國行商的債負問題，1760—1843》，頁267－268；《廣州府志》，卷六十六，頁24面；《文瀾眾紳錄》，碑記，頁7背；謝蘭生《常惺惺齋文集》，無頁碼。

② 原注96：《文瀾眾紳錄》，碑記，頁9面－10面、13背。

③ 原注97：道光十五年《南海縣志》，卷十一，頁50背－51面。

和納稅至少三十年的家庭的學生服務。這樣，文瀾書院的參與者就主要是南海鄉下人或者移居西關的新會人和順德人，不過也包含一些像來自福建的葉家這樣的外省移民。在嘉慶十六年（1811）文瀾書院的創辦協議書上列舉了來自各洋商商行的捐獻，其中包括謝蘭生經常光顧的幾家（怡和、西成、廣利和東裕），以及潘家的各商行。四家公認為最富有的洋商——盧、潘、伍、葉——輪流提供書院每年的資金。文瀾書院由一個士紳委員會管理；但是這裏商人與士紳之間的分界線依然是不嚴密的。初期的"士紳"經理包括像鍾啟韶和張如芝這樣的伍家聚會上的文人常客，還有正在上升的西關商人楊大霖，他通過積極進取的婚姻戰略與廣州最強大的一些商家建立了關係。[①]

文瀾書院有一位固定的教師王鑑心（道光十七年舉人），家鄉在桑園圍屬於南海部分的大桐鄉，他"躲"在這所書院有五十多年。雖然王鑑心本可在書院講課，但是競賽中寫出的詩文（稱為"會文"，即"會社的作文"）必須有一位具有公正立場和試場聲譽的外來教師來評判；因為人們恐怕一位西關的教師會惹來偏袒的嫌疑。十九世紀晚期以來的書院規則表明，獎賞可能包括像銀兩、絹扇、文具和洋布這樣一些物品的組合，頒發給一些最佳作品的作者。更大的金錢獎勵會頒發給鄉試中式和會試及第的學生。另一些史料將文瀾書院描繪為詩會的場所，而謝蘭生則是准入的裁判。這方面的證據在謝蘭生的日記中也可以找到。例如，謝在嘉慶二十五年（1820）夏天評閱了一批文瀾書院的會文，道光三年（1823）夏天又評閱了另一批，並且於這一年晚些時候到書院去批閱詩卷。道光五年

---

① 原注98：《文瀾眾紳錄》，碑記，頁2面、4面、7背－8面、13面一背。崔弼記載文瀾書院建成於嘉慶十六年（1811）。崔弼《白雲越秀二山合志》，卷17，頁7面。又見大久保英子《明清時代書院的研究》，頁332－333。

83 （1825）春天，文瀾書院又給謝蘭生送來六百多份會文卷子，謝答應在月底之前評判完畢。謝蘭生當然會因他的服務得到報酬，而作為回報，他則捐獻給書院諸如題有他書法的扇子之類的物品以用作獎品。①

廣州的一些更有聲望的教師則在書院系統之外獨立運作，不過他們的方式讓人聯想到明代廣州的書院。明代廣州府的各書院，無論是在城內還是在珠江三角洲腹地，通常都各自跟單獨一位具有個人魅力的教師密切聯繫。結果，在這位跟書院聯繫最密切的學者去世之後，書院往往也就失去生命。名義上仍然存在的書院，可能僅僅作為書院以之命名的那位創建者或學者的祠堂，很少會再用作給學生授課。康熙年間，清政府開始鼓勵建立省立書院，以適應科舉考試備考的需要，廣東的這種辦學模式開始改變。那些尋求跟一位有魅力的教師建立密切關係的學生，越來越需要到官方書院之外去尋找了。②

在十九世紀初的二十年間，最成功的私人教師據說可以吸引數以百計的學生。嘉慶二十年（1815）被迫發聲反對鄉賢盧家的教師張衍基，據說在廣州就有近兩百名學生。在十九世紀二十年代，來自南海鄉下、在嘉慶二十二年（1817）會試中受過羞辱的舉子梁序鏞捐棄仕途，在西關開館授徒。佛山人勞潼

---

① 原注99：宣統二年《南海縣志》，卷十五，頁6背；咸豐三年《順德縣志》，卷二十六，頁6面－7面；《駐粵八旗志》，卷二十三，頁14面；《文瀾眾紳錄》，碑記，頁13背－14背；謝蘭生《常惺惺齋日記》，嘉慶二十五年六月二十二日，道光三年八月初五日、二十八日、十一月十七日、十九日、二十日、二十二日，道光四年正月二十八日，道光五年三月五日。關於清代最末十年間文瀾書院在地方政治中所起作用的有趣描述，見錢曾瑗《國家、統治與中國的現代性》（*Nation, Governance, and Modernity in China*），頁35、44－46。

② 原注100：關於明清之交廣東書院的情況，見林懋（Grimm）《廣東的書院與城市體系》（“Academies and Urban Systems in Kwangtung”），與劉伯驥《廣東書院制度》，頁45－46。

（1734—1801）是另一位十八、十九世紀之交在廣州很受歡迎的教師，據說有數百名學生。來自九江關氏家族的嘉慶六年進士關仕龍也在廣州教學。十九世紀的頭十年，關仕龍在他老城的臨時居所授徒，由於教學大受歡迎，所以不得不遷移到一座容量更大的建築中去。但這座房子的空間還是不夠大，那些想聽他講課而沒有被接納為正式生的，只好在外面聆聽。那些被正式接納的學生中有何文綺（約 1780—1855），是桑園圍地區的鎮涌人，他後來成為粵秀書院很有聲望的山長。幾乎所有這些私人教師以及他們的學生似乎都是原籍南海鄉村而暫居廣州城內 84
的人。同為南海鄉村人的朱次琦和康有為（1858—1927）在十九世紀晚期也受到類似的追捧。[①]

文學會社與競賽

除了在粵秀、越華和羊城三家書院任教之外，謝蘭生還經常應邀為各種文學會社評閱“會文”。僅在道光二年（1822），謝蘭生記錄下來的他曾經評閱過會文的地方，其中就有西關地區、桑園圍地區的龍山鄉和新會縣的潮連鄉。在一次看來是家族內部的競賽中，謝記錄收到超過二十份來自李姓家族的作品，但沒有說明來自什麼地方。同是這一年，謝蘭生甚至為他

① 原注 101：黃培芳《粵岳草堂詩話》，頁 103；《勞氏族譜》，卷三，頁 32 背；《關樹德堂家譜》，卷二十，頁 33 背；道光十五年《南海縣志》，卷三十九，頁 28 背－29 面；譚宗浚《荔村隨筆》，頁 10 面、13 背－14 面。

家鄉麻奢鄉的鼇峰書院評閱過卷子。① 這樣的競賽常常是模仿科舉考試的。例如，唐荔園的主人邱熙就舉辦過一次詩文大賽。顯然因阮元為他的花園賦詩一首並且題寫了匾額，邱熙很受鼓舞，邀請這位總督來為競賽作裁判，不過阮元委派了他手下一個年輕人代理此事。邱大吹大擂地把優勝作者的名單在西關他居住的廟宇前張榜公佈。②

跟許多這些短暫的文學競賽相反，謝蘭生的幾位同事組織了一些文學團體，對廣州的文化景觀造成了更為持久的影響。有三個這樣的聚會對於我們的研究很重要，因為它們代表了將要活躍於學海堂的年輕一代文人正在崛起。其中第一個聚會是由疏浚了六脈渠的布政使曾燠組織的，為的是慶祝一座紀念經學家虞翻（164—233）的祠堂興建。虞翻是三國時代吳國人，被流放到廣州。據說他在那裏一處南越國（前 204—111）國王的故宅上營造了一座園林，稱為“訶林”，身邊可能聚集了
85 一大群追隨他的當地文人。六世紀時，被認為是虞翻曾經建造園林的地方成了一座佛教寺院，最終演變成為光孝寺。③

在虞翻被貶謫到廣州這件事被遺忘了長遠的歲月之後，在十八世紀的江南，一些漢學的熱衷者重新發現了他。儘管曾燠本人並不被認為是經學家，他卻在廣州作了一番努力，在光孝

---

① 原注 102：鼇峰書院被描述為當地精英重陽節“詩酒聚會”之所。謝蘭生和兒子們秋天回麻奢之行恰恰也在這個時節。謝蘭生寫過一篇碑文，紀念該書院在嘉慶二十年（1815）建立。道光十五年《南海縣志》，卷四，頁 14 面；謝蘭生《常惺惺齋日記》，道光二年三月二十二日、閏三月二十八日、四月二十四日、七月十八日、八月十一日。

② 原注 103：譚宗浚《荔村隨筆》，頁 16 背。譚在文章中將邱熙解讀為“邱性”。

③ 原注 104：《三國志》，頁 1317－1321；《廣州城坊志》，頁 377－387。晚至唐宋，廣東仍然大致被認為是化外之區，這使之常作為流放地。見薛愛華（Edward H. Schafer）《朱雀：唐代的南方意象》（*The Vermilion Bird: T'ang Images of the South*），頁 37－44。

寺的地盤裏建造了一座新的虞翻祠。當嘉慶十六年（1811）這座祠落成之時，曾燠用他拿手的駢體文寫了一篇紀念文章，並邀請了幾位本地著名的詩人來紀念這座祠。總共有十五位本地的或寄寓的詩人參與其事，展露了他們的文才，幫助紀念這一時刻。廣州的詩人包括謝蘭生的師傅劉彬華、他的年輕同事張維屏以及詩人黄培芳。稍年輕一些的文人也有參與，如陳曇（他不久後捲入鄉賢盧氏的案子）、陳曇的親戚和朋友潘正亨，以及鄭灝若（嘉慶十八年拔貢）。①

另一個重要的團體形成於嘉慶十七年（1812）。當時黄培芳、張維屏、譚敬昭、林伯桐、孔繼勳、段佩蘭（1787—1845）、黄喬松和兩名道士正式建立了一個詩社，並在城北的白雲山聚集。他們在這個眾人常到的遊覽區選擇了一個地點，將其改造成一個私密的遊樂之所，稱之為“雲泉山館”。② 在這裏他們建造了一座廳堂來紀念三位到過白雲山的前輩。第一位是宋代的大詩人蘇軾（1037—1101），他在流放期間到過這裏，並且使這座山在他的詩詞裏永垂於世。第二位是崔與之，

---

① 原注105：伊秉綬《留春草堂詩鈔》，卷五，頁21面一背；黄培芳《粵岳草堂詩話》，頁75；陳曇《感遇堂文外集》，卷一，頁12面—13面；陳曇《鄺齋師友集》，卷九，頁1面，卷十三，頁1背，卷四十八，頁3背；曾燠《賞雨茅屋外集》，頁49面—50背；《番禺縣續志》，卷十九，頁25面；嚴明《清代廣東詩歌研究》，頁39—42。曾燠既是著名的文集編纂者，又是駢文大家；駢體文後來成為學海堂課程的重要組成部分。張維屏《國朝詩人徵略》第二集，卷四十一，頁1面—4面。關於光孝寺與虞翻祠的更詳細情況，參閱麥哲維《瞻仰虞翻祠：十九世紀廣州的文學圈和地方認同》（“Celebrating the Yu Fan Shrine：Literati Networks and Local Identity in Early Nineteenth-Century Guangzhou”）。

② 原注106：館名來自所在地兩邊的兩個地點名字——白雲山和濂泉。黄培芳《雲泉山館增建記》，載於譚棣華、曹騰騑、冼劍民編《廣東碑刻集》，頁17。

他是珠江三角洲僅有的幾位在宋史上留下印記的學者型官員之一，也被供奉在堂中。第三位被紀念的先賢是明代著名的學者型官員黃佐，他還是黃培芳的直系祖先。這個新的團體被人稱為“詩壇七子”，很自然地排除了那兩名道士——他們被置於維護這個場所的次要地位。①

雲泉山館的聚會把這樣幾個人聚集到一起，直到他們在嘉
86 慶十七年（1812）建造的山館失修傾圮之後很久，他們仍是學海堂的學術和文學生活的積極參與者。②這個團體中的三個成員黃培芳、張維屏和林伯桐最後被任命為學海堂的並列山長。其餘的成員有商家的背景。靠鹽業貿易發財的番禺人家之子黃喬松，是伍家園林和海幢寺的常客，後來成為學海堂早期考試的經常參加者。孔繼勳和段佩蘭受到歡迎加入這個團體師從黃喬松學詩，因為他們都是來自擁有某種商業財富的家庭。孔繼勳是南海羅格孔家的成員，這個家族是靠鹽業貿易致富的。段佩蘭是番禺的生員，然而因為他是庶出，所以據說在分他父親的財產時，他只得到“中人”之額。不過這個份額已經使他有

---

① 原注107：《番禺縣志》，卷十六，頁5背；黃培芳《粵岳草堂詩話》，頁68；黃培芳《嶺海樓詩鈔》，卷四，頁1面一背；《南海羅格房孔氏家譜》，卷十四，頁28背；《雲泉山館記》，載於《廣東碑刻集》，頁16。

② 原注108：波拉切克（James M. Polachek）把這個團體稱為“白雲山學派”，認為這些詩人代表了在十九世紀三十年代與學海堂“相抗衡的學術影響力”。波拉切克《內部的鴉片戰爭》（*The Inner Opium War*），頁145。然而，在道光十二年（1832），學海堂最早的學長中對阮元最忠實的追隨者吳蘭修和曾釗後來在雲泉山館招待程恩澤（1785—1837）。程在廣州監督廣東鄉試時，與阮元密切共事，並取中了幾名與學海堂聯繫的廣州學子，包括儀克中和陳澧。居鍠《居少楠先生遺稿》，卷一，頁16面。學海堂文章的第二集於道光十八年（1838）出版，其中甚至包含了林伯桐和其他一些人的詩作，題為“雲泉山館擬王右丞藍田山石門精舍”。《學海堂二集》，卷十八，頁3。

足夠的錢捐獻給山館用於各種景觀的美化和建設；據有關史料，數額為二千兩或四千兩。①

與希古堂聯繫的文人構成活躍於學海堂建立前夕的最後一個文學團體，但是它與學海堂有著更密切的進化上的聯繫。像大多數瞻仰虞翻祠和雲泉山館的詩人那樣，與希古堂聯繫的文人們都比謝蘭生年輕——其中一個成員是他的兒子念功，因此代表著某種世代的更替。希古堂其實是一個文人團體，而不是以某個特定地點為基地的俱樂部，實際上這個“堂”是不存在的。與同時期文瀾書院的詩文競賽相似，希古堂的活動內容主要是月會上的文學競賽（文課），創始於道光元年（1821），由兩位成員輪流主持，地點不定。希古堂與學海堂之間密切關係的一個跡象就是成員上的驚人重疊。希古堂參加者的名單中包含了許多我們通過對學海堂的分析將會熟悉的名字：曾釗（？—1854）、吳蘭修、馬福安（1798—1846）、熊景星、張杓、徐榮、吳應逵、黃子高（1794—1839）、胡調德、溫訓（道光十二年舉人）、鄧淳（1778—1851）、楊時濟（嘉慶十五年舉人）、劉天惠，以及謝蘭生的兒子謝念功。此外，希古堂成員還包括三位舊雲泉山館的老將，以後也是要在學海堂出現的： 87
林伯桐、張維屏和黃培芳。② 這十七位成員後來每一位都參加了學海堂的考試。在阮元道光六年（1826）任命的首批八位學海堂學長中，有七人是希古堂成員。最後，這兩個團體之間的聯繫被一部地方選集的編者點明，選集中收入了曾釗寫的一篇

① 原注 109：張維屏《藝談錄》下，頁 43 面；張杓《磨甋齋文存》，頁 55 面一背。

② 原注 110：宣統二年《南海縣志》，卷十九，頁 2 面。曾釗《希古堂文學考試序》，載於陳在謙編《國朝嶺南文鈔》，卷十七，頁 6 背—7 面。這個團體中有一個人——楊“秋衡”——的身份我未能肯定，因為人名表中他的名字是變動的。我推測他就是楊懋建，一位嘉應文人，曾參加十九世紀二十年代學海堂考試。

論述希古堂的文章。在為曾釗文章所寫的跋語中，這位編者回顧了這個團體組成於“道光紀元”，以“課治古文辭”，“越二年，阮宫保師立學海堂以廣之，兼治經解詩賦”。① 除了曾釗的文章以及一些縣志中這個團體成員的傳記裏略有提及之外，沒有什麼資料留存下來說明希古堂這個團體的文學理想。最常見的是說這個團體推廣“古文辭”。② 曾釗在這篇文章中對清初魏禧（1624—1681）和其他文人在江西形成隱逸的古文家團體表達了崇敬之意。不過他還是認為他們的文章淺薄，究其原因是對經學研究不夠。如果曾和他的希古堂同仁們既能夠模仿魏禧，又擁有深厚的經學根基，那麼希古堂的文章就可以“駢漢轢唐，何論宋人”了。③

曾釗的文學理想深合阮元的信仰，阮當時正在通過學海堂考試推廣唐以前的文學。不過團體內其他成員並不完全同意曾釗的文學觀。在珠江三角洲小有名氣的古文家吴應逵，特別崇拜魏禧，他不承認魏禧在對經學的理解上有淺薄的問題。胡調德特別喜愛唐宋八大家的文章。馬福安則將桐城古文學派的元老方苞（1668—1749）奉為楷模。在與曾釗的書信來往中，馬告誡曾不要一味崇尚奇古，認為這種做法危險地近乎明“七子”——一些主張有意識模仿秦漢文章的仿古主義者。④

所以，很難給希古堂成員標定一個眾人共通的具體的文學

---

① 原注 111：曾釗《希古堂文學考試序》，載於陳在謙編《國朝嶺南文鈔》，卷十七，頁 6 背。編者的評論在紀年方面有點混亂，希古堂聚會似不應早於最初的學海堂考試。據推測，他指的是道光四年（1824）學海堂庭園的建造。

② 原注 112：容肇祖《學海堂考（附菊坡精舍考略）》，頁 33。

③ 原注 113：曾釗《希古堂文學考試序》，載於陳在謙編《國朝嶺南文鈔》，卷十七，頁 6 面—背。

④ 原注 114：曾釗《面城樓集鈔》，卷四，頁 17 面—20 背；馬福安《止齋文鈔》，羅惇衍序，頁 2 面；下卷，頁 23 面—背。

取向，令人感覺只是地方上的密切聯繫使這群人聚集到一起。88
就像“古學”很快將在學海堂得到推廣一樣，“古文”也可能被作出各種不同的解釋，既可以指唐以前的範文，也可以指唐宋各大家的作品。而且，儘管希古堂和學海堂的成員交疊現象令人好奇，但是並不十分清楚阮元對希古堂的議程可能在多大程度上曾經插手指導或至少是予以點撥。沒有任何史料提到阮元是希古堂背後的驅動力量，這也許說明從希古堂古文作者中產生的學海堂學者核心人群帶來了他們自己的關懷與興趣，說明學海堂選擇的方向既反映出阮元的影響，同時也反映了一個廣州本地的議程。事實上，學海堂的課程——與阮元自己在杭州的詁經精舍相比，這個課程對文學操練給予異乎尋常的重視——極有可能代表了對這個本地文學團體的一種妥協。這樣，阮元的任務就是擴大廣州最新的文學圈子，並給它嫁接上一個新的徽號，以推廣阮元的新議程，一種獨家由江南傳來的融合體，融考證學、漢學與《文選》的文學風格於一爐。

結　論

在十九世紀末和二十世紀初各種志書和文集中眾多的傳記裏，提到學海堂的時候都稱譽這所書院為廣州文化精英的實踐帶來了重大而積極的變革。在本書接下來的章節裏可以看到，學海堂確實改變了地方的文化景觀。但是，一個在學術和文化上死氣沉沉的環境被注入震蕩的活力的這樣一種景象，一方面更準確地反映了阮元的設想，另一方面也反映了依靠學海堂去爭取自己在廣州精英社會頂層的一席之地並確立其地方文化裁決者資格的那些人們的利益。

因此，一方面阮元在規劃學海堂的方向上所起的作用怎麼
說都不過分，另一方面他其實並不是在真空中工作。總督大人 89

是在一個高度興奮和具備不斷增長的可能性的地方環境下創辦他的新書院的。這一社會環境無論對像謝蘭生這樣的著名本地文人，還是對文化精英圈子中更邊緣的成員而言，都提供了多種多樣的尋求資助、尋求文學與學術的表達，和尋求社會地位晋升的機會。那些擁有合適資格的，或者是有錢的人，就可以進入廣州社會路線中那些重要的地點。由於像荔枝灣這樣的地方越來越擠滿了有錢的和有社會野心的人，那些更高層次的人們就只好不斷地創造出更優雅的環境。廣州的商業和文化精英的社會生活，很多時候在像阮元這樣的外人看來在知識方面是一潭止水，或者按憤世嫉俗的本地觀察者看來是一個庸俗的、浮動的世界，但無可否認是生氣勃勃的。

而且，儘管學海堂使自己不同於廣州此前存在的傳統書院，但通過其地方背景去觀察，可以看到它同樣顯示出是起步於十九世紀初期的一個地方文學與學術繁榮期的頂點。這首先可以從學海堂成立之前的十來年中舉行的各種各樣文學競賽和組成的各種各樣文學會社看出來。這也可以從地方官員們，往往是在地方精英的敦促下，越來越注意花錢去修葺書院，增加對它們的撥款和提高學生人數的定額這些現象看出來。還有，在十九世紀開頭的數十年間，書院的山長——這個職位傳統上是由外省來的著名學者擔任的——越來越多地由粵籍人士出任了。於是就出現了也許可以稱為書院山長職位“廣州化”的現象。不過，除了像謝蘭生這樣的珠江三角洲人之外，許多這些被認為是廣州人的，實際上是來自像嘉應客家人和浙江北部行政管理人員與鹽商這樣一些寄寓或移民的群體，具有與學海堂相似的典型特色。

簡言之，十九世紀初期——在學海堂建立的前夕——廣州社會精英的文化生活展現出對文化資本的渴求，這種資本的表
90 現形式為教育以及文學學術精英的其他裝飾物。盡管後來人們

評價學海堂向廣州傳播知識的作用時有點沾沾自喜，這個城市的學術生活確實已經跟它的商業一起繁榮起來了。瞭解這種活力，瞭解爭取更高水平文化成就的競爭，就掌握了解釋學海堂的吸引力的手段。

91 第三章　廣州城的新地標：學海堂創建，嘉慶二十五年至道光十年（1820—1830）

城北越王山，一角如蓬萊。上有紅棉花，下照讀書臺。學海紹前哲，衮衮羅群材。實事求訓詁，至理能兼賅。性命落空談，一掃如浮埃。努力奉師承，庶以詔將來。

——吴蘭修《送阮宫保師雲貴履新》①

阮元在嘉慶二十三年正月初六日（1817 年 11 月 30 日）到廣州就任兩廣總督，這時，他已經作為各種學術和文學事業的贊助者及考證學與漢學的宣導者而享有盛名。阮元是江蘇揚州人，而揚州是十八世紀考證學運動在江南的主要中心之一。早在十八世紀九十年代初期擔任山東學政時，阮元就為清代熱衷漢學的學者所崇敬的漢儒鄭玄立祠。乾隆六十年至嘉慶三年間（1795—1798）在杭州任浙江學政時，阮元組織了經典辭書
92 《經籍籑詁》的編寫。他在嘉慶五年（1800）又回到杭州任浙江巡撫，這次他創辦了一所新的書院“詁經精舍”。一反常規做法，阮元給書院派去了兩位主管。而且，這是第一家明確地

① 章首引詩：吴蘭修《荔村吟草》，卷一，頁 3 背。道光六年（1826）。

以研究漢學為定向的書院。阮元在紀念詁經精舍成立的文章中說，“漢人之詁，去聖賢為尤近”，而“遠者見聞終不若近者之實也”。[1] 換句話說，就是漢代學者對經典的詮釋比宋代學者可靠。嘉慶十九年至二十一年間（1814—1816）任江西巡撫時，阮元為了繼續推廣這一學說，重印了全本漢唐經解文集《十三經注疏》，以期學者可以獲得更多宋代之前的經解著作，以取代程朱學派對經典的詮釋。

阮元在廣州任總督，一上任就繼續主辦經史之學。首先是組織本地學者編寫了新版的《廣東通志》（後簡稱《通志》）。就像二十年前在浙江編寫《經籍纂詁》一樣，這項工作把一群學者聚集到一起，這樣就形成了一所新書院的核心。除了揚州文士江藩（1761—1831）是旅居之外，幾位主編都是選聘本省名宿陳昌齊、劉彬華和謝蘭生。總校勘是鹽商葉廷勳之子葉夢龍。有幾位分纂（分部編寫者）和分校（分部校勘者）是來自我們在第二章中曾經論述的文學團體中的熟人，在後來的學海堂中他們也將成為出類拔萃的人物。分纂中有劉華東，他曾領導反對鄉紳盧氏的行動；有希古堂成員、後來學海堂的並列學長吴蘭修、曾釗和吴應逵；還有三位以後將參加早期學海堂考試的文人——鄭灝若、李光昭和老學者崔弼（嘉慶六年舉人）。未來的學長熊景星和學海堂未來的應試者鄧淳擔任分校。另一位未來的學長儀克中於嘉慶二十四年（1819）加入《通志》編寫隊伍，為金石碑刻部分搜集資料。[2] 93

儘管《通志》並非對宋學價值標準的批判，但它確實給了阮元一個機會，巧妙地引入了自己的方法和史學考證研究的理

---

① 原注 1：阮元《揅經室集》，頁 505。

譯注：見《西湖詁經精舍記》，《揅經室集》中華書局版，頁 547。

② 原注 2：《廣東通志》，序言；謝蘭生《常惺惺齋日記》，嘉慶二十四年十一月初二日。

想。新編《通志》的一些部分，如關於金石的部分（阮元和其他考證學者所喜愛的一項內容），與以往的版本相比顯得特別詳盡，並且讓本地學者從事研究，以磨練他們的技能。① 編寫過程中，主編謝蘭生記下了儀克中和曾釗兩人發現的翁方綱《粵東金石略》中的許多錯誤。② 由於《通志》編寫接近尾聲，而希古堂的成員們又正在開每月例會，所以阮元決定開始舉行"古學"考試；這一考試後來進入了學海堂。

總督大人到廣州就任之初，心中早就有一個學術和文學的日程表，把學海堂看作是引入江南最新經史之學和文學潮流、改造地方文化景觀的一個手段。事實上學海堂的許多方面使它不同於本地的其他書院。與此同時，阮元的書院又不可避免地被同化進入了當地的景觀，儘管他想要改變這一景觀。本章探討新書院創辦過程中，即從道光元年（1821）首創的考試，到十九世紀三十年代開始之前形成一個連貫的、認同學海堂學者身份的文人團體，這段時間中變革與同化的動態。學海堂提供了一個對廣州來說是獨一無二的課程，吸引著一些特殊類型的學者。通觀選擇永久院址與建造書院的過程，也透露出突顯書院獨特性的意圖，同時提出了學海堂如何適應第二章所說的精英們進身的社會路線這個問題。再者，與學海堂關聯的學者們，在贊揚和紀念這所新書院時，都會通過一番辯異，強調指出這所書院在廣州的獨特地位。通過所有這些方式，欣然應總

---

① 原注 3：《廣東通志》，序言。

② 原注 4：謝蘭生《常惺惺齋日記》，嘉慶二十五年三月二十九日。謝蘭生的日記對編志工作提出了一些獨到的見解。作為四位主編之一，在嘉慶二十四年、二十五年（1819、1820）近兩年期間裏，謝蘭生報告收到了由分纂們交給他的志書各個部分。在他記錄下來的對這些部分的評價中，有諸如對鄭灝若所編的職官表和吳蘭修所編的政區沿革表的稱贊。他也記下了與編志工程總贊助人兼組織者阮元的各次會面。見《常惺惺齋日記》，嘉慶二十五年五月初一日、六月二十八日。

督考試的學者群體，就使他們新生的學海堂有別於廣州的其他 94
書院，儘管這所新書院也成了本地景觀的一個部分。

學海堂的古學考試

道光元年（1821）春，阮元宣佈要舉行古學考試，這個意圖顯然在他心中醞釀已有時日。張維屏在一首紀念嘉慶二十三年（1818）在阮元衙門舉行的春日宴會——與會的有粵秀書院山長許乃濟、越華書院山長劉彬華以及謝蘭生——的詩的注釋裏說，在討論了《通志》編寫人選之外，總督還談到編纂一部經學選集的可能性，並且表示很希望能建造一個堂所，命名為“學海”，用來考試古學。① 因為分心於安全問題，阮元顯然推遲了實現他的理想，直到道光元年（1821）。② 謝蘭生在 3 月 1 日③的日記中記道，總督用六道題目考試學者們的古學。謝蘭生命他的次子謝念功參加了考試。謝蘭生在日記裏記載的這種古學考試——學海堂考試——最初是季考，在文瀾書院的臨時院址定期舉行。數週之後，在 4 月 13 日，謝蘭生看到古學

① 原注 5：張維屏《松心詩錄》，卷三，頁 11 背。“文集”當指《皇清經解》。

② 原注 6：關於阮元在浙江和廣東任上在處理安全問題中所起的作用，見魏白蒂（Peh-T'i Wei）《阮元：傳記與研究，特別涉及清代中期中國南部的安全與控制，1799—1835》（“Juan Yuan：A Biographical Study with Special Reference to Mid-Ch'ing Security and Control in Southern China，1799-1835”）。

③ 譯注：1821 年 3 月 1 日即道光元年一月二十七日。本譯稿以漢字表夏曆日期，以阿拉伯數字表公元日期，以便區分。

論文優勝的名單“張於（文瀾書）院之學海堂壁”。①

在道光元年（1821）這次新開的學海堂考試中，學者們被要求為幾部著作寫分析性的附言（“書後”）；這些著作是王應麟（1223—1296）的《困學紀聞》、顧炎武（1613—1682）的《日知錄》和錢大昕（1728—1804）的《養新錄》。② 其中的第
95 一種著作雖然出自宋代學者之手，但在清代被認為是注疏類著作的典範先驅，很受考據學者們的歡迎。《日知錄》是有清一代這種體裁文字的典範；錢大昕的著作則是這門學問的新近範例。在這些“附言”中，學海堂的學者們評價各個作者，比較其短長，為從訓詁、注疏到史學和金石學這廣闊領域的研究積累著證據。③

阮元用這些著作來對廣州的學者進行考試，其動機也許可以從他為道光五年（1825）《學海堂集》所作的序言一窺端倪。

---

① 原注 7：謝蘭生《常惺惺齋日記》，道光元年一月二十七日、三月十二日。張鑑等在《阮元年譜》（原名《雷塘庵主弟子記》），頁 132，說考試開始於嘉慶二十五年三月初二日（1820 年 4 月 14 日）。李緒柏《清代廣東樸學研究》，頁 27，與恒慕義《清代名人傳略（1644—1912）》（*Eminent Chinese of the Ch'ing Period，1644-1912*），頁 401，從其說。反是，多數原始資料將學海堂考試的起始時間確定在道光元年（1821），例如同治十一年《南海縣志》，卷四，頁 12 背；《學海堂集》，卷十六，頁 4 面。有一個掌故性質的證據，可以進一步證實學海堂考試始於道光元年，那就是謝蘭生在道光元年一月二十七日（就是他第一次記載總督測試學者們那一天）的日記裏記錄著，他“借得錢辛楣《養新錄》”。我們從桂文燦的記述得知，《養新錄》是第一次考試的題目之一。看來謝蘭生對《養新錄》的興趣就是由道光元年學海堂第一次考試的這個話題激發起來的。因此，我採納多數地方文獻和謝蘭生日記的說法，將道光元年確定為學海堂考試的開始時間。桂文燦《經學博採錄》，卷四，頁 1 面一背；謝蘭生《常惺惺齋日記》，道光元年一月二十七日。

② 原注 8：桂文燦《經學博採錄》，卷四，頁 1 面一背。

③ 原注六：《學海堂集》，卷六，頁 6 面—27 面；艾爾曼《從理學到樸學》（*From Philosophy to Philology*），頁 174—176。

阮元清楚地表示，書院課程重視對經典的考證研究，超過了宋學所著重的自我道德修養：

> 古者卿大夫士皆有師法，周公尚文，範之以禮；尼山論道，順之以孝。是故約禮之始，必重博文；① 篤行之先，尚資明辨。② 詩書垂其彝訓，傳記述其法語。學者誦行，畢生莫罄，譬之食必菽粟，日不可廢；居必棟宇，人所共知，奚更立言以歧古教哉！③

阮元聰明地提到《論語》和《中庸》裏的一些段落，凡是花過一些工夫準備科舉考試的人，對這些段落都會感到熟悉親切。阮元想由此表達，即使是在朱熹編訂的《四書》裏面，考證學的內在本質"博學"，也是程朱理學注重的"篤行"所必須的先決步驟。為免將來的學子忘記這一治學的根本途徑，阮元這篇序文在道光四年至五年（1824—1825）學海堂建成后，96
被鐫刻在書院的牆壁上。

在學海堂早期的另一次考試中，阮元要求應試者運用考證的方法探尋宋代理學家哲學體系的一個中心詞——"性"。這篇作業的題目是這樣的："問虞夏書、頌，易卦辭何以不言性，亦皆無性字？言性始於何書？周人漢人言性，其義與孔孟合否？"④

這道問題反映了阮元自己學術上的既定之見，他新近完成

---

① 原注 10：本節涉及《論語》的一段話，章 6，節 25。見理雅各(James Legge)《中國經典》(*The Chinese Classics*)，卷 1，頁 193。

② 原注 11：本節涉及《中庸》的一段話，章 20，節 19。見理雅各《中國經典》，卷 1，頁 413。

③ 原注 12：阮元《〈學海堂集〉序》，載於同治十一年《南海縣志》，卷十二，頁 23 背。

④ 原注 13：《學海堂集》，卷二。

的文章《性命古訓》就是這種見解的示範。[1] 重複他在《詁經精舍記》裏的論調，阮元在這篇文章中力圖展示最古老經典中的“性”和“命”在未被宋儒的重新解釋誤導之前，由漢儒注疏所闡釋的真義。按他的觀點，宋儒是受到了佛教的影響。不過，在回答關於這個論題的問題時，學海堂的學者們給出了各種不同觀點的答案。林伯桐認為，即使古人文章中沒有提到“性”字，他們畢竟還是講出了這樣一些被宋儒認為特別重要的東西。[2] 曾釗附和了這種觀點，但在答卷的結論中批評宋儒“悟本（性）”之說，那在考證學者看來是一個來自佛教的概念。[3]

對這一試題回答的多樣性以及林的文章（而不是曾的文章）被收入《學海堂集》的事實，提醒我們不要簡單化地把學海堂定性為是在推行專一的漢學議程。事實上，就像在其他地方所表現一樣，阮元在《學海堂集》的序裏展望了一個折衷的課程：

97 多士或習經傳，尋疏義於宋、[4] 齊；或解文字，考故

---

[1] 原注 14：阮元《揅經室集》，卷十。在道光元年（1821）致福建學者陳壽祺（1771—1834）的信中，阮元說這是新近完成的一篇文章，講的是他心中思考了數十年的一些問題。陳壽祺《左海文集》，引言，頁 1 面。

[2] 原注 15：林伯桐《修本堂稿》，卷一，頁 7 面－11 背。亦見《學海堂集》，卷二。關於林伯桐與“漢宋合一”學說，見艾爾曼《從理學到樸學》（*From Philosophy to Philology*），頁 246。

[3] 原注 16：曾釗《面城樓集鈔》，卷一，頁 23 背－31 面。

[4] 原注 17：這裏指的宋是南朝的一部分，這個“宋”（420—479）不是後來產生了理學大師的宋朝（960—1279）。關於阮元對南朝經學的頗為特別的評價，見其《學海堂策問》，載於《揅經室集》，《揅經室續集》，頁 129。

> 訓於《倉》、《雅》；[①] 或析道理，守晦庵之正傳；或討史志，求深寧之家法。或且規矩漢晉，熟精蕭《選》；[②] 師法唐宋，各得詩筆。[③]

阮元毫無疑問是尋求在這所新書院裏推廣考證學、漢代經解和《文選》的文學模式。不過，時至道光元年（1821），在別的地區，阮元在對待經史之學和文學方面已經不像從前在江南那樣排他了。可能是感覺到理學在廣東的強大影響力，阮肯定了朱熹在理解“義理”方面的重要性，儘管他對朱熹的繼承者們不是那麼尊敬。事實上，漢宋融合一直是學海堂強調考證學研究的底色。[④]

這種折衷的處理方法，在一定程度上是對他從江南招聘來的兩位同人江藩和方東樹（1772—1851）之間的爭論的回應。江藩要比方東樹更接近阮元，對漢學的浸淫也更深。江跟阮一樣，是揚州人，後來跟惠棟的弟子江聲（約1721—1799）一起在蘇州讀書。嘉慶二十三年（1818）夏，江藩南下廣州，在那裏阮元聘他為《通志》的主編以及編纂《皇清經解》的助手。江在廣州逗留到道光五年或六年（1825或1826），身邊吸引了一群仰慕者，包括吳蘭修、曾釗和儀克中。道光元年（1821），曾釗為江藩的《隸經文》寫了序，吳蘭修則寫了跋。《隸經文》是對古代制度的研究，後來被收入了學海堂學者譚瑩（1800—1871）編纂的一部選集。有些學海堂文人在江藩回揚州之後仍跟他保持著聯繫。例如儀克中在道光八年（1828）

---

① 原注18：此指《三倉》和《爾雅》。

② 原注19：即蕭統的《文選》。

③ 原注20：同治十一年《南海縣志》，卷十二，頁24面。

④ 原注21：艾爾曼《從理學到樸學》（*From Philosophy to Philology*），頁246；艾爾曼《清朝學術的學派》（“Ch’ing Dynasty ‘Schools’ of Scholarship”），頁31—33；何佑森《陳蘭甫的學術及其淵源》，頁2。

就曾在往來廣州和京師的途中到揚州拜會過他。①

98 江藩把他所寫的一份題為《國朝漢學師承記》的書稿帶到了廣州。在開頭的一些段落裏，江引經據典地論證了他的看法，認為師徒傳承（師承）的漢代經解學派在南朝期間令人遺憾地衰落了，唐代官方的注疏捨棄了鄭玄的解釋，其結果是宋儒忽略了漢代的注疏。②《國朝漢學師承記》慶賀漢學在清朝由於江南學界以及朝廷的贊助而得到復興。江的手稿內容是一些學者的傳記和著作介紹；這些學者大致上都是江南人，是他認為的清代漢學運動的主要角色。阮元安排了《國朝漢學師承記》於嘉慶二十三年（1818）在廣州出版，並在 1819 年 1 月為該書寫了序。③

方東樹也在這個時候來到廣州，是阮元的小集團中一個頗有不滿情緒的成員。在嘉慶二十四年、二十五年（1819、1820），方在《通志》編寫班子中擔任一個比較次要的職位，直到出掌海門書院為止，該書院在廣東西南部偏遠的廉州半島上。④ 其後方東樹於道光二年（1822）回到原籍安徽桐城過了幾個月，又應廣州羊城書院的創建者羅含章之邀重回廣東。道光三年（1823），方在粵北山區韶州的一所書院任山長，直到道光四年（1824）阮元聘他擔任總督衙門的塾師。在這段時間，方東樹寫了一部書稿，主旨與江藩的《國朝漢學師承記》大體上相反，題為《漢學商兑》，不過這部書稿直到道光十一

---

① 原注 22：閔爾昌《江子屏先生年譜》，頁 12 背－17 面；儀克中《劍光樓集》，章首引詞；《北行草》章。

② 原注 23：江藩《國朝漢學師承記》，頁 12－13。

③ 原注 24：江藩《國朝漢學師承記》，頁 4。關於考證學的地位因皇家資助而改變的情況，見蓋博堅《皇帝的四庫》（*The Emperor's Four Treasuries*），頁 155－156。

④ 譯注：海門書院所在地廉州，州治在合浦縣，清代屬廣東省，今屬廣西壯族自治區。書院舊址今存。

年（1831）才得以付梓。①

江藩和方東樹兩人都參與了學海堂考試的評卷工作，《學海堂集》初集裏還收入了方的一篇作品。但是儘管阮元和學海堂的學者圈子並沒有完全忽視方東樹，他理所當然還是會感覺到他對經史之學和文學的方法跟他們格格不入。方在另一部著作《書林揚觶》的卷首語中回憶說，在道光五年（1825）春 99 天，阮元在書院問一班學海堂的學者他們準備寫些什麽書。當時方也在場，他就哀歎近世寫書成了一件太容易也太平常的事情，情況正如孔子所說的那樣，是“不知而作者”。② 方於是有感而寫了這本書（這裏顯然沒有諷刺意味），在書中他背誦了幾段“先哲”（孔子）的遺訓，來勉勵學海堂的年輕學者生產更多無用的著作。這種感覺看來是相互的，一位晚輩學者記述了曾釗回憶的一個事例，當時阮元曾對書院的同人們說桐城人學問空疏。作者推測方東樹肯定聽到了關於阮元這個評論的傳言，於是寫了《漢學商兑》和《書林揚觶》作為報復。這個說法永遠無法知道是不是事實，但它確實反映了漢宋之爭中辯

① 原注 25：關於方東樹批判江藩的例子，見方東樹《漢學商兑》，卷一，頁 21 面—22 面。亦見艾爾曼《從理學到樸學》（*From Philosophy to Philology*），頁 242—245；濱口富士雄（Hamaguchi Fujio）《清代考據學思想史》（『清代考拠學の思想史』），尤其是頁 172—173。艾爾曼認為方東樹之為宋學辯護是由於像他這樣的宋學支持者“處於同時代的漢學者大肆攻擊之下的緣故”。艾爾曼《從理學到樸學》（*From Philosophy to Philology*），頁 244。不過方東樹這種孤立的、嚴陣以待的批判者姿態，也許可以看作是中國帝制晚期歷史上自我認同於理學者身份的文人所採取的普遍立場。這使人聯想到包弼德（Peter Bol）認為構成理學者身份認同並推動宋、元、明三代理學運動的“對抗立場”和“區別意識”。見包弼德《理學與地方社會》（“Neo-Confucianism and Local Society”），頁 260、267。

② 原注 26：方東樹《書林揚觶》，卷一，頁 1 面。

論的性質和個人的鮮明角色，以及這一爭論與學海堂的緊密關係。①

阮元可能是垂青於江藩和漢學，但是身為學海堂主辦者的角色，他並沒有採取辯論的姿態。實際上，無論是在他的《學海堂集序》裏，還是在選擇課卷收進文集的工作中，他都表現出折衷的主張。阮元對學術的折衷態度也可以從他接納“今文經學”這一點看出來；今文經學是晚近在常洲出現的一個儒家學派，偏重以前漢時期流行的“當代文體”（今文）寫成的經典文本。今文經學在前漢得到儒家學者的傳承，但到後漢時代最終被古文學派所取代。這兩個學派對各種經典的注解也是各自偏愛一種相對應的傳統，例如古文派偏愛《春秋》的《左氏傳》，而今文派則推崇《公羊傳》。②

其實，“學海”這個名字原是隱喻一位今文經學的辯護者何休（129—182）的外號，此人正是古文學者鄭玄的對手。阮
100 元的兒子阮福在給乃父的一首詩作注時說，這個名字是來自四世紀時王嘉編寫的《拾遺記》中關於何休的一則軼事。③ 其中王嘉描述了何休廣博的學問，聯繫到何休曾寫文章為《公羊傳》辯護，又曾寫文章批判《左氏傳》。然後王嘉又提到在鄭玄批判了何休之後，學者們紛紛湧向何休，“如細流之赴巨海”，所以當時在京城，人稱鄭玄為“經神”，而稱何休為“學

---

① 原注 27：容肇祖《學海堂考》，頁 112；陳澧《東塾雜俎》，卷十一，頁 30 面；方東樹《儀衛軒文集》，年譜，頁 5 背－9 面。如果這種推測正確的話，則方東樹寫給阮元的信裏解釋說他寫了《漢學商兑》但還“未敢示人”，就多少有點言不由衷了。見方東樹《儀衛軒文集》，卷七，頁 1 背。

② 原注 28：艾爾曼《經學、政治和宗族》（*Classicism, Politics, and Kinship*），頁 XXVI－XXX。

③ 原注 29：阮元《揅經室集》，卷三《揅經室續集》，頁 199。

海”。① 有幾篇慶賀學海堂創建的文字就清楚地提到何休是書院命名背後隱藏的靈感。派別傾向最明顯的語句出現在徐榮的一首紀念詩中：“會將西漢公羊學，直掃浮華見古今。”②

不過這並不足以作為證據說明學海堂推崇《公羊傳》或者今文經學。紀念文字中，同時提到何休和鄭玄的（阮元的《學海堂集序》裏就是如此），與獨獨對後者表示敬意的，篇數一樣多。③ 居住在黃喬松宅院裏的番禺詩人鄭棻也許想強調他跟這位漢儒同姓，在慶賀學海堂的詩篇開頭斷言鄭玄的權威“分明宗派鄭公鄉”。④ 有幾篇紀念文章和詩把“學海”跟揚雄（前 53—18）《法言》中的一句聯繫起來。句中講到百川歸海就像在“學著大海的樣子（學海）”。⑤ 這樣，書院的名字就有了多重的意思，從頌揚它把先進的學問傳遞到帝國邊陲南海之濱的作用，到象徵其宣揚的經史之學和文學折衷兼容的廣度。謝蘭生，這位年長的羊城書院山長，在他寫的一篇文章中擴大了妥協兼容的限度，他以王陽明（1472—1529）知行合一的理論證明學海堂的考證研究的正當性，並且認為佛家和道家在對待經史之學方面所追求的目標跟儒家是一致的。⑥ 如果說最後 101

① 原注 30：王嘉《拾遺記》，頁 155。

② 原注 31：《學海堂集》，卷十六，頁 22 背－23 面。

③ 原注 32：同治十一年《南海縣志》，卷十二，頁 24 面。

④ 原注 33：這裏也暗指學術上的宗派。《學海堂集》，卷十六，頁 23 面。

⑤ 原注 34：相關的段落原文是：“百川學海而實至於海，丘陵學山而不至於山。”汪榮寶《法言義疏》，卷二，頁 6 面一背。書院內山的更高處有亭，名“至山亭”，進一步增加了書院與揚雄《法言》中這段話的聯繫。《學海堂志》，圖說，頁 3 面。在所作的紀念文章中，崔弼強烈否認“學海”之名與揚雄有關聯；相反，謝念功則專門提到揚雄。《學海堂集》，卷十六，頁 16 面。

⑥ 原注 35：謝蘭生《越秀山學海堂記》，收於《常惺惺齋文集》，第二冊。

這種罕見的解釋不能解答書院的學術理想問題的話，無論如何，學海堂從道光六年（1826）開始每年舉行的一些儀式，則讓學生們想到存在於課程核心的學術傳統。學海堂學者們可能稱贊何休，也可能研究朱熹，但他們只紀念兩個人的生日——阮元的生日（在正月）和鄭玄的生日（在七月）。①

大多數寫過關於學海堂文章的現代作者都強調指出它對考證學，或者較為狹義地說，對漢學的推廣。② 確實，阮元是考證學的熱心贊助者，如果說這時候還不是古文經學的專門提倡者的話。他認為新書院的一個使命就是要把廣州從他認為的明代哲學空談的停滯傳統中解救出來。而且，許多第二三代的學海堂學者提出，這所書院的創建標誌著廣東"經史之學"即"經學與古學"的肇始。很清楚，傳播江南經學的實踐對於書院的創建者來說具有第一位的重要性。

然而，學海堂的課程卻並非完全由經史之學構成。相反，研究一下《學海堂集》，阮元在學海堂的文學議程就很清楚了。文集練習的安排方式告訴我們，編者阮元想像的書院課程是怎樣的。雖然他給予經典注釋以優先的地位——把這類練習作為"解"和"考"放在開頭，繼之以"論"和史學文章等類別——他也把許多章的篇幅專門給了文學練習。十六卷之中的後七卷的文學練習包含有駢體文、賦和普通的詩。③ 在文學類之內，這種安排反映了阮元的優先順序，強調十六世紀《文

---

① 原注 36：《學海堂志》，頁 39 面。

② 原注 37：波拉切克（James M. Polachek）將學海堂描繪為漢學派系的中心。見《內部的鴉片戰爭》（*The Inner Opium War*），頁 119－120。艾爾曼則強調了學海堂的今文經學。見其《學海堂與廣州今文經學之興起》（"The Hsüeh-hai t'ang and the Rise of New Text Scholarship in Canton"），頁 51－82。

③ 原注 38：這包括卷十六，還有各種體裁的有關學海堂創建的記載。

選》中那種唐代之前的文學形式——例如賦和駢體文——超過了仿效唐宋大家的詩。[①]

阮元的文學議程中最清晰的側面是散文的領域，在這裏，他的經學議程與文學議程之間的聯繫最為明顯。在收入第七卷 102
的四篇文章中，阮元讓學生們分析“文”（文學性散文）和“筆”（實用性散文）的區別。這種區分可以追溯到南北朝時期，當時的作家和文集編纂者開始將有韻的文學體裁劃分為“文”，而所有其他的都屬於“筆”。阮元重新解釋了這種區分，認為只有對仗和押韻的文章才可以被視為真正的文學性散文；其他形式的散文缺乏這些優美品質，風格平直，只適用於歷史記載。對於喜愛《文選》中的唐以前的駢體“古文”而反對清代理學擁護者所喜愛的唐宋“古文”的阮元來說，這是一個關鍵性問題。[②] 對於這層關係的認識，參見方東樹致羅含章的一封信，方在信裏悲歎“近日台省宗工暨四方名士都崇駢儷”，而散體文（“散文”）越來越遭到忽視。[③] 方東樹的話顯然有所誇大，至少在廣東，這裏可以稱得上駢體文高手的人寥寥無幾。只是通過學海堂的考試，才有幾位廣東作者贏得了這種文體能手的美譽，包括梁國珍（道光二十年進士）、譚瑩、鄭灝

---

① 原注 39：關於阮元對《文選》學的喜愛，見近藤光男（Kondō Mitsuo）《清朝考證學研究》（『清朝考証學の研究』），頁 412—423；梅爾清《清初揚州文化》（*Building Culture in Early Qing Yangzhou*），頁 117。

② 原注 40：阮元《揅經室集》，頁 657—663；王運熙與楊明《魏晉南北朝文學批評史》，頁 192—194、205；胡志德（Theodore Huters）《從寫作到文學：晚清散文理論的發展》（“From Writing to Literature: The Development of Late Qing Theories of Prose”），頁 85—89；梁文金（Man-kam Leung）《阮元（1764—1849）：一位中國官員學者的生平、著作和履歷》[“Juan Yuan (1764-1849): The Life, Works, and Career of a Chinese Scholar-Bureaucrat”，頁 109—111、117。]

③ 原注 41：羅含章《嶺南集》，卷七，頁 81 背。
譯注：語見《復方東樹書》。

若和神童虞必芳。[1]

許多記述學海堂創建的文章都提到這所新書院要測試學生的“經、史、詩古文詞”。[2] 確實，細看一下《學海堂集》，最引人注目的是絕大多數供稿者是作為詩人被收入文集的。這表明阮元想要在推動學術議程的同時，也推動一個文學議程；但也可能是代表著跟地方背景的一種妥協。換言之，至少是按江南的標準，阮元發現在廣州缺少可以一起工作的勝任的經學家。[3] 更確切地說，他贊賞最初的學海堂學者們的，特別在於他們的文學成就。在阮元道光六年（1826）親自任命的首任學長中，有幾位就是根據他們的文學專長被選中的。吴蘭修在廣東是著名的詞人，馬福安和吴應逵以古風享譽。徐榮和熊景星
103 被任命首先是由於阮元欣賞他們的詩才。[4] 學海堂的其他學者，包括譚瑩和儀克中，也是因他們的文學才能而得到承認。崔弼是參加學海堂早期命題寫作的年長很多的番禺本地人。他

① 原注 42：《番禺縣續志》，卷十九，頁 21 背、25 背。

② 原注 43：這段話裏意指文學的用語“詩古文詞”，在十九世紀早期的廣州並非完全首創。勞潼在嘉慶元年（1796）寫到比他年長的同時代人羅元煥時，稱其“詩古文詞”受到遐邇贊譽。羅元煥《粵臺徵雅錄》，勞潼序，頁 1 面。同樣，道光二年《廣東通志》中乾隆三十三年番禺舉人洪瑞元的傳裏也說他“詩古文詞”冠於其時。碰巧，據說洪在經學研究方面也是傾心於漢學的。《廣東通志》，卷二百八十七，頁 28 面。在科舉考試的上下文中，“律詩古文詞”指的是有格律的詩、古典風格的散文與詞。艾爾曼《中華帝國晚期科舉考試文化史》（*A Cultural History of Civil Examinations in Late Imperial China*），頁 548。

③ 原注 44：阮元在道光元年（1821）致陳壽祺的信裏說，雖然廣州的學術不能跟福建（陳是福建人）相比，但是他已“新拔三五佳士”。可以想像，在他家鄉揚州的文人中，阮元會找到更多他所認為的“佳士”。陳壽祺《左海文集》，引言，頁 1 背。李緒柏在其所著《清代廣東樸學研究》一書指出這一點，頁 29。

④ 原注 45：同治十一年《南海縣志》，卷十八，頁 9 背。

去世後，阮元為他撰寫墓誌銘，稱他為“詩人崔鼎來”。①

最後還有一個事實表明了文學在學海堂的重要性：僅就有文獻記載者而言，學海堂文學考試的題目對至少一家本地其他書院的考試產生過相當直接的影響。道光二年（1822）在學海堂考試僅僅兩年之後，謝蘭生就用了“夜渚月明”作為羊城書院考試的詩題，並且在日記中注明是採用自學海堂的習作題。② 在這次習作中，應試者被要求根據司空圖（837－908）《二十四詩品》中選出的四言詩句賦詩。③ 謝蘭生還採用了學海堂考試的其他一些詩題，並且在日記中記下他曾這樣做；一次在道光三年（1823）7月，另一次在10月。④

評估一下學海堂考試所出的題目，以及那些回答了這些問題而被認為值得收入《學海堂集》的答卷（見附錄2），加以綜觀阮元對在學海堂學習的諸多廣州學者的贊語，就可以給我們某種概念，想像出學海堂的整個課程的面貌。在十九世紀初

① 原注46：補充強調。《番禺縣志》，卷四十六，頁6面。正如艾爾曼指出的，在學海堂建立之前的六十年中，詩已經在科舉考試中成為越來越重要的組成部分。艾爾曼《中華帝國晚期科舉考試文化史》，頁546－552。

② 原注47：謝蘭生《常惺惺齋日記》，道光二年十月二十四日。英譯文引自宇文所安（Stephen Owen）《中國文學思想讀本》（*Readings in Chinese Literary Thought*），頁311。楊憲益與戴乃迭把這句譯成“月光明亮在夜晚的河岸上空（the moon is bright over the bank at night）”。楊憲益、戴乃迭（Yang Hsien-yi and Gladys Yang）《二十四詩品》（“The Twenty-four Modes of Poetry”），頁67。

③ 原注48：《學海堂集》，卷十四，頁2面－背。謝蘭生在羊城書院用作詩題的詩句摘自司空圖二十四首詩中的第四首。見司空圖《二十四詩品》，頁1背；宇文所安《中國文學思想讀本》（*Readings in Chinese Literary Thought*），頁299－303。

④ 原注49：這次的試題是“擬元人十台詩詠粵東十台”和“擬張曲江《望月懷遠》”。兩篇習作都收入《學海堂集》。謝蘭生《常惺惺齋日記》，道光三年六月九日、九月九日；《學海堂集》卷十四，頁8面－14背、25面－背。

期廣州書院教育的背景下，這一套課程由學海堂考試推動，通過出版模範的答卷，並且通過記敘對這個書院訪問的無數詩篇，給本地的文化環境加入了一個新的元素。

學海堂應試者的多元化網絡

由學海堂考試所宣揚的極具特色的課程吸引了多種多樣的學者，但是對那些在考試中表現最成功並且最認同於這個書院的學者的一次調查，顯示出它對某些胸懷大志的地區文人群體
104 具有特別強烈的吸引力。跟書院所推廣的外來經史之學和文學一樣，早期學海堂考試的重要參加者本身就是廣州城的新來者，其中還有許多對於珠江三角洲來說也是“外來人”。許多學海堂學者的家族史與第一章裏描述的城市移民精英非常相似。簡言之，多元化的廣州城跟偏於一隅的桑園圍地區比起來，對學海堂要開放得多。

有兩種史料提供了關於早期考試中最成功的學者的信息。一個是《學海堂集》，道光五年（1825）出版的一輯學海堂考試命題寫作的詩文。這些詩文由阮元親自編輯，我們完全可以認為出現在文集中的作者們，如果還不能代表所有參試者的話，也可以肯定是被阮元認為最優秀的來稿。除了一些單篇的詩文是阮元和他的兒子阮福，以及方東樹、廣州駐軍的官員秀琨，和一位浙江文人的來稿之外，其餘九十九位有作品被收入文集又知道籍貫的，都是廣東各縣在籍的居民。在大多數情況下，文集中收入的作者都標明了姓名、籍貫和功名級別。①

---

① 原注 50：《學海堂集》，目錄表。容肇祖《學海堂考》是非常有用的信息來源，有助於瞭解學海堂學生的構成；該書將四集學海堂考試課卷每一集的學生都列出了名單。同樣還列出了所有學長的名單以及“專課生”的名單。

《學海堂集》的這份學者名單可以由《學海堂丁亥課士錄》加以補充，那是道光七年（1827）春冬兩季由提學使翁心存在學海堂主持的兩場考試的記錄。這份記錄包含了詩文考試中最佳應試者的名單，列出了每位的姓名、籍貫，通常還對其詩文的品質給予簡短的評論。①

《學海堂集》收錄的學者中，有四分之一是由番禺縣居民構成。幾乎所有的番禺居民都是珠江三角洲的新來者，其中許多人來自浙江北部的移民。例如張維屏的祖家就是在山陰縣。張家從張維屏的曾祖開始作為寄寓者在廣州居住，但仍繼續與其他來自浙江北部的人們來往。他的祖父張元，初娶江陰女子為妻，但這位妻子早歿；再娶的妻子黃氏，祖父來自錢塘縣，105
在廣州當小軍官。他們的兒子張炳文，開始的時候在縣學以寓居商人（商籍）子弟的身份注冊。炳文娶一位湖南鹽商之女為妻；這位鹽商已成為番禺縣居民，曾在其新城的宅邸宴請來訪的文人。張炳文後來遷移戶籍成了番禺居民，於嘉慶六年

---

① 原注51：翁心存《學海堂丁亥課士錄》，無頁碼；翁同書《翁文端公年譜》，頁54。春冬兩次考核，學生的課卷都是分兩個範疇評級的：經解與史論為一個方面，詩賦為另一方面。例如春考中在經史方面被翁心存列為頂級的有四名學生，次等的有八名，三等的有二十六名，注明另有十二人可最先考慮予以評級，而總共有一百二十六人未予評級。詩的方面，翁心存列為前三等的各為六人、十人和一百零六人，並注明另有一百五十人可最先考慮予以評級，而不予評級的有四十人。這意味著總共有一百七十六位學者交了文章，而三百一十二位學者交了詩，其中有些既交了文又交了詩——遠少於競爭羊城書院位置的學生人數。關於這些人，翁僅僅列出了在每個範疇獲排在最高三個等級的人（三十八位文章作者和一百二十二位詩作者）的姓名和籍貫。

(1801)中了舉人。[①] 張家儘管根在浙江，卻通過宣稱是著名詩人、官員、韶州人張九齡(673—740)的弟弟的後人而抬高了自己在廣州的聲望。[②] 張炳文之子張維屏是參加早期學海堂考試的最著名的詩人。雖然張維屏參加了最早的學海堂文學競賽，但是在道光二年(1822)到京師參加會試中式之後，就在湖北的一個縣裏當了幾年知縣。

另外兩位祖籍浙江的番禺居民是鄭灝若和張杓。鄭灝若祖上是來自浙江的移民，到十九世紀二十年代鄭灝若在學海堂學習的時候，眾所周知他出身於富裕之家，在廣州老城的"榕屋"收集了大量的藏書。[③] 張杓年齡略長於鄭灝若，但兩人是親密朋友。張杓的父親是浙江北部人，在廣州為一位官員當幕友，由於某種原因再也沒有回過浙江。結果張杓便落籍為番禺居民。在學海堂考試之前，張杓已參加了劉華東和陳曇反對鄉賢盧氏的抗議活動。他參加了道光元年(1821)的學海堂考

① 原注52：陳澧《東塾集》，卷三，頁29背；陳璞《尺岡草堂遺文遺詩》，卷四，頁25背；潘儀增《番禺潘氏詩略》，潘正剛章，頁1面；惲敬《大雲山房文稿》，初集，卷四，頁39面一背；張維屏《藝談錄》下，頁6背。張炳文的岳父鹽商耿國藩在杭世駿(1696—1773)於十八世紀五十年代任粵秀書院山長期間，曾招待杭世駿等，與之詩酒唱和。杭世駿《嶺南集》，卷二，頁7背—8面；卷四，頁15背。

② 原注53：張家宣稱其先祖——張九齡兄弟的後裔——在宋代曾遷入四川，後於明代遷至浙江。林伯桐《修本堂集》，卷四，頁4面。

③ 原注54：桂文燦《經學博採錄》，卷十一，頁15面；《番禺縣續志》，卷十九，頁24背—25背。

試，次年阮元延請他當兒子的老師。[①]

早期學海堂課業的參與者中有幾位是福建移民的後裔。經論文章的主要撰稿者之一林伯桐是嘉慶六年（1801）舉人，他既是雲泉山館團體的成員，又是希古堂團體的成員。從福建移民到廣州後，林的好幾代祖先在廣州新城的正南門外行醫賣藥。林伯桐的父親是家族近期歷史上第一個畢生研習經典的人，而林伯桐通過師事佛山學者勞潼，繼續了家族對文化精英 106
圈子的入侵。[②] 同樣，收入《學海堂集》的詩人之一吴家樹，祖上也是來自福建的移民，在廣州北面番禺縣的鄉村定居；後來舉家遷至西關的繡衣坊，人稱"繡衣吴"，但仍保持其番禺的戶籍。吴家樹的父親吴應昌（1761—1826）與林伯桐同為嘉慶六年舉人。由於吴應昌跟林伯桐既是同鄉又是同年，所以後來吴家樹和弟弟請林伯桐為他們的父親撰寫墓志銘。[③] 另一位

① 原注55：對張杓的原籍各種說法不一。同治十年《番禺縣志》及其徵引的來源，張杓的家史，指其原籍是紹興府；陳澧的傳指張杓原籍是山陰縣，屬紹興。但鄭獻甫作的銘文和張其翻作的墓志銘則指其原籍為仁和縣。這種混淆使張杓具體的籍貫無法弄清，但這也反映出紹興和杭州這兩個府在十九世紀被同時認為是許多番禺居民的共同原籍這種觀點所達到的程度。《番禺縣志》，卷四十六，頁10面一背；曾釗《面城樓集鈔》，卷四，頁15背一16背；陳澧《東塾集》，卷五，頁4背一6背；鄭獻甫《補學軒文集續刻》卷四，頁19面；張其翻《辮貞亮室文鈔》，卷二，頁6背。

② 原注56：《番禺縣志》，卷四十六，頁3面一背；金錫齡《劬書室遺集》，卷十六，頁16面。按照費俠莉（Charlotte Furth）的觀察，晚明江南城市中的儒醫與有功名的士紳在社會上相去不遠，由此看來，林伯桐出自一個醫生家庭並不令人驚訝。費俠莉《繁盛之陰：中國醫學史中的性，960—1665》（*A Flourishing Yin: Gender in China's Medical History, 960-1665*），頁156。

③ 原注57：林伯桐《修本堂稿》，卷四，頁6面一7面；《番禺縣志》，卷四十四，頁4背一5背。吴氏家族的另一位傑出成員吴函，是十八世紀廣州罕見的以精於駢體文著稱的文人。羅元煥《粵臺徵雅錄》，頁14面。

福建裔詩人葉廷瑛，雖然沒有被收入《學海堂集》，但是他的詩在道光七年（1827）春季的考試中取得了名次。葉廷瑛與葉廷勳是同輩人，屬於來自福建同安、在南海定居而加入鹽業貿易的葉氏家族。①

有幾位學海堂的著名學者是新近來自外省的移民後裔。侯康（1798—1837）只有四篇課卷被收入《學海堂集》，但是他在道光十八年（1838）出版的《學海堂二集》中卻成為最傑出的經學家和史學家。侯康的祖父侯金鉉是江蘇無錫人，移居廣州城內，到侯康這一代，已落籍為番禺居民。②《學海堂集》中最為多產的番禺詩人當數儀克中，在這一集中他有三十八首詩。據《番禺縣志》所載儀克中的傳記說，他的父親是山西人，在廣東鹽道衙門當書吏，娶了一位番禺女子為外室。老儀在任上去世，靈柩運回山西；而儀克中的母親卻留在廣州，讓兒子落籍為番禺居民。③ 與此相似的有番禺居民、嘉慶三年（1798）舉人漆璘，他在《學海堂集》裏只有一首詩。漆璘祖上是江西人，在十七世紀九十年代時為一位番禺知縣當助手。④

《學海堂集》裏也收入了三位屬於廣州駐軍的漢軍旗人的

① 原注 58：宣統二年《南海縣志》，卷二十，頁 6 背；翁心存《學海堂丁亥課士錄》，無頁碼。

② 原注 59：陳澧《東塾集》，卷五，頁 12 背－13 面。

③ 原注 60：《番禺縣志》，卷四十八，頁 2 背；《南海羅格房孔氏家譜》，卷十四，頁 32 面；儀克中《劍光樓集》，江沅序，頁 1 面。儀克中之父儀堉，據《兩廣鹽法志》稱，是一位“山西吏員”，自乾隆四十三年至四十九年間（1778—1784）在陸豐縣（位於廣東東海岸）和陽江縣（位於廣州西南的海岸）擔任代理人收取鹽斤。光緒十年《兩廣鹽法志》，卷五十，頁 35 背、38 面，卷五十一，頁 37 面；《番禺縣志》，卷四十八，頁 2 背。另一個山西人的兒子孟鴻光，生於廣州，落籍為番禺居民，作品被收入《學海堂二集》。陳澧《東塾集》，卷五，頁 19 背－20 面。

④ 原注 61：《番禺縣志》，卷三十三，頁 18 面－背；卷四十六，頁 1 背。

詩作。其中最多產的是徐榮，他是廣州駐軍中最早通過科舉考試於嘉慶二十一年（1816）取得舉人功名的三位漢軍旗人之一。樊封（1789—1876）是另一位參加早期學海堂考試的漢軍 107
旗人，多年之後他將被任命為學長之一。樊封的父親樊夢蛟，在人們的記憶中是帶領廣州駐軍人員參加科舉考試的探路者。廣州駐軍的將軍為了感謝樊夢蛟教導他的孫子們，捐穀為他買得了生員的身份。嘉慶五年（1800）以後，駐軍旗人被允許參加府縣的科舉考試，夢蛟便將自己從生員名單上剔除，以便參加考試，終於在數年後成為府學生員。樊封通過參加學海堂的考試，進一步實現了家族的文學抱負。① 還有一位在學海堂最初十年裏出現的漢軍旗人是秀琨。儘管秀琨在廣州長大，他的父親駐扎在這裏，但他本人並不是駐軍的成員。因此，當徐、樊兩家看來一直在致力於增進自己的漢人——或者更具體地說，是廣州人——文化精英形象時，秀琨顯然是在朝相反的方向走，像歐立德（Mark C. Elliot）認為的那樣，在努力“成為滿族人”。他原本姓馮，可是效仿叔祖英廉（1707—1783），他給自己起了秀琨這個名字，以表示他對滿族人身份的認同。②

儘管從客家之鄉的嘉應地區到廣州路途遙遠，卻有十八位嘉應學者的作品被收入了《學海堂集》，他們的作品佔了這一

---

① 原注62：《駐粵八旗志》，卷二十一，頁2面，卷二十三，頁4背—5面、11面；陳璞《尺岡草堂遺文》，卷一，頁1面；李長榮編《柳堂師友詩錄》，徐榮章，頁7背。

② 原注63：歐立德《滿洲之道》（*The Manchu Way*），頁340—343；張維屏《藝談錄》，上，頁107背。張維屏的《藝談錄》是一部關於清代詩人的傳記性資料文集，包括對詩作的摘錄和評價。張維屏將秀琨收入了第一章，這一章包含了來自廣東省以外的詩人；第二章所收的全部是落籍於廣東各縣的詩人。這樣，儘管秀琨的童年都在廣州度過，張維屏還是將他歸入外來者一類。英廉是臭名昭著的和珅的外祖父，關於他的情況參閱恒慕義《清代名人傳略》，頁288。

集中詩作的百分之二十三。[①] 無論客家地區學者在早期學海堂人數眾多的原因是什麼，總之他們是以寄寓者的身份使自己得以躋身於廣州社會了。例如，吴蘭修在道光元年至二年間（1821—1822）曾任番禺縣學校的訓導，又於嘉慶二十四年（1819）和道光四年（1824）兩度任粵秀書院的監院。雖然吴保留了作為嘉應生員的戶籍，他很明顯是廣州的長期寄寓者，並且在這裏積聚了大量的藏書，存放在粵秀書院內。[②] 李光昭和廖紀是《學海堂集》中最多產的兩位嘉應詩人。李光昭與廣州有緊密的聯繫，他的詩作於嘉慶十九年（1814）在這裏出版，也參與了《通志》的編寫工作，並且在居住多年後終老於
108 這個城市。與其相似，廖紀家境貧寒，無力養親，據其傳記的作者說，他弱冠遊學於廣州，以其詠梅影詩享譽一時。這使廖紀得到阮元的召見，並隨即邀請他參加學海堂的考試。另一位早期學海堂考試中的嘉應文人何其杰，於道光三年（1823）任粵秀書院的監院，在次年吴蘭修回粵秀書院後，他仍以“副監院”留任。道光二年（1822）舉人張其翰（1797—1865）有三首詩被收入《學海堂集》。溫訓雖然不是嘉應人，但來自長樂縣，同屬粵東客家地區。[③]

除了外省寄寓者的後代和來自客家地區的文人之外，學海堂最初十年裏有幾位最重要的學者是再遷徙到廣州的來自珠江三角洲的城市化的家庭成員。在這一群體中，在學海堂最為舉

---

① 原注 64：道光七年丁亥（1827）春冬季考入榜的二百四十名士子中，只有三十九名是嘉應人；但是他們組成了除珠江三角洲上的廣州和肇慶兩個府之外唯一值得注意的士子群體。《學海堂丁亥課士錄》，無頁碼。

② 原注 65：《粵秀書院志》，卷十，頁 15 背、17 面；《嘉應州志》，卷二十三，頁 48 背—49 面。

③ 原注 66：《嘉應州志》，卷二十三，頁 49 面—背、63 面—背；張其翻《辮貞亮室文鈔》，卷二，頁 1 面—3 背。

足輕重的是譚瑩，未來將擔任學長三十年之久。譚瑩的初次移民祖先由珠江三角洲西部的新會縣移居到南海縣的佛山。譚瑩的父親譚見龍再遷至廣州西關，仍在南海的轄區之內。譚見龍成了布政使衙門的刑名師爺，在西關購置了別墅，吸引了一些像劉華東這樣的文人賓客，劉為別墅題寫了匾額。見龍喜歡在春秋佳日在西關各處宴請賓朋，就像杜家在新城所做的那樣。他與楊大霖過從甚密，這位富有的藥商跟譚見龍一樣，是從佛山再遷至西關的。實際上，譚家和楊家是西關鄰里中為保持社會地位而結成姻親的四個家族中的兩家。就像謝蘭生在居住新城和參與麻奢的禮節義務這兩件事之間取得平衡一樣，譚家也保持了雙重身份，在西關社會圈子中扎下新根，同時又參與祭掃在佛山附近的始遷祖的墳墓。①

梁梅是學海堂中另一位跟廣州城的關係變得比珠江三角洲腹地的家鄉更密切的學者。梁是順德鄉村人，曾在河南伍家的宅院住過兩年。後來他在西關長壽寺附近建造了自己的書齋， 109
並且把獨生女兒嫁給了譚瑩。② 除了譚瑩之外，《學海堂集》中最多產的南海詩人是希古堂的成員熊景星。跟譚瑩和梁梅一樣，熊景星也住在西關，在靠近珠江江濱擁有他的“吉羊溪館”。③

---

① 原注 67：譚宗浚《荔村草堂詩鈔》，卷六，頁 12 背－13 背；《楊氏家譜》，譚宗浚序，頁 1 面；唐文治《茹經堂文集》，卷六，頁 33 面。譚瑩的一位同宗譚心翼，在道光七年（1827）學海堂的春冬季考中入榜。參閱翁心存《學海堂丁亥課士錄》。

② 原注 68：民國十八年《順德縣志》，卷二十，頁 14 背－15 面。譚宗浚《荔村草堂詩鈔》，卷六，頁 14 面。

③ 原注 69：同治十一年《南海縣志》，卷十八，頁 9 背－10 面；陳春榮《香夢春寒館詩鈔》，轉摘自《廣州城坊志》，頁 643－644。我所用的這個版本的《廣州城坊志》將熊景星的居室名寫成“吉祥”，而不是“吉羊”。我據熊景星的詩集採用“吉羊”。熊景星《吉羊溪館詩鈔》，卷二，頁 37 面。“吉羊”極有可能是指廣州建城傳說中背負五個仙人的五頭羊。參閱《廣州城坊志》，頁 2。

他在這一集中只有兩首詩，但最後將被任命為學海堂的學長。[①]

早期學海堂課卷中的另一些學者是來自珠江三角洲西部的寄寓者或移民。吴應逵是與南海的九江鄉隔西江相望的鶴山縣人，他在廣州多年，有兩年住在八旗駐地内的六榕寺。[②] 來自新會縣的學者鍾啟韶在河南伍家的宅院裏寄寓多年，也在西關擁有書齋。侯康的朋友、張杓的學生梁國珍，屬於新會潮連鄉梁氏宗族的一個分支，數代之前已移居廣州城，現在作為番禺居民在廣州居住。[③]

與城市學者形成對照，居住在珠江三角洲腹地的文人較少參加學海堂的考試，但是也有一些明顯的例外。例如佛山人吴榮光，既是官員，也是收藏家；他就自豪地宣稱他的幾個弟弟和堂兄弟參加了學海堂考試。其中包括了他的弟弟吴彌光（1789—1871）與族弟吴奎光、吴林光。[④] 不過佛山可能是個例外。順德縣被收入《學海堂集》的來稿少得出奇——僅有十篇。除了已經再遷徙到西關的梁梅之外，早期學海堂考試中重要的順德學者有三位：周寅清（約1793—約1875）、[⑤] 趙均（嘉慶十三年貢生）和馬福安。馬在學海堂考試最初舉行時已經是舉人，不過在道光九年（1829）中了進士之後大部分時間在京師度過。[⑥] 在順德人與學海堂考試的關係中最值得注意的

---

① 原注70：同治十一年《南海縣志》，卷十九，頁22面。

② 原注71：吴應逵《雁山文集附譜荔軒筆記》，卷三，頁26面—29面；《鶴山縣志》，卷九，頁13面；《學海堂集》，卷十一，頁21面。

③ 原注72：《番禺縣續志》，卷十九，頁21背—23面。

④ 原注73：吴榮光《石雲山人文集》，卷三，頁47面；卷四，頁37背。

⑤ 原注74：周寅清有時用別名周以清。

⑥ 原注75：馬福安《止齋文鈔》，下，頁18背、22面—背；曾釗《面城樓集鈔》，卷四，頁17面—20背。

是羅氏和龍氏這兩個大良家族代表的闕如，兩個家族實際上壟 110
斷了順德的經濟和文化的生產。

同樣，來自順德西部和南海南部的桑園圍地區的學者，參加早期學海堂考試的為數甚少。[①] 對這一傾向最明顯的例外是九江人曾釗。跟第七章裏研究的九江士紳不同，曾釗似乎沒有很深地捲入九江的地方事務。作為年輕人，他跟有一篇單獨文章收入《學海堂集》的南海同鄉劉天惠都致力於研究西關的經典和歷史。阮元知道曾釗，是由他衙門裏一位江南學者任兆麟看到了一本曾釗為《字林》（考證學者高度評價的一本第五世紀關於注疏的書）所作的注解。[②] 任兆麟把曾釗所作的注拿給阮元看，阮元因而對曾的著作有了印象，延請這位九江人教他的兒子們讀經，幫助編寫《通志》，後來又請他參加學海堂考試。同治十一年《南海縣志》中曾釗傳記的作者將他與番禺林伯桐和鶴山吴應逵相比，這兩位都是道光初年對經典作深度探討的佼佼者，然而又同是本地的理學家勞潼門下弟子，所以他們的學問"終不出宋人窠臼"。[③] 相反地，傳記作者認為，對純漢學的宣揚始自曾釗。

《學海堂集》中有幾位詩人來自番禺縣南部毗連沙田的地區。例如這一集中收錄了元崗人崔弼的四首詩，以及嘉慶九年

---

① 原注 76：一個例外是來自龍江的陳同，他是安居於桑園圍地區龍山、龍江和九江三個鄉的老牌精英中被收入《學海堂集》的僅有兩名成員之一。希古堂成員、九江鄉人胡調德，後來有幾件作品被收入《學海堂二集》。

② 原注 77：任兆麟的族兄任大椿（1738—1789）是著名考證學者。江藩《國朝漢學師承記》，頁 158。

③ 原注 78：同治十一年《南海縣志》，卷十八，頁 8 面。

舉人、番禺南部石橋鄉的名門之後謝光輔的一首詩。① 但是崔弼和謝光輔都因為與沙田原籍的聯繫而使他們與番禺其他地方的居民隔離開來。大部分學海堂的番禺學者是廣州的城市居民，跟農業的鄉村腹地沒有多少聯繫。相反，儘管番禺南部的家族從沙田獲得了財富，他們的子弟卻很少有興趣參加學海堂考試。

111 從這個對早期學海堂考試的、囊括了最密切認同於這所書院的全部學者的調查，可以明顯地看出，書院投合了來自外省的移民、來自客家地區的寄寓文人和來自珠江三角洲再遷徙而來的城市化家族的需要。無論是來自珠江三角洲還是來自廣東省外，這些文人大多數來自有社會雄心的商人、下級官吏和幕友的家庭。在這個意義上，萌芽狀態中的學海堂社會反映出廣州城多元化的社會面貌，但這肯定不能代表整個廣東省乃至整個珠江三角洲的情況。桑園圍地區和珠江三角洲上較古老部分的世家望族，以及來自像惠州和潮州這樣的富庶州府的學者，大致上不涉足學海堂。南海南部和順德西部西江沿岸一帶的強勢家族，以及番禺南部、順德東部和香山的沙田墾區的新興家族，他們的既得利益和文化關注在這個書院沒有得到體現。廣州腹地的古老家族成員，是創造了明代廣州經史之學和文學首度繁榮的文人們的後代。於是，學海堂的“內部人士”從珠江三角洲腹地的眼光來看就是真正的“外人”了。其結果是，學海堂的學者沒有什麼興趣要去維護家族的學術傳統，因而對阮元從江南新引進的多元化的學問傳統持開放態度。學海堂為他們提供了提升自身文化地位的手段，並通過直接把他們放在廣州文化景觀的中心而改變著這一景觀。

---

① 原注79：《番禺縣志》，卷四十六，頁6面；卷四十五，頁7背。關於強大的沙灣何氏家族，參閱劉志偉《沙田上的家族》（“Lineage on the Sands”），頁21—43。

山堂：書院的建造

除了獨特的課程以及聚集了一群多元化的城市學者之外，學海堂與這座城市的其他書院更大的不同在於其院址的選擇，建造的特色，以及阮元在道光六年（1826）離開廣州之際為書院設定的體制安排。書院成立的最初四年裏，“學海堂”的實體性存在充其量只不過是掛在西關的文瀾書院的一塊招牌而已。在這裏，阮元收取回答試題的課卷（這些課卷是允許學生 112
在家裏完成的），然後張榜公佈成績。阮元看來是有意用文瀾書院的校舍作為學海堂的臨時院址，直到他能夠定下永久的院址為止。①

道光十八年（1838）的《學海堂志》對這個院址選擇的過程有所描述。儘管在越秀山上發現一個理想的地方被說成有點機緣巧合，但是有意義的是，不選擇某些地點的理由在《學海堂志》裏講得非常清楚。例如，阮元最初想把這所新書院建在新城內的“南園”舊址——本地著名的詩人、明代的新舊“南園五子”曾在此雅集，但是覺得那地方太“湫隘”。接著該書又告訴讀者，阮元曾設想把學海堂建在西關的文瀾書院隔壁，但是因為那個地方“地少風景”，所以作罷。② 在一場發生於道光二年（1822）11 月 1 日晚上的可怕火災之後，阮元也放棄了把文瀾書院的校舍變成學海堂永久院址的意圖。這場大火在任何人記憶中都是最慘烈的災難，按照多種不同的估計，烈

① 原注 80：同治十一年《南海縣志》，卷四，頁 12 背；卷十二，頁 15 背—16 背。

② 原注 81：《學海堂志》，頁 6 背。

焰燒毀了西關的一万至一万七千六百座房屋和店鋪。[1] 在此之後，按《學海堂志》記載，阮元又考慮過利用謝蘭生最喜愛的休閒勝地之一海幢寺附近的幾處房屋。[2] 這個地點對阮元的吸引力在於其靠近據說是公元前一世紀學者楊孚[3]故居的遺址，阮元打算將遺址加以修復。這個計劃也落空了，阮元排除這個地點是因為他"嫌近市"。[4] 遺憾的是，不清楚這是什麼意思，因為他考慮過的前三個地點——新城、西關與河南——都是在最發達的商業區，充滿了為數眾多的各種各樣的市場。可能阮元指的是一位西方觀察家在河南看到的"傢具鋪、茶行和大的草席廠"。[5] 在河南沿珠江南岸一帶，你也可以見到停泊著揚州幫的花艇，再向下游，則是載鹽的大船。最有可能的是，阮
113 元認為洋商伍家過於奢華的屋宇園林主宰著海幢寺附近這一帶。

最後，在道光四年（1824）秋天，當阮元視察跨越越秀山的北城牆的維修情況時，他在城牆內不遠的接近山腳處發現了

---

① 原注 82：桂文燦《經學博採錄》，卷四，頁 1 面；《中國叢報》（*Chinese Repository*），1835 年 5 月，頁 34—36；黃芝《粵小記》，卷二，頁 24 背；溫訓《登雲山房文稿》，卷二，頁 36 面—背。

② 原注 83：《學海堂志》，頁 6 背。

③ 譯注：楊孚活動的時代是公元一世紀。

④ 原注 84：《學海堂志》，頁 6 背。

⑤ 原注 85：香便文（Henry）《嶺南記》（*Ling-nam*），頁 53。

一個地點，認為可以成為學海堂理想的永久院址。① 他安排了吴蘭修和趙均負責監管書院的建造。工程於道光四年（1824）的陰曆九月啟動，到冬天竣工，可能是在道光五年（1825）年1月，其時謝蘭生為書院成立寫了紀念文章並到了現場。② 在陰曆正月二十（1825年3月9日），阮元保持自己的私人習慣，在生日這天謝客品茗，不過這一年他選擇了學海堂作為隱匿之所。兩天之後，總督大人邀請了謝蘭生和別的學者到書院赴宴。③ 秋天，阮元與廣州士紳商議在近旁建造文瀾閣，以存

---

① 原注86：林懋（Tilemann Grimm）和艾爾曼都認為學海堂的位置就在城牆之外。但是一些當時的記載卻表示這個書院是在城牆之內，如道光十五年（1835）《南海縣志》的廣州城地圖（見圖1）和陳澧為光緒五年（1879）《廣州府志》繪製的地圖（見圖7）。林懋《廣東的書院與城市體系》（“Academies and Urban Systems in Kwangtung”），頁490；艾爾曼《學海堂與廣州今文經學之興起》，頁52；道光十五年《南海縣志》，卷三，頁2背—3面；《廣州府志》，卷八，頁3背—4面；《學海堂集》，卷十六，頁4面。據謝蘭生的日記，他於道光四年（1824）9月20日出席了在海幢寺的一個會議，討論學海堂的建設。謝蘭生《常惺惺齋日記》，道光四年閏七月二十八日。

譯注：學海堂故址當在廣州城牆之內。廣州城北牆從小北門至大北門之一段今存，是沿越秀山山勢而建；學海堂恰在南坡，面向今應元路一帶。

② 原注87：《學海堂集》，卷十六，頁4面、12面、18背；謝蘭生《常惺惺齋日記》，道光四年十二月三日、六日。

③ 原注88：阮元《揅經室集》，卷三，《揅經室續集》，頁199；謝蘭生《常惺惺齋日記》，道光五年一月二十二日。

放《皇清經解》；至次年即告竣工。①

正如書院的課程使之不同於尋常書院所提供的教育，學海堂的選址與建造也象徵性地使之遠離其他教學機構。阮元在《學海堂集》的序中把這所書院稱為“山堂”，這一指代名稱普遍用於後來有關學海堂的各種文字作品。② 在它的新院址——在越秀山上，南臨廣州城和更南邊的珠江，新書院居高臨下，俯瞰著城市的其餘部分。在許多慶祝學海堂竣工的詩文以及黃培芳為《學海堂志》所作的圖裏（見圖 4），學海堂學者們把他們的新書院描繪成統領著城市風光、高踞於城市建築物的“視覺等級”之巔。③ 在《學海堂志》投映出來的形象中，書院凸顯在城市的屋瓦與炊煙之上——抹去那些高聳的當鋪，與六榕寺花塔和赤崗塔以及更遠處的遠山和“海”（縱橫交叉流貫三角洲的眾多河流）相接。④ 然而，學海堂的選址與設計的
114 目的並不一定是要把這個印象給予廣州文人階級之外的人們。十九世紀中晚期那些西方人對廣州和越秀山常常有很詳細的報導，但都並沒有提到學海堂；多半因為越秀山上的其他建築物吸引了西方人和非精英中國人的注意力。五層的鎮海樓坐落在越過越秀山的城牆之巔，給所有看見它的人們以深刻的印象。

---

① 原注 89：學海堂與廣州其他書院關係的更好範例是，道光六年（1826）9 月謝蘭生要求羊城書院學生以“文瀾閣落成”為題賦詩。謝蘭生《常惺惺齋日記》，道光五年九月十七日、十一月七日、十二月二十一日，道光六年八月二十四日。“文瀾閣”之名同時隱指“文瀾書院”（即早期學海堂考試舉行之所）與杭州的“文瀾閣”（即《四庫全書》庋藏之所）。恒慕義《清代名人傳略》，頁 122。

② 原注 90：同治十一年《南海縣志》，卷十二，頁 24 面。

③ 原注 91：我是從羅威廉《漢口》（*Hankow*）一書（頁 25）中採納了“視覺等級”這個說法的。

④ 原注 92：例如，《學海堂志》描繪從堂前南望所見的景色是“萬戶炊煙，魚鱗層湧，花塔峙於西，琵琶洲塔峙於東”。《學海堂志》，圖說，頁 2 背。

圖 4：學海堂與文瀾閣。在黃培芳所作此圖中，書院矮化了下方的城市。

（摘自《學海堂志》，面向頁 1 面）

觀音廟在西邊毗鄰的一個山丘上，不斷吸引著女信眾；每逢節日，混雜的芸芸眾生擠滿了各個山頭。①

雖然在一定程度上學海堂擁有著越秀山上充滿競爭的空間的一部分，但書院的地點仍然提供了一個偏僻幽靜的所在，以取代下面城市中競爭更為激烈的空間。② 粵秀、越華和羊城這
115 幾家書院都位於城牆之內的老城區，不僅與眾多省級府級的衙門相鄰，而且日益感覺到喧囂的城市文化的壓迫。馮敏昌在十九世紀早期曾經哀歎一家很大的飯店就在粵秀書院存放御賜藏書的藏書樓近旁開張營業。③ 在與這些真正的城市的書院相比之下，早期學海堂的學者們覺得他們的書院遠隔下界的塵俗。吳蘭修評價越秀山上的學海堂院址是“境別塵凡，人無主客”。④ 在本章章首所引的詩中，吳蘭修把學海堂比作蓬萊仙島。穩踞於越秀山的山坡上，學海堂因而“抬升”了廣州上層社會，將他們的注意力從性別和階級自由混合的“浮世”——珠江上那鬧哄哄的生活——中引開，使之朝向城市另一邊的堅實的高地。柯律格在其對明代園林的研究中提示我們，“高”等同於“開明”和有文化的精英的“崇高”追求。在說明精英們描繪園林的眼界時，柯律格寫道：“世俗眾人在‘下方’，而紳士在物理學意義上被抬高。”⑤ 同樣，通過建造學海堂，阮元和他的廣州文人們就圈出了一塊地方，可以作為這些精英男

---

① 原注 93：阮元曾寫過一首詩，記道光四年（1824）城牆與鎮海樓的修繕。參閱其《揅經室集》，卷三，《揅經室續集》，頁 197。

② 原注 94：萬安玲（Linda Walton）描繪南宋的書院是在佔用着佛寺和道觀的競爭的空間。萬安玲《南宋書院與社會》（*Academies and Society in Southern Sung China*），頁 96。

③ 原注 95：《粵秀書院志》，卷十五，頁 43 背。

④ 原注 96：這個題目在關於學海堂的詩歌中常重複出現。《學海堂集》，卷十六，頁 21 面。

⑤ 原注 97：柯律格《豐邑》（*Fruitful Sites*），頁 152。

子中那些更為高雅的成員的庇護所。於是，與處於其下方的普通的、凡俗的、女性的世界的各種代表的接觸受到了限制。書院的院規寬厚地給予“短衣或赤腳”的眾人從外面進入大門的機會；否則俗人就會被拒絕進入。①

雖然學海堂並沒有太多出現在西方人對廣州的描述中，但紀念書院建成的一些詩文喚起了人們對其獨特設計的注意。“樸學”是經常跟考證研究聯繫在一起的一個詞語，清代的樸學倡導者以“樸”來描繪他們自己那種小心謹慎不厭其煩、堅實地立足於經文註釋的研究方法，與知識追求的其他領域中他們所認為的“華”相對照。在與學海堂相關的文人的作品中，“華”有時候指的是理學常有的哲理性空談的風格，但更多時 116
候是專指作者在課卷詩文中發覺的矯揉造作和形式主義的或“華而不實”的風格。與此相反，學海堂的治學則代表著回歸

① 原注 98：《學海堂志》，頁 44 面；《廣州府志》，卷八十一，頁 30 背。學海堂校舍明顯排斥婦女的一個例外，可以在陳澧悼念亡女陳律（1857—1875/1876）的文章中看到。陳澧在文章中回憶他常常帶他的小女兒到書院去，在他跟別的學長或學生見面時，女兒就在竹叢和花木間嬉戲。在對女兒的親密回憶裏，陳澧提到她後來對此一點也不記得了，這表明，一個女孩出現在學海堂也不是特別的事，只要她還沒有達到採取纏足和束髮這樣性別措施的年齡，使她要跟兒時的男性玩伴隔離開來。陳澧《東塾集》，卷六，頁 29 面—31 面；汪宗衍《陳東塾先生年譜》，頁 85、110；曼素恩《綴珍錄》（*Precious Records*），頁 55—56。加入了慶賀學海堂成立的一位婦女是阮元的夫人孔璐華（1777—1833）。她的詩《廣東節署新建學海堂》在一些地方非常鮮明生動，給人以作者是親臨現場的感覺：“（吾夫）略加修築有堂臺，海闊天空眼乍開。”詩題稱“廣東節署”，很可能孔璐華是在奉和其夫的詩，或者應和廣州文人紀念這個書院校舍開張的各種體裁的作品。孔璐華《唐宋舊經樓稿》，頁 3 面—背；恒慕義《清代名人傳略》，頁 402。感謝李小榮使我留意此詩。

譯注：原文為“凡有雅人來此，不許阻擋。至於短衣或赤腳者，可令在門外觀望”。

本質的、不經修飾的、古老往昔的學問，靠的是以唐宋以前流行的經典、早期史書和文學形式為根據的一整套課程。這一治學門徑從書院的設計本身就反映出來。負責監工建築的兩位學者吴蘭修和趙均保證了書院建築的框架去盡雕飾，鋪設階梯的石板表面也不磨光，建議工匠們“不尚華奐，祇取樸素”。①這當然就跟遍佈廣州的那些雕樑畫棟的宅邸、廟宇、會館和宗祠形成了明顯的對照，更不用説裝飾華麗的花艇了。另一位學者吴岳在祝賀的文章中重申了這一理念：

公構堂軒，甍密礈齊；其樸如學，多士克躋。②

越秀山以其歷史古跡和有象徵意義的植物，給阮元以強烈的印象，認為是學海堂理想的選址。他注意到，由於山上有漢朝和五代（907—960）史跡的遺存可尋，這對於廣州文人來説是審察自身古往經歷的理想空間。③ 這些歷史遺跡應該包括興盛於公元前二世紀的本地王朝南越王國的“越王臺”。此外，山上遍佈具有廣州特色的植物，如花朵鮮紅的木棉樹，其色彩往往被跟這個地區的炎熱氣候聯繫起來，即所謂“南火”。④吴蘭修和秀琨監督著種下了數十株“紅”梅和一百株“玉”梅。除了木棉和梅花之外，學海堂學者們還可以欣賞榕樹、松樹、菊花和別的植物，從而產生出無數詩篇，吟詠這座山所給予的憩息。篇幅不大的《學海堂志》裏竟然有一個部分是專門

---

① 原注 99：《學海堂集》，卷十六，頁 1 背—2 面。

② 原注 100：《學海堂集》，卷十六，頁 4 背。

③ 原注 101：《學海堂集》，卷十六，頁 12 面。

④ 原注 102：薛愛華《朱雀》（*The Vermilion Bird*），頁 125—129。

吟詠越秀山上的花木的。[1] 學海堂後來在學術上最負盛名的陳 117
澧，認為這所書院的校舍是廣州城牆之內唯一真正的園林。[2]

萬安玲（Linda Walton）在其對南宋書院的研究中證明朱熹和其他書院的創建者都對未來書院周圍的環境非常重視，因為“自我道德修養的過程既有賴於特定地點生態中所保留的歷史上前人的積澱，也有賴於獲得對大自然的認識與理解，以達到對宇宙萬物規律的領悟”。[3] 一些相同的動力也作用於阮元和學海堂，因為無論是“古跡”還是本地特色的植物，都是越秀山作為院址的重要吸引力。[4] 在其他方面，園景的選擇與設計在十九世紀早期的廣州看來也是獨一無二的。這些考古學遺址和地方特色植物，與其說可作為自我道德修養的助力，還不如說既提供了現場調查的實踐機會，也提供了文學寫作的靈感。吴蘭修在他種植梅花的記敘裏觀察到書院的周圍環境“洵足徵南方之草木，補《爾雅》之注疏已”。《爾雅》是大約公元前三世紀的一部注釋總匯，被收入為“十三經”之一。[5] 將學海堂放置在這些象徵廣州的符號之間，也使書院穩踞於其地方背景的畫面中心，並從而使其所佔廣州文化的一席之地得到合法化。在最密切認同於學海堂的一群學者中，許多人在廣州植根甚淺；正是以這種方式，他們得以在一定意義上將最能象徵

---

① 原注 103：《學海堂志》，頁 40 面—42 面；《學海堂集》，卷十六，頁 21 面。

② 原注 104：陳澧《東塾遺稿》，卷三十九，頁 3。

③ 原注 105：萬安玲《南宋書院與社會》（*Academies and Society in Southern Sung China*），頁 105。

④ 原注 106：我在描述學海堂的物質環境時避免使用“自然的”這個字眼，因為阮元命人砍掉了許多樹木，使景觀中許多要素發生了變化。阮元《揅經室集》，卷三，《揅經室續集》，頁 200。

⑤ 原注 107：《學海堂集》，卷十六，頁 21 面；魯惟一主編《中國早期文本：文獻要覽》（*Early Chinese Texts: A Bibliographic Guide*），頁 94—95。

本地文化的符號據為己有。同時，這個院址還在空間上和象徵意義上提供了清晰的區隔，將新書院的高雅世界與山下的卑俗世界分開。

學海堂與廣州城內別的書院不同的最後一個標誌是其制度的設計。書院的名字本身就宣告了它與眾不同；它不是一所傳統的書院，而是一個“堂”。① 而且，阮元為學海堂制定的創新制度也使之有別於其他書院。道光六年（1826）夏天，當阮
118 元調任雲貴總督的時候，他採取了一些步驟，以保證他離開後學海堂能夠繼續存在。許多將詁經精舍與學海堂相提並論的紀念詩文提醒了阮元，他的第一所書院處境並不佳，自他於嘉慶十四年（1809）離開杭州后，講課中斷，書院屋宇殘破，須於道光四年（1824）修葺，而書院的考試則要到道光十三年（1833）才得以恢復。② 吴蘭修和秀琨種下了梅樹，象徵性地為學海堂的長壽作保；而阮元則採取了更多的具體措施以確保書院持久生存。③ 不像其他書院只有一位山長，也不像詁經精舍有兩位，學海堂要有八位學長（“學長”的字面意思是“有學問的年長者”或“學習的指導者”）。阮元在道光六年（1826）任命了首批八位學長：林伯桐、馬福安、吴蘭修、吴應逵、熊景星、徐榮、曾釗和趙均。這首任八位學長，以及後來的繼任者，都是在籍的廣東居民；不過我們知道，其中許多是相對新近來到這個地區的。在任命的當時，這最早的八位學長中並無一人擁有進士功名。而且，每位學長領取的薪俸也很微薄，僅為每年三十六兩，而其他大書院的山長則是三百至五

---

① 原注 108：像前面提到的那樣，從各種地方志到桂文燦的《經學博採錄》的所有文字記載，都將學海堂歸類為一所書院。

② 原注 109：《詁經精舍文續集》，序，頁 1 面；《杭州府志》，卷十，頁 3 背。

③ 原注 110：《學海堂集》，卷十六，頁 21 面一背。

百兩。這些學長們不得不在廣州尋求別的收入來源，通常是給省裏的官員充當幕客，管理倉廩與別的機構，以及編纂州縣的志書。這一史無前例的八師體系，優越性是有助於保持書院創建者的學術和文學遺產。把在學術和文學上原有的見解和主張差異很大的一群學者聚攏到一起，這種學長的體系也將阮元在《學海堂集序》中所表達的折中理念制度化了。

就像學長的薪俸那樣，學海堂的全部收支與廣州的其他書院相比也是不大的。道光十八年（1838）的《學海堂志》記載的年總收入為 1511.982 兩，總支出略少於此數，為 1259.44 兩。① 學海堂並不需要高額的預算。允許學生在家中答試卷的做法免除了設置宿舍的必要；而學生人數較少，加之實行季考 119
在時間上不那麼頻繁，意味著對學生的津貼開支較少。一位學海堂學者後來在十九世紀八十年代著文說，學海堂跟標準的省立書院不同，根本不對學生提供津貼。② 書院的收入來自新城店鋪的租金，還有來自番禺和南海新開墾的“沙田”，以及阮元所捐贈的錢存在商家所生的利息。阮元的捐款通過文瀾書院由伍秉鑑和其他洋商經營。③

差異的話語：贊美學海堂

吴蘭修在送阮元離開廣州時寫下的一首詩（本章章首所引）中稱贊學海堂將理學的哲學性思考“空談”“一掃如浮埃”。同樣，在大量各種不同體裁的紀念這所書院創建並且被

---

① 原注 111：《學海堂志》，頁 14 背。道光二十六年（1846）的收入據報為 1607.982 兩。《廣東省例新纂》，卷四，頁 5 面。

② 原注 112：汪瑔《隨山館叢稿》，卷四，頁 6 面。

③ 原注 113：後來，當洋商無力支付年息，資金就被抽回並改存到廣州和佛山的典當商那裏。《廣東省例新纂》，卷四，頁 5 背；《學海堂志》，頁 13 背—15 面。

收入《學海堂集》的作品中，吴蘭修和别的學海堂學者都堅決把這所新書院跟其他的專為準備科舉考試而設的書院區分開來。這樣的描寫常常需要承認廣東的經學直至當時仍處於欠發達的地位，就像年長的番禺學者崔弼在一篇紀念文章中所説的那樣：

> 廣南人士，不如江浙，蓋以邊省少所師承；制舉之外，求其淹通諸經注疏及諸史傳者，屈指可數。其藏書至萬卷者，更屈指可數。①

於是州府的書院便單純以制藝詩文來評價學生。

樊封在將廣東經史之學與更現代的學問（“今之學”）對照上走得更遠，在他看來廣東學術是陷在了明朝哲學往昔的泥淖中：

> 120 今之學，溯端委而達淵溟也。粤人濡染陽明緒餘，祖法乎良知之説，與康成、晦庵相違，視六籍為支離，薄訓詁研索為末務。士子稍解握管，輒高談妙論，凡目所未見之書輒指為僞冊。父誡其子，師訓其徒，牢不可破，空疏無據，流弊三百年。公建此堂，豈如州郡增修書院，加士子膏火資，為培植人材虛聲哉？②

樊封這裹説的“今之學”指的是當時從江南引進而在學海堂得到推廣的考證學這一最新潮流，是比流行於明代的理學更早的真正的“古學”。一篇在十九世紀早期廣州撰寫的對王陽明和明代哲學思考的批判文章，必然會涉及陳獻章。這位明代

① 原注114：《學海堂集》，卷十六，頁18背。

② 原注115：《學海堂集》，卷十六，頁12背。

的廣東哲學家常常被人跟王陽明相提並論。不過，儘管像阮元這樣來到廣州的外地人，會將廣州經史之學跟陳獻章直接聯繫起來，但實際上同時代的廣州學者很少有人熱心於充當這位十五世紀哲學家學問的實踐者。除了陳獻章家鄉新會縣的學者之外，清代廣州的儒家學者更多的可能是朱熹的信徒。[①] 陳獻章確實在廣州學者中保持著偶像的地位，就像在鄉賢盧氏一案中表現出來的那樣；但他的學問除了在新會之外，在珠江三角洲並不風行。然而，對於想要推出一種新學術的學海堂學者來說，將廣州本地經史之學與明代哲學的“空”想聯繫起來，就形成了一個有利的對照，證明了學海堂學者世代傳承的必要性。也許一點也不令人驚訝，像樊封這樣一位漢軍旗人，並沒有深涉明代哲學的祖先，可以毫不猶豫地作出這樣的批判。

雖然這些構成《學海堂集》最後一章的崔璧、樊封等人的 121
文章中絕沒有提到任何與學海堂定位相反的書院的具體例子，但是崔和樊在文章中所說的“州府書院”其實是婉指所有的官辦書院，或者至少是省城以外的官辦書院，這些書院課程強調

---

① 原注 116：桂文燦《經學博採錄》，卷四，頁 4 背。阮元描繪粵人治學仍然吃虧在受陳獻章和湛若水的影響，忽視書面學問。何佑森《阮元的經學及其治學方法》，頁 22。現代思想史家往往想當然地認為陳獻章和湛若水的學派於整個帝制晚期在廣東都很流行。思想史家將陳湛之學當作廣東知識界言論真髓的一個例子，可參閱楊念群《儒學地域化的近代形態》，頁 131－143。我細讀珠江三角洲地方志和族譜中的各種傳記，發現十九世紀早期在廣州，陳湛儒學的擁護者寥寥無幾。鄧淳，廣州東邊的東莞縣人，是活躍於阮元總督任期內的廣東文人中少有的例子，至少有一次作為陳獻章的熱心追隨者。曾釗在所作的鄧淳傳記中，說鄧自少時即傾心於陳獻章與王陽明之學，但是後來讀了程頤與朱熹的著作，方自覺其“非”。曾釗《面城樓集鈔》，卷四，頁 14 背－15 面；《東莞縣志》，卷七十一，頁 1 背。在阮元離開廣州後參加學海堂考試的學者，新會人阮榕齡，贊揚了陳獻章的生平和學問。咸豐元年（1851），阮榕齡編寫了這位新會哲學家的年譜以及他在明代的門徒名錄。阮榕齡《白沙門人考》。

的是科舉考試制藝的寫作。而且，學海堂創建的時候，也正當一些地方官員——最值得注意的是羅含章——自詡通過重修書院、增加學生津貼從而培育英才之時。作者們現在聲稱學海堂是一個可選擇的替代物，可以取代單純訓練學生參加考試的書院；在這件事上，他們與南宋和明代的書院創建者們產生了共鳴，那些創建者也將自己的教學機構定位為政府學校的對照物。① 這樣，學海堂學者對傳統書院的這些批評就否定了競爭者自我賦予文化上卓越地位的合法性。

學海堂的考試確實與城裏原有的其他書院不同。例如在羊城書院，謝蘭生主持下的考試，內容就是科舉考試的制藝文和詩。前者是就給考生提出《四書》裏的一段，讓考生對其進行詳盡的闡述。道光元年、二年（1821、1822）的典型例子是摘自《論語》的兩小段，“仲弓為季氏宰”和“君子信而後勞其民”。② 相反，當翁心存主持道光七年（1827）學海堂考試的時候，他要求學生們就一些文段中的詞語撰寫課卷或作引申闡釋，這些文段出自“經”、“頌”，或歷史題材的駢體或散體文的“記”，以及詩和賦。在評論劉華東之子劉澤長的經解作品時，翁心存稱贊他的“詳妙”。與此相似的是，翁認為侯康的注解是“切考極有根據”。在文學試卷中，翁稱道梁梅駢體的

① 原注 117：萬安玲《南宋書院與社會》（*Academies and Society in Southern Sung China*），頁 13。穆四基（John Meskill）認為，社會批評者對官場的道德腔調不滿，引導了十六世紀的書院運動。參閱穆四基《明代書院：歷史散論》（*Academies in Ming China*：*A Historical Essay*，頁 66、84。

② 原注 118：謝蘭生《常惺惺齋日記》，道光元年三月九日，道光二年五月十六日。這段文字引自《論語》13 章第 2 段和 19 章第 10 段，英譯文採用理雅各《中國經典》（*The Chinese Classics*），卷 1，第 262、243 段。

《荔枝灣記》以及他的同一題材的賦。①

學海堂的獨特地位由於阮元創始編寫《皇清經解》而得到加強。這部編纂於道光五年至九年（1825—1829）的一千四百 122
卷文章總集，將清代江南考證學的研究成果公之於衆。編入文集的作者中百分之九十以上來自構成江南的江蘇、浙江和安徽這三個省內的五個府。② 有幾種收進《皇清經解》的著作在此前還只是手稿，廣州學者自然是從無機會寓目這樣開拓性的江南學術範例。例如，阮元隨身帶來了郝懿行（1757—1825）的新著《爾雅》評注，讓林伯桐和曾釗為之作校對。③《皇清經解》在廣州出版，其刻板藏於學海堂近旁專門為此建造的文瀾閣，這個事實向廣州學者宣告：考證學現在已經抵達了帝國的最南端。在阮元的眼裏，書院和文集都是同一個戰略的一部分。文集稱譽了阮元家鄉江南經史之學的先進地位，同時又提供了一個博學的標準，讓廣州的新手們去追求。正如阮元在其《學海堂集序》裏所說，“大清文治，由朔暨南”。④

正如《皇清經解》的出版代表著江南經史之學傳入廣東一樣，學海堂學者們在紀念新書院創立時，溯源於著名的杭州詁經精舍的傳統，把詁經精舍描繪為學海堂的姊妹書院。阮元在紀念詁經精舍的文章中對漢代經典注釋優越性的斷言，在樊封另一篇紀念學海堂的文章中得到了共鳴：

---

① 原注 119：翁心存《學海堂丁亥課士錄》，無頁碼。

② 原注 120：《皇清經解》，序言；麥哲維《考證學新貌：〈皇清經解續編〉與 1820 年後的經學》（“The New Face of *Kaozheng*：The *Huang Qing jingjie xubian* and Classical Studies After 1820”），頁 175—192。

③ 原注 121：桂文燦《經學博採錄》，卷八，頁 10 面。

④ 原注 122：同治十一年《南海縣志》，卷十二，頁 24 面。阮元在這裏用了《書經》“禹貢”的語言。參閱理雅各《中國經典》（*The Chinese Classics*），卷三，第 150 段。

> 漢人去古未遠，猶能得孔門之傳授，故許、鄭詁經不過因文立訓，求其章句詳明而已。①

認同於阮元在江南創立的第一所書院，這樣做的作用是進一步
123 將學海堂區別於廣東的其他書院。而且，這也使學海堂獲得了新引進的考證學方法與漢學信仰的合法守護者資格。

由於贊揚的詩文都著力強調廣州新書院獨一無二的性質，給人的印象好像學海堂是被徹底與其他書院區隔開來。不過這樣的斷言掩蓋了學海堂與同時代廣州書院的一些非常實質的聯繫。對學海堂在其地方背景中的功能分析顯示，它很快被同化於一個城市書院系統。最初，阮元並不忽視傳統書院的教育。道光二年（1822），他任命何南鈺為粵秀書院山長；何是在嘉慶四年（1799）阮元在京城協助主持會試時中式的進士。後來阮元還為何南鈺編的道光四年（1824）粵秀書院學生試帖詩文集寫了序。② 阮元還請何從一百多篇紀念學海堂創立的文字中，選出每種體裁最優秀的代表作，收入《學海堂集》。另外，阮元選定的四位編寫《通志》的主編中，有三人是年長的學者，例如謝蘭生，他在廣州的多家書院任教時間很長。相似的還有，阮元任用了李黼平，李曾在嘉慶十年（1805）向越華書院的學生介紹考證學，以幫助評價學海堂考試的答卷。③

事實依然是阮元選擇不任命原有書院的山長來領導新的學海堂；不過學海堂的第一代教師則是跟那些舊有的書院密切相關的。學海堂早期學長中的兩位——張維屏和吳蘭修，曾擔任

---

① 原注 123：《學海堂集》，卷十六，頁 10 面。阮元的《詁經精舍記》，參閱阮元《揅經室集》，頁 505—506。阮元此文一部分的譯文見於艾爾曼《從理學到樸學》（*From Philosophy to Philology*），頁 58。

② 原注 124：《粵秀書院志》，卷七，頁 19。

③ 原注 125：《越華紀略》，卷四，頁 16 背。

粵秀書院的監院；張在嘉慶二十二年（1817）任該職務，吴在嘉慶二十四年（1819）繼任，並在數年後於道光四年（1824）再任此職。至少有四位未來學海堂的學長——張維屏、熊景星、曾釗和黃培芳，在嘉慶九年至道光二年間（1804—1822）不同的時候注册為粵秀書院的學生。羊城書院山長謝蘭生的兒子謝念功，也是學海堂早期的關鍵性人物。同樣，學海堂的第二代教師也是從舊書院出來的，這可以陳澧的學歷為例。陳澧 124
生於嘉慶十五年（1810），道光五年（1825）入羊城書院師從謝蘭生，兩年後注册為粵秀書院學生，同時又參加了學海堂道光七年（1827）的冬季考試。後來，陳澧成為越華書院道光十二年（1832）一屆的成員，這一屆的學生非常優秀，其中也產生了後來的學海堂並列學長譚瑩。此後陳澧於道光十四年（1834）入選為學海堂的“專課生”，道光二十年（1840）成為學長。① 事實上，道光十五年（1835）的《南海縣志》是將學海堂描繪為一個“公所”，每季為端溪、粵秀、越華、羊城四家書院的學生舉行考試，儘管參加學海堂考試的並不限於這四家書院的注册學生。② 所有這些也許都説明一個明顯的事實：學海堂學者並不忽視科舉備考，只不過同時想尋求一些更優雅的替代方式。跟學海堂的創建者們自我區分的言論給人的印象比起來，廣州新舊書院之間，通過教師和學生的流動，其聯繫要密切得多；記住這一點對理解廣州新舊書院之間的關係還是很重要的。

---

① 原注 126：《粵秀書院志》，卷十，頁 15 背－17 面，卷十二，頁 2 面－4 面，卷十三，頁 13 背－14 面；汪宗衍《陳東塾先生年譜》，頁 60－66。

② 原注 127：道光十五年《南海縣志》，卷十一，頁 50 面。

結　論

學海堂這所新書院以可觸摸的方式重構了廣州的文化地理，就如下一章將要展示的那樣，與學海堂關聯的學者們發起了廣州精英文化的新建設。然而，在紀念和慶賀學海堂成立的詩文中所包含的差異的話語，使得這所新書院融入本地社會的程度變得模糊不清。按照學海堂的堂規，任何“雅人”，無論其知識傾向如何，都可以在遊越秀山的時候訪問學海堂。① 這裏很快就成了謝蘭生和其他年長的廣州文人日常社交活動的經常性地點。除了出席阮元離粵赴雲南之前舉行的宴會之外，謝蘭生陪伴著像吴蘭修和吴應逵這樣的書院老友，也會偶爾出遊來到這裏。學海堂還是中秋節和其他時候賞月的絕佳地點。②從這個角度看起來，書院簡直就完全同化於本地的景觀了。

125 阮元對學海堂的展望，被他的夫人孔璐華在寫於總督衙門的一首詩中極好地捕捉到了：“非為閑遊設此堂，為傳學業課文章。”③儘管謝蘭生很高興利用學海堂觀賞到更美的月色，但阮元的書院瞄準的主要是更年輕、更具可塑性的新一代廣州文人。謝蘭生在道光十一年（1831）去世的時候，一位這樣的年輕文人譚瑩哀悼說：“南中老輩凋零盡。”④ 但是，此時譚瑩和

---

① 原注 128：《學海堂志》，頁 44 面。

② 原注 129：謝蘭生《常惺惺齋日記》，道光五年六月十三日、八月十五日、九月二十三日、五月十五日，道光六年八月十五日；吴蘭修《荔村吟草》，卷一，頁 4 面。在謝蘭生的《常惺惺齋書畫題跋》（上）頁 40 面，有記載一次在學海堂的類似雅集的活動，這次活動由許乃濟舉辦。

③ 原注 130：孔璐華《唐宋舊經樓稿》，頁 3 背。感謝李小榮使我留意此詩。

④ 原注 131：譚瑩《樂志堂詩集》，卷二，頁 23 背。

其他的廣州城文人已經把他們自己看成是與學海堂關聯的可認同群體的一部分，正在取代謝蘭生所代表的那一代學者。在相互唱酬的詩篇中，與學海堂關聯的學者們常講到“學海堂同人”或“學海堂諸人”。[①] 在這個意義上，學海堂已經成為越來越多的廣州文人在文化上認同的聚焦點。同時在這個意義上，這所書院也就沒有簡單地成為又一張被本地景觀同化的面孔。相反，它把人們視線的聚焦點大大抬升了，從珠江、從各個廟宇、從下方擾擾嚷嚷的商業世界抬升起來，向著這座新建的山堂。

從更寬闊的視界來看，學海堂同時也將人們的注意力從珠江三角洲腹地轉向了廣州。艾爾曼曾經著重指出親屬關係紐帶與好幾代人在江南由社團家族調動的文化資源所保持的學術和文學傳統的重要性。其例子包括惠氏家族與蘇州的漢學、莊氏家族與常州的今文經學和方東樹的方氏家族與桐城的“古文”散文。[②] 雖然珠江三角洲腹地的強勢家族沒有在廣東省外產生有重大影響的經史之學和文學學派，他們卻掌握著足夠的經濟與文化資源，可以在一定的家族與地區內創造與傳承學術和文學的實踐。這可以從新會縣的情況看出來，在那裏陳獻章及其學生的後代繼續堅守著明代哲人的遺教。但是聚集在廣州城裏的那些外來移民、寄寓者與城市化的精英們在本地扎根的深度 126
不夠，不足以使這個策略具有可行性。儘管一些城市機構，例如越華書院，是專為迎合一部分寄寓人口而設計的，但它們缺

① 原注 132：第一句出自吳蘭修十九世紀三十年代中期在送別徐榮往浙江赴任時寫的一首詩；第二句出自黃位清在道光十七年（1837）寫的一首詩，黃位清是一位學者，作品被收入了《學海堂集》。伍崇曜《楚庭耆舊遺詩》，後集，卷一，頁 15 背；黃位清《松風閣詩鈔》，頁 9 背。

② 原注 133：艾爾曼《經學、政治和宗族》（*Classicism, Politics, and Kinship*），頁 XXIII、XXXIII、7—8。

乏獨特的學術或文學上的身份認同。

在學海堂，阮元創造了一個正好可以用來構築這種身份認同的機構。它讓各種二度遷徙的上升中的精英集團（其中很多按珠江三角洲的觀點可能被認為是邊緣群體），為自己在廣州的上層社會爭得一席之地。學海堂所弘揚的學術和文學新宗派很明確地是外來的，代表著一種自覺的努力，要把江南的考證學實踐和文學風格移植到帝國的一個邊緣地區。廣州的城市寄寓者與新貴階層熱情回應新書院，迅速將其據為己有，仰賴它去提高自己在廣州文化圈子中的地位。考證學，特別是漢學，在其強調“師承”和“家法”過程中，為學海堂出身混雜的學者團體創造了一部家譜；他們現在可以聲稱自己的學術是源自古老而令人崇敬的傳統。同樣，學海堂也為移民、商人和下級官員的孩子提供了一個能使他們成為本地文人的空間。這些第一代的學海堂學者很快就成了構建廣州文化身份認同的主導力量。

第四章　重塑文化景觀：歷史，詩詞，選集 127

皇哉國朝盛文學，四庫千古開宏規。內廷寶藏聚珍版，頒書江浙傳邊陲。維粵宅南位離火，蠻煙蜑雨開獉狉。① 曲江文壇倡正始，南園前後相追隨。文風駸駸看日上，弦歌比戶皆恬熙。廣州工作稱最巧，西洋鐘漏機能窺。即論梓匠亦絕好，要與異地爭矜奇。

——摘自李應中《梓人詩》

阮元在他主持舉行的一次學海堂古學考試中，曾要求考生撰寫吟詠雕版印刷匠人的詩。上面所引的詩句是一首詩的節錄，表明了印刷術的重要性以及道光年間廣州學者贊美自己城市印刷業繁榮的自豪之情。一位廣州學者在十九世紀的頭十年之前不大可能寫出這樣的一首詩。儘管珠江三角洲在十八世紀就積聚了大量的財富，但是廣州並沒有以其藏書樓和印書局聞名，至少在帶有歧視眼光的藏書家當中是如此。② 但是從十九世紀初期開始，甚至在學海堂創立之前，廣州在編纂和梓行被 128
文人認為值得稱道的各種類型的書籍方面已經達到了空前的規模。

---

① 章首引詩：《學海堂集》，卷十四，頁 20 面—23 面。作於十九世紀二十年代。

原注 1：“蠻”是一個總稱，指“南蠻”；“蜑”即“疍”，指船民。

② 原注 2：同治十一年《南海縣志》，卷十八，頁 15 背。

這一印書業的繁榮是由幾家大的私家藏書樓的出現推動的，引領潮流的是潘氏、伍氏、葉氏、孔氏這樣的一些商人家族。此外，幾位與學海堂有聯繫的文人也建立了規模可觀的私人藏書，其中有些甚至可以跟有聲望的江南文人的藏書相媲美。

曾釗從嘉慶十三年（1808）開始藏書，最後擁有了數萬卷皮藏。吴蘭修宣稱家中藏書更廣，但不及曾釗藏書中宋元版本之多。譚瑩和張維屏也都以藏書之富見稱。[①] 這些十九世紀初期的廣東藏書家所藏的書籍都是在外地出版的，往往所費不貲。他們尤其熱衷於在江南和京師訪書，在赴京參加會試時常常光顧書肆。從蘇州販來的“蘇書”在廣州書肆中價格貴得離譜。一位學海堂學者梁梅不遺餘力地——說起來也有點迂回曲折地——在西關建立了他數量可觀的“春堂”藏書。在一個儀式化的孝行中，他割下自己大腿上的一片肉熬成藥給生病的母親服用。母親病癒後，就把自己的髮簪和耳環當掉，幫助梁梅積攢起豐富的藏書。梁梅和他的女婿譚瑩，還有別的廣東文人，後來通過一幅春堂書齋的圖畫以及一些追溯其起源的詩篇來紀念這一互相為對方作出犧牲的事跡。[②]

這種對藏書的興趣進而又推動了十九世紀廣州和珠江三角洲編書、校書、印書的熱潮。在這些數量激增的書籍中，廣州的鄉土文化受到了很大的重視。首先，這明顯表現在學海堂的

---

① 原注 3：徐紹棨《廣東藏書紀事詩》，頁 150—153、162—166、178—180。

② 原注 4：徐紹棨《廣東藏書紀事詩》，頁 174—175；徐紹棨《廣州版片紀略》，頁 57 背；譚宗浚《荔村草堂詩鈔》，卷六，頁 14 面。在南宋以來的理學家贊揚了用嫁妝資助兒子教育的事跡之後，梁梅母親為兒子的教育作出的犧牲成了一個典範。柏清韻（Bettine Birge）《宋元時期的中國婦女地位、財產關係以及儒家反應》[*Women, Property, and Confucian Reaction in Sung and Yüan China, (960-1368)*]，頁 158—159。

課程中，反映在四集考試文章中所收的大量寫本地題材的詩文
上。在書院本身的課程之外，學海堂學者們通過個人工作、相
互合作或者在官員或商家資助下，撰寫、編纂和印行大量的本 129
地版本書籍。結果，雖然這樣的書籍的生產起始於學海堂創建之前，經過十九世紀的進程，書院及其學者們成了這一工作的主導。就這樣，由於學海堂學者採用了新的學術路數和文學風格來生產這些書籍，常常被看作是十九世紀廣州文化大繁榮的中心就從珠江三角洲腹地轉移到了廣州城。本章將要檢驗與學海堂联繫的學者通過書籍生產重塑地方文化景觀的三個典型方法：撰寫本地歷史、創作本地題材的詩歌和編纂本地選集。

本地歷史

歷史是學海堂課程的一個重要組成部分；除了首先是有關經解的問題之外，考生通常都會被要求就最古老朝代的歷史題材進行論述（見附錄三）。除此之外，與學海堂聯繫的學者非常重視生產本地歷史的書籍，並且在此過程中改寫了本地的歷史。其中有幾位參與了《通志》的編纂，在此過程中一些以前被忽視的歷史人物和地點被披露出來，這又進一步促進了本地歷史的開枝散葉。正如我們所知，遵循顧炎武的傳統，阮元一直強調對文化遺址和遺物的調查，這使《通志》成為了進行某種歷史研究的範例。

除了在縣志、府志和《通志》的編纂班子裏到處都有學海堂學者身影之外（見表 1），兩位與學海堂聯繫的文物史家把注意力投向了更古老的本地歷史。道光年間，吴蘭修和梁廷枏（1796—1861）通過各自的研究，分別寫出了關於一個短命而臭名遠揚的地方政權南漢國的史志。南漢國是公元十世紀时統治着原來大唐帝國留下的各個地區的十個王國之一，由一位名

130 叫劉龑的節度使建立；他自立為皇帝，定都廣州。劉龑雖然有足夠的能力控制着廣東和廣西的大部，但是卻以殘忍聞名。他的繼任者們更是被認為同樣殘忍而能力遜之，奢華又過之；到南漢的末代統治者劉鋹時臻於頂點。最後他的王朝被北宋的入侵軍摧毀，他自己當了階下囚。[1]

關於南漢的最早記載出於南方人之筆，例如胡賓王（宋咸平三年進士）的《劉氏興亡錄》。胡氏的這部著作，明代學者還能見到，但到十九世紀之前已經失傳。自從南漢的遺民淡出歷史舞臺之後，幾乎所有關於這個南方王國的歷史記載——例如五代十國各朝的歷史——都是由北方人撰寫的。在十六、十七世紀，幾位廣東學者對南漢的歷史產生了興趣。例如屈大均（1630—1696）就在他的"廣東百科全書"《廣東新語》中收集了關於南漢的軼聞。其中包括對劉龑和劉鋹墳墓的描述，以及對光孝寺東西二鐵塔的描述（兩座塔造於南漢年間，在光孝寺內，有房舍遮蓋）。[2] 屈大均嚴厲批判了南漢，這反映了北方歷史學者的判斷，但他將關注的重點放在了對當地居民所造成的後果上。[3] 幾乎與此同時，在廣東之外，南漢在杭州人吳任臣（1628—1689）編寫的《十國春秋》一書中也頗引起了一些注意。然而在所有這些對南漢的介紹中沒有一項是對這個地方政權持續而系統的研究。

十九世紀早期對南漢的興趣再次興起，部分是由於在廣州任職的官員所設定的議程。通過對建立虞翻祠的推動，曾燠將注意力引向了光孝寺，寺內有像西塔和東塔這樣的南漢文化遺

① 原注5：十九世紀廣州學者和詩人中再次興起的對南漢的興趣，在麦哲维的《改寫南漢：十九世紀廣州本土文化生產》一文中有更充分的論述。

② 原注6：屈大均《廣東新語》，卷十一，頁11面、18面—19背；卷十九，頁5面—6背。

③ 原注7：屈大均《廣東新語》，卷十九，頁6背。

物。同樣，在阮元手下編纂《通志》的過程，使學者們看到對碑文的現場考察在本地歷史寫作中的重要性。吴蘭修和梁廷枏就是從這樣的背景中出現的兩位本土的南漢歷史大學者。

表 1　擔任地方志纂修的學海堂學者 131

志書	年份	主纂	分纂	地圖製作
廣東通志	道光二年（1822）	謝蘭生、江藩	吴蘭修、曾釗、崔弼、刘華東、鄭灝若、吴應逵、李光昭	
香山縣志	道光七年（1827）	黄培芳	曾釗、李光昭	
肇慶府志	道光十三年（1833）	黄培芳、江藩		
南海縣志	道光十五年（1835）	謝蘭生、譚瑩	熊景星、曾釗、張樂、胡調德	
鶴山縣志	道光十六年（1836）	吴應逵		
新會縣志	道光二十年（1840）	黄培芳、曾釗	阮榕齡	
長樂縣志	道光年間？	溫訓		
龍門縣志	咸豐元年（1851）	張維屏		
順德縣志	咸豐三年（1853）	梁廷枏		
番禺縣志	同治十年（1871）		陳澧、陳璞、金錫齡	
南海縣志	同治十一年（1872）		譚瑩、李徵霨、鄒伯奇	羅照滄、孔繼藩
廣州府志	光緒五年（1879）	李光廷	周寅清、譚瑩、陳璞、金錫齡、譚宗浚、李徵霨	陳澧
香山縣志	同治十二年至光緒六年(1873—1880)*	陳澧		羅照滄
新寧縣志	光緒十七年（1891）	林國庚		

*這一版《香山縣志》書名頁上的年份是同治十二年（1873），但陳澧的序文所署年份為光緒六年（1880）。

從學海堂早期考試的時候開始，吴蘭修就準備了大量的材料來編寫三部關於南漢的著作：《南漢紀》（南漢的編年史）、《南漢地理志》和《南漢金石志》。《南漢紀》是仿照荀悦《漢紀》的模式編寫的；而《漢紀》又是班固（32—92）《漢書》 132

的提要。與《漢書》不同，荀悅的《漢紀》是嚴格按年份為序，然後在編年史中插入班固評論的段落和人物傳記。① 吴蘭修在《南漢紀》中同樣是按編年順序安排其全部史料，但是他博採各種史料，收入了一些通常為正史所不載的內容。不同於荀悅的著作——但正是學海堂治學的特色，吴蘭修用大量的夾注，列出資料的出處，提供摘錄自其他著作的解釋與評論，還徵引了一些字與段的異文。吴蘭修利用了廣泛的文字資源，而更重要的是在整部《南漢紀》中都經常引用他的《南漢金石志》裏所收的碑文內容。

看起來吴蘭修的主要目的並不在於譴責這個一般認為是不道德的或者無能的政權，而在於收集記錄了南漢國之始末的可靠史料。與一些宋代史家的著作不同，吴蘭修在書中沒有使用“正統”的北方王朝的年號，而是使用了南漢的年號來紀年。相反，他把南漢的每個領導者——從劉龑到劉鋹——都稱為“漢主”，而不是“皇帝”。跟吴蘭修在《通志》編寫班子共事的江藩為《南漢紀》寫了序，他在文中著重指出了吴蘭修在考證學上的成就。按江藩的意見，由於吴蘭修引用史料之細緻，他的著作远勝於吴任臣的《十國春秋》。② 吴蘭修在學海堂的同事譚瑩也稱贊他的著作。譚斷言《南漢紀》“為十國紀事之書之冠”，言下之意謂寫五代十國時期一個政權歷史的傑出之作，是一部由廣東本地人撰寫的廣東政權的歷史。③

133 另一位在十九世紀二十年代從事南漢研究的主要史學家是

① 原注 8：魯惟一《中國早期文本》（*Early Chinese Texts*），頁 113。

② 原注 9：吴蘭修《南漢紀》，江藩跋，頁 1 面。

③ 原注 10：吴蘭修《南漢紀》，譚瑩跋，頁 1 背。

梁廷枏。[①] 作為順德人，梁廷枏跟吴蘭修比起來在珠江三角洲有著更深的血緣根脈，但是他對南漢的興趣是在廣州生活時產生的。在道光九年至十年（1829—1830）的冬天為自己的《南漢書》所作的序裏，梁廷枏提到，南漢歷史激發他的靈感是因為他在青年時代的一次經歷。在光孝寺居住的時候，他曾經拓下南漢時鑄造的東西兩座鐵塔的銘文。在閱讀這些銘文的時候，梁廷枏發現與吴任臣《十國春秋》所記載的不相符。[②] 在這裏，梁重申了阮元所闡述的一項最重要的學術信條：研究地方歷史必須從金石銘文的現場調查入手。這意味著一個珠江三角洲的本地人，或者至少是在這裏長期居住的人，做這件事的時候處於最有利的地位，因此也最有可能對南漢作出完整而精確的描繪。

《南漢書》仿照班固的《漢書》，包含“本紀”和“列傳”，但是沒有大多數正史裏都有的“表”和“贊”。像吴蘭修的《南漢紀》一樣，梁廷枏史書的本紀正文裏包含了採自眾多來源的史料，最重要的是來自碑版銘文，而不是來自以前的南漢研究著作。例如，可以從劉鋹的本紀裏瞭解到在南漢大寶七年（964）按皇帝的旨意為興王直隸州（南漢京城所在的州，即現代的廣州城及周圍一帶）鑄造了一口銅鐘。他也記錄了在南漢的各個宫殿落成時文人們作賦慶賀。[③] 梁廷枏沒有使用夾注的方式來收錄異文，而是將其編成附屬的一卷，名之曰《南漢書考異》。

吴蘭修和梁廷枏這兩部研究南漢的主要著作引起了人們對

---

① 原注 11：除了南漢研究之外，梁廷枏還編寫了兩部關於更早的南越王國的著作《南越叢錄》和《南越五主傳》。容肇祖《學海堂考》，頁 39。

② 原注 12：梁廷枏《南漢書》，頁 5。

③ 原注 13：梁廷枏《南漢書》，頁 23。

北宋晚期之前本地歷史的注意；按照最常見的傳說，珠江三角
134 洲腹地的世家望族的祖先最初就是在這個時期定居於此的。看起來，這段歷史跟十九世紀的居民並沒有太多實質性的聯繫。然而文本與碑銘研究的新一輪流行，為學海堂學者們提供了工具和動力去重新考查廣州和珠江三角洲久遠的歷史。如果說吴蘭修與梁廷枏不是完全顛覆了對南漢的歷史判斷，那麼，他們的研究至少再次挪用了這個地方政權的歷史，將其納入自己的研究範圍，並從而在地方史研究上開啟了新的可能。

本地題材的詩歌

作為學海堂的一種產品，吟詠本地題材的詩歌也得到繁榮，但是這種形式的文化產品較之南漢史，表現出較多贊美的語調。大致來說，詩是中國帝制晚期書院教育中一個很少得到重視的方面，不過它仍然是像粵秀和越華這樣的書院考試的常設部分，因為科舉考試在十八世紀中期重新引入了詩的考題。① 《學海堂集》的供稿人中絕大部分是詩人，詩習作在《學海堂集》全部四集裏都佔據了最大的份額，這個事實表明了詩在這所新書院的課程中之重要性。而且，學海堂的詩歌習作中常用的題目又被廣州的其他書院模仿，還常常出現在全城各處雅集中詩人所作的詩裏。

阮元的文學議程明顯表現在學海堂詩歌習作中普遍採用像賦和古體詩這樣的唐之前的文體。唐詩也是文學習作的重要組成部分，因為杜甫常常被引為模仿的對象；不過廣泛流行的具有唐代風格的絕句，在《學海堂集》裏還是明顯地付之闕如。《學海堂集》所收的詩歌最顯著的特點不在其風格方面，而在

---

① 原注 14：艾爾曼《中華帝國晚期科舉考試文化史》，頁 546－558。

其題材内容，入選的詩中佔壓倒多數的可以稱為“鄉土風俗”詩。做這樣的詩歌習作要求學生對地方上的人、物產、風景， 135
或文學成就進行分類、描述或贊美。這包括（除了下文所述之外，略舉數例）：以廣州郊區為背景改寫杜甫的《遊何將軍山林》；仿唐代廣東詩人的先驅張九齡的詩《望月懷遠》；以及一組五首習作，描寫雲泉山館所在的白雲山的風景。① 像這樣的習作在帝制晚期的中國確實是很普通的；通過改變原有題目以適應本地環境來模仿優秀的詩歌範例，是訓練年輕人的一種很自然的方法。不過如果跟阮元在杭州的書院詁經精舍比起來，詩歌習作在廣州這個書院的課程中就重要得多了。在兩個書院各自作品結集的第一版所收錄的、同樣是在阮元指導下寫出來的詩作中，地方題材在《學海堂集》裏明顯地更加普遍。②

《學海堂集》中所收詩歌的中心作品——一次習作，考生被要求奉和《南海百詠》——佔了兩卷篇幅，在文集的詩歌部分開頭。《南海百詠》原詩的作者是福建人方信孺（1177—1222），曾在廣東為官。在這組詩中，方信孺描繪了廣州城内外一百處自然的或歷史的名勝，並且給每首詩寫了序，詳細說明了詩中寫到的名勝的位置、來歷或變遷。方信孺的詩用的是絕句的形式，而學海堂的詩人們按照書院的文學議程要求，用四言的古體詩來奉和原詩的題材。方信孺的原序被收進了文集；幾首新作附有學海堂補充的夾注。超過三十位參加這次習作的考生各有至少一首詩被選入了《學海堂集》。儀克中被選入的詩最多（共三十六首），而且據說全是在一夜之間寫出來

---

①　原注 15：參閱附錄 2。

②　原注 16：在詁經精舍的十四卷文章結集中，只有最後兩卷給了詩歌。見《詁經精舍文集》，隨處。亦見《詁經精舍文續集》。

的，展現的才華給阮元以深刻的印象。①

由於阮元沒有為這組詩以及《學海堂集》裏任何一組詩留
136 下序文，所以很難瞭解這次習作背後的動機。不過清楚的是，江藩作為被阮元吸引到廣州來的許多江南文人之一，道光元年（1821）也在廣州學界的圈子中為奉和方信孺組詩的徵文供了稿。那一年夏天，吴蘭修為希望出版的一本他所編纂的書稿寫了序，其中說明他是根據從江藩那裏借來的一部手稿整理成這本書稿的。② 這表明書在被江藩帶到廣州之前，在這裏不易得到。吴蘭修在跋裏不僅稱贊了這部文集的詩歌很優美，而且也稱贊了它的考證學，這提供了一個暗示去理解《百詠》組詩佔據了《學海堂集》中心位置這件事背後的動機。③ 這一組詩中，以及在整個文集裏的各處，都有許多詩是將考證學方法應用於考古學、金石學與史學研究的習作。方信孺詳細的詩序既提供了模仿的範例，也使學海堂詩人可以插入補注予以臧否。考證學的語氣有時候甚至會直接出現在詩裏，像李光昭詠禺山詩裏的一聯，说明“禺、隅二字古通用”④：

曰禺自合城南隅，況有南禺舊稱謂。⑤

在夾注裏，李光昭指出在《山海經》裏有這樣互用的一個

① 原注17：《廣州府志》，卷四十八，頁2背；儀克中《劍光樓集》，鄭獻甫序，頁1面。

② 原注18：該文本有一篇先前的跋，是康熙五十八年（1719）出自一個河南省人之筆，他是從一位紹興商人處得到這部書的，而紹興商人又是設法從曾經擁有此書的著名江南詩人錢謙益（1582—1664）那裏獲得一個抄本的。

③ 原注19：方信孺《南海百詠》，頁35面—37背。

④ 原注20：就是說，“禺”（山名）和“隅”（角落）是可以互用的。

⑤ 原注21：《學海堂集》，卷十一，頁3面。

例子。

關於《百詠》習作，還有一點是很突出的，就是這些調查研究的對象都是地方歷史。方信孺的原詩涉及了南漢時期的眾多古跡，涉及稍少一些的還有更早期的南越王國。大部分學海堂詩人遵循正史的判斷，將南漢視為不合法的政權，而將其統治者看作膽大妄為的人。一個典型的例子是下面一首吟詠劉氏銅像的詩的摘錄，指的是南漢統治者刘鋹和他的兩個兒子的青銅雕像：

> 遊人皆稱巧工巧，不知乃是巧工之血相結成。當年範 137
> 像詔一出，百工不敢來南粵。[①]

然而詩人們也不能忽視這個政權在地方景物中留下的印記還是實實在在有跡可尋的。這包括除了建造廟宇、城牆及其他建築之外，還有鏟平山崗、疏浚湖泊的種種業績。於是，南漢的痕跡出現在一首又一首詩歌中。而且詩歌和歷史研究又相得益彰——吴蘭修，《南漢紀》的作者，就有六首“百詠”詩收入了《學海堂集》。

簡言之，《學海堂集》裏這輯最大的組詩，除了是詩歌創作的練習之外，還是運用考證學工具的習作。再者，除了詩篇本身之外，通常佔篇幅很大的夾注也都描繪了地方歷史，如果說並不總是在歌頌像南漢這樣的政權的話，至少肯定是讓讀者知道了它們的影響；而這又起着賦予聚集在學海堂的詩人群體以廣州早期文化守護人形象的作用。這種習作也刺激了學海堂之外類似的詩歌創作。謝蘭生在道光元年（1821）歲末就採用了《百詠》組詩中的兩首——《藥洲》和《筆授軒》——作為

① 原注 22：《學海堂集》，卷十一，頁 22 面。

羊城書院的課題。① 十九世紀四十年代，樊封為《百詠》作了續編，加上不厭其詳的注釋，介紹了原作未曾涉及的各種名勝地點。②

《學海堂集》中規模僅次於《百詠》的組詩，是贊美廣東最著名的水果荔枝的詩。像《百詠》一樣，《嶺南荔枝詞》附有大量關於地方事物的詳細注釋，指出一些非常特殊的荔枝品種，以至於一縣一村獨有的栽培方法。化用《竹枝詞》名稱的《荔枝詞》是四句一首，模仿流行用語，夾以本地方言。儘管這樣的題目可能給一些讀者以瑣碎無聊的感覺，但是本地物產會被認為是一個地方的象徵，跟古代本地王國的歷史文化遺物一樣，很有意義。在拿本地所產的荔枝跟其他地區作比較的時
138 候，學海堂詩人們指出過去福建人和四川人對荔枝品種等級的排列一直有失公正，乃畛域之見。他們特別將目標對準一系列由福建文人蔡襄（1012—1067）、徐𤊹（1570—1642）和鄧慶寀（活躍於十七世紀二十年代）編寫的荔枝譜。③ 這可以從譚瑩所作的這六十首的組詩中讀到；這組詩深獲阮元的推崇。

---

① 原注 23：謝蘭生《常惺惺齋日記》，道光元年十一月二十三日。參閱附錄三。

② 原注 24：樊封《南海百詠續編》，隨處。

③ 原注 25：蔡襄在十一世紀寫了一卷本的《荔枝谱》。徐𤊹在明代晚期為蔡的手冊寫了補編。鄧慶寀又再寫了一個補編，於崇禎元年（1628）寫了序，並且與蔡襄和徐𤊹的手冊合成一書，在崇禎年間付印，名之曰《閩中荔支通譜》。在該書的一篇序中，一位編者批評了蔡襄原作中的福建地方觀念，但是相信徐與鄧的補編足以讓“吴兒結舌，粵客索魂”。鄧慶寀《閩中荔支通譜》，黄序，頁 4 面。

嶺南荔枝詞之五十五

優劣由來莫定評，南中品第更誰爭？竹垞自是平章老，[①] 降紫頒紅論最平。[②]

在這首詩的注釋裏，譚瑩評論道：

朱錫鬯曰："荔枝以粵中所產掛綠為最，福州之佳者尚未敵嶺南之黑葉。"而蔡《譜》乃云："廣南精好者僅比東閩之下。"是亦鄉曲之見也。[③]

嶺南荔枝詞之五十九

荔譜人人說太陳，亮功紅寫墨華新。老成今日傷凋謝，砭蔡鍼徐待粵人。[④]

譚瑩同樣加了一條注解：

聞溫篔坡先生著有《嶺南荔枝譜》。[⑤]《老學菴筆記》："余深罷政居福州，第中有荔枝絕大而美，名曰亮功紅。亮功，深

① 原注 26：朱彝尊（1629—1709），浙江經學家、藏書家，曾於康熙三十一年（1692）旅粵。

② 原注 27：《學海堂集》卷十五，頁 7 背。譚瑩共寫了一百首詩，但只有六十首收入了《學海堂集》。相同的六十首詩还編入了譚瑩的文集。見同治十一年《南海縣志》，卷十八，頁 14 背；譚瑩《樂志堂詩集》，卷一，頁 5 背—12 背。

③ 原注 28：《學海堂集》，卷十五，頁 7 背。"廣南"在這裏意思與廣東大致相同。

④ 原注 29：《學海堂集》，卷十五，頁 8 背。

⑤ 原注 30：温汝適（乾隆四十九年進士）屬於桑園圍地區龍山鄉的溫氏家族。

家御書閣名也。”鄧慶寀《荔枝谱序》未敢鍼徐砭蔡。①

譚瑩和學海堂詩人吟詠的除了廣東的農產品之外，還有許多別的事物。在另一首詩中，譚瑩闡明了荔枝與以荔枝為題材
139 的文學這兩者之間的關係。文人吟詠荔枝的傳統，至少在學海堂詩人的概念中，是從嶺南詩人的先驅張九齡和他的《荔枝賦》開始的。在這篇賦的序裏，張九齡抱怨北方文人忽視了這種南國佳果。② 除了張九齡的賦之外，學海堂詩人們也經常提到蘇軾的荔枝詩。最常被提到的是題為《食荔支》的两首詩中的後一首。詩中他聲稱自己（在同人們幫助下?）“日啖荔枝三百顆，不辭長作嶺南人”。③ 為方便起見，譚瑩和其他學海堂詩人都不管蘇軾其實是被貶謫到廣東的四川人，而徑直借用他的詩作為吟詠廣東荔枝的文學經典：

嶺南荔枝詞之五十四

圖閩譜各搜奇，④ 野客還矜絕妙詞。粵東文章誰抗手，曲江賦後長公詩。⑤

另一位學海堂詩人——嘉應的李如梅，將蘇軾詩中的最後那一行融入他自己三首《嶺南荔枝詞》的最後一首中。由於他改變了這句的上下文，李如梅使想像中蘇軾願意長住嶺南的願望顯得更為肯定了：

---

① 原注 31：《學海堂集》，卷十五，頁 8 背。

② 原注 32：張九齡《曲江集》，卷一，頁 13 面一背。

③ 原注 33：參閱蘇軾《蘇東坡全集》，卷一，頁 455。

④ 原注 34：唐代詩人白居易在一位畫家畫了一幅蜀地荔枝圖之後，寫過一篇《荔枝圖序》。

⑤ 原注 35：《學海堂集》，卷十五，頁 7 背。

> 朱霞天半散香塵，百粵山河簇錦新。① 怪底峨眉蘇玉局，② 只想長做嶺南人。③

梁梅走得更遠，他化用了蘇軾的詩句來描繪自己嶺南人的身份：

> 生來幸作嶺南人，買夏探春不厭貧。日日果餐三百顆，頭銜須署荔支民。④

最後，林伯桐拋開了所有的暗示，明確指出了嶺南荔枝與 140
富於才華的廣東學者這兩者之間的關係。他認為廣東的學者在省外一直被大大地忽視了：

> 庾嶺南枝有古梅，⑤ 果中香荔又爭魁。比於薦士求名輩，自昔天南未乏才。⑥

林伯桐在夾注中解釋了評鑑水果與評介學者這兩者之間的類比關係："《國史補》：李直方嘗第果實名若貢士者，或薦荔枝，

---

① 原注 36：百越，可以泛指中國南方從今天的浙江沿海岸綫到福建、廣東和廣西的土著民族。譚在這裏用這個詞指廣東。

② 原注 37：蘇軾是四川的峨眉山人，曾任在成都北面的玉局觀的提舉。

③ 原注 38：此引自蘇軾詩《食荔支》之二。蘇詩的末兩句是"日啖荔支三百顆，不辭長作嶺南人"。參閱《蘇東坡全集》，卷一，頁 455。

④ 原注 39：《學海堂集》，卷十五，頁 12 背。

⑤ 原注 40：穿越橫亙於江西與廣東之間的大庾嶺的關卡稱為梅關。

⑥ 原注 41："天南"，是廣東或嶺南的另一個別稱。《學海堂集》，卷十五，頁 15 背。

曰當舉之首。”①

廣州學者贊揚他們尊敬的同伴時，將其比喻為該地區備受贊揚的佳果，這是很平常的情況。在一首記一次荔枝灣雅集的詞中，儀克中描寫他的同伴吴蘭修是“粵南珍果”。② 現在，學海堂詩人採用了“詠荔枝”這個文學手段，明確地表示，廣東的文化產品就像廣東的農產品一樣，沒有在整個帝國得到其應得的承認。如果學海堂的廣州詩人最終是想要使人們注意本地的文學學術人才的話，那麼阮元不一定要參與他們對廣州文學與學術的高度評價。道光三年（1823），在《學海堂集》詩歌習作進行了整整五年之際，阮元寫了一首詩詠他家鄉江南的水果楊桃，將其與嶺南荔枝對比。這裏阮元將嶺南荔枝的特性描繪為痛快潑辣，而評價楊桃這種江南的水果——也暗指那裏的精英文化——更加精巧，畢竟有著更高的價值。③ 其詩曰：

> 荔枝生嶺南，漢唐名已大。味豔性復炎，尤物豈無
> 141 害？誰知五棱桃，④ 清妙竟為最？試告知味人，味在酸
> 甜外。⑤

贊美荔枝在廣州詩人來說並非新鮮事，然而學海堂詩人卻

---

① 原注 42：《學海堂集》，卷十五，頁 16 面。林伯桐這裏提到的是李肇《唐國史補》下卷第 12 頁背面的一段。

② 原注 43：儀克中《劍光樓集》，詞，頁 8 背。

③ 譯注：楊桃為熱帶、亞熱帶水果，嶺南有廣泛種植，唯不及荔枝之盛名；相反江南未聞有楊桃出產。此詩確有揚此抑彼的意思，但似與地域無關。

④ 原注 44：阮元在引言性的說明中解釋，“五棱桃”是楊桃的別名。

⑤ 原注 45：阮元《揅經室集》，卷三，《揅經室續集》，頁 185。中山大學蔡鴻生教授在 1998 年 12 月 26 日於廣州中山大學召開的十九世紀嶺南研討會上引起人們對此詩的注意。

是以一種新穎的方式來贊美的。他們採用新近在學海堂推廣的考證學方法，創作出一個荔枝作品的大集成。在這樣做的過程中，他們增強了自己作為廣州本地文化最有力裁判人的合法性。

選集一：羅學鵬與《廣東文獻》

除了歷史著作和詩之外，一大批往昔或當代廣州作家的詩文選集在十九世紀的廣州被生產出來。有幾種廣東的選集是在明末或清初就已編成的。根據科大衛的研究，十九世紀是廣東迎來珠江三角洲精英文化的時期。這個過程中一個重要的因素是學術精英對以珠江三角洲為中心的廣東文人文化的代表作用。① 明代以前廣東產生的少數知名學者和政治家——例如唐代的張九齡和宋代的余靖（1000—1064）——通常都是省內偏遠的北部、毗鄰南雄的韶州府人氏。明代的精英宣稱他們是自己文化的祖先，與此同時將廣東的文化核心南移到了珠江三角洲。這可以從例如三十二卷的《嶺南文獻》中看到，這部文選匯集了從唐代張九齡到明代萬曆朝（1573—1619）以珠江三角洲為基地的二百六十位學者的作品。② 區懷瑞的五百多首詩的結集《嶠雅》，出版一直沒有完成，但仍在清初學者之間以手抄本的形式流傳。③ 本地詩文選集生產的這次初度繁榮，以屈大均康熙二十六年（1687）的《廣東文選》臻於頂點。這些早期廣州文學的詩文集一般都從張九齡開始，他被認為是廣東文

① 原注 46：科大衛《成為廣東人：明代的變遷》（“Becoming Cantonese, the Ming Dynasty Transition”），頁 37、40。事實上，在唐代，珠江三角洲對於粵北的精英來說是相當邊緣的地區。參閱馬立博《虎、米、絲、泥》（*Tigers*, *Rice*, *Silk*, & *Silt*），頁 62—63。

② 原注 47：《廣東通志》，卷一百九十八，頁 26 面。

③ 原注 48：《廣東通志》，卷一百九十八，頁 20 面。

142 化的先驅；張九齡之前任何人的作品都被認為是不可恢復或無關緊要。

在十八世紀時，已有一些人嘗試編纂出版包羅齊全的廣東詩文選集，而這種努力的第二階段則開始於下一個世紀初；在學海堂建立之前，已經有好幾種選集問世。① 來自龍山溫氏家族的溫汝能（1748—1811），靠自己的資源編印了兩部選集，分別是六十六卷的嶺南散文《粵東文海》和一百卷的嶺南詩歌《粵東詩海》。另外兩個詩集，初版於嘉慶十八年（1813），番禺凌揚藻編的《國朝嶺海詩鈔》和越華書院山長劉彬華編的《嶺南群雅》，特點是當代作品。也是在嘉慶朝的末十年，羅學鵬出版了他雄心勃勃的廣東歷代道德楷模的選集的第一集。道光朝初年，陳在谦收集了十八位近期或當代的古文作家——包括不少學海堂集團的成員——編成他的《國朝嶺南文鈔》。②

選集的編者們在其廣東文化的各種各樣建設工程中，都有著各自的傾向和議程，努力向一個特定的讀者群描繪適合他們特定需要的對傳統的看法。然而，與後來學海堂學者譚瑩跟洋商伍崇曜合作編印的選集不同，學海堂建立之前珠江三角洲產生的各個選集都兼容許多成分。通過譚瑩以及其他人的努力，學海堂學者接過了生產本地詩文選集的主動權，在此過程中也

① 原注 49：十八世紀廣州選集稀缺的一個值得注意的例外是《廣東詩鈔》。三位廣州高端文化的長輩車騰芳（康熙五十九年舉人）、羅天尺與何夢瑤，於乾隆二十九年（1764）啟動了這個項目，但詩作還沒有收集到一半的時候，三個老輩都去世了。項目很快就失去了動力，再也沒有完成。與這個項目形成鮮明對照的是，半個世紀之後，數量眾多的廣東詩文選集被生產出來。羅元煥《粵臺徵雅錄》，頁 22 面。

② 原注 50：《廣東通志》，卷一百九十八，頁 22 背－24 背；同治十一年《番禺縣志》，卷二十七，頁 41 面－44 面；徐紹棨《廣州版片紀略》，頁 60 面一背；黃蔭普《廣東文獻書目知見錄》，頁 199。十九世紀四十年代初，佛山商人梁九圖（1816—1880）曾與順德詩人吴炳南合作編成一部廣東詩集，名《嶺表詩傳》。

將廣東高端文化的聚焦點從珠江三角洲轉移到了廣州城。拿一部學海堂之前典型的珠江三角洲基地產生的選集——羅學鵬的《廣東文獻》，與學海堂學者譚瑩編印的幾部選集中任意一部相比較，就可以很清楚地顯示其中的差異。

作為順德大良人氏，羅學鵬在廣州城的學術界不是重要人物，但他屬於一個強大而有聲望的家族。大良羅氏——包括一南一北兩個各自獨立的家族——在清代產生過不少學者，在科舉考試中贏得榮譽，包括在十九世紀七十年代曾任吏部尚書的 143
羅惇衍（1814—1874）。羅學鵬唯一值得提起的直系親屬是他的曾祖父羅良會，在一些志書中記載着他在康熙年間面對海盜時表現的孝行。[①] 同樣，羅學鵬在科舉上也沒有取得多大成就。他在京師當了幾年國子監生員，但在應試數次落第之後，回到家鄉順德。在嘉慶十三年至十五年（1808—1810）幾年間，順德和一些沿海的縣份深受流竄於複雜水網航道上的海盜的禍害，這時的海盜頭頭叫張保。[②] 這在廣東引發了一個日趨嚴重的暴力局面，並延續了好幾十年。為應對局面，羅學鵬向兩廣總督遞交了關於這個問題的一份呈文；羅後來又繼續向繼任的總督提交了有關海岸安全和購買進口大米的一些政策上的建議。儘管據說兩位總督採納了他的一些建議，但羅學鵬始終

① 原注 51：《廣州府志》，卷一百三十二，頁 9 背。

② 原注 52：關於張保與士紳領導的抵抗張保的運動，參閱魏斐德（Frederic Evans Wakeman, Jr.）《大門口的陌生人：1839—1861 年間華南的社會動亂》（*Strangers at the Gate: Social Disorder in South China, 1839-1861*），頁 24；穆黛安（Dian Murray）《華南海盜，1790—1810》（*Pirates of the South China Coast, 1790-1810*），特別是頁 73—76、124—131。

沒有獲得一個職位來實現他在治理方面的遠大理想。①

除了追求這些抱負之外，羅學鵬畢生都在選錄所見到的歷代廣東學者文集中的文章。自從科舉失意，從嘉慶十年(1805)開始他就熱切地投入這一愛好。羅的一些傳記稱他在“老而貧”的境況下開始了編纂《廣東文獻》的工作。其實，羅學鵬在考慮編纂這樣一部選集的時候，手中還是有足夠財源的；選集將分成幾集，在順德東門外他的春暉草堂印製。② 在那裏羅學鵬還刊印了自己的《春暉草堂詩集》。不過這個項目的財政支出的確也成為一個負擔。他被迫變賣房產，而且在他1817年12月去世之前，也只印成了第一集。他的兩個兒子繼續進行這個項目，但一度也因資金不足而中斷第二集、第三集的印製。這兩集最後終於完成，而且另一位順德人潘士昌還資助了第四集的編纂。從第二集到第四集都收有人數眾多的校對者名單，大都是來自順德的文人，也有幾位是來自別的縣份，
144 其中只有一位曾經出現在學海堂的記錄中。③ 道光二年(1822)的《廣東通志》中記載《廣東文獻》為一部四集的選集，各集分別有十八卷、九卷、十八卷和二十六卷；該書後來

① 原注53：咸豐三年《順德縣志》，卷二十七，頁9背；羅學鵬《廣東文獻》，唐晴川序，頁4面；與馮龍官《國子監生同縣羅君飈宗重表兄誄》，頁1面。

② 原注54：周啟榮(Chow Kai-wing)在關于晚明江南的研究中，提出證據認為出版費用並非昂貴得令人望而卻步。周啟榮《近世中國早期的出版、文化與權力》(*Publishing, Culture, and Power in Early Modern China*)，頁61—62。

③ 原注55：羅學鵬《廣東文獻》。《南漢書》的作者、未來學海堂學長梁廷枏被列為校對者。

的各版都保持這個數字。[①] 計劃中的第五集始終沒有成書，儘管已有的四集在同治二年（1863）又再重印。

雖然這項工作開始時是一個個人項目，羅學鵬還是感到不得不求助於更有名望的同事。他託一位順德同鄉將一份初稿呈給了阮元前任的兩廣總督。這位總督稱贊了這部著作，也準備了一些評論意見，但羅學鵬還沒有來得及請他寫一篇序，他就奉調離開了廣東。[②] 羅還將他的著作拿給一位順德同鄉學者馮龍官看過。馮龍官的家族有著深厚的理學傳統，但他自己的興趣則傾向於考證學，他是著名的藏書家，尤以地理學和金石碑刻的研究見稱。[③] 馮覺得選集編選不夠齊全，還有一些錯誤；不過他後來還是為羅學鵬寫了一篇稱頌之辭，在後來各版中排在第一集的開頭。

儘管羅學鵬可能苦於難以確定《廣東文獻》的體例，但序文和編纂的標準已經為讀者構築了一個有條理的、有機的廣東文學傳統。文集各版的版式與設計也透露出《廣東文獻》規範化的目標，並且暗示着其面向廣大的讀者。例如也是在羅學鵬大良的工作室印製的同治二年（1863）版的扉頁上方有一個橫額，寫著"嶺南第一流人物"——也就是堪為廣東人道德楷模的一些人物（見圖 5）。《廣東文獻》的附屬文字，從扉頁到校對者名錄，更類似於商業出版的書籍而不像面向有選擇的讀者

---

① 原注 56：《廣東通志》，卷一百九十八，頁 23 面—背。道光六年（1826）春，一個四集的版本在流通中，謝蘭生收到一位順德文人送來的一套並轉交給了藩臺。增補的四卷本於同治二年（1863）和同治十一年（1872）由"春暉堂"重印。謝蘭生《常惺惺齋日記》，道光六年三月二十八日。

② 原注 57：羅學鵬《廣東文獻》，唐序，頁 2 背。

③ 原注 58：桂文燦《經學博採錄》，卷十一，頁 20 面；徐紹棨《廣東藏書記事詩》，頁 176。

圖 5：同治二年版的羅學鵬《廣東文獻》扉頁。

對象的文學總集。①

羅學鵬道光二十一年（1841）為《廣東文獻》第一集寫的序的開頭，已經領先發出了本章章首引詩的論調，承認廣東地方太過遙遠，無緣獲益於御賜給江南地區的《四庫全書》三個

① 原注 59：第二、第三集的扉頁頂上的橫額寫的是“嶺南第一要籍”。羅學鵬《廣東文獻》；夏蒂埃（Roger Chartier）《書籍的秩序：歐洲的讀者、作者與圖書館》（*The Order of Books: Readers, Authors, and Libraries in Europe Between the Fourteenth and Eighteenth Centuries*），頁 22；賈晉珠（Lucille Chia）《印書牟利：福建建陽的商業出版者》［*Printing for Profit: The Commercial Publishers of Jianyang, Fujian (11th-17th Centuries)*］，頁 39－44；周啟榮《近世中國早期的出版、文化與權力》，頁 119、126－127、167。

抄本。[①] 羅學鵬力主廣東應有自己的文庫，但需要的是一部專 145
收精華作品的文庫，而不是像包羅萬象的《四庫全書》。羅隨後解釋了怎樣的作品應該被收進這個文庫：

> 尚論古人，大節為先，不僅在語言文字間也。故搜選所錄，恒奉此意為兢兢；要之，舉要而不舉詳，貴精而不貴多。……況書欲流通，在乎簡便，若汗牛充棟，勢必壅滯難行。[②]

這樣一種觀點乍看上去跟編者試圖拯救一種地方文化傳統免其湮滅的目標是格格不入的。不過，從這一時期印刷的文學作品在廣東越來越容易買到這個背景情況來考慮，羅學鵬在其序中
暗示，他所要保護的傳統正處在被書籍的洪流淹沒的危險中。 146
與此同時，羅在其編輯凡例中認為，地方觀念制約了人們對廣東關鍵性的文學歷史經典著作的遴選。他描述道："張家不顧李集，李家不顧張集。"[③] 作為一位編纂者，羅學鵬的目標是做雙向的工作：他希望不僅僅拿出一部獨一無二的廣東文學經典，而且能夠將這部經典所收的作品限於他認為的精華之作。

在文集的編選原則中，這些限制變得更為明顯。羅學鵬描述收入第一集的作者都是廣東文學經典的頂尖人物。跟晚明的一些詩文選集一樣，《廣東文獻》從唐代詩人兼政治家張九齡開始。這之後接著是《金鑑錄》，這包括十個話題的一系列忠告，是張九齡在唐玄宗（712—755 在位）壽誕時進獻給他的。

---

① 原注 60：蓋博堅《皇帝的四庫》（*The Emperor's Four Treasuries*），頁 104；譚卓垣（Cheuk-woon Taam）《清代中國圖書館的發展》（*The Development of Chinese Libraries Under the Ch'ing Dynasty, 1644-1911*），頁 36—37。

② 原注 61：羅學鵬《廣東文獻》，羅學鵬序，頁 2 面。

③ 原注 62：羅學鵬《廣東文獻》，編輯凡例，頁 8 面。

羅學鵬的許多同時代人都認為《金鑑錄》是宋明人的偽作，但羅力辯文章是真本。接下去羅學鵬選錄了兩位出自廣東的宋代政治家的作品：雲泉群體的偶像之一崔與之，以及李昴英（1201—1257）。他們之後是陳獻章和明代理學廣東學派的創始人湛若水（1466—1560）。在這之後，羅選錄了三位明代政治人物的著作：大學士邱濬，他的著作《朱子學的》在越華書院備受劉彬華的推重；梁儲（1453—1527），也是大學士，又是順德同鄉；以及海瑞（1514—1587），一位縣令，被譽為老百姓正直的保護者。① 羅學鵬以南園前後五子的詩結束選集的第一集。前五子以孫蕢（1337—1393）為首，明代早期聚合於廣州；後五子則在嘉靖年間重振了他們的傳統。羅在編輯凡例中解釋說，這些最典範的廣東先賢是按朝代先後排列的。在同一朝代則按所屬類別的重要性作遞降排列，由理學家到官員，最後到文人。②

147 儘管羅學鵬對這三種身份的人作了區分，他還是把收入第一集的所有作者都看作是以不同方式體現了理學的精神。他引用了《左傳》的一段話，說明有三種成就是能夠使人在死後被人記得的。首先是德，意義最高；接著是行；然後是言。③ 羅將這三者分別跟道德哲學修養、政績和文學聯繫起來：

> 粵中先正悉由盛德發為大業，由懿行發為嘉言，如《金鑑錄》先昌黎而闢佛、老，先程、朱而表《中庸》。菊

---

① 原注 63：穆四基（John Meskill）描繪海瑞在任南直隸巡撫時，努力限制江南松江府擁有土地的上層人物的權力。穆四基《長江三角洲的士紳利益與財富》（*Gentlemanly Interests and Wealth on the Yangtze Delta*），頁 132—135。

② 原注 64：羅學鵬《廣東文獻》，編輯凡例，頁 8 面一背。

③ 原注 65：參閱理雅各《中國經典》（*The Chinese Classics*），卷 5，頁 507。

> 坡之“無不敬而內敬常存，思無邪而外邪難入……”，李文溪之“內重外輕”，孫西菴“究極天人性命之理”，邱瓊臺之《朱子學的》，海剛峰初學時便欲學做聖賢，① 無一不從心性發源，固不僅陳、湛為理學專門名家也。②

在羅學鵬的概念中，把這些偉大的哲學家、政治家和詩人的各種不同成就聯繫在一起的共同線索就是他們的理學實踐。羅認為讀者可以從這些道德典範人物的身上看到北宋理學家程頤的精神，以至程頤背後的孔子和孟子的精神。然而同時他們的成就中體現出來的精神，又是有廣東特性的。張九齡和崔與之的高風，或者海瑞的直節，都被視為“吾粵”的代表。羅學鵬向讀者問道：“誰謂南人綿薄也哉！”③

在第二集，羅繼續用道德上的成就這個主題作為手段來進行編選。他希望在這裏承認那些第一集裏沒有全收進去的具有
堅定名節的傑出典範。④ 第二集的很大部分給了四位晚明“殉 148
主”的人物，他們的忠義表達在所寫的文章中。這四位都是明朝的效忠者，其中三位是烈士。⑤ 羅學鵬指出，雖然陳邦彥（1603—1647）、鄺露、黎遂球（1602—1646）和韓上桂（1572—1644）來自不同縣份——南海、番禺和順德，但他們的家鄉都位於這三縣的河流匯合處一個百里之內的區域。他們

① 原注 66：參閱《廣東通志》載海瑞傳記，卷三百零二，頁 11 面。

② 原注 67：羅學鵬《廣東文獻》，編輯凡例，頁 6 背。

③ 原注 68：羅學鵬《廣東文獻》，編輯凡例，頁 5 背。

④ 原注 69：羅學鵬《廣東文獻》，第二集，序，頁 1 面。

⑤ 原注 70：《廣東通志》，卷二百八十五，頁 17 面—18 面、4 面—背、27 面—背；卷二百八十四，頁 3 面。

的自我犧牲於是歸因於家鄉“山河之靈光”。[1] 羅在第二集中還收入了兩部先賢的傳記集，其中一部是他的曾祖羅良會編寫的《列郡名賢錄》。

《廣東文獻》的第三集獻給了明代陳獻章的追隨者們，他們的經史之學體現了理學原則。前三集與第四集之間的連貫性似不如前，第四集顯然是要贊美家族和團體的文學傳統。例如，羅帶著鄉土的自豪，給了“鳳城五子”（鳳城即大良）一卷的篇幅。他指出，跟清代廣東其他詩人團體不同，這五位順德詩人不僅有共同的籍貫，而且有共同的詩風。[2] 這一集是這部選集中首次有清代學者作品收入；只有第二集收入了《名賢傳》是一個例外；不過羅良會的這部著作中所收傳記的人物也都生活於明代或更早。

而且，被收入第四集的清代詩人中無一是羅學鵬的同時代人。最晚的作品出自潘文因，他是第四集的整理者潘士昌的祖父。可以想像而難以證實的是，原來計劃中的第五集是準備給予當代人物的。意味深長的是，羅似乎一直找不到可以代表清代的偉大哲學家或政治家，所以第四集的內容只有詩。詩歌確
149 實是清初至清代中期廣東文人的強項。然而，按羅的觀點，文學上的成就——雖然值得稱道並因而收入這樣的選集——跟政治上或道德哲學上的成就相比，終歸是屬於較低的等次。這種缺乏理學家和政治家的情況不可能不引起羅的注意。所以，人們不禁好奇，羅學鵬究竟是把自己的選集看作在保存一個生氣勃勃的傳統，還是在紀念一個正在消逝的傳統呢？

---

① 原注 71：羅學鵬《廣東文獻》，第二集，編輯凡例，頁 6 面一背。萬安玲在研究宋代書院時，指出紀念書院建立的碑銘中如何強調美景與人才之間的關係。但是在這些碑銘中，這種關係並沒有被跟一個特定的鄉土背景聯繫起來。萬安玲《南宋書院與社會》（*Academies and Society in Southern Sung China*），頁 108—111。

② 原注 72：羅學鵬《廣東文獻》，第四集，卷二十，頁 1 背。

選集二：譚瑩與《嶺南遺書》

與羅學鵬的項目形成對照，十九世紀中葉廣州府產生的最重要的選集得益於富有的城市商人的贊助和一個已經建立起了自己藏書的學者群體的編輯技能。特別是有幾種選集的編纂是出自洋商伍崇曜與學海堂學者譚瑩。其中最大的是《粵雅堂叢書》，收入了近兩百種由唐至清、不考慮作者籍貫的稀見著作。[①]伍與譚之間的另三項合作成果是幾部廣東作者的選集：一部近代和當代詩人的詩歌總集《楚庭耆舊遺詩》；一部集中了十三種明清學者詩歌的稀見文本《粵十三家集》；還有《嶺南遺書》，也就是我們以下要討論的焦點。譚瑩也出手幫助鹽商潘仕成出版了他的《海山仙館叢書》。[②] 這種商家資本與學術專業技能結合的合作方式，使得廣東能以前所未有的規模進行編纂和出版。與此同時，它還提供了機會來推出一個新的學術議程，而這個議程又為廣東文化經典提供了替代的結構。

《嶺南遺書》的財政贊助者和名譽編者是伍崇曜。作為怡和行伍家的後裔、伍元崧的弟弟，伍崇曜沿襲了家族大力贊助公共事業的策略，為此國家曾頒賜給他以舉人的功名。[③] 道光十三年（1833），這位伍家的年輕人在他的兄長伍元華因為捲入 150
違法的鴉片走私貿易而被迫辭職後，接替了伍氏家族行號首腦

① 原注 73：《粵雅堂叢書》值得進一步分析，它收入了一些有趣的著作，例如包括文震亨（1585—1645）的《長物志》。參閱柯律格《長物》（*Superfluous Things*）。

② 原注 74：潘仕成《海山仙館叢書》。

③ 原注 75：在為伍崇曜寫的頌中，譚瑩說伍崇曜是伍秉鑑的第五子。伍子偉的 1956 年族譜表明崇曜是第四子。這個差異可能意味著在伍秉鑑的不止一篇頌裏有列名的原第三子伍元莪是早年夭折。參閱譚瑩《樂志堂文集》卷四，頁 19 面；《嶺南伍氏合族總譜》，卷四下，頁 6 背。

的位置。儘管鴉片戰爭之後，洋商公行的對外貿易壟斷權解體，伍崇曜在公共事務中仍然起着領導作用，在十九世紀四五十年代與外國人談判，咸豐四年（1854）籌款抵禦廣州的叛亂暴行。家族的財富一直保存到同治朝（1862—1874），而且伍崇曜這一代在實現獲得文人身份的理想上走得更遠了。① 伍崇曜曾師從寓居學者鍾啓韶，他後來刊印了鍾的詩集。伍崇曜和他的堂弟伍元奎都刊印了自己的詩。作為族中長者，伍崇曜聘請了學海堂學者、風格獨特的著名散文家許玉彬在河南的萬松園教伍家的孩子們。② 學海堂的數學專家鄒伯奇（1819—1869），咸豐十一年（1861）時在伍家的西關宅邸長期客居，在那裏接觸到西方的天文學著作。③

就像他的父親和叔父們曾經用觀賞書畫來吸引謝蘭生和別的文人那樣，伍崇曜以向大型叢書供稿的機會來招致學術群體的成員。一位廣州文人被伍崇曜聘用來評估和編輯其書齋所藏的珍稀書籍，他就是譚瑩；譚在駢文寫作上的高超技巧以及他的組詩《嶺南荔枝詞》都得到阮元的贊賞。④ 在不擔任縣的學官又不在書院工作時，譚瑩把他的時間用於在廣州按他的興趣調查自己祖籍地的文學和學術遺產。因此，當譚瑩受到邀請搬出他小小的"學圃"而遷入伍崇曜堂皇的"墨莊"，去編纂伍家的詩集時，他欣然接受了。⑤ 在道光十一年至同治二年間

---

① 原注 76：穆素潔提供了一個外國信託基金的有關文件，該基金屬於伍氏家族，而由旗昌洋行（Russell and Company）管理，在 1878 年至 1891 年間提供了可觀的收入。參閲穆素潔《中國：糖與社會》（*Sugar and Society in China*），頁 117。

② 原注 77：陳曇《鄺齋師友集》，鍾啓韶章；許玉彬《冬榮館遺稿》，伍延鎏跋。

③ 原注 78：陳澧《東塾遺稿》，卷二十九，頁 7。

④ 原注 79：同治十一年《南海縣志》，卷十八，頁 14 面。

⑤ 原注 80：譚瑩《樂志堂文集》，卷十一，頁 12 面。

（1831—1863）編纂《嶺南遺書》時，譚瑩總計搜集了六十一種著作，印成六集。跟他為伍崇曜編纂的其他選集一樣，這位學海堂學者以伍崇曜的署名，為幾乎每一個文本寫了跋語。伍崇曜於同治二年（1863）去世後，其子紹棠繼續與譚瑩合作，出版其他選集。

伍崇曜和伍紹棠聘用譚瑩，得到的遠非只是一個編纂人， 151
因為譚瑩在藏書家和以學海堂為基地的考證學者中有著廣泛的人脈。學海堂最初的八位學長（道光六年任命）中的三位——曾釗、吴蘭修和吴應逵，以及道光十年（1830）任命的黄子高，都貢獻了一些珍稀版本，由譚瑩收入文集。這些學者不僅通過阮元的學海堂考試，而且還通過跟阮元身邊的江南學者小圈子中人——包括江藩和江沅，相交往而掌握了考證學的方法與學術理想。[①] 像來自江南的同事們一樣，廣州文人也成了熱衷的藏書家，他們從伍崇曜贊助出版的這些文集裏看到了實現他們自己出版理想的機會。例如，同治五年（1866），當學海堂學長李光廷（1812—1880）在端溪書院任教時，遇到一部他認為值得刊刻的本地學者的稀見著作，他就寫信給譚瑩，請他向伍紹棠提出來。其實譚已經出版了這部著作。雖然在這個例子中李光廷行動遲了一點，但是人們可以想像在十九世紀中葉，珠江三角洲發現的大量書籍文本就是以這種方式來到譚瑩這裏的。[②]

就這樣，《嶺南遺書》中的許多文本都是由學海堂的學長

---

① 原注 81：江藩與江沅沒有親屬關係，雖然江藩曾師事江沅的祖父江聲。恒慕義《清代名人傳略》，頁 140—141。

② 原注 82：李光廷後來編纂了自己的文集。李光廷《榕園叢書》；《廣東通志》，序言資料，頁 6 背—7 面；閔爾昌《江子屏先生年譜》，頁 15 背—17 面；儀克中《劍光樓集》，江沅序，頁 1 背；李光廷《宛湄書屋文鈔》，卷一，頁 30 背。關於譚瑩在廣州出版界中的關鍵作用的其他事例，在陳澧的文集《東塾集》和《東塾續集》的書束中隨處可見。

同事與寓居的江南學者介紹給譚瑩的。譚翻刻了來自黃子高書齋的好幾部書，包括《理學簡言》——宋代學者區仕衡（1217—1277）的著作，由他的一位後人在明萬曆十四年（1586）整理——和一部明初原版的陳槤（1369—1453）撰的《羅浮山志》。① 從吴蘭修那裏，譚瑩得到了另一部明代著作的手抄本，黃佐的《翰林院記》。吴從江藩那裏借來黃衷（明弘治九年進士）關於暹羅與馬六甲的著作《海語》的手抄本，並且與江南藏書家張海鵬（1755—1811）編印的圖書總集《學津討原》中所收該著作的版本對照校閲；然後交給譚瑩收入文集。江藩也很幫忙地貢獻了一部他在編寫《通志》時找到的唐代學者劉軻的文集。道光三年（1823），曾釗抄錄了借來的何
152 夢瑤數學著作《算迪》。後來江沅又幫他對照校閲了其中的兩章。曾釗與吴蘭修一起，想籌款自印這部著作沒有成功，後來收入了《嶺南遺書》。曾還從一位寓居的浙江學者洪頤煊（1765—1837）那裏抄錄了一部明代論《春秋》的著作。有些文本，例如黃佐為朱熹《小學》所作的注，譚是從自己的藏書中抄錄的；另一些，例如明代官員郭尚賓（萬曆三十二年進士）的回憶錄等，則是他在道光十年（1830）編纂《南海縣志》時碰到的。因此，《嶺南遺書》本質上是一個合作項目，產生於一個與學海堂聯繫的廣州城學者群體的共同興趣和專業能力，同時得益於他們與被阮元吸引到廣東來的江南文人的交往。②

譚瑩在一篇記伍崇曜書齋（譚在這裏做過許多編纂工作）

① 原注 83：《嶺南遺書》作“陳槤”，而其他文本作“陳璉”。參閲黃佐《廣州人物傳》，頁 332—333；温汝能《粵東詩海》，頁 194。

② 原注 84：曾釗《面城樓集鈔》，卷二，頁 25 背。伍崇曜《嶺南遺書》，第一集，《春秋別典》跋；第二集，《郭給諫疏稿》跋與《算迪》跋；第三集，《小學故訓》跋。

的文章中，直率而贊許地將伍崇曜贊助編印的各個選集與温汝能和羅學鵬所編的選集相比較。① 確實，《嶺南遺書》的幾個特色使之明顯區別於先前的一些廣東選集。選集的標題反映了編纂這部著作的工作性質：這是一部書籍愛好者的叢書。以前的一些總集都是力求提供廣東詩歌、散文或經典文章的一個綜合概觀，而《嶺南遺書》則只是呈現一系列精選的珍稀著作。因此，不同於《廣東文獻》編輯上採用的首尾一貫按意義等級排序的體例，《嶺南遺書》中著作的排序呈現一種隨意的面貌。譚瑩道光十一年（1831）為選集寫的序進一步指出了這個新選集獨一無二的性質。這篇序用華美的駢體文寫成，不同於廣東此前產生的任何作品。它展示了作者的廣博學識和文學技巧——駢體文是譚瑩的一塊招牌，同時也是在學海堂受到擁護的文學理想的象徵。將考證學藏書家的仔細考察與駢體文高手的美化潤色結合在一起，譚瑩為自己搜尋失傳著作所作的努力喝彩：

> 竊嘗遍該緗素，鳩閱史編；補缺裨殘，收遺集逸。其 153
> 有理緼歲久，臭朽蟫斷；誰懸市上？但祕帳中。恒欲手自鋪治，躬加題帖；付之剞劂，永彼流聞。②

這部由私人收藏的文本組成的叢書，目的在於使一些珍稀的手稿不會隨著一個家族的藏書散失而湮滅。譚瑩接下去贊美了他家鄉那個省最早的書籍生產，但接著又哀嘆其消失：

---

① 原注 85：譚瑩《樂志堂文集》，卷十一，頁 12 背－13 面。

② 原注 86：伍崇曜《嶺南遺書》，序，頁 1 面。

慨自文始鐸椒，① 歌先張買。② 陳欽闡左鄴之學，③ 楊孚編南裔之書。④ 士燮則經翼《春秋》，⑤ 王範則紀傳《交廣》。⑥ 儒林從事《易》注，僅錄於《梁書》；⑦ 平越司馬集名，乃附於《隋志》。⑧ 曲江詩在，⑨ 而《事鑒》先亡；⑩

---

① 原注 87：鐸椒是漢代楚國的太傅，著有《鐸氏微》。戰國初期，相當於現在廣東地區的統治者向楚國宮廷納貢。《史記》，頁 510。

② 原注 88：張買是南越國人，漢惠帝（前 194—前 188 在位）時出仕。他擅長作“粵歌”。《廣東通志》，卷二百六十八，頁 4 面。在下文對《嶺南遺書》序文的注解中，我大體上參考光緒八年（1882）的《廣東通志》，因為該書是由一些經常與譚瑩互動的學者們編纂的，他們在對待這些歷史人物與文本的認識上跟譚瑩非常接近。

③ 原注 89：陳欽是相當於今天肇慶地區的人；據《廣東通志》編者認為，該地區在漢代屬於蒼梧。陳欽曾為王莽講授《左傳》。參閱《廣東通志》，卷二百九十六。

④ 原注 90：楊孚是後漢章帝（76—88 在位）時南海人。他的《異物志》內容散見於《南裔異物志》等書。

⑤ 原注 91：士燮（137？—226）是地方藩鎮，駐地在越南北部的交趾，從那裏控制着廣州。士燮年輕時曾在東漢的京城洛陽研習《左傳》。《廣東通志》，卷二百九十六，頁 5 背。

⑥ 原注 92：王範是漢代南海人。他的《交廣春秋》記載了家鄉地區的各種機構。《廣東通志》，卷二百六十八，頁 15 面。

⑦ 原注 93：我對引用這一條不是很確定。《梁書》卷四十八的內容是“儒林”傳。這卷的第一篇傳記是伏曼容的傳。伏是山東人，與舅父一起寓居於南海。伏曼容在宋明帝（465—472 在位）時曾在宮廷講授《易經》，後來編纂了一部評注這部經典的文集。參閱《梁書》，頁 662－663。

⑧ 原注 94：黃整是晉代南海人。他的文集被收錄在記載隋代歷史的《隋書·經籍志》中。《隋書》，頁 1065；《廣東通志》，卷一百九十五，頁 1 面，卷二百六十八，頁 17 面。

⑨ 原注 95：粵北的曲江是張九齡的家鄉。譚瑩的原文其實是“曲紅”而不是“曲江”。《中文大辭典》引宋代朱翌《猗覺寮雜記》的一段文字，解釋“曲紅”與“曲江”可以互用。譚瑩用“曲紅”指“曲江”的另一個例子可以在他為吳應逵《嶺南荔枝譜》寫的跋中找到。參閱伍崇曜《嶺南遺書》，第五集，《嶺南荔枝譜》，譚跋，頁 1 面一背。

⑩ 原注 96：《事鑒》指張九齡的《金鑑錄》。據《唐書·張九齡傳》：“初千秋節，公王竝獻寶鑑，九齡上《事鑒》十章，號《千秋金鑑錄》，以伸諷喻。”參閱《唐書》，頁 4429。

> 侍御文存，而年歷久缺。① 景祐《廣樂記》，曾編於事錄解題；太平《聖惠方》，備列於崇文總目。誰藏酉室，久付羽陵。縱偶拾於蠹殘，亦靡從而排次。②

這些漢唐廣東的經史著述已經散失。關於張九齡《事鑑》的那一句特別值得注意，因為它突顯了考證學者的懷疑主義，那也是作為這個文集基礎的態度。儘管羅學鵬曾經為這個由他收在《廣東文獻》裏的文本的真實性辯護，譚瑩在這裏表明他 154
的判斷，認為現存的《金鑑錄》是一部偽作。事實上在十九世紀二十年代，《金鑑錄》一直是學海堂考試的一個科目；譚瑩和黃子高的隨筆都收入了《學海堂集》。③ 在一篇未收入《學海堂集》的試卷隨筆裏，周寅清直接摘引並駁斥了羅學鵬對張九齡在《廣東文獻》中作品的評價："或又稱其先昌黎闢佛老，先程朱表《中庸》，不知此正宋元以下習氣。"④周寅清然後摘引了《金鑑錄》的一些段落，為自己的論斷增加分量，指出該書是唐以後的偽作。

譚瑩接下去提到以後各朝代的文化生產：

> 以至胡賓王則錄備興亡，⑤ 李大性則疑先典故。⑥ 古

① 原注 97：道光二年（1822）的省志列有一部劉軻著的《唐年歷》的書名，但注明該書已經失傳。劉軻是曲江人，在唐代官至侍御史。《廣東通志》，卷一百八十九，頁 1 面。

② 原注 98：伍崇曜《嶺南遺書》，序，頁 1 面。

③ 原注 99：《學海堂二集》，卷十四，頁 13 面－24 面。道光二年（1822）的省志也認定今本的《金鑑錄》為偽作。《廣東通志》，卷一百九十四，頁 1 面－背。

④ 原注 100：周寅清《典三賸稿》，卷七，頁 8 面。參閱羅學鵬《廣東文獻》，編輯凡例，頁 6 背。

⑤ 原注 101：此指胡賓王的《劉氏興亡錄》。參閱《廣東通志》，卷二百八十八，頁 12 面－背。

⑥ 原注 102：李大性是宋代廣州以西的四會縣人。他向皇帝進獻了對宋代機構研究的《典故辯疑》。參閱《廣東通志》，卷二百九十六，頁 14 面。

亞爽曾刪《易》疏,①余安道且刊《漢書》。②陳用拙之論琴,③黄益之之教射。④隨如舊詠,厲樊榭曾紀其書;⑤與子遺文,季滄葦倘存其集。⑥張孟奇之雜著,名乃襲於卓吾;⑦區啟圖之新編,目翻同於海雪。⑧或無因括訪,或冀可推尋,或始末淪殘,或籤幐紛舛,⑨斯亦吾人所同慨,好事之深憂也。⑩

---

① 原注103:古成之(字亞奭)是惠州府河源縣人,後徙居廣州府增城縣。古成之是宋代廣州的第一位進士,他有一部關於《易經》的著作,題為《刪易注疏》。參閱《廣東通志》,卷二百九十,頁4面—5背。

② 原注104:此指余靖(字安道),宋代曲江人。參閱《廣東通志》,卷二百八十八,頁14面。

③ 原注105:陳拙(字用拙),連州人,於唐天祐元年(904)進士及第。他後來仕於南漢,著有《大唐正聲琴籍》。參閱《廣東通志》,卷三百零三,頁21面。

④ 原注106:此指黄損(字益之),與陳拙同為南漢連州人。黄損著有一書,名《射法》。梁廷枏《南漢書》,頁53—54。

⑤ 原注107:劉鎮(號隨如),宋代南海人。清代的詩集編纂者厲鶚(號樊榭)在所作關於劉鎮的傳記性概述中指出他曾刊行過一部詩集,名為《隨如百詠》。參閱厲鶚《宋詩紀事》,卷五十九,頁30背;譚宗浚《荔村草堂詩鈔》,卷六,頁12背。

⑥ 原注108:與子,指宋代政治家崔與之,他的文集錄入在清初藏書家季振宜(號滄葦)的藏书目錄《季滄葦藏書目》中。參閱季振宜《季滄葦藏書目》,頁28面。

⑦ 原注109:此指一位來自博羅縣的學者,名張萱(字孟奇,1558—1641)。明萬曆三十六年(1608),他向南京的一些學者出示了他的一部二十七卷的未完成手稿《疑耀》。多年後,他偶遇自己這部著作的七卷刻印本,被認為是李贄(1527—1602,號卓吾)的作品。參閱富路特(L. Carrington Goodrich)與房兆楹(Chaoying Fang)主編《明代名人傳》(*Dictionary of Ming Biography, 1368-1644*),頁78。

⑧ 原注110:此指區懷瑞(字啓圖)未完成的廣州詩歌選集《嶠雅》。很受陳曇推崇的番禺怪詩人鄺露(號海雪)的詩集與此同名。

⑨ 原注111:就是說有些文本的安排上有問題。

⑩ 原注112:伍崇曜《嶺南遺書》,序,頁1面一背。

就連這些宋代和明代的產品都有失傳的危險。因此，目前的這部叢書的目標就是保存儘可能多的文本。至於那些到處都能獲得的書籍，就沒有必要重印了：

至若文莊《衍義》之補，① 甘泉《格物》之通，② 蓋已 155
炳若日星，標如嵩華。③ 凡通行之既久，即別錄而無煩。④

儘管這部叢書將要保留下來的只是廣東文學過去的一些碎片，它們卻有著巨大的價值：

一鱗片甲亦作九光，截貝編璫真成百寶。⑤

不同於《廣東文獻》，編者沒有想把《嶺南遺書》編成對廣東文化經典的全面但簡略的介紹。譚瑩的選集既是提倡了一種不同的閱讀實踐，又是宣佈了一個新的學術社群已經誕生。這部選集是一個確實的證明，顯示珍稀藏書和新的治學方法在最近幾十年內已經在這座城市出現。它是由一個由精選的學者、藏書家和經史之學贊助人組成的群體為他們自己而編的。選集的序文高雅淵博，顯示了《嶺南遺書》面向的是一個人數不太多的讀者群體，同時也向讀者發出信號，告訴他們由《嶺

---

① 原注 113：邱濬（謚文莊）為真德秀（1178—1235）《大學衍義》寫了補編。

② 原注 114：湛若水（號甘泉）在嘉靖七年（1528）向皇帝進呈了他的一百卷的治國之道研究《聖學格物通》。

③ 原注 115：嵩山，在河南省，是五嶽之一；"華"指五嶽中最西邊的三個山峰。

譯注：華，指華山，在陝西省，也是五嶽之一。

④ 原注 116：伍崇曜《嶺南遺書》，序，頁 2 面。

⑤ 原注 117：伍崇曜《嶺南遺書》，序，頁 2 面。

南遺書》推出的廣東文化精英形象將不同於以往的各種選集。

這個形象與早先各種形象不同的一個方面，是在時間上擴展了廣東高端文化的參數，使之包括了更早期的文化祖先。以往的綜合文集無一例外都是從唐代詩人兼政治家張九齡開始，他被認為是廣東文學的始祖。與此不同，《嶺南遺書》的第五集以三個由曾釗恢復的唐以前文本開頭。曾釗從《太平御覽》[宋雍熙元年（984）編的一部百科全書]、李善的《文選》注、黃佐的明嘉靖四十年（1561）版《廣東通志》等書中摘錄拼接出楊孚的《異物志》。楊孚這部著作寫於後漢，描寫了廣東的
156 族群與習俗，書中有一些押韻的評語（贊），按較寬鬆的定義來說屬於詩歌，被有些學者力薦為廣東詩歌的最早例子。曾釗也以近似的方法重建了另外兩個早期的文本。劉欣期的《交州記》記錄了一個包含今天廣東和廣西在內的早期行政區域的事務。曾釗判斷這部書是晉代（265—420）的產物。另一部類似的著作——王韶之（？—443）的《始興記》，是一個相應於粵北曲江縣的郡的記事。儘管楊孚《異物志》的名字對廣東文人來說從明代起就很熟悉，但這部著作已被認為不可恢復。就連譚瑩道光十一年（1831）的序也提到此書已失傳。道光二年（1822）的《廣東通志》（曾釗在其中擔任分纂）將《異物志》和《始興記》都列入了失傳的著作中，儘管曾釗道光元年（1821）已經在重建這兩個文本。[①] 譚瑩在第五集中還收入了《粵詩蒐逸》，一部四卷的詩集，是黃子高收集的稀見廣東詩歌。在該書道光十九年（1839）的序裏，黃指出先前的廣東詩歌總集，例如溫汝能的《粵東詩海》，都“以廣收並蓄表揚前哲為主，顧每觀各選俱首曲江，一似曲江以前無詩者”。[②]與此

---

① 原注118：《廣東通志》，卷一百九十三，頁11背、15背；伍崇曜《嶺南遺書》，第五集。

② 原注119：伍崇曜《嶺南遺書》，第五集，黃子高《粵詩蒐逸》，序。

不同，黃子高以劉删的詩作為詩集的開頭，劉删是南海人，生活在陳朝（557—588）。儘管這第一卷只包含劉删的九首詩，採自七世紀的類書《藝文類聚》，然而它向黃子高的同時代人暗示，它們應該把眼光再向前，越過張九齡，去尋找廣東詩歌的起源。此外，黃還收錄了一些稀有的宋代和元代詩集，他認為這些詩集是明代學者在對唐詩過分熱心投入時，從廣東的典籍中摘編出來的。儘管以前各個廣東文集的序可能都喚起對早期傳統的追溯，但文集內容本身幾乎總是從張九齡開始。① 通過曾釗和黃子高重建的文本，《嶺南遺書》將現存文學典籍開始的時間向更早推移了。

除了在時間方面擴展了廣東的典籍之外，《嶺南遺書》還放寬了視野，收錄了那些對最流行的偶像發出的另類的聲音，
就像黃子高致力喚起人們對宋元詩歌關注的聲音。與此相似的 157
是，第二集一開頭是劉軻的文集，他是唐代曲江人。廣州的學者對劉軻的存在並非一無所知，屈大均在他十七世紀晚期的著作《廣東新語》裏給了劉軻一個章節的篇幅。② 不過在廣州的江南官員和學者對於在十九世紀廣州文人中提升劉軻的地位也起了很大的作用。嘉慶二十五年（1820），江藩在編寫《廣東通志》時碰到一部一卷本的劉軻的文章，那是從新近編成的唐代文章類書《全唐文》裏摘錄編集起來的。由於相信劉軻的文章應該能夠與張九齡平起平坐，阮元將其編成了獨立的一卷；不過這書版後來丟失了。此外，阮元的兒子阮福為劉軻寫了傳，收錄在《廣東通志》中。出現在《嶺南遺書》中的劉軻的文集，根據的是曲江新近梓行的文本，並曾與毛奇齡的《廬山志》和吳應逵書齋中的一個拓片覈對。在為阮元編的劉軻文集所作的序中，江藩評價劉軻作為唐代散文文體批評家，地位僅

① 原注 120：劉世南《清詩流派史》，頁 19—20。

② 原注 121：屈大均《廣東新語》，卷十一，頁 9 背—11 面。

次於韓愈。他斷言，劉軻的文字雖不如韓愈那樣自由奔放，但其文章之嚴謹性則有過之。換句話說，韓愈的文章受其經史之學的影響，傾向於“空談”，因而是宋學的前兆——然而又缺乏宋代學者那種細緻分析的能力。相反，劉軻曾著力研究《春秋》和《孟子》，他還避免引進禪語。① 羅學鵬曾經含混地宣稱張九齡在某種程度上可以說是理學傳統的先驅，而這裏，江藩和他在廣州的崇拜者同樣是有點弄混了時代，把劉軻描述為理學傳統的另類。就這樣，編者們希圖以種種使當時的學術成見合法化的方式來整理廣東文學的過去。

事實上，《嶺南遺書》中所收的先前的學術，反映出在學
158 海堂進行的考證學是怎樣一種學問。總括起來說，它暗示在十九世紀二十年代這間書院建立之前，廣東已經有萌芽狀態的考證學存在了。文集中部頭最大的文本《算迪》，是何夢瑤的一部數學著作。對於《廣東文獻》第四集的讀者來說，何夢瑤是一位詩人，而不是數學家。② 但是他在十八世紀二十年代曾親密師事惠士奇，其時惠擔任廣東提學使。一個世紀之後，江藩來到廣州，希望找到何夢瑤的著作。起初遍尋不得，後來是曾釗在道光元年（1821）輾轉從另一位朋友處找到一本。收進《嶺南遺書》的版本曾由學海堂自己的數學專家鄒伯奇覈對。③

另一位萌芽狀態考證學傳統的代表是陳昌齊。陳曾經擔任過《四庫全書》的編纂，當然具有必要的資歷。陳昌齊的三部著作收入了第五集：一部天文學論文、一部《呂氏春秋》箋注和一部《楚辭》音韻研究。在這部天文學著作的跋中，譚瑩摘

① 原注 122：伍崇曜《嶺南遺書》，第二集，江藩《劉希仁文集序》，頁 1 面。

② 原注 123：《算迪》僅八卷，但每卷都大到足足佔一冊，合起來幾乎佔了整整一函（我見過一些版本就佔滿一整函）。

③ 原注 124：伍崇曜《嶺南遺書》，第二集，《算迪》，跋，頁 1 背。

引了學海堂學者溫訓寫的陳昌齊傳記，在傳記裏溫訓列舉了陳在考證學運動中的密友：戴震（1724—1777）、錢大昕、朱筠（1729—1781）、王念孫（1744—1832）和任大椿。按溫訓的看法，陳在技巧和學問的廣博上都與他們不分伯仲。[①] 陳昌齊在嘉慶二十五年（1820）去世之前，被阮元聘為《廣東通志》的總纂之一。在那裏他跟江藩一起工作，成為對曾釗這樣比較年輕的成員的鼓舞力量，後來就是曾釗使譚瑩得到了陳昌齊的這三部著作。

第三集收錄了另一部著作，它預示著最著名的學海堂學者陳澧在十九世紀晚期提出的對某些宋學論點的批判，這就是新寧縣學者陳遇夫（康熙二十九年舉人）寫的《正學續》：[②]

> 余少時常閱宋明儒者闢駁漢唐之說，心竊疑之，以為
> 聖賢之道如日月麗天，遺經具在，豈自漢至唐一千年，好 159
> 學深思得聖賢之旨者僅一二人？[③]

換言之，陳遇夫是在質疑一些宋代理學家提出的“道統”的說法，他們聲稱從孟子之後——直到宋代——沒有一人能夠

---

① 原注 125：伍崇曜《嶺南遺書》，第五集，《測天約術》，跋，頁1面。《嶺南遺書》中雖然沒有引述全文，但溫訓作的傳記中提到戴震求教於陳昌齊的一個事例，另外還有一個事例，是說陳如何壓下王念孫那位有學問而自負的兒子王引之的氣焰。完整的傳記參閱溫訓《登雲山房文稿》，卷二，頁 29 背—30 面。

② 原注 126：新寧縣自二十世紀三十年代起改稱臺山縣。陳遇夫在康熙二十九年（1690）廣東鄉試名列第一，但在十九世紀初期並不為廣州文人所熟悉。不過，當十九世紀四十年代初他的後人決定刊刻他的文集時，請學海堂的學長林伯桐寫了一篇序。楊榮緒和其他一些學海堂學者被列入校對者名錄。陳遇夫《涉需堂集》，前言性材料。

③ 原注 127：伍崇曜《嶺南遺書》，第三集，《正學續》，序，頁 7 背—8 面。

得道。陳遇夫相信，《儒林傳》中的漢唐歷史各卷，因為特別專注於當時學者對經典的注釋成就，無意中認可了那種認為漢唐學者未能綜觀道德全局的說法。於是陳遇夫便著手從別的歷史篇章中去尋找資料，以便展示這些學者同樣也是道德的典範，對經典的大義是有所瞭解的。他對鄭玄的評價可以說明他的這種做法；鄭玄在清代成了漢學的象徵。在此，陳遇夫強調指出，漢唐學者對經典作了開創性的詮釋，後世的儒家學者對他們有所虧欠。陳承認宋代的詮釋優於漢唐，但他將宋代學者的作用比作烹飪中的調味；他們不應該否認漢唐學者薪火燒煮的根本性貢獻。① 陳遇夫在試圖將漢唐經典學者的形象重鑄為能夠掌握大的“義理”時，加入了學海堂的漢宋調和論。

學海堂的漢宋調和論觀點在《嶺南遺書》中的其他地方也顯現出來。例如，第四集的開頭就是清初學者胡方為朱熹對《易經》的評論所作的注釋。文集收入這部著作具有很大的諷刺意味。嘉慶十九年（1814）支持洋商盧文錦要求將其父盧觀恒奉為鄉賢的人，就指出盧觀恒曾經刊刻胡方的著作。但刘華東和其他批評者投訴說，書的序儘管用的是盧觀恒的名字，其實是出自文人谭大經之筆。而現在，在十九世紀四十年代，當一位洋商把一篇同樣是由一位僱請的姓譚的文人所寫的跋冒认為自己的作品時，卻沒有任何人提出抗議（你會奇怪，面對商
160 人的假冒行為，文人的義憤到哪裏去了）。譚瑩的跋奏起了漢宋調和論的音調，為惠士奇贊賞胡方傳播理學而叫好，儘管惠士奇自己的《易經》研究是支持漢學解讀的。②

不過，大部分的跋還是將注意力集中於收進選集的著作文本的歷史。幾乎所有較早期著作的跋都提到《四庫全書》中對

---

① 原注 128：《正學續》，卷二，頁 25 背。

② 原注 129：伍崇曜《嶺南遺書》，第四集，《周易本義注》，跋，頁 1 背。

這些文本的評價。譚瑩還在另一些地方提到這些著作，又對其他清代學者著作文本的真偽提供參考意見。此外，他總是仔細地注明某個特定的文本是從哪一個人的書齋中得到的。這些做法在道光年間的中國並不算太特別；然而，跟廣東的其他選集相比，《嶺南遺書》在這些事情上投入的注意力是獨一無二的。在一些像《廣東文獻》這樣的選集中，評傳、序或跋通常都是著重表述特定文章作者的品德和事跡，而《嶺南遺書》中的跋則更多的是指出文章本身的成果。換言之，《嶺南遺書》的跋代表了由注重介紹作者到注重介紹文章這一轉變。

最後，《嶺南遺書》特別垂青於與學海堂有聯繫的學者。第五集和第六集收入了這所新書院六位早期學長的著作。選集中只有一位當代學者凌揚藻，是在此之前未曾與學海堂發生過聯繫的。這也標誌著廣州正在進入一個至少可以跟明代媲美的文化繁榮期。新的經典部分包括了侯康、林伯桐和曾釗的經學著作，但《嶺南遺書》還包含了學海堂學者的廣東本土歷史文化著作，例如吳蘭修的三份關於南漢的研究報告，以及他的《端州硯史》，一部關於肇慶所產優質石硯的調查報告。一部類似性質的著作，是介紹廣東荔枝的手冊，即吳應逵的《嶺南荔支譜》。據吳在道光六年（1826）的序中說，他跟朋友是在一次到荔枝灣郊遊避暑時產生編寫這部手冊的構想的。① 這部書編寫精細，吳應逵將前人關於這種南方佳果的論述進行分類，歸入荔枝的“種植”和“品類”等項目。跟譚瑩等人“荔枝詞”的論調相似，吳應逵試圖以這部書來糾正福建人所編的各 161
種荔枝谱中存在的偏見。譚瑩在編者的跋裏反映了他最初在

① 原注 130：伍崇曜《嶺南遺書》，第五集，《嶺南荔支譜》，序，頁 1 面。

"荔枝詞"裏表達的態度鮮明的意見，堅稱"嶺南荔支甲天下"。[①]

儘管《廣東文獻》和《嶺南遺書》都聲稱自己代表了廣東的精英文化，實際上兩個文集擁有各自的地方文化偶像，並且將文化景觀塑造得適合自己的學術、文學與道德的觀點。兩個選集面向的讀者群也不同。儘管人們可以在《廣東文獻》第四集中瞥見順德的地方自大主義，但這個文集看來是面對整個珠江三角洲上廣譜的文化精英的。羅學鵬可以很自然地相信他的讀者對文集裏的作者都已熟悉；他只要設法提醒他們甚麼是重要的，並且用這些道德的典型去感化他們。《嶺南遺書》針對的是一個狹窄得多的珠江三角洲精英的城市化部分，最初就是由負責編纂這部選集的學者群體構成的。它對繁榮興旺的藏書家群體和廣州新生富人中的考證學者來說，起着一個自我贊美的宣言的作用。譚瑩以一種與羅學鵬完全不同的語調，在為選集寫的駢體文序言中努力使讀者對其學識的淵博產生深刻印象。與此同時，《嶺南遺書》面向廣東省外廣泛得多的讀者。寓居廣州的江南學者協助搜集了好幾種文本，嗣後收入選集，而選集又反過來表明廣東能夠加入起源於江南的學術潮流。

結　論

艾爾曼在其對江南"學術社群"的研究中展示了印書業與藏書的擴大跟十八世紀時該地區考證學的繁榮這兩者之間的關
162 係。[②]與此相似，從十九世紀初葉開始，廣州和珠江三角洲的

① 原注131：伍崇曜《嶺南遺書》，第五集，《嶺南荔支譜》，譚瑩跋，頁1面。

② 原注132：艾爾曼《從理學到樸學》(*From Philosophy to Philology*)，頁143—156。

印刷文本和藏書空前激增。跟江南的文人一樣，廣州文人對收藏珍稀書籍也非常感興趣。廣州學者和藏書家對這些珍稀文本的搜求又促進和誘導了更多書籍的生產。江南印書業的擴張，最主要的是與經學密切相關；而在廣州，相當大一個數量新產生的文本是專門服務於廣東的本土文化。本章介紹了三個種類的“地方性”文字作品：歷史、詩和選集。這些作品從最初孕育到大量生產，是在嘉慶十五年至道光三十年之間（1810—1850），顯示出這個時期在本土探索方面能量的高水平投入。

雖然這個潮流的開始要比學海堂的建立還早十年——温汝能和羅學鵬的文集證明了這一點——但是到十九世紀中葉之前，這種對本土的探索已經完全由學海堂聯繫的學者圈子所主導。這提出了一個問題，就是為什麼會有如此多的能量投向本土文化。按照阮元的設想，學海堂的主要功能應該是將考證學這種此前主要局限於江南和京城的學問推廣到帝國的遙遠邊陲。在這個意義上，學海堂所提供的經學，是一個引進的、相對來說不為人熟知的品牌。廣州本地哲學與經學的言論和實踐，多為阮元和學海堂學者圈子所輕視。因此學海堂學者對地方的高度強調可以解讀為對本土環境的一種和解。阮元當然也主張研究和贊美鄉土，不過學海堂學者對本土強調的程度仍然引人注目。通過採用新獲得的工具——考證學方法論和“古體”文風——來探索、保存和贊美本土文化，他們展示了學海堂研究方法的實質作用，從而使引進這些工具獲得了合法性。

但是，一種地方文化是絕不可能單純地被保存的，“保存”和贊美的行動本身，就是一種重申和重建。無論是探尋本土歷史的線索，贊美本土的水果，還是宣揚昔日的文化偶像，與學 163
海堂聯繫的學者們都改善了他們在更大範圍地方精英中的地位。而且，通過書寫廣州文化，他們以種種新的方式來描繪本土的文化景觀，從而重塑了其形象。這樣做的結果產生了這樣一種本土文化，儘管仍然可以被承認為廣州文化，也是以一種不同的面貌呈現出來的廣州文化。先前遭到否定的一些廣州文化的符號現在被加以強調，而一些傳統流行的符號被刪除或作了全新的解讀。最重要的是，在十九世紀由學海堂學者重構的廣州精英文化現在更加集中於廣州城，而且在這所書院聯繫的文人所組織的活動中，呈現出一派如日中天的景象。

從遠處觀之，十九世紀廣州文人生產的本土文字作品（無論是否與學海堂有聯繫），看來是代表了一個統一的、有了新的信心的、正在面向帝國其他地區表現自己的廣州精英文化。這在譚瑩和林伯桐的《嶺南荔枝詞》裏可以看得很清楚，而在羅學鵬為其文集所寫的序和編寫凡例中表現得更為大膽；在吳蘭修和梁廷枏寫的南漢史中也可以看到許多這方面的暗示。而當靠近作透視觀察時，這種“本土自豪”的門面上就有裂紋出現了。這樣的有關本土的作品——形式是歷史、詩歌，特別是選集——是一個競爭的舞臺，在這個舞臺上以學海堂為中心的多元化的廣州城市中的學者跟三角洲腹地西江沿岸世家巨族的文人相較量。因此，那些由洋商的資本與學海堂學者專業能力結合而產生的詩文選集，跟珠江三角洲像龍山溫氏和大良羅氏這樣的家族所編的選集就顯得有很大的不同。這表明，十九世紀本土文字作品的大量增生，部分是由什麼是“廣州的”定義權的競爭而引發的。經歷了十九世紀的進程，通過學海堂的努力，以城市為中心的本土精英文化漸漸佔到了壓倒優勢。①

---

① 原注133：另一個有關的問題，雖然超出了本書研究的範圍，但同樣是值得探索的，那就是在何種程度上，書法與繪畫的潮流，例如“嶺南派”繪畫的創造等等，也大體為學海堂學者或廣東新移民的後代所主導。官綺雲在她於紐約大學美術學院將完成的學位論文《文人的偶像破壞：蘇仁山藝術中的暴力與疏離》（“Literati Iconoclasm：Violence and Estrangement in the Arts of Su Renshan”），會在一些此類的問題上給我們以啟發。

第五章　危機與重建中的學海堂、省城和珠江三角洲 164

山堂容易再躋攀，人似驚鴉散復還。意外登臨今日酒，眼中蒼翠舊時山。十年文字應銷劫，百樹梅花未盡刪。三見蓬萊水清淺，蕭蕭休詑鬢毛班。

——陳璞《癸亥冬日學海堂重修落成，同周秩卿大令，譚玉生、陳蘭甫、李夢畦、陳郎山四學博，李恢垣員外，金芑堂孝廉對酒，余為圖題詩其上，諸君皆有作》①

十九世紀中葉，廣州和珠江三角洲面臨著一連串嚴重的問題——以十九世紀三十年代的大洪水為起始。雖然發大水這種事情通常只有桑園圍的家族擔心，廣州城市的精英們很少為此憂慮；但是在道光十三年（1833），廣州城遭遇了一次嚴重的洪災，其範圍包括舊城北部的區域，洪水沖垮了大批窮人簡陋的房舍。當廣州城大部分地方都在水裏泡了若干個星期，城裏的眾多居民很自然地就逃難上了越秀山，這樣，那年夏天準備在學海堂校舍舉行的任何雅集當然就只好作罷了。② 道光十三

---

① 章首引詩：陳璞《尺岡草堂遺詩》，卷六，頁 7 背。容肇祖《學海堂考》卷首有陳璞一幅畫的照片，但我未能找到原作。

② 原注 1：馬立博《虎、米、絲、泥》（*Tigers*，*Rice*，*Silk*，& *Silt*），頁 219；《廣州城坊志》，頁 82。

年的洪水對廣州是一個不吉之兆；儘管廣州社會的某些部分在整個十九世紀繼續保持繁榮，歷史學家記錄了珠江三角洲不僅
165 存在累積起來的生態危機，而且暴力水平也在上升，後者從秘密幫會的盜匪行為，到本地人與客家人之間的械鬥，再到鴉片戰爭英國人的入侵。[①] 在五十年代，危機又升級了，廣州的居民先是發現他們自己在咸豐四年（1854）受到一次大規模叛亂的威脅，然後又在咸豐七年（1857）開始遭到外國人四年的佔領。然而隨後，在六十年代的重建過程中，廣州的許多機構，包括書院，都迅速得到恢復，甚至擴大了運作的範圍。

本章研究十九世紀中期的這些危機以及隨後的重建如何影響學海堂在廣州城的地位，同時更放寬視野，研究這座城市與珠江三角洲腹地之間的動力。從整個清帝國來看，因襲的知識界已經下了結論，認為與學海堂聯繫的考證學面對急速增加的批評，在世紀中期正進入急轉直下的衰落之中。[②] 然而，在十九世紀六十年代重建期間對資源的競爭中，學海堂的一代新人鞏固了，甚至是擴大了這所書院的影響，鞏固並擴大了它的議程和與它聯繫的城市學者群。阮元的學術觀在學海堂的課程中得以制度化，他的書院也穩穩地扎根於擴大了的廣州書院系統中。

---

① 原注 2：馬立博《虎、米、絲、泥》，頁 333；梁肇庭（Sow-Theng Leong）《中國歷史上的移民與族群》（*Migration and Ethnicity in Chinese History*），頁 62、74；魏斐德《大門口的陌生人》（*Strangers at the Gate*），頁 109－125。

② 原注 3：例如錢穆對清代思想史的經典性研究的後半部，就大體上是注重記錄十九世紀乾嘉兩朝考證學受到日益增長的批評和越來越缺乏時代性的情況。參閱其《中國近三百年學術史》，尤其是第 9、11、12、13 各章。艾爾曼在描繪十八世紀江南考證學運動的社會背景時，認為由於太平天國起義的蹂躪，江南的學術共同體“沒有充分恢復”。艾爾曼《從理學到樸學》（*From Philosophy to Philology*），頁 252。

我們一開始將檢視學海堂的新一代學者，隨後描述他們在叛亂和佔領的年代與三角洲腹地相遇的情況。然後，我們要轉向城市文人文化重新確立的方方面面，以及社會機構的重建和擴張，特別是把注意力放在書院與城市的關係和城市與腹地的關係上。第六、第七兩章將通過兩位最著名的，同時又都與學海堂有聯繫的廣州學者——陳澧和朱次琦的案例研究，來詳細論述這些問題。

新一代的延續性

在整個十九世紀中期的危機過程中，學海堂無論在領導方面還是學術和文學議程方面都保持了高度的延續性。儘管學長的人選大幅度更新，在此期間任命的學長，跟他們的前任—— 166
第一代的學長，無論是在籍貫和社會源流方面，還是在學術和文學的興趣傾向方面，都非常相似。波拉切克（James M. Polachek）在對鴉片戰爭前和鴉片戰爭期間的歷史事件的研究中指出，在一個短時期內有相當多的學長被任命——道光十七至二十年（1837—1840）有六位之多。除了在道光六年（1826）任命的第一批八位學長之外，這個數量比任何一個時期都多。① 但是波拉切克看作是學長人選“紛亂的變戲法”現象，其實是由於許多第一代學海堂學者的去世造成的。徐榮有一首詩，是他在杭州任上時寫的，當時譚瑩在一次會考落第後的歸途中去探訪他，談起相互都認識的許多朋友在新近去世。這些朋友大多數跟學海堂有密切聯繫，而都在數年之間相繼辭世：吴蘭修（1839）、儀克中（1838）、梁梅（1838）、吴應逵（?）、謝念功（约 1840）、謝念典（?）、黄子高（1839）、侯康（1837）、林伯桐（1845），還有潘氏家族的後人潘正亨（1837）。② 徐榮本身也在數年之後於咸豐五年（1855）太平軍蹂躪浙江之時去世。因此，學海堂學長職位的快速更迭主要是由於與書院聯繫的第一代學者的逝去所造成的。③

---

① 原注 4：參閱《學海堂學長，1826—1863》。咸豐七年至同治二年之間（1857—1863）的人員更換率也很高，這期間任命了八位學長。波拉切克的注意力被吸引到學海堂，是因為一位與阮元關係密切的學長吴蘭修寫了一篇文章，宣揚讓鴉片合法化，以制止白銀的外流。波拉切克《内部的鴉片戰爭》（*The Inner Opium War*），頁 120。波拉切克的主要關切是解釋導致清帝國走向鴉片戰爭的内部動力；然而他的記述沒有涉及廣州的書院在危機後重建過程中的情況，因而缺乏了基本的連續性。他描繪了由在廣州的省的官員展開的一場“學術範式的革命”，這些官員強烈反對阮元的文化學術理念和政治上的政策，而他們受到那些不滿於學海堂權勢的地方文人們的支持。所以，按波拉切克的觀點，頑固地反對鴉片的欽差大臣林則徐（1785—1850）和他的同情者、總督鄧廷楨（1776—1846），在戰前數月和戰爭中廣州各書院的領導權上要起了“瘋狂的花招”，力圖通過任命跟他們自己志趣相投的學者擔任學長來使學海堂得到更新。波拉切克《内部的鴉片戰爭》，頁 144－149。實際上鄧廷楨看來對支持和批評學海堂的雙方都有贊助。例如道光十八年（1838）他贊助了學海堂學生作品的再版，但同時又是喧嚷的批評者方東樹的長期贊助者。鄧邦康《鄧尚書年譜》，頁 9 背－10 面、12 背、13 背。

② 原注 5：李長榮編《柳堂師友詩錄》，徐榮章，頁 9 背；《杭州府志》，卷一百零一，頁 3 背。

③ 原注 6：另一位早期學長張杓因雙目日漸失明而離職。

當我們從三十年代後期的更迭退回一步，來看更廣闊世代的改革時，學海堂學長任命的延續性進入了更清晰的聚焦；在這些改革中，新任的學長和其他學者在危機和重建時期都把自己定位為與學海堂在一起。老一輩的學海堂學者中有些人目睹了世紀中期的危機的開始；少數幾位長壽的甚至活到了能夠幫着贊美早期的重建努力。熊景星和曾釗都活到了咸豐朝，曾釗是在咸豐四年（1854）逝世的。詩人張維屏和黃培芳活到看到"紅巾軍"被擊敗，但都在學海堂重建之前於咸豐九年（1859）去世。少數幾位學者，像譚瑩和樊封，跨越了世代。譚瑩是唯一一位作品被收入學海堂全部四個文集的學者，而樊封活到恰 167
好在光緒元年（1875）被任命為學長。出生於十九世紀一二十年代的新一代學海堂學者中，許多人都曾經在這所書院學習，因而被它的課程所塑造。這一代學者中那些被任命為學長的人，在十九世紀四十和五十年代不穩定的二十年與六十年代重建的十年中，成了書院的頂梁柱。跟第一代的學海堂學者一樣，這新一代中的許多人也是這個地區的新來者，或者跟珠江三角洲腹地僅有短暫的聯繫。第二代學長中有一些是來自可以自稱祖居珠江三角洲腹地的人氏，但是就像謝蘭生的情況那樣，他們的生活越來越集中於廣州城。咸豐十一年（1861）被任命為學長的陳璞（1820—1887）和同治二年（1863）被任命的李光廷都是番禺縣人。陳璞的家族據稱祖上在宋朝之前就定居在番禺的偏遠鄉村，但其後人再次遷徙，移居到廣州河南的赤崗塔附近。① 陳璞的祖父是醫生，父親在廣州開店謀生。②

① 原注 7：據陳璞說，他的先祖是晉代的一位將軍，其後代成為番禺人。有一位祖先據推測在宋代居住於該縣南部，相當於清代沙田邊緣之處。據信這位宋代祖先的第六代後裔可能在明代某個時候移居到赤崗。陳璞《尺岡草堂遺文》，卷三，頁 2 面。

② 原注 8：陳璞《尺岡草堂遺文》，卷三，頁 2 面。

李光廷來自番禺縣珠江下游的鄉村，但他從小生活在廣州城。① 與此相似，分別於道光二十年（1840）和同治二年（1863）任命的學長梁廷枏和周寅清都來自順德；學海堂的數學專家鄒伯奇［咸豐七年（1857）任命］，是緊挨着廣州城西的南海縣泌涌鄉人氏。②

除了吸引著來自珠江三角洲的城市化居民之外，學海堂也對第一章中研究過的幾種外來移民群體繼續起着一個重要文化資源的作用。例如，廣州駐軍中的漢軍旗人就一直在學海堂保持著人數不多但可以察覺的存在。除了年長的樊封之外，陳良玉（1814—1881）在咸豐八年（1858）被任命為學長。③ 福建商人的子弟也一直有參加學海堂的考試，例如潘正衡的兩個兒子潘恕（1810—1865）和潘定桂（1811—1840）。④ 在與學海堂密切聯繫的學者類型中，最值得注意的是來自嘉應的客家文人出現得少了。十九世紀下半葉在學海堂起到重要作用的少數幾位嘉應客家人之一是張其翻（道光二十年舉人），於光緒十一年（1885）被任命為學長。⑤

168 然而，學海堂也比初創时在更大程度上助長了出身於源自浙江北部杭州和紹興兩個府的家族的城市文人的優勢。自光緒三年（1877）起任學長的許其光（道光三十年進士）就是許氏

① 原注 9：李光廷是石門鄉人。《番禺縣續志》卷二十，頁 16 背。陳璞寫了李光廷的墓誌銘。參閱陳璞《尺岡草堂遺文》，卷三，頁 10 面。

② 原注 10：泌涌鄒氏宣稱宋代由南雄再遷而來。鄒伯奇《鄒徵君遺書·鄒徵君存稿》，頁 38 面。

③ 原注 11：陳璞《尺岡草堂遺文》，卷一，頁 18 面。

④ 原注 12：《河陽世系》，頁 9 背—10 面。《學海堂三集》有潘定桂的詩一首；《學海堂四集》有潘恕的詩五首。

⑤ 原注 13：與《學海堂集》收錄衆多嘉應學者的作品不同，道光十八年（1838）的《學海堂二集》只收入了九位，咸豐九年（1859）的《學海堂三集》只收入了三位，而光緒十二年（1886）的《學海堂四集》只有一位。

家族產生的最成功的學者；這個家族，如我們在第一章裏所見，是從杭州的仁和縣移居到廣州的，其成員在這裏專門從事幕友的職業。徐灝（1810—1879）在學海堂是陳澧的忠實門徒，他的家族也是採取類似的發展策略。這個徐氏家族來自錢塘縣，也屬於杭州，族人專門充當刑名師爺。徐灝的父親在廣州、肇慶和韶州等府從事這項業務，並且為他的兒子落籍為番禺居民。徐灝和他的弟弟都繼承了家族的這個專業；徐灝在重建時期繼續為廣州的幾位省內最高的官員供職。① 金錫齡（1811—1892）於咸豐三年（1853）被任命為學長，屬於一個從山陰縣移民到番禺的家族。② 咸豐八年（1858）被任命為學長的沈世良（1823—1860），祖籍也是山陰。他的祖父和父親到了廣州之後“無力”返回浙江；所以沈世良便落籍為番禺居民。③

---

①　原注 14：陳澧《東塾集》，卷六，頁 20 背－21 面；沈世良《楞華室詞鈔》，卷一，頁 3 背。李緒柏稱贊徐灝是廣東首位研究經史而有可觀學術造詣的刑名師爺。事實上，許多學海堂學者——至少是那些祖籍在浙江北部的學者——肯定都來自幕友的家庭。李緒柏《清代廣東樸學研究》，頁 71。另一位幕友則於公餘從事卜筮之學、《說文》和朱熹的《論語集注》研究。參閱民國四十二年《番禺縣續志》陳其銳傳，卷十九，頁 12 背。

②　原注 15：金錫齡是金菁華之子。他的叔父中有在河南伍家任塾師的金菁莪和身為舉人而轉行當鹽商的金菁茅。林伯桐《修本堂稿》，卷四，頁 8 面。

③　原注 16：汪兆鏞《韶州府學訓導沈公傳》，頁 1 面，載於沈世良《小祇陀盦詩鈔》。祖籍紹興而落籍為番禺人的學海堂學者還有吴灦（？—1867）、劉昌齡（1825—1889）和陶福祥。吴灦祖籍山陰，《學海堂集》的第三、第四兩集都有他的作品。任學長的劉昌齡，祖籍也是山陰。他的祖父在廣东當幕友，家族後來就落籍為番禺居民。同樣任學長的陶福祥，是來自會稽的寄寓者的第七代後裔。我猜測《學海堂集》中的另一位學者、番禺人陶克昌也是這個後裔群體的成員。吴灦《求是軒遺稿》上，頁 11 背；容肇祖《學海堂考》，頁 57；《番禺縣續志》，卷二十三，頁 1 背。

另一個山陰家族汪家的例子，可以證明與浙江北部的持續聯繫，並說明在學海堂學習如何成了外來移民家庭在新環境中積累文化資本策略的一部分。[①] 汪倫秩（？—1769）在廣東短暫居留時結束了當下級官員的生涯，這個山陰汪家以後的幾代，像仁和許家和錢塘徐家一樣，採取了在廣東充當幕友的專業策略。以汪氏家族為根據地，汪倫秩的不少於十一位孫子、曾孫、玄孫，相繼在廣東充當幕友。其他的則在廣東充當吏員或下級官員，或者探訪其在這個省生活和工作的親屬。[②] 汪倫秩的一位曾孫汪鼎，曾在順德和廣東的其他縣當幕友，死後也葬在廣東。汪鼎帶來了他的家眷，包括他的小兒子汪瑔。汪瑔和他的堂兄弟汪瑔（1824—1897）（此人後來在廣東當了四十年幕友）一起在廣州受了經學教育。汪瑔透徹掌握了寫作的訣 169
竅，在多次全城的詩文寫作競賽中獲得優勝。然而為了贍養“貧不能歸”山陰的父親，汪瑔為縣一級和省一級的官員充當幕友，足跡再也沒有越出過廣東。[③] 像汪氏家族在廣州的其他成員那樣，他最終落籍為番禺居民。

除了賺取當幕友的收入之外，汪瑔還獲益於學海堂提供的文化威望。汪氏的族譜中很自豪地宣稱，汪瑔“見稱於”張維

---

① 原注 17：山陰汪氏據稱是元朝末年來自安徽徽州一位移民的後裔。《山陰汪氏譜》，頁 1—3。

② 原注 18：與許多志書中的傳記不同，汪氏的家譜對於祖上專門從事刑名師爺的職業並不含糊其辭。汪倫秩的一個兒子汪炌，在曾燠任湖南巡撫期間（嘉慶十二至十四年，1807—1809）曾在其手下服務。《山陰汪氏譜》，頁 53。

③ 原注 19：汪氏族譜記載汪瑔每年賺錢多至“千兩”，暗示所謂家人“貧不能歸”是指他們不願放棄肯定是最初吸引他們到廣東來從事各種行業的那些利益。《山陰汪氏譜》，頁 57—58；汪瑔《隨山館叢稿》，卷八，頁 6 背。另一處資料，暗示在廣州存在一個浙江寄寓者的人際網，指出汪瑔給他的外甥、來自山陰的陶爾琨傳授刑名行業的知識。張心泰《粵遊小記》，卷六，頁 10 面。

屏、譚瑩、陳良玉、沈世良和陳澧；這些人都跟學海堂有密切的聯繫。而且，汪瑔和兒子兆銓（1859—1929），還有汪琡的兩個兒子兆鏞（1861—1939）和兆鋐（1878—1902），都曾在學海堂學習。[①] 此外，山陰汪氏還跟一些紹興的和本地的家族聯姻，這些家族的子弟也都是學海堂的學生或學海堂考試的應試者。例如，來自蕭山縣的學者朱啓連（1853—1899），後來落籍為番禺居民，娶了汪瑔的女兒為妻。[②] 兒子兆銓落籍為番禺居民並考上了舉人功名，汪瑔安排他跟南海商人兼學者廖震的女兒結了婚。廖震的兒子廖廷相（1844—1898），後來成為學海堂的學長。[③] 很明顯，學海堂繼續從廣州大都會的寄寓

① 原注 20：據容肇祖研究，兆銓在光緒七年（1881）被選為專課生，兆鏞是光緒十年（1884）。汪氏族譜稱兆鋐也是專課生。容肇祖《學海堂考》，頁 4－5；《山陰汪氏譜》，頁 77－82、101。

② 原注 21：《山陰汪氏譜》，頁 75、79。朱啓連有數篇詩文收入《學海堂四集》。在汪氏的族譜中也可以找到證據說明浙江移民之間培育婚姻聯盟的策略。例如，在一篇收入汪氏族譜的汪瑔墓誌銘裏，他的學生、同為落籍番禺的紹興人陶邵學（1863—1908）寫道，“吾家自先世以來所與通婚媾者，皆出於浙之遷族”；並解釋了他寫這篇墓誌銘是“故略表其貞恒之德與夫困享之理，以砭粵俗之陋”。《山陰汪氏譜》，頁 82。

③ 原注 22：《山陰汪氏譜》，頁 87。廖震和廖廷相屬於一個南海的鄉村家族，據稱祖上是在宋朝時定居於珠江三角洲。不過，廖廷相和他的父親廖震，還有他的祖父、曾祖父，全都安葬在廣州。這暗示廖震和廖廷相代表了一個南海鄉村家族的城市化分枝。廖震在族譜中的名字是廖震發。《廖維則堂家譜》，卷四，頁 54 背－57 背。

者、外來移民、社會上的上升家庭中吸引著許多學生。① 學海堂也繼續吸引著珠江三角洲的一些學者，但是對他們來說，這所城市書院並不是一個至關緊要的文化資源。

此外，第一、第二代學者的子孫也在書院中保持着強勢的存在。例如，張維屏有兩個兒子的作品被收入了學海堂考試詩文的第三集——咸豐九年（1859）梓行的《學海堂三集》。類似的還有，金錫齡的三個兒子的作品出現在第四集，即光緒十二年（1886）梓行的《學海堂四集》中（他們的作品的入選可能是得到了方便，因為這最後的一集是由金錫齡負責編纂的）。金在這一集裏还收入了沈世良的兒子沈澤棠（？—1926）的一首詩。同治八年（1869）學海堂的"專課生"林事賢，是林伯
170 桐的孫子。陳澧的兒子宗侃（1846—?），有兩篇隨筆收入《學海堂四集》；孫子慶龢是光緒十四年（1888）的專課生。光緒十一年（1885）任命的學長、嘉應客家人張其翻是張其翰的弟弟，而張其翰在十九世紀二十年代曾參加學海堂的考試。光緒十六年（1890）的專課生包括陳璞的兒子衍緒和陳良玉的孫子

① 原注 23：另一個將子弟送到學海堂的浙江移民家庭是南海的桂家。桂鴻（1746—1807）的祖先自宋代定居於寧波府的慈溪縣，他的祖父在湖南一個府當了三十多年獄吏，"貧不能歸"慈溪，歿於湖南。他的兒子輾轉來到廣州，在衙門當幕友，後來就落籍為南海居民。這個兒子生了三個兒子，其中兩人曾在粵秀書院求學。這兩人中的一個就是桂鴻，他"隨幕諳習吏事"，後來在乾隆五十一年（1786）鄉試中式，由此躋身廣州士林。桂鴻的孫子桂文烜、桂文燦（本書引言摘引了他的《經學博採錄》）和桂文熾都是學海堂的學生。桂文燦的兩個兒子又在同治十一年（1872）和光緒十七年（1891）成為學海堂的專課生。南海桂家的這些成員看來與上文"原注 16"所說的番禺陶家一直互通婚嫁。桂文燦之兄娶番禺居民陶克諧之女為妻。桂鴻《漸齋詩鈔》，墓誌銘，頁 1 面—7 面；桂壇《晦木軒稿》，桂鴻傳，頁 1 背、4 面；鄭獻甫《補學軒文集》，卷四，頁 26 面；桂文燦《潛心堂集》，無頁碼。

受同。[1] 葉紉蘭（1843—1905）有一篇隨筆收入《學海堂四集》，他是葉廷瑛之子，而葉廷瑛是鹽商葉廷勳的堂兄弟，曾在道光七年（1827）應學海堂考試。[2]

在這些學海堂家庭的第二、第三代中，最有出息的要數譚宗浚（1846—1888）了。他是譚瑩的次子，母親是梁梅的獨生女兒。[3] 年輕時，在六十年代——即在同治十三年（1874）會試以第二名中式和光緒六年（1880）被任命為學海堂學長之前，譚宗浚就跟其他在學海堂學習的年輕城市文人有密切的交往。譚在一首詩中回憶，像年輕的張維屏和他的朋友們一樣，他們靠兜售自己的文才籌集酒资；每當賣文有了額外收入，他和朋友們就湊錢在老城與新城之間的大南門內一個酒家聚飲。在這首詩的自注中，譚列出了七位朋友的別號，其中有五人可以確定姓名身份，都有試卷被收入《學海堂四集》，他們是鄧維森、陳宗侃、廖廷相、鄭權（光緒十四年舉人）和梁起（光緒十一年舉人，父親曾是學海堂的應試者，娶了熊景星之女為妻）。[4]

---

① 原注 24：張其翻《辮貞亮室文鈔》，卷二，頁 3 面一背。按名字的共同特點推斷，我猜測一位在道光七年（1827）參加了學海堂春季考試的嘉應人張其翊也是其翻和其翰的親戚。翁心存《學海堂丁亥課士錄》，無頁碼。《學海堂三集》有黃子高之子黃漸泰的一篇文章，以及子高的女婿番禺劉錫章（道光二十年舉人）的四首詩。

② 原注 25：葉紉蘭原名葉夢鎮。翁心存《學海堂丁亥課士錄》，無頁碼。

③ 原注 26：另一個可能存在家族關係的例子是，譚宗浚的姐姐嫁給了梁廷枏家鄉順德倫教鄉的梁家。譚宗浚《荔村草堂詩鈔》，卷六，頁 15 背—16 面；譚宗浚《希古堂集》，卷二，頁 33 面一背。

④ 原注 27：鄧維森、陳宗侃、廖廷相、鄭權、梁起以及譚宗浚，都有作品收入《學海堂四集》。這一集也載有梁起的父親以及熊景星的女婿梁樹功（約 1820—1872）的作品。譚宗浚《荔村草堂詩鈔》，卷六，頁 16 面；陳澧《東塾集》，卷六，頁 18 面。

珠江三角洲一些家族的子弟也偶爾會參加學海堂的考試，甚至被任命為學長，但對於廣州的城市精英來說，跟學海堂結盟是在缺乏像珠江三角洲腹地世家望族所聚集的資源的條件下長久維持家族地位的手段。與此相似的是，廣州城市精英的大多數人沒有像江南城市蘇州和常州那樣世代書香的家學淵源一類資源可供利用。[1] 因此，就像一開始時那樣，學海堂繼續仰仗於廣州的城市化的外來移民中社會地位上升的精英。除了嘉
171 應客家人的出現減少之外，在十九世紀三十年代晚期之後，這個以學海堂為身份定位的文人群體，與這所書院裏在阮元手下學習過的他們的前輩非常相像。

與腹地相遇

前此的分析突出了廣州城市文人與來自珠江三角洲腹地的世家望族文人的不同之處。但是，當他們面對十九世紀五十年代國內叛亂和外國佔領的動盪時局時，城市文人和鄉村文人就互相依賴，強調共同的利益了。在咸豐四年、五年（1854—1855）紅巾軍起義的時候，逃難的紳士湧入廣州，尋求城牆的庇護，並希望得到官軍的救援或為自己的鄉勇募款。當英法聯軍於咸豐七年（1857）侵佔廣州時，流動的方向恰好相反，城市文人要在鄉下的親戚朋友家中尋求避難之所。然而，一旦兩種威脅都解除之後，城市的精英與珠江三角洲的精英都要尋求建立或鞏固對他們的機構的控制，導致了對重建時期稀缺的資源的競爭。

醞釀了幾年的紅巾軍起義於 1854 年（咸豐四年）春爆發，叛軍攻佔了廣東省內多個城市和村鎮。起義於 6 月進逼珠江三

[1] 原注 28：艾爾曼《經學、政治和宗族》（*Classicism*，*Politics*，*and Kinship*），頁 XXIII、XXXIII、7—8。

角洲，叛軍佔領了廣州東面的東莞縣城。佛山在7月初落入叛軍之手，數週後大良也告陷落。與此同時，另一股叛軍包圍了廣州，在7月13日開始對北門發起猛攻。一個星期後，紅巾軍對廣州的全力進攻在西關的北部一帶被擊退，但叛軍依然緊扼着城市的咽喉。透過包圍，總督葉名琛（1807—1859）在鎮海樓上觀察軍情，這座樓在沿越秀山走向的北城牆的頂端，就在學海堂上方。叛軍對城市的圍困在9月7日方告解除，當天官軍和鄉勇從東門蜂擁而出，擊潰了位於東郊的一個叛軍營盤。到11月初之前，政府軍已經趕走了城北的叛軍。在珠江對岸的河南，他們在1855年（咸豐五年）3月消滅了圍困廣 172
州的最後一批造反者。當大良在5月被收復，叛軍對廣州的威脅就完全解除。[①]

對於與學海堂聯繫的城市文人來說，叛亂代表了他們跟鄉村的一次熱烈的相遇，清清楚楚地提醒著在三角洲之外還存在着更邊遠的地區，他們至今為止對這些地區的認識，僅止於對風景點的遊覽或作為學政官員因公務在三角洲之外的縣作短暫逗留。在圍城期間，外來移民的城市文人大致上都沒有離開廣州，而許多珠江三角洲的精英則被趕進了廣州城——至少是暫時如此——來向官府求助，同時與其他逃難的士紳合作籌款和組織鄉勇。例如，在廣州長大但一直跟番禺家鄉保持聯繫的李光廷，在第一次聽到動亂風聲的時候就回到家鄉，在鄰里富戶中籌款，組織了地方鄉勇。當叛亂者佔領了附近地區時，李光廷就逃回廣州來求助於官府，但官方這時已忙於保衛廣州城。於是李光廷和同鄉的難民士紳建立了一個局來協調鄉勇的各部。李隨後領導他的武裝驅趕叛軍，不讓他們進入自己的地

---

①　原注29：《廣州府志》，卷八十二，頁3背—29背。關於這些事件的總結，參閱魏斐德《大門口的陌生人》（*Strangers at the Gate*），頁139—148。

區。他留在家鄉好幾年去領導鄉局。[①] 學海堂的學者大部分缺乏跟珠江三角洲的這種聯繫，只好神經緊張地等待著危機過去。就在廣州的精英們慶賀戰勝了紅巾軍之後不久，這座城市又受到嚴重威脅，這回是由英法聯軍造成的。在後來稱為亞羅号戰爭或第二次鴉片戰爭（咸豐六年至十年，1856—1860）中，廣州再次成為易受外國軍隊攻擊的目標。而且這第二次衝突對城市生活的擾亂更甚於第一次鴉片戰爭（道光二十年至二十二年，1839—1842）。英國大砲在 1856 年（咸豐六年）10 月下旬首次轟擊了廣州。接下去的兩天中，英國人擊毀了部分城牆，焚毀了新城熱鬧街道上的房屋。11 月初，英國人把大砲瞄準了老城中的衙門，民居和商舖也難逃浩劫。英軍在 12 月後撤，與清政府談判。局勢仍很緊張；一個外國觀察者
173 挖苦地評論接著到來的夏天說，廣州"富人逃跑，窮人餓死"。[②] 一旦談判破裂而英國人和法國人的軍隊已經準備就緒，他們就實施對廣州的攻擊，始而佔領河南，繼而在 1857 年（咸豐七年）12 月炮轟廣州。炮彈打到了越秀山的半山上，在全城好幾個地方引起了火災。[③] 在這最初的炮轟之後，外國軍隊並沒有撤退，而是從12 月29 日起，佔領了整個廣州城。對於學海堂來說，很不幸的是，英國人和法國人更欣賞越秀山的戰略優勢，而不太在意阮元那麼贊賞的文物古跡和本地植物。因此，他們一旦登上了城牆，就一路攻上鎮海樓，佔領觀音廟和山上的其他機構。1 月初，侵略軍進入廣州城，俘虜了葉名琛。在整個佔領時期，英國人和法國人一直在越秀山上駐軍，

---

① 原注 30：陳璞《尺岡草堂遺文》，卷三，頁 10 背。

② 原注 31：柯克（George Wingrove Cooke）《中國：1857—1858 年泰晤士報中國特別通訊》（*China: Being "The Times" Special Correspondent from China in the Years 1857-1858*），頁 50、291－294。

③ 原注 32：柯克《中國》（*China*），頁 285、315－319。

因為任何人控制了這個地點，就掌握了整個城市的生殺大權。①

根據至少一位外國觀察者的報導，城裏的商業生活在幾周之內恢復了喧囂的常態，但佔領對書院的精英產生了更大的破壞性影響。越秀山上的許多寺廟和其他建築物，包括學海堂和文瀾書院，都被損壞、摧毀或改作兵營。書院的學長們緊急僱人轉移藏在文瀾閣中的《皇清經解》原版的印版，但還是散失了很多。幸存的書版用船運到泌涌鄉鄒伯奇家族的祠堂裏安放。城裏的其他重要學術場所也遭到損壞。英軍發起進攻的時候，番禺的學者們正在編纂新一版的縣志。炮彈打中了惠愛街上縣學內的縣志編纂所，前此搜集來準備用於編寫縣志的番禺前賢的珍稀著作，很多被燒成灰燼。結果，林伯桐、儀克中、侯康和學海堂早期其他學者的許多著作都葬身烈焰。大南門內的許多書肆，就像新城裏面金家的書房一樣，也被摧毀。② 學 174
海堂的考試直到咸豐十年（1860）才重開，而且直到書院得到

---

① 原注 33：柯克，一位觀察“亞羅号戰爭”的英國通訊員，描繪了“一所學院的四方院子”，那裏“曾經是傳教機構的導師雲集之處”，但現在已經“成了英國人的指揮部”。這可以猜想為學海堂與毗鄰的文瀾閣，或者也可能是附近的幾家寺廟。柯克《中國》（*China*），頁 321、342；黃宇和（J. Y. Wong）《兩廣總督葉名琛》（*Yeh Ming-chen: Viceroy of Liang Kuang, 1852-1858*），頁 36、178－185。

② 原注 34：同治十一年《南海縣志》，卷二十六，頁 10 面一背；柯克《中國》（*China*），頁 353；史澄《趨庭瑣語》，卷八，頁 6 背－7 面；儀克中《劍光樓集》，陳璞跋，頁 1 面；陳璞《尺岡草堂遺詩》卷四，頁 13 背；李長榮編《柳堂師友詩錄》，金菁茅章，頁 1 面；張維屏《藝談録》下，頁 30 面。

修葺之前，只能在臨時場地舉行。①

儘管大部分文人在炮轟期間都逃離了廣州，年老的黃培芳沒有走，他捨不得離開老城內以他祖先黃佐命名的家族老屋和書齋。不知怎麼，儘管鄰近的房屋毀壞殆盡，黃培芳和他的書齋竟安然無恙。黃當時七十多歲了，身體肯定已相當虛弱；他拒絕離開，很明顯表現出對廣州這個城市的依戀，儘管他按戶籍是香山縣居民。② 然而，跟黃培芳相反，大多數城市文人在咸豐七年（1857）離棄了城市。西關起初提供了一個避難所，但幾位與學海堂聯繫的學者選擇搬到更遠的地方，於是發現自己第一次住在珠江三角洲的鄉下了。因為他們要麼在珠江三角洲從無祖家，要麼原籍雖然在珠江三角洲，但跟那裏的親戚久已失去聯繫；所以城市文人只能利用他們與三角洲居民之間的學術上或業務上的聯繫尋求幫助。陳璞在越秀山第一次被攻佔的當天逃離廣州，他痛苦地但想像力豐富地回憶道“越臺麋鹿竟群游”。③ 可能因為他在河南的祖居离城太近不放心，陳璞最初避居在緊挨着城西的南海縣橫沙村的招家，但後來又接受

---

① 原注 35：陳澧《東塾續集》，頁 71；《學海堂志》，頁 30 背－31 面；《廣州城坊志》，頁 156。同治版《南海縣志》的泌涌鄉地圖標示了鄒氏宗祠。參閱同治十一年《南海縣志》，卷一，頁 42 背。跟學海堂考試一樣，咸豐十年（1860）的南海、番禺兩縣補行歲科考試，因為考場被毀壞，也是臨時借用海幢寺的場地進行。參閱譚宗浚《荔村草堂詩鈔》，卷六，頁 14 背。

② 原注 36：黃培芳的年輕崇拜者李長榮——他在危機期間離開了廣州，到咸豐八年（1858）秋天才回來——提到黃培芳在咸豐九年（1859）二月到訪他的新城“柳堂”之前，四年裏一直沒有離開過舊城。李長榮編《柳堂師友詩錄》，黃培芳章，頁 1 面。

③ 原注 37：陳璞《尺岡草堂遺詩》，卷四，頁 13 面。陳璞用“麋鹿”暗示了《文選》左思《魏都賦》的意象，以及《史記》劉長傳的內容。參閱康達維英譯本《文選》，卷一，頁 433（他把“麋鹿”譯為 elaphures）；華琛英譯本《史記》（*Records of the Grand Historian*），卷二，頁 334。

了鄒伯奇的邀請，搬到泌涌附近的鄒家居住，那裏收藏著劫餘的《皇清經解》書版。[①]

幾位城市文人在初次逃離城市期間寫的詩篇中表達了沮喪之情，但他們很快又寫出了其他詩，展示了一種鄉間生活的浪漫情懷。咸豐六年（1856）臨近年底時，譚瑩和兒子宗浚為躲避英國人的炮火避居荔枝灣（對於《嶺南荔枝詞》的作者來說是個理想的地方）和西關西部邊緣的一些村莊。兩年後，谭家父子沒有訪問在佛山的遠親，而是在和順的何家住了半年，那地方就在南海縣緊靠著謝蘭生家鄉麻奢的東北方。[②] 父子倆都對主人家的生活方式表達了興趣：譚瑩描寫了“村春鄰火星霜
75 換，穀賤年豐夢寢安”，而宗浚描寫和順這地方是“帆檣津估集，簫鼓鼓社神”；不管哪裏，只要戰塵還沒有到達小小的寄跡之所，那裏便是他們的樂園。[③]

沈世良是學海堂許多祖籍山陰的學者之一，年輕時曾師事黎如瑋（1811—1886），黎是順德南部昌教鄉人，以前曾在廣

---

① 原注 38：陳璞《尺岡草堂遺詩》，卷一，頁 7 面；卷四，頁 14 背。陳璞與招仲敭關係密切，招經常參加學海堂的考試，陳在此之前到過他那裏。招家的宗祠和横沙村都在草場鄉。參閱同治十一年《南海縣志》，卷一，頁 19 背。横沙招家最出名的人物是招子庸（1789—1847），他是著名的《粵謳》的作者，也是謝蘭生的好友。《冼玉清文集》，頁 120。

② 原注 39：譚宗浚《荔村草堂詩鈔》，卷六，頁 14 面。譚瑩有一首詩的題目提到何家兄弟倆的別號“藻堂”和“星浦”，但我未能確定他們的身份以及他們與譚家的關係。不過，《南海縣志》下白石鄉的地圖上標明了何氏宗祠是在和順村。譚瑩《樂志堂詩集》，卷十二，頁 19 背；同治十一年《南海縣志》，卷一，頁 27 面。

③ 原注 40：譚瑩《樂志堂詩集》，卷十二，頁 19 背；譚宗浚《荔村草堂詩鈔》，卷一，頁 9 背－10 面。社，即土地與穀物的祭壇，常常被確定為鄉村社區的禮儀活動中心。參閱宋怡明《實踐親屬關係》（*Practicing Kinship*），頁 174－182。

州的新城教過學生，也參加過學海堂的考試。① 面臨外國人侵，沈世良捨棄了在廣州新城的家，帶著他的寶貝宋明版書，先是去了西關，後來就來到昌教，到他舊日的老師提供的避難所享受安全的生活。沈世良的詩集中有一组三十首的組詩，帶有許多自注，描繪了他在黎家的這一段逃難生活。在開篇的第一首詩對逃離廣州的難民遭遇的各種困難作了第一手的記錄之後，以後各首全都是表現他對黎氏家族各種資源的贊羡。沈世良描寫了魚塘和桑樹的種植，描寫了豐盛的食物，還贊賞地提到了雍正年間（1723—1735）實施的按家族範圍徵税的方法。②

來自鄉村的叛亂和外國人對省城的佔領，迫使廣州的城市文人和鄉村文人通力合作。雖然城市的和三角洲的身份以及學術和文學上的結盟關係是識別地方精英中各種成分特徵的重要標竿，但各個集團之間彼此分隔的邊界卻不是僵硬不變的。由於形勢的要求，廣州文人達成了各“派別”文化精英之間尋求共同利益和思想藝術調和一致的協定。因此，記住社會景觀的複雜性是很重要的，即使在構成廣州社會文化精英的這小小一部分人口中，也存在這樣的複雜性。當他們的生活方式受到威脅時，廣州城鄉的文人毫不猶豫地攜手合作，儘管在這表面之下常常潛伏着微妙的緊張。而當六十年代經濟文化資源的競爭趨於激烈時，城市精英就常常感到他們的利益跟珠江三角洲腹地世家望族的利益相衝突了。

---

① 原注 41：黎如瑋有二十首詩收入《學海堂三集》。汪兆鏞的《沈世良傳》，頁 1 面—2 背；和鄭獻甫的序，頁 1 面；俱見於沈世良《小祇陀盦詩鈔》。

② 原注 42：沈世良《小祇陀盦詩鈔》，卷四，頁 5 背—9 面；咸豐三年《順德縣志》，卷二，頁 9 背—10 面。

重新確立城市文人文化 176

到英法聯軍的佔領在 1861 年（咸豐十一年）10 月結束為止，廣州的文人斷斷續續地遭遇動亂的局面已經有二十個年頭了。越秀山被廣州的“赤腳”群眾踐踏過，險些被紅巾軍佔領，最後又遭到外國軍隊的褻瀆。儘管像譚瑩和沈世良這樣的城市文人以喜愛的態度——或許也有些屈尊俯就的味道——描寫他們在鄉村的經歷，但是一旦他們感到回城是安全的，就馬上回到城裏去了。在本章的章首引詩中，陳璞很恰當地寫出了學海堂城市學者小圈子的特點，描繪他們像“鷩鳧”，在危險初露苗頭時就飛走了，然後漸漸地飛回來重新佔有越秀山。當陳璞和朋友們在鄉村叛亂和城市被佔領的局面結束之後重新聚首一堂，他們給自己提出了重新確立在廣州地位的任務。其中很重要的一個部分就是下文將要討論的恢復各個書院和其他機構，組織印書項目，以及六十年代學海堂課程的發展。甚至在此之前，學海堂學者已經領導了城市精英慶祝文人文化的恢復。這可以從兩次文學聚會看出來，這兩次聚會很像這所書院建立之前那十年裏的那些聚會。

第一個案例，是廣州城市精英聚集起來向這座城市的一位救星致敬；黃賢標是那些保衛廣州免受紅巾軍荼毒的人之一。黃是番禺人，當時是負責駐守西關北緣的哨所的一位把總。1854 年（咸豐四年）7 月 20 日紅巾軍從西北方向進攻廣州時，黃帶領一支小小的正規軍與一些鄉勇截擊一股数千人的叛亂者，據說他在隨後發生的格鬥中親手殺死了数十人。廣東巡撫柏貴（？—1859）在鎮海樓上察知黃賢標所部作戰英勇，提升他為千總。第二年，當叛亂的威脅徹底消除後，廣州的文化精英，特別是那些家住西關的，聚會吟詩，贊頌黃的英雄事跡，

177 還刊刻了一部詩集，名為《黃慎之守成記功錄》。詩集由張維屏等於咸豐五年（1855）作序，收入了八十多位作者的頌詩，還有梁廷枏寫的大事記。詩的作者中有前洋商伍崇曜、謝有仁和梁綸樞（1790—1877），以及學海堂學者黃培芳、樊封、熊景星、譚瑩，還有黃培芳的得意門生、以詩才見稱的李長榮。① 這本頌詩集表達了受到救援的城市精英的感激之意，同時也是讓廣州的城市文人安心，他們的文字統治權終於得以行使了。

咸豐十年（1860），廣州仍在英法的佔領之下，但除此之外局勢大致平靜。一個更精選的城市文人群體組織了一系列詩歌雅集，這是重新確立文人統治權的第二個案例。這個活動包括幾個修褉的聚會，這是在中國詩界精英中一種有悠久歷史的儀式，但也是一種特殊的美學的象徵儀式。這個節日的活動最初在陰曆三月的第一個巳日（十二天一週期中的第六天）舉行，而從漢代以後，這個節日的活動改為固定在陰曆三月初三舉行。在以後各朝代，精英們通常在溪流和河邊作詩飲酒，作為這個節日的標誌。但是這個儀式跟王羲之（321—379）的聯繫太密切了，晉永和九年（353），他在紹興主持過一個著名的修褉儀式。② 年代較晚，但同樣是在社會重歸穩定、文人的價值觀得到重新肯定的時代背景下舉行的是十七世紀六十年代，

---

① 原注43：《黃慎之守成記功錄》，無頁碼。此書的一些節錄見於《廣州城坊志》，頁430－432。

② 原注44：卜德（Derk Bodde）《中國古代的節日》（*Festivals in Classical China: New Year and Other Annual Observances During the Han Dynasty, 206 BC-AD 220*），頁273－281。

王士禎在揚州紅橋主持的修禊儀式。[①]

在咸豐十年（1860）的修禊活動中，詩人們頻頻提到王羲之和王士禎，但是他們的修禊活動也令人想到其特別的廣州含義。本地學者都相信，南越國統治者趙佗修建了越秀山上的越王台，是作為舉行修禊儀式的地方。[②] 而且，咸豐十年聚會的詩人們想要重新建構已變成地方流行的、近數十年來這個節日的儀式。通過一再引證，作者們將他們的修禊儀式放在了以前歷次聚會的背景之上；最開始的是嘉慶二十年（1815）在西關長壽寺的修禊儀式，由廣東布政使曾燠主持。[③] 學海堂初年，178 阮元也非常贊賞譚瑩模仿修禊題材的駢體文。[④] 但是，在動亂之後的善後時期，這個儀式在廣州文人中似乎變得特別受歡迎。例如，張維屏在一篇駢體文中記載了道光二十三年（1843）的一次在花地珠江邊的修禊聚會，參加的有二十位廣州文人，包括學海堂的張維屏、黃培芳、譚瑩、陳澧、沈世良和徐灝，另外還有一位出身於山陰幕友家庭的本地教師陳其錕。講到鴉片戰爭中英國人的入侵，在張維屏的文中，已象徵

① 原注 45：關於王士禎及其在揚州紅橋主持的修禊儀式，參閱梅爾清《清初揚州文化》（*Building Culture in Early Qing Yangzhou*），頁 59。修禊儀式也是波拉切克稱為京城春禊圈子的禮儀活動的中心，儘管他認為這個圈子的成員堅持這一儀式的主要目的在於維持與“北派朝臣”如翁方綱、曾燠和阮元的關係表面上的延續性。波拉切克《內部的鴉片戰爭》（*Inner Opium War*），頁 84—85。

② 原注 46：黃芝《粵小記》，卷二，頁 20 背；《廣州城坊志》，頁 132。這個節日還有另外的地方意義，因為陰曆三月初三也是佛山和廣州西關的寺廟裏香火很盛的北帝神的生日北帝誕。格雷《遊走廣州城》（*Walks in the City of Canton*），頁 122；道光十五年《南海縣志》，卷八，頁 14 背。亦見劉志偉《沙田上的家族》，頁 40。

③ 原注 47：張維屏和詩人陳曇都參加了嘉慶二十年的修禊儀式。道光十六年（1836），陳曇和潘定桂又一次在同一地點參加了這一活動。陳曇《感遇堂文外集》，卷三，頁 11 面—背。

④ 原注 48：《學海堂集》，卷十，頁 38 面—40 面。

性地收回了這個城市空間："前者逆夷弗靖，擾及仙城；今者海氛既平，遵此王路。"①

在此之後，修禊儀式在精選的廣州文人群體中成了一種受歡迎的消遣活動。道光二十五年（1845）、咸豐三年（1853）和咸豐七年（1857），李長榮都在他新城中的"柳堂"主持過修禊，出席的地方名流有張維屏、黄培芳、譚瑩和名畫家蘇六朋（1796—1862）——他的孫子光緒十六年（1890）在學海堂學習。② 鄧大林在花地附近的"杏林莊"也是一個受歡迎的地點。道光二十八年（1848），杜游、沈世良和許玉彬曾在那裏出席了一次修禊儀式；咸豐四年（1854），一位學海堂的前應試者李應田（咸豐二年進士）邀請了張維屏、沈世良、許玉彬和一些其他人來到杏林莊，然後移步到河南潘氏物業附近的一個酒家，在那裏舉行修禊儀式。③

咸豐十年（1860）對熱衷於修禊的人是一個特別的年頭，因為大多數城市文人都是剛剛從鄉下的避難處回來，而這一年陰曆恰好有一個閏三月，可以允許重複的儀式。結果，這個群

① 原注49：張維屏《聽松廬駢體文鈔》，卷四，頁11面—12面。"仙城"指廣州，據説曾有五位騎羊的仙人發現了這裏。修禊聚會的參加者中還有丁熙（約1808—1850）、黄玉階、李應田、温訓和陶克勤（關於番禺陶氏，參閲上文原注16）；張深，江蘇丹徒縣人，十九世紀三十年代中期曾任遠在粵東的大埔縣署理知縣，看來是張維屏在文中提到的江南小團隊中唯一的成員。三位受邀請而未能到會的客人是許玉彬、李長榮和段佩蘭。竇鎮《國朝書畫家筆錄》卷三，頁16背—17面；《大埔縣志》，卷十七，頁3背。

② 原注50：李長榮編《柳堂師友詩錄》，蘇六朋章，譚瑩章、杜遊章。

③ 原注51：許玉彬《冬榮館遺稿》，卷四，頁14面；卷五，頁13面—背。順德人李應田有一篇文章和四首詩收入《學海堂三集》；他的父親李清華有一文一詩收入《學海堂集》。另一次修禊儀式，可能是十九世紀五十年代在海幢寺舉行的，參加的人中有張維屏、黄培芳、譚瑩和學海堂學長楊榮緒。楊榮緒《楊黼香先生遺稿補編》，無頁碼。

體在這一年全年中有好幾個場合聚集在一起。一開始，他們在三月初三那天有兩個各自不同的聚會。李長榮邀請了樊封、徐灝、譚瑩和譚瑩在學海堂的學生陳起榮到柳堂。與此同時，一位多年居住在越秀山下應元宮的新會人，名叫羅天尺的，作東邀請學海堂的學長陳澧和陳良玉，以及顏薰和梁玉森（兩位學 179
海堂詩人），在長壽寺聚會。閏三月初一日，李長榮、汪瑔、顏薰和其他城市文人聚集在光孝寺的訶林，舉行了一個預備儀式，兩天後樊封、徐灝、潘恕和其他人齊聚杏林莊。在整個咸豐十年，這些詩人們的不同組合在廣州城內外六個不同地點總共聚會了九次，而以七月中旬和八月第一個“巳日”的“秋禊”儀式達到頂點。①

更重要的是，與往年不同，咸豐十年聚會的詩人們將這一年的修禊儀式編了一本紀念集，題為《庚申修禊集》。除了由李長榮、陳起榮和廣州駢文大師譚瑩寫的序、跋之外，這個文本包括了各次修禊中寫的詩篇，以及描繪每一個地點的圖畫（見圖6）。在詩篇與序中，作者們都著重通過對王羲之的“山陰之會”、王士禎的紅橋儀式和曾燠的長壽寺聚會表達敬意， 180
以承接修禊的“遺緒”；他們也一再提到近年來打斷了修禊的一系列危機。幾位詩人記錄了越秀山麓容氏家族的“寄園”在咸豐七年（1857）被毀；在那裏，張維屏、譚瑩和陳其錕在英法聯軍入侵前曾舉行過修禊儀式。② 另一些詩人講到老一輩文人的逝去。例如，李長榮在咸豐十年柳堂修禊的第一首詩中觀

① 原注52：《庚申修禊集》，譚瑩總序，頁2面、各處。關於秋禊儀式，參閱卜德《中國古代的節日》（*Festivals in Classical China*），頁285—288。這些儀式在十九世紀的廣州並非沒有先例。例如，在道光十二年（1832），鄉試主考官程恩澤（1785—1837）和譚瑩在雲泉山館主持了一次秋禊儀式。陳良玉《梅窩詩鈔》，卷二，頁20面。

② 原注53：《庚申修禊集》，柳堂春禊詩，頁5背；《廣州城坊志》頁120—121。

圖 6：咸豐十年訶林修禊（摘引自《庚申修禊錄》）

察到幾位咸豐三年（1853）修禊的參與者——張維屏、黃培芳與杜游——都已亡故。① 李的第二首詩表達了原始民族主義者的情感，宣稱他“不獨感羲之”，而是同時感於皇朝面臨的危機。②

這一系列文學雅集的結果是刊刻了兩部詩集，一部是贊揚黃千總的，另一部是記載咸豐十年（1860）修禊活動的，標誌著在重新確認城市精英文化方面走出的決定性一步。兩本詩集

① 原注 54：《庚申修禊集》，《柳堂春禊詩》，頁 3 面。

② 原注 55：《庚申修禊集》，頁 3 背。《庚申修禊集》裏的詩並非都這麼陰沉。柳堂修禊的詩集中收入了一首詩，是一位順德畫家梁琛在回信中寄給李長榮的，李長榮在信中告訴了他修禊的事。在詩的題目中，梁琛說他也邀請了蘇六朋租一艘小艇泛舟珠江，攜“名花”（就是名妓）補行修禊儀式，並且說不知道柳堂諸人會不會把梁和蘇看作兩個狂叟。在詩中，梁琛表示恐怕別人會“笑我多情似少年”。在詩末的注中，梁設想，經歷了近日的動亂之後，“珠江名花當有在者”。《庚申修禊集》，頁 6 背。

都大體上是廣州城市文人社群的產品，這個社群跟珠江三角洲腹地之間的聯繫紐帶是很微弱的。當他們看到他們的城市受到一個來歷不明的姓黃的把總的保護時，他們決定承認他的貢獻。咸豐十年，儘管外國佔領仍在繼續，同樣是這些文人中的許多人，通過不斷重演和重寫一個跟江南文學傳統和廣州本土環境都有象徵性聯繫的精英文化的禮儀，慶賀着城市精英文化的重建。由於學海堂的第二代學者需要尋求在重建的資金分配中確保一個有利的份額，這些文學活動起着重新確立他們在城市精英文化中合法地位的作用。

城市與腹地的重建策略

除了向城市的保衛者致敬和恢復危機前的生活方式之外，廣州的城市文人也採取了步驟來確保他們的學術機構和文化工程的籌資安全，儘管在十九世紀六十年代重建過程中存在着緊張的資源競爭。雖然更大範圍的“全國”重建工程，即所謂
“同治中興”，被一些歷史學家描繪為古老王朝的苟延殘喘，但 181
是更多晚近的研究強調了地方精英從新的資金來源和新型的“精英管理”的機構所獲得的好處。① 在廣州和珠江三角洲，各路精英都努力在這個重建的餡餅中爭取分得一塊。大良的桑

① 原注 56：芮瑪麗（Mary Wright）以同治中興為例，論證現代的國家結構不能嫁接到一個儒教的社會中。參閱芮瑪麗《同治中興——中國保守主義的最後抵抗，1862—1874》（*The Last Stand of Chinese Conservatism: The T'ung-chih Restoration, 1862-1874*），頁 9－10、299－300。冉玫爍（Mary Rankin）以區域方法探討，認為同治朝的重建工作“促進了精英管理的、類似政府公辦的事業迅速而持久的擴展”。冉玫爍《中國精英行動主義與政治變革：浙江省，1865—1911》（*Elite Activism and Political Transformation in China: Zhejiang Province, 1865-1911*），頁 3。

園圍地區，以及珠江三角洲富庶地帶的世家望族成員利用在外國入侵和紅巾軍叛亂時組建的鄉勇鞏固了他們對地方資源的掌握，並且更深入地向沙田地區擴大了他們的控制範圍。在廣州城，與學海堂聯繫的學術精英也通過經營城市糧倉和一些其他機構以及確保同情他們的官員對學術工程的投資而重新確立了自己的地位。他們為保證學海堂及其有關的文化工程的生存而投入的能量之大，說明了這個書院作為地方文化資源的重要性。

在第七章我們將詳細地考察儒林書院的創建，這是桑園圍地區九江鄉一個由當地精英控制的公共企業機構。大良的精英同樣在危機和重建期間鞏固了他們的勢力，這個過程很好地說明了珠江三角洲腹地所採取的與城市文人相反的戰略。大良世家望族的兩個成員——龍元僖（1810—1884）和羅惇衍，趁著平定紅巾軍的機會擴張了他們的勢力。在政府軍於 1855 年（咸豐五年）3 月收復了大良之後，龍元僖組織了順德團練總局。這個總局進而又成為了一個媒介物，使得順德那些最強有力的家族的代表，包括昌教黎家以及大良的龍家和羅家，在這個世紀餘下的時間裏真正統治着這個縣的大部分。龍元僖和羅惇衍在咸豐八年（1858）將英國人和法國人趕出廣州城的努力中再次動員了鄉勇。雖然這個嘗試以完全失敗告終，雖然鄉下軍隊進犯城市的象徵意義不可能在城市精英中獲得好的反響，但是龍和羅在實施其對鄉村的控制中毫不氣餒。咸豐九年（1859），順德總局取得了對香山和順德交界處一片稱為“東海十六沙”的沙田地區的控制權。截至十九世紀六十年代中期，
182 新任的省級官員都被告知大良龍、羅兩家的勢力，顯示出珠江

三角洲這些世家望族在重建時期獲益豐厚。①

隨著珠江三角洲世家望族通過控制稅收和團練擴大勢力，他們越來越多地跟廣州的省級官員發生衝突。那些強勢的省級官員試圖重新確立政府對珠江三角洲腹地稅收的控制權，往往會在那裏遇到僵硬的反對，但卻受到城市文人的歡迎，因為他們獲益於官方將資金以虹吸的方式從腹地抽到城裏的努力。所以，當同治二年至五年（1863—1866）任廣東巡撫的郭嵩燾（1818—1891）建立了一個局，對未注冊的沙田展開調查時，控制了這些沙田的世家望族就起而反對。二十年後，兩廣總督張之洞（1837—1909）創建了一個“沙田總局”，進行新的調查，但是再次遭到許多反抗。② 當張成功地迫使東莞縣一個由精英管理的包稅制組織——有名的明倫堂——向省政府繳稅時，他就把這些錢的一部分用來支持城裏的出版項目。此外，聚集在學海堂的城市精英還對三角洲家族的鄉勇團練提出批評。有點軍事背景的漢軍旗人樊封嘲笑那些“青衿廢紳”在鴉片戰爭期間向省裏官員提出的各種方案。③ 同樣，陳澧也在私下評論說，鄉勇不僅無用，而且在五十年代動亂時成了土匪和

---

① 原注 57：道光九年《順德縣志》，卷十八，頁 2 面－4 面、19 背－23 面，卷十八，頁 14 背。魏斐德《大門口的陌生人》（*Strangers at the Gate*），頁 152－156；譚棣華《清代珠江三角洲的沙田》，頁 245；伍若賢《珠江三角洲常見的二地主制》（“Institutional and Secondary Landlordism in the Pearl River Delta”）；佐佐木正哉（Sasaki Masaya）《順德縣鄉民與東海十六沙》（『順德縣鄉民と東海十六沙』），尤其是頁 209－219。順德紳董局的十八位紳董之一黎超民，佐佐木未驗明其身份，他是李如梅的舅父，曾在咸豐八年（1858）時在昌教鄉接待過沈世良。佐佐木正哉《順德縣鄉民與東海十六沙》，頁 216；沈世良《小祇陀盦詩鈔》，卷四，頁 7 面。

② 原注 58：譚棣華《清代珠江三角洲的沙田》，頁 39。

③ 原注 59：樊封《夷難始末》，頁 11 面。

叛軍的主要來源。[①]

省當局與城市文人在掌控從沙田地區得到的收入這件事上享有共同利益，潛在的支付者是沙田地區邊緣各鄉的世家望族。[②] 十九世紀中期，當三角洲的精英在創辦越來越複雜的團體機構時，城市的精英也重新確立了其管理地方事務的角色。儘管他們在一些時候對三角洲精英擴張勢力採取的方法持批評態度，與學海堂联繫的城市精英在廣州也採取了相似的策略——當然，一個例外是，城市精英們是在省的官員贊助下，而不是在他們的反對下這樣做的。廣州外來移民精英中的許多人在縣、 183
府、省衙門充當幕友的成員，肯定會預先安排官員去支持城市的種種項目。而且，城市文人，特別是那些與學海堂聯繫的文人，還被各種各樣由省的官員資助的特別項目聘用。在一個這樣的項目中，新成立的地圖局被賦予繪製廣東省詳細地圖的任務。這個項目的人員中，主要學者有陳澧、鄒伯奇和桂文燦。[③]

廣州城市文人（特別是幾位學海堂學者）手中控制着的最重要的機構是一所舊有的由精英管理的糧倉，在十九世紀六十年代的重建過程中，它被用來為城市學術機構的恢復籌款。糧

---

① 原注 60：陳澧《東塾遺稿》，卷 53，頁 5。早在道光二十六年(1846)，一位來自湖南的寄寓文人就認定復員的兵勇是廣東匪患和動亂的來源。周壽昌《思益堂日札》，頁 27 面。

② 原注 61：這種情況的一個早期例子發生在鴉片戰爭期間，曾釗和樊封向祁𡎴提議，富戶手裏積累的大量沙田應該由國家徵用。梁廷枏《夷氛記聞》，頁 52。

③ 原注 62：郭嵩燾《郭嵩燾日記》，頁 161。除了提供軍事防禦的戰略信息之外，這個地圖繪製工程應當也提供了對進一步開發沙田有用的知識。波拉切克記錄了道光二十一年、二十二年（1841、1842）廣州士紳致力於組建一支鄉勇武裝，在城市社團擁有的沙田上巡邏，同時收取那裏的地租，與交給局裏的費用相抵。他暗示省的官員默許甚至是鼓勵這個方案。參閱波拉切克《內部的鴉片戰爭》（*The Inner Opium War*），頁 172—173。

倉的名字叫“惠濟倉”，是三十年代由一群士紳提議興辦的。來自桑園圍南海部分的德高望重的紳士區玉章（嘉慶十三年進士），在贊助士紳名錄中領銜。區玉章的名字出現在名錄之首，很可能是因為他的前翰林學士和現任粵秀書院山長的地位，因為看來他隨後並沒有很深地參與糧倉的經營管理。有其他的資料稱許學海堂的學長林伯桐和儀克中，或者陳其錕，在醞釀糧倉的項目和疏通官員方面的功勞。① 無論如何，這個項目在道光七年（1837）得到了總督鄧廷楨和巡撫祁𡎴（1777—1844）的批准。糧倉在第二年竣工，實際上由兩部分組成，一個“東倉”和一個“西倉”，都在老城南部的西湖街。工程的資金來自本城精英，包括洋商的捐款。很有意義的是，鄧廷楨和祁𡎴明確認可這個新糧倉將由支持其創建的人來管理，而不是交給可能會腐敗的衙門下屬人員去管理。還有黃培芳，曾擔任掌櫃。糧倉啟動時投入的資金為十二萬四千九百八十二兩，建築完成后的餘額為十一萬兩。這筆錢的百分之四十用於購買糧食，其餘的百分之六十存入賬戶生息。儘管糧倉創建的賬目中沒有提到，但據別的史料，它也從所控制的土地獲得地租的收入。②

---

① 原注 63：陳其錕的父親是阮元手下一位幕友，曾提議進口外國稻米以供應缺糧的珠江三角洲。《番禺縣續志》，卷十九，頁 10 面一背。

② 原注 64：《廣東省例新纂》，卷二，頁 28 面一背；《番禺縣續志》，卷十九，頁 10 面一背；同治十一年《南海縣志》，卷十二，頁 32 背—33 背，卷十三，頁 32 面；宣統二年《南海縣志》，卷十五，頁 6 面；金錫齡《劬書室遺集》，卷十六，頁 16；《黃氏家乘》，卷三，頁 45 面；梁嘉彬《廣東十三行考》，頁 323—324；《朱次琦先生實事考》。冉玫爍描繪了佛山的一所類似的由士紳管理的糧倉，是在十八世紀九十年代由地方精英發起建立的。佛山的士紳在十九世紀上半葉日益主張擺脫官方的監視取得獨立。冉玫爍《由人民管理》（“Managed by the People”），頁 20—23、38—39。關於十九世紀早期的城市義倉，參閱魏丕信（Pierre-Étienne Will）、王國斌（R. Bin Wong）《養民：中國的民用倉儲制度，1650—1850》（*Nourish the People: The State Civilian Granary System in China, 1650-1850*），頁 89。

184 雖然建立這個糧倉的目的是為了改善像道光十三年(1833)水災那樣的災難——當時城內的百姓都被洪水趕上了越秀山，但是糧倉的資金在那個重建時期也被廣州的精英作了創造性的利用。同治元年(1862)，總督勞崇光(1802—1867)下令，從糧倉管下田畝的年租收入中撥出二百四十兩，以補助學海堂的費用。雖然這個主意的始創人不知是誰，但兩年後糧倉的掌櫃是史澄——越秀書院現任的山長，一位山陰幕友的孫子。史澄趁糧價高時糶出存糧，留下足夠的餘糧以備急時之需，而將餘款用來重印阮元主持修纂的《廣東通志》，因為原來的印版在咸豐七年(1857)廣州遭炮擊時被毀。十年後，陳澧和文瀾書院山長王鑑心共同管理糧倉。在他們任內，糧倉獲得了在香山和番禺的數十英畝沙田，可以收取田租和利息。至少在這個案例中，廣州的城市外來移民精英與珠江三角洲世家望族的精英成員在爭奪門路以取得沙田所提供的財富。在那裏，後者擁有對大量土地的處置權，擁有新成立的、由宗祠和書院這樣的實體控制的鄉勇武裝，而前者則有官員的贊助。與駐城官員的這種合作，使城市文人可以投資於一些文化資源，例如重建學海堂和更深入地探討阮元的課程理念。①

在重建中發展學海堂

為了給學海堂的成立增添光彩，阮元和在那裏學習的第一代學者，通過宣揚一種新引進的學術和文學理想的折衷主義混合體，從考證學研究方法到《文選》的文學模式，設法使這所新書院跟廣東早先的書院有所不同。不過，儘管學海堂考試的內容獨一無二，學海堂的校園成為受歡迎的“雅集”場所，但

---

① 原注65：《學海堂志》，頁18背；史澄《趨庭瑣語》，卷八，頁9面、15背。

學長們和應試者們並不是經常性地以師生的角色在書院裏相見。道光十四年（1834），一次新的考試結果創建了“專課”的制度；在這種制度中，“專課生”被允許集中精力研究一個特定的領域，而且可以緊密地跟隨八位學長中的一位學習。道光十四年之後，由於缺乏資金，專課生課程難以為繼；但城市文人們利用了六十年代重建的機會恢復了專課並使之成為制度，標誌著真正與清代傳統的書院分道揚鑣。學海堂專課生課程在制度上的創新，是尋求真正實現學海堂早期的支持者對於獨特性的要求。 185

兩位阮元的追隨者盧坤（1772—1835）和錢儀吉（1783—1850），被委託創建專課生課程。盧坤在道光十二年（1832）曾被調任兩廣總督，是有名的嘉慶四年（1799）進士班子的成員，阮元是這一屆考試的考官。浙江人錢儀吉跟隨盧坤到廣州任上，來編寫一部廣東的食鹽專賣志。注意到學海堂的應試者甚至未必跟老師見過面，盧坤恐怕由於缺乏了始創者的個人魅力，書院的教育活動會缺少活力，所以，在錢儀吉完成了志書的編寫之後，就把他留下來以非正式的身份給學生講課，以減少學海堂內驕傲自滿情緒的影響。錢儀吉跟林伯桐、吴蘭修和曾釗這三位仍在學海堂的首批學長一起，設計了一個方法來測驗專攻一種經典的學生，然後他把他們的建議呈給了盧坤，盧將其定為制度，並命令在道光十四年（1834）選出十名學生組成首個專課生班。①

不清楚阮元在何種程度上參與了創建專課生課程，他道光十四年還在雲貴總督任上；但是他離開廣州後肯定跟學海堂學

① 原注66：盧端黼《敏肅顯考厚山府君年譜》，頁7面、62面；錢儀吉《衎石齋記事稿續稿》，卷三，頁25面；陳澧《東塾集》，卷二，頁28面；《學海堂專課章程》，頁3背。

者保持著通信關係，曾贈給書院一通描繪雲南洱海的石刻圖畫。① 無論阮元在道光十四年直接參與的程度如何，專課生課程非常符合阮元在嘉慶二十五年（1820）建立書院時所想像的課程理念。在為《學海堂集》寫的序裏，阮元描繪了萌芽時期
186 的專課生課程情景，學生們在專攻宋代以前的經解、訓詁學、朱熹著作、史學、《文選》風格的文學作品、唐宋詩歌和實用散文。② 道光十四年的專課生事實上選擇的大致也就是這些研究領域。由學長提名的十名學生，每人從“十三經”（附有漢唐的箋注和再箋注）、最早的四部正史（《史記》、《漢書》、《後漢書》和《三國志》）、《文選》、杜詩、韓文和朱熹的文集這些經典中，選擇一種感興趣的作為教材。每個學生要逐日記錄學習的進境，由專長跟該生的興趣最接近的一位學長按季度給予鑑定。③

187 **表** 2　**道光十四年**（1834）**專課生**

姓　名	書　目
陳　澧	《春秋穀梁傳》
張其翻	《漢書》
吴文起	《大戴禮記》
朱次琦	（拒絕指定）
李能定[1]	《春秋》
侯　度[2]	《禮記》
吴　俜	《春秋公羊傳》
潘繼李	《詩經》?
金錫齡	《詩經》
許玉彬[3]	《文選》

注：表中姓名排列是按照《學海堂志》中的順序。遺憾的是無論《學海堂志》還

① 原注 67：《學海堂志》，頁 35 面一背。

② 原注 68：同治十一年《南海縣志》，卷十二，頁 24 面。

③ 原注 69：《學海堂專課章程》，頁 3 面一背；《學海堂志》，頁 25 背－26 面。

是《學海堂專課章程》都沒有列出這首屆專課生班各人的研究領域。本表是根據錢儀吉對各專課生作業的評語列出的。參閱錢儀吉《衎石齋記事續稿》，卷十，頁36面一40背。錢沒有收錄對陳澧和朱次琦作品的評語。後者實際上拒絕被指定為專課生；不過按我的印象，朱是被選為專攻朱熹著作的專課生。我們從別的資料知道陳澧在道光十四年研究了《穀梁傳》，所以可推知這是他在學海堂專課生課程中肄習的課業。參閱陳澧《〈穀梁例證〉續》，載於其《東塾集》，卷三，頁12背。

[1] 李能定屬於來自陝西的寄寓者家庭，落籍為番禺居民。《番禺縣續志》，卷二十，頁16面。

[2] 侯度是侯康的弟弟。《番禺縣志》，卷四十八，頁4面。

[3] 許玉彬可能是外來移民，因為他落籍為番禺的捕屬居民。① 許是吳蘭修的學生，也是梁梅的外甥（許玉彬的母親是梁梅的妹妹）。同治十年《番禺縣志》記載梁梅的妹妹曾割自己的肉出血，給生病的丈夫（即玉彬之父）做藥，就像梁梅曾經用自己的血放在湯裏給母親治病一樣。許玉彬《冬榮館遺稿》，卷六，頁1面；《番禺縣志》卷五十一，頁30面；《番禺縣續志》，卷十九，頁26背。

表3　同治五年（1866）專課生

姓　名	書　目
桂文燦	《史記》
潘乃成[1]	《毛詩》
梁　起[2]	《昌黎集》
孔繼藩	《算經十書》
高學燿	《禮記》
陳慶修[3]	《周禮》
崔顏問	《朱子大全集》
王國瑞	《爾雅》
周　果	《儀禮》
伍學藻	《春秋左傳》

[1] 潘乃成是道光十四年（1834）選出的第一屆十名專課生之一潘繼李的兒子。

① 譯注：捕屬，原文作“補屬（added）”；按當為“捕屬”，意即Registered at the police。清代來自外省的移民落籍廣州者，都採取在兩個首縣番禺和南海的捕廳（即警方）注冊的方式，稱為“番禺捕屬”和“南海捕屬”，其中以番禺捕屬居多。

［2］梁起原名梁以瑭，見於《學海堂志》，頁 27 面。

［3］陳慶修是陳澧的姪孫。汪宗衍《陳東塾先生年譜》，頁 55。

來源：《學海堂志》，頁 27 面一背。

表 2 列出了這首屆的專課生姓名及各人專攻的書目。這第一個班的十人中，有五人後來成為學海堂的學長：陳澧在道光二十年（1840），金锡齡在咸豐三年（1853），李能定在咸豐八年（1858），朱次琦在咸豐九年（1859），張其翻在光緒十一年（1885）。儘管這第一個班的聲譽很好，但也只辦了一期就沒有繼續下去。這個課程沒有固定的資金來源，自從盧坤 1835 年（道光十五年）10 月在任上去世之後，就再沒有省的官員表現出想恢復它的願望。

經過三十年的間歇之後，專課生課程作為學海堂重建總體的一部分得以重獲新生。儘管在咸豐七年（1857）之後，學海堂的校舍被佔領軍用作兵營，但學海堂學長的任命在咸豐八年、九年（1858、1859）仍然進行，試卷的第三集在咸豐九年刊印，而考試也在咸豐十年（1860）恢復舉行。山堂本身在兩年後得以修葺，但不久又毀於颱風，在同治二年（1863）又再重建。此外，總督勞崇光下令重印《皇清經解》、阮元的《揅
188 經室集》，和學海堂作品的前兩集。第一個項目於咸豐十年暮春在長壽寺內啟動，學海堂的學長陳澧和譚瑩加入了編纂工作。① 在這重建的局面下，陳澧發現郭嵩燾這位省級官員願意支持他恢復專課生課程。該課程於同治四年（1865）在郭嵩燾
189 的贊助下重開，內容仍按最初的體系，但增加了一個新領域——數學。同時，郭指定新的專課生學習期為三年，第一组

① 原注 70：陳澧《東塾續集》，頁 71；《學海堂志》，頁 23 背、30 背—31 面；《庚申修禊集》，譚瑩序，頁 3 背；譚宗浚《荔村草堂詩鈔》，卷六，頁 14 背。

從同治五年（1866）開始學習。該班的學生和書目在表 3 中列出。

這位巡撫雖然給這新的一班專課生提供了學習三年的資金，但是他沒有做好準備以防止這個體制在好像三十年代那樣的情況下無法繼續。學海堂的學長們後來創造了一個機會，保證專課生課程的長遠維持。從同治五年（1866）起，原有劃出來供養學海堂的一塊土地的租戶“情願”將他們四百五十兩的租金加倍。同治八年（1869），學長周寅清向巡撫李福泰（1807—1871）提議，將這部分增加的收入用來提供二十位專課生的定期津貼和有關費用。 190

表 4　光緒十四年（1888）三月學海堂課題

詩書漆沮異同考[1]
詩禮相為表里說（此王伯厚說試推廣言之）
儀禮昏禮稱士解
春秋新意說（語出杜元凱序試為之發明）
問六書諧聲之字最多說文於某聲之外有云皆聲者有云亦聲者有云省聲者其義若何試分別言之
褚少孫補史記論[2]
釋敬
割圜八線用法說
擬傅季友為宋公修張良廟教[3]
廣蔡伯喈筆賦（古體）[4]
和韓昌黎南溪始泛三首
和杜少陵義鶻行

注：將這裏的兩套課題跟收在《學海堂考》中並由艾爾曼譯出的一套同治七年（1868）的課題放在一起，可以看出其相似性。參閱容肇祖《學海堂考》，倒數第 1 頁。艾爾曼《從理學到樸學》（*From Philosophy to Philology*），頁 127—128。

[1]“漆”和“沮”是出現在這兩部經典中的兩條溪流。參閱理雅各《中國經典》（*The Chinese Classics*），卷 3，頁 142；卷 4，頁 291、558。

[2] 褚少孫（前104？—前30?）曾增補司馬遷的《史記》。魯惟一《中國早期文本》(*Early Chinese Texts*)，頁406。

[3] 傅亮生活在宋朝初年（420—478）。蕭統《文選》，卷三十六，頁5面—6背。

[4] 蔡邕（133—192）是漢朝晚期的辭賦大師。

來源：《學海堂課題》，無頁碼。

表5　光緒十四年（1888）四月學海堂課題

書袁枚金縢辨後[1]
彤弓饗右醻解[2]
鄉飲酒禮賓西階上疑文解
左傳焦瑕解[3]
十干皆象人形說
漢藝文志道家與神仙不同學
朱子福州州學經史閣記書後
求鐘律長短用連比例法（古法三分損益末密鄭世子律呂精義用勾股術四庫提要謂即諸乘方連比例相求法試為設算以明之）
重刊文選序（駢體）
石印書賦（古體）
登六榕寺塔（用杜工部登慈恩寺塔韻五古）

[1] 這個"金縢"見於《尚書·周書》的同名章節。參閱理雅各《中國經典》(*The Chinese Classics*)，卷三，頁356。

[2] 參閱理雅各《中國經典》，卷四，頁278—279。

[3] "焦"和"瑕"是春秋時代晉國的兩個城市（或地區）。參閱理雅各《中國經典》，卷五，頁217、694。

周寅清要求再撥給同治十一年（1872）和光緒元年（1875）開學的兩個各二十名專課生的班同樣的經費。至此就造成了一個先例，在像八十年代當政的張之洞那樣的省級官員的熱心資助下，直到光緒二十三年（1897）為止，新的專課生班越來越頻繁創辦起來。①

通過陳澧和周寅清的創舉，久已死亡的專課生課程得以在學海堂重獲新生並制度化。這個制度在阮元為《學海堂集》寫的序中还只是一個朦朧的理想。盧坤和錢儀吉在道光十四年（1834）創設了專課生課程，但沒有提供一個能使之延續下去的機制。本來，同治五年（1866）專課生班也可能遭到同樣的命運，幸虧周寅清抓住了機會，在廣州的重建過程對投資的爭奪中，設法為專課生課程保證了可靠的財政來源。

在創設創新性的專課生課程同時，學海堂繼續在書院為範圍大得多的常例應試者舉行考試。考試的課題表現出相當大的一貫性，無論是從一個月跟另一個月相比較來看，還是跟始創者的學術和文學理想相比較來看，都是如此。表 4 和表 5 顯示的光緒十四年（1888）陰曆三月和四月的兩套課題就是典型的例子。每月的開始四個問題是以“解”、“考”和“說”的形式提問學生一些經典段落的解釋。在此之後通常是一個接一個關於語文學、早期歷史（通常是漢代）、理學和數學的問題。最後，學生被要求評論或模仿唐代以前的賦或者駢體文，以及一位唐宋詩人（最常見的是杜甫）。

儘管現存的從光緒十四年至二十二年（1888—1896）的課題展現其學術和文學內容跟阮元的觀點明顯一致，但是這些常例考試進行的方式令人覺得學長與常課生之間關係很疏遠。考試的課題從陰曆二月到十一月每月公佈。② 他們要求學生在十五天後將答卷送到廣州城內某個指定地點。曾被用作收卷地 191
點的有粵秀、越華和羊城三間書院，還有惠濟倉與番禺縣的一

① 原注 71：《學海堂專課章程》，頁 9 面－10 背；陳澧《東塾雜俎》，卷 11，頁 22 面。

② 原注 72：截至十九世紀八十年代後期，學海堂的考試顯然是從每年的陰曆二月到十一月舉行，比書院成立早期的季考制度較為頻繁。

所書院；只有一次直接在學海堂收取。從 1888 年 2 月起，學生們被提醒，如果超過三次不參加考試，他們的膏火錢將被取消。很難想像這是一個城市的學術精英的所為。書院與常課生之間是這樣一種疏遠的、敷衍的關係，令人感到學海堂的教育並不是總能夠達到那些寫文章贊頌這所書院的人想像中的移風易俗的境界。

不過，學海堂繼續吸引着廣州本地的和寄寓的文人把這裏作為出遊之所。例如，陳澧在一篇《山堂看月記》裏描寫他同治五年（1866）陰曆十月中在學海堂度過兩天兩夜，讀書，飲酒，觀賞滿月，跟汪瑔交談。① 十年之後，文廷式（1856—1905，一位江西的寄寓者的廣州後人，曾師事陳澧）在 1876 年（光緒二年）6 月 8 日的日記中提到他和于式枚（1859—1915，一位光緒二年的專課生）一起登上學海堂，在此避暑並對弈數局。第二天，文廷式謝絕了陳宗侃的邀請，在學海堂用飯。② 由此看來，學海堂保持了它在本地文化景觀中的主流地位，繼續成為廣州城市精英社會活動日程中一個重要的地點。

進化中的書院系統與學海堂

學海堂的重建與專課生課程的恢復並正規化，是廣州各機構在外國佔領下一系列危機達到頂點之後大規模重建的一部分。儘管存在資源的競爭，廣州的書院系統在重建之後的一個時期實際上擴大了。舊有的書院繼續在廣州的學術生活中起着
192 重要的作用，另外有兩所新書院在越秀山上學海堂近旁建立起來（見圖 7）。廣州在同治中興時期舊書院更新和新書院創辦

① 原注 73：陳澧《東塾續集》，頁 41—42。

② 原注 74：文廷式《文廷式集》，頁 1070；容肇祖《學海堂考》，頁 73。

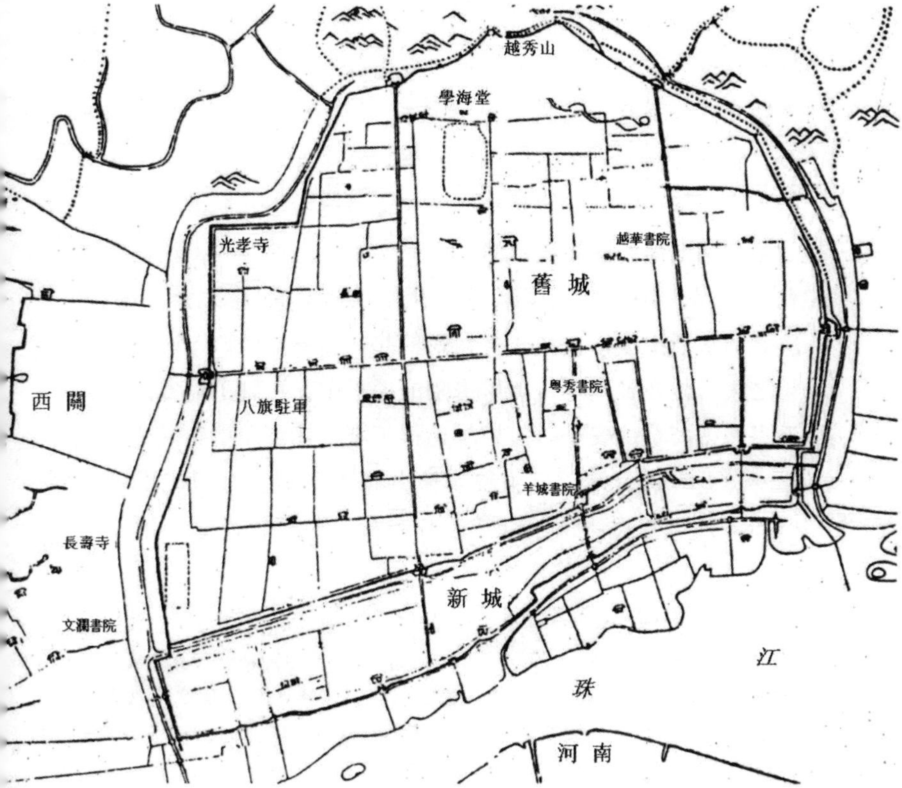

圖 7：陳澧的城市。

本圖採自陳澧為光緒五年（1879）《廣州府志》所繪的廣州地圖。府志在粵秀書院編纂和刊印（來源：《廣州府志》，卷八，頁 3 背—4 面）。

的熱潮，反映了全廣東以至清帝國其他地區的模式。對於廣東，劉伯驥的研究顯示，在清代，同治時期是廣東省新書院建設年增長率最高的時期。[①] 秦博理（Barry C. Keenan）和冉玫爍（Mary Backus Rankin）記錄了江蘇和浙江在書院建設的增

① 原注 75：劉伯驥《廣東書院制度》，頁 78—79。

長速度上也有類似的飛躍。①

廣州最老的官辦書院粵秀書院，經過幾位廣州的山長管理，在整個十九世紀繼續穩定地發揮着作用。跟十九世紀通常聘請北方人擔任山長的做法相反，區玉章這位來自桑園圍地
193 區、曾經領銜衆士紳支持建立惠濟倉的文人，從道光十二年至二十二年（1832—1842）擔任山長職務達十年。繼區玉章之後的是桑園圍地區南海境內的文人何文綺，他在粵秀書院任教也有差不多十年。② 在這兩位來自桑園圍地區的教師之後，是惠濟倉的掌櫃史澄，他從咸豐朝晚期起，領導這所書院達二十三年之久。他在長期主持粵秀書院的過程中，保證了從省的官員那裏獲得資金的安全，對書院進行了歷次修葺和更新。③

關於廣州另外兩家主要書院的情況，相對來說較少為人所知，只知道它們也一直在運作。據《越華書院志》的作者

---

① 原注 76：秦博理《中華帝國最後的古典書院》（*Imperial China's Last Classical Academies*），頁 11－19；冉玫爍《中國精英行動主義與政治變革：浙江省，1865—1911》，頁 97、316－318（附錄 B）。大久保英子用表格列舉了所有省份以及整個帝國的書院新建和重建的例子，但沒有給出按年計算新建和重建的比率。如果按每年的比率來看的話，同治朝顯然是清代最活躍的時期。參閱大久保英子《明清時代書院的研究》（『明清時代書院の研究』），頁 78－85、123。

② 原注 77：何文綺是地處桑園圍內九江上游珠江邊的鎮涌鄉人。像桑園圍地區的大多數家族一樣，鎮涌煙橋村的何家據稱祖上來自諸暨縣。何文綺對創建家族的宗族禮儀活動很熱心參與。他在道光二十二年（1842）被任命為粵秀書院的山長，至道光二十七年（1847）《粵秀書院志》編成時仍是書院的山長。他編纂了一部道光二十八年（1848）粵秀書院學生的試卷集，其中收錄了羅家勤和龍元侑的文章，他們是大良羅、龍兩個強大家族的子弟。咸豐元年（1851）秋，他為自己一部讀書札記寫了序，但不久就在一次與總督爭辯後離開了書院。《續修南海煙橋何氏家譜》，卷二，頁 1 面－背，卷五，頁 2 背－3 面，卷九，頁 7 背；《粵秀書院課藝》；何文綺《課餘彙鈔》；何文綺《四書講義》，呂洪序；簡朝亮《讀書堂集》，文，卷六，頁 13 面－14 面。

③ 原注 78：史澄《趨庭瑣語》，卷八，頁 13 面、16 背。

梁廷枏在道光二十一年（1841）寫到，這所書院在道光十年（1830）之後曾多次被徵用作臨時衙門。其中最著名的事件就是欽差大臣林則徐曾從這所書院指揮禁煙運動。據梁廷枏記載，不僅書院的教學中斷，而且連院舍的格局都有所變動。[①] 梁在第一次鴉片戰爭期間逃難到城外，匆匆寫作院志，肯定是覺得局勢風雨飄搖；但是危機過後，隨著城市生活恢復正常，書院的教學也得以恢復。例如，一位與陳澧過從甚密的學者——廣西難民鄭獻甫（1801—1872）——在咸豐十年（1860）短期主持書院；洋商梁綸樞之姪梁肇煌（1827—1886）擔任山長並刊刻了同治十三年至光緒四年（1874—1878）越華書院學生的课卷。[②] 最後，羊城書院在首任山長謝蘭生的幾位繼任者主持下一直都很興旺。陳其錕，出身於山陰幕友家庭，於十九世紀三四十年代在羊城書院任教。道光二十九年（1849）之後接替他的是來自桑園圍地區南海部分的翰林院學士鄧士憲（嘉慶七年進士）和大良羅氏家族的羅家勤；羅在五六十年代主持羊城書院達十年。[③] 這樣，廣州的這三所主要傳統型書院的山長職位，就在來自大良和桑園圍地區的世家巨族文人與廣州的

① 原注 79：《越華紀略》，序，頁 4 背；卷一，頁 4 背。

② 原注 80：《越華課藝》，各處。

③ 原注 81：鄧士憲是沙頭人，該地就在九江的西北邊。關於羅家勤，參閱民國十八年《順德縣志》，卷十七，頁 16 面。

寄寓者和外來移民這兩方之間相互轉換。①

這三家老書院的繼續興旺，是因為包括學海堂學術精英在內的大範圍的廣州精英認識到，訓練他們的子弟參加科舉考試

① 原注 82：波拉切克將粵秀和越華定位為學海堂的“對手”書院，暗示在道光十八年至二十年間（1838—1840）林則徐有意貶低學海堂相對於城市中其他書院的地位。他這個說法的根據是林則徐決定將辦公處定在越華書院，同時林在廣州舉行的一系列特別考試中都將學海堂學生排除在外。波拉切克《內部的鴉片戰爭》（*The Inner Opium War*），頁 123、145、147。這裏的第一個論點，是建立在一個假設上，就是來廣州的特命欽差大臣應該駐在學海堂；這個假設如果成立，那麼林則徐決定改而駐在越華書院就被賦予了重大的象徵意義。然而，儘管願意資助學海堂的官員可能會在書院的校舍內設宴待客，有時甚至可能在這裏過夜，但是從未有過記錄表明有任何官員將書院的校舍用作衙門。而且，鑒於學海堂的結構設計以及遠離城市中心的位置，它可能並不是一位欽差大臣及其僚屬處理國事最合適的地方。相反，越華書院地處舊城的中心地帶，鄰近其他的官府衙門，而且有學生宿舍，可提供足夠的空間讓幕友和其他工作人員居住。波拉切克引述了阿瑟·韋利（Arthur Waley）對林則徐在越華書院住處的描繪，但他沒有摘錄的這段文字，可以幫助我們瞭解林則徐作出選擇的背景：“這所書院近年來不斷為官方的目的被徵用，它在目前情況下被選中是因為它離中國行商的事務所和毗鄰的外國商館不遠，來往方便。”阿瑟·韋利《中國人眼裏的鴉片戰爭》（*The Opium War Through Chinese Eyes*），頁 20。還有一件事是值得注意的，就是跟阮元關係極其密切的學海堂學者吴蘭修，就住在這所“對手”書院——越華書院裏。同治十一年《南海縣志》，卷二十六，頁 10 背。波拉切克用來支持他認為學海堂的地位相對於其他書院被重新調整的看法，其第二個論點是，道光十九年（1839）七月林則徐在舉行“觀風”考試時，將學海堂的學生“排除”在競賽之外。波拉切克《內部的鴉片戰爭》，頁 148。關於林則徐在考試中排除學海堂的學生，波拉切克引述了林則徐的《林文忠公日記》，頁 347、349，和梁廷枏的《夷氛記聞》（載於《鴉片戰爭》，第 6 冊，頁 13）。梁廷枏的記述只提到林“乃選集會城粵秀、越華、羊城三書院肄業生數百人，為觀風試”。但是我並不認為在一次“觀風”考試中沒有讓學海堂的學生參加有甚麼不正常；因為這些考試都是密切配合傳統書院考試的樣式，卻跟學海堂日常進行的考試完全不同。學海堂的學生從未被任何官員要求參加“觀風”考試，原因可能就在於此。

是他們的共同利益。結果，幾家老書院的教育仍然著重“四書”和科舉制式詩文的訓練。粵秀書院山長何文綺以其試帖詩文寫作的專業水平在廣州精英中大受歡迎。他的學生甚至包括在咸豐十一年（1861）成為學海堂學長的陳璞。何文綺的繼任者史澄驕傲地提到，在那幾年，有超過十個粵秀書院學生在鄉試中取得最高榮譽——在他指導下，一位粵秀書院學生在同治四年（1865）會試中得了第一名，另一位在同治十年（1871）成為狀元（廷試第一名），還有一位在同治十三年（1874）成為榜眼（廷試第二名）。①

194

廣州的城市化外來移民——學海堂應試者、專課生和學長的主要來源——也從傳統書院所提供的機會充分獲益。第一章曾討論過的史家就是一個很好的例子。史澄長時間擔任粵秀書院山長；他的弟弟史端多次參加學海堂考試，有十首詩刊載在《學海堂三集》。史澄的孫子和另一位史姓的同輩人是十九世紀九十年代的專課生。另一位祖籍山陰的文人吳灝，既是越華書院學生，又是經常參加學海堂考試的應試者。後來成為學海堂的應試者和學長的譚宗浚，五十、六十年代在粵秀書院學習。譚的朋友廖廷相既當過學海堂的學長，後來又當了羊城書院的山長。②

廣州的城市學生同時在學海堂和較傳統的書院學習，不僅不覺得有所衝突，而且從學海堂的書籍廣泛傳播這一點，可以切實證明它在老書院中間繼續佔有崇高的地位。例如在十九世紀四十年代，越華和粵秀兩家書院的藏書中都有《皇清經解》

---

① 原注 83：史澄《趨庭瑣語》，卷八，頁 12 面、16 背；《粵秀書院課藝》。

② 原注 84：吳灝《求是軒遺稿》上，頁 1 背；譚宗浚《荔村草堂詩鈔》，卷一，頁 1 面，卷二，頁 22 面，卷六，頁 15 面；容肇祖《學海堂考》，頁 52。

印本。越華書院的藏書還包括學海堂課程中的另外兩項主要內容：《文選》和漢唐人的“十三經”箋注。粵秀書院的藏書樓藏有一部《詁經精舍文集》——阮元的杭州書院學生文章的結
195 集。到九十年代之前，端溪書院——肇慶的官辦書院——除了其他書籍之外，已經積累起《皇清經解》、全部四集學海堂考試詩文、一部曾釗論《周禮》的著作、陳澧的《東塾讀書記》和學海堂學者編著的好幾種書籍。[1]

同治中興時期，廣州越秀山上，緊鄰學海堂，建立了两所新的書院。其中第一所，菊坡精舍的地點原來是一個公園的中心，公園在學海堂與舊的道觀應元宮之間，是道光年間由廣州駐軍的將軍開闢的。十九世紀五十年代，總督葉名琛將公園改建成“長春仙館”，作為其寄寓廣州的父親私人的遊憩之所。外國軍隊佔領廣州的時候，葉名琛被俘，仙館遭到破壞，雖然一位英國觀察者在咸豐八年（1858）曾經說到“葉的房子”是“一個英國人認為廣州城裏唯一可以住人的房子”。[2] 也許為了反證葉名琛在國難當頭時行為不當，巡撫蔣益澧（1833—1874）和鹽道方濬頤（1815—1889）在十九世紀六十年代中期提議用這個地點建立一所新的書院。方濬頤監督了新書院的建造，並任命陳澧為首任山長。為了給這個地方營造一種新的莊敬的氛圍，書院命名為“菊坡精舍”；“菊坡”是宋代政治家兼詩人崔與之的號，他曾在越秀山上讀書，被“雲泉群體”奉為鄉賢。在菊坡精舍的首期收入於同治八年（1869）被挪用去為應元書院籌款之後，方濬頤的繼任者又捐出二萬二千兩，存在

---

① 原注 85：《越華紀略》，卷 4，頁 28 面一背；《粵秀書院志》，卷六，頁 10 面—35 面；傅維森《端溪書院志》，卷七，頁 1 面—57 背。

② 原注 86：格雷《遊走廣州城》（*Walks in the City of Canton*），頁 412。

典押商處生息以支持菊坡精舍。①

菊坡精舍實質上成了陳澧個人的書院，他是本書下一章的主題。陳建議新書院按學海堂的模式辦學，學生要考經、史、文、筆。此外，陳澧承續了學海堂專課生課程的理想，希望菊坡精舍的學生能精通一種與自己性近的文本。除了大體上原封不動地採用學海堂的課程之外，陳澧還尋求自己跟菊坡精舍大約四十名精選的學生之間更密切的關係。因此，陳要求在一年的課程中要有三十次考試，相比學海堂是實行季考（後來改為 196
月考）。最後，他还在這所新書院組織了幾個大規模的刊刻項目。陳澧在光緒八年（1882）去世後，他的學生們建立了一個四人並列的學長制度，立起了陳澧的神位，謹守着他引進的源自學海堂的各種先例。②

與菊坡精舍不同，城市重建期間在越秀山上新建的第二所書院跟學海堂沒有明顯的相似之處。這就是同治八年（1869）由廣州布政使王凱泰（1823—1875）建立的應元書院。書院毗鄰舊應元宮而建，王凱泰有意讓應元書院成為已經取得舉人資格的廣東本地人的訓練場。在大多數情況下，學生在中了舉人之後就離開書院；而應元書院的唯一目標就是培訓和支持這一功名擁有者去參加會試的水平。這樣，除了給學生提供定期膏火和測試學生的應試寫作之外，書院還為上京考試的學生提供盤纏，給在會試和廷試中獲得第一名的考生頒發獎金，並給錄

---

① 原注 87：《廣州府志》，卷七十二，頁 13；陳澧《東塾集》，卷二，頁 29 面；《學海堂四集》，卷二十二，頁 38 背－39 面；《駐粵八旗志》，卷二十四，頁 9 面。在同治九年（1870）重訪廣州的時候，方濬頤可能給他的繼任者施加了壓力，要求支持他創建的書院。方濬頤《二知軒文存》，卷十八，頁 2 面。

② 原注 88：陳澧《東塾集》，卷二，頁 29 面；陳澧《東塾續集》，頁 26；容肇祖《學海堂考》，頁 146－147。另一個可以解釋菊坡精舍與學海堂相似的事實是方濬頤與好幾位學海堂學者關係密切，他在廣州任上時甚至寫過一組以《南海百詠》為題的詩。方濬頤《二知軒詩鈔》，卷十三，頁 7 面、9 面－背；卷十四，頁 11 面－27 面。

用到六部或翰林院的成功考生以財政補助。每年五千七百六十兩的收入支持着一百名學生的上述開銷，還有每位學長六百兩的薪俸再加上禮金。[①]

在一篇記述羊城書院的文章中，王凱泰既沒有自是於灌輸宋學的道德修養理想，也沒有自是於遵從漢學的文本研究標準；實際上，他直言不諱地聲言他的目標就是生產考試和當官的天才，並且自豪地將书院內的一個書齋以他的五世祖先、康熙四十二年（1703）會元和狀元的名字來命名。[②] 同樣地，王凱泰指出，舊道觀“應元宮”的名字就剛巧適合給這樣性質的一所書院來襲用。不過他主張去掉道教的涵義（“應元宮”可以釋義為“迎合起源的宮”），對這個名字作一種更能反映這所新書院宗旨的解讀——“為考中解元和狀元的”書院。達到這一目標的學生，將獲在书院內立碑刻石的殊榮。[③] 另一篇記書
197 院的文章，作者是桂文熾——桂文燦的弟弟、同治五年（1866）學海堂的專課生，同樣是以坦率的口吻確認應試的成功是學習的目標：

> 如應元書院者，洵足爭輝兩浙，媲美八閩已[④]（浙、閩均建孝廉書院）。[⑤]

---

① 原注 89：這一百名應元書院的學生包括三十名“內課”生、二十名“外課”生和五十名“附課”生。《應元書院志略》，頁 3 面一背、20 面一23 背。

② 原注 90：王凱泰的祖先是王式丹（1645—1718）。

③ 原注 91：《應元書院志略》，頁 3 面一背、28 面。

④ 原注 92：元代福建分為八個路，而在明清兩代則分為八個州府。

⑤ 原注 93：《學海堂四集》，卷二十二，頁 41 面。在浙江，杭州的敷文書院於道光十六年（1836）創辦了為舉人而設的月課班。參閱《敷文書院志略》，頁 7 面一背。福州的正誼書院是專門為舉人設立的書院，恰與王凱泰創辦應元書院同時。參閱季嘯風主編《中國書院辭典》，頁 95。

在承認了廣州經學傳統可以追溯到漢代（這还真需要智力的延伸）而政治家傳統始於唐朝之後，桂文燦繼續稱贊廣東學者科舉的成功：

若論科名之錄，夙多瑰異之才。莫宣卿崛起端江，冠姓名於一甲。①

倫淤岡繼興南海，合父子為四元。② 熙朝之聲教覃敷，嶺嶠之人文蔚起。③

不過，桂文燦的這篇《應元書院記》所寫的內容，又不及它呈現給廣州讀者的方式更為有意義。它出現在光緒十二年（1886）的《學海堂四集》，跟記菊坡精舍創立和記學海堂重建的文章排在一起。應元書院和它專門為生產科舉考試人才而設計的教育，顯然已經取得了跟菊坡精舍和崇高的學海堂平起平坐的地位。阮元的書院不復是孤零零地在越秀山頭俯瞰着塵寰下界，而更像是一個學術綜合體的一部分，這個綜合體由三所專業化的書院和一個在文瀾閣的藏書樓組成（見圖 8）。在桂文燦的形象化描述中，應元書院是一個鼎的三足之一：

---

① 原注 94：莫宣卿是唐代的一名狀元，他是封州人，該地在清代屬於肇慶府。肇慶又稱“端州”。參閱《廣東通志》，卷二百九十六，頁 9 面－10 背。

② 原注 95：南海人倫文敘（淤岡），是弘治十二年（1499）的狀元。他的長子倫以諒是正德十一年（1516）的廣東解元（即鄉試第一名），次子倫以訓是次年的會元（廷試之前的會試第一名）；最後，第三子倫以詵，據《廣東通志》中他的傳記說，在嘉靖十七年（1538）的廷試中原提名為一甲三名之一，但由於朝中政敵的嫉恨，被降級為二甲的進士。參閱《廣東通志》，卷二百七十六，頁 15 背－18 面。

③ 原注 96：《學海堂四集》，卷二十二，頁 41 面－背。

圖8：越秀山上成長中的學術綜合體。名勝地點有　1. 應元書院正門；2. 菊坡精舍正門；3. 龍王廟；4. 學海堂；5. 文瀾閣（來源：《應元書院紀略》，頁 1 背—2 面）。

> 近隣精舍，遙傍山堂。儼成鼎峙之形，益煥離明之象焉。①

198　可以想像，一所純粹應試型的書院侵入學海堂高尚的領地，有些學海堂學者會為之皺眉頭；但是並沒有證據表明他們曾經這樣。正是陳澧本人，給應元書院贈送了一塊賀匾；他參加進士考試七次都沒有成功，因此認識到建立這樣一所書院的必要性。學海堂的學長陳璞被任命為應元書院的“紳董”。②

---

① 原注 97：《學海堂四集》，卷二十二，頁 42 面。
② 原注 98：《應元書院志略》，頁 6 背、12 面。

在這篇對同治朝廣州書院的簡短調查中，呈現出這樣幾點。最值得注意的是，儘管在重建期間資源競爭很激烈，書院的社區仍在繼續擴大。即使較老的、更傳統的粵秀、越華和羊城這樣的書院，也一直堅持到十九世紀結束。這些機構都由廣州居民主持，他們的任期之長史無前例；書院在這個進化的系統中维持著一個適合自己的角色。與此同時，原先孤獨的學海
99 堂在重建過程中得到菊坡精舍和應元書院的匯合。不管它如何宣稱與眾不同，學海堂從一開始就跟廣州的傳統書院有緊密的聯繫。被早期學海堂學者認為是自己跟別的書院之間學術和文學上分歧的那些東西，到了同治朝末期的時候，已經被承認是不同書院之間功能上的不同而已。然而，學海堂的威望並未因此而降低。所以，王凱泰在一副對聯裏提到他的應元書院與學海堂比鄰，慶幸自己跟阮元這位揚州同鄉的緣分。王凱泰稱自己建立應試型的應元書院是繼承了阮元的傳統，或者按原文字面是“傳心”。[①] 這樣，儘管學海堂不再是孤獨地矗立在越秀山上，阮元的書院繼續成為威望的來源，保留著它作為優秀書院的地位，直到廣雅書院於光緒十三年（1887）創立為止。[②]

---

①　原注 99：王凱泰是揚州府北面腹地的寶應縣人氏。《應元書院志略》，頁 7 背。

譯注：王凱泰題廣州應元書院樂育堂聯云：築室兆佳名，看九轉成丹，早登絕頂；文依勝地，願百川學海，共溯傳心。

②　原注 100：廣雅書院建立於光緒十三年（1887），光緒十四年（1888）正式開學。書院的名字暗示其使命就是選拔兩廣（廣東和廣西）的雅士。因此，這個名字也可以翻譯為“（兩個）‘廣’省的優‘雅’的‘書院’”。威廉・艾爾斯（William Ayers）《張之洞與中國的教育改革》（*Chang Chih-tung and Educational Reform in China*），頁 58－59；周漢光《張之洞與廣雅書院》，頁 306－311。

結　論

本章一開頭提出了這樣的問題，就是一系列的危機和隨後在十九世紀中期四十年間的重建是如何既影響了學海堂在廣州精英文化領域中的地位，又影響了廣州跟珠江三角洲腹地之間的動力關係。儘管學海堂的學長在道光十八年至二十年間（1838—1840）更換頻率很高，我已對書院領導和書院在廣州書院等級制中的地位這兩者的延續性作了形象的描繪。在察看整個十九世紀中葉的長期傾向時，這一延續性的形象會變得更為鮮明。而且，不像思想史家那樣，往往將注意力集中在少數先驅思想家的思想，我將注意力集中於教育機構，這暗示着最初由阮元在十九世紀二十年代設計的課程，遠非在十九世紀中葉就失去其吸引力，而是到十九世紀後半葉才得到再次確認並在制度上臻於全盛。學海堂——從來沒有像它的皈依者所宣稱的那樣徹底地區分於傳統的書院——在重建之後已經被更牢固地嵌入了廣州城的書院系統；然而它在這個系統中的崇高地位 20
則沒有發生重大的變動。

如此強調延續性，並非想暗示缺乏變化；即使只是一套十九世紀二十年代想像中的課程的制度化和程序化，肯定已經标示着一次有意義的改革。此外，學海堂在城鄉之間的進化動力中起着日益重要的作用，經歷了世紀中葉的危機，在重建中繁榮興旺，使與之聯繫的城市精英從中獲益。阮元的書院以前就一直吸引着寓居的、城市化的和外來移民的家庭。這一現象在十九世紀末期尤為明顯。當珠江三角洲巨家望族受過教育的成員將他們的注意力轉向他們身邊的內地家園的團練和鄉勇時，廣州城市的外來移民精英進一步開發了學海堂所提供的文化資源。學海堂比起世紀中葉的危機和重建之前，變得更像一所為城市精英服務的書院了。當城市精英家庭的第二代和第三代選擇把他們自己跟學海堂聯繫起來時，他們就在構築血緣上的世系的同時，構築了學術和文學的世系。最後，雖然城市和鄉村的學者起初都對學海堂發出怨言——就像我們在下面兩章中會看到的那樣——但是最響亮、最持久的批評不是來自廣州城，而是來自珠江三角洲腹地。

201 第六章　一位“江南客”：陳澧與廣州的“漢宋調和論”

我年未弱冠，初見張南康。請問讀書法，乞為道其詳。答云四庫書，提要挈宏綱。千門兼萬戶，真如古建章。① 從此識門徑，漸可升其堂。

——陳澧《感舊三首》摘句②

陳澧在同治十年（1871）春大病一場，幾乎不起。病癒之後，他決定清楚地闡明自己的學術觀點，以防萬一病症復發撒手塵寰。在他的“自述”中，這位德高望重的學海堂學長細述了自己治學的歷程，如何一路由少年“妄”涉考證學，到中年對漢儒鄭玄和宋代理學家朱熹作出新的評價。③ 確實，陳澧是經歷了某種中年危機，引起他對學海堂學術理想的重新評估。但他也絕不是放棄考證學而轉向理學追求成聖。他在寫了“自述”之後還活了十年，在這十年中他狂熱地工作，開展考證學事業所必須的各種講學和書籍刊刻工程。

---

① 原注 1：建章宮是西漢京城長安西郊的一處宮殿。見《漢書》，頁 1245。

② 章首引詩：陳澧《陳東塾先生詩詞》，《感舊三首》之二，頁 49。作於咸豐二年或三年（1852 或 1853）。

譯注：《陳澧集》上海古籍出版社 2008 年版，第一冊，頁 573。

③ 原注 2：陳澧《東塾讀書記》，《自述》，頁 1—2。

本章及下一章要研究兩位與學海堂聯繫的、十九世紀中葉最有影響力的經學家：陳澧和朱次琦。[①] 這兩位學者不僅對本地的經史之學有巨大影響，而且呈獻了理想的研究個案，以解釋學海堂在地方文化景觀中的地位。陳澧和朱次琦在許多方面都很相似。除了後來的學者常常將他們與學海堂相聯繫這一點之外，兩人都明確表達了十九世紀儒家經史之學影響最廣的潮流——“漢宋調和論”的各自版本。作為都是全帝國範圍漢宋調和論討論的參與者，一方的言論常常容易為對方所承認。而且，兩人還都對學海堂及其學術議程提出過批評。 202

儘管兩人有這些相似之處，但是陳澧和朱次琦是居住在廣義的廣州文化景觀中不同的空間。朱次琦，第七章的主題人物，屬於桑園圍地區心臟部分九江鄉主導家族中一個最富於生產力的分支；陳澧則是定居在廣州城的一位來自江南的移民的孫子。而且，與朱次琦形成對照，陳澧的想像力先此已被江南及其產生的考證學的學術實踐所佔有，他特殊的漢學與宋學調和的理論正反映了這一點。我把陳澧與朱次琦來作對照，並不是想提出一個劃分城市和三角洲的絕對的二分法，去給居住在這兩個地方的學者定出在學術和文學上孰優孰劣；我認為，不如說廣州城的文化景觀與珠江三角洲腹地的文化景觀是有所交疊而不完全相同的。也就是說，儘管兩者都有着廣州的身份認同，但城市和腹地的文人所接觸到的文化資源的組合是不同的。結果，他們就從相反的方向走到了漢宋調和論，並明確表達了廣州精英身份的不同版本。最後，學海堂的影響在以陳澧為代表的、地理上與社會上流動的城市精英中存在的程度，要比它在三角洲腹地的以朱次琦為代表的文人中存在的程度大得多。

---

① 原注 3：李緒柏《清代廣東文化的結晶體：東塾學派》，頁 96。

203

考證學實驗

陳澧祖籍江南。像大多數學海堂學者一樣，他是番禺縣居民，出身於廣州一個商人兼幕友的寄寓者家庭。而且，像十九世紀廣州許多家庭一樣，陳澧的家庭可以尋根溯源到最初來自浙江北部的紹興府。明朝初年，這家的一位祖先從紹興移居到當時的京城南京。這位祖先歿後葬在南京近旁的鍾山上，他的子孫落籍為江寧縣居民；江寧是分治南京行政轄區的兩個縣之一。①

在十八世紀，陳澧的祖父陳士奇是家族中來到廣州的第一人。在廣州，他靠着舅舅（姓韓，也是江寧人）的幫助站穩了腳跟，很快就發家致富，可以有能力捐得臬台衙門的“理問”職位。他去世後安葬在廣州的東門外；他的兩個兒子，包括陳澧的父親陳大經，留在了廣州。作為未經注冊的寄寓者，陳大經沒有資格參加科舉考試。不過他得以師從尉繼蓮學習經典；尉是山陰人，在乾隆年間以番禺商籍學生取得生員地位。② 儘管早期受過經典教育，陳大經在衙門當過一段時間的文書，後來成為一名商人。陳大經在嘉慶二十四年（1819）去世之前應當在廣州賺到了相當多的錢，因為他跟洋商梁經國關係密切，而且總督吉慶（？—1802）曾經鼓勵他捐一個縣令的職位。陳大經和他的兄弟都住在新城，家境優裕，有能力邀請番禺詩人

---

① 原注 4：在陳澧保存下來的族譜稿本現存的部分中，對陳家在紹興的祖籍的說法有互相衝突之處。十八世紀版本的江寧陳氏族譜序言中稱祖上是移居自會稽，而嘉慶十一年（1806）廣州陳氏支系族譜的序言則說祖籍是山陰。《陳氏家乘》，卷末，無頁碼。

② 原注 5：陳澧《東塾集》，卷五，頁 19 面。

呂堅為族譜的手稿寫序。①

像許多外來移民家庭一樣，陳家在這新家園最初的立足，也是依靠同鄉寓居者的聯繫。例如，陳大經的髮妻是一位會稽人的女兒，這個會稽人也是捐得職位在臬台衙門充當理問的。② 陳澧的姐姐嫁給了仁和縣一個在廣州從事鹽業的姓湯人 204
家的兒子。陳澧後來回憶幼時到湯家探訪姐姐的時候，姐姐早上會很早起來，在一面歐洲產的大鏡子前梳妝打扮好，然後出來把他帶到湯家的花園裏，在那裏他們會“登小樓，眺假山，觀紅魚，弄鸚鵡”。③ 跟大多數由經商致富的外來移民家庭一樣，陳家也不會忽視教育。陳澧是直系親屬中第一個落籍為番禺縣居民的，他的家庭毫不遲延地為他參加考試作準備。嘉慶二十年（1815），陳澧六歲的時候，就開始讀他的堂兄的試帖文章了。兩年後，陳大經禮聘了他自己的老師尉繼蓮接手負責兒子的教育。一個寄寓的商人聘請一個寄寓的商籍生員來教自己的孩子，這可能代表了這個群體對廣州城市文化的主導地位，與此同時也透露出這個城市裏寄寓的商業精英一種抱團的傾向。④

接受了尉繼蓮和幾位私塾教師的指導後，陳澧開始尋求在廣州的書院裏接受教育，這兩種教育的邂逅相逢，影響之延續

① 原注 6：陳澧《東塾集》，卷五，頁 17 面；《陳氏家乘》，卷末。陳家在新城的宅邸離謝蘭生的“常惺惺齋”不遠。汪宗衍《陳東塾先生年譜》，頁 57；《廣州城坊志》，頁 485－486。

② 原注 7：陳澧的生母是陳大經的妾。陳澧《東塾集》，卷五，頁 18 背－19 面。

③ 原注 8：陳澧《東塾集》，卷十六，頁 12 面。
譯注：《陳澧集》，上海古籍出版社 2008 年版，第一冊，頁 238。

④ 原注 9：汪宗衍《陳東塾先生年譜》，頁 59。

將終其一生。[1] 他在道光五年（1825）進入了謝蘭生指導下的發展中的羊城書院，最初對詩產生了興趣。次年8月，學政翁心存在番禺縣童試中錄取了陳澧。陳澧在道光六年（1826）參加了學海堂考試，主考者是新任命的八位並列學長；道光七年（1827）則是翁心存主考。在學海堂第一代的並列學長中，有陳澧與之保持著密切關係的張維屏和侯康。張維屏自然是教詩歌，但就像陳澧在本章開頭的引詩中所回憶的那樣，張維屏還向陳澧介紹了十八世紀考證學的標誌《四庫全書》。侯康本人是林伯桐的學生，他給陳澧傳授經典，從《易經》開始。陳澧在廣州的家離侯康的家以及侯康弟弟侯度的家不遠。也是在道光七年，陳澧開始在粵秀書院學習，在那裏他遇到了兩個人，以後成了他終身的朋友——一個是未來學海堂的學長之一楊榮緒，另一個是南海桂家的桂文燿（約1807—1854）。[2] 道光十二年（1832），陳澧從粵秀書院轉到越華書院，山長是浙江文
205 人陳鴻墀（嘉慶十年進士），這裏聚集了一班出色的學生，包括譚瑩、梁梅和侯康。著名的學海堂學長，例如吴蘭修和曾釗，也訪問過越華書院。同一年，陳澧也開始研讀胡渭（1633—1714）的《禹貢錐指》，那是一部收錄在《皇清經解》中的考證地理學研究的基本著作。道光十二年，那時二十三歲的陳澧已經是廣州文化精英中年輕有為的成員。除了為考試做準備的標準教育之外，陳澧已經涉足學海堂所推廣的考證學和文學研究。他與學海堂的聯繫在道光十四年（1834）變得更為

---

① 原注10：王和鈞是這些私塾教師之一，他是番禺居民，十九世紀二十年代曾就讀於粵秀書院，師事何南鈺。《粵秀書院志》，卷十二，頁5面。

② 原注11：陳澧《東塾集》，卷五，頁27背；翁心存《學海堂丁亥課士錄》；鄧又同《清代廣東詞林表》，關於楊榮緒的注釋。關於南海桂氏家族，參閱第五章，原注23。

緊密，這年他被選為首個專課生班的十名成員之一。①

陳澧在道光十二年（1832）的秋天把準備考試和研究考證學結合在一起了，是年他秋闈中式。這一年廣東鄉試的主考官程恩澤（1785—1837）是安徽徽州府人。徽州在十八世紀晚期和十九世紀初期產生了好幾位最重要的考證學者，包括十八世紀最著名的學者戴震。程恩澤本人有著無可挑剔的考證學資歷。他的父親曾研究"鄭玄之學"，而程恩澤師事同鄉人、禮儀專家凌廷堪（1757—1809）。此外，程恩澤還精於數學、地理學、訓詁學和篆書——所有這些都是考證學最重視的。從學海堂學者們的眼光看起來，最重要的是，他還是阮元的親密朋友。②

當程恩澤來到廣州時，他決定根據學生掌握實學的程度來取士，這對於急切想得到舉人功名的學海堂學者來說是一個充滿希望的信號。因此，他用第三天的策問來考查學生的天文、地理和數學。最後面這一科很可能考倒了侯康，他對數學問題完全沒有準備。侯康決定彌補自己的不足，他和弟弟侯度在一座本地的寺廟裏開辦了一個數學研究組。同時，程恩澤也為沒有機會在鄉試中錄取曾釗而感到遺憾，因為他很贊賞收在《學 206
海堂集》中的曾釗分析《詩經》毛氏本與鄭氏注異同的長文。③ 曾釗因為在丁憂期間，未能參加考試，令程恩澤很失望。不過，程還是另外發現了一些有研究實學能力的廣州學生。張杓在學海堂的學生梁國珍在《詩經》鄭氏注的運用上給了程恩澤深刻的印象。學海堂的學長儀克中、溫訓，以及年輕

① 原注 12：汪宗衍《陳東塾先生年譜》，頁 60—62；陳澧《東塾集》，卷五，頁 14 背。

② 原注 13：桂文燦《經學博採錄》，卷五，頁 7 面一背。關於阮元資助凌廷堪，參閱張壽安《以禮代理》，頁 6、79。

③ 原注 14：《學海堂集》，卷三至卷四。

的陳澧，也都展示了自己在實學上的專業水平而通過了考試。陳澧成為新科舉人，這使他一躍而進入了廣州文化精英中更高的梯隊，因此也使他成為對洋商潘家有吸引力的締結姻親的對象。於是，1833年（道光十三年）11月，陳澧娶了潘有度的女兒為妻，加固了他與這個城市商業精英之間的聯繫紐帶。①

在以後的二十年裏，陳澧開始寫出他早期的考證學著作；十九世紀三十年代開始的四個項目尤為值得注意。在其《三統術詳說》中，陳澧詳細說明了錢大昕對古代夏、商、周三代曆法的研究。可能是受到程恩澤道光十二年（1832）策問中數學問題的啟發，陳澧也動手寫一部幾何學著作《弧三角平視法》。在道光十八年至二十年間（1838—1840），陳澧寫出了《說文》的研究報告，題為《說文聲統》（後來他將這個名字改為《說文聲表》）。②

然而，陳澧在三十年代動筆寫的著作中影響最大的是對隋仁壽元年（601）陸法言的中文字典《切韻》的開創性研究。陳澧的研究報告——道光十八年（1838）動筆，命名為《切韻考》——以《切韻》通過音節“反切”表示字音將漢字分為不同韻組的方法為依據，研究重現宋代以前的漢語語音。在道光二十二年（1842）所作的序中，陳澧重申了考證學者的信念，認為語言學是重現中國古老過去的關鍵。因此，只有瞭解宋代以前的反切系統才能真正獲得經典著作中所保存的古人地道的字音。在《切韻》總結性的“通論”中，陳澧解釋宋代的“等
207 韻圖”明顯受到源自印度或佛教的語音學方法的影響。所以，

① 原注15：汪宗衍《陳東塾先生年譜》，頁62－63；桂文燦《經學博採錄》，卷四，頁4面，卷五，頁7背，卷十二，頁10面；儀克中《劍光樓集》，“詞”章，頁39背－40面；艾爾曼《明清儒學科舉考試的變化》（“Changes in Confucian Civil Service Examinations from the Ming to the Ch’ing Dynasty”），頁116－123。

② 原注16：汪宗衍《陳東塾先生年譜》，頁66、83－84。

陳澧認為《切韻》代表了地道的中國本土語音。而且，他還尋蹤追溯到《切韻》方法起源於清代考證學者的偶像東漢鄭玄的門人。在整部《切韻考》中，陳澧始終從江南學者那裏獲得靈感，而且他的研究報告看來也是面向江南觀眾的。陳澧的這部著作不僅因為開啟了一個語言學的新領域而具有先驅作用，而且代表了廣州人對清代考證學最早的貢獻之一。①

陳澧在四十年代繼續從事他的“實學”。他研究了《漢書·地理志》中所收的地圖以及對水道的解釋。這意味着是對浙江學者齊召南（1706—1768）著作的補充。在一個類似的製圖項目《考證胡氏禹貢圖》中，陳澧使用了清代的地圖集《內府地圖》來闡明胡渭的《禹貢錐指》。道光二十九年（1849），陳澧將許多這些早年涉足考證學的作品，一起在《東塾類稿》的書名下刊印。推動這些學術工程的眼光，使人聯想到阮元強調現場調查的重要性，就像近來由梁廷枏在其南漢研究中實施的那樣。張維屏在咸豐元年（1851）為陳澧寫了一首詩，直率地贊揚陳對這一派學問的應用：“班酈皆北人，南水未親詣。”② 就是說，作為一個可以親眼觀察本土地理的南方人，陳澧獲得了《漢書》作者班固和《水經》注釋者酈道元（？—526）無法獲得的信息。③

---

① 原注 17：陳澧的《切韻考》對中國的語言學研究直到進入二十世紀後很長時間內都有重大影響。汪宗衍《陳東塾先生年譜》，頁 65；陳澧《切韻考》，卷一，頁 1 背；卷六，頁 1 面一背、2 背、5 背及其後；羅傑瑞（Jerry Norman）《漢語》（Chinese），頁 24—28。

② 原注 18：張維屏《張南山全集》，卷二，《松心詩集》，頁 582；汪宗衍《陳東塾先生年譜》，頁 52。

③ 原注 19：汪宗衍《陳東塾先生年譜》，頁 72—75。

平衡江南與廣州的身份認同

除了這項經史之學的早期產品之外，陳澧還花費他的時間在廣州建立他作為教師的聲望，以及進京參加會試。陳澧從道光十七年（1837）就開始收學生，最初是在張維屏家作塾師，
208 後來又在新城的一個禪寺內設館。① 最後在道光二十年（1840）秋，陳澧成了學海堂最年輕的學長，這個職位他將要維持數十年。②

與此同時，陳澧總共作了七次嘗試要獲取進士功名，都沒有成功。然而這些反覆的失望經歷對陳澧而言卻並非毫無補償，因為這使他在往返京城的路途上總共有十四次機會可以在經過江南時重建他在那裏的“根”。他經常利用路過的機會祭掃在南京城外的祖墳，藉此重申作為江南人的身份認同。道光二十四年（1844）年底從京城回粵途中，陳澧擴大了通常的行程，遊覽了像雨花臺這樣的一些南京風景名勝。③ 另一次，在道光三十年（1850）入京的回程中，陳澧在祭掃祖墳之外，還訪問了他在越秀書院時期的老朋友桂文燿。桂文燿時任淮海道台，他答應責成江寧縣知縣發佈告示，禁止毀壞陳家的墳墓。陳澧在下一次於咸豐二年（1852）再到江南時，將知縣的佈告刻石立碑，打算置於歷代祖先的墓前。他這個做法被當地的本族人阻止，他們聲言一位風水師不許這樣做。於是陳澧只好將刻有佈告的石碑單獨豎在自己的曾祖母韓氏安人的墓前。雖然

---

① 原注 20：陳澧曾在新城的功德林寺院招生教學約兩年時間，沈世良曾在其地師從黎如瑋。《番禺縣志》，卷二十四，頁 20 面。

② 原注 21：汪宗衍《陳東塾先生年譜》，頁 65—66；《學海堂志》，頁 23 面。

③ 原注 22：雨花臺在南京城南的聚寶山上，俯臨南京城和揚子江。

陳澧想要光宗耀祖的願望跟江南遠親在利害關係上並不總是一致，但是他仍然得以查考江寧的族譜，以覈實和補充由番禺的支系保存的版本。①

陳澧同樣利用途經江南之便鞏固與這個地區的學術上的聯盟。他兩次在揚州拜訪了年事已高的阮元——一次是道光二十一年（1841）在進京的路上，另一次是在道光二十四年（1844）他第五次考試落第之後。在後來這次訪問時，阮元贈給陳澧一部他的《揅經室再續集》；這部書陳澧後來細細圈點過。② 此外，陳澧還請阮元為自己在廣州的書齋“憶江南館”題寫了匾額——主旨在於宣示陳澧對故土的認同。當咸豐三年 209
(1853）洪秀全（1813—1864）的太平軍佔領南京之後，陳澧用“憶江南館”的名字命名了他的一部詞集。此外，陳澧選擇“鍾山集”這個名字為他多種不同組合的文集之一命名。陳澧特別提到，他選擇這個名字是讀了《後漢書》趙岐（？—201）的傳記受到啟發；這位著名的《孟子》注釋者為了表明決心不忘故土而改了自己的名字。③ 同治八年（1869），在南京從太

① 原注 23：汪宗衍《陳東塾先生年譜》，頁 70、76、78；陳澧《東塾續集》，頁 128；《陳氏家乘》，卷末。在定居廣州、入籍為番禺生員，又有機會來往江南的寄寓者的一群人中，與廣義的江南地區重建或維持與祖墳聯繫的這種做法可能一向很普遍。例如丁熙、丁照兄弟，都是學海堂考試的參加者，是祖籍紹興諸暨縣的番禺居民。道光二十九年(1849)，丁熙與陳澧入京會試落第後一起返回。行至淮河時，兩人分手，丁熙前往諸暨祭掃祖墳。據陳澧在為丁熙寫的墓志銘中解釋說，丁熙先後五次訪問過諸暨，並購置了土地以供養一個人家來照看其祖先墳塋。陳澧《東塾續集》，頁 136。

② 原注 24：陳澧的後人保存著這部由陳澧圈點過的阮元的文集；該書現藏於中山大學圖書館特藏室。阮元《揅經室集》，陳澧點評，全書各處。

③ 原注 25：汪宗衍《陳東塾先生年譜》，頁 69、78；陳澧《東塾遺稿》，卷十五，頁 6；沈世良《小祇陀盦詩鈔》，卷一，頁 10 背。

平軍佔領下收復數年之後，陳澧在為廣東鹽運使方濬頤新調任江南的兩淮鹽運使而寫的一首詩中重申了他對江南的身份認同。儘管他常常私下表示討厭被要求寫這樣的應酬之作，他選擇在這裏強調他的故鄉，同時懇求方濬頤照看他的祖墳：

> 詩酒正言歡，① 驪歌忽已唱。詔從炎嶠外，移駐清淮上。我本江南客，臨風重惆悵。不能縛行縢，相隨附官舫。我家雨花臺，先世有塋壙。戰伐凡幾年，松楸豈無恙。② 再拜前致詞，一語一悽愴。公今涖金陵，③ 旌麾遠相望。我仍屬部民，江粵兩依仰。乞公念寒族，下令為尋訪。使修馬鬣封，朱提謹遺餉。④ 思及我先人，世世永不忘。⑤

210 不過，陳澧也並不是任何時候都強調他的江南身份，在某些場合下他也會像他在學海堂的同事譚瑩那樣，選擇展示自己的廣州本土文化意識。一篇題為《廣州音說》的文章就是最好的例子。在文章中陳澧運用他深厚的音韻學功底，論證廣州話是最接近《切韻》中的語言的漢語方言。⑥ 另外，以一種類似譚瑩在《嶺南遺書》中使用的策略，陳澧挖掘出一位明萬曆年

---

① 原注 26：在原詩的一條夾注中，陳澧解釋他和方濬頤觀看了新得的宋代忠臣將領岳飛（1103—1141）手書碑文的拓本。

② 原注 27：松和楸是墳墓周圍常見的樹木。

③ 原注 28：金陵是南京的別名。

④ 原注 29：朱提是中國西南部一座山，以產銀著稱，因而被拿來作為“銀子”的代表。《漢書》，頁 1178、1599—1600。

⑤ 原注 30：陳澧《陳東塾先生詩詞》，頁 98。陳澧在方濬頤離開廣州之後與他保持了通信聯繫。方濬頤《二知軒文存》，卷十八，頁 1 面—4 面。

⑥ 原注 31：陳澧《東塾集》，卷一，頁 27 背—29 面。

間三水縣人的傳記，這位三水人為漢儒的注解辯護，因為他們離古代的聖賢更近。[1] 然而在其他的場合，陳澧和他的學海堂同仁都是以江南人的身份出現。所以，陳澧在給自己的學生桂文燦（當時居住在京城）的一封信裏將桂比作著名的考證學者戴震，而將自己比作江永（1681—1762）；江是戴的老師，一直留在家鄉安徽。[2] 但是陳澧也留意不要招致同時代江南人的指責，告誡桂不要告訴“外省人”他作過這樣的比方。在同一封信裏陳澧告知桂文燦，他託李能定和金锡齡帶了一套林伯桐新近刊刻的著作到京城；他同樣告誡桂不要讓外省人觀看，因為書的標題《毛詩通考》口氣有點太大，可能會招致究詰和批評。[3]

到咸豐元年（1851），陳澧已經穩穩躋身於廣州最多產學者之列。他在十九世紀廣州的文化精英中是很有代表性的。就像他上一輩的許多學海堂學者一樣，陳澧在廣州並沒有扎下很深的根。他的祖父從南京移居到這裏，家裏從陳澧開始才落籍為番禺居民。儘管他跟珠江三角洲的關係很淺，但是陳澧在城裏還是扎下了一些根，廣泛聯絡了各種未來的商家捐助者、在廣州任職的官員、城市文人等社交圈子。最後，像許多其他在廣州的人那樣，陳澧有時候選擇強調他的外省人出身。他在詩

① 原注32：陳澧《東塾雜俎》，卷十，頁12面。

② 原注33：陳澧《東塾續集》，頁156。這類可以稱為“仰慕江南”的事例並不限於發生在外來移民中，譚宗浚記述過他在光緒十年（1884）做的一個夢，在夢裏他遇到一個老翁給他看了一首詩，說是譚宗浚自己在前生時寫的。譚問那老人，自己的前生是什麼人，老人說譚前生是江都的鄧漢儀。譚宗浚《荔村隨筆》，頁7背。江都是分治揚州城的兩個縣之一。鄧漢儀（1617—1689）其實是泰州人，但在編纂其選集《詩觀》的一部分時居住在揚州。參閱梅爾清《清初揚州文化》（*Building Culture in Early Qing Yangzhou*），頁99－102。

③ 原注34：陳澧《東塾續集》，頁156。

裏描述自己是“江南寓客”，並且在頻頻往返京城的訪問中重
211 新確立了這一身份認同。除了強調與江南的血緣紐帶之外，陳灃投入精力去熟悉掌握來自江南的新學問，並在學海堂予以提倡。跟二三十年前他在廣州可能得到的指導截然不同，像張維屏這樣的教師建議陳灃從《四庫全書總目提要》著手。在他早期的語音學、哲學與數學的學術著作中，陳灃想要補充或完善一些清代江南的前輩開展的研究項目。如果這些著作沒有贏得江南讀者青睞的話，陳灃至少可以相信本地的讀者一定會為他嫻熟運用江南的話語而生敬畏之情。

轉型：陳灃對考證學的批評

本章開頭曾經提到，陳灃在其同治十年（1871）的“自述”中描述自己曾經歷了一場思想的轉型，捨棄了對文學和考證學的淺薄稚氣的嘗試，熟思經典的大義，闡發鄭玄和朱熹著作的精神。數年之後，他在寫給江南權威的《論語》學家劉恭冕（1824—1883）的一封信裏進一步解釋了他的立場。陳灃回顧道：“中年以前治經，每有疑義則解之、考之，其後幡然而改，以為解之不可勝解，考之不可勝考，乃尋求微言大義。”①

二十世紀的中國思想史家強調指出了陳灃的學術態度在中年由漢學向漢宋調和轉型的基本性質。例如錢穆就把這一轉變看作是瞭解陳灃的學術理想的關鍵，將其描繪為嘉慶之後全帝國範圍內捨棄漢學與考證的一個事例。② 與此相似的是，胡楚

① 原注 35：陳灃《東塾集》，卷四，頁 20 背。汪宗衍在其所著的陳灃編年傳記中判斷這封信寫於同治十二年（1873）。參閱汪宗衍《陳東塾先生年譜》，頁 108。

譯注：《陳灃集》上海古籍出版社 2008 年版，頁 167。

② 原注 36：參閱錢穆《中國近三百年學術史》，頁 601 及其後。

生指出了陳澧思想一個重要的轉折點，他由此“折入宋學領
域”。[①] 錢穆和胡楚生都引述一期 1931 年的《嶺南學報》收錄
的陳澧年譜中摘引的手稿片段（選錄的片段都按題材排列）而
把這一轉型的時間定在道光二十四年（1844）。在這段寫于十 212
九世紀六十年代中期的文字中，陳澧稱自己年輕時的思想發展
是受到當代學術潮流的妨礙。近二十年來有所進步，都是由於
道光二十四年與李能定的一次辯論的結果；李能定是道光十四
年（1834）的專課生，後來成為學海堂的學長。道光二十四年
也是陳澧第二次拜訪阮元的那一年，現代學者何佑森把這個事
件看作理解陳澧思想轉型的關鍵。[②]

如果說陳澧在道光二十四年開始懷疑漢學的議程，那麼這些懷疑只是在其後的歲月裏才由他的經驗加以肯定的。道光三十年（1850），在第六次會試落第之後，陳澧被任命為粵東的河源縣縣學的訓導。他在 12 月下旬到任時，發現那裏盜匪橫行而官員麻木不仁，於是在咸豐二年（1852）初辭去了這個職務。咸豐四年（1854），紅巾軍攻打廣州，陳澧攜家眷逃難到廣州城以東約六十里的一個村莊，避居在道光十二年（1832）舉人班的另一位成員鍾逢慶（1775—?）家。跟沈世良住在昌教黎家時的反應相似，陳澧被鍾氏家族組織所享有的與省城大不相同的質樸與寧靜迷住了——也許還多少有點妒忌。[③] 陳澧一家在咸豐七年（1857）英法聯軍佔領廣州時再次逃離這個城市。這一回他得到橫沙招氏家族的招待。除了記得在招家的子

---

① 原注 37：胡楚生《清代學術史研究》，頁 265。

② 原注 38：何佑森《陳蘭甫的學術及其淵源》，頁 1－19；汪宗衍《陳東塾先生年譜》，頁 69。

③ 原注 39：鍾家位於蘿崗的水西村，據稱其祖先於十二世紀在蘿崗定居。陳澧《東塾集》，卷二，頁 29 背－30 面；陳其錕《敕授文林郎壬辰科舉人翰林院典簿欽加內閣中書銜鍾君家家傳》（即《鍾逢慶家傳》）。

弟中找到一個曾在學海堂學習的孩子之外，陳澧還回憶到當時在招家花園的樓上遠眺越秀山，心裏想着不知山堂上還能剩下什麼。他在 1859 年（咸豐九年）9 月回到廣州老城的家裏，當時學海堂還是一片破敗；然後他在咸豐十年（1860）春再次下鄉，這一次是出任東莞縣龍溪書院的山長。然而到任還不滿一月，陳澧便被召回廣州，去主持一項編纂工程。①

213 不清楚十九世紀四五十年代的各種事件在何種程度上影響了陳澧使之對這個考證學工程產生了懷疑，不過他確實在道光二十四年（1844）開始認真地重讀朱熹的各種著作。在以後的整整十年裏，陳澧還開始閱讀《朱子語類》，並且在他認為重要的段落上作了標記。在逃避外國佔領而舉家寓居橫沙時，他的最有才能的長子陳宗誼（1839—1859）將父親標記的段落抄錄成獨立的一卷。在兒子於咸豐九年（1859）突然死亡後，陳澧決定將這一卷刊刻成書，名為《朱子語類日鈔》。在咸豐十一年（1861）的序裏，陳澧悲歎道："嗚呼，兵燹流離之際，獨以舉世所不談之學，父子相與講誦於空江寂寞之濱。"②

由於兒子的去世，陳澧可能覺得他自己成了廣州城的學術界中主張重新思考朱熹之學的孤家寡人。像我們後來看到的那樣，陳澧很難說是唯一主張漢宋調和的人；但是他越來越把自己描繪為一個孤獨者。縱觀他生命中最後三十年裏留下的豐富手稿和讀書筆記，陳澧不僅對全帝國當時的學術潮流多次表示不滿，而且將焦點收攏到學海堂本身的經典注解上。儘管在刊

---

① 原注 40：陳澧《東塾集》，卷二，頁 29 背，卷三，頁 28 背，卷四，頁 32 面；汪宗衍《陳東塾先生年譜》，頁 76－92；《東莞縣志》，卷五十三，頁 20 面。

② 原注 41：陳澧《朱子語類日鈔》，序，頁 1 面。關於朱熹的原文，參閱丹尼爾·加德納《朱子語類》英譯本（*Learning to Be a Sage*），各處。

譯注：《陳澧集》上海古籍出版社 2008 年版，頁 562。

刻的筆記和書信往來中不時地流露出批評的意思，陳澧通常讓他那些最辛辣的批評保持在手稿的形式。在這一類不準備刊刻的文字裏，他有時以懷舊的語調提到羅學鵬和方東樹，以及幾個世紀之前的朱熹，對當代書籍數量的泛濫表示不滿——這又與頌揚印刷文化在廣州繁榮的“梓人詩”大相徑庭（見第四章章首引詩）。這樣的片段更多地代表了修辭上的策略，而不代表由衷的承諾，因為陳澧在咸豐和同治兩朝就領導了多個書籍刊印工程；然而，陳澧的筆記確實透露出他別有深意，他的論點常常以經典的引文或當代文章的摘引段落來加以說明。例如，講到書籍的泛濫，陳澧贊同地引用了他道光十二年 214
(1832）考試的座師程恩澤的話：“著述至今日，幾幾乎人握珠、家抱璞，而有功於聖賢之門者，則不多見。”①

這提出了一個問題，就是為什麼一個學者要為十九世紀六十年代書籍前所未有的品類繁多和容易獲得而悲歎呢，同時又為什麼廣州南門內一度熱鬧繁忙的書市已經顯露出衰落的跡象呢?② 陳澧想要強調的觀點是，當時的風尚，特別是考證學，只會搞混學習的根本目的——瞭解古人。在他去世前不久準備出版的一份手稿裏，陳澧解釋說，學者們“當務知古人所已知，勿務知古人所未知”。③ 也就是說，既然古人的知識可以

---

① 原注42：陳澧《東塾雜俎》，卷十二，頁13面一背，引程恩澤《狄叔穎〈孟子編年〉序》。關於朱熹的類似批評，參閱朱熹《朱子語類》，卷十，頁8背；以及加德納《朱子語類》英譯本（*Learning to Be a Sage*)，頁139。

譯注：《陳澧集》上海古籍出版社2008年版，頁703。

② 原注43：同治十一年《南海縣志》在提到書市時說，五十年前，阮元任兩廣總督時，書市曾非常繁榮；由此可見在同治十一年(1872）的時候，廣州的書市已不復當年的盛況。參閱同治十一年《南海縣志》，卷五，頁20面。

③ 原注44：陳澧《東塾雜俎》，卷十二，頁14面。

譯注：《陳澧集》上海古籍出版社2008年版，頁704。

在經典裏找到，既然經典中絕大多數的章節都已經被漢唐的評注與再評注以及朱熹的評注作了充分的解釋，把精力用在精通這樣的章節會更有意義。與此相反，陳澧發現他的同時代人卻把注意力完全集中於少數前人的注釋沒有充分闡明的章節。在一些最壞的案例裏，陳澧斷言，一些咬文嚼字的淺薄涉獵者死摳某些孤立的章節或文字，而從不肯花時間從頭到尾讀一下一部經典。為了說明他所看到的這種治學門徑是一個歧途，陳澧作了一個醫學的類比：

> 今人多零碎經學而未嘗看注疏一部者，此猶不知醫者查《本草》藥性，查得幾味便說幾味，如是而曰知醫，可乎？如是而曰知經，可乎？①

陳澧有時引述徐幹的《中論》中的一段話，以說明他對學術的見解：

215 凡學者，大義為先，物名為後，大義舉而物名從之。然鄙儒之博學也，務於物名，詳於器械，考於詁訓，摘其章句，而不能統其大義之所極，以獲先王之心。此無異乎女史誦詩、內豎傳令也。故使學者勞思慮而不知道，費日

---

① 原注 45：陳澧《東塾遺稿》，卷七，頁 1。李時珍（1518—1593）編纂的《本草綱目》是一部先驅性的綜合藥典。富路特與房兆楹主編《明代名人傳》（*Dictionary of Ming Biography, 1368-1644*），頁 859。

譯注：《陳澧集》上海古籍出版社 2008 年版，頁 363。

月而無成功。故君必擇師焉。①

有一次他引述了《中論》的這段話之後，補充說：“余少時見此數語，頗不悅，今回思之，乃惡其害己耳。今乃知此真深中近儒之病。”②

陳澧想在通讀經典（讀經）和單純解釋經典（解經）這兩者之間作出區分，而後者是學海堂考試中給予優先地位的習作類型。③ 他在給劉恭冕的一封信裏強調指出，對一章一節的單純解釋是徒勞無益的。另一次，陳澧詳細地說明：

> 所以解經者，何也？非欲讀之而明乎？然則既解，必須讀之。若解而不讀，則解之何為乎？古人所解，我不復讀之，則我之所解，安望後人讀之乎？④

因此，閱讀需要更深層次的理解，而不僅僅是解釋一個章節的文字。雖然語言學對於解釋經文仍是絕對需要的，但是陳澧提請讀者仔細考慮那些最重要的經典中所蘊含的“大義”；一個

---

① 原注 46：陳澧《東塾雜俎》，卷二，頁 33 面。我曾因受梅約翰（John Makeham）新近出版的《中論》譯本啓發而修改了這一段話的翻譯。徐幹《中論》英譯本（*Balanced Discourses*），頁 12—15。

譯注：《陳澧集》上海古籍出版社 2008 年版，頁 440。

② 原注 47：陳澧《東塾雜俎》，卷二，頁 33 面。

③ 原注 48：戴鈞衡（1814—1855）對當代讀書習慣有類似的哀歎，參閱吳才德（Alexander Woodside）《國家、學者與正統：清代書院，1736—1839》（“State，Scholars，and Orthodoxy：The Ch'ing Academies，1736-1839”），頁 173。近來在歐洲閱讀史的學術研究中也可以看到類似的不同閱讀習慣。參閱夏蒂埃《書籍的秩序》（*The Order of Books*），頁 17。

④ 原注 49：《東塾雜俎》，卷十二，頁 16 背。

譯注：《陳澧集》上海古籍出版社 2008 年版，頁 707。

個的章節只有在其出現的全文的語境中才能被理解。此外，陳澧還借用《朱子語類》的話，主張“讀”需要“咀”——品出一章一節的“味”，以求領會聖人的意旨。① 至於講到閱讀練
216 習，陳澧偏愛宋學反省性的理解，超過喜愛漢學的實證性分析。

讓陳澧感到憤怒的主要是江南的學者。令他尤其不滿的是惠棟（狹義地說來是漢學之父）和王念孫（1744—1832）、王引之（1766—1834）父子。對於王氏父子，陳澧覺得他們代表了考證學者那種作风，可以輕易改變經典中字的讀法，完全不顧已經確定的解釋。令兩父子出名的是《經義述聞》這部醒目地收錄在《皇清經解》中的著作。在這部著作中，他們表現出一種傾向，就是辯稱經書中的某些字是“假借”字，因此應該更換成王氏父子所論證的原字。陳澧認為像這樣的事情不應如此輕率。②

按陳澧的觀點，王氏父子等人急於推翻以前廣為接受的對某些經典章節的解讀，反映出他們根本無視漢、唐與宋代的先賢及其注疏。這遠比任何對經典錯誤解釋的具體例子更令陳澧反感：

王氏專門訓詁，自出其說以易古儒解注。學者不善讀

---

① 原注 50：《陳蘭甫先生澧遺稿》，第二部分，頁 189。朱熹使用“咀”和“味”的例子，參閱朱熹《朱子語類》，卷十，頁 8 面，卷十一，頁 13 面；譯文見加德納《朱子語類》英譯本（*Learning to Be a Sage*），頁 137、155。複合詞“咀嚼”的類似用法，參閱宇文所安《追憶：中國古典文學中的往事再現》（*Remembrances: The Experience of the Past in Classical Chinese Literature*），頁 83。

② 原注 51：例如，可參閱《東塾雜俎》（卷十一，頁 12 面）中陳澧對王氏解釋《詩經》的批評。這些內容亦見於陳澧手稿中。陳澧《東塾遺稿》，卷十，頁 1。

其書，遂以駁古儒、易新說為能事矣。且王氏所失亦多，特其引證詳博，文氣精鋭，讀者每為所奪耳。[1]

年輕的時候，陳澧自己可能曾經眩惑於王氏父子等江南考證學者為了對一字一句作出細至毫末的解釋而蒐集的一系列炫目的證據。其實，陳澧對考證大師們的批判看來是夾雜著妒忌，就像他在手稿中其他地方所承認的那樣，他的記憶力不好，使他只能講義理之學。[2] 與此同時，由於他可能難以操弄如此大量的證據，因而選擇了不採取這樣的閱讀策略，所以陳澧覺得他能夠見他人所未見。他對那些純粹為了擡高自己並且以損害儒家前輩為代價的注解投以懷疑的目光。陳澧曾經對同治年間學海堂並列學長中與他關係最密切的林伯桐評論說，這一類的經學已經再也稱不上是“樸學”了；它已經“華”得跟試帖文章完全一樣，而那正是學海堂初創時的考證學與之截然相反的。[3] 217

在一些他可能從來沒有打算發表的私人筆記裏，陳澧的批評直指自己在學海堂的同事。有一次，陳澧回憶了他跟曾釗的談話——曾釗是學海堂第一代學者中除了樊封之外最堅決的漢學提倡者。曾釗建議本地教師使用黃侃（488—545）的《論語義疏》來給蒙童教授《論語》，而不要使用常用的教材——應該是指何晏（190—249）和朱熹所編的書。陳澧認為曾釗熱衷於為了含混不清的評注而將他自己崇拜的偶像偷偷塞給一班完全是小孩的人，實在難以理解。[4] 在另一案例中，陳澧針對

---

① 原注 52：陳澧《東塾雜俎》，卷十一，頁 11 背—12 面。
譯注：《陳澧集》上海古籍出版社 2008 年版，頁 654。

② 原注 53：陳澧《東塾遺稿》，卷三十三，頁 3。這看來更像一種修辭策略，而不太像“準確意義的”自我表述。

③ 原注 54：陳澧《東塾遺稿》，卷二十六，頁 9；卷五十一，頁 1。

④ 原注 55：陳澧《東塾遺稿》，卷三十八，頁 3。

《禮記》中“學記”的一節提出意見。他抄錄了這部經典中的一節：“今之教者……使人不由其誠。”① 然後他摘錄了鄭玄的評注：“由，用也。使學者誦之而為之說，不用其誠。”他把經典中的這一節和鄭玄的評注應用於他的時代，補充說：“今之教人為時文者正如此，即學海堂出經解題亦如此。”② 那麼，對陳澧來說，學海堂的經解習作已經退化到實際上跟別的書院裏試帖文章寫作的練習沒有什麼區別了。在作這一比較的時候，陳澧較少強調內容的延續性，而更多地強調了試帖習作和經解習作兩者在性能上相似，都是止於表面和拘泥形式。就像參加科舉考試的考生很少是為了更好地理解朱熹和別的宋代大師一樣，學海堂的學者和學生們也更多地是在競相炫耀對種種
218 新從江南引進的語言學和經解學方法的創造性運用，而不是表明他們渴望忠實地揭示古代的真理。換句話說，雄心勃勃的廣州城家族的子弟將科舉考試和學海堂考試兩者都看作是爭取提高社會地位的主要手段。

所以，在同治朝之初，陳澧就開始對自己曾受培訓於其中的這種學術實踐的價值作出重新評估。他認為，考證學作為一個易於對經典中非常確定的內容給予懷疑的、可能被誤導的項目，並不是那麼代表著對確實性的追求。然而，陳澧不是“反理性主義者”。③ 錢穆等學者認為陳澧在刊刻的著作中克制了對漢學或考證學的批評是為了避免被同時代人嘲笑，但陳澧自己解釋他的動機時說了不同的原因：他害怕全盤廢棄考證學可

---

① 原注 56：《禮記》，卷三十六，頁 9 面。理雅各把這一節翻譯成：“按現今的教學系統……在他們（師傅們）所賦予學習者的東西中，他們不是真誠的。”理雅各《禮記》英譯本（*Li Chi*），第 2 冊，頁 86。

② 原注 57：陳澧《東塾遺稿》，卷二十六，頁 6。

③ 原注 58：參閱余英時《清代儒家知識主義的興起初論》（“Some Preliminary Observations on the Rise of Ch'ing Confucian Intellectualism”），頁 105－146。

能導致通常認為引起明朝衰落的那種“空學”，陳澧對此感到恐懼，所以他在筆記裏提醒自己在批評漢學的時候要特別謹慎。①在引用了十八世紀考證學者段玉裁（1735—1815）對當代學者忽視宋代大師的批評之後，陳澧直陳了他的關切：

> 當漢學盛時，士大夫之讀書者，已不過百中之一二。今漢學已衰，讀書者千中之一二耳，其餘則皆不知經書為何物者也。若於此時而詆漢學，則天下之人翕然從之，普天下無讀書人矣。②

同樣，儘管陳澧自稱對朱熹感興趣，但他並非全盤接受其同時代人常常認為的宋學或者理學所具有的特性。其實，陳澧對宋學的關切，更多是對十八世紀江南漢學學者提出的批評的回應。首先，陳澧廢棄了成聖的追求，視之為虛矯和不現實。此外，他也不接受“道統”之說——這種學說的大意是：聖人之“道”由古代的聖王傳授給了孔子，又由孔子親授的門徒傳 219
給了孟子，然後失落逾千年之久才總算得以恢復，至於是由誰恢復，則各有其說，可以是韓愈、周敦頤或者程頤。③ 無論是“道統”還是成聖的理想，都讓陳澧覺得難以置信；但更重要的，是讓人覺得難以忍受的傲慢與無禮。而且，陳澧不太留意理學所關心的像“理”與“氣”的關係，或者情感的“未發”與“已發”的區別等等玄奧的問題。由於陳澧並不將這些問題視為急務，所以他與兒子在提取《朱子語類》的精華編為《朱

---

① 原注 59：參閱如陳澧《東塾遺稿》，卷十六，頁 13。

② 原注 60：陳澧《東塾雜俎》，卷十一，頁 15 面—背。

譯注：《陳澧集》上海古籍出版社 2008 年版，頁 657。

③ 原注 61：關於“道統”，參閱魏偉森《道統》（*Genealogy of the Way*），頁 82—97。

子語類日鈔》時，這些論點很明顯都付之闕如。然則你可能奇怪，一個完全沒有這些觀點的朱熹，會有什麼東西吸引陳澧呢？就像許多同時代人年輕時眩惑於考證學，到了半百之年卻扛起了朱熹的旗號一樣，陳澧提倡朱熹和宋學，主要是對他所認為的漢學視野過於狹窄的一種修正。因此，十九世紀的"宋學"或理學的面貌，與宋明兩代大異其趣。①

"朱子好考證之學"

雖然在這一時期還出現了今文經學和西學，但是漢宋調和論——這種試圖取漢學與宋學各自之長而捨各自之短的學問——仍然構成了甲午戰爭（1894—1895）前中國儒家內部最為盛行的思想運動。陳澧當然是漢宋調和論最堅定最鮮明的倡導者，儘管他把自己描繪為單人匹馬，而其實則遠非孤單。尤其是在廣州，由外地引進而來的漢學，根柢甚淺；而漢宋調和學說在學海堂早已得到闡述。因此，陳澧在咸豐年間宣揚漢宋調和論已經不算特別新穎；不過在他刊行的文本中，他還是比起任何在廣州的同時代人更有系統地試圖進行調解。②

220 自從江藩和方東樹在廣州開啟了漢宋之爭，此後的數十年間，雙方都不乏熱心的辯護人，這在某些方面是圍繞籍貫與經史之學的交互作用組織起來的。可以找到一些例外，但是理

---

① 原注62：陳澧《東塾遺稿》，卷十七，頁15，卷三十五，頁3，卷五十，頁5；陳澧《東塾雜俎》，卷七，頁12背—13面、25面；韓德森（John B. Henderson）《典籍、正典與注疏：儒家與西方注疏傳統的比較》（*Scripture, Canon, and Commentary: A Comparison of Confucian and Western Exegesis*），頁208—209。

② 原注63：史革新認為對漢學的強烈批判一直持續到十九世紀中葉，在漢宋兩個學派之間進行調和的努力直到十九世紀末才真正起到主導作用。史革新《晚清理學研究》，頁100—101。

學，不管是宋學還是明學的堅定維護者可能更多的是住在廣州城以外的珠江三角洲鄉鎮或村莊；而漢學的熱情辯護者大都在廣州城內。例如，在大良，羅惇衍和黃經（道光二十四年進士）都是翰林院學士，喜歡一起研究“理”和“心”。[①] 事實上，從未有大良羅氏族人參加過學海堂考試的記錄。同樣，佛山冼氏家族的一位子弟冼沂，曾經參加過學海堂的一些考試，但後來因為討厭他認為的學海堂對宋學的偏見而放棄了考試。[②] 好幾位在學海堂受教育的城市學者，例如徐灝，往往都是堅定的漢學信仰者。與陳澧書翰往還的徐灝，確實令陳大吃一驚，徐在咸豐四年（1854）為他的經解集寫的序中承認自己完全迷戀上了王念孫父子。[③] 道光十四年（1834）的專課生之一吳文起，是另一個例子；他雖然是珠江三角洲西部流域的鶴山縣人，但是住在廣州河南，而“生平宗漢學”。[④]

儘管有着這些愛爭論的學術姿態，但是在十九世紀的廣府地區，對漢宋調和論抱平衡度不一的支持態度的更為普遍。阮元在嘉慶二十二年（1817）到廣州赴任時，廣東學者中資格最老的是陳昌齊。陳在乾隆三十八年（1773）充任分校官，參與編纂《四庫全書》，曾與江南考證學的名人如戴震、錢大昕和王念孫等共事，因而在漢學領域享有高於當時任何其他廣東學者的聲譽。但是溫訓在為陳昌齊寫的傳記中描繪他的老師至高

---

① 原注 64：民國十八年《順德縣志》，卷十七，頁 12 背、23 面。

② 原注 65：同治十一年《南海縣志》，卷十四，頁 18 面一背。據冼氏族譜，阮元曾想聘請冼沂協助編寫經典注釋，估計是指《皇清經解》，但冼沂為了抗議阮元傾向漢學多於宋學，拒絕了他的邀請。意味深長的是，族譜的編者將冼沂的立場跟這個家族的一位祖先曾師事明代廣州理學大師湛若水的事實聯繫了起來。《南海鶴園冼氏家譜》，卷六之二，頁 17 面一背。

③ 原注 66：徐灝《通介堂經說》，序。

④ 原注 67：黃炳堃《希古堂文存》，卷五，頁 4 面。

無上的學術理想是不願意區分漢宋。① 同樣，在一篇題為《漢學宋學論》的文章中，黃培芳強調指出，無論是漢學的訓詁，
221 還是宋學的“義理”，俱不可废。然而，在他自己那個時代，黃培芳恐怕宋學的一些實際有益的東西會在漢學鼓吹者的一片喧囂中被抹煞。② 在學海堂首任的八位學長中，林伯桐是立場最鮮明的漢宋調和論參與者。他的學生金錫齡描繪他是“其研修以漢儒為宗，踐履以宋儒為法”。③

這種漢宋調和的論調並不完全是學海堂課程的產物，但是阮元的折衷主義學術傾向確實是助長了其發展。阮元在給學生作品第一集寫的序言中，一開始就給了朱熹傳統中的“析道理”在這所書院中作為一個學習領域的合法性。阮元離開廣州以後，漢宋調和論繼續為學海堂所接受。道光十六年（1836），學海堂考試要求學者以“朱子不廢古訓說”為題作文，林伯桐在以此為題（這題目很可能是他自己定的）的文章中論證說，朱熹是宋儒中唯一採用考證學方法研究漢唐儒家古注的，因而避免了同時代人中常見的“空談”。④ 另一位學海堂學者李中培（學海堂的多位嘉應客家學者之一）在這個話題上大受啓發，因而將他的文章擴大為一部十六卷的論文，於道光二十三年（1843）在廣州刊刻，其中列舉了朱熹講述或運用漢代評注的一百五十三個例子。李中培在第一卷中一開始就論證，當涉及事物名稱時，朱熹十有九回遵從古說；而在最末一卷他又指出，在涉及微言大義時，朱熹的評注十有九回超越於古人之上。⑤

---

① 原注 68：溫訓《登雲山房文稿》，卷二，頁 29 背—30 面；蓋博堅《皇帝的四庫》（*The Emperor's Four Treasuries*），頁 84。

② 原注 69：陳在謙編《國朝嶺南文鈔》，卷十三，頁 1 面—2 面。

③ 原注 70：金錫齡《劬書室遺集》，卷十六，頁 18 面。

④ 原注 71：林伯桐《修本堂稿》，卷二，頁 19 面—22 面。

⑤ 原注 72：李中培《朱子不廢古訓說》，序，頁 1 面—背；卷一，頁 7 背；卷十六，頁 20 背。

在與陳澧同時的學海堂學長中，金錫齡是漢宋調和論的最堅定的倡導者。作為番禺縣外來移民金家的成員，金錫齡在道光八年（1828）師從林伯桐開始學習經典，很快就成為他最忠實的學生。除了受業學習段玉裁的《毛詩故訓傳》（一部研究詩經毛氏古注，具有江南考證學特色的著作）之外，金錫齡同
時也很自然地繼承了林的漢宋調和論。在呈給林伯桐並收錄在 222
金的文集中的一封書信裏，金響應了老師權衡漢學與宋學利弊的教導。[①] 後來，金錫齡在《理學庸言》中討論了朱熹的主要哲學理念。縱貫全篇，金舉出多個例子，說明宋儒對經典的解讀與漢儒並無牴牾。[②]

甚至許多表現出傾向於漢學或宋學的廣州學者，大都將自己的觀點納入調和論的框架。上文提到的熱誠支持考證學的徐灝，在一篇題為《考證論》的文章中評論說，他從未見過可以棄義理而獨言考證者。[③] 陳昌齊的弟子溫訓，在一篇題為《學術》的文章開頭表示了對鄭玄和朱熹同樣的尊敬；然而不久，他就流露出宋學的偏向，他把戴震的評論“漢儒得其制數，宋儒得其義理”解釋為“得其粗者，漢唐諸儒也，得其精而實踐之者，有宋諸子也”。[④] 看來方東樹在廣州不乏同情者，溫訓在文末對批評漢學擁護者的聲音表示了贊賞之意。然而，在這場辯論中更重要的一點是，溫訓感到不得不用漢宋調和論的語言來掩飾自己的觀點。

關鍵是所有這些都表明，陳澧遠不是像一位現代學者所描

① 原注 73：金錫齡《劬書室遺集》，卷十一，頁 1 面—2 面。

② 原注 74：金錫齡《理學庸言》（附於《劬書室遺集》），各處。陳澧的密友桂文燿的堂弟桂文燦，也曾師事陳澧，是《經學博採錄》的作者，曾寫過一部著作，題為《朱子述鄭錄》，專為響應阮元避免偏袒漢或宋之嫌的要求。《清史列傳》，卷六十九，頁 67 面。

③ 原注 75：徐灝《通介堂文集》，頁 5 背。

④ 原注 76：溫訓《登雲山房文稿》，卷一，頁 20 背—21 面。

述的那樣，“與當時流行學風相校，則不免大相徑庭，判如霄壤”。① 不如說，在陳澧活動的時代，漢宋調和論十分盛行，甚至流行於那些在這兩種門徑中偏向其中一種的學者。陳澧曾師從林伯桐的高足侯康研習經典，因此他在學術血緣上很清晰是屬於漢宋調和的家族。而且陳澧自己也承認漢宋調和論對他思想發展的影響。陳澧在一篇為他道光六年（1826）考試的座
223 師翁心存而作的頌中，憶述了翁在解釋漢宋結合重要性時的一個比喻。翁心存說：“漢儒之學如治田得米，宋儒之學如炊米為飯，無偏重也。”② 所以，陳澧學術上的中年大轉型更準確地說是反映了他對當時廣州流行的漢宋調和論的認可，而不是對他工作的思想環境的徹底決裂。

雖然陳澧的漢宋調和論在十九世紀廣州的背景中算不上很獨特，但是他給兩種經解傳統之間的調和導入了更多的學術能量。陳澧早期所作的調和工作的成果是《漢儒通義》一書的刊行。在咸豐六年（1856）為該書寫的序裏，陳澧為漢代的儒學大師辯護，反對宋代理學家指責他們強調注釋以致忽視了義理（義理常常是識別宋學的概念）。清代的漢學擁護者曾經同樣忽視漢儒在義理方面的貢獻。因此，陳澧希望向現代的標準執掌者和漢學的批評者指出，“漢儒義理之說，醇實精博”。③ 當然，陳澧遇到了一個很大的障礙，就是漢儒大多並沒有留下像理學家常有的那種體裁的著作，例如語錄乃至文集等。因此，陳澧建議學者須從別處，也就是從漢儒對經典的注解中，尋找其對義理的議論。無論是擁護者還是貶損者，因為不知道漢代不存在語錄這樣的文體，於是就以為漢儒根本沒有關注過像宋

---

① 原注 77：胡楚生《清代學術史研究》，頁 273。
② 原注 78：陳澧《東塾集》，卷三，頁 27 面。
③ 原注 79：陳澧《漢儒通義》，序。

儒在這樣的文體中所講的問題，其實是對歷史的瞭解不足所致。[1] 然後，在《漢儒通義》中，陳澧幫助人們去發現漢儒的古典評注中關於義理的內容；他從這些評注中選出一個個段落，並將它們按照宋儒所用的那種哲學分類，如“理”、“心”、“性”，進行排列。佔很大分量的段落引文選自鄭玄的評注；其他的段落有的選自趙岐的《孟子》評注和選自公元前二世紀儒家學者董仲舒的《春秋繁露》。這項計劃的最終產品因此有點 224
類似朱熹的《近思錄》，不同之處是所收的是漢儒對經典的評注，而不是北宋理學家的玄學思索。[2]

陳澧打算在《漢儒通義》之後開展一個更為宏偉的工程，他將要討論每一部經典的大義，接著按年代先後為序評價各種經典的注釋。陳澧在十九世紀五十年代著手進行這個工程，但是到他在光緒八年（1882）去世時還沒有完成。[3] 陳澧為這部計劃中的鴻篇鉅著取名為《學思錄》，反映了他調和論的議題，

---

① 原注 80：陳澧《東塾雜俎》，卷二，頁 20 面一背。漢宋調和論的另一個常見論題，與宋代以來研究各朝歷史的做法相反，是提出史家不應再將儒者的傳記分類為“道學”（與宋學相關）和“儒林”（與漢學相關）兩個部分。學海堂學長之一周寅清在《宋史》“道學傳”部分的跋裏講到這種人為的區分，認為是造成現存漢宋之爭的根源。周寅清《典三賸稿》，卷七，頁 3 面一5 面。

② 原注 81：陳澧《漢儒通義》，各處。

③ 原注 82：這部著作留存下來一些不同階段的產品：（1）《東塾讀書記》，一部已梓行的著作，包含論述經典的各章加上論述鄭玄和朱熹各一章；（2）《東塾雜俎》，主要部分是各朝代經學研究的章節，在陳澧去世後由他的學生匆促印成；（3）《東塾遺稿》，五十三卷，筆記手稿，由陳澧的學生轉抄，現藏中山大學圖書館。筆記手稿的年代由咸豐三年至同治十一年（1853—1872），大部分集中於十九世紀六十年代中葉。五十三卷按話題排列，儘管這樣做有時不夠精確。筆記手稿的一些部分曾刊載在兩期《嶺南學報》上，即二卷二期（1931 年）和二卷三期（1932 年）。《東塾讀書記》被除去鄭玄和朱熹兩章後，收入了《皇清經解續編》，卷九百四十五至卷九百五十四。

典出《論語》中孔子的一段話，警告如果不能保持“學”與“思”的平衡將會造成的危險。① 這一段話在漢宋調和的言論中常常被引用；這裏，“學”指的是漢學的文本研究，而“思”指的則是宋學的道德上的自省。陳澧在同治元年（1862）寫給老朋友、曾任學海堂學長的楊榮緒的一封信裏把這個項目描繪為一部“子”書，旨在分析古往今來的儒家理論。他稱這部書是他的畢生之作，他已經在這上面花了十年時間。② 此外，陳澧還把他這部書與宋代末年黃震編的《黄氏日抄》相比較。正如黄震看來用他的著作去拯救當時有某種“不實”傾向的宋學一樣，陳澧的意思是《學思錄》將對清代的漢學起到同樣的作用——保存其有用的東西，而不是完全拋棄。③

《學思錄》的終極目標是達到漢學與宋學之間的圓滿調和，陳澧在這一目標的主導下採取了各種策略。策略之一是指出兩者的相似性——就是指出朱熹實際上從未廢棄漢代的訓詁，而鄭玄等漢儒也從未忽視義理。道光十六年（1836）的學海堂考試試題和陳澧咸豐六年（1856）的《漢儒通義》，都是採用這一策略。一項供替換的策略是強調互補對應，這從《學思錄》這個標題就可以看出來。在這裏，漢學和宋學被描繪成個人修
225 養（既是智力上的也是道德上的）兩個相反相成的領域。採用互補對應說的論證常常以對仗的風格來表述。於是，最常見的是漢學與訓詁相聯繫，而宋學與義理相聯繫，兩者都被看作臻於完善所必須。陳澧在整部《學思錄》中倒換著採用這兩種策略，常常還夾用第三種策略——提喻法，以鄭玄和朱熹代表漢

① 原注 83：理雅各《中國經典》（*The Chinese Classics*），第 1 冊，頁 150，將這一句譯成“學習而不思考就白費工夫，思考而不學習就很危險”。譯注：《論語》中這句原話是：“學而不思則罔，思而不學則殆。”

② 原注 84：陳澧《東塾集》，卷四，頁 17 面。

③ 原注 85：陳澧《東塾雜俎》，卷八，頁 12 背—13 背。

學和宋學。例如，在一篇閱讀筆記手稿裏，陳澧用對舉來把他這兩位學術主角進行比較：

> 鄭君於三禮結構成一箇周公之禮；
> 朱子於四書結構成一箇孔子之學。[①]

雖然這些比較在現代的讀者看來可能有牽強的感覺，但是對詩和駢體文作者來說則顯得很自然，並且很合適地突出表現了鄭玄與朱熹之間相似與互補的實際情況。[②]

陳澧在同治十年（1871）病愈之後，很快著手編寫了《學思錄》的一些部分，作為《東塾讀書記》付諸刊刻。直到陳澧去世之前，除了每部主要經典的各章之外，他還編寫了關於鄭玄和朱熹的各一章。在鄭玄的一章中，陳澧首先贊揚後漢的經學家強調了保持經學中研究的根本。像大多數十八世紀江南的漢學前輩一樣，陳澧也將鄭玄與“禮”的研究聯繫在一起。畢竟，鄭玄在清代最受推崇的是他對“三禮”——《周禮》、《儀禮》和《禮記》——經典版本的評注。此外，陳澧極其贊賞鄭玄的“家法”——即學術方法論。陳澧描述鄭玄的“家法”是“有宗主，亦有不同”。[③] 換言之，鄭玄對某一部經典會主要遵

---

① 原注 86：陳澧《東塾遺稿》，卷五十一，頁 1。

② 原注 87：十九世紀廣州詩人在詩篇中談論漢宋調和論也是平常的事情。張維屏在十九世紀二十年代寫的一首詩裏描述了他在經學上的觀點，並在夾注裏補充說：“諸家判淺深，何須分漢宋。”張維屏《東園雜詠》之五，見《張南山全集》第二卷，《松心詩集》，頁 409。韓德森斷言“平行模式的理論也被理學的評論家高度發展”。韓德森《典籍、正典與注疏：儒家與西方注疏傳統的比較》（*Scripture*，*Canon*，*and Commentary*），頁 167。在這個意義上，陳澧採用平行說，也可以看作是受到理學者的影響。

③ 原注 88：陳澧《東塾讀書記》，卷十五，頁 2。

從一種注釋的傳統，但在需要的時候會毫不猶豫地採納其他傳
226 統的解釋或者提出自己的見解，注出不同的解讀法。正是在這方面，陳澧給予鄭玄超越後漢同時代的何休等人的特殊地位；何休被清代今文經學家視為守護神，他太僵硬地堅持單一的經解傳統。王肅（195—256）被陳澧認為曾刻意在鄭玄的評注中找錯，導致更多不良後果。唯有鄭玄能夠恰當地保持平衡，在擁護一個特定的經解派別的同時，對可供選擇的或甚至是新的解讀保持開放的態度。① 清代那些聲稱是鄭玄信徒的人攻擊陳澧，說他完全丟失了鄭玄方法根本的要素。王念孫和王引之更是讓陳澧想到王肅，他們都是純粹為了獲得學術聲譽而找前人的錯處。② 令陳澧很生氣的是，教條一派的漢學倡導者江藩竟敢用“鄭堂”作自己的齋名。③

正如他試圖在《漢儒通義》中展示鄭玄與漢代儒家學者實際上很關心揭示義理一樣，陳澧在其《東塾讀書記》的朱熹一章中也想要將這位宋代哲學家的形象重塑為禮儀主義者和考證學者。在這一章開篇的幾段中，陳澧指出了一些例子——大都摘引自《朱子語類》——在其中，朱熹強調了漢唐經典注疏的重要性，贊賞了注釋，並引用鄭玄談論禮的話，講述了宋代一次皇室繼承的危機。他甚至舉出一個例子，說明朱熹曾關注刊刻一部許慎《說文解字》的新版本。按陳澧的觀點來看，儘管朱熹不反對揭示考證學在學術方法上的瑕疵，但是“朱子”仍然是“好考證之學”的。④ 相反，就像在陳澧與兒子所編的《朱子語類日鈔》中一樣，在《東塾讀書記》中的朱熹一章，

---

① 原注 89：陳澧《東塾讀書記》，卷十五；陳澧《東塾雜俎》，卷六，頁 16 面。

② 原注 90：陳澧《東塾雜俎》，卷十一，頁 10 面。

③ 原注 91：陳澧《東塾遺稿》，卷二十九，頁 3。

④ 原注 92：陳澧《東塾讀書記》，卷二十一，頁 9。

譯注：《陳澧集》上海古籍出版社 2008 年版，第二冊，頁 305。

理學中常見的玄學概念卻很明顯地缺位了。

像上面講到的這樣的話語結構，是十九世紀廣州漢宋調和論常見的腔調，而陳澧正是其主要的發言人。在為漢宋調和論作出理論貢獻的過程中，陳澧給漢學和宋學重新下了定義，以便使它們變得更加相容。鄭玄和別的值得贊許的漢儒，在陳澧 227
那裏變成了義理的探尋者，同時又是儒家道德的完人。陳澧強調了漢儒的道德實踐，他認為這是一直被忽視的。反之，通過對朱熹的介紹，他貶低了宋儒對玄學問題的興趣和對成聖的追求。取代這些的是，陳澧將朱熹描繪為一位喜愛考證學的、不偏不倚的禮的倡導者和道德主義者。

廣州重建與考證學工程

在咸豐朝危機的餘波中，陳澧不僅清楚表明了自己調解漢學和宋學的立場，而且一直在緊張而活躍地參與一些本地的學術工程。陳澧得益於前所未有的機會，運用了重建熱時期的公私捐款以進一步實現他的學術目標，包括發展書院教育，促進刻書工程，和給他的學生分派專課研究項目。為了給廣州學術事業的復興籌集資金，陳澧非常注意迎合省內官員在已有的赫赫武功同時還想兼有文治聲譽的迫切願望。在這整個過程中，陳澧保持着對江南學術進展的強烈興趣。通過對重建時期他追求的各種項目的分析可以看出，儘管陳澧對漢學以至更廣泛的考證學事業——甚至在他的學海堂同事之間——的許多實踐與態度提出疑問，然而他仍然基本上立足於考證學的事業。

一開始，陳澧就宣稱自己很滿意年輕時闖入考證學領域並沒有妨礙他在後來的歲月中修改、補充、準備和發表了他的幾部早年的著作。咸豐七年（1857），陳澧為自己早期的幾何學著作《弧三角平視法》作序。同年，他花四個月寫出了一部音

樂理論著作，題為《聲律通考》。在研究《周禮》和《禮記》一些段落的基礎上，陳澧試圖在古樂研究方面仿照十八世紀許
228 多江南考證學者對古禮所做的工作。陳澧希望對音樂理論的討論此後可以避免“空談”，因為宋學一脈的著作普遍被認為有空談的毛病。[1] 就像他研究《切韻》的語音學著作一樣，這部著作直到進入二十世紀多年後仍然被研究中國音樂的學生奉為圭臬。數年之後，道光十六年（1836），陳澧在其《考證胡氏禹貢圖》付梓之際寫了一篇序。在臨終前，陳澧安排了刊刻他《切韻》研究的補編。這部著作題為《切韻考外篇》，序文寫於光緒五年（1879），書印成於光緒六年（1880）。它追溯了從宋代之前的音節轉寫到宋代韻表所用的三十六個“字母”的發展過程。[2] 最後，陳澧終於明白他不可能完成所有想到的項目，於是他將計劃中打算要寫的篇名記下來，以便後來者可以受到啓發去寫。這些標題既反映了陳澧的考證學立場，也反映了十九世紀漢宋調和論的潮流。例如，其中包括《毛詩鄭朱合鈔》、《儀禮三家合鈔》和《春秋三傳異同評》。[3]

陳澧在他生命最後二十年的筆記和往來書信中，會時時提到隱逸詩人陶淵明（365—427）在他最有才華的兒子夭亡後，哀歎世上再沒有可與談論學問的人了。一度，陳澧決定保持沉默，只與花木為伴，並且以此解釋學海堂重建期間他在校園裏栽花植樹的理由。[4] 這些時而生發的哀悼之情並沒有一直持續，陳澧在十九世紀六十年代無論是在學海堂還是在新建的菊坡精舍，一直還相當活躍。他在恢復久已廢止的學海堂專課生制度方面發揮了作用，其中包括與省內官員建立親密的關係。

---

① 原注 93：汪宗衍《陳東塾先生年譜》，頁 88。

② 原注 94：陳澧《切韻考》，《切韻考外篇》，序，頁 1 面。

③ 原注 95：陳澧《陳蘭甫先生澧遺稿》，第一輯，頁 158。

④ 原注 96：陳澧《陳蘭甫先生澧遺稿》，第一輯，頁 163。

幸運的是，陳澧找到了這樣一位他認為是真正瞭解他的官員——巡撫郭嵩燾。① 郭嵩燾對廣州人一般並無好感，但似乎對陳澧還比較抬舉。② 雖然陳澧沒能在郭的幕友班子供職，但是當巡撫大人邀請學海堂學長們到衙門雅集時，他通常會出席。所以郭嵩燾成為恢復專課生課程的主要贊助人就不奇怪 229
了。郭在書院主持了1866年（同治五年）3月的入學典禮之後，任命了陳澧與陳璞、金錫齡和鄒伯奇來監督這一課程。這年夏天稍晚些時候郭嵩燾離任時，陳澧和學海堂的學者們在西關潘仕成的海山仙館宴請郭，並在兩天後為他送行。③

陳澧不僅為郭嵩燾贊助專課生項目鋪路，而且在很大程度上負責設計了這個被恢復的項目。在一篇記學海堂新建的將用於專課研究的“離經辨志齋”的文章中，陳澧強調指出經學應該從經文的解析開始，而且應該像漢代人那樣，開始時選擇單獨一種經書來專門研究。但是陳澧隨即告誡說，在這個最初的階段之後，一個學生如果不進而努力實現古人的理想，成為知慮通達、道德完善的“士”，就只能成為一介腐儒。④ 這可能是對狹隘的經解訓練的含蓄指責。不過儘管陳澧對考證學事業提出了一些疑問，事實上他仍然是置身於學海堂各種活動的中

---

① 原注97：在關於《論語》開篇一段的筆記手稿中，陳澧講到，要做到人不知而不慍是多麼困難。他接著表明：“今亦有知我者矣，郭中丞也。”參閱陳澧《東塾遺稿》，卷十六，頁2。

譯注：《陳澧集》上海古籍出版社2008年版，第二冊，頁358。

② 原注98：例如，可參閱《郭嵩燾日記》，卷二，頁310。臺灣“中央研究院”傅斯年圖書館藏有一部從頭至尾由郭嵩燾圈點的《東塾讀書記》刻本。

③ 原注99：《郭嵩燾日記》，頁147、161、167、338、349、372、374。

④ 原注100：陳澧《東塾集》，卷二，頁28面—29面。

譯注：《陳澧集》上海古籍出版社2008年版，第一冊，頁95—96，《離經辨志齋記》。

心。就在郭嵩燾、周寅清和陳澧通力合作恢復了專課生課程的同一年，陳澧增補並重印了林伯桐編寫的道光十八年（1838）《學海堂志》。在生命的最後一年，陳澧仍然忙於編纂學海堂的詩文習作——《學海堂四集》。這一集在陳澧去世後由金錫齡於光緒十二年（1886）完成。

跟學海堂專課生課程的恢復一樣，菊坡精舍的創建也是與省的官員培養關係的結果——這一回是鹽運使方濬頤和接任郭嵩燾巡撫職位的蔣益澧。不過菊坡精舍還是為陳澧提供了一個機會去體現其特別的學術觀點。在一篇記菊坡精舍創建的文章中，陳澧強調了它與學海堂的不同之處，指出菊坡每年要考試
230 學生三十次，而學海堂只是舉行傳統的季考。在菊坡精舍前廳的牆上，陳澧題寫了通常被認為與清初學者顧炎武相聯繫的一行字，代表了十九世紀儒家學者呼喚道德修養與文本研究之間漢宋調和式的平衡："行己有恥，博學於文。"① 陳澧後來在對菊坡精舍學生的一次講話中闡述了他的教育理想：

> 凡經學，要識義理，非徒訓詁考證而已。朱子書義理，僕有《語類日鈔》五卷；漢儒經注義理，僕有《通義》七卷，皆可為先路之導。②

就這樣，在新書院裏，陳澧把對被誤導的考證學的批判結合進課程當中，而仍然保持了學海堂議程的基本成分。陳澧所

---

① 原注 101：顧炎武集《論語》第十二章第十五節和第十三章二十節的兩個原來不相聯屬的句子，創作了這個格言。參閱理雅各《中國經典》（*The Chinese Classics*），第 1 冊，頁 257、271；錢穆《中國近三百年學術史》，頁 122－124。格言的第二句逐字譯出的意思大致是"廣博地學習關于寫作的事情"。但陳澧清晰界定"文學"是指研究經典的文本。陳澧《東塾集》，卷二，頁 29 面一背。

② 原注 102：陳澧《東塾續集》，頁 27。

編的一部菊坡精舍學生的文集，在編制上明顯跟學海堂的四部文集相似。跟學海堂文集一樣，《菊坡精舍集》也是以經解習作開始，隨後是各種各樣的論、序跋和詩文作品。然而仔細一些觀察就會發覺，菊坡文集透露了陳澧的批判在學生身上的影響。跟學海堂幾個文集一樣，《菊坡精舍集》也是以某些字的注釋開始，但是反映了陳澧所關心的內容。例如對“博”字的解釋，一位學生指出了正確理解的“博學”與今日漫無目的的擴大學習範圍的區別。他提到了陳澧在記這所書院的文章裏引用《韓詩外傳》中的一段話：“好一則博，博則精。”[①] 緊跟陳澧的論述思路，這位學生在解釋裏說，一個人的學問不能被認為是真正的博，除非它是植根於悉心的專門研究。[②] 在另一份習作中，一位學生為王引之的《經義述聞》撰寫了題跋，他在文中稱贊了王的著作之精闢，但接著指出多處牽強的解釋。在 231
一篇“論”中，另一位學生重申了陳澧的主張，即把鄭玄的“家法”與何休式的頑固堅持一個思想派別區分開來。[③] 然而，菊坡精舍的課程堅持立足於學海堂的教育實踐，菊坡文集裏的另一次考題可作為範例：“問朱子所注《論語》用何晏之本，何晏用張侯之本歟？用鄭康成之本歟？抑自定之本歟？其詳考

① 原注 103：這是大致上按照海陶煒（James Robert Hightower）的譯文。鑒於陳澧的學術觀點的語境，我將海陶煒對“精”的翻譯“essence”改為“precision”。參閱海陶煒《韓詩外傳》英譯本（*Han Shih Wai Chuan：Han Ying's Illustrations of the Didactic Application of the Classic of Songs*），頁 72。

② 原注 104：《菊坡精舍集》，頁 1—2。

③ 原注 105：《菊坡精舍集》，頁 75、152。

《釋文》及《校勘記》以明之。”[①]

除了在學海堂和菊坡精舍都進行了課程的開發之外，陳澧在重建時期還大力組織了多個大規模的書籍編寫與刊刻工程。陳澧經手刻印的書籍名單，再一次反映了在他思想上佔優先地位的是什麼。咸豐十年（1860）在東莞的龍溪書院當了一段短時間山長之後，陳澧收拾行裝回廣州，應總督勞崇光之請擔任新版《皇清經解》的總纂。這部清代經解文集的印版安放在學海堂，外國入侵期間有大約一半被丟失。儘管陳澧對考證學的發展方向開始有所懷疑，他還是很樂意地抓住這個機會重版了《皇清經解》，工程於同治元年（1862）完成。兩年後，陳澧又監督重印了道光二年（1822）阮元主修的《廣東通志》。[②] 同年，陳澧與他的學海堂門生桂文燦、趙齊嬰（1826—1865）和鄒伯奇組成編繪局，負責繪製廣東省詳圖，陳澧為地圖所附的文字說明制定了編寫要則。[③]

在伍崇曜於同治二年（1863）去世之後，陳澧將承擔重要著作的刊印看得越來越緊迫，而且確實也樂在其中。未能確定伍崇曜的兒子是否會繼續按乃父的足跡行事，陳澧力圖將廣州精英文化刊刻事業的中心從贊助商那裏轉移到各個書院來，以

---

① 原註 106：張禹（？—前 5）編寫了《論語》的第一部融合版本，以魯國版本的章句為依據，參以齊國版本。張氏的版本成了《論語》的標準版本。參閱魯惟一主編《中國早期文本》（*Early Chinese Texts*），頁 316。《釋文》即《經典釋文》，是一部七世紀的著作，被認為是經典考證研究的必備工具書。《校勘記》是阮元編纂《十三經注疏》的詳盡校勘筆記。《十三經注疏》收集了漢唐兩代的經典注疏，收錄在《皇清經解》中。《菊坡精舍集》，頁 106。

② 原註 107：汪宗衍《陳東塾先生年譜》，頁 92、96、98。

③ 原註 108：《郭嵩燾日記》，頁 161；陳澧《東塾續集》，頁 17—20。

便使他可以精確地決上定要刊印何種書籍。[1] 1868 年（同治七 232
年）4 月，在由方濬頤創立的一間書局裏，陳澧開始刊印《四庫全書總目提要》，表明他沒有忘記他的老師張維屏的教導。[2] 同治十年（1871），著名官員曾國藩（1811—1872）致信總督瑞麟（？—1774），促請他建立一個書局以刊印十三經及其漢、唐注疏。[3] 同治十一年（1872），陳澧在菊坡精舍刊印了一部清初人所編的大體上是宋人寫的經解著作集《通志堂經解》。至此，廣州城的學者已將從漢代至清代的重要經解著作都納入了他們的刊印安排。此外，陳澧還在同治九年（1870）刊印了《經典釋文》，稍後又編印了一部比較晦澀的漢代著作文集，題為《古經解彙函》。這部叢書總共收了十六種著作，包括重建的鄭玄的《易經》註，董仲舒的《春秋繁露》，以及《韓詩外傳》。在一套類似的叢書《小學彙函》中，陳澧將語言學研究上極為重要的工具書如《說文》、《方言》和一部北宋著作《廣韻》合編在一起。[4]

除了編輯、整理和刊刻自己早年的考證學著作，推動課程開發和組織雄心勃勃的編寫與刊印計劃之外，陳澧還給自己的學生們分配了他所關注的種類廣泛的學術專題任務。按陳澧的意見，一個學生需要專攻一種經典，以漢、唐註疏為指導，再

---

① 原注 109：參閱陳澧同治十一年（1872）致鄭獻甫的信，載於陳澧《東塾續集》，頁 203。

② 原注 110：陳澧《東塾遺稿》，卷三十九，頁 1。

③ 原注 111：據陳澧的學生桂文燦說，曾國藩可能是在同治十年夏天桂文燦到南京拜謁這位著名儒吏時受到提示而寫這封信的。桂文燦《潛心堂集》，無頁碼。亦見陳澧《東塾續集》，頁 201。

④ 原註 112：汪宗衍《陳東塾先生年譜》，頁 107—108。這還沒有完全包括陳澧在這個時期刊印的所有文本。例如，十九世紀七十年代他在學海堂時組織刊刻了三部分朝代制度文集：《通典》、《續通典》和《皇朝通典》。陳澧《東塾集》，卷四，頁 20 背。

由此逐漸觸類旁通。因為學者不可能精通所有的領域，所以他們必須有所專精，同時再跟其他領域的專家進行交流。只有以這樣的方式才能成為“通儒”。在陳澧看來，這就是鄭玄的方法，同時也是一帖良方，可以醫治他看到的考證學者那種今日涉獵一種經典，明日又是另一種經典，缺乏全盤意識目標的傾向。當郭嵩燾支持陳澧在學海堂重建專課生課程時，陳將其看成是實現他恢復漢儒的專門化方法的夢想的一個機會。①

233 因此，陳澧敦促他的每位同事和學生專精一個領域。於是他的來往書信和筆記手稿裏就屢屢可見提到他們的研究專項或者陳為他們專門設計的研究項目。在給桂文燦的一封信裏，陳澧提出“實學”——譬如桂專於“禮”，而陳自己專於“樂”，鄒伯奇專於天文和算學，陳的學生趙齊嬰則專於地理，這些都可以保留。② 同樣，在筆記手稿中談到鄭玄的評註時，陳澧給他的學生劃分各自的任務，“趙（齊嬰）研究《尚書大傳》註；高（學燿?）研究《易經》評註；馮（佐勛?）研究《鄭志》”，等等，③ 他寫道，“《周禮》今釋，桂文燦”，④ 表明他期望他的學生們將繼續他未竟的工作。這些計劃透露出要保存和開發考證學基本文字依據的強烈使命感，同時，在這個意義上，應該被看作是對學海堂事業的肯定。而且，正如艾爾曼曾經提出

① 原註 113：陳澧《東塾雜俎》，卷十一，頁 22 面。

② 原註 114：陳澧《東塾續集》，頁 157。

譯注：《陳澧集》上海古籍出版社 2008 年版，第一冊，頁 430。

③ 原註 115：被認為是西漢儒家學者伏勝編寫的《尚書大傳》，是《尚書》即《書經》的一個早期評注本。鄭玄為《尚書大傳》作了注。《鄭志》是鄭玄的弟子編的關於他的記錄。馮佐勛是順德人，有一篇文章收錄在《學海堂四集》。陳澧《東塾遺稿》，卷十七，頁 11。

④ 原註 116：《陳蘭甫先生澧遺稿》，頁 158。

的，專門化研究不同的訓練領域，是十八世紀考證學的自然產物。① 看來，不管陳澧怎樣轉型，他對考證學實踐仍然是非常專注的。

最後，雖然在咸豐二年（1852）會試第七次落第之後，陳澧已不再路經江南，但是在上述追求學術、從事教育和編纂的整個時期，江南這個地區的巨大形象一直隱現在他的想像中。陳澧跟幾位十九世紀江南考證學最傑出的繼承人保持著聯繫。在道光二十四年（1844）拜訪阮元時，陳澧獲悉劉興恩（道光十二年舉人）對《穀梁傳》的研究。後來陳與劉互通書柬，並且為劉重要的《穀梁傳》研究作了序。陳澧在筆記手稿裏回憶了到蘇州向《毛詩》專家陳奐（1786—1863）瞭解江南經學的現狀。② 進入十九世紀七十年代之後，陳澧與江南初露頭角的《論語》解釋者劉恭冕有密切的書信往來；同樣保持書信往來的還有傑出的詁經精舍山長俞越（1827—1901）的標新立異的學生戴望（1837—1873）。③ 此外，在筆記手稿中，還可以找 234
到有關各個江南學者住處的詳細描述。例如，關於研究《左傳》的專家劉文淇（1789—1856）與其子劉毓崧（1818—1867），陳澧記錄著：“劉文淇，字孟瞻，儀徵人，嘉慶己卯三等貢生；子毓崧，字伯山，號松崖，道光庚子三等貢生。家住揚州鹽道衙門東邊，三祝庵橋之西。”④

① 原注 117：艾爾曼《從理學到樸學》（*From Philosophy to Philology*），頁 67。

② 原注 118：陳奐關於毛氏修訂本《詩經》的定鼎之作是《毛詩傳疏》。

③ 原注 119：陳澧《東塾集》，卷四，頁 19 背－20 背；汪宗衍《陳東塾先生年譜》，頁 107。

④ 原注 120：劉文淇關於《左傳》的主要著作題為《左傳舊疏考證》。陳澧《東塾遺稿》，卷二十九，頁 7。

結　論

對這樣的一些簡短筆記，該怎樣作結論呢？在這些筆記裏，陳澧詳細地記下了在哪裏可以找到這些江南的知名學者。在本章開頭的同治十年（1871）“自述”裏，陳澧宣稱自己明智地改變了方向。不再繼續青年時代漫無目標的考證學實驗，陳澧自稱在中年之後決定要探尋經典中的“大義”，在此過程中他重新發現了朱熹。陳澧筆記本裏這些簡短記錄，是一個大的證據整體中的一部分，表示他從未完全從青年時代進行實驗的背景中解脫出來。

對陳澧來說，就像對學海堂的其他學者一樣，考證學運動和江南是難解難分地聯繫在一起的。作為學海堂的第二代學者，陳澧身上有很多上一代人的典型特徵，因為他是控制著書院生活的龐大的寓居者與外來移民社會的一部分。很多時候，陳澧想橫跨江南和廣州這兩個世界，然而他注視的焦點仍然是固著於江南。他以拜祭祖墳的孝行，同時紀之以文章，鐫之於廣州書齋之額，來重申他與江南的聯繫。當他沒有能力再前往江南時，他仍繼續與同時代的江南傑出經學家保持通信聯絡。

同樣，陳澧從未讓自己完全置身於從江南引進而在學海堂得到推廣的考證學議程之外。儘管對學海堂的經解實踐有所不滿，而且對漢學的偏袒也比較一般化，陳澧仍然是基本上堅守
235 着這一議程。他晚年明顯地關心修改、補充和刊刻自己早年在訓詁學、地理學和算學方面的研究成果，也說明了這一點。此外，陳澧還發揮了自己的作用，參與引進重建資金，以創造一個可以進行嚴肅的考證學研究的學校環境。陳澧在重印考證學基本參考工具書方面的努力，可能更清楚地透露出他的優先選擇所在。這一點從陳澧有能力保證省的官員贊助恢復學海堂專

課生課程，以及創建由陳澧親自規劃而高度仿照學海堂模式的新書院菊坡精舍的事實中，也可以看出來。

最後，陳澧的調和漢學與宋學，同樣透露出對考證學這種原創於十八世紀江南的學問的偏重。儘管陳澧通過調和漢宋的牽強努力，對漢儒和宋理學家兩方都進行了重塑，但看來對宋學的曲解尤甚於對漢學。朱熹在陳澧的描繪中成了一位訓詁學者和禮儀學者；朱熹思想中道德和形而上學的方面被淡化和遺忘了。對陳澧來說，宋學是一個糾正，可以袪除清代考證學者的盲目崇拜；而並非要用它來取代漢學。

陳澧個人的漢宋調和做法，也是更廣泛的漢宋調和主義言
論的一部分，這種言論在整個十九世紀日益流行於整個帝國，
而在廣州特別得到共鳴。在這個意義上，陳澧無可解脫地嵌入
在本地的學術言論中。陳澧並沒有如他在顧影自憐時刻哀歎的
（或者現代學者所認為的）那樣，跟他的同時代人相去十萬八
千里。相反，漢宋調和論完全是學海堂經驗的一個組成部分，
是阮元本人在十九世紀二十年代專心關注的結果；同時，事實
上調和主義使得考證研究在一個深受理學浸淫而缺乏考證學經
驗的地區更能適合人們的口味。漢宋調和的言論，儘管含有一
些空洞口號，卻足夠靈活，可以適應不同的學術信仰。所以，
偏愛宋學的溫訓和偏愛考證學的徐灝，都覺得應該將自己的觀 236
點納入到調和論的框架中。同樣，面向江南和考證學的陳澧，
與緊盯珠江三角洲、對阮元持高度批判態度的朱次琦，都通過
對漢宋調和論的探索而贏得了十九世紀廣州最大學者的聲譽。
陳澧與朱次琦在許多方面都過著平行的不相交集的生活，但
是，在第七章裏我們將看到，事實上朱次琦拒絕漢學和擁抱理
學身份的程度，遠遠超過陳澧。

237 第七章　朱“九江”：另類身份認同與珠江三角洲對省城的批判

城市多塵囂，況逼城中豪。南首望鄉國，百里蒼雲高。

——摘引自朱次琦《城市一首再寄廷光》①

光緒七年（1881）秋，年屆古稀且多病的朱次琦閉門謝客，將所有時間用來整理手稿，以便付梓。兩個月後，意識到絕不可能完成這項工作，他便將所有能夠找到的手稿全部焚燬。這些消失了的手稿的標題，透露出了作者一度雄心勃勃的設計：《國朝名臣言行錄》、《國朝遺民傳》、《性學源流》和《五史實徵錄》——一部宋、遼、金、元、明五朝歷史上所有朱次琦認為與當代有關的事件的彙集。在朱次琦於光緒七年十二月十九日（1882 年 2 月 7 日）去世後，他的一些最忠實的門生將老師焚燒時遺漏的一些文字拼湊起來，以《焚餘集》為名梓行。②

朱次琦是南海南部九江堡人。他與陳澧齊名，被認為是十九
238 世紀中葉廣州的兩大學者之一。這兩個人通常被相提並論還因為

① 章首引詩：道光十五年（1835）作於廣州。朱次琦《朱九江先生集》，卷三，頁 7 背。

② 原注 1：簡朝亮《年譜》，頁 41 面，載於朱次琦《朱九江先生集·九江儒林鄉志》，卷十四，頁 39 背。

他們是十九世紀廣州兩位最著名的漢宋調和論倡導者。在廣東之外，朱次琦雖然沒有什麼別的名氣，但人們都記得他是康有為的老師。[①] 在省內，朱次琦的學生不乏地方上的重要人物，例如簡朝亮（1851—1933），而且都比康有為更忠於老師的教導。然而，由於現存資料的闕失，朱次琦的學問令人頗難把握。

不過，這也不至於使歷史學家完全迷失方向，因為朱次琦還是留下了三部完好無損的編著——宗族方面的、本地歷史方面的和文學方面的，在這些書中他擔任了重要的編寫角色。朱次琦在咸豐十一年（1861）編的《朱氏傳芳集》，是九江朱氏族人所作文章的總集。朱次琦也為同治八年（1869）朱氏族譜制定了編寫要則，並且推動了本地的九江鄉志的修訂，該書在他去世後不久於光緒九年（1883）印成。統而觀之，這三個文本展現出對非常本土的文化競技場所有著濃厚的興趣。而且，從九 239
江士紳領袖自治性日益增長的背景來看，朱次琦對學海堂學術的批判以及他決定在九江教學的做法，代表了基本文化重構的一個部分，將廣州文化的重心集聚在了珠江三角洲中的鄉的層面，而不是在廣州城內。

通過檢看那些由於朱次琦手下留情，或者被迫放過，而沒有燒毀的材料，可以確定哪些文化資源是重要的；通過檢看這些材料還可以更深入地揭示珠江三角洲的文人與城市文人的許多不同之處。本書此前講述的許多內容都是有關著名的城市書院學海堂，這一章將有所不同，會將焦點從城市轉向腹地，通過介紹另一所書院，介紹它所在的村鎮，以及創辦它的當地文人，來探究推動朱次琦的環境背景。儘管九江的書院創辦的年

① 原注 2：霍理齋（Richard C. Howard）在其論述康有為早期思想的書中簡單介紹了朱次琦。參閱他的《康有為（1858—1927）：他的知識背景與早期思想》［“K’ang Yu-wei (1858-1927): His Intellectual Background and Early Thought”］，頁 294－316。

圖 9：桑園圍地區。改編自陳澧為光緒五年（1879）《廣州府志》繪製的桑園圍地圖。

（來源：《廣州府志》卷八，頁 38 背—39 面）

份跟學海堂相去不遠，兩者的功能卻大不相同。從這個環境背景中現身，朱次琦發出對廣州城和學海堂批判的聲音，並清楚地表明廣州本地精英身份認同向珠江三角洲腹地的轉移。

九江鄉

位於廣州西南面一百四十里的九江，是依靠桑基魚塘經濟的桑園圍地區內屬於順德與南海的幾個繁榮的鄉之一（見圖 9）。這裏的居民在魚塘裏放養著從西江撈獲的幾個不同品種但能夠相容的鯉科魚類①——活動在底層的品種能夠回收利用上層的品種的廢棄物。在分隔魚塘的基圩上，農民種上灌木狀的桑樹，用來養蠶；還種上各種青草，用來喂魚。蠶糞、豬糞、人糞都可以用來做魚塘的肥料。水產養殖業和養蠶業給這個地區帶來巨大財富，但這也意味著九江和相鄰的這些桑園圍的鄉已經沒有什麼田地可以耕種，居民因而必須購進稻米。②

在這些鄉中，九江顯著地佔據著桑園圍經濟核心的地位。一位鄉官員——南海主簿，將他的衙門設在九江，負責管轄九 240
江、大同、沙頭、河清和鎮涌。③ 九江的大墟橫跨流貫全鄉中心，匯聚了順德境內東西南北四方水流的人工運河。街市沿著運河向兩頭延展，截至光緒九年（1883）的時候，有二十六條街巷，分佈著一千五百多家商鋪。市場在一旬的週期中逢三、六、九日正式開放；不過據描述其實從無完全空閒的時候。④在香便文（B. C. Henry）這位十九世紀晚期訪問過該地區的西方旅行者看來，九江的重要性跟桑園圍地區其他鄉比起來是很明顯的：

---

① 譯注：鯉科魚類：廣東地區魚塘放養的傳統種類有青魚（廣東稱黑鯇）、草魚（廣東稱白鯇）、鰱魚（廣東稱扁魚）和鱅魚（亦稱大頭魚、大魚），通稱“四大家魚”，均屬鯉科。

② 原注3：譚棣華《清代珠江三角洲的沙田》，頁204、230；肯尼思·拉德爾（Kenneth Ruddle）、鍾功甫《華南的一體化農業－水產養殖業：珠江三角洲的基塘系統》（*Integrated Agriculture-Aquaculture in South China: The Dike-Pond System of the Zhujiang Delta*），頁9—11、30；《九江儒林鄉志》，卷三，頁8背，卷四，頁3面。

③ 原注4：同治十一年《南海縣志》，地圖，頁3背－頁15面。安樂博觀察到清政府增加了廣東鄉官的人數，通常派駐在主要的市場裏。安樂博《廣東省的鄉官、國家與地方社會，1644—1860》，頁28。

譯注：鎮涌，涌字為方言，音沖，粵語指首尾皆通其他水體的小河。

④ 原注5：《九江儒林鄉志》，卷四，頁76面。

> 九江是最大的一個鎮，而且自成一個小小的王國。據說在太平天國叛亂末期的戰爭中，曾經進行過一次人口調查，以便評估人民的戰鬥力，結果發現僅九江一地就可以為三十萬壯丁提供士兵的装备。這個城鎮的地界約有五英里寬、七八英里長。城鎮是由環繞著貿易中心的一些村莊群落構成的。①

跟珠江三角洲其他地方一樣，九江是在明代才作為一個重要的商業中心出現並培育起士紳文化的。儘管九江各個家族都有家族創立的傳說，還有在十九世紀最初幾年發現的唯一一處碑刻，但是九江能夠追溯到明代之前的歷史記錄寥寥無幾。事實上，順治十四年（1657）《順德縣志》的編者承認，在唐、宋及更早的時代，現今形成桑園圍的這塊地方只不過是一些人煙稀少的小島而已。②

九江作為一個繁榮的定居社區，其起源反映在兩個傳說的事件中，這兩個傳說宣稱了順德承受皇恩的合法性：桑園圍的建設和西江上游捕魚權的取得。據傳說，構成桑園圍的堤圍最初是在北宋時期由兩位官員建造的，堤圍邊上的廟裏一直還供奉着他們。歷史記錄到明代初年就變得比較清楚了，不過仍然是以傳說的措辭講述的。明洪武二十八年（1395），上游一段
241 重要的堤圍潰決，造成嚴重的洪災。九江一位富有的平民陳博民承擔起責任，據說他向南京洪武帝的朝廷提交了大規模翻修西江河堤的計劃。朝廷批准了陳博民的計劃，並任命他負責這項工程。當工程在明洪武三十年（1397）竣工時，陳博民在九江的支持者們請鄰縣新會的一位文人寫了一篇記敘這個事件的“記”和一篇贊揚陳博民的“頌”。陳博民後來也被供奉在沿著

① 原注 6：香便文《嶺南記》（*Ling-nam*），頁 69。
② 原注 7：《九江鄉志》，卷一，頁 1 面。

桑園圍堤岸的多處神龕中，其中最重要的一個神龕在九江，由其後人維持管理。這個事件對於在桑園圍地區受過教育的精英中形成一個集體的身份認同是很重要的。跟桑園圍起源的傳說相反，關於陳博民在明朝初年所作努力的記載，將本地居民而不是國家官員作為維護桑園圍堤圍的積極代理人，同時把九江置於桑園圍各種活動的中心地位。①

另一個追溯九江繁榮歷史的傳說事件，是關於本鄉如何取得了在西江上壟斷的捕魚權。在廣西一些支流裹，成年的鯉科魚類產下魚卵，孵化的幼魚會積聚在廣東境內西江的一些河灣處。九江漁民稱之為“魚苗”或“魚花”，② 因為它們在水藻之間看上去有點像花朵。整個西江上下——特別是從廣西東部蒼梧縣境內的長洲島到廣東的肇慶府城一帶，九江人操作着一個個漁埠。在那裹，漁民結成團隊，紮起帳篷，將魚苗舀進繫在水中支架上的籃子裹。③“魚花”一收上來就迅速運到九江，按品種分揀之後存放到魚塘裹。在那裹養上一個月左右，然後賣給其他的養魚戶，養成成魚。整個桑園圍地區從事桑基魚塘經濟的人家都要向九江購買“魚花”。或者，魚苗也可以保留著任其生長到次年春天，那時會有數以千計的九江商人用特製的、可以讓新鮮河水對流的拖船，將魚苗活著運送到嶺南各地

---

①　原注8：《桑園圍志》，卷七，頁16背，卷八，頁2面；《九江儒林鄉志》，卷七，頁7背－8背；片山剛《珠江三角洲桑園圍的構造與治水組織》（『珠江デルタ桑園囲の構造と治水組織』），頁147。

②　譯注：“魚花”一詞是廣東方言，可理解為“未長成的魚”，即魚苗。又如未長成的蠶，即蟻蠶，亦稱“蠶花”；房地產業亦稱未建成的樓為“樓花”。

③　原注9：林書顏《西江魚花調查報告書》，頁3、7、14、17－21；拉德爾、鍾功甫《華南的一體化農業－水產養殖業》（*Integrated Agriculture-Aquaculture in South China*），頁33；《九江儒林鄉志》，卷五，頁22背。

和更遠的地方。① 一般情況下，九江的船隻賣掉魚苗之後，回
242 程會裝載稻米，以供應九江和桑園圍其他鄉。這種以一年為週期的捕撈、飼養、銷售魚苗和幼魚的過程，是九江經濟獨特的、核心的面貌。截至十七世紀晚期，九江由於主導著西江的養魚行業而贏得如此的聲譽，使得屈大均在其《廣東新語》中大幅引用了順治十四年（1657）《九江鄉志》中的有關段落。②

順治十四年（1657）和光緒九年（1883）的《九江鄉志》都稱捕撈西江魚花的權利是伴隨著支付各種“魚餉”的義務，於弘治十四年（1501）從疍民那裏取得的。據傳說，這個權利的建立是因為那一年，“各江疍戶”都失蹤了，撇下數千石米穀的賦税無人承擔。經總督劉大夏（1436—1516）的推薦，當局發佈了一個告示，給予“九江百姓”對西江沿岸所有魚埠的使用權，但同時要求他們為使用這些魚埠納税。在整個十六世紀，九江人承擔了更多賦税的同時，被賦予了更多的權利，可以捕撈西江的魚苗，以及在廣東各地銷售活魚。③ 不管捕魚權和税務負擔是如何取得，九江人仍然繼續跟疍民保持來往。就

---

① 原注 10：《九江儒林鄉志》，卷五，頁 22 背－24 背；譚棣華《清代珠江三角洲的沙田》，頁 230。鎮涌鄉何氏的一部族譜提到“魚苗為九江人到鄉販賣”。《續修南海煙橋何氏家譜》，卷十，頁 42 面。

② 原注 11：屈大均《廣東新語》，卷二十二，頁 22 面一背；《九江鄉志》，卷二，頁 18 面；拉德爾、鍾功甫《華南的一體化農業—水產養殖業》，頁 33、45。

③ 原注 12：《九江鄉志》，卷二，頁 20 面一背。我在明孝宗弘治朝的《明實錄》中找不到弘治十四年（1501）將捕魚權讓與九江人的任何記載。一部由其曾孫編的劉大夏的年譜認為，與其說是疍人將漁權讓給九江人，不如說實際上是劉大夏通過減輕其賦税和防止“豪強”干涉，努力使藏匿的疍人復出。這樣看來，是九江漁民向疍人學會了捕撈西江魚花的技術，然後利用九江作為土地擁有者與納税者定居社區的地位，加上這個鄉日益增長的文人聯繫，從疍人手中奪取了這個行業的控制權。劉大夏《劉忠宣公遺集・年譜》，卷二，頁 3 面。

連《九江鄉志》的編者們也認為，擅長預測西江各支流不同品種魚苗的到來是疍人的一項專業技能。更晚近一點，1932 年一項關於西江魚苗業的調查顯示，從事捕撈魚苗的人實際上多數是疍民。然而由於九江的精英們要尋求將漁業財富轉化為文化資本，他們在頑強保護九江的捕魚權與銷售權的同時，堅決把他們自己跟疍民區分開來。①

九江這個鄉，人們的眼光既向內看也向外看。環繞著九江和鄰近鄉的堤圍保護著巧妙平衡的桑基魚塘經濟。但是這些魚塘裏儲存着從整個西江捕撈來的魚苗，而魚塘生產出來的魚又由九江人在華南各地銷售。九江的精英人物中許多都與鄰省廣西有明顯的聯繫，這反映出九江人在西江沿線直到廣西一帶的影響力。還有證據表明九江商人活動的範圍遠及越南。② 於是， 243
按照光緒九年（1883）鄉志作者的描繪，傳統的“男耕女織”的勞動分工在這裏就表現為“男人賣魚花，女人養蠶”。同時，作者描述九江這個地方的居民都是聚族而居，很少有寄寓於本鄉之外的。③ 不過，鄉志上對這個鄉經濟的描繪卻打破了這個形象。於是，出現了複合的畫面：九江人常常以經濟開發的方式，行蹤達到了桑園圍之外廣闊的地區，但是又密切地守衛著自己的家鄉，防止外來移民的滲入。一個掌控著九江各主導家族的精英群體通過努力影響著這項禁絕外來移民的政策。

---

① 原注 13：《九江鄉志》，卷二，頁 18 面；林書顏《西江魚花調查報告書》，頁 21。

② 原注 14：在朱次琦現存的著作中可以找到幾個例子。一位岑姓九江居民，從小成為孤兒，受到朱次琦照顧。這位小岑後來在越南發家致富。見朱次琦《朱九江先生集·禮山紀聞》，頁 16 背。另外，朱次琦有一首詩，是在收到一位老朋友（應該是九江人）陳如琛從越南來信時寫的。朱次琦《朱九江先生集》，卷二，頁 6 面。

③ 原注 15：《九江儒林鄉志》，卷三，頁 8 面一背；屈大均《廣東新語》，卷二十二，頁 15 面。

九江的宗族

除了保障經濟利益之外，九江從明朝中期開始產生公認的紳士和宗族。正統三年（1438），九江的第一位舉人出自關姓；隨後是天順元年（1457）出了本鄉的第一位進士，黃姓。[1] 接下來的數十年中，九江重復了這些早期的成功，在正統三年至崇禎十五年之間（1438—1642）總共產生了六十位舉人，而在天順元年至崇禎十三年之間（1457—1640）產生了十一位進士。這個好成績是由幾個血統集團所壟斷的——其中關姓、黃姓、朱姓、曾姓和陳姓最為成功。在明代和清初，最重要的是關姓，截至進入十八世紀多年，關姓中考取功名的人數一直是最多的。到明代末年為止，這些血統集團通過建造宗祠和由同姓人主導的宗族會堂而形成了一個個宗族。[2]

跟帝制晚期珠江三角洲大多數宗族有一個共同特點，九江的各宗族都自稱是在十三世紀七十年代從粵北南雄遷來的移民後裔。關姓自稱祖先是一個傳說名叫關南雄的人，他的兒子們於宋朝咸淳年間（1265—1274）從南雄移居九江之後，把他的遺骨帶到這裏安葬。[3] 在明初發動堤圍建設的陳博民，也自稱
244 是出自南雄。出身九江的翰林學士關上進（康熙六十年進士）為陳博民寫的墓誌銘中，說陳的曾祖來自南雄，定居九江，成為陳氏家族移民的祖先。[4] 這種聲稱自己家族是源自南雄祖先

---

① 原注 16：《九江鄉志》，卷二，頁 28 面。

② 原注 17：《九江鄉志》，卷二，頁 5 背。

③ 原注 18：《關樹德堂家譜》，卷三，頁 1 背一2 面。有證據表明關姓移居九江早在南宋之前。在十九世紀早期，一位朱姓居民挖出過一塊紀年為元祐元年（1086）的祈願石碑，上面鐫有一個叫關聰的人以及夫人范氏。《九江儒林鄉志》，卷七，頁 6 面一7 面。

④ 原注 19：《九江儒林鄉志》，卷六，頁 30 面一背。

的說法，不管多麼缺乏根據，還是給九江和整個珠江三角洲腹地受過教育的精英賦予了血統的聲望，這是一種本土文化資源，廣州城裏的文人是無法獲得的。

九江最成功的各個宗族，儘管已經獲得士紳的地位，也絕不會完全脫離這個鄉的漁業和蠶桑業的利益，包括在九江內部和外部。九江文人作為廣東其他縣份注冊的學生而取得了生員地位或考上舉人功名的，其數量驚人之多；由此可以看出九江經濟向外投射的影響之廣。九江學子作為廣西學生而考上功名的人數之多更值得注意，因為這可能顯示九江的漁業和經濟利益在這個省份擴展的程度。這些學生大多在蒼梧縣注冊，這個縣在西江之濱，毗連廣東省的邊界。① 同樣，在九江內部，主導宗族的士紳領袖也控制着本地的經濟組織。據記載，正德三年至萬曆四十一年之間（1508—1619）考中進士的四位九江主導宗族的成員，發起搬遷或翻修大墟市場，並因而建立了自己的權威。②

到十九世紀，兩個以前在本鄉事務中影響較小的宗族——馮氏和明氏，開始嶄露頭角。雖然順治十四年（1657）的鄉志列出了三座馮氏宗祠，但是馮家在明代唯一留下印記的人是馮毓舜；他是崇禎九年（1636）的舉人，曾經師事萬曆四十三年（1615）的舉人朱光允。從十八世紀起，幾位姓馮的，全都是

---

① 原注 20：在九江關氏一個分支的族譜中，可以找到一個這方面的好例子。第八代的關信大有個兒子——第九代的關瑞雲，死後被葬在廣西。關瑞雲的孫子關莘奇是蒼梧縣的生員。族譜記載了他的兩個兒子的名字，但對他們的後代再也沒有記載，估計是失去聯絡了。《關樹德堂家譜》，卷九，頁 92 面；卷十一，頁 37 面；卷十四，頁 6 面。另可參閱《九江儒林鄉志》，卷十四。

② 原注 21：《九江儒林鄉志》，卷四，頁 76 面。關於控制市場在清代珠江三角洲地方強勢宗族的崛起中所起的作用，參閱華若璧《兄弟並不平等》（*Inequality Among Brothers*），頁 12、73。

九江北鄉的鐵窖人，在廣東、廣西兩省的鄉試中先後中式。到嘉慶五年（1800），這幾位馮姓的舉人中有一位作文紀念了鐵窖馮氏宗祠裏一座塔的竣工。最後，鐵窖馮氏在道光九年至同治七年之間（1829—1868）產生了五位進士，給人以深刻的印象。①

245 如果只是從他們更加模糊的起源來看的話，地處九江東部街區的沙窖明氏的崛起同樣是一時壯觀。順治十四年（1657）的鄉志只著錄了一個明氏的宗祠。在十八世紀的某個時候，移居九江第九代的一位長者，名叫明景然的，因為沒有兒子，想收養一個外姓孩子為繼承人；但是他受到一位族中長老的勸阻，沒有這樣做，而是納了一房妾，給他生了三個兒子。明景然活到九十六歲，生前趕上抱到了他的曾孫，就是明離照，未來的道光元年（1821）舉人，對九江的各種事務有重大的影響力。明氏家族跟廣西蒼梧縣的聯繫特別密切，十九世紀的《南海縣志》和《蒼梧縣志》都稱沙窖明氏舉人為本地的舉人。②不過，沙窖明氏家族還是跟馮、朱兩家緊密合作，在十九世紀二十年代之後統治著九江。③

與馮姓和明姓相比，朱次琦的宗族在九江的早期發展中享有更具威望的地位。據朱氏族譜記載，朱姓的始遷祖朱元龍於咸淳十年（1274）定居於九江的上沙村。跟九江其他家族一

---

① 原注22：《九江鄉志》，卷二，頁5背，卷四，頁21面；《九江儒林鄉志》，卷六，頁36面，卷十，頁39背，卷十二，頁37面，卷十四，頁12面—13面、43面—44面。

② 原注23：《蒼梧縣志》，卷四，頁31面、35面。

③ 原注24：《九江儒林鄉志》，卷十四，頁18面；卷十五，頁1背—2面。關於馮、明兩家緊密的忠誠關係，參閱卷十五頁9關於馮炳新在咸豐四年（1854）從紅巾軍手中救出明之綱母親（可能也是馮氏）的記載。

樣，朱氏家族也稱自己是來自南雄的祖先的後裔。① 朱元龍的兒子朱子議是家族中第一個入籍為南海居民的，因而成了九江朱氏祭祀中的始祖。關於朱子議的一些故事說，他在村裏定居之初，有權勢的居民沒把他看在眼裏。只是經過很長一段時間他才以自己高尚的品行贏得了他們的信賴，最後“里士大夫咸屬目下之內”。② 當然，在那個時代，九江並沒有“士大夫”——如果我們用這個詞語指獲得更高功名的人的話；但是無論如何，這一記載起到了為朱氏家族建立紳士資格憑證的作用。

關於九江朱氏開創的傳說還說到，在贏得了有權勢的鄰居們信賴之後，朱子議迎娶了上沙的一位關姓富人的女兒為妻，而這位富人自己沒有兒子。③ 朱子議跟這位關氏夫人育有三子，後來成為眾人矚目的九江朱氏三個分支的祖先，分屬顒觀堂、存著堂和繹思堂。據說，繹思堂的祖先朱稅達最早定居於九江西部的太平街區。這一分支產生了朱次琦和十九世紀九江 246
朱氏大多數重要人物。④

到十六世紀中葉，九江朱氏的幾個宗族就開始有人取得功名（也就是略晚於關姓、黃姓和曾姓）。首先獲得成功的是繹思堂第五代的朱文錦，在嘉靖四年（1525）成為貢生。朱姓在

---

① 原注 25：《南海九江朱氏家譜》，卷十一，頁 2 背。

② 原注 26：《南海九江朱氏家譜》，卷十一，頁 2 背—3 面。

③ 原注 27：宗族開創傳說的特點進一步表明關姓在九江定居的時間要比其他姓氏群體更久遠，而朱姓遷入這個地區的時間是較晚的。在研究新界東部的定居與宗族建構時，科大衛指出，聯姻是使外來移民後裔群體獲取定居權的手段之一。科大衛《中國鄉村社會結構》（*The Structure of Chinese Rural Society*），頁 31。朱子議的後人通過每年向這位關姓先人和他的夫人麥氏的墳墓獻祭，表達他們與關姓之間的親密關係。

④ 原注 28：《南海九江朱氏家譜》，卷二，頁 1 面；卷九，頁 91 面—背；卷十一，頁 2 背。

考試中很快產生了更多的成功者，包括第七代有嘉靖三十一年（1552）的舉人朱謨（？—1580）和萬曆二年（1574）的進士朱讓（？—1604）；第八代有萬曆十三年（1585）的舉人朱淩霄；第十代也有四人中式。九江朱氏在考試中的這種成功，進一步刺激了宗族構築和培植姻親聯盟的努力。同治八年（1869）的朱氏族譜稱，嘉靖年間在朱讓指導下建造了紀念朱子議的宗祠。直到進入十九世紀很長一段時間，宗祠的數量都在增加，最大的是宗族三個分支的祠堂。有記載的第一部朱氏族譜編成於萬曆五年（1577），不過從未刊印。康熙三十年（1691）編成了一個顒觀堂朱氏的世系圖。康熙五十五年（1716）重新編集了整個家族的族譜。①

就像家族創始傳說中所象徵的那樣，朱氏家族與九江關氏有著很強的姻親關係。這種特殊關係一直延續到進入十九世紀多年，九江朱姓明顯地表現出優先選擇與關姓聯姻的傾向。②朱姓也跟九江其他重要的文人締結姻親聯盟。例如，嘉靖四年（1525）的貢生朱文錦，得益於取得功名的優越條件，採取了進取性的聯姻策略，安排了一個女兒與關家一位萬曆十九年（1591）舉人的婚事；又安排另一個女兒嫁給了曾家一位萬曆十三年（1585）舉人，而這位舉人的父親又是一位嘉靖二十二年

① 原注29：《南海九江朱氏家譜》，卷六，頁44面，卷七，頁2面，卷十，頁7背—8背；《九江鄉志》，卷四，頁27面—背。

② 原注30：例如，一項對繹思堂朱氏第十四代（即朱次琦的父親那一代）正室妻子的調查顯示，共有一百六十三名朱姓男子娶了關姓妻子。其他嫁入朱家人數最多的，依次為黃氏五十三人，陳氏三十三人，曾氏三十人。繹思堂朱氏的這一代娶了十一名馮姓婦女為妻。雖然世系表中沒有指出妻子的家鄉是哪裏，但是佔壓倒多數的關姓和大量的黃姓、陳姓和曾姓，表明九江朱氏經常迎娶本鄉的婦女為妻。從一些有名的朱氏族人的傳記中也可以看到，大多數被提到的妻子都是從九江或者像大同這樣的鄰鄉迎娶的。參閱《南海九江朱氏家譜》，卷五。

（1543）的舉人。同樣，萬歷十三年舉人朱凌霄迎娶了曾家正德十一年（1516）舉人的孫女為妻，生下的兒子朱光允，於萬曆四十三年（1615）中了舉人。為了進一步加強相互間的婚姻紐帶，許多朱姓和關姓的人家還保持著師生關係或者贊助人與客戶的關係。例如，在清朝初年，未來的翰林學士關上進就被一位本地的教師朱國材（？—1689）認定為可造之材。①

儘管到十六世紀末葉九江已經發展出強有力的約束紐帶，然而大城市具有誘人的吸引力，不時形成威脅，引誘著明代晚期最有出息的本鄉子弟離開九江到廣州去。朱謨在嘉靖三十一 247
年（1552）成為朱氏家族在鄉試中式的第一人之後，跟他的兒子們一起在廣州北門外建造了一個休暇地，在那裏招待城中的詩界精英；還在城內建了公館，他的兒子和孫子們也在那裏居住。② 這個朱氏家庭，跟黃培芳以及香山黃佐家的其他住客一樣，近乎成了這個城市事實上的永久居民。③ 但是朱謨和他的兒子們不願意完全切斷他們跟九江的聯繫，在九江保留著原有的宅邸。這使朱謨的子孫們受益良多，在明清易代的混亂歲月，他們得以在九江避難。打那以後，九江朱氏就很少有永久性移居廣州的。這種將關注焦點由城市復歸鄉村的調整，反映在同治八年（1869）的朱氏族譜中。它把朱謨子孫的得救歸功於他決定保留其在九江的“蔽廬”。④

因此，儘管獨特的經濟支撐著九江人的各種活動，將他們

① 原注 31：《九江鄉志》，卷五，頁 17 背；《九江儒林鄉志》，卷十四，頁 2 面。關於更多朱姓與關姓師生關係的事例，參閱《南海九江朱氏家譜》，卷十一，頁 73 背、76 背。

② 原注 32：《南海九江朱氏家譜》，卷七，頁 35 面、39 面，卷十一，頁 16 面；《九江鄉志》，卷四，頁 41－42 背；《九江儒林鄉志》，卷十三，頁 10 面。

③ 原注 33：《黃氏家乘》，各處。

④ 原注 34：《南海九江朱氏家譜》，卷七，頁 35 面。

送到華南各地甚至遠到越南，九江的主導家族，包括朱家的士紳領袖，在明清易代之後，越來越將九江鄉，而不是廣州城，作為文化上自我表現的焦點。這當然並不排除九江的精英成員在廣州從事文化活動。例如，在十八世紀，朱吉兆（乾隆元年舉人）在廣州建立了一所為全省朱姓氏族服務的書院。[①] 但這一機構的主要功能是當朱姓學生集中在廣州參加考試時使他們統一行動，而並非一所專為九江朱氏而設的永久性城市居所。在大多數情況下，九江才是他們關注的中心。

如果清代九江士紳觀照經濟、社會或文化基本單元的眼光向本鄉之外再擴展一點的話，就必然會看到作為盟友的桑園圍其他鄉的精英。鄰近鄉中最有影響力的家族，是在乾隆四十四年至嘉慶十八年之間（1779—1813）驚人地產生了十一位舉人的龍山溫氏，以及龍江的蔡氏。[②] 這個地區的精英富裕而有鄉土意識，因此清代廣東所編的縣以下的地方志大部分出自這
248 裏。龍江和龍山都有自己的鄉志，後者是由溫汝能在嘉慶十年（1805）編寫的。九江文人在清代為自己的鄉編了兩部鄉志。縣以下城鎮產生比這更多地方志的，只有位於這個地區與廣州府城之間的佛山鎮。九江精英不定期組織的本地人專有的文學會社和學術圈子，有時也吸納來自桑園圍士紳中的文人。一個這一類的文學會社，是即興吟詩的，參加者包括來自曾、馮、關各家族的九江文人，還有一位姓蔡的龍江文人，以及來自龍

① 原注 35：書院的名字“晦庵書院”出自朱熹的號和他在福建的書齋“晦庵”。《南海九江朱氏家譜》，卷十一，頁 65 背；陳榮捷（Wing-Tsit Chan）《朱子新探索》（*Chu Hsi : New Studies*），頁 72。

② 原注 36：《龍山鄉志》，卷十，頁 18 面—29 背；《龍江鄉志》，卷二。

山的詩集編纂人溫汝能。[①] 於是，桑園圍的精英們就把這個地區當作了一個文化上同聲同氣的團體，既不同於南海的縣城廣州，也不同於順德的縣城大良。十九世紀中葉時的朱次琦，仍然把他大部分的文化學術交流活動局限於桑園圍同鄉的士紳中。他著作豐富，其中包括寫給朱、馮、明、關各姓士紳文人的大量書柬和詩——但是鮮有寫給其他人的。換句話說，我們將會看到，在朱次琦的活動中，主要的參與者都是桑園圍地區主導家族的其他成員。

這裏對九江定居點的介紹，要點在於探討朱氏和九江其他家族的精英成員，是怎樣部分通過血統的聲稱，產生了一個獨一無二的文化資源組合。因此，儘管像陳澧這樣的城市文人很清楚地與朱次琦這樣的珠江三角洲文人共享著某些文化資源，但是另外還有些文化資源——例如聲稱是南雄移民的後代，以及與明代廣州精英的血統聯繫等，則是朱次琦所獨有的。但是九江的文人也面對一個獨一無二的問題組合，並且發展了新的機構來予以解決。

儒林書院的士紳自治

在光緒九年（1883）的鄉志編寫之前的這一個世紀時間裏，九江的精英階層越來越覺得自身受到各種各樣外部力量的威脅——包括對九江漁權的侵犯、水災和土匪，以及被視為不道德的行為，像賭博、娼妓和婦女抗婚。這些對繁榮的威脅刺激了、或者說是提供了一個藉口，促使九江內部士紳的權勢以及九江投射到整個華南的權勢有所強化。九江士紳在創立機構 249

① 原注 37：《九江儒林鄉志》，卷十四，頁 18 背。除了溫汝能之外，參與者還有曾文錦、馮城（乾隆三十五年舉人）、關上謀（乾隆三十六年舉人）和蔡超群（乾隆五十九年舉人）。

以加強在地方上權威的同時，也在九江強力推行理學的倫理道德，展示了九江在整個珠江三角洲的獨特身份。執行這個多方面計劃的是儒林書院——一個自治團體，由來自九江主導家族的文人與紳董的小集團控制。

雖然九江通過控制西江漁業獲得了商業財富，但是這個鄉的捕撈魚花和售賣魚苗的獨家特權幾乎從一開始就受到挑戰。順治十四年（1657）鄉志的作者抱怨九江的船艇被粵東北龍川縣衙門的手下以“刺探”罪名扣留，不交錢不放走。① 類似的事件在九江船隻往返的各地都有發生。根本的問題在於捕撈和銷售活动鋪開的地理範圍是如此之廣闊，要維持對捕魚權和技術的壟斷地位是很困難的；當九江人移居到別處，他們對家鄉宗族的忠誠就減弱了。九江的領導者們明白這一點。例如，廣西蒼梧縣的長洲早在十七世紀以來就一直是九江的捕魚站所在。到十八世紀八十年代，《九江鄉志》的編纂者哀歎說，移居長洲的九江人後裔雖然很熟悉九江的各種事務，但是對故土已經沒有感情，結果養魚苗的技術就傳給了“外地人”。這反過來又威脅到九江人在市場上得到的魚苗價格會被降低。另一些“外地人”想用更惡毒的手段賺錢。在整個十八世紀，九江人越來越頻繁地被迫為船隻暢通無阻到達捕撈和銷售魚苗的地點而付費。而且，恫嚇九江船隻的方法也越來越粗暴，從在上游投毒毒死魚苗到燒燬九江漁民在捕撈站搭建的棚屋都有發生。②

九江人應對的辦法是一再向本地和省的當局請求發佈告示，不許干涉九江船隻的自由航行。在訴狀中，九江人常常要
250 極力將自己跟疍民相區分，說明這是一個很難擺脫的印象。不

① 原注 38：《九江鄉志》，卷二，頁 18 面一背。此事在屈大均《廣東新語》中有引用，見卷二十二，頁 24 面一背。

② 原注 39：《九江儒林鄉志》，卷五，頁 26 背—27 面。

過，從留存下來收在官方佈告裏的和刻在石碑上的訴狀的數量可以判斷，當局看來作出了對他們有利的回應。例如，乾隆三十九年（1774）一份九江的訴狀懇請廣東督糧道發佈不准干擾九江船隻的禁令；官府的告示以廣州、肇慶二府及屬縣長官的名義發佈。這份告示的範圍覆蓋了廣東省內的西江全境。數年後，廣西省的官員應九江的請求在梧州和忻州兩個府重復了這項禁令，從而使之覆蓋了實際上整個西江盆地。[①] 在十九世紀之前，在這樣的訴狀上出現的九江人名字，其身份不能肯定是有功名的士紳。不過，九江的地主（或魚塘主）的影響不容小覷。儘管那些訴狀中描繪魚苗業如何脆弱，各種捐稅負擔如何沉重，九江漁權的壟斷遭到如何嚴重的挑戰，但是作為這些訴狀結果的石刻碑文卻透露出九江的權勢所及之廣，令人印象深刻。通過豎立在整個西江盆地——從本縣開始一直伸展到深入鄰省廣西——各縣的碑文，九江宣告其對一個行業的控制權。

威脅著九江繁榮的另一個問題歷史更加久遠。乾隆朝晚期的水災到乾隆五十九年（1794）的大洪水達到頂點，桑園圍的堤壩被沖決數處。桑園圍的士紳，以龍山溫汝适為首，推動省當局對桑園圍進行總體重建，這是在整個十九世紀一再重複的模式。四年後工程在嵇會嘉主簿指導下竣工。[②] 儘管作了這些努力，堤圍在嘉慶十八年、二十二年（1813、1817）一再潰決。溫汝适在幾位九江文人的支持下再次迫使省的官員尋求一個長遠的解決辦法，這一次的形式是一個永久的款項，用於每年修理河堤。新任總督阮元作出回應，在一份建議書中提出向省金庫借貸八萬兩銀子，存在南海和順德典當商處生息，以作 251

① 原注 40：這些碑刻之一，乾隆四十五年（1780）由蒼梧縣知縣發佈，現已殘破，但仍保存於廣西梧州的中山公園內。《九江儒林鄉志》，卷五，頁 28 面—32 背。

② 原注 41：《九江儒林鄉志》，卷二，頁 35 面。

修理堤圍之用。[1] 在嘉慶二十四年（1819）和道光九年（1829），本地官員曾勸説南海伍家和新會盧家兩家洋商捐出巨資，將桑園圍一帶的土堤改為石堤。[2]

然而水患在十九世紀三十年代和道光二十四年（1844）仍然折磨着桑園圍地區。在前一個例子中，一長串名字的桑園圍士紳——包括馮汝棠（道光十一年舉人）、曾釗、明倫和胡調德——請求撥款修堤；後一個例子中，九江舉人明倫和龍山舉人馮奉初籲請官員斥巨資進行修復。[3] 道光二十一年（1841），一位地方官員提議拆卸堤圍上的石塊投入珠江，以阻塞英國海軍艦隻的航道；"圍内人"神經緊張地反對這樣做，沙頭鄉的一些村民甚至輪流值班護堤。[4] 咸豐三年（1853），另一位九江明家人——朱次琦的朋友、明離照之子明之綱，與"圍紳"一起，一再呈遞請願書，請求逐年撥給修堤款項。[5] 顯然，桑園圍主導家族的精英代表們在面對外來的威脅時看到了共同的利益。在六十年代一次堤圍維護工程竣工後，明之綱收集了從乾隆五十九年到同治六年間（1794—1867）歷來志書上關於堤圍修理的記載，合編成一部完整的《桑園圍志》。這樣編成的志書，表現出桑園圍的士紳是一班有着共同利益的、緊密團結的精英。桑園圍歷史給予陳博民、同時也給予志書的編者明之

---

① 原注42：《重輯桑園圍志》，卷一，頁8面、7面一背；《九江儒林鄉志》，卷二，頁37背，卷一，頁17背—18面。

② 原注43：《九江儒林鄉志》，卷二，頁37背、38面、39背。

③ 原注44：《桑園圍志》，卷八，頁16面一背；《九江儒林鄉志》，卷十四，頁30面。

④ 原注45：《九江儒林鄉志》，卷二，頁42面。

⑤ 原注46：《九江儒林鄉志》，卷十四，頁40面。

綱自己的中心地位，使九江具有了桑園圍地區心臟的形象。①

對九江及其桑園圍鄰居繁榮的另一個威脅，是始自乾隆朝晚期的、日益猖獗的土匪之患。事實上，九江在乾隆四十五年（1780）險些遭遇一場屠殺。然而那並不是由土匪發動的屠殺，而是由一位過於熱心、堅決要結束土匪在這裏存在的官員造成的。

新上任的巡撫李湖，發現番禺縣沙灣附近的土匪得到當地團練的庇護，結果，很多沙灣的老百姓在李湖鎮壓土匪的戰役中被殺。得知他的前任由於缺乏警惕而引起朝廷的懷疑，李決 252
心要消滅他轄區內的任何土匪。他接下來將注意力轉向九江，據悉有一幫匪徒藏匿在那裏。當李湖要率兵出發去九江時，南海縣知縣出面替九江求情。得到巡撫同意推遲進攻，知縣緊急趕赴九江，跟乾隆四十二年舉人胡挺以及其他九江精英的代表談判。胡挺本人是朱家一位傑出成員的學生，他成功地動員了當地士紳起來鎮壓土匪，從而挽救了九江，使之避免了一場大災難。② 不過九江的匪患還僅僅是開始。1809 年（嘉慶十四年）6 月，臭名遠揚的海盜張保手下的匪幫試圖搶劫九江。經過一整天的戰鬥後海盜撤退；只在西江沿江一帶造成輕微的破壞。九江防務的兩位領袖朱程萬（？—1823）和陳履恒（嘉慶

---

① 原注 47：《桑園圍志》的一些段落顯示，九江和桑園圍其他地區的利益並不總是一致的。道光十三年（1833）的《桑園圍志》記載了十八世紀最初十年中的一個事件，兩位九江士紳，一姓關，一姓朱，顯然為了要開墾土地，賄賂了縣衙門官員，要求讓他們建造一段河堤，這段河堤對九江有利，但增加了上游洪水氾濫的風險。他們的圖謀最後由於相鄰一些鄉士紳的抗議而被阻止。《桑園圍志》，卷八，頁 6 面一背。

② 原注 48：胡挺的老師是朱道南（乾隆二十一年舉人）。《九江儒林鄉志》，卷二，頁 32 面一背，卷十四，頁 14 面；《南海九江朱氏家譜》，卷十一，頁 63 面。另參閱《清實錄》乾隆四十五年（1780）記錄（八月十六、十八、二十五日，九月十八日）。《清實錄廣東史料》，第二冊，頁 446—451。

二十四年舉人）此前不久組織了一個九江文學會社，一起的還有另一位本地人關士昂（乾隆五十七年舉人）。由此看來，在九江和整個桑園圍地區，文學會社在對水災和土匪作出緊急反應時，還可以起到動員精英的作用。①

在乾隆朝晚期和嘉慶朝初期的漁業競爭、水災和土匪的最初一輪威脅之後，九江的主導家族採取了行動來對鄉的事務實行更為全面的控制。到十九世紀中葉，他們的勞動成果逐漸成熟，形成了儒林書院；通過這個書院，他們實際上統治著這個鄉。這個書院的根，深植於九江明代的往昔歷史中。當時，鄉裏新生的精英們慣常在正覺禪寺會面。明代晚期九江任何有聲望的文人——包括九江朱氏第九代最傑出的成員朱伯蓮（崇禎七年舉人）和朱實蓮（天啓元年舉人）——都留下了遊覽這個名勝的詩作。② 這座寺院在乾隆朝重修，同時由九江的儒家精英完全取代了佛教僧人。

具有諷刺意味的是，1786 年（乾隆五十一年）4 月九江主簿廳的創立——代表著朝廷任命的南海縣知縣的權力——實際上觸發了下一個階段的發展，產生了一個由地方精英管理的政
253 府。可能是對乾隆四十五年（1780）土匪問題的反應，這名新任的鄉官負責管理九江及其四個相鄰的鄉：大同、沙頭、河清和鎮涌。新衙門於乾隆五十四年（1789）竣工，建造在一所舊九江書院的原址上。③ 藉口失去了一個本地的聚會地點，九江

---

① 原注 49：《九江儒林鄉志》，卷二，頁 36 面一背；《南海九江朱氏家譜》，卷十一，頁 67 背。關於張保在珠江三角洲的活動，參閱穆黛安《華南海盜》(*Pirates of the South China Coast*)，頁 123—130。

② 原注 50：《九江儒林鄉志》，卷四，頁 36 面—37 背。

③ 原注 51：這所書院的名字甚至在光緒九年（1883）鄉志的書院一章中都沒有記載。《九江儒林鄉志》，卷二，頁 34 面；卷四，頁 6 面一9 背。另參閱《清實錄》乾隆五十一年（1786）記錄（三月二十五日）。《清實錄廣東史料》，第三冊，頁 44。

的精英在乾隆四十九年（1784）決定擴建正覺禪寺的寺廟建筑群，同時給了它一個明顯屬於儒教的新名字——儒林古廟。兩年後，文昌、北帝、關帝與觀音等殿堂落成。此外，精英經理人還在同一地點建了一個財神廟和復活了另一所古書院——象山書院。在這裏，九江的精英們像他們明代的前輩那樣，每年的二月初三舉行聚會，名曰魁文會。① 不久後，儒林書院將取代儒林古廟的地位，但古廟作為九江精英第二位的關注焦點仍然很重要，在道光三年（1823）以及同治八年、九年（1869、1870）都得到及時修葺。②

創立永久性精英治理的地方政府的下一個階段，發生在十年之後不久的時間，當時成立了儒林文社絲墟。嘉慶四年（1799），九江士紳領袖胡挺［乾隆四十五年（1780）年鎮壓土匪並與縣官員談判的英雄］、黃世顯和明秉璋說服了縣當局允許他們將幾個分散的非永久性蠶絲市場合併成一個設在大墟中心的永久性市場，市場的租金將充作科舉考試備考的費用。縣當局在嘉慶七年（1802）批准了這項計劃，絲墟的建設也於數週後完成。租金收入隔年在新近建成的儒林古廟的魁文會聚會時分發。這一項運作，加之他們還有其他商業項目，為九江主導家族精英成員聯盟在教育與考試上的成功提供了資金。③

最後，在十九世紀二十年代，正當學海堂建立之際，九江領袖的小集團也採取行動建立儒林書院。按照光緒九年（1883）的鄉志，這個新院址被設計成為他們擴展利益服務的
總部，一開始是作為明家和馮家的合資企業，要使九江跟北邊 254

---

① 原注 52：《九江儒林鄉志》，卷三，頁 12 面。

② 原注 53：《九江儒林鄉志》，卷二，頁 48 背；卷四，頁 27 面—29 面。

③ 原注 54：《九江儒林鄉志》，卷四，頁 76 背—78 面；卷十四，頁 13 背—14 面、15 背。

的佛山平起平坐。推動力來自明離照，他在道光五年（1825）向馮雲蒸指出，在乾隆五十四年（1789）舊的書院被注冊官佔用之後，九江需要一所書院。馮雲蒸深為所動，督造了這所新書院，財政資金來自陳家和九江其他主導家族以族中長老的名義捐獻的款項，於道光七年（1827）落成。在新書院的兩側，九江精英管理者們建造了供奉鄉賢和功臣的神龕。在功臣的神龕中，供奉了像乾隆四十五年（1780）替這個鄉向巡撫李湖求情的南海縣令，還有在十八世紀九十年代支持桑園圍修繕的注冊官等。①

儘管對特定的地方官員給予尊崇，九江的新書院可以說在某種程度上起著擺脫推行國家權力的官府下級人員和軍人的自治作用。九江的精英通過聰明地迎合當時的總督、學海堂創建者阮元在書法與文學上的品味，從介入的政府代表手中取得了自主地位。一位九江曾家人——曾釗，正是阮元的門生。他請老師用漢隸給新的書院寫一個大字牌匾。阮元怎麼能拒絕呢？他在學海堂最忠實的追隨者請他為一所名叫“儒林”的新書院推廣他的“碑派”書法；“儒林”是各朝代的史書中經典學者傳記這一部分所用的名稱，而這恰恰也是阮元的另一個文化工程。當九江的家族領袖們在 1826 年（道光六年）7 月 16 日收到他們的新牌匾時，明離照安排另一位與學海堂聯繫的九江文人胡調德用駢體文寫了一封感謝信；駢體文這種文體正是阮元文學議程中一個重要的組成部分。當明離照和胡調德到阮元的衙門將這封信呈遞時，說明他們希望能擺脫那些討厭的官府下級人員，更自由地在新的書院裏追求他們的學術興趣。阮元為此發佈了一通告示，有效地阻止了捕房、縣吏，以及最重要的
255 是——稅吏，去打擾書院。明離照和馮雲蒸趕在阮元 7 月 30 日

① 原注 55：《九江儒林鄉志》，卷二，頁 32 面—背、35 面；卷四，頁 6 面—7 背；卷十四，頁 21 背—23 面。

離粵赴雲南就任新職之前兩天，把大事都安排妥當了。[①]

免除了衙門胥吏的干擾，馮雲蒸、明離照和其他九江士紳領袖們很快就動手通過儒林書院組織徵收本地的稅收。經過這次重組，在外地銷售魚苗的九江人被要求在書院繳納舊有的魚捐，換取一張執照，他們的船隻才被准許繼續溯江上行。這表面上是為了保證家族成員納稅以免受到政府懲罰，九江的家族領袖們親力親為加入到徵稅的過程中。九江士紳現在擺開陣勢，挾其全部象徵性資本，出現在禁止競爭者干擾九江漁業的官方佈告上，並非偶然的巧合。

雖然按推測，通過控制稅收得來的錢中有一定的份額是上繳給政府的，但是通過這樣徵稅而得的一些收入，就跟大墟市場的租金一起，用來支持各家族的文學精英追求考試的成功。道光十三年鄉志的編者在說明明離照和馮雲蒸在創建書院中的作用時清楚地解釋了這種策略。他們提到，馮雲蒸之子馮錫鏞於道光八年（1828）鄉試中式，並且接著在次年贏得進士功名。在隨後的四十年中，再有七位九江子弟獲得進士功名。相比從清初至道光朝初年這段時間，這裏僅產生了四個進士（都是關姓），九江看來正在超越其在明代晚期取得的成就。除了馮錫鏞，鐵窖馮氏還有兩位同輩的學子分別在同治二年（1863）和同治七年（1868）考得進士功名。馮錫鏞的兩個兒子馮景略和馮拭宗於咸豐十年（1860）和同治四年（1865）先後中式。明離照之子明之綱在咸豐二年（1852）也完成了同樣的業績。陳履恒［此人曾在嘉慶十四年（1809）組織鄉人抵抗張保］之子陳信民在道光十六年（1836）成進士。馮雲蒸和明離照的工作看來得到了報償，尤其對馮、明兩家來說是如此。

---

① 原注 56：《九江儒林鄉志》，卷四，頁 7 面一背；張鑑等編《阮元年譜》，頁 153。關於阮元提倡篆隸書，參閱艾爾曼《從理學到樸學》（*From Philosophy to Philology*），頁 191—197。

第八個例子，也是九江在科舉考試中突然重新崛起的最著名的例子，就是朱次琦，他在道光二十七年（1847）考中進士。①

256 ## 朱次琦的廣州教育與九江能動性

朱次琦和朱氏家族中其他同輩人恰逢儒林書院的興起。家族中有好幾位成員，特別是他的兄長朱士琦（約 1795—1896），密切參與了研制對九江與桑園圍所受到威脅的對策。與此同時，朱次琦的成長來到了學海堂時代。在兩個關鍵時刻，朱次琦本有機會在廣州進入學海堂學者的精英核心，但是他最後選擇了以九江作為自己的身份定位。然而這並不是事先預定的，因為朱次琦早年是將自己的時間分配給廣州和九江兩地，一面求學，一面參與本鄉事務的精英管理。

像他的大多數著名的明代晚期先輩一樣，朱次琦是朱氏宗族中繹思公這一支的成員，來自西鄰的太平鄉；但是朱次琦並不是他們的直系子孫，他的直接的祖先不是很清楚。他的父親朱成發（約 1762—1829）靠經商致富，行蹤遠至江蘇的吴縣，生意想必與蠶絲或魚的貿易有關。朱成發賺了很多錢，足以讓他在象山附近的西邊建立一所善堂。光緒九年（1883）鄉志的傳記作者對朱成發記載不多，只列舉了他的慈善事業和提到他有閱讀《邸報》的興趣。② 相反，他的夫人——朱次琦的母親，九江張家之女——看來受過良好教育，並且樂於就本地的事務向朱氏宗族的領袖們提出建議。這位夫人去世於道光元年（1821）。③

---

① 原注 57：《九江儒林鄉志》，卷十四，頁 21 背－23 面。

② 原注 58：《南海九江朱氏家譜》，卷十一，頁 73 面－背，卷十二，頁 6 面；《九江儒林鄉志》，卷十五，頁 3 背－4 面。

③ 原注 59：《南海九江朱氏家譜》，卷二，頁 99 背－100 面。

朱次琦和兄弟們是家族的第十五代成員。他的長兄朱士琦深切關注土匪和水災的雙重威脅。毫無疑問是想到了海盜在嘉慶十四年（1809）對桑園圍地區的入侵，為了應對土匪的威脅，朱士琦寫了一個本地區南海順德十一鄉聯防的提案。他在提案中力主精英管理的防禦制度，不主張依賴政府。在道光九年（1829）大洪水之後，朱士琦寫信給省的政府官員，指出修理堤圍並不能從根本上解決問題。相反，政府應該限制在下 257
游的新會和香山建造"沙田"，因為沙田堵塞了西江的自然水流。曾釗在四年之後寫給廣東督糧道研究水災問題的一封信裏應和了朱士琦的這個主張。曾釗指出了朱士琦的《西江達海圖》作為證據。因此，朱士琦在應對水災和土匪這兩個問題上，都是將注意的焦點完全集中於九江和桑園圍地區獨特的利害關係，往往與珠江三角洲其餘地區的精英處於競爭狀態。①

朱成發的第二個兒子朱炳琦，很少受到朱氏族譜和光緒九年鄉志編者的注意。最大的可能是因為他接手經營了父親的生意，他至少去過一次越南。② 朱次琦是第三子。最小的弟弟朱宗琦，是府學的生員，他在三次落第之後放棄了參加鄉試。此後他投身於九江的各種事務，包括編寫朱氏族譜和九江鄉志。③

---

① 原注 60：《南海九江朱氏家譜》，卷十，頁 9 背—10 背，卷十一，頁 80 面—85 背；朱次琦《朱氏傳芳集》，卷一，頁 9 面、13 面—背。

② 原注 61：朱次琦《朱氏傳芳集》卷四，頁 24 收錄了朱士琦的兩首詩，題為《送二弟隱石之越南》。另見《朱九江先生集·年譜》，頁 1 背。

③ 原注 62：《九江儒林鄉志》，卷十四，頁 33 面—背。第十四代的另一位朱家人，存著堂的朱堯勳（約 1791—1854），顯然與朱成發的家庭關係密切；據說堯勳事成發之妻張氏如母。堯勳在道光年間曾應學海堂考試，有一首詩收在《學海堂二集》。《南海九江朱氏家譜》，卷二，頁 100 背；卷十一，頁 78 背。

雖然朱次琦五歲就啓蒙，跟著一位九江朱家第十四代的老師唸書，不過很快就被送到廣州深造。嘉慶二十四年（1819），當曾釗把他介紹給阮元時，這位早慧的朱氏子應總督之命即席賦詩，令總督為之目眩。① 從道光四年（1824）開始，朱次琦在羊城書院師從謝蘭生學習；一年之後，陳澧也在這裏開始接受書院教育。道光八年（1828），朱次琦和另一名關姓九江同鄉學生引起了學政翁心存的注意，一起被授予生員的資格。道光十二年（1832），朱次琦轉入越華書院，陳澧當時也在那裏學習。②

不久，創辦學海堂專課生的兩位重要人物熟悉了朱次琦。總督盧坤賞識年輕的朱次琦是一位德才無匹的“壯士”。錢儀吉，在廣州作為盧坤的隨同人員並偶爾批改縣學生員的卷子，始終把朱次琦放在全班之首。曾釗和李黼平安排年長的錢儀吉會見了朱次琦。道光十五年（1835），當盧坤和錢儀吉按阮元
258 的諭令遴選第一班專課生的時候，朱次琦就是十位入選的學生之一，不過朱次琦還是託病謝絕了。③

此後幾年間，朱次琦一直往來穿梭於廣州城和珠江三角洲鄉村之間。道光十六年（1836），他住在廣州六榕寺。三年之後，九江人在鄉試中告捷，朱次琦和朱士琦在廣東中式；明之

---

① 原注 63：阮元命朱次琦以《黃木港觀海》為題作詩。數年後，阮元將這個題目收入學海堂的詩歌習作，要求學生用江淹（444—505）的“集錦詩風”仿宋、元、明詩作。這組習作的第三首題為《黃木灣觀海擬孟襄陽望洞庭湖》。這組習作還有兩首詩的題目是與九江有關的：《儒林鄉漁莊擬虞道園漁村圖》。以此為題的詩作中，有一首是九江人胡調德的作品，其中包含大篇幅的注釋，描繪九江漁民捕撈西江魚花的情景。《學海堂二集》，卷十八，頁 4 背、18 面—20 面。

② 原注 64：《朱九江先生集·年譜》，頁 2 背—4 背；《九江儒林鄉志》，卷十五，頁 15 背。

③ 原注 65：朱次琦《朱九江集》，錢儀吉序。

綱和九江朱氏的另一名學子朱文彬在廣西中式。[①] 得了功名之後，朱次琦在番禺南部充當私人塾師；有人勸他在廣州教書，賺錢較多，他沒有聽從。朱次琦在道光二十七年（1847）考中了進士，隨後被任命往山西，在那裏度過了七年，開始是候任，以後當了知縣。[②]

除了在廣州積極求學的時間之外，朱次琦在十九世紀三四十年代一直沉浸於以儒林書院為中心的九江家族領袖們不斷擴展的業務中。有時，他很長一段時間住在九江，就像道光二十五年（1845），他住在象山上的正覺寺裏。朱次琦仿照明代祖先的先例，以寺廟為題寫了一組詩。像兄長士琦一樣，朱次琦同九江的其他家族領袖一道發起修理桑園圍堤圍以抵禦洪水的威脅——這一危險在道光十三年、十四年（1833、1834）真正發生過，當時高漲的江水沖決了桑園圍的堤圍。當道光十九年（1839）西江的水又漲到危險高度時，朱次琦、明倫和馮汝棠（馮雲蒸的同族人）發動百姓起來支撐江堤。[③]

在儒林書院的下一個大工程——道光二十三年（1843）創

---

① 原注 66：朱文彬是另一個極好的例子，說明九江的利益已延伸到廣西蒼梧。他不僅以蒼梧注冊學生的身份取得了生員和舉人的功名，還給自己取了個別號叫“梧生”，這兩個字可以理解為“在蒼梧出生”，或者“蒼梧的學生”。

② 原注 67：《朱九江先生集·年譜》，頁 6 背；《九江儒林鄉志》，卷二十一，頁 18 面。

③ 原注 68：《九江鄉志》把這個事件放在道光十四年（1834）；然而編者又收錄了朱次琦寄“明倫與馮汝棠兩舉人”的紀念這個事件的一首詩。由於明倫在道光十五年（1835）才取得舉人功名，所以看來朱次琦年譜的作者把這個事件放在道光十五年（1835）之後的道光十九年（1839）是對的。見《朱九江先生集·年譜》，頁 8 面；《九江儒林鄉志》，卷二，頁 40 面—背。另參閱《朱次琦先生實事考》，該書亦記述此事發生在道光十九年。宣統二年《南海縣志》同樣將此事放在道光十九年。宣統二年《南海縣志》，卷十五，頁 1 面。

建糧食碼頭中，朱次琦沒有充當那樣直接的角色，雖然他當時人在三角洲地區。估計是由“全鄉”建立的工程，由馮錫鏞領頭，會同馮汝棠和廖熊光（這兩人與朱次琦有密切的書簡往來），對九江南沿的一條運河進行疏浚。九江關氏六個分支之一的關世美堂獻出了二十畝沙田，收入用於建立店鋪和糧倉。其他開支靠每個家族的捐贈支付。另一位本地人，道光十五年
259 （1835）舉人李國琛，監督新糧食碼頭的建造和日常運營；據說朱次琦為此曾稱贊他的誠實。據參與其事的人以及儒林書院一塊石碑上關於創建碼頭的記事來看，這座碼頭的工程顯然是儒林書院運作的一部分。馮錫鏞解釋說，此舉旨在促進稻米的購入，因為九江的缺糧狀況隨著佛山對珠江三角洲稻米貿易的需求增長而趨於惡化。十年前，朱次琦自己也曾經推動創建一個慈善糧倉來緩和這個問題。相似的是，這個糧倉也落入了儒林書院的控制之下。①

儒林書院的領袖們在十九世紀三四十年代也採取了一些行動來保證對漁業捐稅的控制和防止外地人對九江漁權的侵蝕。這些外地人通過向西江沿岸各個魚苗站索取費用，強行侵入魚苗捕撈業。貼在書院裏的“鄉規”詳細列出了各種稅收的數目。除此之外，儒林書院的領袖們還利用新近贏得的科舉功名帶來的威望，向地方當局施壓，要求他們阻止外地人對被逐出本行的九江漁民和魚苗銷售者愈演愈烈的粗暴淩辱。外地人這樣做當然會使書院的家族領袖們失去額外的稅收。他們的努力在 1843 年（道光二十三年）7 月 2 日有了結果，總督祁𡎴發布了一份告示，制止該行業中的“私自”買賣（即在儒林書院控制之外）。布告收錄了訴狀的原文，有數十名九江士紳聯署，

---

① 原注 69：《九江儒林鄉志》，卷二，頁 42 面，卷四，頁 79 面—81 面，卷十四，頁 30 背、45 面—背；宣統二年《南海縣志》，卷十五，頁 1 面；《朱九江先生集·年譜》，頁 6 面。

包括舉人馮汝棠、明倫、明之綱、朱士琦和朱次琦；沒有出現普通百姓的名字。①

在控制了鄉財政的同時，儒林書院裏的宗族領袖們也試圖將自己特殊版本的儒家道德強加給九江的老百姓。道光十七年(1837)，他們在鄉裏展開了反賭博行動。那一年鄉裏發現了一個賭窟，當局在審問一個名叫余亞保的人時，獲悉賭窟的運作受到一名武舉人余秉剛的保護。余姓是九江一個相對較小的宗族，有一個祠堂被列入光緒九年（1883）的鄉志，科舉考試中只出過一個舉人，余姓其餘頭面人物都是軍人。當沒人敢揭露余家的賭博行為時，朱次琦和陳信民（陳履恒之子，書院的領導人之一）帶頭發動攻擊。其餘的宗族領袖起而效仿。關家有 260
個壞脾氣的人物，叫關家駒，是道光元年（1821）的舉人；他每逢走過大墟碰到有人在賭博，就會用摺扇對賭徒和籌碼來一頓抽打。跟桑園圍一些比較放任的鄰鄉形成對照，九江很快就贏得了“無賭博鄉”的美譽。②

儒林書院道德教化的另外兩個目標是賣淫嫖娼和抗婚。光緒九年（1883）的鄉志自豪地宣稱“男女之別，九江為最”，指出鄉內沒有游妓的花艇。③ 一份道光十三年（1833）南海知縣禁止婦女到寺廟拜神的布告被刻在一塊儒林書院的石碑上，同樣刻成石碑的還有道光二十二年（1842）禁止婦女以自殺形式抗婚的禁令。朱次琦的密友、書院領袖馮汝棠親自領頭開展對這種行為的討伐。如果一個新婦為抗婚而自殺，書院領袖允許夫家將新娘的屍體草草掩埋，女孩的娘家無權予以正式安

① 原注 70：《九江儒林鄉志》，卷五，頁 36 面—背。

② 原注 71：《九江儒林鄉志》，卷二，頁 41 面，卷三，頁 9 背，卷十四，頁 23 面—背、29 面—背；《朱九江先生集·年譜》，頁 7 面；《朱次琦先生實事考》。

③ 原注 72：《九江儒林鄉志》，卷三，頁 8 背。

葬。據說由於馮汝棠的努力，抗婚的現象得以消除。①

於是，到道光二十九年（1849）朱次琦在山西當上一名知縣、開始他的仕宦生涯的時候，儒林書院也差不多到達了它的成熟期。以書院為基地的宗族領袖壟斷了九江的絲和魚市場，把由此所得的收入用於文化生產，並且開始把新的道德標準施加於這個鄉的社會。朱次琦雖然沒有參與書院的每一個項目，但肯定是內部圈子的成員之一。宣統二年（1910）《南海縣志》的編者摘錄了總督李鴻章（1823—1901）光緒二十五年（1899）的一篇呈文，其中在稱贊了九江人對待賭博的驚人自制力之後，將其歸因於朱次琦的教學。② 令人懷疑的是，這種“自制力”更多的是儒林書院強制的產物，而不是朱次琦教學的結果。這個鄉截至十九世紀中葉之前的聲譽，甚至在經過這個地區的外國旅行者眼中也沒有被忽略。一位觀察者在描繪九江的時候，提供了一段關於這個鄉和書院的講述：

261 他們擁有全帝國最好的學校之一——儒林書院。它的

---

① 原注73：《九江儒林鄉志》，卷二，頁40面、42面；宣統二年《南海縣志》，卷十五，頁1面。蕭公權（Kung-chan Hsiao）多次用九江來舉例，特別是馮汝棠的行動，作為中國鄉村士紳通過實施“意識形態控制”而取得領導地位的例子。參閱蕭公權《中國鄉村：十九世紀的帝國控制》（*Rural China: Imperial Control in the Nineteenth Century*），頁293。斯托卡德（Janice Stockard）將馮汝棠的討伐行動作為例子，說明清代人如何將婚姻中遲落夫家描繪為抗婚，然後予以壓迫。參閱斯托卡德《廣州三角洲的女兒》（*Daughters of the Canton Delta*），頁108—109。考慮到馮汝棠自己正是出身於這種他現在遏制的文化，我認為他的行動也許可以解讀為一種嘗試，試圖重新定義作為一個桑園圍人，特別是作為一個九江人，意味著什麼。為取代諸如遲落夫家的婚姻之類的行為，馮汝棠設計了一種以他和儒林書院的同事們所提倡的道德類型為中心的共同道德規範，以供替代。

② 原注74：宣統二年《南海縣志》，卷六，頁23背。

> 學生在各地擔任高級職位；當地士紳領袖中有幾位已經獲得了最高的文學榮譽。自治體控制了城鎮的所有事務。除了罕見的情況之外，不允許政府官員擁有權威。賭博、賣淫嫖娼和其他醜惡行為被禁止，法律在大多數情況下被堅決推行。據說一個人可以帶著他的女兒們到城中任何娛樂的地方去而不致招來興奮和懷疑的評論。①

不過，在九江，想要尋求快樂的人也不用走很遠：

> 在九江的大門口被拒的邪惡之潮，湧入緊鄰的龍江的大門卻發現被欣然接納。在那裏，賭博和一切不道德的娛樂都在士紳的特殊保護下繁榮昌盛。九江讓鄰鎮的街道熙熙攘攘，把自己的錢傾注到龍江人的銀櫃裏去了。②

在朱次琦擔任知縣的七年任期裏，他在儒林書院的同伴們給書院的權力結構增添了一個最後的組成部分。這最後的一個籌碼，大體上是對紅巾軍叛亂的反應；這起叛亂在咸豐四年（1854）的夏天蹂躪了九江和桑園圍的其他鄉鎮，以及大良和佛山。馮錫鏞和明之綱迅速逃往廣州，在那裏利用他們的資源募集款項並組織起民兵。在1854年的11月末或12月初，馮錫鏞和明之綱與桑園圍內大同、河清兩個鄉的流亡精英合作，建立了同安練局。③ 當官軍在1855年（咸豐五年）3月收復九江時，同安練局受命監視叛亂者在鄉中的聚集，並在一所曾氏的祠堂裏建立了臨時總部。朱宗琦和朱文彬先是幫助官軍，隨後又幫助局裏的團練甄別“良”與“劣”分子。被殺的有超過

① 原注75：香便文《嶺南記》（*Ling-nam*），頁70。
② 原注76：香便文《嶺南記》（*Ling-nam*），頁70。
③ 原注77：《九江儒林鄉志》，卷二，頁44面—背。

兩千人。[①] 在馮錫鏞、明之綱和關仲瑒領導下，九江跟大同和河清分開，自己建立了一個永久性的鄉團練局，名字仍然叫同安。馮和明稍後將九江局的總部從曾家的祠堂裏搬到了儒林書
262 院。從此以後，九江宗族領袖便維持了一支百人的巡邏兵，並保持有足夠的金錢儲備，可以在緊急情況下拉起一支上千人的隊伍。[②]

十九世紀中葉，當九江的精英感覺當地的繁榮受到威脅時，宗族領袖們的反應就是把政權抓到自己的手中。在儒林書院的規程規定下，他們創造了一個機構來主導九江的各種事務：收稅、投資教育、加強道德教化、維持地方安寧。由於朱次琦是九江人，在考中進士之前就已經是儒林書院的圈子中人，所以當他從山西任上歸來時，他跟九江之間有著很強的聯繫，而跟廣州的聯繫則很少。

朱“九江”及其對廣州城的批判

朱次琦於咸豐五年（1855）南歸後，在廣州的南海縣學為朱氏家族成員和其他老熟人教學，待了一年才回九江。回到家鄉後，朱次琦不再像出仕之前那樣熱心地參與儒林書院的事務，但他仍與書院領袖們保持密切的聯繫，熱衷於宗族的事務，以及，我們將看到，還熱衷於宗族與地方的歷史。咸豐十年（1860），朱次琦說服了一位更富有的宗族成員——在越南做生意發家的朱廷貴的兩個兒子捐出三萬兩銀子，為九江朱氏

---

① 原注78：《九江儒林鄉志》，卷二，頁45面，卷十四，頁33面一背；《九江士紳呈文》，1855年，載於《廣東洪兵起義史料》，頁249—250。

② 原注79：《九江儒林鄉志》，卷二，頁44面一背；卷十四，頁27背—28面、41背、44面一背。

創辦一個慈善產業。把這一項捐款跟其他一些捐款合併在一起，朱次琦就有把握正式認可那個完全根據范仲淹（989—1052）開創的模式塑造的新的自治產業。接下來的一年裏，朱次琦採取了措施保證宗族成員遵循正確的儒家葬禮，儘管這跟本鄉的習俗背道而馳。[1]

然而，朱次琦的本行是經史之學和教學。從咸豐七年（1857）開始，他恢復收學生，最初得到關氏家族一位富有成員的支持。[2] 朱次琦在九江南邊的禮山開堂講學，此後的二十五年中，他在那裏擁有衆多忠實的追隨者。他的學生大多是桑園圍士紳的子弟，可以欣然宣稱自己的祖上是在宋代從南雄移居到珠江三角洲的。其中包括朱次琦的女婿梁燿宸，他是來自 263
附近順德縣光華鄉的三兄弟之一；這三兄弟都師事朱次琦。[3] 三兄弟中的另一位——梁燿樞，在同治十年（1871）會試中名列榜首，這給他的老師帶來不少的喝彩。在以後的歲月中，簡朝亮和康有為成了朱次琦最有名的兩個學生。簡朝亮是順德人，其父移居佛山。他是朱次琦最忠誠的門徒，通過編纂朱次琦幸存的遺稿和年譜的方式，最忠實地保存了老師的學問。相反，康有為則是一位魯莽的奇人，他於光緒五年（1879）在挫折中離開禮山，只是後來在回憶中提及很懷念那段歲月。[4] 但是簡朝亮和康有為跟他們的老師有一個植根於珠江三角洲腹地的共

---

① 原注 80：《朱九江先生集・年譜》，頁 35 背、36 面一背；《九江儒林鄉志》，卷 15，頁 6 面。

② 原注 81：《朱九江先生集・年譜》，頁 24 面一背。

③ 原注 82：光華是順德境內的甘竹以遠的鄰鄉，地處桑園圍地區東南面的外圍。

④ 原注 83：《九江儒林鄉志》，卷十四，頁 49 面；《朱九江先生集・年譜》，頁 35 背；康有為《康南海先生自編年譜》，頁 7—10；宣統二年《順德縣志》，卷二十，頁 3 面。

同身份；反過來，廣州的城裏人是不會去師從朱次琦的。[①]

乍一看來，朱次琦決定退隱九江當一名本地教師並不是特別驚人之舉——此前來自順德的學者都要悄悄地盤算一番，究竟是“退隱”九江呢，還是在廣州活動。但是朱次琦以其生活在九江的決定表達了他意識形態上的立場。在一定程度上，朱次琦是變化了的時代的產物；他強調鄉的能動性的時候，正值儒林書院裏的九江宗族領袖主張本鄉脫離縣的政權而獨立。而且，數年前，另一位桑園圍地區的文人退隱還鄉引發了非常廣泛的議論。在咸豐元年至二年（1851—1852）的冬天，何文綺，這位從道光二十四年（1844）起一直擔任粵秀書院山長的備受歡迎的教師，在一次與總督爭論後辭去官職，退隱回到家鄉鎮涌鄉。他的傳記的作者，朱次琦的學生簡朝亮，後來將注意力投向了何文綺在十九世紀五十年代的退休生活以及早在三十年代他就向視察桑園圍的省官員推薦朱次琦。[②]

如果說何文綺為桑園圍學者提供了一個正直退隱的新近先例，朱次琦則走出了更遠的一步，接納了一個本地身份。在咸豐七年（1857）之後，人們提起他時都用他家鄉的地名作為代稱，所以“九江”兩字就實實在在成了他的身份定位。以這種方式，他讓人想起了明代珠江三角洲兩位著名哲學家陳“白沙”（陳獻章）和湛“甘泉”（湛若水）[③] 的傳統——如果說並
264 不反映他們學問的實質的話，卻肯定能讓人想到他們的領袖魅力和他們在珠江三角洲的深厚根基。陳、湛兩人都是當時與珠

---

① 原注 84：《粵東簡氏大同譜》，卷二，頁 13 面，卷九，頁 15 面；《順德簡岸簡氏家譜》，序，頁 1 面；趙豐田編《康長素（有為）先生年譜》，頁 2；大久保英子曾經從宣統二年的《南海縣志》摘錄出一份朱次琦學生的簡短名單。見大久保英子《明清時代書院的研究》（『明清時代書院の研究』），頁 402－404。

② 原注 85：簡朝亮《讀書堂集》，文，卷六，頁 13 面－14 面。

③ 原注 86：白沙村在新會縣，甘泉在廣州之東的增城縣。

江三角洲腹地的現實地方聯繫的，這樣一種形式的身份認同，對於大多數與學海堂聯繫的學者來說是不可能獲得的。而且，就像他的傳記作者們高調宣稱的那樣，朱“九江”再也沒有涉足省城。咸豐九年（1859），朱次琦受到邀請擔任學海堂的學長，他拒絕了，儘管這個職位一直為他保留了二十年。[①]

在一次與廣東巡撫、學海堂的捐贈者郭嵩燾的書信往還中，朱次琦清楚地重申了自己的立場。1863 年（同治二年）12 月 12 日——就在桂文燦向郭嵩燾介紹了學海堂各位現任學長的名字當天，郭就以南海縣的信使專人急遞了一封信給朱次琦。郭嵩燾原希望有機會跟朱次琦見面，因為兩人是道光二十七年（1847）同年的進士。但是，大約一週後他收到一封客氣的回信，朱次琦藉口長期患病，謝絕了邀請；郭嵩燾在失望之餘，仍然認為朱次琦的回信“格理”極佳。郭嵩燾試圖誘使朱次琦哪怕從隱居處出來一次，但是沒有成功。在他巡撫任上的以後幾年中［亦即到同治五年（1866）夏天為止］，郭嵩燾不時會抽空去訪問學海堂，或者在衙門招待書院的臺柱們，像陳澧、金錫齡和陳璞。相反的，朱次琦堅持不肯涉足廣州城，也不肯接受在學海堂的職位或者跟郭嵩燾這樣的人見面。[②]

陳璞——郭嵩燾最賞識的學海堂學者之一，就嘲笑朱次琦的隱士行為，认为那是偽善：

> 湘陰郭公……延訪粵士，若南海鄒君伯奇、番禺陳君澧、金君錫齡，皆粹然儒者，不妄干謁。……璞自江右解職

① 原注 87：《朱九江先生集·年譜》，頁 12—13、16、54—55；《九江儒林鄉志》，卷十四，頁 39 面。

② 原注 88：朱次琦《朱九江先生集》，卷七，頁 18 面—19 背；郭嵩燾《郭嵩燾日記》，頁 137、138、146—147、161、167、349、372、374。

> 歸，承公枉顧，推心置腹，亦不敢自逸。惟南海朱君次琦，辭官居鄉，公屢以禮招之，卒不至。①

陳璞是在一篇為郭嵩燾送行的隨筆中這樣批評朱次琦的隱
265 士姿態的。郭嵩燾為學海堂提供了經費，使之能夠恢復早先中斷了的專課生課程。這篇隨筆幾乎全篇都與朱次琦這個事件有關，可見無論對郭嵩燾還是對陳璞來說，這都是一個多麼重要的問題。

陳璞清楚地察覺到，朱次琦退隱九江的決定並非偶然隨意之舉，朱"九江"是在作出一個意識形態的聲明。跟他的前輩曾釗不同，朱次琦選擇了遠離廣州的知識界。換句話說，朱次琦是想以其堅拒涉足廣州的做法，作為一個無言的然而非常響亮的"文本"，他在這裏面傳達了對廣州及其書院的批判。他的行動清楚地表達了他的批判。因此他的基本信念一點也沒有丟失——無論是在同治五年（1866）面對陳璞，還是將近二十年之後焚燬自己手稿的時候。朱次琦的門徒們確保了他的遺傳信息將會延續下去，他們傳播著富於想像力的故事，細述他們的老師在廣州受難和光榮退隱九江的經歷。這些故事中最簡潔的一個，見於一篇記敘朱次琦生平的手稿，作者描寫了嘉慶十七年（1812）一個偶發事件：廣州的騙子綁架了陪伴父親入城的、六歲的次琦；第二天早上，一群年輕人由於被這孩子的風度打動，恭恭敬敬地把小次琦完好無損地送還給煩惱的父親。② 儘管作者的意圖是描繪朱次琦的領袖魅力，但其中的言外之意也是不容忽略的，就是說：廣州是一個危險的地方，只有一位九江的聖人能夠改造它，即使這個聖人還是一個小孩。

跟桑園圍和九江的其他人一樣，朱次琦也接觸到各種不同

---

① 原注 89：陳璞《尺岡草堂遺文》，卷一，頁 31 面。

② 原注 90：《朱次琦先生實事考》。

的學術取向。在除了新會之外的珠江三角洲大部分地方，明代廣東與陳獻章和湛若水相關的哲學研究方法在清代已經失寵。但是程朱理學的虔誠實踐者在整個珠江三角洲和九江卻大有人在。在朱次琦的父親那一代，九江人關仕龍就是一位程朱理學專家，在廣州授徒。沙窖明家的領袖之一——明永，由於如飢似渴地喜愛朱熹整理的“四書”而贏得美譽。[①]

在十九世紀的前數十年中，另一些九江人提供了替代程朱 266
理學的學問。光緒九年（1883）的鄉志在議論到曾釗時指出：“鄉曲之士知八比外尚有文章，試律外尚有詞賦，四書外尚有經史，而能不以一隅自限者，釗之力居多。”[②] 曾釗有點像一個畸形物，一個桑園圍地區的文人而對學海堂及其外來的學術取向採取開放的態度。這也許是因為雖然擁有這個在明代曾很有權勢的姓氏，曾釗在儒林書院的權力結構中看來並不是中心人物。書院領袖們只有在道光六年（1826）想要巴結阮元的時候才需要曾釗。不過曾釗在桑園圍的同鄉精英中倒是有一班追隨者。胡調德是早期參加學海堂考試的又一位九江人，他“致力於漢儒訓詁之學”，並以寫作模仿漢代風格的散文著稱。潘繼李，河清鄉人，早先曾在廣州師從曾釗，是道光十四年（1834）學海堂第一批專課生之一。[③]

---

① 原注91：《九江儒林鄉志》，卷十四，頁16背—17面；卷十五，頁4背。與清代的情況不同，在晚明，九江有幾位陳白沙—湛若水儒學的信徒。

② 原注92：《九江儒林鄉志》，卷十四，頁25背。

③ 原注93：宣統二年《南海縣志》，卷十九，頁9背。潘繼李的父親潘志元靠在廣西販鹽賺了錢，後來在廣州開了一家藥店。受阮元學問的鼓勵，他在廣州南門內的市場蒐購稀有書籍。聽說阮元在廣州最忠實的支持者曾釗在廣州的西湖書院授課，潘志元就讓他的兒子繼李到西湖書院學習。在那裏曾釗向潘繼李傳授了漢儒的“家法”。《潘式典堂族譜》，卷六，頁31面—32背。

因此，朱次琦居住在一個漢學和宋學都有著豐富典範的文化景觀中，不過前者看來在廣州盤踞得遠比在桑園圍地區更穩固。跟他的對立面陳澧相似，朱次琦也想要將漢學和宋學這兩種學問的長處結合起來，不過這兩位學者對漢宋各自的長處是什麼有不同的解讀。對一個如此注重學術門第"師承"的知識傳統來說，朱次琦究竟是從哪裏獲得他的考證學技能的，卻不清楚。曾釗把他介紹給了阮元，但朱次琦提到這兩人時，從不用"師"字。儘管如此，朱次琦的學生們，在記述他生平的手稿中還描寫年輕的朱次琦在學海堂的同時代考證學者們自己的學問競賽中擊敗了他們。幾個這種事例之一，講到由廣州城市精英管理的慈濟倉，那是十九世紀三十年代儀克中得到祁𡎴的
267 批准建立的。然而朱次琦在《宋史》中發現有一段文字說，"慈濟倉"原指為在廣州死亡的官員學者而設的殯葬所，因此這個名稱用來給穀倉命名是不吉利的。類似的還有，據說在道光十二年（1832）當朱次琦還是越華書院學生的時候，侯康就曾徵求朱對自己文章的評論。① 除了與學海堂學者的這些交流，以及一些他受到阮元［在嘉慶二十四年（1819）］和錢儀吉［在道光十四年（1834）］關注的插曲之外，朱次琦與著名的考證學大師之間罕有互動。這跟陳澧的情況截然相反，陳澧一直與江南的考證學大家保持著來往。唯一的例外是朱次琦與年長的王筠（1784—1854）的會見，當時兩人都在山西任知縣。王筠是山東省人，是一位研究《說文》的專家。②

在咸豐三年（1853）寫給王筠的一封信中，朱次琦透露了自己打算仿照黃宗羲（1610—1695）《明儒學案》的模式，編寫一部清儒的歷史；在這裏，他強調他不希望像江藩在《國朝

① 原注 94：《朱次琦先生實事考》。

② 原注 95：《朱九江先生集·年譜》，頁 22 背。

漢學師承記》中那樣，在漢學和宋學之間劃出一條界綫。① 這是現存朱次琦關於漢宋調和論的最早的表述。跟陳澧一樣，朱次琦既看重漢儒的行為正直，也看重他們注解的正確。② 朱次琦將他自己版本的漢宋調和論壓縮成為學生們記錄下來的關於自我修養的“四行”和書卷學問的“五學”。“四行”指的是“敦行孝悌”、“崇尚名節”、“變化氣質”、“檢攝威儀”。“五學”指的是經學、史學、掌故之學、性理之學、辭章之學。康有為師從朱次琦所學的課程就反映了這個選定的門徑；他回憶學過的科目從宋儒的著作直到駢體文。不過，與陳澧不同的是，朱次琦看來沒有鼓勵學生去寫算學、語音學、輿地之類專門領域的文章。③

而且，朱次琦對學海堂所代表的那種制度化的考證學明顯感到不滿。簡朝亮在朱次琦的年譜中保存了他認為是朱次琦對 268
學海堂考證學和漢學批判的要點。朱次琦特別將怒火指向學海堂的創建者和學術偶像阮元。不用受廣州和學海堂的拘束，朱次琦可以比陳澧更直截了當地批評這所書院及其創建者。他毫不畏縮地嘲笑阮元在《皇清經解》編纂中的偏見：“書以國朝為目，當時之儒非皆漢學也。若方靈皋者流，迺一言之不錄也。”④ 還有一個例子是，朱次琦悲嘆百年來最輝煌的學者都囿於漢學的局限，而他認為阮元就是這個學派的殿軍。⑤ 講到漢學學者普遍存在追求過於精細的研究，就像他們身邊的文明

---

① 原注 96：朱次琦《朱九江先生集》，卷七，頁 14 面。

② 原注 97：張啟煌《朱九江先生集注》，《朱九江先生集・年譜》，注釋，頁 8 面。

③ 原注 98：《朱九江先生集・年譜》，頁 25 面—26 面；康有為《康南海先生自編年譜》，頁 8。

④ 原注 99：《朱九江先生集・年譜》，頁 28 面。方苞被尊為十九世紀提倡古文和宋學的典範。

⑤ 原注：100：《朱九江先生集・年譜》，頁 27 背—28 面。

都是破碎的，朱次琦說："彼漢學者東眂不見西墻矣。"[1] 一部朱次琦留存著作注釋本的作者——自稱是大師的再傳弟子，對年譜中一段文字作了推敲，在這段文字中朱次琦評論了王陽明思想的流弊。正如明朝的衰落可能被歸咎於王陽明思想的缺陷一樣，作者贊同地引述了左宗棠（1812—1885）對考證學的譴責，認為考證學給帝國帶來了災難。[2] 按照他一直拒絕學海堂和郭嵩燾的態度來看，像他的學生所描繪的、朱次琦對考證學的抵制很清楚地同時含有對廣州多元化的文化的批判。

曾釗在嘉慶二十四年（1819）把朱次琦介紹給他的知識庇護人，結果適得其反。決定在九江住下來之後，朱次琦顯然希望跟學海堂的創建者斷絕往來。鑒於學海堂提供培訓，同時還有考證學研究所需要的藏書樓和印刷設備，朱次琦要在九江尋找一個替代物。以一種更加懷舊的、宋明兩代的成聖理想的形式，朱次琦被聚集在禮山他周圍的門徒們認為是一位"志義之士"。通過擁抱一個另類的身份，以焚燒自己的手稿達到頂點，
269 朱次琦將自己與學究氣的學海堂學者清楚地區分開來。[3]

書寫本土：族譜，選集，歷史

然而，朱次琦並沒有將他參與撰寫的每一份手稿全都燒

---

① 原注 101：《朱九江先生集·年譜》，頁 28 背。

② 原注 102：張啟煌《朱九江先生集注》，《朱九江先生集·年譜》，注釋，頁 9 面。

③ 原注 103：採取這樣的姿態，朱次琦是在實行理學家的一個常用策略。包弼德（Peter Bol）爭辯說："有所不同，就具有重要的改造作用：這使得對理學的認同成為一種自覺的選擇，一種需要改變信仰的選擇。"包弼德《理學與地方社會，十二至十六世紀：個案研究》（"Neo-Confucianism and Local Society, Twelfth to Sixteenth Century: A Case Study"），頁 254－255。

燬。他的行為的戲劇性與他為保存宗族與地方歷史付出的巨大努力是相違背的。在朱次琦"退隱"九江的四分之一世紀中，他忙碌地組織了三項雄心勃勃的編纂工程。並非偶然巧合，在同一個時期，九江朱氏家族正在擴大其在自治體中的共有財產。在朱次琦退隱九江最初十年的一段迸發式的活動中，九江朱氏翻修了祠堂，為宗族產業購置了土地，編印了新的族譜。這個勢頭一直持續到編纂宗族文集和光緒九年（1883）的九江鄉志。

退隱回到九江不久，朱次琦就開始擬定編纂《朱氏傳芳集》的編寫要則。他給弟弟宗琦和宗族的其他成員分配了編寫任務。最終的產品包括一個"內編"，由朱氏宗族先人的文章組成；和一個"外編"，由同時代名人（多為十七世紀珠江三角洲人氏）所作的關於朱氏宗族成員的頌、傳和詩組成。陳澧雖然被應邀以篆書為文集題寫了扉頁，但是咸豐十一年（1861）的序則是由一位更親密接近家族的人——朱次琦的學生梁燿樞——撰寫。朱次琦的編寫要則為讀者提供了這樣一個敘事結構：九江朱氏在十六世紀中葉開始生產文學作品，而在朱謨的廣州宅邸被清兵佔領時，這些文本大部分喪失，許多殘留的文本也在九江老家的抵抗失敗時被毀。①

除此之外，有兩位朱家人在文集中佔居突出的地位。第一位是朱實蓮，天啟元年（1621）舉人，在抗清鬥爭中犧牲的。文集通過彙集了本地像陳子壯（1596—1647）等其他忠烈的詩文，以突顯朱實蓮作為明朝忠臣的身份。陳子壯在九江長大， 270
因為其父娶了朱家第一位進士朱讓的女兒之後，從南海的另一處移居九江。陳子壯在萬曆四十七年（1619）會試中高居第三名，但後來失寵於宦官魏忠賢（1568—1627）。因此，陳子壯

① 原注104：朱次琦《朱氏傳芳集》，編纂要則，頁3背。

的弟弟和兒子都是復社的熱心成員。然而，將自己的命運跟復社聯繫在一起，這在明清之交是很危險的事情——這個會社的成員以對明朝的忠誠和殉道精神著稱，但並不長於軍事。陳子壯和他的兒子，與朱實蓮一樣，都在抗清鬥爭中戰死。朱氏家族在嘉靖朝臻於全盛，在明朝的最後二十年間再次復興，而朱實蓮的犧牲標誌著宗族氣運的衰落——按照科舉中式的情況來衡量——從此再也沒有完全恢復過來。①

《朱氏傳芳集》也顯示了族人在十九世紀的能動性。文集中最多產的作家是朱次琦新近亡故的兄長朱士琦。而且，文集將重點放在了朱士琦那些處理地方問題的文章上。文集的中心作品也許就是他寫給總督的關於西江洪水的文章。朱士琦認為洪水氾濫的起因是那些石頭堤圍和下游沿岸開墾的沙田。② 他提出的建議無一得到實行，雖然明之綱在光緒二十二年（1896）給省當局的呈文中重申了他的憂慮。

同時，在咸豐九年（1859）春，朱次琦和朱宗琦領導宗族成員建立了一個九江朱氏新族譜的編寫局。雖然他們原來計劃在 1862 年 1 月之前印製完成，但這項工程花了超過十年時間才竣工。族中在越南經商致富的朱廷貴的兩個兒子贊助了超過一千七百兩銀子供編寫族譜——這筆錢用於支付薪酬和印製的費用，其他的族人也贊助了較少的金額。全書共有十二卷，是一部綜合性的著作；除了世系圖譜之外，有傳記、宗祠、墳墓和朱氏族人著作等幾大部分。像在《朱氏傳芳集》中一樣，朱宗琦被尊為主纂，朱次琦則被列為"監修"。不過九江鄉志上

---

① 原注 105：朱次琦《朱氏傳芳集》，卷一，頁 5 面—6 面；吳山嘉《復社姓氏傳略》，卷九，頁 3 面。

② 原注 106：朱次琦《朱氏傳芳集》，卷一，頁 9 面。

的朱次琦傳則暗示是他在實際執行編務。[1] 271

新族譜比《朱氏傳芳集》更清晰地敘說了宗族在明代中期的繁榮以及與廣州的文化聯繫，明清易代之際的犧牲與災難，以及晚近時代九江地方的能動性。朱實蓮再次作為明清易代之際的悲劇英雄出現。傳記描述了他與陳子壯在九江起兵，及其後會合另一位復社成員陳邦彥於順治四年（1647）徒勞地試圖收復清軍佔領的廣州城過程中所起的作用。被擊退之後，朱實蓮帶領隊伍回到九江。後來他領導鄰近的高明縣的抵抗。清軍壓境時，朱實蓮咬破手指血書絕命詩，帶領兩千士兵赴死投入戰鬥。他的兩個兒子在其後好幾年中都要躲避當局，直到各種限制解除之時。道光二年（1822），朱次琦十六歲的時候，族中長輩建立了一座“教忠祠”以紀念朱實蓮。[2]

朱氏宗族的選集和族譜反映了朱次琦的視界範圍，目光清晰地聚焦於本鄉和宗族。不過這兩部著作仍然透露出對考證學的偏見已經在驚人的程度上滲入到甚至九江這樣的地方。周啟榮認為，考證學一個常常為現代學者所忽略的方面是其對禮儀的強調，特別是當禮儀與宗族有關的時候。[3] 這是朱次琦在採用考證學時感到有信心的一項“有用”的追求。就像他在族譜的序和編寫要則中解釋的那樣，族譜中的傳記各章都仿照阮元

---

① 原注 107：《九江儒林鄉志》，卷十四，頁 39 背，卷十五，頁 6 面；《朱九江先生實事考》。朱氏宗族並不是十九世紀後期九江唯一刊行族譜的宗族。光緒九年（1883）鄉志就記載了一個《黎氏家譜》，在十九世紀七十年代由黎國琛之子編纂。至少還有一種九江族譜在世紀之交前編寫出來，就是光緒二十三年（1897）刊行的關姓順德一支的族譜，即《關樹德堂家譜》。

② 原注 108：《南海九江朱氏家譜》，卷七，頁 10 面；卷十一，頁 44 面－45 面。

③ 原注 109：周啟榮《中華帝國晚期儒家崇禮主義的興起》（*The Rise of Confucian Ritualism in Late Imperial China*），頁 215－217。

為斷代史中儒家學者立傳的“儒林傳”的撰寫體例。此外，在勾畫宗族血統時，朱次琦小心地採用了秦蕙田（1702—1764）《五禮通考》中概述的細緻的血統區分。[①] 於是，考證學這種在學海堂得到推廣的學術實踐，在應用於宗族血統時是值得稱贊的；只是在與廣府文化缺乏合法聯繫的廣州城文人將其當作他們的學術旗號升起來時，才成為攻擊的目標。

272 朱次琦參與的最後一項編纂工程的成果是光緒九年（1883）的《九江儒林鄉志》。朱次琦與儒林書院的兩位積極分子明之綱和馮汝棠一起，首倡編寫新的鄉志。朱次琦早在同治十三年（1874）就跟明之綱商討過這個工程。十九世紀七十年代，在這朱一明一馮三頭統治聲望最高而缺乏活力之時，馮錫鏞之子馮拭宗負責監督這個項目的商務方面。朱次琦在光緒八年（1882）去世，糧食碼頭掌櫃、儒林書院的積極分子黎國琛的兒子黎璿（同治三年舉人）於1882年接任總纂。各章的編寫者包括朱宗琦和曾釗之子曾中立，這兩人都在全書編纂完成之前去世。[②]

順治十四年（1657）的鄉志以前只有手抄本，不過流傳甚廣，以至能夠為屈大均所摘引。這個手抄本最終在同治十三年（1874）刊印成書，此事肯定給了朱次琦一個啟發來編寫一部新版的鄉志。[③] 舊版的鄉志書名只是《九江鄉志》，而新版的書名給九江堡所屬的行政單位（鄉）加上了“儒林”的名字。書名的這個變動也暗示著與新的實質上的鄉治理團體儒林書院

---

① 原注110：《南海九江朱氏家譜》，序、編寫要則，頁5背、7面。

② 原注111：《九江儒林鄉志》，卷十四，頁25背。

③ 原注112：關於順治十四年（1657）鄉志與明代九江的分析，參閱麥哲維《從魚苗到大魚：代表南海縣九江鄉的崛起，1395—1657》（“From Small Fry to Big Fish: Representing the Rise of Jiujiang Township, Nanhai County, 1395-1657”）。

的緊密聯繫，同時誇耀九江近年在科舉考試中的成功。

朱次琦曾經親自為新的鄉志草擬了編寫要則，並且給一些本地的學者指定了各自的任務。這個工程的初衷是要提供府志和縣志都不可能提供的對九江及其精英的更詳細的描繪。但是新的主纂黎璿在朱次琦於光緒八年（1882）去世後，每每為方便而收入了以往縣志中的段落。結果，當這個經過改編的新版本於光緒九年（1883）出現時，不清楚它還在何種程度上反映了朱氏兄弟當初對這個工程的構想。①

然而鄉志中有一些篇章被認為是出自朱宗琦之手。如果說這些篇章反過來是反映了他兄長的觀點的話，那麼朱次琦顯然是想將九江與南海的其他地方，特別是與廣州城，區分開來。例如，第三章有論述氣候和風俗的相連段落。關於氣候的一段說：

> 九江之氣候，一南海之氣候也，而水土異焉。九江為 273
> 南海村落，則於都會攀比而穢堙。……都會河四合而穢，其味咸，其民腴而晳；村落江長流而清，其味薄，其民瘠而黔。此水之不一也。②

與此相似，論述風俗的段落說：

> 九江之風俗，一南海之風俗也，而村落與都會亦有別。都會文則有餘，而其失也或污；村落質則有餘，而其失也或獷。③

---

① 原注 113：《九江儒林鄉志》，序。
② 原注 114：《九江儒林鄉志》，卷三，頁 1 面。
③ 原注 115：《九江儒林鄉志》，卷三，頁 8 面。

放到一起來看，由朱次琦和他的九江同事們生產的這些宗族選集、族譜、本地歷史，都是一個有著特殊目的的、首尾一貫的工程的組成部分。朱氏族譜和九江歷史是對身份認同的戰略性聲明。[①] 三個文本都呈現了朱家和其他九江精英來自南雄祖先的悠久的漢族血統，介紹了比較晚近的明代忠臣義士，同時強烈否認與蜑人有任何關係，顯然因為常常有人將九江漁民跟蜑人相混淆。宗族選集則通過對朱氏文學產品的贊美，想以展示精英文學形式嫻熟技巧的方法，將朱氏宗族與國家承認的士紳文化聯繫起來。[②]

然而，由於作者強調了九江與廣州的差別，這些文本也構築了一種對九江的獨特性的認同。儘管朱氏族譜構築的文化認同包含了其他可以自稱南雄祖先與明代忠烈後裔的珠江三角洲宗族在內，但是這也在同時將珠江三角洲的宗族與更晚近來到這個地區的人們——特別是廣州的城市文化精英——區分開來。九江鄉志同樣以縣志和府志所沒有的方式，引導人們去注意九江的獨特性。儘管幾乎所有的縣和府都有本地的歷史，但是在二十世紀之前，鄉志在廣東還是很罕見的。九江產生了兩
274 部鄉志，這使它在珠江三角洲被提高到與佛山和龍山同樣的精英等級。

---

① 原注 116：宋怡明在研究帝國晚期福州宗族建構時指出，族譜應該被視為一種“戰略文本，人們想讓其產生某些作用，而且（作為‘實踐親屬關係’的一部分）也確實產生了某些作用”。宋怡明《實踐親屬關係》（*Practicing Kinship*），頁 27。

② 原注 117：包弼德認為宋代和元代婺州（金華）產生的地方史，顯示宗族和社區已經對更大範圍的全國文化作出了貢獻。包弼德《地方史的興起：南宋至元代婺州的歷史、地理與文化》（“The Rise of Local History：History，Geography，and Culture in Southern Song and Yuan Wuzhou”），頁 75。

結　論

儘管朱次琦把自己描繪成一個隱士並且燒掉自己的手稿，他其實深深涉入文字生產。當他退隱到九江並在咸豐七年(1857)開始教學，他就開始在身邊聚集了一群忠實的學生。在後來的二十年中，朱次琦組織編寫了一部族譜、一部宗族的選集和一部九江地方志的改編版。而且，在他為這些著作制定的編寫要則中，朱次琦顯示出非常注意遵循合適形式與風格的正統先例。① 族譜與宗族選集在清代的中國當然並不罕見。鄉志在清代則罕見得多，至少在廣東很少有，但桑園圍地區的幾個鄉，以及佛山，已經刊印了幾部本地的志書。不過，朱次琦在退隱九江後投放在編纂這三部著作中的大量努力是有意義的。

而且，這三個文本的編纂應該被放在廣州與其腹地的關係這個背景中來考慮，而九江則是腹地的代表。關於九江朱氏宗族的敘事呈現了朱次琦自己生活的宏觀世界；這一敘事從科舉考試的成功及與廣州的文化聯繫開始，講到九江的能動性為止。他的兄長朱士琦曾表達了九江及其桑園圍鄰居在地方防務和控制洪水方面的要求，而朱次琦則在精英文化方面建設了這個地區。如果以學海堂為基地的城市寄寓學者已經將廣州文化據為己有，那麼朱次琦就想為珠江三角洲的宗族和鄉土恢復其文化的重要性。在他的宗族與地方歷史記錄中所呈現的形象，是忘我殉難和地方能動性的形象，這更多地是反映了宋學的、而不是漢學的理想。換言之，在這些編纂作品中發聲的文化理想，音調上更接近於羅學鵬的《廣東文獻》；不同的是，朱次 275

① 原注 118：例如，可參閱朱次琦為族譜和《朱氏傳芳集》擬定的編寫要則，載於《朱九江先生集》，頁 305—330。

琦強調的理想不是經邦治國之道，而是地方的能動性。通過這些編纂作品，珠江三角洲腹地在文化上顯得比假定的這種文化的中心廣州更有權威。按九江朱家人的看法，珠江三角洲精英文化的精髓既不在西江沿岸開墾的沙田，也不在廣州城，毋寧說，其最佳的範例是那些忠烈和地方的積極分子，他們的祖先在桑園圍地區的西江沿岸定居並繁榮興旺。

除了宗族和地方的這些編纂工作之外，朱次琦自己的行動也成了他對珠江三角洲上他的學生和崇拜者的另一種發言。朱次琦退隱九江，並且一再拒絕來自廣州精英書院和省的官員的邀請，這些行為都以毫不含糊的語彙向他的珠江三角洲聽眾們說話。而且，儘管朱次琦也許沒有書面的文本來解釋他的行動或者留下記憶，但是他的學生們做到了這些。這也許多少可以讓人了解朱次琦最後的意味深長的行為——焚化他未完成的手稿。他並不是第一個在老年燒燬自己手稿的廣州文人。道光十五年（1835）《南海縣志》的謝蘭生傳，除了記錄謝蘭生已刊印的著作外，還講到他在將近去世時燒燬了他的一些手稿，說那只能用來博取潤筆或功名，不應流傳下來。[①] 朱次琦顯得更加徹底，他的傳記作者將他的焚稿之舉作為人物角色構成中尤為重要的核心行為。對於朱次琦和他的追隨者來說，意義既存在於行動本身，也存在於所留傳的影響。對比陳澧在廣州哀歎

---

① 原注119：道光十五年《南海縣志》，卷三十九，頁38背。在去世前兩年，謝蘭生在日記裏寫道："翻閱舊書信，摘取可存者，餘皆焚毀。"謝蘭生《常惺惺齋日記》，道光九年（1829）二月初七。朱次琦在九江可能也有一個先例，因為順治十四年（1657）鄉志的曾陳詩（崇禎三年舉人）傳中，記載了他的文集（更可能是詩集）名為《焚餘草》，儘管這個文本產生的環境細節尚不清楚。《九江鄉志》，卷三，頁13背。高彥頤認為，十七世紀江南婦女所作的文集用類似這樣名稱的，常常可能是一種比喻。高彥頤《閨塾師》（*Teachers of the Inner Chambers*），頁99。

書籍氾濫之餘，仍然熱切地努力印出更多的書，朱次琦以自己的行動為他人作出了榜樣。朱次琦無須為他的精神遺產擔憂；他以印書來保證了人們對九江朱氏的記憶，而以焚書來保證了人們對朱“九江”的記憶。

276 第八章　學海的思考：一個多元化式家庭的流動性與身份認同

阮公祠下路縈紆，講舍人稀老樹疏。忽記荔枝詩百首，廣州全盛道光初。

——汪瑔《夏日雜詩六首》[①]

汪瑔是在陳澧和朱次琦這兩位廣州大儒去世前不久寫下這首古雅的絕句的。雖然語焉不詳，但這首詩代表了光緒初年與學海堂相聯繫的廣州文人在詩歌中表達的那種典型的情感，也觸及了我們前面數章中著重討論的幾個重要話題。汪瑔關於學海堂及其創建者阮元的沉思，被解讀為中國正處在急劇轉變的歧點時代的產物，它為一些最終的思考定下了合適的調子——關於這個書院在廣州地方景觀中的位置的思考，關於十九世紀廣州流動性與身份認同的相互作用跟中國其他城市在帝制晚期和現代的同類現象相比較的思考。因此，汪瑔和他的短詩，以及汪氏家族一些更年輕成員的經歷，將提供一個框架，把本書的研究引向終點。

汪瑔的詩暗示了城市中的學校等機構起到了溝通渠道的作用，讓社會上和地理上流動的大都市精英藉以形成本地的身

---

①　章首引詩：汪瑔《隨山館叢稿·隨山館猥稿》，《夏日雜詩六首》之四，卷八，頁 12 背。光緒五年（1879）。

份。汪瑔本人就隸屬於外來移民中的一個群落，他們在學海堂 277
甚至在整個廣州精英文化中起到了像第一章和第五章中所描述的那種主導作用。他對譚瑩詠荔枝詩的回憶，使讀者想到本地內容的詩歌在戛然終止的出版業繁榮時代曾經的輝煌；這種出版業就像本書第四章研究表明的那樣，是由商業財富籌資而由學海堂提供學術內容的。各種各樣的工程，從汪瑔的短詩到伍崇曜與譚瑩合作的雄心勃勃的詩文總集，使得作為外來移民的城市文人和商家能夠牢牢抓住精英級別的廣州本地身份。最後，像輩分較晚的學海堂學者那樣，汪瑔沒有親歷這所書院在阮元領導下的早期歲月。他哀嘆它的輝煌不再——不過這所書院、它的創建者，以及這裏所產生的文學，對於汪瑔同時代的廣州城市文人仍然有着非常重大的意義。然而，從十九世紀九十年代開始，尤其是二十世紀的最初十年，汪家以及廣州城市精英中更年輕的成員們，更普遍地獲得了新的機會，足跡遠遠超出了學海堂和廣州城。追蹤一對汪氏兄弟遠遠進入二十世紀的生命軌跡，我們會看到兩兄弟中的一人找到了新的流動方式和新的身份來源，而另一位則將自己重塑為與這所書院相聯繫的文化生產的守護人。

流動性與城市精英

研究帝制晚期中國城市精英的學者很早就注意到地理上的流動性與社會流動性兩者之間的關係——即移民遷徙如何成為獲取精英身份的手段。已經有人對移民和寄寓者的輸出地，以及吸引眾多移民的地方進行了研究。在研究帝制晚期中國的英文學術著作中，施堅雅是最早指出有幾個地方以輸出所培養的人才作為社會流動性戰略的學者之一。[1] 在此之後出現了許多專門的研究。儘管不是專注於移民問題，宋漢理（Harriet T. Zurndorfer）提供了安徽省徽州府的詳細地方歷史，這個地方
278 將成為寄寓的商人家庭一個主要的輸出地，特別是在鹽業方面。[2] 科爾讓人們注意遍及全中國為數眾多的充當吏員和刑名幕友的紹興人。[3] 我們的“廣州詩人”汪瑔，就是生動的例子，說明了這兩個地區人才輸出的重要性。汪瑔的家族據稱祖上是徽州府婺源縣人氏，在元朝晚期移居紹興府的山陰縣。汪氏在徽州是個顯赫的姓氏，而汪瑔祖上這一家則參加了安東籬（Antonia Finnane）所說的“徽州大流散”。[4] 跟他的父親、叔伯和堂兄弟們一樣，汪瑔藉助於科爾所描繪的紹興聯絡網，在廣東全境各個府縣尋求充當幕友的職位。

其他的研究，包括本書，都是將觀察的焦點放在人才的輸入地，同時著重強調寄寓者或外來移民在社會階梯上能夠爬升到何種高度。例如在研究十七世紀江南嘉定縣的著作中，鄧爾麟（Jerry Dennerline）觀察到“一種形式的精英流動……從外

---

① 原注 1：施堅雅《帝制晚期中國的流動策略：一個區域體系的分析》（“Mobility Strategies in Late Imperial China：A Regional System Analysis”），頁 335。

② 原注 2：宋漢理《中國地方歷史的變化和連續性》，關於徽商與精英文化，見頁 225—230。

③ 原注 3：科爾《紹興》（*Shaoxing*），隨處。

④ 原注 4：安東籬《說揚州》（*Speaking of Yangzhou*），頁 99、239。

來移民開始”。[①] 羅威廉曾展示寓居的鹽商在明代晚期之前已主導了漢口的社會文化生活，在明清易代之際遭到嚴重挫折，而到了十八世紀晚期又重新崛起。[②] 更晚近一些，安東籬曾生動地描繪了寄寓的徽商通過建造園林和贊助繪事，成為十八世紀揚州上層社會的領導人物。[③] 與此相似，本書內容主要涉及廣州城市，揭示了十九世紀廣州文化界高層中的向內與向上流動的重要性。

本書與早前各種研究的不同之處在於將觀察點集中到一個特定的、有助於外來移民和城市化家庭取得精英地位的學術機構。在帝制晚期與現代，在中國最重要的城市之一，學海堂這個機構主要起到了授予地位和構築身份的作用。汪瑔是在地理上和社會上流動的廣州城市家庭的代表，這些家庭在很大程度上通過參加學海堂考試取得成功，同時更廣泛地通過城市的遊覽、社交活動與文學生產，積累起了社會地位。 279

換言之，更廣泛的廣州文化精英中這個最流動的部分——城市化的家庭、寓居者和社會地位上升中的家庭——的成員，他們擁抱學海堂的議程，將其視為社會流動的策略；在此過程中，他們既獲得了精英的身份，又獲得了廣州人的身份。因此，學海堂及其學問起到了地理上的和社會上的流動性與文化精英身份的構築這兩者間的聯接作用。

---

① 原注 5：鄧爾麟（Jerry Dennerline）《嘉定忠臣：十七世紀中國士大夫之統治與社會變遷》（*The Chia-ting Loyalists：Confucian Leadership and Social Change in Seventeenth-Century China*），頁 117。濮德培（Peter C. Perdue）描繪成功的江西商人寄寓在湖南湘潭的情況。濮德培《內人與外人：湘潭 1819 年動亂與湖南的集體行動》（“Insiders and Outsiders：The Xiangtan Riot of 1819 and Collective Action in Hunan”），頁 173－175。

② 原注 6：羅威廉《漢口》（*Hankow*），頁 90。

③ 原注 7：安東籬《說揚州》，頁 199－203。

因此，我沒有強調學海堂在中國思想史上的地位，而是將這所書院作為一所不僅起著與其他書院相似的作用，而且起著類似祠堂、園林、宮觀寺院等作用的機構，置於其廣州城的背景中。以這樣的方法揭示出它與帝制晚期中國其他城市書院的相似之處。韓書瑞（Susan Naquin）描繪北京寺廟的作用是“創造和展示地位，形成社區和集體，表明本地身份”，雖然並非強調寄寓者或外來移民，這可以很好地適用於帝制晚期中國許多其他城市機構與場所。① 而且，學海堂雖說是向所有“雅士”開放，卻對廣州的城市文人——主要是寄寓者或新近移民和城市化家庭——具有特殊的吸引力。在這個意義上，學海堂也以一種與帝國晚期各大都市其他機構相似的方式起著作用。這類機構的一個明顯的例子就是“會館”。② 但是還有許多別的城市機構與場所迎合城市寄寓者和外來移民的需要，從神龕到廟宇（常常與會館相連），到像廣州的越華書院那樣的、為寄寓的鹽商子弟提供教育的書院。這樣的機構不僅僅為漂泊的旅人提供慰藉和救援，而且有助於外來移民家庭在新的城市環境中的社會流動。因此，在帝制晚期的中國，寄寓於地區性的大都會能比普通地方在社會流動方面得到更多的機會。對於城市人口中一個人數不多但潛力不容小覷的少數來說，地理上的流動性是與社會流動性密切相聯繫的。

280 除了像阮元這樣的官員之外，十九世紀廣州精英文化的最重要贊助人是來自福建的洋商家庭和籍貫不一的鹽商家庭。鹽商家庭中包括了一些來自珠江三角洲的像孔家那樣的城市化的家庭，但是也有許多家庭來自浙江北部，而至少有一家來自福建。這些家庭中有許多像洋商潘家那樣，最終產生的後代既是

---

① 原注 8：韓書瑞《北京：寺廟與城市生活，1400—1900》（*Peking: Temples and City Life, 1400-1900*），頁 128。

② 原注 9：羅威廉《漢口》，特別是頁 259－267。

文化贊助者，又成為文化生產者。文學精英中的另外一些成員出身稍稍低微。像廣州西關眾多知名的人家一樣，譚瑩的家庭僅僅是上一代才從佛山再遷徙到這裏的。這樣的家庭大多是經商的人家。出身廣州駐軍中的幾位旗人自我重塑為廣州文人，為本地的精英文化作出了重要貢獻。來自嘉應的講客家話的文人，在廣州城市精英文化中也是一些重要人物，不過這更多是發生在十九世紀早期，而不是世紀中葉。與此同時，在十九世紀，來自浙江北部的家庭在廣州城變得越來越重要。這些家庭的人，要麼是向來就從事鹽業貿易，要麼就是專門充當吏員和幕友，推銷他們的行政管理專業技能。

汪家可以作為這一浙江北部人群之重要性增長的例證。如我們在第五章所見，汪家是來自山陰的高度流動拓展的家庭。從十八世紀晚期、經過十九世紀的大部分時間，汪家人世代充任行政管理專家——偶爾有當知縣的，但更經常的是當幕友，特別精於刑名和稅務。許多汪家人大半輩子在廣東各地從一個衙門轉到另一個衙門；他們或租或買，在廣州都有比較固定的家，不時回去。離開廣州在外當幕友期間，他們有時很清楚地跟文人相區分；汪瑔和堂兄汪琡都告訴他們的繼任人，他們很少有機會跟當地士紳交往。① 反過來，他們的社會支持力首先
是來自與其他寄寓者家庭的聯繫。汪瑔和汪琡兩人都娶了再遷 281
徙到廣州的浙江北部家庭之女為妻。② 然而，或通過科舉考試，或通過學海堂考試，汪氏家族的一些成員得以參與廣州精

① 原注 10：汪兆鏞《微尚齋雜文》，卷二，頁 8 面。

② 原注 11：汪瑔的妻子張氏，雖然精確的背景未見提及，但墓誌銘清楚地表明她是來自浙江的再次移民家庭的賢淑的女兒之中最賢淑者。汪琡的妻子盧氏是山陰人，是外來移民家庭婚姻策略的很好例證。她的母親是汪金鑑（1762—1822）的女兒，而汪金鑑是汪瑔和汪琡的祖父的弟弟。汪金鑑晚年在廣東南韶連道衙門服務。《山陰汪氏譜》，頁 10－19、54、81；汪兆鏞《微尚齋雜文》，卷五，頁 12 面。

英的雅集，將自己重塑為廣州文人。因此，由於在十九世紀五十年代初獲得了文學聲譽，汪瑔就被介紹給了一些學海堂的名人，像陳澧、沈世良、陳良玉和陳璞。直到咸豐十年（1860）時，他仍然將自己的身份認定為山陰居民，但是在其後的詩和詩序裏，他很明確地表達了認同於“新家鄉”的意思：“余生長廣州，習其風土，比年旅泊他郡，卻望僑寓有如故鄉。”[①]這些在他公開出版的詩集裏表現出來的情感，不僅宣告了汪瑔作為廣州居民的身份認同，而且也宣告了他作為一個廣州文人的地位。

與多元化的汪家形成對照，許多以珠江三角洲腹地為基地的世家巨族的文人，可以獲取他們在城市裏的同類們無法獲得的資源。借用一下卜正民對明代晚期士紳文化分析的用语，可以想像廣州的文化精英是居住在一個“兩極化的文化景觀”中。[②] 然而，與卜正民的分析有所不同，我认为，在城市文人和珠江三角洲文人居處的文化上的和實際上的景觀之間，存在著許多一致之處。科大衛斷言，直到明代之前，廣州城與其腹地之間在文化上是分離的。在明代，將要在西江流域出現的重要宗族的一些成員，在一個此前非漢族原始居民居住的地區堅持漢文化。這一廣州與其腹地的聯姻，成為獨特的廣州文化的首度繁榮，這種文化同時很明確地是漢族的和“儒家”的。[③]從這裏所研究的十九世紀廣州精英的觀點來看，廣州這個城市

---

① 原注 12：汪瑔《隨山館叢稿》，卷六，頁 3 面；卷八，頁 6 背；墓誌銘，頁 1 面。

② 原注 13：卜正民用這個觀念來描寫晚明士紳的兩套截然不同的承諾：一套是理學的、國家取向的、公共的；另一套是佛教的、地方的、大體上是私人的。卜正民《為權力祈禱》（*Praying for Power*），頁 311。

③ 原注 14：科大衛《成為廣東人，明代的變遷》（“Becoming Cantonese, the Ming Dynasty Transition”），頁 37。

在文化上已經較少嵌入於它的腹地，因為城市的和三角洲的文人已經形成了為廣州精英身份競爭的結構。至於說到商業的或“通俗”的文化，廣州城在它的周圍環境中可能還是根深蒂固的。本書對社會文化精英的研究揭示了這兩個地區之間不同的
82 定居模式、不同的身份宣稱，以及將文化符號與實踐相聯繫的不同途徑。然而，在這兩套符號和實踐之間存在某些相互交疊之處，這就在兩極之間創造了一個文化競爭的空間地帶。珠江三角洲的精英驕傲地宣稱來自珠璣巷的血統，而城市精英則推銷他們考證學或者駢體文的嫻熟技巧；兩個群體都要爭取廣州精英文化的中心地位。

文本生產與本地身份認同

在回憶百首荔枝詩時，汪瑔的短詩還將人們的注意力引到了本書重點研究的另一個題材：贊美鄉土的文學與學術的增長繁殖。汪瑔在一條注解中解釋了阮元曾以《荔枝謠》作為學海堂考試的題目，譚瑩以此為題寫了一百首絕句，阮元對此表示激賞，將這些詩收入了這所書院的模範詩文集《學海堂集》。從嘉慶和道光兩朝廣州文人生產的地方性文本之多來判斷，這百首荔枝詩是產生在人們對本地事物興趣的高峰期。

嘉慶十五年至道光三十年之間（1810—1850）人們這種對廣州本地事物的強調，在空間和時間上都折射了其他的地方性事例。幾位歷史學家已經確認了中國其他地區“地方主義轉向”的循環週期。在某種背景下增長起來的本地能動性，尋求通過生產像地方志和文學總集這樣的地方性文本來形成身份認

同。① 因此，韓明士（Robert Hymes）、包弼德和其他人都指出了十一世紀晚期和十二世紀精英階層本地能動性的增長。② 另一個地方主義轉向發生在十九世紀，即清代晚期。雖然已經有幾位學者寫出了重要的著作論述士紳對權力的佔用和十九世紀地方精英的能動性，但是本地文本的增長繁殖，特別是在該世紀早期的情況，只是在近期才有人予以探討。③ 在二十世紀的民國時期以及後毛澤東時代，鄉土的事物都受到學術和文學的贊美。④

廣州和珠江三角洲的本地化循環大體上符合這一模式。儘 28
管這裏的文人文化在南宋還成長得不夠壯實，未能參與“地方主義轉向”，但是這個地區肯定加入了更為寬廣的明代晚期蓬勃發展的表明本地身份的潮流。在明代中晚期，廣東首度產生了數量可觀的、對江南和京城的帝國文化中心產生影響的學

---

① 原注 15：包弼德在他的《中華帝國晚期的“地方轉向”與“地方認同”》（“The ‘Localist Turn’ and ‘Local Identity’ in Late Imperial China”）一文中談論了這些不同類型的地方性。

② 原注 16：韓明士（Robert Hymes）《官員與紳士——兩宋江西撫州精英階層研究》（*Statesmen and Gentlemen: The Elite of Fu-Chou, Chiang-Hsi, in Northern and Southern Sung*），特別是頁 124—135；包弼德《地方史的興起》（“The Rise of Local History”），頁 41。

③ 原注 17：魏斐德《大門口的陌生人》（*Strangers at the Gate*），頁 115—116；孔飛力《中華帝國晚期的叛亂及其敵人：1796—1864 年的軍事化與社會結構》（*Rebellion an Its Enemies in Late Imperial China: Militarization and Social Structure, 1796-1864*），頁 215—216；冉玫爍《中國精英行動主義與政治變革》，頁 15—21；周錫瑞、冉玫爍《中國地方精英及其控制模式》。兩項對十九世紀早期地方性文本的近期研究是梅爾清和安東籬關於揚州的書。梅爾清《清初揚州文化》，頁 114—127；安東籬《說揚州》，頁 283—292。

④ 原注 18：杜贊奇《主權與真實性》（*Sovereignty and Authenticity*），參閱第 6 章；歐挺木（Tim Oakes）《中國的省份認同：地區意識的甦醒與“中國性”的重塑》（“China's Provincial Identities: Reviving Regionalism and Reinventing ‘Chineseness’”），特別是頁 674—683。

者、詩人和官員。這些成功的、人脈廣闊的廣東文人擔負起了通過產生地方性文本達到廣東精英文化首度繁榮的主要責任——從十六世紀中葉黃佐的地方史開始，到屈大均康熙三十九年（1700）刊行的《廣東新語》臻於頂點。按地方性文本的生產來衡量（文獻記錄見第四章），另一高峰點則出現在一個多世紀之後的十九世紀早期和中期，其間相隔的一個多世紀中產生的地方性文本少之又少。這個潮流在十九世紀晚期有所衰落，但在下個世紀之初又再興起。事實上，許多在二十世紀三四十年代產生的地方性文本的作者或編者，在譜系上都屬於學海堂學者和本書前前後後描述的城市文人們的後裔。這些二十世紀初年的地方性文本生產者中，有黃培芳的一個親戚、徐灝的一個侄兒，以及我們在下文會看到的汪瑔的一個侄兒。① 更晚近的，二十世紀九十年代還有一連串的這種新作出現，廣東的出版社出版了好幾個系列現代版本的明、清和民國的著作。② 本書所用的基本史料有許多就是取自二十世紀這兩個地方性文本生產增長的時期。最晚近的這一輪地方觀念的復興不限於文本的生產，也銘刻在珠江三角洲急劇變化的景觀中：在二十世紀九十年代九江一所小學的校園裏，可以看到一座新近建造的朱次琦紀念堂。③

地方觀念的這種在根本不同的時空背景中再現的循環，不僅表明了地方的訴求，也表明了地方身份認同概念的靈活性。

---

①　原注 19：民國時代產生的一部重要的資料是黃佛頤的《廣州城坊志》。黃佛頤的父親黃映奎是黃培芳的侄孫，學海堂光緒元年（1875）的專課生。《學海堂考》，頁 74。

②　原注 20：二十世紀九十年代廣東重版的重要資料的例子，有廣東人民出版社出版的《嶺南文庫》中黃佛頤的《廣州城坊志》，和廣東高等教育出版社出版的《嶺南叢書》中張維屏的詩集。

③　原注 21：九江實地考察，1997 年 5 月。陪同考察的有人類學家雅格·克萊因（Jakob Klein）。

在十九世紀的廣州，城市“廣州人”的地方身份認同與珠江三角洲有幾方面差異。在整個十九世紀，這個城市的新來者很快
284 就借用了本地的文化偶像，只要它符合他們的利益和目標，就像汪瑔在他的短詩裏使用了阮元祠（這本身是一個“外來”的文化偶像）和荔枝一樣。

不過新來者借用本地文化符號也好，擁抱本地身份也好，都未必能取代此前已存在的由珠江三角洲精英形成的身份。不如說，在城市精英和珠江三角洲精英之間通過地方性文本生產進行的競爭，反映了流動性與身份認同相互影響的兩種不同方式。羅威廉強調了漢口的寄寓者通過慈善行動如何輕而易舉地獲得本地身份，這是一種與本書第四章中描述的城市歷史、詩歌、詩文選集等學術活動類似的策略。① 與此相對照，安東籬解釋十九世紀早期揚州地方性文學的增長繁殖，則是試圖將地方或本土的文化跟外來移民文化相區分。② 這個解釋看來更適合於朱次琦和九江士紳的地方性工程，而不是以學海堂為手段的新來者們。儘管本土的和新來者的兩種不同結構的地方文化自然會有許多相互交疊之處，然而這兩種結構仍能分別用於極其不同的目的，面向不同的觀眾。

地方文化與身份認同的這種在結構和部署上的靈活性，提醒我們不要將新一輪的地方文化生產等同於地方與中央至少是在文化上的疏離。首先，對本地的越來越多的贊美並不一定導至排斥本地以外的一切，也並不一定會成為構築更大的身份認同社區的障礙。例如，在其對上海二十世紀早期同鄉會的研究中，顧德曼展示：“寄寓者協會中機構化的同鄉聯絡網，

① 原注 22：羅威廉《漢口》，頁 247－251。
② 原注 23：安東籬《說揚州》，頁 284－292。

在……建立國家的民族主義中起到了構成作用。”① 同樣，在新近對滿洲國的研究中，杜贊奇提出，地方常常被看作是蘊藏著像國家這樣更大集合體的真正價值觀的所在。②

許多贊美學海堂成功的、率先生產地方文本的人並不是本地人，這個事實說明本地之外的、或者說超地域的聯絡網在地方建構中的重要性。③ 學海堂及其所有的附屬活動都是由地理上和社會上不同群體的人們創造和持續的。最重要的，至少起 285
初，是具有領袖魅力的官員——想要傳播考證學信仰、推廣《文選》式文學的阮元，以及伴隨他來到廣州的江南文人。一個由外來移民家庭構成的非常富裕的商人群體，不僅為書院提供資金，而且贊助學海堂學者為數眾多的活動。一個五花八門但在社會上雄心勃勃的、缺乏本地文化資源的外來移民隊伍，和來自珠江三角洲的城市化家庭，會聚到一起來管理和參與學海堂的考試，在這個書院裏參與社會活動。由於所有這些理由，學海堂既是一個本地的機構，也是一個多元化的機構。

我在第一章中之所以在多元化的廣州與珠江三角洲腹地島嶼型的桑園圍地區之間作出對照，目的在於強調文化資源僅僅為三角洲精英所利用，以及珠江三角洲這個地區對城市封閉的程度。然而，要記住珠江三角洲的精英並不是孤立的；想想九

---

① 原注 24：顧德曼（Bryna Goodman）《家鄉、城市和國家》（*Native Place, City, and Nation*），頁 312。

② 原注 25：杜贊奇《主權與真實性》，頁 209－210。研究其他國家的學者對於地方和國家的關係也得出了相似的結論。例如珍妮弗·詹金斯（Jennifer Jenkins）認為在二十世紀初期的德國漢堡，“地方研究”或者 *Heimatkunde*，“表達了一種通過自身與更大的集體（例如國家）的聯繫而被帶到注意中心的理想”。珍妮弗·詹金斯《省的現代性：世紀末漢堡地方文化與自由政治》（*Provincial Modernity: Local Culture and Liberal Politics in Fin-de-Siècle Hamburg*），頁 149。

③ 原注 26：梅爾清《清初揚州文化》，頁 90－91。

江文人為保護他們鄉的廣泛的經濟利益走過的長路，就能很快地消除這樣的看法。最成功的珠江三角洲文人——像朱次琦這樣的人——不僅在廣州城有門路，而且還能夠在考試和官階上有足夠的優勢，培植著有效的地區際關係。在整個十九世紀，大良、佛山和桑園圍的其他地區幾個強大的珠江三角洲家族產生了一些與朝廷有重要聯繫的高級別的官員。這樣的紐帶也許對維持地方認同感並非十分重要——像達德斯（John Dardess）看到的對明代泰和縣的精英那樣——不過許多十九世紀珠江三角洲的精英還是被捲入了他所說的“國家母體”。① 然而，與其想像一個全國單一的網絡，我寧可認為城市和珠江三角洲精英分屬於相互交疊但不相同的全國網絡。

在討論帝國的邊緣（廣州和珠江三角洲）與政治文化中心（北京和江南）的聯繫這個重要問題時，必須避免想像地方士紳與國家之間是一場零和競賽。就是說，以地方為關注中心的
286 研究，其中一個得益是可以認識到廣義的各路“地方精英”既培育和維持著與國家的眾多聯繫，又培育和維持著與帝國其餘部分的同類、甚至帝國以外同類的眾多聯繫。就精英文化來說，十九世紀地方性文本的激增與書院領導的廣州化並不一定意味著廣東在某種程度上變得與中國的其餘部分疏離。② 相

---

① 原注 27：達德斯（John Dardess）《明代社會：十四至十七世紀江西泰和縣》（*A Ming Society: T'ai-ho County, Kiangsi, in the Fourteenth to Seventeenth Centuries*），頁 247—249。

② 原注 28：梁文金（Man-kam Leung）在關於阮元的學位論文中，將詁經精舍和學海堂看成是“在文化學術領域事務中省對中央政府日益獨立”的例子和推動力。他指出“這一變化將對教育的控制由中央政府轉移至省當局。嘉慶五年（1800）以來，新的書院按照本地社會的需求和興趣建立起來”。梁文金《阮元（1764—1849）》（“Juan Yuan, 1764-1849”），頁 265。我大致上同意這個看法，但要進一步指出，在更仔細的觀察下，地方社會既含有地方的——甚至是與世隔絕的——成分，也含有四海為家的成分。

反，學海堂被一個高度流動的多元化的文人、官員和商人的群體維持著，這個群體的成員在親屬關係、同鄉、同行，以及學術和文學上與帝國各地的各種精英保持著聯繫。很少有像山陰和番禺的汪家這樣好的例子說明這一點。儘管中央政府作為形成文人文化認同的推動力下降了，廣州在學海堂成立和地方文本印成後，甚至在城市變得較少與珠江三角洲腹地聯繫時，卻更緊密地與其他文化中心聯繫在一起。

新時代的流動性與身份認同

桂文燦在其咸豐五年（1855）的《經學博採錄》中自信地慶賀學海堂和廣州的精英文化兩相對照，汪瑔寫在四分之一世紀之後的詩給人的感覺是光陰流逝，學海堂十九世紀二十年代成立之初的輝煌歲月已是盛年不再。對於汪瑔來說，至少，把學海堂與停滯和衰落聯繫起來並沒有錯。汪瑔不久之後在光緒六年（1880）晚秋寫的一首詩的開頭幾句就回應了這個題目，當時他陪伴一位朋友訪問學海堂：

入門見秋色，斜日下疏林。
竹密山齋暗，苔荒石徑深。①

汪瑔在這裏恰當地表達了秋天的感情——這是在中國詩歌裏常用的比喻，他這個時代的中國文人經歷了世紀中葉的危機並感

① 原注 29：汪瑔《隨山館叢稿·隨山館猥稿》，卷八，頁 22 背。當時陪伴汪瑔的是一位叫王蘊璘的。在一首情調與此相似的詩中，汪瑔的朋友陳良玉記錄了老廣州文人，包括學海堂的名人陳璞和金錫齡，光緒七年（1881）在海幢寺的一次聚會。他列出了所有與會者和他們的年齡，從五十九歲到八十六歲。陳良玉《梅窩詩鈔/梅窩詞鈔/梅窩遺稿》，詩，頁 12 面。

覺到逼近的變化。然而，在光緒初年的時代背景下讀起來，詩中對衰落的描寫有一些諷刺意味。出生於道光八年（1828），汪瑔沒有目睹過學海堂在道光初年的盛況，因此對想像中的衰落也沒有切身的體驗。而且，雖然書院的學術和文學議程在汪瑔的時代可能缺乏創新，但學海堂作為一個機構，在光緒六年（1880）的時候正經歷著空前的穩定和發展。除了定期舉行的考試越來越頻繁之外，新的專課生在近二十年也不斷增加，至光緒二十二年（1896）達到一組二十人的高峰，次年也達到一組十個人。光緒六年的專課生班包括汪瑔的兒子汪兆銓和兆銓的疏堂弟弟兆鏞。學海堂到光緒二十九年（1903）才被解散，在此之前廣州傳統的書院也都關門了，讓位給新的學校或者“學堂”。① 28

因此，汪瑔的詩最令人感興趣的是，輝煌的初創十年集體記憶對新世代的廣州城文人想像力維持影響的程度。懷舊之外，看來在汪瑔對學海堂的頌詞中還有著某種非常實際的東西。汪瑔和他的親屬來到廣州是為了靠行政管理服務獲得利益。看來如果不是他還有他的兒子和別的家庭成員一直得益於學海堂資質在十九世紀晚期所能給予的地位，汪瑔也許不會稱贊學海堂輝煌的往日。他在詩中呈現的形象——阮元、荔枝詩以及一個寧靜的竹木環繞的城市書院，跟汪瑔這樣的人有著深刻的現實關係。

然而，環境在十九世紀九十年代急劇地變化，像學海堂這樣的舊機構消失了，讓位於一些新的機構，提供替代的社會流動手段和新的認定身份的文化資源。幾個以前以學海堂為進身手段的家庭成功地轉向了這些新的機構，繼續為他們自己在廣州和外地謀取地位。這些新的機會和對舊書院以及與之聯繫的

---

① 原注 30：《番禺縣續志》，卷十，頁 23 面。

文化成就的懷舊之情一樣，可以從簡短地追蹤汪氏新世代成員
288 的生命軌跡看到。很幸運，現存的年譜使我們對汪家的兩個兒子可以這樣做；這兩人是汪瑔的堂兄汪琡的兒子，兩人的出生相隔二十餘年。他們生命的早年穿越了十九世紀的末葉，遵循相似的軌跡——汪家熟悉的軌跡。

當汪琡的長子兆鏞咸豐十一年（1861）在老城的臨時寓所出生時，他的父親正在廣東西南部的電白縣服務。自出繈褓之後，兆鏞就跟著父親不斷遷徙，家裏住在廣州，衙門在廣東全省各縣。列舉一些這樣的任所可以使我們感覺到這種專業的策略要求家庭不斷地流動。同治三年（1864），兆鏞四歲，伴隨父親在海濱的茂名縣，靠近電白。同治四年至六年之間（1865—1867），兆鏞隨父親住在信宜縣，就在茂名的北面。同治六年，他隨父親回到廣州，但只過了幾天就前往廣州東邊的增城縣，因為估計汪琡可以很快在那裏找到職位。汪琡在同治七年（1868）同樣帶著兆鏞前往地處珠江三角洲邊緣的開平縣。在以後一年，兆鏞住在廣州，而他的父親則在獨立的赤溪廳工作，這個廳是在客家人與本地衝突之後從新寧縣分割出來的。① 同治九年（1870），兆鏞已經十歲了，隨父前往廣東東南的陸豐縣，次年才回廣州。同治十一年（1872）初，父子倆去了德慶軍州，這地方在西江邊上，靠近廣西的邊界。同治十二年（1873），他們回到廣州，但是第二年又再到增城縣，再

---

① 原注 31：汪兆鏞《微尚老人自訂年譜》，頁 3—4；梁肇庭《中國歷史上的移民與族群》（*Migration and Ethnicity in Chinese History*），頁 74—75。根據來自茂名、開平和赤溪的記錄（有時是不完整的）來看，汪琡並不隨同一個長官從一個任所到另一個任所，儘管很清楚他離開某些職位正是他曾經效勞的長官去職之時。有時候，像十九世紀六十年代後期在赤溪，汪琡通過同鄉山陰的管轄範圍相同的下級官員幫忙而獲聘用。《茂名縣志》，卷四，頁 16 背—17 面；《開平縣志》，卷二十四，頁 10 背—11 面；《赤溪縣志》，卷五，頁 2 面—背。

下一年又到了西南方的雷州府。兆鏞和父親在光緒三年（1877）回到廣州，住在新城；然而這一年的遲些時候，兆鏞又跟隨父親前往博羅任新職，這個縣就在增城東邊。[①]

儘管有著這樣跑來跑去的生活狀態，汪家還是設計了一套靈活多樣的策略來保證子弟的教育。這包括啓蒙教育、科舉考試的應試教育和開展家族業務的培訓。兆鏞的母親是受過教育
289 的，她就像江南等地方士大夫家庭中的主婦一樣，在晚上照料她的學生。[②] 在同治四年至五年（1865—1866）的冬天，汪琡的長兄汪士林（1811—1878）帶著兒子從紹興到信宜，當時汪琡在那裏工作。從此士林就成為兆鏞的啓蒙老師，一直跟著汪琡從一處到另一處，直到光緒三年（1877）。[③] 自從他的伯父在那一年離開去跟他兒子（當時也在廣東某個衙門工作）一起之後，兆鏞的教育就開始擴大到一些新的方向。兆鏞和汪瑔的兒子兆銓開始一起師從鄭權，他是同治八年（1869）學海堂專課生班的學生。這年稍後，汪琡帶著兆鏞到了新的工作地點增城，他請了一位當地的學者為兒子準備參加科舉考試。但是不久汪瑔就寫了一封信給他的堂兄，力陳省城是最有利的學習環境，兆鏞在這裏可以廣泛接觸到老師和同事。被這番道理說服了，汪琡命兆鏞回廣州，住在汪瑔宅上，跟兆銓一起，師從鄭權讀書。跟他們一起的還有另一位出身浙江寄寓者家庭的番禺學生陶邵學（1863—1908）。兆鏞還得到這個家庭中最有名的

---

① 原注 32：汪兆鏞《微尚老人自訂年譜》，頁 5—7。

② 原注 33：曼素恩《綴珍錄》（*Precious Records*），頁 102－105；汪兆鏞《微尚齋雜文》，卷五，頁 12 背－13 面。

③ 原注 34：光緒三年士林轉往韶州府，在韶州，他的兒子向一個疏堂兄弟學習幕友業務。汪士林的兒子汪達元（1851—1906）最後葬在廣州。汪兆鏞《微尚老人自訂年譜》，頁 4—7；《山陰汪氏譜》，頁 86。

文人——汪琭的親自指點。①

汪兆鏞步入成年的情況，是一個例子，説明汪家在十九世紀與廣州越來越緊密的聯繫，以及一些這樣的山陰籍的寄寓專業人士重塑自己的身份為廣州文人的機遇。在十七歲時（光緒三年，1877），汪兆鏞迎娶了一位順德女人，次年他開始作為番禺注冊的學生參加了縣試和院試。光緒八年（1882），兆鏞參加鄉試沒有中式；這年他還師從另一位番禺的陶先生——浙江北部人的後裔、學海堂的學長之一陶福祥——學習時文。兩年之後，兆鏞二十四歲，被選為學海堂的專課生。他的疏堂兄長兆銓是上一屆的專課生，後來當了陳澧的書院菊坡精舍的山長。最後，兆鏞於光緒十五年（1889）考中了舉人，但是次年參加會試卻落第了。②

然而，按汪琡的觀點來看，讓兒子幹幕友這一行，永遠是 290
一個有吸引力的選擇，可以替代一次次努力要考一個進士功名——如果成功，兆鏞無非就是背上一個知縣的沉重責任。所以，光緒八年（1882），正在三水當幕友的汪琡就讓兆鏞一面陪伴自己，一面學習清朝的法令法規。四年之後，汪琡在粵北的英德任職，他斷定當幕友是最容易的道路，真正能夠給他的兒子一個安穩的前途；於是他讓兆鏞溫習法律程序，學習怎樣處理批呈。這些學習，以及父親的關係，給了兆鏞一個回報，

① 原注 35：汪兆鏞《微尚老人自訂年譜》，頁 7。陶邵學的父親陶文鼎是會稽人，長期寄寓廣東，最後入籍為番禺居民。陶文鼎幾乎可以肯定跟汪琡一樣，是一位幕友；他的傳記作者解釋説，文鼎曾經“客四方”，但後來為母病所阻。《番禺縣續志》，卷二十四，頁 5 面。光緒六年（1880），汪兆鏞師從另一位番禺的陶先生，同治六年（1867）舉人陶繼昌。汪兆鏞《微尚老人自訂年譜》，頁 8；《番禺縣志》，卷十二，頁 40 背。

② 原注 36：汪兆鏞《微尚老人自訂年譜》，頁 7－13；汪兆鏞《微尚齋雜文》，卷六，頁 8 背；《學海堂考》，頁 145。

毗鄰的翁源縣聘請了他處理刑名與錢糧事務。在光緒十六年、十七年（1890、1891），兆鏞在赤溪當一名辦事人員，那是他和父親二十年前一起生活過的地方。此後，兆鏞再一次參加會試，並且到服務的地點四會和陸豐探望生病的父親，時而深入學習行政管理方法，時而在地方的書院教書。[1]

光緒二十年（1894），汪兆鏞試圖贏取進士功名的第三次嘗試失敗，這使他只好放棄科舉考試，追隨父親的足跡。他起初在遙遠的遂溪縣處理司法案件和稅務，後來在光緒二十二年（1896），在富裕的順德縣衙門獲得一個職位，每月有一百兩的薪俸。光緒二十四年（1898），兆鏞擔任了鹽政的一個低級官職，監督在廣東遙遠的北部樂昌縣的分發中心。由於覺得這個新職位相對較輕鬆，收入也算優渥，兆鏞在樂昌的這個職位上一幹幾年。有時，他與家人會合，這包括一個妾代替了他新近去世的妻子的妾。這個女人以前是一名僕人，是沈世良的兒子沈澤棠贈給他的。兆鏞也保持著家庭與廣州城的聯繫，用越來越多的收入在新城購置了一處家宅。[2]

汪瑔最小的兒子兆銘，晚於他的長兄二十多年出生，然而他的童年卻與兆鏞的早年非常相似。汪兆銘生命中的最初九年，是在廣東五個不同的縣的公務房裏度過的，他的父親在那裏工作。[3] 在一家人大部分跟汪瑔一起住在四會這段時期臨近
291 結束的時候，兆銘開始跟兆鏞學習汪家的家學。光緒十八年（1892），兆銘隨父回到廣州，開始跟私人教師學習經典。在母親於光緒二十一年（1895）去世以及父親一年後也去世之後，

① 原注 37：汪兆鏞《微尚老人自訂年譜》，頁 8、10－11、13－14。汪兆鏞曾任陸豐縣龍山書院山長。

② 原注 38：汪兆鏞《微尚老人自訂年譜》，頁 22－28。

③ 原注 39：汪瑔在三水工作和居住了兩年，在曲江一年，在英德四年，在四會一年，在陸豐一年。

他於光緒二十四年（1898）隨兄長兆鏞到了任職地樂昌。在樂昌的時候，兆銘師從一位陳澧以前的學生、剛好又是兆銘另一位兄長的岳父的番禺人學習。兆銘在光緒二十七年（1901）離開樂昌回到廣州，開始在一所縣一級的書院肄習，不久就參加了科舉考試。[①]

如果汪兆銘僅僅早十年按照這個軌跡發展下去，他最後幾乎可以肯定會參加學海堂的考試，就像他的兄長兆鏞和汪家其他人一樣。但是時代變了，兆銘的生命軌跡發生了驚人的轉向。光緒二十九年（1903），汪兆銘被省政府選派到東京法政大學學習，按汪氏的家學來看，這也不失為一個合適的選擇。[②] 在日本，兆銘接觸到各種激進思想；他參加了孫中山（1866—1925）新組成的同盟會，這個組織的宗旨是推翻清朝，建立中華民國。兆銘寄了一封信回廣州給他的長兄，解釋說，由於他決定成為一個革命者，所以將要割斷與家庭的聯繫，同時取消與一個本地女子訂下的婚約，按推測這婚事是由一家之長的兆鏞選定的。跟著孫中山在東南亞奔走，兆銘遇到了一個華僑家庭的女兒，最後結為夫妻。在宣統二年（1910）企圖刺殺攝政王之後，兆銘坐了一年多牢，作為革命英雄受到人們的喝彩，而人們更熟悉的是他的化名——汪精衛（1883—1944）。

---

① 原注40：張次溪《汪精衛先生行實錄·汪精衛先生年譜》，頁1面—3背；汪兆鏞《微尚老人自訂年譜》，頁13；《番禺縣續志》，卷二十五，頁24背。汪兆銘在廣州番禺部分的禺山書院學習。陶福祥自光緒十三年（1887）起在這所書院任教，但不清楚他在這裏待了多久。劉伯驥《廣東書院制度》，頁250。

② 原注41：汪家另一位家庭成員，兆鏞的兒子汪祖澤也在東京法政大學學習，於宣统二年（1910）畢業。《番禺縣續志》，卷十七，頁2背；汪兆鏞《微尚老人自訂年譜》，頁26、34；路康樂（Edward J. M. Rhoads）《中國的共和革命：廣東個案，1895—1913》（*China's Republican Revolution: The Case of Kwangtung, 1895-1913*），頁102—103。

他繼續成為孫中山改組後的黨——國民黨——的有影響人物，在二十世纪三十年代中期曾任行政院院長，而最終成為臭名昭著的漢奸。[①]

儘管辛亥革命對年輕的汪精衛來說是一個勝利，它對於汪兆鏞來說卻是一個完全不同的轉變。就像汪兆鏞在自訂年譜中
292 所反映的，他的活動韻律被改變了；當樂昌落入革命者之手時，他從這個縣的崗位退休下來，成為一名“遺民”——前朝“遺留下來的人”。宣統三年（1911），兆鏞大致上是汪瑔寫下本章開頭的詩句的年齡。作為一名有經驗的行政工作者而與革命領導人有血緣關係，兆鏞應該會對取代清朝的革命的地方新政權具有吸引力。新任的廣東都督胡漢民（1879—1936）給汪兆鏞安排了一個職務，但是他謝絕了。他也拒絕充當重組的省鹽政的領導人。在中華民國的元年——1912 年，汪精衛在廣州恢復了與家人的聯繫，而汪兆鏞則誓言永不從政。此後二十五年裏，兆鏞一直往來於廣州與澳門之間，每當新一輪權力爭鬥在省城興起，他就避居到這個葡萄牙人的殖民地。具有諷刺意味的是，兆鏞逃離廣州，往往正是躲避那些讓汪精衛和羽翼未豐的國民黨夥伴們回到廣州建立革命根據地的力量，就像 1920 年和 1921 年陳炯明（1878—1933）與孫中山短暫結盟時那樣。兆鏞最後一次離開廣州去澳門是在 1937 年逃避日本人的空襲，幾年後，汪精衛接受了日本人的提議，出任南京傀儡

① 原注 42：《山陰汪氏譜》，頁 13、17、104；汪兆鏞《微尚老人自訂年譜》，頁 27；包華德（Howard L. Boorman）主編《中華民國人物傳記辭典》（*Biographical Dictionary of Republican China*），第三冊，頁 369—370；張次溪《汪精衛先生行實錄・汪精衛先生年譜》，頁 3 背—6 背。汪精衛出現在汪氏族譜中只用其原名汪兆銘。感謝杜永濤使我注意及此。

293

圖 10：學海堂學者姿態的汪兆鏞。汪兆鏞 1937 年七十六歲的肖像（右），與學海堂早期的學長儀克中的畫像非常相似（左）。儀克中的畫像來自一部清代儒家學者的畫集，最初由葉衍蘭（咸豐六年進士）編集，1929 年由他的孫子葉恭綽（1880—1968）刊印。與汪家一樣，葉家也是來自浙江北部的寄寓者。葉衍蘭是餘姚人的後裔，祖上在乾隆晚期在廣東當幕友，最終落籍為番禺居民。汪兆鏞的肖像出現在他的自訂年譜前面。兩者的相似暗示了清代儒者在他們民國時代的文化後人中的審美想像。（來源：葉恭綽《清代學者象傳》，頁 365；汪兆鏞《微尚老人自訂年譜》，首頁；葉恭綽《葉遐菴彙稿・葉遐菴先生年譜》，頁 1）

政權的首腦。①

在遺民歲月中，汪兆鏞成了十九世紀廣州文人文化（特別是當其體現在學海堂的時候）的守護者。他不再當幕友，而開始以曾經給汪瑔帶來如此多靈感的十九世紀廣州文人的形象自娱（見圖 10）。有點像陳澧和朱次琦晚年，汪兆鏞開始熱切地寫作、編纂和刊印書籍。這開始於宣統三年（1911），略早於革命的發生，汪兆鏞刊印了吴蘭修的詞集。1914 年，他開始編纂一部清代廣東畫家的評傳集，題為《嶺南畫徵略》，這部
294 雄心勃勃的力作，到 1927 年才告完成並於次年付梓。汪兆鏞還在新一版《番禺縣志》的編寫中起了重要作用，該版從 1918 年開始，直到 1931 年才完成。跟其他民國時代編寫的珠江三角洲縣志不同，《番禺縣志》沒有著錄清以後的材料。無論汪兆鏞是否在這一編纂決策中起了作用，這當然是符合他的遺民身份的。在開始《番禺縣志》的工作之前不久，汪兆鏞編寫了一部元朝的廣東遺民錄。在這部遺民錄中他解釋說，其他的遺民錄對廣東的宋、明遺民都表示了充分的尊敬，但是卻忽視了元朝，那絕非巧合，因為元朝是一個征服者的王朝，跟清朝一樣。②

在這些年裏，汪兆鏞確實是一位特別熱心的陳澧的推廣者，他刊刻他的老師的文學著作（但是這樣做必須等到陳澧的兒子都去世之後，因為他們堅持尊重父親的意願，決不刊印那些邊緣的作品）。這些著作包括陳澧的《憶江南館詞》（於

---

① 原注 43：汪兆鏞《微尚老人自訂年譜》，頁 35－38、40、42－46、48、51、56；張次溪《汪精衛先生行實錄·汪精衛先生年譜》，頁 4 背、5 背－6 面；路康樂《中國的共和革命》，頁 235。

② 原注 44：汪兆鏞的著作題為《元廣東遺民錄》。汪兆鏞《微尚老人自訂年譜》，頁 34、36、39－40、43、47－48、51；汪兆鏞《嶺南畫徵略》。

1914年刊印）和《東塾先生遺詩》（於1931年編印）。① 除了刊刻老師的作品，汪兆鏞還安排了儀式，為陳澧立祠供奉。陳澧去世後，他的祠最初建在菊坡精舍。後來菊坡精舍於光緒二十九年（1903）變成了一所學校，而陳澧祠仍保存下來；但在宣統三年（1911）革命中受到破壞。汪兆鏞決定在番禺圖書館旁邊重建新的陳澧祠；圖書館是兆鏞的一個兒子擔任番禺縣縣長時建造的。在1923年4月陳澧的生日［陳澧生於嘉慶十五年二月十九日（1810年3月23日）］，汪兆鏞召集了陳澧的其他學生，以及學生的學生，來舉行一個正規的儀式。幾年後，汪兆鏞請一位畫家將陳澧的影像刻在石上，嵌在祠裏一面牆上。②

汪兆鏞作為前朝的人物生活在新時代，最生動的形象來自五四運動中對他的一個記載，當時許多受過教育的廣州青年都熱衷於偶像破壞。相反，汪兆鏞大玩其古董收藏。兆鏞在他的自訂年譜中記敘，當廣州城牆最後在1918至1920年間被完全拆毀時，他和一位同事在瓦礫中搜尋，找到一些刻有文字的非 295
常古老的磚塊。一開始，工人們看到老學者對這些廢棄的磚頭感興趣都很驚訝。當他們知道其中有利可圖時，兆鏞和他的朋友在搜尋中就面臨他們的強烈競爭。他們收集到的一些有價值的磚塊成為汪兆鏞編的一本小書的基礎，其中詳細描述了每塊磚上的文字，並指出其應當生產於什麼年代。據汪兆鏞判斷，這些磚塊有些已經有千年以上的歷史了。儘管有些讀者得知其

---

① 原注45：汪兆鏞《微尚老人自訂年譜》，頁36、52。

② 原注46：番禺縣長是汪兆鏞的第四子汪宗準（1889—?）。石碑與陳澧的石刻像現藏於越秀公園內的廣州博物館。汪兆鏞《微尚老人自訂年譜》，頁43、49。汪兆鏞最小的兒子汪宗衍（1908—?），繼承父親的愛好，編寫了陳澧的年譜，是本書第六章不可缺少的資料來源。他還增補了他父親所編的陳澧的詩，於1972年在香港出版。陳澧《陳東塾先生詩詞》。

實汪兆鏞是讓他的僕人們到廢墟中去搜尋這些碎片，這使他們失去了共鳴；但是他短文的標題——《廣州城殘塼錄》——貼切地傳達了面對廣州市政府的現代化計劃，保存廣州文人文化的徒然。① 它描繪了一種失落之感，比四十年前汪瑔所寫的詩更有說服力。

在汪兆鏞宣統三年之後的生活中，還有一個事件證實了往昔的年代一去不復返，但這個事件實際上開始時卻像是一個復興。二十世紀二十年代早期，在控制著廣州的桂系軍閥倡議下，舊學海堂的考試被恢復。② 因為學海堂舊址早已被拆毀，住進了軍隊，成為禁區，於是，組織者就借用了城中心圖書館的地方作為臨時院址，聘用了一班來自前朝、有從政經驗或書院文憑的人擔任並列學長，包括兩位疏堂兄弟、學海堂的專課生——汪兆銓和汪兆鏞。③ 學長們按照阮元的做法，按季考覈經、史、散文與駢文，近體與古體詩。新的學海堂考試堅持了一段短時間，經歷了軍閥與革命廣州的變遷，但最後在 1921

① 原注 47：汪兆鏞《微尚老人自訂年譜》，頁 40、53—54；汪兆鏞《廣州城殘塼錄》。

② 原注 48：汪兆鏞的自訂年譜說，廣東省長張錦芳贊助於 1920 年重開學海堂考試。但標準的民國職官表記載張錦芳只是在上一年短時間內被軍政府任命為省長。可能張錦芳在 1919 年決定贊助考試，但第一輪考試在 1920 年才舉行。汪兆鏞《微尚老人自訂年譜》，頁 41；楊家駱《中華民國職官年表》，頁 415—416；錢曾瑗《國家、統治與中國的現代性》(*Nation*, *Governance*, *and Modernity in China*)，頁 55—56。

③ 原注 49：其他並列學長有順德文人周朝槐；光緒二十七年（1901）番禺舉人潘應祺；同治十三年（1874）番禺舉人、原學海堂與菊坡精舍學長姚筠；茂名人、原廣雅書院學生林鶴年（1859—1938）。當這些學長有的辭職時，取代他們的有光緒七年（1881）學海堂專課生、光緒十一年（1885）順德舉人盧乃潼；以及刑名師爺、錢塘儒士徐灝的侄兒徐紹棨（1879—1948）。汪兆鏞《微尚老人自訂年譜》，頁 41；《番禺縣續志》，卷十六，頁 8 面、15 面；《學海堂考》，頁 59、80；吴道鎔《廣東文徵作者考》，頁 276；徐友春主編《民國人物大辭典》，頁 718。

年的冬季季考之後被終止。在那之前，當陳炯明的軍隊於1920年10月佔領廣州時，汪兆鏞已不再擔任他的職務，避地澳門。當汪兆鏞在澳門聽到學海堂正式結束的消息時，他在日記裏表示寬慰，說他早已退休，現在可以更容易地免除俗務的糾纏。①

不過，汪兆鏞還是在幾年後，於1924年說明，在這學海 296
堂考試短暫恢復時期產生的最優秀的詩文都刊印在一個文集裏，名為《學海堂課藝》。② 這部三卷的文集透露出1920年、1921年的各次考試在許多方面忠實地重建了十九世紀的模式。第一卷專注於經解。在這個類別中，第一篇文章是討論《尚書・禹貢》，引用陳澧的著作。第二卷的文章是討論歷史問題的，包括對後古典時期儒家，像程頤和陳獻章等的評價。對學海堂光輝歲月的懷舊之情在第三卷表現得淋漓盡致，這一卷收錄的是散文和詩，有詠南漢鐵柱——仿儀克中等人一個世紀之前的作品。有一個習作，可能是由《嶺南畫徵錄》的作者汪兆鏞設計的，應試者寫詩詠廣州的畫家，如謝蘭生和陳璞。③

最引人矚目的文學作品是第三卷開頭的幾篇：1921年陰曆正月二十阮元生日紀念儀式的詩序。在這一天，西曆是2月27日，這些現代的學海堂學者們在書院舉行了一個詩歌競賽，儘管他們是被迫在城南一處替代的院址聚會，因為越秀山被軍隊佔領了。其中一篇序的作者譚祖鏘懷念阮元時代的廣州，

---

① 原注50：汪兆鏞《微尚老人自訂年譜》，頁41－42。張錦芳的省長職位在1920年5月被楊永泰（1880—1936）取代，而楊在當年10月被陳炯明取代。楊永泰和陳炯明顯然都繼續資助學海堂考試直到1921年年底。包華德主編《中華民國人物傳記辭典》，第1冊，頁176；第4冊，頁18。

② 原注51：汪兆鏞《微尚老人自訂年譜》，頁44。

③ 原注52：《學海堂課藝》，卷二，頁25背－26面、38面－39面。

說："回憶嘉道之間，波恬塵靜，歲稔人和，桴鼓不聞，絃歌互答。"① 譚祖鏘這篇民國時代的序，與汪瑔在光緒初年寫的詩有所共鳴，但是對昔日廣州文人文化輝煌不再的失落，現在的感覺更為真切。另一篇序的作者，三水黃榮康（1876—1945），通過憑弔消逝中的一個個故地，十九世紀廣州文人從謝蘭生到汪瑔出遊時喜愛的一個個站點——越秀山上的北城
297 牆、新城的南園舊址、珠江和越秀山（又稱玉山），描畫出與阮元時代輝煌時日的強烈對照。② 這些在十九世紀學海堂學者的無數詩文中贊頌過的往日美好地點的遺跡正在消逝，不僅因為新時代軍事的、工業的和行政管理上的嚴酷要求，也由於純粹的忽略。舊日聲譽赫赫的文人雅士的繼承者，如今已沒有力量再擁有他們一度支配著的空間：

> 今日者，一片殘山，幾番浩劫，學海堂亦幾圮矣！北郭棉紅，廢壘斜陽之地；南園草綠，鳴蛙積雨之天。珠江淘盡，并化蟲沙；玉山黯然，誰為壇坫？③

---

① 原注 53：《學海堂課藝》，卷三，頁 3 背。
② 原注 54：《廣州城坊志》，頁 132。
③ 原注 55：《學海堂課藝》，卷三，頁 1 背。

學海堂學長，道光六年至同治二年（1826—1863）

本表採自各種資料，帶有嘗試性質。某些解釋和資料來源表列於下：

《學海堂志》附錄頁 20 面—34 背，列舉了道光六年至光緒八年（1826—1882）的並列學長以及各人任命的年份與陰曆的月份。可惜沒有說明每位學長在書院的任職時間。當沒有證據說明某位學長離任時，我只好當作他的任命在繼續。

《學海堂志》頁 34 背，有一份道光八年（1828）的名單，列出阮元在學海堂的“學生”（明顯指的是並列學長），有張杓、吴應逵、林伯桐、吴蘭修、曾釗、馬福安、熊景星和徐榮。

《學海堂志》頁 35 背，有一份道光十五年（1835）的名單，列出阮元在學海堂的“學生”有張杓、黄子高、林伯桐、吴蘭修、曾釗、謝念功、熊景星和儀克中。

在道光二十七年（1847）作的一篇《粵秀書院志》的序中，梁廷枏提到張維屏和黄培芳是現任的學海堂學長。在另一處他又提到譚瑩和陳澧都是學海堂現任的學長。《粵秀書院志》，卷十三，頁 14 面一背；卷十三，頁 32 面。

在 1863 年 12 月 12 日的一則日記裏，郭嵩燾列出了學海堂學長的名單為鄒伯奇、陳澧、金錫齡、周寅清、朱次琦、陳璞、李光廷和譚瑩。郭嵩燾《郭嵩燾日記》，頁 137。

雖然張杓到咸豐元年（1851）才去世，但是他因罹患眼疾而導致失明。因此我設想張維屏在道光十八年（1838）取代了他的位置。張其䎖《辨貞亮室文鈔》，卷二，頁 7 背；曾釗《面城樓集鈔》，卷四，頁 16 面。

朱次琦從未在學海堂就任，但他的職位為他保留了數年。《學海堂志》，頁 23 背；容肇祖《學海堂考》，頁 46。

年份	學長							
1826	趙　均	吳應逵	林伯桐	吳蘭修	曾　釗	馬福安	熊景星	徐　榮
1827	張　杓	｜	｜	｜	｜	｜	｜	｜
1828	｜	｜	｜	｜	｜	｜	｜	｜
1829	｜	｜	｜	｜	｜	張維屏	｜	｜
1830	｜	黃子高	｜	｜	｜	｜	｜	｜
1831	｜	｜	｜	｜	｜	｜	｜	｜
1832	｜	｜	｜	｜	｜	謝念功	｜	｜
1833	｜	｜	｜	｜	｜	｜	｜	儀克中
1834	｜	｜	｜	｜	｜	｜	｜	｜
1835	｜	｜	｜	｜	｜	｜	｜	｜
1836	｜	｜	｜	｜	｜	｜	｜	｜
1837	｜	｜	｜	侯　康	｜	｜	｜	｜
1838	張維屏	｜	｜	黃培芳	｜	｜	｜	譚　瑩
1839	｜	｜	｜	｜	｜	｜	｜	｜
1840	｜	陳　澧	｜	｜	｜	梁廷枏	｜	｜
1841	｜	｜	｜	｜	｜	｜	｜	｜
1842	｜	｜	｜	｜	｜	｜	｜	｜
1843	｜	｜	｜	｜	｜	｜	｜	｜
1844	｜	｜	｜	｜	｜	｜	｜	｜

（續表）

年份	學長							
1845	｜	｜	楊榮緒	｜	｜	｜	｜	｜
1846	｜	｜	｜	｜	｜	｜	｜	｜
1847	｜	｜	｜	｜	｜	｜	｜	｜
1848	｜	｜	｜	｜	｜	｜	｜	｜
1849	｜	｜	｜	｜	｜	｜	｜	｜
1850	｜	｜	｜	｜	｜	｜	｜	｜
1851	｜	｜	｜	｜	｜	｜	｜	｜
1852	｜	｜	｜	｜	｜	｜	｜	｜
1853	｜	｜	金錫齡	｜	｜	｜	｜	｜
1854	｜	｜	｜	｜	｜	｜	｜	｜
1855	｜	｜	｜	｜	｜	｜	｜	｜
1856	｜	｜	｜	｜	｜	｜	｜	｜
1857	｜	｜	｜	｜	鄒伯奇	｜	｜	｜
1858	｜	｜	｜	李能定	｜	陳良玉	沈世良	｜
1859	朱次琦	｜	｜	｜	｜	｜	｜	｜
1860	｜	｜	｜	｜	｜	｜	｜	｜
1861	｜	｜	｜	｜	｜	｜	陳　璞	｜
1862	｜	｜	｜	｜	｜	｜	｜	｜
1863	｜	｜	｜	周寅清	｜	李光廷	｜	｜

參考書目

中　文

《安海伍氏入粵族譜》。伍子偉編。1956 年。

班固：《漢書》。北京：中華書局，1975 年。

《蒼梧縣志》。同治十年。

《長樂縣志》。道光年間。

《潮連鄉志》。民國三十五年（1946）。《中國地方志集成》，卷32。南京：江蘇古籍出版社，1992 年。

陳東原：《清代書院風氣之變遷》。《學風》，1933 年 6 月，15－20 頁。

陳東原：《中國教育史》。上海：商務印書館，民國二十五年（1936）。

陳荊鴻：《獨漉堂詩箋》。香港：中華書局。

陳澧：《陳東塾先生詩詞》。香港：崇文書店，1972 年。

陳澧：《陳蘭甫先生澧遺稿》。第一部分：《嶺南學報》2.2（1931 年），149—183 頁，陳受頤編；第二部分：《嶺南學報》2.3（1932 年），174—214 頁，楊壽昌編。

陳澧：《東塾讀書記》。上海：商務印書館，民國十九年（1930）。

陳澧：《東塾集》。《近代中國史料叢刊》，461 卷。臺北：文海出版社，1970 年。

陳澧：《東塾先生詩鈔別本》。朱子範編。萬卷書樓本。
陳澧：《東塾續集》。《近代中國史料叢刊》，762 卷。臺北：文海出版社，1970 年。
陳澧：《東塾遺稿》。手稿抄本，53 卷。中山大學圖書館。
陳澧：《東塾雜俎》。古學院版，光緒九年（1883）。《敬躋堂叢書》。北京：中國書店。
陳澧：《漢儒通義》。東塾叢書版，同治九年（1870）。
陳澧：《切韻考》。東塾叢書版，同治九年（1870）。臺北：學生書局，1977 年。
陳澧：《朱子語類日鈔》。廣雅書局版，光緒二十六年（1900）。
陳良玉：《梅窩詩鈔·梅窩詞鈔》。與《梅窩遺稿》一起重版。光緒二十四年（1898）。
陳璞：《尺岡草堂遺文遺詩》。光緒十五年（1889）。
陳其錕：《陳禮部詩稿》。咸豐二年（1852）。
陳其錕：《敕授文林郎壬辰科舉人翰林院典簿欽加內閣中書銜鍾君家傳》。碑銘。廣州市白雲區蘿崗鎮水西村。
《陳氏家乘》，附卷末。陳澧編。手稿抄本。中山圖書館。
陳壽祺：《左海文集》。《續修四庫全書》，1496 卷。上海：上海古籍出版社，1995—1999 年。
陳曇：《感遇堂文外集》。咸豐二年（1852）。
陳曇：《鄺齋師友集》。手稿抄本。孫中山文獻館藏。
陳曇：《鄺齋雜記》。道光九年（1828）。
陳遇夫：《涉需堂集》。孫中山文獻館藏。
陳在謙編：《國朝嶺南文鈔》。學海堂版。道光年間。
《城南杜氏家譜》。杜游編。道光二十八年（1848）、光緒二十二年（1896）。孫中山文獻館藏。
《赤溪縣志》。民國九年（1920）。
《重輯桑園圍志》。何如銓編。光緒十五年（1889）。

崔弼：《白雲越秀二山合志》。道光二十九年（1849）。
《大埔縣志》。民國三十二年（1943）。重印，臺北：大埔同鄉會，1971年。
鄧邦康編：《鄧尚書年譜》。宣統二年（1910）。華東師範大學圖書館。
鄧大林編：《杏莊題詠》。道光二十六年（1846），并《杏林莊杏花詩》，咸豐元年（1851）。
鄧慶寀：《閩中荔支通譜》。崇禎年間。《續修四庫全書》，1116卷。上海：上海古籍出版社，1995—1999年。
鄧又同編：《清代廣東詞林表》。民國三十五年（1946）。手稿抄本。孫中山文獻館藏。
《東莞縣志》。宣統三年（1911）編，民國十年（1921）印行。
竇鎮：《國朝書畫家筆錄》。宣統三年（1911）。
杜牧：《杜牧詩選》。周錫馥選注。臺北：遠流出版公司，1988年。
《端溪書院志》。傅維森編。光緒二十六年（1900）。
樊封：《南海百詠續編》。《叢書集成續編》，史部，地理類，54卷。上海：上海書店，民國三十三年（1944）。
樊封：《夷難始末》。無日期。東洋文庫藏。
方東樹：《漢學商兌》。臺北：廣文書局，1977年。
方東樹：《書林揚觶》。《儀衛軒全集》。光緒十五年（1889）。
方東樹：《儀衛軒文集》。同治七年（1868）。華東師範大學圖書館。
方濬頤：《二知軒詩鈔》。同治五年（1866）。
方濬頤：《二知軒文存》。光緒四年（1878）。《近代中國史料叢刊》，481卷。臺北：文海出版社，1970年。
方信孺：《南海百詠》。道光元年（1821）。
馮士履、馮士鑣：《先君子太史公年譜》。《北京圖書館藏珍本年譜叢刻》，117 卷。北京：北京圖書館出版社，1999 年。
《敷文書院志略》。魏頌唐編。《中國歷代書院志》，第 8 卷。南京：江蘇教育出版社，1995 年。
《高陽許氏家譜》。許引之等編。民國九年（1920）。
《庚申修禊集》。李長榮、譚壽衢編。咸豐十年（1860）。
龔自珍：《定盦續集》。收於《龔定盦全集》。《續修四庫全書》，1520 卷。上海：上海古籍出版社，1995—1999 年。
《詁經精舍文集》。阮元編。嘉慶六年（1801）。《中國歷代書院志》，第 15 卷。南京：江蘇教育出版社，1995 年。
《詁經精舍文續集》。羅文俊編。《中國歷代書院志》，第 15 卷。南京：江蘇教育出版社，1995 年。
《關樹德堂家譜》。關兆熙編。光緒二十三年（1897）。孫中山文獻館藏。
《廣東洪兵起義史料》。廣州：廣東人民出版社，1996 年。
《廣東省例新纂》。黄恩彤編。道光二十六年（1846）。
《廣東通志》。道光二年（1822）。
《廣東圖》。同治五年（1866）。臺灣大學圖書館影印。
《廣州城坊志》。黄佛頤編。《廣東叢書版》，民國三十七年（1948）。重版，廣州：廣東人民出版社，1994 年。
《廣州府志》。光緒五年（1879）。重版，臺北：成文出版社，1968 年。
《廣州高第街許氏家族》。李廷賢等編。廣州：廣東人民出版社，1992 年。
《廣州市丘氏宗祠特刊》。丘秀強編。臺北：河南堂文獻社，1973 年。
桂鴻：《漸齋詩鈔》。咸豐七年（1857）。
桂壇：《晦木軒稿》。光緒二十四年（1898）。
桂文燦：《經學博採錄》。臺北：明文書局，1992 年。

桂文燦：《潛心堂集》。光緒年間。孫中山文獻館藏。
郭茂倩：《樂府詩集》。北京：中華書局，1979 年。
郭嵩燾：《郭嵩燾日記》。第 2 卷，同治年間。重版，長沙：湖南人民出版社，1981 年。
杭世駿：《嶺南集》。學海堂版。光緒八年（1882）。
《杭州府志》。民國十一年（1922）。
何若瑤：《何宮贊遺書》。光緒八年（1882）。
何文綺：《課餘彙鈔》。同治四年（1865）。孫中山文獻館藏。
何文綺：《四書講義》。光緒年間。孫中山文獻館藏。
何佑森：《陳蘭甫的學術及其淵源》。《故宮文獻》2.4（1971 年）：1—19。
何佑森：《阮元的經學及其治學方法》。《故宮文獻》2.1（1970 年 12 月）：19—34。
《河陽世系》。潘福燊編。民國九年（1920）。手稿抄本。孫中山文獻館藏。
《鶴山縣志》。道光六年（1826）。
胡楚生：《清代學術史研究》。臺北：學生書局，1988 年。
《皇清經解》。阮元編。道光六年（1826）。重版，臺北：復興書局，1972 年。
《皇清經解續編》。王先謙編。光緒十四年（1888）。重版，臺北：復興書局，1972 年。
黃炳堃：《希古堂文存》。民國十年（1921）。
黃培芳：《嶺海樓詩鈔》。道光二十一年（1841）。
黃培芳：《香石詩話》。嶺海樓版，嘉慶十五年（1810）。重版，上海：上海書店，1985 年。
黃培芳：《粵岳草堂詩話》。收於《黃培芳詩話三種》。廣州：廣東高等教育出版社，1995 年。
黃培芳：《雲泉隨札》。嘉慶十八年（1813）。

《黄慎之守戎記功錄》。黄培芳等編。咸豐五年（1855）。孫中山文獻館藏。

《黄氏家乘》。黄培芳編。并《黄氏家乘續編》。黄鯨文編。光緒三十一年（1905）。孫中山文獻館藏。

黄位清：《松風閣詩鈔》。道光十九年（1839）。

黄蔭普：《廣東文獻書目知見錄》。香港：崇文書店，1972 年。

黄芝：《粤小記》。道光十二年（1832）。重版，中山圖書館，1960 年。

黄子高：《知稼軒詩鈔》。道光二十七年（1847）。

黄佐：《廣州人物傳》。序，嘉靖五年（1526）。重版，廣州：廣東高等教育出版社，1991 年。

季嘯風主編：《中國書院辭典》。杭州：浙江教育出版社，1996 年。

季振宜：《季滄葦藏書目》。嘉慶十年（1805）。《續修四庫全書》，920 卷。上海：上海古籍出版社，1995—1999 年。

《嘉應州志》。光緒二十四年（1898）。

簡朝亮：《讀書堂集》。光緒二十九年（1903）。

江藩：《國朝漢學師承記》。《清代傳記叢刊》，第 1 卷。臺北：明文書局，1985 年。

金菁茅編：《張南山先生年譜撮略》。《北京圖書館藏珍本年譜叢刻》，136 卷。北京：北京圖書館出版社，1999 年。

金錫齡：《劬書室遺集附理學庸言》。光緒二十一年（1895）。

《九江儒林鄉志》。光緒九年（1883）。《中國地方志集成》，第 31 卷。南京：江蘇古籍出版社，1992 年。

《九江鄉志》，順治十四年（1657）。同治十三年（1874）。《中國地方志集成》，第 31 卷。南京：江蘇古籍出版社，1992 年。

居鍠：《居少楠先生遺稿》。綉詩樓叢書本。無日期。

《菊坡精舍集》。陳澧編。光緒年間。

《開平縣志》。民國二十二年（1933）。
康有為：《康南海先生自編年譜》。收於蔣貴麟主編：《康南海先生遺著彙刊》，第 22 卷。臺北：宏業書局，1976 年。
孔廣陶：《嶽雪樓書畫錄》。光緒十五年（1889）。
孔璐華：《唐宋舊經樓稿》。收於蔡殿齊編：《國朝閨閣詩鈔》。《續修四庫全書》，1626 卷。上海：上海古籍出版社，1995—1999 年。
《勞氏族譜》。勞鴻勛編。同治七年（1868）。孫中山文獻館藏。
勞潼等：《馮潛齋先生年譜》。重版，宣統三年（1911）。東洋文庫藏。
李長榮編：《柳堂師友詩錄》。宣統三年（1863）。
李光廷：《榕園叢書》。又名《守約篇叢書》。同治十三年（1874）。
李光廷：《宛湄書屋文鈔》。光緒五年（1879）。
李鈞：《使粵日記》。道光十四年（1834）。
李緒柏：《清代廣東樸學研究》。廣州：廣東省地圖出版社，2001 年。
李緒柏：《清代廣東文化的結晶體：東塾學派》。廣東社會科學 59 期（1996 年）。
李肇：《唐國史補》。影印文淵閣四庫全書，1035 卷。臺北：臺灣商務印書館，1983 年。
李中培：《朱子不廢古訓說》。道光二十三年（1843）。孫中山文獻館藏。
《禮記》。收於《十三經註疏》。嘉慶二十年（1815）。重版，臺北：新文豐，1988 年。
厲鶚：《宋詩紀事》。《欽定四庫全書》，1485 卷。臺北：臺灣商務印書館，1983 年。
梁嘉彬：《番禺黃埔梁氏五世傳略》。史學彙刊 7 期（1976 年）。東洋文庫藏。

梁嘉彬：《廣東十三行考》。臺北：東海大學，1960 年。
梁九圖、吴炳南編：《嶺表詩傳》。道光二十年至二十三年（1840—1843）。
梁啓超：《清代學術概論》。臺北：臺灣商務印書館，1985 年。
《梁書》。北京：中華書局，1973 年。
梁廷枏：《南漢書》。重版，廣州：廣東人民出版社，1981 年。
梁廷枏：《夷氛記聞》。上海：國立北平研究院史學研究會。民國二十六年（1937）。
《兩廣鹽法志》。鄧廷楨等編。道光十六年（1836）。
《兩廣鹽法志》。何兆瀛等編。光緒十年（1884）。
《廖維則堂家譜》。廖星照、廖景總編。民國十九年（1930）。孫中山文獻館藏。
林伯桐：《供冀小言》。收於啟秀山叢書。又名《學海堂叢刻》。光緒三年（1877），光緒十二年（1886）。
林伯桐：《修本堂稿》。收於修本堂叢書。道光二十四年（1844）。
林書顔編：《西江魚花調查報告書》。廣州：建設廳農林局，民國二十二年（1933）。
林則徐：《林文忠公日記》。《近代中國史料叢刊續輯》，第 41 卷。臺北：文海出版社，1974 年。
《嶺南伍氏合族總譜》。伍詮萃編。民國二十三年（1934）。
劉彬華編：《嶺南群雅》。嘉慶十八年（1813）。
劉伯驥：《廣東書院制度》。臺北：中華叢書委員會，1958 年。
劉大夏：《劉忠宣公遺集附年譜》。四庫未收書輯刊，第 6 輯，第 29 卷。北京：北京出版社，1997 年。
劉世南：《清詩流派史》。臺北：文津出版社，1995 年。
《龍江鄉志》。民國十五年（1926）。
《龍門縣志》。咸豐元年（1851）。
《龍山鄉志》。民國十九年（1930）。

《龍氏族譜》。龍景愷等編。民國十一年（1922）。孫中山文獻館藏。
龍廷槐：《敬學軒文集》。道光十四年（1834）。
盧端黼：《敏肅顯考厚山府君年譜》。道光十六年（1836）。東洋文庫藏。
羅惇衍：《羅文恪公遺集》。光緒年間。孫中山文獻館藏。
羅含章：《嶺南集》。道光元年（1821）。孫中山文獻館藏。
羅學鵬：《廣東文獻》。春暉堂本，同治二年（1863）。
羅元煥、陳仲鴻：《粵臺徵雅錄》。收於伍崇曜：《嶺南遺書》。
馬福安：《止齋文鈔》。收於《敵秀山叢書》，第2輯。
馬積高：《清代學術思想的變遷與文學》。長沙：湖南出版社，1996年。
《茂名縣志》。光緒十四年（1888）。
閔爾昌編：《江子屏先生年譜》。民國十六年（1927）。華東師範大學圖書館抄本。
《明孝宗實錄》。臺北：中央研究院，1963年。
《南海鶴園冼氏家譜》。冼寶榦編。宣統二年（1910）。孫中山文獻館藏。
《南海九江朱氏家譜》。朱宗琦編。同治八年（1869）。
《南海羅格房孔氏家譜》。孔廣鏞、孔廣陶編。民國十八年（1929）。孫中山文獻館藏。
《南海縣志》。道光十五年（1835）。
《南海縣志》。同治十一年（1872）。
《南海縣志》。宣統二年（1910）。
潘飛聲：《說劍堂集》。光緒二十三年（1897）。
潘仕成：《海山仙館叢書》。海山仙館，道光二十九年（1849）。
《潘式典堂族譜》。潘繼李、潘桂森編，同治六年（1867），民國十三年（1924）。孫中山文獻館藏。

潘儀增編：《番禺潘氏詩略》。光緒二十年（1894）。
潘正煒：《聽颿樓書畫記》。臺北：世界書局，1980年。
《番禺河南小志》。黄任恒編。民國三十四年（1945）。重版，《中國地方志集成》，第32卷。南京：江蘇古籍出版社，1992年。
《番禺縣續志》。民國二十年（1931）。
《番禺縣志》。同治十年（1871）。重版，臺北：成文出版社，1967年。
皮錫瑞：《經學歷史》。臺北：藝文印書館，1987年。
錢大昕：《潛研堂文集》。嘉慶十一年（1806）。
錢穆：《中國近三百年學術史》。臺北：臺灣商務印書館，1987年。
錢儀吉：《衎石齋記事稿續稿》。嘉慶十三年（1808），光緒六年（1880）。
《清實錄廣東史料》。廣東省地方史志編委會辦公室、廣州市地方志編委會辦公室編。廣州：廣東省地圖出版社，1995年。
《清史列傳》。臺北：中華書局，1983年。
屈大均：《廣東新語》。《續修四庫全書》，734卷。上海：上海古籍出版社，1995—1999年。
容肇祖：《學海堂考附菊坡精舍考略》。《嶺南學報》3.3（1934年），1—147頁。
阮榕齡：《白沙門人考》。咸豐元年（1851）。
阮榕齡編：《陳白沙先生年譜》。咸豐元年（1851）。
阮元：《揅經室集》。臺北：世界書局，1982年。
阮元：《揅經室集》。文選樓版。陳澧丹書標點評註。中山大學圖書館藏。
《三國志》。北京：中華書局，1973年。
《桑園圍志》。明之綱編。同治九年（1870）。
《山陰汪氏譜》。汪兆鏞編。汪敬德堂，民國三十六年（1947）。

沈復：《浮生六記》。收於《獨悟庵叢鈔》。光緒四年（1878）。
沈世良：《楞華室詞鈔》。咸豐四年（1854）。
沈世良：《倪高士年譜》。重版，宣統元年（1909）。
沈世良：《小祇陀盦詩鈔》。宣統元年（1909）。
盛朗西：《中國書院制度》。上海：中華書局，民國二十三年（1934）。
史澄：《趨庭瑣語》。光緒十一年（1885）。
史革新：《晚清理學研究》。臺北：文津出版社，1994 年。
《史記》。北京：中華書局，1972 年。
《順德北門羅氏族譜》。光緒八年（1882）。東洋文庫藏。
《順德簡岸簡氏家譜》。民國十七年（1928）。
《順德縣志》。咸豐三年（1853）。
《順德縣志》。民國十八年（1929）。
司空圖：《二十四詩品》。收於《藝苑捃華》，第 5 卷。同治七年（1868）。
蘇軾：《蘇東坡全集》。合肥：黃山書社，1997 年。
《隋書》。北京：中華書局，1973 年。
譚棣華、曹騰騑、冼劍民編：《廣東碑刻集》。廣州：廣東高等教育出版社，2001 年。
譚棣華：《廣東歷史問題論文集》。臺北：稻禾出版社，1993 年。
譚棣華：《清代珠江三角洲的沙田》。廣州：廣東人民出版社，1993 年。
譚瑩：《樂志堂詩集》。荔蔭園，咸豐十年（1860）。
譚瑩：《樂志堂文集》。咸豐九年（1859）。
譚宗浚：《荔村草堂詩鈔》。光緒十八年（1892）。
譚宗浚：《荔村隨筆》。《叢書集成續編》，史部，雜史類，瑣記之書，第 26 卷。上海：上海書店，1994 年。
譚宗浚：《希古堂集》。光緒十六年（1890）。

《唐書》。北京：中華書局，1974 年。

唐文治：《茹經堂文集》。《近代中國史料叢刊續輯》，第 31 卷。臺北：文海出版社，1974 年。

汪瑔：《隨山館叢稿》。光緒七年（1881）。

汪榮寶：《法言義疏》。1933 年。《續修四庫全書》，933 卷。上海：上海古籍出版社，1995 年。

汪兆鏞：《廣州城殘塼録》。香港：蘇記書莊，民國二十一年（1932）。

汪兆鏞：《嶺南畫徵略》。《清代傳記叢刊》，第 80 卷。臺北：明文書局，1985 年。

汪兆鏞：《微尚老人自訂年譜》。汪敬德堂，民國三十八年（1949）。

汪兆鏞：《微尚齋雜文》。《近代中國史料叢刊續輯》，823 卷。臺北：文海出版社，1981 年。

汪宗衍：《陳東塾先生年譜》。《嶺南學報》，4:1(1935 年 4 月)，55—118 頁。

王嘉：《拾遺記》。北京：中華書局，1981 年。

王士禎：《廣州遊覽小志》。史料叢編，第 41 卷。臺北：廣文書局，1968 年。

王運熙、楊明：《魏晉南北朝文學批評史》。上海：上海古籍出版社，1989 年。

溫汝能：《粵東詩海》。嘉慶十八年（1813）。重版，廣州：中山大學，1999 年。

溫訓：《登雲山房文稿》。道光三年（1823）。

《文瀾眾紳錄》。呂鑑煌編。光緒十八年（1892）。

文廷式：《文廷式集》。北京：中華書局，1993 年。

翁同書：《翁文端公年譜》。《北京圖書館藏珍本年譜叢刊》，145 卷。北京：北京圖書館出版社，1999 年。

翁心存：《入粵紀程》。附錄於翁心存《知止齋日記》。手稿，道光五年至同治元年（1825—1862）。北京圖書館藏。

翁心存編：《學海堂丁亥課士錄》。手稿，道光七年（1827）。北京圖書館藏。

吴道鎔編：《廣東文徵作者考》。民國三十年（1941）。

吴灦：《求是軒遺稿》。同治六年（1867）。

吴蘭修：《荔村吟草》。民國二十三年（1934）。

吴蘭修：《南漢紀》。收於伍崇曜編《嶺南遺書》，第5輯。

吴榮光：《石雲山人文集》。道光二十一年（1841）。《續修四庫全書》，1498卷。上海：上海古籍出版社，1995—1999年。

吴山嘉：《復社姓氏傳略》。道光十二年（1832）序。收於《海王村古籍叢刊》。重版，北京：中國書店，1990年。

吴應逵：《雁山文集附譜荔軒筆記》。道光十年（1830）。重版，民國二十五年（1936）。

伍崇曜編：《楚庭耆舊遺詩》。道光二十三年（1843）。

伍崇曜編：《嶺南遺書》。粵雅堂。道光至同治朝。

《西關楊氏支譜》。光緒年間。孫中山文獻館藏。

冼玉清：《冼玉清文集》。廣州：中山大學出版社，1995年。

《香山縣志》。道光七年（1827），同治十二年（1873），光緒六年（1880）。

蕭統編：《文選》。臺北：藝文印書館，1983年。

謝國楨：《近代書院學校制度變遷考》。民國二十五年（1936）。《近代中國史料叢刊續輯》，651卷。臺北：文海出版社，1979年。

謝景卿：《續集漢印分韻》。嘉慶八年（1803）。附袁日省《選集漢印分韻》。謝雲生鈔錄。嘉慶二年（1797）。

謝蘭生：《常惺惺齋日記》。手稿，嘉慶二十四年至道光九年（1819—1829）。北京圖書館藏。

謝蘭生：《常惺惺齋詩》。手稿。北京圖書館藏。
謝蘭生：《常惺惺齋書畫題跋》。澳門：文集圖書公司，無日期。
謝蘭生：《常惺惺齋文集》。手稿。孫中山文獻館藏。
謝蘭生：《惺惺齋文稿》。手稿。孫中山文獻館藏。
《新會縣志》。道光二十一年（1841）。
《新會縣志續》。同治十年（1871）。
《新寧縣志》。光緒十七年（1891）。
熊景星：《吉羊溪館詩鈔》。同治三年（1864）序。孫中山文獻館藏。
徐灝：《通介堂經說》。咸豐四年（1854）。
徐灝：《通介堂文集》。民國十三年（1924）。
徐琪：《粵東葺勝記》。光緒二十五年（1899）。
徐紹棨：《廣東藏書紀事詩》。《近代中國史料叢刊續編》，199—200卷。臺北：文海出版社，1975年。
徐紹棨：《廣州版片紀略》。收於葉恭綽編《矩園餘墨》。195?年。
徐友春主編：《民國人物大辭典》。石家莊：河北人民出版社，1991年。
許玉彬：《冬榮館遺稿》。咸豐十一年（1861）。
《續修南海煙橋何氏家譜》。何紹莊等編。香港：仁記印務館，1954年。孫中山文獻館藏。
《學海堂二集》。吴蘭修編。道光十八年（1838）。《中國歷代書院志》，第13卷。南京：江蘇教育出版社，1995年。
《學海堂集》。阮元編。1826年。《中國歷代書院志》，第13卷。南京：江蘇教育出版社，1995年。
《學海堂課題》。光緒年間。孫中山文獻館藏。
《學海堂課藝》。民國十三年（1924）。孫中山文獻館藏。

《學海堂三集》。張維屏編。咸豐九年（1859）。《中國歷代書院志》，第14卷。南京：江蘇教育出版社，1995年。
《學海堂四集》。陳澧、金錫齡編。光緒十二年（1886）。《中國歷代書院志》，第14卷。南京：江蘇教育出版社，1995年。
《學海堂志》。林伯桐編。臺灣師範大學圖書館手稿本重印。臺北：廣文書局，1971年。
《學海堂專課章程》。光緒年間。孫中山文獻館藏。
《鴉片戰爭》。上海：神州國光社，1954年。
嚴明：《清代廣東詩歌研究》。臺北：文津出版社，1991年。
《羊城廬江書院全譜》。何澤棠等編。光緒二十年（1894）。
《羊城竹枝詞》。光緒元年（1875）。中山大學圖書館藏。
楊家駱：《中華民國職官年表》。臺北：鼎文書局，1978年。
楊念群：《儒學地域化的近代形態：三大知識群體互動的比較研究》。北京：三聯書店，1997年。
楊榮緒：《楊黼香先生遺稿補編》。吴道鎔編。民國時期手稿。孫中山文獻館藏。
《楊氏家譜》。民國八年（1919）。孫中山文獻館藏。
葉恭綽：《遐菴彙稿》。《近代中國史料叢刊》，158卷。臺北：文海出版社，1968。
葉衍蘭、葉恭綽：《清代學者象傳》。臺北：文海出版社，1969年。
伊秉綬：《留春草堂詩鈔》。嘉慶十九年（1814）。
儀克中：《劍光樓集》。道光十五年（1835），光緒八年（1882）。
《易修禮堂家譜》。易學洄編。無日期。東洋文庫藏。
《應元書院志略》。王凱泰編。同治九年（1870）。《中國歷代書院志》，第3卷。南京：江蘇教育出版社，1995年。
余英時：《士商互動與儒學轉向：明清社會史與思想史之一面向》。收於郝延平、魏秀梅編：《近世中國之傳統與蛻變：劉廣京院士七十五歲祝壽論文集》，第 1 卷。臺北：中央研究院近代史研究所，1998 年。

庾嶺勞人：《蜃樓志》。嘉慶年間。重版，古典繡像禁燬言情小說珍品。長春：吉林文史出版社，1999 年。

《越華紀略》。梁廷枏編。道光二十三年（1843）。孫中山文獻館藏。

《越華課藝》。梁肇煌編。光緒十年（1884）。孫中山文獻館藏。

《粵東成案初編》。朱櫄編。道光十二年（1832）。北京大學圖書館藏。

《粵東簡氏大同譜》。簡賓侯編。北京圖書館藏家譜叢刊，閩粵系列，第 42－44 冊。北京：北京圖書館出版社，2000 年。

《粵秀書院課藝》。何文綺編。道光二十八年（1848）。孫中山文獻館藏。

《粵秀書院志》。梁廷枏編。道光二十七年（1847）。《中國歷代書院志》，第 3 冊。南京：江蘇教育出版社，1995 年。

惲敬：《大雲山房文稿》。嘉慶二十二年（1817）。

曾燠：《賞雨茅屋外集》。嘉慶十五年（1810）序。

曾釗：《面城樓集鈔》。收於《啟秀山叢書》，第 2 輯。

張杓：《磨甋齋文存》。光緒十年（1884）。

張次溪：《汪精衛先生行實錄》。東莞：張氏百源堂，民國三十二年（1943）。

張鑑等編：《阮元年譜》（原題《雷塘庵主弟子記》）。道光至咸豐年間。重版，北京：中華書局，1995 年。

張九齡：《曲江集》。收於影印文淵閣《四庫全書》，1066 卷。臺北：臺灣商務印書館，1983 年。

張其翻：《辮貞亮室文鈔》。光緒二十九年（1903）。

張啟煌：《朱九江先生集注》。民國十九年（1930）。孫中山文獻館藏。

張壽安：《以禮代理：凌廷堪與清中葉儒學思想之轉變》。臺北：中央研究院近代史研究所，1994 年。
張維屏：《國朝詩人徵略初編》。《清代傳記叢刊》，21—22 卷。臺北：明文書局，1985。
張維屏：《花甲閒談》。道光十九年（1839）。
張維屏：《松心詩錄》。咸豐四年（1854）。哈佛燕京圖書館藏。
張維屏：《聽松廬駢體文鈔》。道光三十年（1850）。
張維屏：《藝談錄》。
張維屏：《張南山全集》。重版，廣州：廣東高等教育出版社，1993 年。
張心泰：《粵遊小記》。光緒十年（1884）。
張正藩：《中國書院制度考略》。南京：江蘇教育出版社，1985 年。
《肇慶府志》。道光十三年。
趙豐田編：《康長素（有為）先生年譜》。香港：崇文書店，1975 年。
《浙杭遷粵高陽許氏家譜》。許之華編。民國三十六年（1947）。
鄭獻甫：《補學軒文集》。咸豐五年（1855）。《近代中國史料叢刊續輯》，212 卷。臺北：文海出版社，1975 年。
鄭獻甫：《補學軒文集續刻》。同治十一年（1872）。《近代中國史料叢刊續輯》，213 卷。臺北：文海出版社，1975 年。
《中文大辭典》。1985 年。
周漢光：《張之洞與廣雅書院》。臺北：中國文化大學，1983 年。
周壽昌：《思益堂日札》。附於周壽昌：《思益堂詩鈔》。1888 年。
周寅清：《典三賸稿》。
朱次琦：《朱九江先生集》。《近代中國史料叢刊》，127 卷。臺北：文海出版社，1967。
朱次琦：《朱氏傳芳集》。咸豐十一年（1861）。

《朱次琦先生實事考》。(幾部由朱次琦撰寫和關於朱次琦的手稿收藏的圖書館標題，包括採訪冊、水利碑和畫像記。)孫中山文獻館藏。

朱熹：《朱子語類》。臺北：正中書局，1962 年。

《駐粵八旗志》。樊封等編。光緒十五年（1889）版。

鄒伯奇：《鄒徵君遺書》。同治十二年（1873）。

英　文

Alexander Woodside，"State，Scholars，and Orthodoxy：The Ch'ing Academies，1736-1839". 吳才德《國家、學者與正統：清代書院，1736—1839》。

Angela Zito，*Of Body & Brush：Grand Sacrifice as Text/Performance in Eighteenth-Century China*. 司徒安《身與筆：中國近代早期作為文本和表演的大祀》。

Anne Birrell，*Popular Songs and Ballads of Han China*. 白安妮《中國漢代民歌與歌謠》。

Antonia Finnane，*Speaking of Yangzhou：A Chinese City，1550-1850.* 安東籬《說揚州——1550—1850 年的一座中國城市》。

Arthur W. Hummel，*Eminent Chinese of the Ch'ing Period，1644-1912.* 恒慕義《清代名人傳略（1644—1912）》。

Arthur Waley，*The Opium War through Chinese Eyes*. 阿瑟·韋利《中國人眼裏的鴉片戰爭》。

B. C. Henry，*Ling-nam，or Interior Views of Southern China：Including Explorations in the Hitherto Untraversed Island of Hainan*. 香便文《嶺南記》。

Bai Qianshan，*Fu Shan's World：The Transformation*

of Chinese Calligraphy in the Seventeenth Century. 白謙慎《傅山的世界：十七世紀中國書法的改革》。

Barry C. Keenan，*Imperial China's Last Classical Academies: Social Change in the Lower Yangzi, 1864-1911.* 秦博理《中華帝國最後的古典書院：長江下游的社會變化，1864—1911》。

Benjamin A. Elman，"Ch'ing Dynasty 'Schools' of Scholarship". 艾爾曼《清代學術流派》。

Benjamin A. Elman，*A Cultural History of Civil Examinations in Late Imperial China*. 艾爾曼《中華帝國晚期科舉考試文化史》。

Benjamin A. Elman，"Changes in Confucian Civil Service Examinations from the Ming to the Ch'ing Dynasty". 艾爾曼《明清儒學科舉考試的變化》。

Benjamin A. Elman，*Classicism, Politics, and Kinship: The Ch'ang-chou School of New Text Confucianism in Late Imperial China*. 艾爾曼《經學、政治和宗族：中華帝國晚期常州今文學派研究》。

Benjamin A. Elman，*From Philosophy to Philology: Intellectual and Social Aspects of Change in Late Imperial China*. 艾爾曼《從理學到樸學：中華帝國晚期思想與社會變化面面觀》。

Benjamin A. Elman，"The Hsue h-hai t'ang and the Rise of New Text Scholarship in Canton". 艾爾曼《學海堂與廣州今文經學的興起》。

Bettine Birge，*Women, Property, and Confucian Reaction in Sung and Yüan China (960-1368)*. 柏清韻《宋元時期的中國婦女地位，財產關係以及儒家反應》。

Bradly W. Reed，*Talons and Teeth：County Clerks and Runners in the Qing Dynasty*. 白德瑞《爪與牙：清代的州縣胥吏與衙役》。

Bryna Goodman，*Native Place，City，and Nation：Regional Networks and Identities in Shanghai，1853-1937*. 顧德曼《家鄉、城市和國家——上海的地緣網絡與認同》。

Burton Watson，trans.，*Records of the Grand Historian*. 華茲生譯《史記》。

Chan Wing-Tsit，*Chu Hsi：New Studies*. 陳榮捷《朱子新探索》。

Charlotte Furth，*A Flourishing Yin：Gender in China's Medical History，960-1665*. 費俠莉《繁盛之陰：中國醫學史中的性，960—1665》。

Cheuk-woon Taam，*The Development of Chinese Libraries Under the Ch'ing Dynasty，1644-1911*. 譚卓垣《清代中國圖書館的發展》。

Chinese Repository. Vols. 1-20. 1832-1851. 《中國叢報》。卷 1—20。1832—1851 年。

Chow Kai-wing，*Publishing，Culture，and Power in Early Modern China*. 周啟榮《近世中國早期的出版、文化與權力》。

Chow Kai-wing，*The Rise of Confucian Ritualism in Late Imperial China：Ethics，Classics，and Lineage Discourse*. 周啟榮《中華帝國晚期儒家崇禮主義的興起》。

Craig Clunas，*Fruitful Sites：Garden Culture in Ming Dynasty China*. 柯律格《豐邑：中國明代園林文化》。

Craig Clunas，*Superfluous Things：Material Culture and Social Status in Early Modern China*. 柯律格《長物：早

期現代中國的物質文化與社會地位》。

Daniel K. Gardner, *Learning to Be a Sage: Selections from the Conversations of Master Chu, Arranged Topically*. 加德納《學習成為聖人》(《朱子語類》英譯本)。

David Faure and Helen F. Siu eds., *Down to Earth: The Territorial Bond in South China*. 科大衛、蕭鳳霞編《落地:華南的領地聯繫》。

David Faure, "Becoming Cantonese, the Ming Dynasty Transition". 科大衛《成為廣東人:明代的變遷》。

David Faure, "The Lineage as a Cultural Invention: The Case of the Pearl River Delta". 科大衛:《作為文化發明的宗族:珠江三角洲的個案》。

David Faure, "What Made Foshan a Town? The Evolution of Rural-Urban Identities in Ming-Qing China". 科大衛《是什麼使佛山成為城鎮?明清中國鄉村—城市身份認同的進化》。

David Faure, *The Structure of Chinese Rural Society: Lineage and Village in the Eastern New Territories, Hong Kong*. 科大衛《中國鄉村社會結構:香港新界東部的宗族和村莊》。

David R. Knechtges, trans., *Wenxuan, or, Selections of Refined Literature*. 康達維譯《文選》。

Derk Bodde, *Festivals in Classical China: New Year and Other Annual Observances During the Han Dynasty, 206 BC-AD 220*. 卜德《古典中國節日:漢代(公元前206—公元220)的新年與其他年度節日》。

Dian Murray, *Pirates of the South China Coast, 1790-1810*. 穆黛安《華南海盜,1790—1810》。

Dorothy Ko，*Teachers of the Inner Chambers：Women and Culture in Seventeenth-Century China*. 高彥頤《閨塾師：十七世紀中國的婦女與文化》。

Edward H. Schafer，*The Vermilion Bird：T'ang Images of the South*. 薛愛華《朱雀：唐代的南方意象》。

Edward J. M. Rhoads，"Merchant Associations in Canton，1895-1911". 路康樂《廣州的商會，1895—1911 年》。

Edward J. M. Rhoads，*China's Republican Revolution：The Case of Kwangtung，1895-1913*. 路康樂《中國的共和革命：廣東個案，1895—1913》。

Emily Honig，Jonathan N. Lipman，and Randall Stross，eds.：*Remapping China：Fissures in Historical Terrain*. 韓啟蘭、李普曼、斯特羅斯編《重繪中國地圖：歷史地面的裂隙》。

Emily Honig，"Native Place and the Making of Chinese Ethnicity." 韓啟瀾：《家鄉與中國的族群締造》。

Emily Honig，*Creating Chinese Ethnicity：Subei People in Shanghai，1850-1980*. 韓啟瀾《蘇北人在上海，1850—1980》。

Frederic Evans Wakeman，Jr.，*Strangers at the Gate：Social Disorder in South China，1839-1861*. 魏斐德《大門口的陌生人：1839—1861 年間華南的社會動亂》。

G. William Skinner："Mobility Strategies in Late Imperial China：A Regional System Analysis". 施堅雅《帝制晚期中國的流動策略：一個區域體系的分析》。

G. William Skinner，"Regional Urbanization in Nineteenth-century China"，in Skinner ed.，*The City in Late Imperial China*. 施堅雅《十九世紀中國的地區城市化》，收於施

堅雅編《中華帝國晚期的城市》。

George Wingrove Cooke, *China: Being "The Times" Special Correspondent from China in the Years 1857-1858.* 柯克《中國：1857—1858年泰晤士報中國特別通訊》。

Han-yin Chan Shen, "Tseng Kuo-fan in Peking, 1840-1852: His Ideas on Statecraft and Reform". 沈陳漢音《曾國藩在北京，1840—1852：他對治國之道和改革的想法》。

Harriet T. Zurndorfer, *Change and Continuity in Chinese Local History: The Development of Hui-chou Prefecture, 800 to 1800.* 宋漢理《中國地方歷史的變化和連續性：800—1800年間徽州的發展》。

Helen F. Siu, *Agents and Victims in South China: Accomplices in Rural Revolution.* 蕭鳳霞《中國南方的代理人與受害者：鄉村革命中的同謀者》。

Helen F. Siu, "*Where Were the Women? Rethinking Marriage Resistance and Regional Culture in South China*". 蕭鳳霞《婦女何在？——抗婚和華南地域文化的再思考》。

Hilary J. Beattie, *Land and Lineage in China: A Study of T'ung-ch'eng County, Anhwei, in the Ming and Ch'ing Dynasties.* 貝蒂《中國的土地與氏族：明清兩代安徽桐城縣的一個研究》。

Howard L. Boorman, ed., *Biographical Dictionary of Republican China.* 包華德主編《中華民國人物傳記辭典》。

Hoyt Cleveland Tillman, *Confucian Discourse and Chu Hsi's Ascendancy.* 田浩《儒學话语與朱子學说的主流化》。

Hugh D. R. Baker, "Extended Kinship in the Traditional City". 裴達禮《傳統城市中擴大的親屬關係》。

J. Y. Wong, *Yeh Ming-ch'en: Viceroy of Liang*

Kuang, 1852-1858. 黃宇和《兩廣總督葉名琛》。

James Cahill, *Hills Beyond a River: Chinese Painting of the Yüan Dynasty, 1279-1368*. 高居翰《隔江山色：中國元代繪畫》。

James H. Cole, *Shaohsing: Competition and Cooperation in Nineteenth-Century China*. 科爾《紹興：十九世紀中國的競爭與合作》。

James L. Watson, "Chinese Kinship Reconsidered: Anthropological Perspectives on Historical Research". 華琛《中國親族關係再探：歷史研究的人類學透視》。

James Legge, trans., *The Chinese Classics*. 理雅各譯《中國經典》。

James Legge, trans., *Li Chi, Book of Rites*. Vol. 2. 理雅各譯《禮記》第2卷。

James M. Polachek, *The Inner Opium War*. 波拉切克《內部的鴉片戰爭》。

James Robert Hightower, trans., *Han Shih Wai Chuan: Han Ying's Illustrations of the Didactic Application of the Classic of Songs*. 海陶煒譯《韓詩外傳》。

Janice Stockard, *Daughters of the Canton Delta: Marriage Patterns and Economic Strategies in South China, 1860-1930*. 斯托卡德《廣州三角洲的女兒：中國南方的婚姻模式與經濟策略，1860—1930》。

Jennifer Jenkins, *Provincial Modernity: Local Culture and Liberal Politics in Fin-de-Siècle Hamburg*. 珍妮弗・詹金斯《省的現代性：世紀末漢堡地方文化與自由政治》。

Jerry Dennerline, *The Chia-ting Loyalists: Confucian Leadership and Social Change in Seventeenth-Century China*.

鄧爾麟《嘉定忠臣：十七世紀中國士大夫之統治與社會變遷》。

Jerry Norman, *Chinese*. 羅傑瑞《漢語概説》。

John Henry Gray, *Walks in the City of Canton*. 格雷《遊走廣州城》。

John Makeham, trans., *Balanced Discourses*. 梅約翰譯《中論》。

John Meskill, *Academies in Ming China: A Historical Essay*. 穆四基《明代書院：歷史散論》。

John Meskill, *Gentlemanly Interests and Wealth on the Yangtze Delta*. 穆四基《長江三角洲的士紳利益與財富》。

John B. Henderson, *Scripture, Canon, and Commentary: A Comparison of Confucian and Western Exegesis*. 韓德森《典籍、正典與注疏：儒家與西方注疏傳統的比較》。

John W. Dardess, *A Ming Society: T'ai-ho County, Kiangsi, in the Fourteenth to Seventeenth Centuries*. 達德斯《明代社會：十四至十七世紀江西泰和縣》。

Joseph W. Esherick and Mary Backus Rankin eds., *Chinese Local Elites and Patterns of Dominance*. 周錫瑞、冉玫爍編《中國地方精英及其控制模式》。

Kenneth Ruddle, and Gongfu Zhong, *Integrated Agriculture-Aquaculture in South China: The Dike-pond System of the Zhujiang Delta*. 肯尼思·拉德爾、鍾功甫《華南的一體化農業—水產養殖業：珠江三角洲的基塘系統》。

Kung-ch'uan Hsiao, *Rural China: Imperial Control in the Nineteenth Century*. 蕭公權《中國鄉村：十九世紀的帝國控制》。

Kuo-tung Anthony Ch'en, *The Insolvency of the Chinese Hong Merchants, 1760-1843*. 陳國棟《中國行商的債負問題，

1760—1843》。

L. Carrington Goodrich and Chaoying Fang eds.，*Dictionary of Ming Biography，1368-1644.* 富路特、房兆楹主編《明代名人傳》。

Leonard Pratt and Chiang Suhui trans.，*Six Records of a Floating Life.* 白倫、江素惠譯《浮生六記》。

Linda Walton，*Academies and Society in Southern Sung China.* 萬安玲《南宋書院與社會》。

Liu Zhiwei，"Lineage on the Sands：The Case of Shawan". 劉志偉《沙田上的家族：沙灣的個案》。

Lucille Chia，*Printing for Profit：The Commercial Publishers of Jianyang，Fujian（11th-17th Centuries）.* 賈晉珠《印書牟利：福建建陽的商業出版者》。

Man Bun Kwan，*The Salt Merchants of Tianjin：State-Making and Civil Society in Late Imperial China.* 關文斌《文明初曙：近代天津鹽商與社會》。

Man-kam Leung，"Juan Yuan（1764-1849）：The Life，Works，and Career of a Chinese Scholar-Bureaucrat". 梁文金《阮元（1764—1849）：一位中國官員學者的生平、著作和履歷》。

Mark C. Elliott，*The Manchu Way：The Eight Banners and Ethnic Identity in Late Imperial China.* 歐立德《滿洲之道：八旗制度與清代的民族認同》。

Mary Backus Rankin，"Managed by the People：Officials，Gentry，and the Foshan Charitable Granary，1795-1845". 冉玫爍《由人民管理：官吏、士紳與佛山義倉，1795—1845》。

Mary Backus Rankin，*Elite Activism and Political*

Transformation in China: Zhejiang Province, 1865-1911. 冉玫爍《中國精英行動主義與政治變革：浙江省，1865—1911》。

Mary Clabaugh Wright, *The Last Stand of Chinese Conservatism: The T'ungchih Restoration, 1862-1874.* 芮瑪麗《中國保守主義背水一戰：1862—1874同治中興》。

May-bo Ching, "Literary, Ethnic or Territorial? Definitions of Guangdong Culture in the Late Qing and the Early Republic". 程美寶《文學的、種族的抑或領地的？清末民初廣東文化的界定》。

Michael Loewe, ed., *Early Chinese Texts: A Bibliographical Guide*. 魯惟一主編《中國早期文本：文獻要覽》。

Michael Loewe, *Crisis and Conflict in Han China, 104 BC-AD 9*. 魯惟一《漢代的危機與衝突》。

Michael Szonyi, *Practicing Kinship: Lineage and Descent in Late Imperial China*. 宋怡明《實踐親屬關係：中華帝國晚期的家族與傳承》。

Michael Tsin, *Nation, Governance, and Modernity in China: Canton, 1900-1927*. 錢曾瑗《國家、統治與中國的現代性：廣州，1900—1927》。

Michel de Certeau, *The Practice of Everyday Life*. Trans. Steven Rendall. 米歇爾·德塞圖《日常生活實踐》。斯蒂文·倫德爾譯。

Osmond Tiffany, Jr., *The Canton Chinese, or the American's Sojourn in the Celestial Empire*. 小奧斯蒙德·蒂凡尼《廣州中國人，或美國人僑居天朝》。

Osvald Sirén, *Chinese Painting: Leading Masters and Principles*. 喜仁龍《中國繪畫：名家與技法》。

Peh-T'i Wei, "Juan Yuan: A Biographical Study with Special Reference to Mid-Ch'ing Security and Control in Southern China, 1799-1835". 魏白蒂《阮元：傳記與研究，特別涉及清代中期中國南部的安全與控制，1799—1835》（香港大學博士論文，1981）。

Peter C. Perdue, "Insiders and Outsiders: The Xiangtan Riot of 1819 and Collective Action in Hunan". 濮德培《內人與外人：湘潭 1819 年動亂與湖南的集體行動》。

Peter K. Bol, "The Rise of Local History: History, Geography, and Culture in Southern Song and Yuan Wuzhou". 包弼德《地方史的興起：南宋至元代婺州的歷史、地理與文化》。

Peter K. Bol, "Neo-Confucianism and Local Society, Twelfth to Sixteenth Century: A Case Study". 包弼德《理學與地方社會，十二至十六世紀：個案研究》。

Peter K. Bol, "The 'Localist Turn' and 'Local Identity' in Late Imperial China". 包弼德《中華帝國晚期的"地方轉向"與"地方認同"》。

Philip A. Kuhn, and Susan Mann Jones, "Dynastic Decline and the Roots of Rebellion". 孔飛力、曼素恩《王朝的衰落及叛乱的根源》。

Philip A. Kuhn, *Origins of the Modern Chinese State*. 孔飛力《現代中國國家的起源》。

Philip A. Kuhn, *Rebellion and Its Enemies in Late Imperial China: Militarization and Social Structure, 1796-1864*. 孔飛力《中華帝國晚期的叛亂及其敵人：1796—1864年的軍事化與社會結構》。

Pierre Bourdieu, *The Logic of Practice*. 皮埃爾·布迪

厄《實踐邏輯》。

Pierre-Étienne Will and R. Bin Wong, *Nourish the People: The State Civilian Granary System in China, 1650-1850.* 魏丕信、王國斌《養民：中國的民用倉儲制度，1650—1850》。

Ping-ti Ho, "The Salt Merchants of Yang-chou: A Study of Commercial Capitalism in Eighteenth-Century China". 何炳棣《揚州鹽商：十八世紀中國商業資本主義的研究》。

Prasenjit Duara, *Culture, Power, and the State: Rural North China, 1900-1942.* 杜贊奇《文化、權力和國家：中國北方鄉村，1900—1942》。

Prasenjit Duara, *Sovereignty and Authenticity: Manchukuo and the East Asian Modern*. 杜贊奇《主權與真實性：滿洲國與東亞現代進程》。

R. Keith Schoppa, *Chinese Elites and Political Change: Zhejiang Province in the Early Twentieth Century*. 蕭邦齊《中國精英與政治變化：二十世紀早期的浙江省》。

R. Kent Guy, *The Emperor's Four Treasuries: Scholars and the State in the Late Ch'ien-lung Era*. 蓋博堅《皇帝的四庫：乾隆朝晚期的學者與國家》。

Richard Belsky, "The Urban Ecology of Late Imperial China Reconsidered: The Transformation of Social Space in China's Late Imperial Capital City". 白思奇《帝國晚期中國城市生態再探：中國前帝都的社會空間改革》。

Richard C. Howard, "K'ang Yu-wei (1858-1927): His Intellectual Background and Early Thought." 霍理齋《康有為(1858—1927)：他的知識背景與早期思想》。

Robert B. Marks, *Tigers, Rice, Silk, & Silt: Envi-*

ronment and Economy in Late Imperial South China. 馬立博《虎、米、絲、泥：帝國晚期華南的環境與經濟》。

Robert J. Antony, "Subcounty Officials, the State, and Local Communities in Guangdong Province, 1644-1860". In Robert J. Antony and Jane Kate Leonard, eds., *Dragons, Tigers, and Dogs: Qing Crisis Management and the Boundaries of State Power in Late Imperial China*. 安樂博《廣東省的鄉官、國家與地方社會，1644—1860》。收於安樂博、李歐娜主編《龍、虎、狗：中華帝國晚期的危機管理與國家權力》。

Robert Y. Eng, "Institutional and Secondary Landlordism in the Pearl River Delta, 1600-1949". 伍若賢《珠江三角洲常見的二地主制，1600—1949》。

Robert Hymes, *Statesmen and Gentlemen: The Elite of Fu-Chou, Chiang-Hsi, in Northern and Southern Sung*. 韓明士《官員與紳士——兩宋江西撫州精英階層研究》。

Roger Chartier, *The Order of Books: Readers, Authors, and Libraries in Europe Between the Fourteenth and Eighteenth Centuries*. 夏蒂埃《書籍的秩序：歐洲的讀者、作者與圖書館》。

Rubie S. Watson, *Inequality Among Brothers: Class and Kinship in South China*. 華若璧《兄弟並不平等：華南的階級和親族關係》。

Sow-Theng Leong, *Migration and Ethnicity in Chinese History: Hakkas, Pengmin, and Their Neighbors*. 梁肇庭《中國歷史上的移民與族群：客家人、棚民及他們的鄰居》。

Stephen Owen, *Readings in Chinese Literary Thought*. 宇文所安《中國文學思想讀本》。

Stephen Owen, *Remembrances: The Experience of the Past in Classical Chinese Literature*. 宇文所安《追憶：中國古典文學中的往事再現》。

Steven B. Miles, "Celebrating the Yu Fan Shrine: Literati Networks and Local Identity in Early Nineteenth-Century Guangzhou". 麥哲維《瞻仰虞翻祠：十九世紀初廣州的文學圈和地方認同》。

Steven B. Miles, "From Small Fry to Big Fish: Representing the Rise of Jiujiang Township, Nanhai County, 1395-1657". 麥哲維《從魚苗到大魚：代表南海縣九江鄉的崛起，1395—1657》。

Steven B. Miles, "Rewriting the Southern Han (917-971): The Production of Local Culture in Nineteenth-Century Guangzhou". 麦哲维《改寫南漢：十九世紀廣州本土文化生產》。

Steven B. Miles, "The New Face of *Kaozheng*: The *Huang Qing Jingjie Xubian* and Classical Studies After 1820". 麥哲維《考證學新貌：〈皇清經解續編〉與1820年後的經學》。

Sucheta Mazumdar, *Sugar and Society in China: Peasants, Technology, and the World Market*. 穆素潔《中國：糖與社會——農民、技術和世界市場》。

Susan Mann, *Precious Records: Women in China's Long Eighteenth Century*. 曼素恩《缀珍录：十八世纪及其前後的中国妇女》。

Susan Naquin, *Peking: Temples and City Life, 1400-1900*. 韓書瑞《北京：寺廟與城市生活，1400—1900》。

S. Wells Williams, *The Middle Kingdom*. 衛三畏《中央

王國》。

Theodore Huters, "From Writing to Literature: The Development of Late Qing Theories of Prose". 胡志德《從寫作到文學：晚清散文理論的發展》。

Thomas A. Wilson, *Genealogy of the Way: The Construction and Uses of the Confucian Tradition in Late Imperial China*. 魏偉森《道統：帝制後期中國的儒學傳統之構建與作用》。

Thomas Buoye, "From Patrimony to Commodity: the Commercialization of Land in Guangdong Province During the Qianlong Reign (1736-1795)". 步德茂《從傳家寶到商品：乾隆朝（1736—1795 年）廣東省土地商品化與土地產權演化的過程》。

Tilemann Grimm, "Academies and Urban Systems in Kwangtung". In G. William Skinner ed., *The City in Late Imperial China*. 林懋《廣東的書院與城市體系》。收於施堅雅編《中華帝國晚期的城市》。

Tim Oakes, "China's Provincial Identities: Reviving Regionalism and Reinventing 'Chineseness'". 歐挺木《中國的省份認同：地區意識的甦醒與"中國性"的重塑》。

Timothy Brook, *Praying for Power: Buddhism and the Formation of Gentry Society in Late-Ming China*. 卜正民《為權力祈禱：佛教與晚明中國士紳社會的形成》。

Tobie Meyer-Fong, *Building Culture in Early Qing Yangzhou*. 梅爾清《清初揚州文化》。

Weng Eang Cheong, *The Hong Merchants of Canton: Chinese Merchants in Sino-Western Trade*. 張榮洋《廣州的行商：中西貿易中的中國商人》。

William Ayers, *Chang Chih-tung and Educational Reform in China*. 威廉·艾爾斯《張之洞與中國的教育改革》。

William C. Hunter, *Bits of Old China*. 亨特《舊中國雜記》。

William T. Rowe, "Success Stories: Lineage and Elite Status in Hanyang County, Hubei, c. 1368-1949". 羅威廉《成功故事：湖北漢陽縣的宗族與精英地位，約1368—1949》。

William T. Rowe, *Hankow: Commerce and Society in a Chinese City, 1798-1889*. 羅威廉《漢口：一個中國城市的商業和社會，1798—1889》。

Wolfram Eberhard, *Social Mobility in Traditional China*. 艾伯華：《傳統中國的社會流動性》。

Yang Hsien-yi and Gladys Yang, "The Twenty-four Modes of Poetry". 楊憲益、戴乃迭《二十四詩品》。

Yeewan Koon, "Literati Iconoclasm: Violence and Estrangement in the Art of Su Renshan". 官綺雲《文人的偶像破壞：蘇仁山藝術中的暴力與疏離》。

Yeewan Koon, "Windblown Whispers: A Cohong Merchant's Art Collection and Its Impact on Early Nineteenth-Century Guangzhou Painting". 官綺雲《風吹的細語：一位公行商人的藝術收藏及其對十九世紀早期廣州繪畫的影響》。

Yü Ying-shih, "Some Preliminary Observations on the Rise of Ch'ing Confucian Intellectualism". 余英時《清代儒家知識主義的興起初論》。

Zhou Xiang, "A Sketch on the Case of Local Worthy Worshipping of Lu Guanheng". 周湘《盧觀恒濫祀鄉賢案始末》。

日　文

濱口富士雄（Hamaguchi Fujio）：『清代考拠學の思想史』（《清代考據學思想史》）。

大久保英子（Ōkubo Eiko）：『明清時代書院の研究』（《明清時代書院的研究》）。

近藤光男（Kondō Mitsuo）：『清朝考証學の研究』（《清朝考證學研究》）。

片山剛（Katayama Tsuyoshi）：『清代広東省珠江デルタの図甲制について：税糧，戸籍，同族』（《論清代廣東珠江三角洲的圖甲制》）。

片山剛（Katayama Tsuyoshi）：『珠江デルタ桑園囲の構造と治水組織：清代乾隆年間－民國期』（《珠江三角洲桑園圍的構造與治水組織：清乾隆年間至民國時代》）。

佐佐木正哉（Sasaki Masaya）：『順徳縣郷民と東海十六沙』（《順德縣鄉民與東海十六沙》）。

索　引

說　明：1. 本索引按漢語拼音排序；
　　　　2. 頁碼爲英文原書頁數（見中譯本正文邊碼）。

譯後記

多年前偶然讀到程美寶女士的評介文章,[1] 第一次知道了美國學者麥哲維這本研究學海堂的專著。當時忽然產生一個想法：這本書的研究方法很有趣，如果翻譯成中文會有更多的讀者，而且會給中國讀者一種別開生面的感覺。

我是廣州人，而且生命中的大半時間都生活在學海堂所在的越秀山麓附近，對這部著作涉及的地理和人文環境有著很深的感情，每當經過越秀山前的應元路，腦海裏往往會泛起應元書院、學海堂這樣的一些歷史沉積。

沒有想到的是，當廣東人民出版社《嶺南文庫》編輯部為麥哲維這本著作物色翻譯者時，竟然把這任務交給了我。雖然我以前也翻譯過一些有關廣州地方情況的西方著作，但限於自己的國學和英文水平，估計翻譯如此專業的學術著作，還不一定能輕易地勝任自如。

因此，受命之日，兢兢業業，務期較準確地傳達原作的精神。至於在多大程度上做到這一點，則只好由讀者來評判了。

譯者與麥哲維先生有過一面之緣，翻譯過程中對一些譯名和詞語的譯法，曾得到作者本人的寶貴指點，這對於譯文的準確性起到了非常重要的作用。但由於麥哲維先生研究工作繁

---

① 程美寶：《從思想史到思想家的歷史——評麥哲維〈學海：十九世紀廣州的社會流動性與身份認同〉》。

忙，不能更多就教，殊覺遺憾。

在翻譯過程之中，得到《嶺南文庫》編輯部沈展雲先生和夏素玲女士的配合和支持。沈展雲先生為我搜集了多種有關的書籍文獻，包括当时尚未出版的謝蘭生《常惺惺齋日記》打印本和黄國聲教授整理的《陳澧集》等，為查找事實和回譯引文提供了不少方便。

另外，本書翻譯過程中承廣東省方志館林子雄先生和廣東省中山圖書館特藏部陳靜敏女士幫助查對引文，在此謹表謝忱。

廣東人民出版社的周驚濤先生，在繁忙的本職工作之餘，審讀了譯稿全文，作了細緻精當的修改，工作之熱忱、學養之深厚與學術態度之嚴謹，令人欽佩，必須在此特別致謝！

本書的中文版為了方便讀者對學海堂的全面瞭解，按出版社的建議，徵得本書作者同意，在附錄部分增加了一些內容。其中包括：

一、英文原書“附錄”中的《學海堂集》目錄，只收入了初集的目錄，中譯本補入了二集、三集、四集的目錄。

二、收入了清代林伯桐編、陳澧續編的《學海堂志》。

三、收入了容肇祖先生所著的《學海堂考》。

沈正邦　2017 年 2 月 19 日

附錄一　學海堂志

［清］林伯桐 編　陳　澧 續編

學海堂圖

曾釗書

學海堂全圖說

學海堂在廣州城北粵秀山中，山脈自白雲山蜿蜒入城，至此聳拔三十餘丈，為省會之鎮。闢堂於此，繚以周垣，廣若干丈，袤若干丈。堂中遠眺，海門可見。堂階南出，循西下行，折而東而石磴。迆南至于外垣，其中百竿一碧，三伏時不知暑也。自堂皇南望，則見竹杪。堂後為啟秀山房，居山之前，故名。堂東石磴坡陀，梅花夾道，西達於山房，其東最高處有亭，曰至山，山顛與亭相接矣。粵秀山，一名玉山，蓋王山之譌。本如屏然，而堂在半山，羣峯環繞，堂後垣外稍東，即越王臺故址，唐韓文公所云"樂奏武王臺"者。又東北，鎮海樓在焉，五層雄峙，與至山亭遙望。堂之西，亦有磴道可抵山房，樹陰草色間，以石為几席，游者得憩。此山多南漢遺跡，東則歌舞岡，半山則呼鸞道，嘉時令節，都人來遊。案，《番禺志》東有大樹園，今廢。而堂東隔壁即龍王廟，亭臺花木，皆可旁眺。堂南有室三間，東一室藏書，西二室司閽所處。堂之外門西向，與文瀾閣外門相對。中間石徑即可登山，由石徑南行，東出即藏書室。牖前竹木之中，自有石砌，南下以達於通衢。

學海堂

堂在周垣之中，三楹九架，東西南三面深廊環繞，兩旁別有畫欄，其北餘地連接土山，若為山房前導者。堂階木棉甚高，花時如繡。堂中北墉之東，尊藏儀徵公小像石刻，北墉之西，嵌《蒼山洱海圖》，大理石畫也。西序刊石者，為《學海堂集序》。公教士綱領節目隱栝於此。堂南為門者三，門兩旁翼以短垣，其上窗櫺駢疊，內外洞然，東西墻窗欞各一而加敞，皆湘簾靜護，塵土不侵。堂前一望，則萬戶炊煙，魚鱗層湧，花塔峙於西，琵琶洲塔峙於東，球江如帶，獅子洋、虎頭門隱約可數。每當綠陰藻夏，長日如年，山雨欲來，催詩入聽，登堂坐久，人人有觀於海之意云。

啟秀山房

山房為三楹七架，三面深廊，一如堂式。其後即粵秀山顛，地勢既高，所見逾遠。掩扉開卷，遊屐無喧，白雲初出，時鳥有聲。清風乍來，翛然入室。階前大湖方石案一，明瑩如玉，可供數人嘯詠其間。春秋佳日，草色花香，透入簾幕，至若金波穆穆，玉露溶溶，靜佇移時，不異湖中泛月。

至山亭

亭在東北隅，亭後至於山椒，亭前俯視一切，兩旁曲欄，列坐可以遠眺望，于佇月尤宜。亭本圓式，隱如荷蓋，亭亭獨立，別有會心。後因亭小山高，上雨旁風，漸多黴朽，爰於戊子夏月以白石易之，改圓為方，則徑一圍四，稍廓於舊址矣。

竹　逕 附

竹逕在堂階之下，石磴偶通，別一境界。此君所在，籦龍相依，人行其中，衣裾皆綠。雜花生樹，路轉愈深，南垣之陰，平畦如罫。山雨盪沃，挂溜騰虛，急流併下，泙湃有聲。說者謂於此稍濬小池，既以瀉山水，亦可養芙蕖菱芰之屬，於點綴不無小助。案，此山舊有越井岡，《番禺志》言有水一泓，雖極旱不竭。今遺跡已湮，亦宜於此彌縫其缺矣。

續

阮太傅祠

同治二年，以啟秀山房奉儀徵公神位，榜於門曰阮太傅祠。

此君亭

竹逕之南，增構小亭，學使戴文節公題之曰："此君亭"。

新建啟秀山房

外門之内，舊有藏書之室，夷寇毁之。寇退，拓地建屋，以藏書板，遂移"啟秀山房"之名以名之。

離經辨志之齋

新建山房東壁外，隙地數弓，坡陀而下，架木以平之，構一書齋。同治四年冬落成，會有專門課業之舉，各習一書，先明句讀，此《學記》所謂"離經辨志"也，故以名之。

玉山泉

粤秀山無水，汲於山下，陟降為勞。同治二年，鑿井於此君亭東，深三十尺乃得泉，設轆轤於井上，可用汲矣。

《學海堂志》目錄 卷首圖說

山堂築成在甲申冬，學長理課始丙戌秋，此後事體日增，規條漸備。又有前後小異、必當變通者，皆不可無記。而堂中未設鈔胥，脱稿之後，往復鈎稽，日月遂積，黽勉裒錄，略得成編，其有闕遺，以竢來者。

道光戊戌秋孟，林伯桐謹識。

月亭先生撰此志，今將三十年矣，中更兵燹，復有前後小異，不可以不記，輒為續之。其不必續者不贅也。

同治丙寅季夏，陳澧謹識。

文　檄

《記》曰："凡學，官先事，士先志。"條教號令，所以集事，即所以育才也。是以創修講舍。文翁有言，獎訓諸生，虞溥有誥，于以一心。志昭勸懲，風流令行，如草斯偃，迨化成俗美，在上者之功炳焉。繼長增高，有待於後，纂言述事，不忘其初也。志文檄。

宫保督憲阮為飭遵事，照得本部堂建學海堂為課通省舉、貢、生、監經解詩古之所，其堂內事宜，應行酌定，以垂久遠。除將章程札發廣州府轉發外，合就鈔錄札知學海堂，札到即便遵照辦理。此札。

學海堂章程

一、管理學海堂，本部堂酌派出學長吴蘭修、趙均、林伯桐、曾釗、徐榮、熊景星、馬福安、吴應逵共八人，同司課事。其有出仕等事，再由七人公舉補額。永不設立山長，亦不允薦山長。

一、每歲分為四課，由學長出經解、文筆、古今詩題，限日截卷，評定甲乙，分別散給膏火。學長如有擬程，可以刻集，但不給膏火。

一、向來發榜，不分等第。今由學長辦理，應酌定等第及膏火數目，但須查明經費之數，量入為出。

一、收卷編列字號，給與收票。發榜之日，每名下注明"取經解"、"取賦"、"取詩"字樣。

一、課卷可備選刻者，另鈔一冊，由學長收存，俟可以成集之日，照《學海堂初集》例選改發刻。

一、學海堂數年膏火，皆本部堂給發，但一無經費，難以垂久。現有番禺縣八塘、海心沙坦二十三頃四十畝零，黃應中等每年納租，除完納錢糧外，實銀四百五十七兩零。又鎮涌、海心沙坦二頃三十七畝零，潘文典等每年納租一百十八兩零，俱歸入堂中，作為經費。

一、前曾發銀三百兩，交文瀾書院生息，以為司堂工食。現在本部堂又發銀三千七百兩，并前三百為四千兩，仍按月生息，以增經費。

一、堂側添建小閣，庋藏書板，及將來刻集，工價均在經費節存內動支。

道光六年六月十四日。

宮保督憲阮為學海堂事：照得堂中經費先經本部堂發銀生息，并據藩司議，撥沙坦、舖地佃租為膏火費用在案。該司仍不時嚴催，該縣隨時解司，毋得少有拖欠。至學海堂前經議定，每季支銀，此時經費較前為多，所有八學長潤筆銀每年每人加為叁拾陸兩，共二百八十八兩。堂中膏火，每季加為貳百兩。合并札知，札到即便遵照辦理。此札。

道光六年六月十七日。

宮保督憲盧札學海堂學長知悉：照得學海堂增設課業諸生，現經札諭該學長遵辦外，所有應行事宜開列於左：

一、學長等公舉諸生，務取志在實學、不鶩聲氣之士，尤宜心地淳良，品行端潔。

一、課業諸生各因性之所近，自擇一書肄習，隨課呈交學長，攷覈甲乙，定以超等若干名、特等若干名。其功課惰廢者，即行扣除。

一、現議課業諸生，本部堂責成學長盡心教導，應令該生等於學長八人中擇師而從，謁見請業，庶獲先路之導。至諸生寒素居多，儘可無庸執贄，學長等身為鄉里矜式，成就後進，教育英才，知其必樂於從事也。

一、諸生等有喜為浮豔誨淫之詞者，無庸舉列，其曾攻刀筆者，亦勿列入。至鴉片煙久干例禁，凡在士林，諒俱自愛，萬一有犯此者，亦勿列入。謹按：向來公舉學長，固推文學，尤重鄉評。至專課肄業生，既設堂中公議，選定生徒已極嚴，擬補學長當倍慎，嗣後保舉學長，先求素行無玷，然後論其人才，永不改更，以符舊約。附記。

一、課業諸生，每屆季課俱令各就所長，交出課卷，不許曠闕。

一、向例每屆季課，以學長二人承辦，所以均勞逸也。至擬定題目，自應八人公商，以期盡善。向來史筆題或題跋古書，或攷覈掌故，仍以經史為主，期為有用之文。賦或擬古賦，或出新題，俱用漢魏六朝唐人諸體。詩題不用試帖，以場屋之文，士子無不肄習也，均應遵照舊章，以勸古學。此後每季出題，應令學長公集山堂會商，是日應備飯食，即於公項內支銷。

道光十四年六月。

續

署撫憲郭札，照得本署部院撿閱《學海堂志》刊刻，盧前部堂增設課業，諸生頒給日程簿，各擇一書肄業，所以成就後進，講求顓門之學，為法甚美，徒以膏火經費無出，至今曠不舉行。本署部院思遠紹盧前部堂之美意，酌擇才品清優士子入學海堂肄業，先將應行事宜酌定，由該學長等核議具報。

一、盧前部堂頒發日程，有句讀、評校、抄錄、著述四項工夫，應令肄業諸生每日讀書，用紅筆挨次點句，毋得漏略淩亂，以杜浮躁。至於評校、抄錄、著述三項，視乎其人學問淺深，凡為句讀工夫者不限以兼三項，為三項工夫者必限以兼句讀，期使學問風氣益臻篤實。

一、肄業諸生課程，每年四季由學長評定高下。

一、肄業諸生定以三年為期，期滿復行舉報更換，以期後來之秀接踵相望。

同治四年十月二十一日。

建　置

晏處閭廬，思帡幪之功；周行四方，見津梁之力。物不答施，造化所以為大也。雖然，前所未聞，有開必先，誰為後來，視已成事。苟非深知謀始者之勞，遂可善守而勿失，未之有也。志建置。

築　堂

吾粵教人見於史傳者，唐韓文公為著。攷粵士自漢議郎陳氏始以治《易》、《春秋》顯，董正少通《毛詩》、《三傳》知名，公府風流所漸被，篤脩之士伏處海濱，未嘗廢學。古之司牧，築室作人，啟迪宏獎，相望於後先。至以通經服古，實事求是，專設為教者，則向未有。

儀徵公於嘉慶丁丑持節督粵，迨辛巳，政通人和久矣，始設經古之課，不專一題，俾得所近，不速其期，俾盡所長，既以粵士為可教，遂闢學海堂。初擬於前明南園舊址，略覺湫隘，又擬於城西文瀾書院，以地少風景；最後擬於河南海幢寺旁，亦嫌近市，相視久之，遂定於粵秀山，枕城面海，因樹開門，荊榛則薙之，古木則培之。

公於政暇，躬親指畫，經始甲申之秋，閱一時而蕆事，行禮講業，具得所依，高下自然，曲折有意。自是以來，結童入塾，下邑橫經，或聞風而聿來，或遊觀而不舍，蒸蒸然多所興起矣。

設學長

此課之設，首勸經史，而詩賦備具。應課者各有所長，司課者宜兼眾力，是以丙戌之秋，設立學長八人，同理課事，俾各悉心力，以俟大吏裁定而昭布焉。互相補苴，宜無鹵莽，各經論辨，自可持平。其中因事辭出，即由七人公舉補充，鄉評當採，舊章可由，必不致輕議更張，荒經蔑古。語曰：合二十五人之力，力如彭祖。其立法之意，為至深遠也。

儀徵公諭云：學長責任與山長無異，惟此課既勸通經，兼該眾體，非可獨理，而山長不能多設。且課舉業者各書院已大備，士子皆知講習，此堂專勉實學，必須八學長各用所長，協力啟導，庶望人才日起，永不設立山長，與各書院事體不同也。

頒鈐記

堂中向未設鈐記，所有課期啟事、請領經費，俱於學長中現任教職或兼書院監院有鈐記者借用，未可為常。道光十七年奉鄧制府祁中丞頒發“學海堂學長”鈐記一顆，由管課學長收管，按季流交，自此堂中治事、申文，不假外索，常有憑信矣。

本堂向來請事於大憲，俱用申文，若因事文移　各州縣，俱用平行。

續

設祠祀

儀徵公既沒，同人議建祠以祀，而山堂周垣以內無其地，惟啟秀山房氣象崇深，於祠祀為宜，乃奉神牌於其中，改題為阮太傅祠。每歲春祭以正月二十日，秋祭以八月二十日，其品物禮節仿照名宦祠禮。帛一、羊一、豕一、籩四、豆四、尊一、爵三，行三叩禮。

事　宜

般之制器，方圓隨施，而誨於人者不偭規矩。甄之相馬，驪黃莫論，而傳其說者必齊力毫。無他，法外有意，非智者不能，堅明約束，則眾人易守，不愆不忘，如農有畔，亦可久之道也。志事宜。

一、前奉儀徵公設立學長諭以出題評卷為要，至一切經費支發，事關勸學，亦須學長公辦。嗣奉撫、督、學三大憲親加考課，學長等承諭擬題閱卷，各有攸司，其一切事宜則輪流料理，每年四課，每課兩學長經管，周而復始，以專責成。

一、每季孟月初旬，即由管課學長知會，齊集堂中，公擬題目，每題加倍擬備，定期請題，輪赴撫、督、學三署，呈憲裁定，周而復始。即因事展期，亦不過中旬，必要請題。俟發出題目，即行刊刷，粘貼學海堂及各學長寓所，隨便分給，俾遠近周知。

一、每發題紙，注明某月某日在學海堂收卷。屆期，辰初起收，酉正截收。即日將各卷收回管課學長寓所，逐卷核明，封固備繳。向來交卷無期，在遠處者不便。後公議，發題之後，不得過一月以外，定期兩日收完。

一、收卷設號簿，每卷給票為憑，先將卷票與號簿合寫字號，蓋用鈐口圖章。收卷後，每卷之背仍照簿編號稽查。

一、收卷彙繳後，倘發出公閱，即日管課學長將各卷分派，約期彙齊。或發出已在午後，亦不過次日，必要分派。

一、分閱課卷畢，依期公集堂中，彙齊互閱，各無異議，即列擬取名單存查，仍封固俟送。如所閱有擬選刻者，各列選單，彙交管課處核定，以待發榜後鈔存備刻。

一、分閱課卷彙齊後，擬取之卷送進憲署裁定。其未取之卷，另為一函，隨同全繳，以備綜核。

一、課榜、課卷發出，即著司堂鈔存取錄名冊，又鈔榜一張，并原榜一齊粘貼。原榜貼學海堂右廊山牆，鈔榜另貼。如發出各卷自有次第，並未給榜者，即照發出次第，寫榜兩張，照常分貼。

一、貼榜之時，於榜内另紙標明某月某日在學海堂發給膏火。如經費尚未發出，亦另紙寫明，現在請領經費未發，一俟發出，即定期分給。屆期在堂中憑卷票發給。

一、請領經費，由郡守申藩伯，展轉發給，未免需時，每季孟月，管課學長即宜備文申領。

一、每逢孟月中旬，計前課各事已竣，應由上手管課學長約期交代。倘前課榜尚未發，即將應給膏火銀截留備用，其餘各欵一面流交。或因事展期，亦不過仲月初澣。

一、每課交代，俱用木箱，内有交代備查冊及經費總簿，由接管之學長照數查點。如有未備，即向上手問明下落，注於冊内。以交代為盤查，可期經久。

一、每年收支小賬，自有經費總簿，各自列明，隨課流交。至偶有非常支用不在每年常欵内者，如刊書之類。其經手辦理之學長自行設簿詳列，以便日後查對。

一、堂中公集之日，必查明各事物應料理者存記，兼到文瀾閣因便稽查。凡地方有應修補，器具有宜更置，一切事體亦可即日定議，以便早辦，併飭知兩處工役，常要整潔地方。

一、學長非輪當管課，秖須擬題閱卷，其請題繳卷等事，俱由管課學長核辦。惟遇事體緊要，或向來未辦過者，隨時知會集議。

經　費

物不備不足以集事，賞不昭不足以作人。然則勸學興化、固宜謀及經費矣。儀徵公以實學造士，自辛巳春至丙戌夏，所有學海堂膏火俱捐廉發給。迨移節滇黔，爰籌畫在官，無礙田地租息撥充公用，其徵收掌之於官，請領動支皆有成式。復以堂費浩繁，捐白金四千兩發商生息，為之協濟，公私相維，鈎稽至密，歲時申報，纖悉無遺。後之人按籍可知，謹守勿失，自足經久而行遠也。志經費。

官　租 南海、番禺兩縣署徵收，申解藩庫，隨時給發辦課支用。

南海縣屬河清鎮涌鄉前土名海心坦，二頃三十餘畝，潘文典等承佃，每年納官租銀壹百壹拾捌兩零。查此係初報之數，後經列憲核實，此欵每年納官租銀壹百玖拾肆兩玖錢肆分柒厘。

省城雞欄白地建造鋪屋，張鳳儀承佃，每年租銀肆拾兩。

省城靖海門外官地建鋪，分別上、中、下租數，共鋪五十一間，每年租銀叁百叁拾玖兩捌錢叁分肆厘。

番禺縣屬土名八塘、海心、沙并、大刀、沙溢坦，二十三頃四十畝零三分，黃應中等承佃，每年納官租銀肆百伍拾柒兩貳錢零壹厘。查此係墾戶黃應中等報承，每年除納陞科錢糧銀壹拾兩零捌錢叁分玖厘外，另輸官租銀如上數。

以上四項租，每年共收銀壹千兩零叁拾壹兩玖錢捌分貳厘。

息　銀

發商生息銀紋銀叁千兩，洋銀壹千兩。共肆千兩，每月每兩壹分行息，每年應收息銀肆百捌拾兩。

此項前於道光六年六月儀徵公捐銀肆千兩，發出文瀾書院董事四家生息，每月每兩息銀壹分二厘。後因各家交息不能一概，有礙支發，於道光十六年，奉鄧制府、祁中丞提回此項，改發南海、番禺、佛山、河南各典商生息，每月每兩息銀壹分，每年定期以五月初一日及十一月初一日送到學海堂查收、支發，以期經久。

以上各租息每年共收銀壹千伍百壹拾壹兩玖錢捌分貳厘。

請　領

每年分四季辦課，孟月即具文請領經費，先申廣州府署，由府轉申藩署發出。後仍由府行文發給，取具堂中印領，申繳存案。

支　用

每年學長脩金，每人叁拾陸兩。學長八人，每年共支銀貳百捌拾捌兩。

每課給膏火銀貳百兩，每年四課，共支膏火銀捌百兩。

每課雜用刊題紙銀伍錢，紙筆銀貳錢，席銀貳兩，寫榜銀叁錢伍分，鈔卷銀叁錢伍分，收卷發膏火給書手銀柒錢，長班工食銀叁錢伍分。共銀肆兩肆錢伍分，每年四課，共支雜用銀壹拾柒兩捌錢正。道光十四年，奉督憲盧諭：每課擬題，應公集山堂會商，照支席金貳兩，每年四課，共支銀捌兩。

每年支書辦飯食銀陸兩壹錢貳分。

每年支辦報銷冊銀貳兩。

學海堂司堂一名，工食銀叁兩。看門一名，工食銀貳兩。香油銀伍兩伍錢陸分。每月共支工食、香油銀伍兩伍錢陸分，每年共支銀陸拾陸兩柒錢貳分。逢閏月多支銀伍兩伍錢陸分。

每年清明支香燭銀柒錢貳分，中元支香燭銀柒錢貳分，支鋤頭、水桶、苕帚等銀柒錢貳分，度歲支司堂年賞銀柒錢貳分。以上每年共支銀貳兩捌錢捌分。

文瀾閣司香一名，工食銀叁兩。看門一名，工食銀貳兩。香油銀伍錢陸分。每月共支工食香油銀伍兩伍錢陸分，每年共支銀陸拾陸兩柒錢貳分。逢閏月多支銀伍兩伍錢陸分。

每年度歲支門燈花紅銀陸錢，支司香年賞銀陸錢。以上每年共支銀壹兩貳錢。

以上各欵，每年共支銀壹千貳百伍拾玖兩肆錢肆分。逢閏月之年另多支堂閣工食香油銀。共應支銀壹千貳百柒拾兩零伍錢陸分。

以上俱係每年支用一定之欵，此外尚有刊刷書籍、脩整地方、補置器具各用未能預定者，隨事具文請於經費內動支發給。

新　支

道光十四年冬，奉督憲盧新設專課肄業生拾名，每名每月給膏火銀貳兩，每年共應支銀貳百肆拾兩。此欵膏火僅支發一次，該生等現有專經肄習、著述成書，每年繳到學長覈定者，惟因經費未足，不能請領，暫行停支，俟將來經費有餘，即當請領支發。

以上常新欵，共應支銀壹千伍百壹拾兩零伍錢陸分。

報　銷

每年春月，核算上年領出支用各數，詳細開造清冊，一色五本，申詳廣府署、糧憲署、藩憲署、撫憲署、督憲署，俱係年清年欵，存案備查。

續

田　租

發當商生息本銀四千兩，兵燹之後，當商乞繳還。同治二年二月，軍需局有查抄章昇耀家產麥村田五十八畝二分、坑口田四畝，共六十二畝二分，召變充餉。學長公議，將昔時發商本銀二千兩承領，軍需局給有執照，其稅載在番禺縣狀元十五圖。另甲、西塱三圖五甲每年共納條銀二兩四錢九分四釐，色米七斗零七合。閏年條銀二兩五錢五分五釐。現批與佃人麥培之、鄧世和、麥景欣承耕，每年令佃人於租銀內先支出應納糧銀，前往縣署輸納外，乃交租銀一百四十二兩，正月十五日、七月十五日兩次交收。

同治二年九月，又將昔時發商本銀一千九百五十兩，買受陶堯階、陶文園等田二十九畝二分一釐八毫，土名司馬涌。餘銀五十兩為中人及稅契之用。移文南海縣稅契開戶，其稅載在南海縣大圃堡付下圖另甲，每年納條銀一兩零九分四釐、色米五斗四升四合。閏年條銀一兩一錢三分一釐。現批與佃人何太溪承耕，每年租銀一百三十兩，正月十五日、七月十五日兩次交收。此田錢糧由本堂往納。

義倉撥項

昔時收當商息銀，每年四百八十兩。後將本銀領買田地，每年共收租銀二百七十二兩，較前收息銀短絀頗多，無可籌補。同治元年，督憲勞札惠濟義倉，每年所收田租撥銀二百四十兩，交學海堂添補經費。

加　獎

同治三年，王學使澎捐銀五百兩為加獎之用，學長將此項發商生息，每季息銀十兩，為上取加獎。

同治五年，郭中丞設專課生，本擬捐廉为膏火，學长竊議，以為非經久之計，稟請令番禺縣屬土名八塘、海心、沙并、大刀沙佃人每年納官租四百五十七兩外，再增租四百五十七兩，交學長兑收，為專課諸生膏火之用。奉中丞批准，藩憲行縣飭佃人遵照。佃人具稟，情願每年如數增租，交學長兑收。

新　支

同治五年，設專課生十名，并議定將來增設八名，共十八名。每季分别上取十名，每名膏火銀六兩，次取八名，每名膏火銀五兩，共一百兩，每年共應支銀四百兩。沙田增租四百五十七兩，除支膏火銀四百兩，餘五十七兩，為紙筆、飯食、長班工食、補置器皿之用，每年詳細造冊報銷。

題　名

學長名目，自昔有之，受官於朝，專教於學。今所設立，但師其意，雖無官守，亦有責成。砥行論文，相觀而善，前脩匪懈，後起方來，書於簡端，用以交儆，志題名。

趙均，順德人。嘉慶戊辰恩科副榜貢生。歷署羅定州學正，惠州府豐順縣、潮州府揭陽、饒平縣儒學教諭。

吴應逵，鶴山人。乾隆乙卯科舉人。

林伯桐，番禺人。嘉慶辛酉科舉人，肇慶府德慶州學正。

吴蘭修，嘉應人。嘉慶戊辰恩科舉人。高州府信宜縣儒學教諭銜管訓導事，粤秀、羊城書院監院。

曾釗，南海人。道光乙酉科選拔貢生。廉州府合浦縣儒學教諭，調欽州學正，議敘即用知縣加知州銜。

馬福安，順德人。嘉慶己卯科舉人，道光己丑科進士，翰林院庶吉士。四川犍為縣知縣，福建沙縣知縣，陞安徽六安州知州。

熊景星，南海人。嘉慶丙子科舉人。肇慶府開建縣儒學教諭銜管訓導事。

徐榮，漢軍人。嘉慶丙子科舉人。直隸正定府藁城縣儒學教諭。道光丙申恩科進士，浙江即用縣知縣，洊陞杭州府知府，署杭嘉湖道。陞授福建汀漳龍道，奏留防堵，殉難安徽，奉旨交部從優議恤。

以上八人俱道光六年初設。

張杓，番禺人。嘉慶戊辰恩科舉人。潮州府揭陽縣儒學教諭。道光七年正月補。

張維屏，番禺人。嘉慶甲子科舉人，道光壬午恩科進士，湖北松滋、黄梅、廣濟縣知縣，署襄陽府同知，江西袁州府同知。湖北壬午、乙酉兩科同考試官，江西壬辰科同考試官。道光九年七月補。

黄子高，番禺人。道光己丑科優行貢生。道光十年三月補。

謝念功，南海人。道光壬午科舉人。道光十二年正月補。

儀克中，番禺人。道光壬辰科舉人。道光十四年三月補。

侯康，番禺人。道光甲午科優行貢生，乙未恩科舉人。道光十七年二月補。

張維屏，署江西南康府，請假歸里。道光十八年三月復補。

譚瑩，南海人。道光辛卯恩科優行貢生，甲辰恩科舉人。高州府化州儒學教諭銜管訓導事。歷署肇慶府儒學教授，韶州府曲江縣、惠州府博羅縣儒學教諭，嘉應直隸州儒學訓導，越華、端溪、粵秀書院監院。欽加内閣中書銜。道光十八年三月補。

黄培芳，香山人。嘉慶甲子科副榜貢生。武英殿校録，韶州府乳源縣學教諭，調瓊州府陵水縣學教諭，俸滿即陞知縣，仍借補肇慶府學訓導。越華、羊城書院監院。候選國子監典簿，欽加内閣中書銜。道光十八年七月補。

梁廷枏，順德人。道光甲午科副榜貢生。由就職州判改就教職，選潮州府澄海縣儒學教諭銜管訓導事。越華、粵秀書院監院。欽加内閣中書銜。道光二十年正月補。

陳澧，番禺人。道光壬辰科舉人。惠州府河源縣儒學教諭銜，管訓導事。道光二十年十月補。

楊榮緒，番禺人，原名榮。道光乙未恩科舉人。咸豐癸丑恩科進士，欽點翰林院庶吉士。道光二十五年正月補。

金錫齡，番禺人。道光乙未恩科舉人。咸豐三年十一月補。

鄒伯奇，南海人。縣學生員。咸豐七年正月補。

李能定，番禺人。道光丁酉科舉人。咸豐八年十一月補。

沈世良，番禺人。附貢生。韶州府學訓導。咸豐八年十一月補。

陳良玉，漢軍人。道光丁酉科舉人。咸豐九年十一月補。現官通州學正。

朱次琦，南海人。道光己亥科舉人，丁未科進士。山西襄陵縣知縣。咸豐九年十一月補。

陳璞，番禺人。道光辛亥恩科舉人。同知銜江西安福縣知縣。咸豐十一年二月補。

李光廷，番禺人。道光己酉科拔貢，辛亥恩科舉人，壬子科進士。吏部稽勳司主事，陞稽勳司員外郎。同治二年二月補。

周寅清，順德人。道光乙未恩科順天鄉試舉人，甲辰科進士。歷任山東城武、高密、臨淄、昌樂縣知縣，甯海州知州，山東己酉、乙卯兩科同考試官。同治二年二月補。

李徵霨，原名鳴韶，南海人。道光辛卯恩科副榜貢生，壬辰科舉人。肇慶府高要縣儒學教諭。同治九年正月補。

陳良玉，由直隸通州學正任內開缺回籍。同治十年十月復補。

樊封，漢軍人。同治癸酉科欽賜副榜貢生。光緒元年三月補。

何如銓，南海人。光緒乙亥恩科舉人。光緒二年六月補。

許其光，番禺人。道光丙午科舉人，庚戌科榜眼，翰林院編修，廣西儘先補用道、欽加二品頂戴。光緒三年十月補。

陶福祥，番禺人。光緒丙子科舉人。光緒五年七月補。

譚宗浚，南海人。咸豐辛酉科舉人，同治甲戌科榜眼。侍讀銜，翰林院編修，四川學政。光緒六年十月補。

廖廷相，南海人。同治庚午科舉人。光緒丙子恩科進士，翰林院編修。光緒七年十月補。

陳瀚，南海人。同治庚午科舉人。光緒七年十二月補。

黎維樅，南海人。廩貢生。候選訓導，越華書院監院。光緒八年四月補。

高學燿，番禺人。附貢生。光緒八年四月補。

張其翻，嘉應人。道光甲午科舉人。知府銜補用直隸州知州，陝西富平縣知縣。光緒十一年六月補。

林國賡，番禺人。光緒乙酉科優貢。八旗官學教習，戊子科舉人。光緒十二年十二月補。

林國贊，番禺人。光緒乙酉科舉人，己丑科進士。刑部直隸司主事。光緒十四年六月補。

課　業

前賢讀書，首重師法，旁搜遠紹，不離乎宗。所得有淺深，所業無蕪廢，士風日厚，職是居多。顧江都下帷，轉相傳授，昌黎退食，請業滿堂，蹤跡稍殊，興起無異，學問公器，有志竟成，善學者多，千里猶一室也。志課業。

儀徵公曰：多士或習《經》、《傳》，尋疏義於宋、齊；或解文字，考故訓於《倉》、《雅》；或析道理，守晦菴之正傳；或討史志，求深寧之家法；或且規矩漢晉，熟精蕭《選》，師法唐宋，各得詩筆。節錄《學海堂集序》。

宮保盧制府諭云：前者宮保儀徵相國師以經史訓迪多士，教澤既洽，一紀於兹。宜令學長於所課諸生中舉其尤異，教以顓門。治經必始箋、疏，讀史宜錄漢、魏。各因資性所宜，聽擇一書專習，或先句讀，或加評校，或鈔錄精要，或著述發明。學長稽其密疎，正其歸趣。

又諭云：課業諸生於《十三經注疏》、《史記》、《漢書》、《後漢書》、《三國志》、《文選》、杜詩、《昌黎先生集》、《朱子大全集》，自擇一書肄習，即於所頒日程簿首行注明習某書，以後按日作課，填注簿內。

公舉專課肄業生十名

陳　澧 番禺舉人。

張其翻 嘉應舉人。

吴文起 鶴山副貢。

朱次琦 南海附生。

李能定 番禺附生，已於鄉試中式。

侯　度 番禺附生，已於鄉試中式。

吴　俜 鶴山廩生。

潘繼李 南海，已補廩生。

金錫齡 番禺，已由附生應鄉試中式。

許玉彬 番禺。

宮保盧制府批：查核此次保送課業生徒，該學長慎重遴選，各舉所知，自係素樹芳聲，蔚為時彥，甫肯登諸薦牘，副我渴懷，著遵前札事由，准其在堂課業。夫子政論文，志在師聖，稚圭勸學，句必宗經。善作者貴乎善成，本部堂為仰紹師承之舉，有體者施於有用，爾多士當勉為成德之才，諸學長咸有訓迪之責者也，其益思所以勗之。

續

郭中丞諭云：盧前部堂設課業諸生各擇一書肄習，本署部院仍照盧前部堂所定章程，於所治經史專集之外，加增數學一門，仍以十人為率，將來再行推廣。

公舉專課肄業生十名

桂文熾 廣州府學增生。習《史記》。

潘乃成 南海學附生。習《毛詩》。

梁以瑭 南海學附生。習《昌黎集》。

孔繼藩 南海學附生。習《算經十書》。

高學燿 番禺學附生。習《禮記》。

陳慶修 番禺學附生。習《周禮》。

崔顔問 番禺學附生。習《朱子大全集》。

王國瑞 番禺學附生。習《爾雅》。

周　果 順德學廩生。候選訓導。習《儀禮》。

伍學藻 順德學廩生。習《春秋左傳》。

經　板

自剞劂肇啟，載籍方滋，其間切要者亦可指數。毋昭裔少時欲借《文選》，竟不可得。及後貴顯，梓以流傳，至今稱美。至於經訓菑畬，不特浩如煙海，而搜羅甄錄，非有精深卓絕之識，博厚悠久之志，亦未必克底於成也。我朝經學極盛，一家之書，輒軼前載，聞聲相思，欲購無所。而前代空談流弊，士或溺於所聞，冥行踟躕，去道逾遠。儀徵公審定師承，啟發鴻寶，爰刊《皇清經解》一千四百卷，存板於堂，將使山陬海澨，皆得聞海內大師之緒言，而寒畯有志，無難快覩。其闡揚古訓，是為山淵，衣被士林，豈徒廣廈乎哉。志經板。

儀徵公初發章程有云：將來於堂側添建小閣，庋藏書板。迨《經解》將次刊竣，堂中召工估計，以書板既多且重，閣內必須寬展，木料必須長大，而堂側地面亦須培高，乃便於因勢加築。工費浩繁，公議附近有文瀾閣，係本處紳士奉公命特建以奉文昌祀事者，閣下三楹，地方乾潔，暫於兩旁設架藏板，亦不偪仄，遂詳議章程，庋藏於此。俟經費漸有餘裕，再議請領，在堂側築閣也。

藏板章程

一、《經解》板共一百零九架，每架編列字號，標明板片若干。

一、兩架疊陳，兩疊互倚，使房中仍有餘地，以便通行，隨時查核。

一、每架腳俱用厚甆盌盛之，盌中貯石灰，以防蟻蛀。盌下用厚紅甎墊之，以避潮氣。

一、藏板房門鎖鑰由值課學長收管，按季流交。

一、書坊有願刷印者，先具領到堂，交納板租，然後定期開工。其板片甚多，不能搬遠，該匠人等每早到文瀾閣下刷印，薄暮散歸。不作夜工，以昭慎重。

一、每次刷印《經解》，多則一綑，六十部。少亦半綑。三十部。每刷一部，納板租銀壹兩。以備每次修補板片及小修藏書房舍，隨時整理書架各雜費。另自交守閣、守堂茶資，每一部貳錢肆分。每次發板，收板，及每日工匠往來，俱要守閣等照料一切也。

一、每逢刷印，守閣等到學長處領出鑰匙，每發板片不過十架，收回舊板，再發新板。每次照字號點明板數，不得有誤。

一、印書之時，學長中偶欲印一部者，亦照納板租，照給茶資，以歸畫一。即雇該書坊匠人刷印。至堂中並無刷印《經解》發出外者，其守閣、守堂等既得書坊茶資，不許私雇匠人與書坊並刷。

一、所收板租，設立總簿，注明某年月日、某書坊刷印《經解》若干部，納板租若干，某學長收入存貯。每次印書畢，即要雇匠將各書板逐片洗刷晾乾，然後收藏。每次俱有應脩補之板片，即時脩補。或房門、窗板、竹簾及各書架有當脩理者，隨時雇人脩理。如有工費稍大，不能即辦者，必須存記，俟冬月公集商辦。凡有關經板之費用及一切無著之欵，俱於板租內支出。至年底通計支銷之外，或偶有所存，亦要酌定買有用之書，藏於山堂。其經手收支者，自列清欵目，俾得週知可也。

續

咸豐七年，夷寇據粵秀山，學長等以山堂多藏書板，募有能取出者厚賞之。有通事某甲取出，然缺失者大半矣，乃以舟載至城西之泌冲，庋於鄒氏祠堂。

勞制府聞之，捐銀七百兩補刻《皇清經解》，諸官紳亦捐資助成之，共銀七千兩，未及兩年而工畢，時文瀾閣已圮，庋板於惠濟倉。先是，山堂外門之內有藏書之屋，夷寇毀其書，屋亦摧壞。乃即其址拓而大之，增築山坡與舊址平，高其外垣，為室三間，以藏《經解》板。《揅經室集》、《學海堂初集》、《二集》板亦有缺，皆補完之。三集選定未刻，其稿在督署內，亂後有得之者，以歸於山堂，遂並刻而藏之。

藏　書

博觀前載，心知其意，則強立不返矣。顧名山所藏，覯止匪易，前人白鹿洞書許人借讀，近則崑山顧氏介休書堂公之同人，芳臭氣澤，興起良多，虛往實歸，引翼勿替，其視深藏篋笥、終飽蟫蠹者，為何如也。雖然，物無常聚，而不私一人，苟非置籍勾稽，或有負而走者，則亦雲煙之過眼耳。藏書各種，有儀徵公所授者，有大吏所頒者，有同人所貽者，有學長所購者，藏弆有籍，出入有規，以待堂中之士善讀而有得焉，洵快事也。志藏書。

藏書規條

一、堂中藏書冊二本，其一流交，其一存堂，如續有所藏，隨時著錄。

一、藏書凡若干箱，常日封鎖，其鑰匙隨課流交，管課學長隨時省視。

一、藏書每本首尾兩頁，俱蓋用“學海堂藏書”圖記。

一、設借書冊九本，其一存堂，八學長各分貯一本。

一、學長如借讀藏書，先在分貯之借書冊自注，某時借讀某書凡若干本，約以某時交回，分送現管課兩學長，各照鈔入分貯冊內，仍於存堂之借書冊照式注明，然後借出。遇公集之日，當眾說知。後來交回，亦由現管課者核明書無缺少、污損，方可收入，於各冊注銷。倘屆期未交，現管課者須問明何故，即詳記於存堂之冊，俾得周知。

一、借書如有遺失，係借者自行購補。如有點污、損失，自行洗刷、修好，方可交回。每逢公集，核實妥藏，庶可經久。

續

夷寇亂後，藏書蕩然無存。同治五年，郭中丞入都，留贈百金，學長固讓，不獲命，乃購《通志堂經解》藏於山房，與好學之士共讀之。異時增貯群書，此為嚆矢矣。

石　刻 木牓楹帖附

金石文字，嗜古者癖焉。後之視今，猶今之視昔，自來殘碑斷碣，未必皆有可觀，多閱歲時，則著錄務盡。至於題目佳境，文字具存，日相摩挲，不復存錄，幾於貴耳而賤目矣。堂中留題，石鐫木刻，不專一體，後宜有攷，裒集成編。志石刻。

外門石額

學海堂 陰文，横列，楷書，字徑七寸餘。

堂中木扁 儀徵公書，高一尺九寸，廣七尺，懸於堂之中棟。

學海堂 陰文，横列，小篆，字徑一尺一寸。

西序石刻 端溪石，高一尺零五分，凡四幅，共廣二尺五寸，幅二十五行，行八字。

學海堂集序 陰文，順列，楷書，字徑七分。

北墉之東石刻 端石，高三尺四寸七分，廣一尺八寸五分，厚□寸□分。

儀徵公像

題額 在像之上方。

阮芸臺先生象 陰文，横列，小篆，字徑三寸。

題記 在像之右。

道光八年四月，學海堂弟子鶴山吴應逵，番禺林伯桐、張杓，嘉應吴蘭脩，漢軍徐榮，南海熊景星、曾釗，順德馬福安，橅刻，阮夫子象立於堂中，志師承也。蘭脩篆額並記。陰文，順列，楷書，字徑五分。

北墉之東石畫 大理石，畫高二尺零五分，廣二尺三寸七分，厚八分。

蒼山洱海圖 石畫上方之右刻此五字，陰文，橫列，八分書。

題詞 在石畫右之上方，凡四行，行八字，陰文，順列，楷書。

蒼山雨腳，洱海雲頭，群峰直立，滄波不流，仙人東海，遠不可求，此即蓬萊，此即瀛洲。後刻圖章，方六分，陰文。阮氏石。

題記 石畫，四圍用端石護之，外又用木護之，記歲月於下方端石，凡三十三行，行二字。

相國儀徵公自滇寄此石屏，山光海色，咫尺萬里，洵奇觀也，嵌諸壁間，與堂竝壽。道光十五年四月，受經弟子林伯桐、張杓、吴蘭脩、曾釗、熊景星、黄子高、謝念功、儀克中謹記。陰文，橫列，小篆。

磚文 四隅壁上皆有，磚高□寸□分，廣□寸□分，厚□寸□分。

學海堂宜永昌 陽文，順列，小篆。

阮宫保建學海堂 陽文，順列，小篆。

堂中東楹帖 東壁近南，木刻，陰文，楷書。續：今移於阮太傅祠内。

公羊傳經，司馬記史。

白虎德論，雕龍文心。

雲臺宫保師撰句。受業博羅何南鈺謹書。續：儀徵晏端書補書。亂後扁聯皆不存，其有拓本者，重刻之。無拓本者，補書之。

堂中西楹帖 西壁近南，木刻，陰文，楷書，儀徵公撰。續：今重刻，移於前楹。

此地攬獅海珠江之勝。

其人遊儒林文苑之間。

道光四年。番禺劉彬華書。

北墉楹帖 木刻，陰文，小篆。續：今移於至山亭。

繹史誦經，思在古昔。

登高極遠，顯於今時。

今相國儀徵阮公持節兩粵時，刱建學海堂，課諸生經、史、詩、古文詞。後十年，廷楨來繼其任，登堂仰止，輒集嶧山碑字，題其前楹。道光十有六年太歲在柔兆涒灘仲夏之月，江甯後學鄧廷楨書。續：金錫齡重摹碑字。

北墉楹帖 木刻，陰文，楷書。

學貫九流，匯此地人文法海。

秀開百粵，看羣賢事業名山。

道光六年仲秋。果亭成格題。續：今重刻。

堂南門前楹帖 木刻，陰文，楷書。續：今重刻，移於阮太傅祠前楹。

智水仁山，在此堂宇。

經神學海，發為文章。

道光四年，嘉平月。潞河白鎔題。

山房木扁 陰文，橫列，楷書，字徑七寸，懸於山房之中楝。續：今移於藏書板之室。

啟秀山房 道光五年仲春。金竹翟錦觀書。續：陳澧補書。

山房楹帖 木刻，陰文，楷書。續：今移於此君亭。

實事求是。

空谷傳聲。

道光四年嘉平月。夏修恕書。續：陳璞補書。

堂北小亭木扁 陰文，橫列，楷書。

至山亭 道光四年，鐵橋李澐書。續：譚瑩補書。

續

堂南小亭木扁

此君亭 戴熙書。鄒伯奇補書。

書齋木扁

離經辨志 同治五年四月，郭嵩燾書。

桂林石刻搨本 橫幅，高□尺□寸□分，廣□丈□尺□寸□分，用木架張於堂北墉正中。

《論語・子張問從政章》凡十五行，行十三字，楷書，字徑□寸□分。

跋 凡二行，楷書。

右《論語・問政》一章，廣漢張公栻嘗大書於桂林郡之治事聽。桐廬詹宮儀之欲其傳之廣也，命鑱諸巖石此行四十字。俾凡臨民者皆得目擊心存，力行無倦，庶不負聖人之訓。淳熙甲辰冬長至日，郡文學長沙陳邕謹題。此行三十九字。

雅　集

君子之學，息焉遊焉，從於舞雩，未忘講習，陳經庚子，當得獻酬。自有宇宙，即有此山，促膝一堂，無負佳日，永懷千古，有美弗諼。當魚鳥相親，花木成列，人生而靜，會心不在遠也。築堂以來，歲有小集，講禮於斯，會友於斯，來日無涯，宜詳時序。志雅集。

每年春孟，同人團拜於堂，仰止師承，如親提命，因定於正月二十日期會儀徵公壽日也。四方之賓，一國之望，淵源漸被，介祉偕來，堂中翹楚，少長咸集。日景方長，衣冠氣盛，春光明麗，四坐同歡，開歲雅遊，斯為首路。

花朝上巳，堂中人士，遊者如雲，春課彙卷，多於展上巳日。擬定卷後，稍有餘閒，木棉遍山，垂楊夾路，花光鳥語，依依可人，聯袂清遊，欣然欲賦。

盛夏溽暑，肉山如蒸，堂中有期，曝書一集，清曉登山，陳書就日，各攜所業，從容討論。山似太古，日如小年，荔子傳觴，荷葉包飯，縹囊緗帙，可以鎮心，藏弆既周，晚涼斯發，徘徊樹陰，不覺月出矣。

拜在《五經》，則禮以義起，志存私淑，則經尊傳親。漢北海鄭君，固六籍之津梁，百家之山斗也。七月五日，是為生朝，同人有約，即於堂中修釋菜之儀。與此會者，凡若而人，坐無雜賓，入懷奉手，或則作記，或者賦詩，亦以志一時也。

中秋前後，月色如晝，相約為坐月之遊，不設燈檠，爝火未光也，不及俗事，只談風月也。有坐論者，有行吟者，隨意所如，倦則假寐，焚香瀹茗，動輒徹宵。當萬籟俱寂，一輪最高，翛翛然，飄飄然，固知隨月讀書，前人興復不淺。

重陽寒食，虛度非宜，堂中此時，遊者坌至。同人秋集，不必依期，有菊即重陽也。霜氣在葉，草痕微芳，展宋玉之賦，誦泉明之詩，不出戶庭而攜壺翠微，惟此堂為然。

長至日近，梅花大開，冬課彙卷，適當其際。公事既畢，遂登山亭，賞奇析疑，抗言高論，滿身香雪，不見纖塵，歲寒之盟，年年如是。

草　木

遺愛既多，甘棠載詠，儒者所居，書帶方滋，草木依人，尤幸得地。堂本因山，舊有眾卉，長松鼓濤，木棉舒錦，得名最早，咸在此堂。他如禺陽之竹，嶺上之梅，介節素心，不遠伊邇，極命草木，亦稚故之資也。志草木。

木棉在羊城者，粵秀山為最。此堂初築，雜樹輒刪，惟木棉皆培以土，堂前數株，東西分列，春時遍山多此花，朱英四照，如臨風舒錦矣。《正字通》謂，嶺南木棉即攀枝之類。《本草綱目》謂，交廣木棉，其花如山茶，結實如拳，實中有緜。《南史》所謂古貝花。即吉貝。按唐李琮詩"衣裁木上棉"，則木棉實可為布。而廣州木棉不用以織，但以作裀褥。花開則遠近來觀，花落則老稚拾取，以其可用耳。近人詩如王阮亭"斜日紅棉作絮飛"，杭堇浦"一路吹紅上驛樓"，或遊山目擊，或對花寫生矣。

松樹在此堂者，亦山中舊物。梅嶺松素有名，而粵秀松濤，特傳志乘。蓋城中一峯秀出，境地既高，涼颸入松，聲響遠徹，陶隱居特愛松風，有以也。雨雪同音，寒溫一色，堂中有此，為耐久朋。

柏有大有小，堂中柏皆高出，與松相等。性既後彫，木中有香，而本質最樸，是悃愊無華者。粵人以柏為吉祥，凡其所在，采擷殆遍，惟山堂深靜，猶能葆其真云。

榕樹，廣州所在多有，堂中古榕，不知其年。蓋榕多子，鳥銜而飛，偶遺於地，得水則活。又其樹條風飄著土，遇雨即生，枝幹開張，根柢深透，然非高廣平遠之處，亦未足盡其奇。《南方草木狀》謂，其幹拳曲，不可為器，燒之無焰，不可為薪，故久而無傷。按，此即漆園書中"以不材全其天年"之意。然榕最能蔭，觸熱有行，逭暑無所，得此不啻廣廈。取其子飼魚，可以倍肥，取其鬚入藥，亦能固齒。曝其細枝以為火炬，雖大風雨不滅。且貫四時而柯葉如常，其中通，其外古，不倚沃灌之煩，惟賴天地之養，故其生近於自然，蓋山堂大隱之木歟？

梅有數種，以山梅為佳，大庾嶺頭衝寒欲放者皆是也。而白雲山梅花，大有一邱一壑之意。此堂初種梅，多自白雲深處移來，久已成陰，歲歲霜中能作花矣。

竹有阮俞竹，峽山佳種也。白雲蒲澗多此竹，其色淨緑，與他竹不同。堂前竹逕一帶，無非此君，山堂多大木古樹，盤錯奇偉，此則枝枝各出，美秀而文，瞻彼有斐，號多君子，雖不能至，物猶如此。

雞冠花，凡有數色，而赤者尤佳。《學圃餘疏》謂，須矮脚者種甎石砌中，以堂中觀之，正不必然。此花或栽於土山，或供於瓷盆，未嘗託處卑下，而花時一色鮮新，翹然秀峙，亦堂花之自立者。

月季花，一曰月貴花，又曰長春花，亦草本也。堂中之花，四時略具，或者朝華，或者夕秀，賴有此以集虚而補闕焉。山氣既暖，逐月早開，四時不變，士貴有常行，當先有恒心，觀於山堂，此花尤信。

典　守

備物致用，各有主名，文教攸存，慎守斯貴，器非求舊，言各有當耳。戶樞不蠹，民生在勤，嚴其筦鑰，詳其冊籍，既可屢省，亦使司閽者寡過也。挈瓶之智，先民有言。志典守。

堂中器物，有冊籍二本，一本流交，一本存堂。每遇公集之日，司堂繳冊，以備查點。

堂門條規，設立粉牌二件，一懸頭門，一懸藏書室，俾司堂守門等觸目即見，易於遵守。

守門條規

一、堂中常設兩人照料，如有事外出，必要一出一留。若兩人俱有事，即要通知文瀾閣，必有人到堂代理，方可同時外出。倘無人可託，仍須留一守堂。

一、此地觀瞻所屬，每日俱要灑掃潔淨，自頭門至至山亭，每早晚俱要細心巡看，如器物草木有應料理者，及早設法料理。

一、堂內及啟秀山房，除辦公日開門外，餘日俱要關鎖，不得偶誤。

一、花木不得私自移動，要留心培護，隨時芟去蔓草，掃去殘葉枯枝。除去蟲絲蛛網。或遇久晴及盛暑，早晚宜加澆灌。

一、此堂係士林講業雅遊之所，凡有雅人來此，不許阻擋。至於短衣或赤腳者，可令在門外觀望。倘有粗言惡氣，或形跡可疑者，不許放入。

一、堂中事體，該守堂等熟習，始便於照料，必須親身供役，常川在堂住宿，不得暗換別人頂替。如果有緊要家事，准其親到管課學長處告假，立限依期銷假，不得以託人代役為名，私行遠去。

一、堂中不許有鴉片氣，如守堂有食鴉片煙或藏鴉片煙器物者，即要退出。又不許賭博，如有賭博者，即要退出。

一、守堂等每月支給工食，必要量入為出，不許向外人揭借錢銀及賒取各物。如有此等，即要退出。

一、堂中常要整齊嚴肅，不許爭鬥諠譁，尤不許歇留閒雜之人，即守堂偶有親舊暫住三五日，亦要親到管課學長處報明。若是尋常來往者，隨來隨去，勿無故逗遛。

一、守堂等不得借人寄頓繁雜粗重等物，即如猫、狗之類，或不得已而養，亦要設法藏好，無礙遊覽方可。

一、守堂等不得隨便粘貼各字紙，亦不得將尋常物件隨便雜陳。其門前圍牆，應同一體，以肅觀瞻。

一、所設鋤頭、汲桶各物，每年給銀，修補完好，務須件件足用，不得有名無實。清明、中元所給香燭衣紙銀，俱要遵辦足數，不得虛冒。

一、堂外各圍牆及樹木，三五日内必要周圍巡看一次，不得虛應故事。將有大雨，山水順流而下，必要預先設法消導，水不停滯，自無損壞。

一、堂外東頭石級，每日出入必經，如見石有浮動，灰路離開，即當買灰補好，不得疎失。

一、偶然修整地方，製造什物，守堂等俱要每日催趲稽查，務使工勤料實，不得一切諉之各匠。

一、存貯器物，俱有冊記，每逢堂中辦公之日，俱要彙繳，以便查點。

文瀾閣 附

文瀾閣在粤秀山東西適中，高若干丈，以奉文昌及魁星神位。道光丙戌，紳民公建，儀徵公捐廉以成之者也。閣外東、西、南三方環拱，閣後一山隱然相隨，於以鍾靈毓秀，興起人文。祀事餘閒，凭欄遠眺，清徹無翳，迥非他處所有也。閣上下皆為三楹，四面複道，互通往來，亦上下如一。閣前白石為砌，深一丈餘，高若干尺。南有迴廊三所，中藏器物，西備庖湢，東則司閽所居。外門東向，與學海堂外門相望也。碑石凡三，一為建閣碑記，一為捐金姓名，而章程一碑，大書深刻，立於閣下簷前，升階即見，可以久而不忘也。此閣之建，工費不貲，僅得觀成，而祀產未備。現在司香等工食，皆由學海堂經費支發。且地勢高敞，修葺綦勞，將使垣墉宋桷，歷久不渝，祭器祭田，舉無缺典，是所望於後之君子矣。

文瀾閣章程碑

一、閣内恭祀文昌帝君，闔省文風所繫，紳士管理，永遠不雇僧、道司祝。

一、司祝務須誠實之人，許自雇一伙工，連司祝共貳人。閣上點長明燈，地方打掃整潔，不許攜帶婦女居住，不許藏宿閒人，如違斥逐。若貯違禁貨物，窩藏匪人，一切鴉片、賭博等事，定即送究不貸。

一、閣上下前廊，不租書館公館，以昭肅潔。

道光九年己丑四月二十日公立

守門條規

一、閣內常設兩人照料，如有事外出，必要一出一留。若兩人俱有事，即要着落妥人，暫時代守，倘無人可託，斷不得同時俱出。

一、閣上尊嚴之地，不特閒雜物件不許停頓，即如香燭亦須料理妥帖，不可隨便安置。

一、閣之上下地方，每日俱要灑掃潔淨。閣外各圍牆、界址、樹木，於三五日內必須周圍巡看一次，不得虛應故事。

一、此地係士林敬祀之所，凡有衣冠拜神及雅人來遊，俱不得阻門。至於短衣或赤腳者，可令在門外觀望。倘有粗言惡氣或形迹可疑者，不必放入。

一、閣下存貯《經解》及各書板，最為緊要，守護照料，係守閣者專責。每月必要領鑰匙開房門，周圍巡看，拂去蟲絲蛛網，掃地潔淨，即時鎖門，不得有名無實。

一、閣中印書之時，守閣者必要留心照料，其工匠人等俱在南邊廊房，早來晚去，不作夜工，不得住宿，不許有喫鴉片、賭博、爭鬥等事。其閣下正廳，亦不得任工匠等雜處，倘借貯紙料，亦要諄屬安置妥帖，不得隨便雜陳。其正廳既開門，則檯椅常要拂拭整潔，以肅觀瞻。

一、每印《經解》各書，某日發板，某日收板，俱要依期，不得隨便多發，亦不得過期不收，以昭慎重。

一、閣内必須熟人，始便於照應。守閣人等務宜親身供役，常川在閣，不得暗換別人頂替。如果有緊要家事，准其到學海堂學長處告假，立限依期銷假，不得以託人代役為名，私行遠去。

一、閣内不許有鵶片氣，如守閣人等有食鵶片煙及收藏鵶片煙器物者，即要退出。又不許有賭博，如有賭博者，即要退出。

一、守閣等每月支給工食，必要量入為出，不許向外人揭借錢銀及賒取各物，如有此等，即要退出。

一、地方要整齊潔淨，不許歇留閒雜人等，即守閣偶有親舊暫住數日，亦要到學海堂學長處報明。若是尋常來往者，隨來隨去，勿無故住歇。

一、此地不得借人寄頓繁雜粗重等物，即如雞、狗之類，偶然要養，亦須設法藏好，無礙觀瞻方可。

一、閣外小亭，本為豎碑之地，今守門等暫設茶居，必須潔淨為要，務宜照應堂閣門面，不許歇留雜人，不得妄行搭蓋，亦不許有吃鵶片煙、賭博、爭鬥，以及揭人銀兩、賒借各物等弊，如有此等，惟守門等是問。

一、每年學海堂四課，要隨時協同守堂等通融伺候，不分畛域。每遇堂中辦公之日，閣下正廳檯椅，要拂拭整潔，以備到此稽查一切。

一、自頭門至閣上、閣後、閣旁，每早晚俱要細心巡看，如器物有應料理者，及早設法料理。將有大雨，恐或山水流下，必要及早設法消導，勿致臨時壅塞誤事。

一、不許添設神位以及隨便粘貼各字紙，亦不得將尋常物件隨便雜陳，其門外圍牆，應同一體，以肅觀瞻。

一、閣内係文教之地，倘有雜色人等及婦女褻瀆到拜神者，勸令別往。

續

咸豐七年，夷礮擊文瀾閣，斷一石柱，閣之一隅已傾。同治元年七月朔，颶風，閣乃盡圮，其舊材露積於地，雨淋日炙，朽腐將盡矣。六年已重脩。

附錄二　學海堂考

（附《菊坡精舍考略》）

容肇祖　著

目　錄

（三）同治八年專課肄業生二十名

21. 梁金韜	22. 黄鶴年	23. 黄潛熙
24. 葉官桃	25. 劉昌齡	26. 鄭　權
27. 程家瓚	28. 陳翰藻	29. 鄧維森
30. 潘應鐘	31. 廖廷相	32. 陳維岳
33. 黄　濤	34. 崔其湛	35. 陳為燠
36. 馬貞榆	37. 何藜青	38. 陳玉森
39. 黎永椿	40. 林事賢	

（四）同治十一年專課肄業生二十名

41. 陳　瀚	42. 朱衢尊	43. 周鸞飛
44. 黎維樅	45. 梁佶修	46. 桂　壇
47. 黄瑞書	48. 陶福祥	49. 沈葆和
50. 林國賡	51. 周福年	52. 周　森
53. 梁于渭	54. 許　焜	55. 饒　軫
56. 鄒仲庸	57. 柯兆鵬	58. 廖廷福
59. 陳昌沅	60. 湯金鑄	

（五）光緒元年專課肄業生二十名

61. 劉文照	62. 冼寶榦	63. 石德芬
64. 林國贊	65. 關　繼	66. 梁澍棉
67. 楊繼芬	68. 柯兆翔	69. 蘇志偉
70. 崔顏發	71. 漆葆熙	72. 龍師矩
73. 吴　鑑	74. 邱雲鶴	75. 王定lan
76. 彭學存	77. 羅照滄	78. 鄒達泉
79. 于式枚	80. 黄映奎	

（六）光緒四年專課肄業生二十名

81. 葉紉蘭	82. 劉學修	83. 蔡尚鋆
84. 梁辰熙	85. 何躍龍	86. 章　琮
87. 沈　桐	88. 周汝鈞	89. 黄紹昌
90. 周士濬	91. 温仲和	92. 徐受廉

93. 劉安科　94. 郭兆燀　95. 鄒鏡瀾
96. 桂廷鈐　97. 黎宗獻　98. 陳樹鏞
99. 陳百斯　100. 吴壽全

（七）光緒七年專課肄業生二十名

101. 陳伯陶　102. 楊裕芬　103. 程友琦
104. 陳爕梅　105. 潘樹勳　106. 汪兆銓
107. 崔篆規　108. 任世熙　109. 李肇沅
110. 單熙融　111. 李定梁　112. 胡禮恭
113. 梁祿階　114. 陳慶材　115. 吴家緯
116. 范公詒　117. 高名漳　118. 盧乃潼
119. 羅春榆　120. 伍曰寬

（八）光緒十年專課肄業生二十名

121. 張百祥　122. 張其淦　123. 朱　瓊
124. 陳國政　125. 廖昇照　126. 陳潁畲
127. 張文澧　128. 汪兆鏞　129. 俞焕辰
130. 沈　湘　131. 朱　珩　132. 吕湛恩
133. 韓貞元　134. 何端揆　135. 譚　澍
136. 康有濟　137. 區省吾　138. 沈廷碩
139. 章福基　140. 劉冕卿

（九）光緒十三年專課肄業生二十名

141. 徐　鑄　142. 康有霖　143. 衛榮湝
144. 陶炳熙　145. 史久徵　146. 譚駿謀
147. 柯有儀　148. 楊其琛　149. 劉敬昭
150. 霍勉經　151. 楊瀚芬　152. 顧　朔
153. 沈錫球　154. 徐士烜　155. 林象鑾
156. 高名虞　157. 王　棟　158. 蔡伯慈
159. 何麟章　160. 黄瀛奎

（十）**光緒十四年專課肄業生十名**

161. 曾文玉	162. 歐陽鼐	163. 邵　墉
164. 朱　淇	165. 黄敬義	166. 陳景華
167. 譚　鑣	168. 陳慶龢	169. 洪景楠
170. 凌鶴書		

（十一）**光緒十六年專課肄業生二十名**

171. 蘇逢聖	172. 原　缺	173. 劉熽芬
174. 談　亮	175. 周培忠	176. 傅維森
177. 范公譽	178. 金燿翔	179. 李文綱
180. 許鼎新	181. 俞恩榮	182. 陳桂植
183. 陳其鼐	184. 潘彭壽	185. 譚元璪
186. 沈藻清	187. 馬衍奇	188. 陳寶崙
189. 蔡受采	190. 李知學	

（十二）**光緒十七年專課肄業生十名**

191. 談　泉	192. 陳昭常	193. 黄紹勤
194. 馮　愈	195. 桂　坫	196. 鍾梓良
197. 張德瀛	198. 盧寶彝	199. 蘇志侃
200. 吕澤恩		

（十三）**光緒十九年專課肄業生二十名**

201. 柳　芬	202. 羅汝楠	203. 王寶善
204. 吕潁思	205. 桂　坡	206. 沈福田
207. 周慎潛	208. 崔樹芬	209. 崔浚榮
210. 史久鑑	211. 范公謨	212. 金敬燿
213. 鄭廷杰	214. 張燏煌	215. 利鵬飛
216. 陳衍緒	217. 黄　棟	218. 黄昭聲
219. 梁振藻	220. 王之桂	

（十四）光緒二十年專課肄業生十名

221. 黎國廉　222. 黄綸書　223. 平　遠
224. 陳其敬　225. 何炳忠　226. 温　霽
227. 鄧家讓　228. 鍾守瀛　229. 梁元楷
230. 邱鍾麒

（十五）光緒二十二年專課肄業生二十名

231. 龔其搴　232. 歐賡祥　233. 邱作津
234. 譚祖任　235. 陳金韜　236. 陳國照
237. 譚祖楷　238. 吕達英　239. 陳桂杰
240. 俞炳章　241. 沈溥霖　242. 俞成章
243. 梁　琮　244. 朱秋青　245. 林懋康
246. 何宗驥　247. 韓銘勳　248. 馬衍熙
249. 吴鸞章　250. 方燿垣

（十六）光緒二十三年專課肄業生十名

251. 黄廷策　252. 陳昌顥　253. 陳受同
254. 鄭道鎔　255. 王啓祥　256. 吴遠基
257. 柳龍驤　258. 范公讜　259. 李慶旒
260. 蘇啓心

六、《學海堂集》選取人名考（已見上者不重列）……… 585

（一）《學海堂初集》選取人名

1. 鄭灝若　2. 梁國珍　3. 黎應期
4. 吴　岳　5. 鄧　淳　6. 温　訓
7. 楊懋建　8. 劉天惠　9. 梁光釗
10. 梁　傑　11. 陳　同　12. 梁　梅
13. 劉　瀛　14. 居　鍠　15. 梁　鑑
16. 劉廣居　17. 李清華　18. 顔　立
19. 李光昭　20. 陳夢照　21. 姚覲光
22. 吴奎光　23. 崔　弼　24. 漆　璘

25. 蘇應亨	26. 何其杰	27. 黎國光
28. 羅日章	29. 楊時濟	30. 張其翰
31. 徐　青	32. 李有祺	33. 蔡如苹
34. 梁家桂	35. 顔斯總	36. 石懷璧
37. 李中培	38. 梁國琛	39. 邵　詠
40. 李應中	41. 廖　紀	42. 陶克昌
43. 黎　昱	44. 黄應麟	45. 蔡錦泉
46. 吴應韶	47. 李鳳修	48. 郭　培
49. 鍾啓韶	50. 何應翰	51. 劉汝棣
52. 周永福	53. 石鳳臺	54. 黄喬松
55. 張應鳳	56. 梁光槐	57. 錢　鯤
58. 何惠祖	59. 梁伯顯	60. 石　炳
61. 張達翔	62. 葉其英	63. 吴林光
64. 徐智超	65. 周文蔚	66. 吴彌光
67. 鄭喬松	68. 李汝梅	69. 吴梅修
70. 黄光宗	71. 謝光輔	72. 張總章
73. 李　燮	74. 吴家樹	75. 李汝孚
76. 李中楷	77. 黄位清	78. 崔樹良
79. 鄭　棻		

附録：方東樹　秀　琨　范　濬

（二）**《學海堂二集》選取人名**（已見上者不重列）

80. 丁　熙	81. 孟鴻光	82. 麥　照
83. 胡調德	84. 吴天榆	85. 夏時彦
86. 梁漢鵬	87. 方蓬瀛	88. 茹　葵
89. 關昌言	90. 葉世謙	91. 陳士荃
92. 黄子亮	93. 徐良琛	94. 徐國儀
95. 李　嵩	96. 楊　質	97. 尤步星

98. 蕭　江	99. 李　森	100. 張虞衡
101. 胡海平	102. 何　貞	103. 石　溥
104. 吴宗漢	105. 周　仁	106. 張有年
107. 宋作卿	108. 區璇光	109. 韓棣華
110. 劉步蟾	111. 李應梅	112. 陳　滉
113. 曾偉仁	114. 衛景昌	115. 劉　嶽
116. 周天苑	117. 李賚卿	118. 馮國楠
119. 李有倫	120. 梁允諧	121. 阮榕齡
122. 吴綬綸	123. 葉　濱	124. 吴應麟
125. 范如松	126. 曾慕顔	127. 朱堯勳
128. 陳　曇	129. 勞　鎮	130. 李正茂
131. 劉錫鵬	132. 張先庚	133. 麥受嵩
134. 周仲良	135. 石元輝	136. 康鳳書
137. 李有常	138. 簡逢年	139. 鍾鷹揚
140. 李　表	141. 胡步青	142. 周瑞生
143. 鄧蓉春	144. 冼君詔	145. 童　杰
146. 繆　艮	147. 舒思令	148. 唐良臣
149. 劉　彤	150. 姚亨元	151. 鄧　泰
152. 鄧葯房	153. 張　翔	154. 秦賢書
155. 陳汝標	156. 漆毅遠	157. 張步雲
158. 李義厓	159. 譚　瑀	160. 梁德高
161. 葉蓉史	162. 張毓芝	163. 岑　瀓
164. 張桂楣	165. 黄大勳	166. 徐兆鳴
167. 張祥瀛	168. 譚　言	169. 何　鯤
170. 鄺錦書	171. 賴洪禧	172. 蕭彦初
173. 湯漢章	174. 顔壽增	175. 何端義
176. 麥覲光	177. 楊　榆	178. 麥瑞光
179. 詹　鈞	180. 莫光儀	181. 莫光仁

（三）**《學海堂三集》選取人名**（已見上者不重列）

182. 桂文燦　183. 黄以宏　184. 徐　灝
185. 何廼賡　186. 崔　棪　187. 周以貞
188. 虞必芳　189. 高學瀛　190. 唐光瀛
191. 馬應楷　192. 梁廷顯　193. 冼　先
194. 桂文烜　195. 章鳳翰　196. 黄漸泰
197. 李應田　198. 張祥晉　199. 袁梓貴
200. 梁傚如　201. 丁　照　202. 熊次夔
203. 黎如瑋　204. 夏必顯　205. 李昭同
206. 趙泰清　207. 蘇　鏡　208. 李　陽
209. 尹兆蓉　210. 潘士芬　211. 老起龍
212. 林璋器　213. 黎錫光　214. 關志和
215. 黎良佑　216. 史　敏　217. 余懷繡
218. 馮秋泉　219. 簡士良　220. 李建勳
221. 劉若鵾　222. 張　遵　223. 顔　薰
224. 許瑶光　225. 劉　穆　226. 何其焱
227. 黄鎮節　228. 黄　璿　229. 劉錫章
230. 黄國祥　231. 劉　繹　232. 廖　崑
233. 李之芬　234. 周永鎬　235. 劉　焯
236. 楊引之　237. 陳策書　238. 梁元愷
239. 曾守一　240. 陳受昌　241. 梁玉森
242. 洪國煇　243. 陳禮庸　244. 陳達榮
245. 潘定桂　246. 吴　澐　247. 史　端
248. 梁　琨　249. 張因榮　250. 唐承慶
251. 劉康年　252. 何　濤　253. 劉　彬
254. 郭賢翰　255. 曾　照　256. 周志濂
257. 張仕輝　258. 石宗漢　259. 金　鑄
260. 李謙培　261. 唐　傑　262. 招成材

263. 吴文任	264. 李應棠	265. 李長榮
266. 王　壽	267. 洪國涵	268. 潘其棻
269. 招仲敭	270. 柳代雯	271. 徐　清
272. 張祥鑑	273. 金銘吉	274. 張如蘭
275. 任　直	276. 陳　範	277. 陳維新
278. 張　器	279. 李星煇	280. 黄　沐

（四）《學海堂四集》選取人名（已見上者不重列）

281. 趙齊嬰	282. 葉官蘭	283. 潘珍堂
284. 馮佐勛	285. 陳宗詢	286. 金佑基
287. 陳宗侃	288. 譚　樹	289. 伊德齡
290. 陳宗穎	291. 汪舜俞	292. 陳耀科
293. 金俶基	294. 金保基	295. 李保孺
296. 胡來清	297. 張祖詒	298. 楊　謨
299. 于式樾	300. 汪　瑔	301. 周炳如
302. 朱啓連	303. 梁瑞芳	304. 湯金銘
305. 陳起榮	306. 康有亮	307. 潘　恕
308. 張錫禧	309. 周繼宣	310. 高普照
311. 梁以賡	312. 顏師孔	313. 吴志澐
314. 蕭鍑常	315. 曹為霖	316. 胡　仁
317. 吕　洪	318. 蘇　棫	319. 梁樹功
320. 周國琛	321. 裘頤壽	322. 潘飛聲
323. 阮懷甫	324. 梁少鸞	325. 黄　謙
326. 顏以湘	327. 沈澤棠	

附記：馮樹勳

一、學海堂創建人考

學海堂之創建者為阮元。元字伯元，號雲臺，江蘇儀徵人。生乾隆二十九年正月二十日（公元1764），卒道光二十九年十月（公元1849）。乾隆五十一年（公元1786），中丙午科舉人。五十四年（公元1789），中己酉科進士，選庶吉士，散館第一，授編修。五十五年（公元1790），大考翰詹，高宗親擢第一，超擢少詹事，命直南書房，懋勤殿，修《石渠寶笈》。晉詹事，充石經校勘官。五十八年（公元1793），督山東學政，撰《山左金石志》。五十九年（公元1794），調浙江學政。六十年（公元1795），擢内閣學士。嘉慶元年（公元1796），徵刻《淮海英靈集》。二年（公元1797），修《經籍纂詁》百一十六卷，又選《兩浙輶軒録》，注《曾子》十篇。三年（公元1798），擢兵部侍郎，轉禮部，仍直南書房。四年（公元1799），調户部侍郎，經筵講官，己未會試副總裁。五年（公元1800），授浙江巡撫。六年（公元1801），立詁經精舍，祀許慎，鄭玄兩先生，延王昶，孫星衍主講席，選高材生讀書其中，課以經史疑義及小學，天文，算法，許各搜討書傳條對，不用扃試糊名法，刻其文尤雅者曰《詁經精舍集》。又以浙東多古帝王名臣先賢陵墓，繕冊疏報，得旨勤加防護修葺，撰《兩浙防護録》。八年（公元1803），立海甯安瀾書院。又修《海塘志》。九年（公元1804），撰《經郛》，及《海運考》，《兩浙金石志》，《積古齋鐘鼎彝器欵識》。十年（公元1805），六月，丁父憂歸里，成《十三經校勘記》二百四十三卷，撰《皇清碑版録》，編《瀛舟書記》。重刻《石鼓文》，置揚州府學。十二年（公元1807），入都，進四庫未收書六十種，作《提要》上之。補兵部侍郎。命赴河南勘獄，再撫浙江。十四年（公元1809），為失察學政劉鳳誥代辦監臨科場舞弊事，落職。以編修在文穎館行走。十五年（公元 1810），遷侍講，兼國史館總纂，創立《儒林傳》，得百四十六人。又擬創《文苑傳》，未就。又集天文律算諸家，作《疇人傳》。十六年（公元 1811），官内閣學士，十七年（公元 1812），遷工部侍郎。八月授漕運總督。十九年（公元 1814），調撫江西。改建江西貢院號舍。校刻《十三經注疏》，以惠士林。二十一年（公元 1816）調撫河南。十一月，遷湖廣總督。二十二年（公元 1817），調兩廣總督，冬初，到粵。奏建大黄窖，大虎山，肇慶府各礮臺。又奏建南海縣屬桑園圍石隄。（案《揅經室三集》卷五有《新建南海縣桑園圍石工碑記》）又奏請開局重修《廣東通志》，以謝啓昆所修《廣西通志》體例為本，而有所增損。（《揅經室二集》卷八有《重修廣東省通志序》。）道光元年（公元 1821）春，始倡學海堂課，於經義子史前賢諸集，下及選賦詩歌古文詞，示諸生以取舍之途，如詁經精舍例。是秋兼辦廣東巡撫監臨事，見貢院號舍湫隘，即倡儀改建。二年（公元 1822）閏三月，成《廣東通志》三百三十四卷。六月，貢院改建，工成。四年（公元 1824）九月，復建學海堂於粵秀山半，十一月，堂成。復選刻《學海堂初集》十六卷。六年（公元 1826），頒定學海堂章程，並撥番禺縣八塘海心沙坦二十三頃四十畝零，又鎮涌海心沙坦二頃三十七畝零，每年共租銀五百七十五兩，作為堂中經費。元在粵九年，兼署廣東巡撫者六，曾奏設恤嫠局，修廣州城及城北鎮海樓，建三水行臺書院，刻《江蘇詩徵》百八十三卷，《皇清經解》百八十餘種，千四百卷。是年夏，調雲貴總督。十二年（公元 1832），遷協辦大學士，仍留總督任。十三年（公元 1833）二月，陛見，充會試副總裁。四月，回任。十五年（公元 1835），拜體仁閣大學士，管兵部事，充經筵講官，教習庶吉士兼左都御史。入都。十八年（公元 1838），因足不能行，予告致仕。瀕行，加太子太保。二十六年（公元 1846），加太傅銜。二十九年（公元 1849）卒，年八十六。謚文達。（據《清史稿》列傳一五一；李元度《國朝先正事略》卷二十一；《揅經室再續集》卷五《夕陽樓》詩後自記）

元於學海堂之取名及意旨，曾在《學海堂集序》説道：

昔者何邵公學無不通，進退忠直，聿有學海之譽，與康成並舉。惟此山堂，吞吐潮汐，近取於海，乃見主名。多士或習經傳，尋疏義於宋齊；或解文字，考故訓於《倉》《雅》；或析道理，守晦庵之正傳；或討史志，求深寧之家法；或且規矩漢晉，熟精蕭《選》，師法唐宋，各得詩筆。雖性之所近，業有殊工，而力有可兼，事亦並擅。

他曾撰有《學蔀通辯書後》，附録在《學海堂集》卷五（並見《揅經室續集》卷三），後來他自説道：

嶺南學人惟知尊奉白沙（陳獻章），甘泉（湛若水），余於《學海堂初集》大推東莞陳氏（建）《學蔀》之説，粵人乃知儒道。東莞山長李繡子（黼平）送行文云，五百年來儒不入釋者，雲臺先生而已。（見《揅經室再續集》卷六，《小暑前坐宗舫船遊北湖南萬柳堂宿別業》詩自注。）

他作《學蔀通辯序》（《揅經室續集》卷三）又云：

粵中學人固當知此鄉先生學博識高，為三百年來之崇議也。

由此可知阮元在廣東學術界的提倡有二方面：（一）打破專作帖括學者的迷夢，而引導之使之入于經史理文的範圍；（二）提出陳建的《學蔀通辯》一書，使一部分人放棄其支離的理學而為切實的學問的研究。阮元於學海堂課，每親自命題，如學海堂《文筆策問》，見《揅經室三集》卷五。是為他提倡駢偶體的見解的表見。這種提倡，亦近於偏歧的嗜好，然而在學海堂中，影響亦不算少。《學海堂初、二集》附録有元文四篇。

附　記

阮福：字賜卿，阮元之子。隨元來粵。元開學海堂，以《文筆策問》課士，教福先擬對。福所擬《文筆對》，為元所許，附刻於《揅經室三集》卷五之末。又所作《嶺南荔枝詞》頗有名。來粵多翰墨交，一時名士歸之。有《隨參政公移節滇南誌別詩》四首，第一首云："久住羊城問禮詩，又隨旌節向滇池。手持學海刊經事，眼見文瀾建閣時。南雪松堂開五鬣，紅雲荔圃餞千枝。從來氣盛衣冠地，圖畫風流我亦知。"語語切實。福官員外郎，後任平涼府知府。所著書有《孝經義疏補》九卷。《學海堂初，二集》選福文一篇，詩六首。（據《揅經室全集》；李長榮《茅洲詩話》）

錢儀吉：儀吉字藹人，號衎石，一號新梧，又號心壺，浙江嘉興縣人。生乾隆四十八年（公元 1783），卒道光三十年（公元 1850）。嘉慶十三年（公元 1808）進士，選庶吉士，改户部主事，累遷至工科給事中，皆能舉其職。因公罷歸。道光十四年（公元 1834），盧坤為兩廣總督。儀吉來游，坤屬修《兩廣鹽法志》。儀吉為阮元弟子，元屬儀吉與學長林伯桐，吴蘭修，曾釗商訂專經課士法。儀吉言於盧坤，令設立額課肄業生十名，課以《十三經》《四史》《文選》《杜詩》《韓文》《朱子書》，每人專習一書。其事四條：曰句讀，曰鈔録，曰評校，曰著述。嘗校閲堂中課業，評吴文起《大戴禮記廣箋》，吴僔

《春秋公羊經傳劄記》，李能定《讀春秋見隱篇》，許玉彬《文選擷華》，金錫齡《詩經注疏攷證》，潘繼李《治經日記》，侯康治《禮》，張其翻治《漢書》，（儀吉有《粤海堂諸子課業評》，載《衎石齋記事續藳》卷十）所論均精當。又彙選《學海堂二集》。光緒十四年（公元1888），總督張之洞於學海堂阮太傅祠右楹設位祀之。儀吉所著書有《補晉兵志》，《朔閏諸表》，《三國晉南北朝會要》，《碑傳集》，《飈山樓集》，《衎石齋記事藳》，《續藳》，《刻楮集》，《旅逸小稿》等。（據《清史稿·文苑傳》三；《東塾集》卷二《離經辨志齋記》；民國修《番禺縣續志》卷二十六）

何南鈺：南鈺字相文，廣東博羅縣人。生乾隆二十一年（公元1756），乾隆五十四年（公元1789），中己酉科舉人。嘉慶四年（公元1799），中己未科進士，改翰林院庶吉士。六年（公元1801），四月，散館，改兵部主事。十年（公元1805），充會試同考官。十四年（公元1809），擢河南道監察御史。十五年（公元1810），轉浙江道監察御史。十七年（公元1812），簡授雲南臨安府知府。晉迤西兵備道。旋歸粤，主講粤秀書院。南鈺為阮元門人，道光四年（公元1824），學海堂成，關於新建學海堂告成詩文，阮元命南鈺閱之，南鈺選為一卷。即《學海堂初集》卷十六是也。南鈺所著書有《燕滇雪跡集》六卷。（據《燕滇雪跡集》；《學海堂初集》；《楚庭耆舊遺詩前集》卷二小傳）

二、學海堂建置考

（一）堂址及全堂建置

嘉慶二十二年（公元1817），阮元來任兩廣總督。道光元年（公元1821），春，始設經古之課。既以粤士為可教，遂闢學海堂。初擬於前明南園舊址，略覺湫隘。又擬於城西文瀾書院，以地少風景。最後擬於河南海幢寺旁，亦嫌近市。相視久之，遂定於粵秀山，枕城面海，因樹開門。經始於四年（公元1824）九月，是年十一月，落成。是為學海堂最初之建築。堂繚以周垣，堂後為啓秀山房，居山之前，故名。堂東石磴坡陀，梅花夾道，西達於山房。其東最高處有亭，曰至山。與山顛相接。堂後垣外稍東，即越王臺故址。堂之西亦有磴道可抵山房。樹陰草色間，以石為几。堂南有室三間，東一室藏書，西二室司閽所處。堂之外門西向，與文瀾閣外門相對，中間石徑，即可登山。由石徑南行東出，即藏書室。牖前竹木之中，自有石砌南下以達於通衢。（參看黃培芳繪《學海堂圖》，據《學海堂志》）

（二）學海堂

堂在周垣之中，三楹九架。東西南三面，深廊環繞，兩旁別有畫欄。其北餘地，連接土山，若為山房前導者。堂階木棉甚高，花時如繡。堂中北墉之東，尊藏阮元小像石刻，北墉之西，嵌蒼山洱海圖，大理石畫也。（石為阮元至雲南後所寄。）西序刊石者為《學海堂集序》，阮元教士綱領節目，隱括於此。堂南為門者三，門兩旁翼以短垣，其上窗欞駢叠，内外洞然。東西墻窗欞各一而加敞。皆湘簾靜護，塵土不侵。堂前一望，則萬户炊煙，魚鱗層湧，花塔峙於西，琵琶洲塔峙於東，珠江如帶，獅子洋虎頭門，隱約可數。每當綠陰藻夏，長日如年，山雨欲來，催詩入聽。登堂坐久，人人有觀於海之意云。（據《學海堂志》）

（三）啓秀山房（阮太傅祠及新建啓秀山房）

山房為三楹七架，三面深廊，一如堂式。其後即粵秀山顛，地勢既高，所見逾遠。階前大湖方石案一，明瑩如玉，可供數人嘯咏其間。同治二年（公元1863），供奉阮元神位，榜於門曰阮太傅祠。又外門之内，舊有藏書之室，英人毀之。及英人退，拓地建屋，以藏書板。啓秀山房既改為阮太傅祠，遂移此啓秀山房之名以名此藏書板之屋。後來刊書，稱“啓秀山房刊”者如光緒四年（公元1878）所刊之洪飴孫《史目表》，亦其一也。（據《學海堂志》）

（四）至山亭

亭在東北隅。亭後至於山椒。亭前俯視一切。兩旁曲欄列坐，可以遠眺望，於佇月尤宜。亭本圓式，隱如荷蓋，亭亭獨立，別有會心。後因亭小山高，上雨旁風，漸多齭朽。道光八年（公元1828）夏月，以白石易之，改圓為方，則徑一圍，四稍廓於舊址矣。（據《學海堂志》）

（五）離經辨志之齋

新建啓秀山房東壁外隙地數弓，坡陀而下，架木以平之，搆一書齋，同治四年（公元1865）冬落成。會有專門課業之舉，各習一書，先明句讀，陳澧云，此《學記》所謂“離經辨志”也。因名之曰離經辨志之齋。澧有《離經辨志齋記》。（據《學海堂志》；《東塾集》卷二）

附　記

文瀾閣：閣在粵秀山學海堂之右。道光五年（公元1825），編修劉彬華等奉總督阮元命創建。貯《皇清經解》板片及學海堂公置各書籍。内供文昌及魁星神位。閣上下皆為三楹，四面複道，互通往來，亦上下如一。閣前白石為砌，深一丈餘，高若干尺。南有迴廊三所。中藏器物，西備庖湢，東則司閽所居。外門東向，與學海堂門相望。碑石凡三：一為建閣碑記，一為捐金姓名，而《章程》一碑大書深刻立閣下簷前，升階即見。司香等工食，皆由學海堂經費支發。咸豐七年（公元1857），英人礮擊閣，斷一石柱，閣之一隅已傾。同治元年（公元1862）七月朔，颶風，閣乃盡圮。六年（公元1867）重修。（據陳際清輯《白雲越秀二山合志》卷七；《學海堂志》）

三、學海堂規制考

（一）學　長

學長之任用，案道光六年（公元 1826），六月十七日總督阮元札發《學海堂章程》云："管理學海堂，本部堂酌派出學長吴蘭修，趙均，林伯桐，曾釗，徐榮，熊景星，馬福安，吴應逵，共八人，同司課事，其有出仕等事再由七人公舉補額，永不設立山長，亦不允薦山長。"所以多設學長不設山長之緣故，《學海堂志》記儀徵公（阮元）諭云："學長責任與山長無異，惟此課既勸通經，兼賅衆體，非可獨理。而山長不能多設，且課舉業者各書院已大備，士子皆知講習，此堂專勉實學，必須八學長各用所長，協力啓導，庶望人才日起，永不設立山長，與各書院事體不同也。"學長之職務，以出題評卷為要，至一切經費支發，事關勸學，亦由學長公辦。其一切事宜，則輪流料理，每年四課，每課兩學長經管，周而復始，以專責成。學長之修金，每年每人叁拾陸兩。道光十四年（公元 1834），總督盧坤增設專課肄業生，札諭有云："課業諸生，本部堂責成學長盡心教導，應令該生等於學長八人中擇師而從，謁見請業，庶獲先路之導。至諸生寒素居多，儘可無庸執贄。學長等身為鄉里矜式，成就後進，教育英才，知其必樂於從事也。"可知學長於修金以外不受學生贄金。（據《學海堂志》）

（二）季　課

每歲分為四課，由學長出經解文筆，古今詩題，限日截卷，評定甲乙，分别散給膏火。學長如有擬程，可以刻集，但不給膏火。（據《學海堂志》）

（三）專課肄業生

道光十四年（公元 1834），總督盧坤始札學海堂增設專課肄業生十名，復列所有應行事宜，有云：

一、學長等公舉課業諸生，務取志在實學，不騖聲氣之士。尤宜心地淳良，品行端潔。……

一、課業諸生，於《十三經注疏》《史記》《漢書》《後漢書》《三國志》《文選》《杜詩》《昌黎先生集》《朱子大全集》，以上諸書，各因性之所近，自擇一書肄業。即於所頒日程簿首行註明習某書，以後按日作課，填註簿內。屆季課之日，隨課呈交學長，考覈甲乙，以超等若干名，每名膏火銀六兩，特等若干名，每名膏火銀四兩。下季再為考覈，另定甲乙，分給膏火。其功課惰廢，無可列等者，即行扣除。

一、向來堂中應課諸生，並不謁見學長，以人本無定也。現本部堂方責成學長，盡心教導，應令該生等於學長八人中，擇師而從，謁見請業。……

一、諸生等有喜為浮艷誨淫之詞者，無庸舉列。其曾攻刀筆者，亦勿列入。至鴉片煙久干例禁，凡在士林，諒俱自愛，萬一有犯此者，亦勿列入。

一、課業諸生，每屆季課，俱令各就所長，交出課卷，不許曠闕。

又札諭有云："各因資性所宜，聽擇一書專習，或先句讀，或加評校，或鈔録精要，或著述發明，即依所頒日程簿，逐日自為填註。"至於專課肄業生津貼，每月給膏火銀貳兩。然道光十四年冬新設之專課肄業生膏火，僅支發過一次，即因經費未是停支。以後專課肄生亦停設。同治四年（公元 1865）十月二十一日，巡撫郭嵩濤復札學海堂學長舉辦專課肄業生，並將應行事宜酌定如下：

一、盧前部堂頒發日程，有句讀，評校，抄録，著述四項工夫，應令肄業諸生每日讀書，用紅筆挨次點句，毋得漏略凌亂，以杜浮躁。至於評校抄録著述三項，視乎其人學問淺深。凡為句讀工夫者不限以兼三項，為三項工夫者，必限以兼句讀，期使學問風氣，益臻篤實。

一、肄業諸生課程，每年四季，由學長評定高下。

一、肄業諸生定以三年為期，期滿復行舉報更换，以期後來之秀，接踵相望。

這時專課肄業生於治經史專集之外，加增數學一門，仍以十人為額。同治七年（公元1868）學長周寅清等，以學海堂沙田租項增加，經費稍有嬴餘，稟準總督瑞麟，增改專課肄業生名額為二十名，每季每人膏火銀五兩。又舉附課二十人，以備充補。至光緒十三年（公元1887），總督張之洞，巡撫吴大澂札諭，再增設專課童生十名，但論學業，不論科名，與各生一律評定甲乙。復於季課之外，加設專課生月課膏奬。（據《學海堂志》；《學海堂專課章程》）

（四）經　費

學海堂經費，自道光元年（公元1821）至六年（公元1826），所有膏火，俱由總督阮元捐廉發給。六年六月，阮元改官雲貴總督，籌畫在官無礙田地租息撥充公用，其徵收掌之於官，請領動支，皆有成式。復以堂費浩繁，捐銀四千兩，發商生息，為之協濟。計開如下：

官租：南海縣屬河清鎮涌鄉前土名海心坦二頃三十餘畝，潘文典等承佃，每年納官租一百一十八兩零。（後核實為一百九十四兩九錢四分七厘。）

省城鷄欄白地建造舖屋，張鳳儀承佃，每年租銀四十兩。

省城靖海門外官地建舖分别上中下租數共舖五十一

間，每年租銀三百三十九兩八錢三分四厘。

番禺縣屬土名八塘海心沙併大刀沙溢坦二十三頃四十畝零三分，黃應中等承佃，每年納官租銀四百五十七兩二錢零一厘。

息銀：發商生息銀四千兩，每月每兩一分行息，每年應收息銀四百八十兩。

以上各租息，每年共收銀一千五百一十一兩九錢八分二厘。

發商生息本銀四千兩，兵燹之後，商乞繳還。後將本銀領買田地，每年共收租銀二百七十二兩，較前收息銀短絀頗多，無可籌補，同治元年（公元 1862），總督勞崇光札惠濟義倉每年所收田租撥銀二百四十兩交學海堂添補經費。

同治三年（公元 1864），學使王澍捐銀五百兩為加獎之用。學長將此項發商生息，每季息銀十兩，為上取加獎。

同治五年（公元 1866），巡撫郭嵩濤設專課生，由學長稟請令番禺縣屬土名八塘海心沙並大刀沙佃人每年納官租四百五十七兩外，再增租四百五十七兩，交學長兑收，為專課諸生膏火之用。

光緒十三年（公元 1887），總督張之洞，巡撫吴大澂增設專課童生十名，復於季課之外，加設專課生月課膏獎。一切膏獎及會課飯食支出經費統由善後局給領。光緒二十九年（公元 1903），十月，廢。（據《學海堂志》；《學海堂專課章程》；民國修《番禺縣續志》卷十）

（五）雅　集

每年於正月二十日，即阮元生日，期會團拜。七月五日為鄭玄生日，即於堂中行祭禮。此外花朝上巳，盛夏曝書，中秋坐月，九月賞菊，長至觀梅，皆於佳日，舉行小集一次。（據《學海堂志》）

四、學海堂學長考

1. 趙均：均字國章，一字平垣，順德縣人。嘉慶十三年(公元 1808)，中戊辰恩科副貢。歷署羅定州學正，惠州府豐順縣，潮州府揭陽縣，饒平縣儒學教諭。均有幹才，明數算，以開方法測量皆準。道光元年（公元 1821）阮元督粵，兼撫院印為監臨，憫試舍湫隘，倡修貢院。二年（公元 1822），落成。四年（公元 1824）復議建學海堂，經始於九月，閱三月落成。兩役土木，皆均司其事。學海堂磚鐫曰“趙博士監造”，即均也。又學使署考棚，廣州府學宮内孝弟祠，仰高祠，及文瀾閣，皆均所營建。六年（公元 1826）秋，設學海堂學長八人，均與其選。(據林伯桐《學海堂志》；《楚庭耆舊遺詩前集》卷十一；咸豐修《順德縣志》卷二十七本傳)《學海堂初集》選有均作《新建粵秀山學海堂記》及詩九首。

均所著書：《自鳴軒吟草》。未見。(《楚庭耆舊遺詩》選有趙均詩一卷。)

2. 吴應逵：應逵字鴻來，一字雁山，鶴山縣人。乾隆六十年（公元 1795），中乙卯科舉人。以古文名，瓣香魏冰叔(禧)。道光六年（公元 1826），任學海堂學長。年僅逾甲卒。(據《學海堂志》；陳在謙《國朝嶺南文鈔》卷六；陳璞《尺岡草堂遺文》卷四；李長榮《茅洲詩話》卷一)《學海堂初集》選有應逵文二篇，詩十三首。

應逵所著書：

《雁山文集》四卷。存。(香山鄭廷松校刻本；《嶺南文鈔》選有應逵文一卷)

《雁山詩集》。佚。(《楚庭耆舊遺詩前集》録存一卷)

《譜荔軒筆記》二卷。存。(香山鄭廷松校刻本)

《嶺南荔支譜》六卷。存。(有《嶺南遺書》本。《楚庭耆舊遺詩前集》卷六，及《尺岡草堂遺文》皆說“五卷”)

《鶴山縣志》十二卷。存。(道光六年刻本)

3. 林伯桐：伯桐字桐君，號月亭，其先由閩遷粵，世為番禺縣人。生於乾隆四十年（公元1775)，卒於道光二十四年十二月一日（公元1845)。嘉慶六年（公元1801)，中辛酉科舉人。上公車歸，授徒自給，教人以白鹿洞規條。好為考據之學，宗主漢儒，而踐履則服膺朱子。道光六年（公元1846)，任學海堂學長。總督鄧廷楨聞其名，聘課其二子。二十四年(公元1844)，選授德慶州學正，三月之官。十一月，尚能作《冠昏喪祭考自序》。十二月，卒，年七十。(據金錫齡《劬書室遺集》卷十六《林月亭先生傳》；《清史稿·儒林傳》卷三)《學海堂初、二集》選有伯桐文十二篇，詩三十三首。

伯桐所著書：

《毛詩通攷》三十卷。存。(《修本堂叢書》;《嶺南遺書》本)

《毛詩識小》三十卷。存。(《修本堂叢書》;《嶺南遺書》本)

《冠婚喪祭儀攷》十二卷。存。(《修本堂叢書》本)

《史記蠡測》一卷。存。(《修本堂叢書》本)

《供冀小言》一卷。存。(《修本堂叢書》;《學海堂叢刻》本)

《修本堂稿》五卷。存。(《修本堂叢書》本)

《月亭詩鈔》二卷。存。(《修本堂叢書》本)

《古諺箋》十一卷。存。(《修本堂叢書》本)

《學海堂志》一卷。存。(道光刻本；《修本堂叢書》本)

《公車見聞録》一卷。存。(《修本堂叢書》本)

《易象釋例》十二卷。佚。

《易象雅訓》十二卷。佚。

《毛詩傳例》二卷。佚。

《春秋左傳風俗》二十卷。佚。

《三禮注疏考異》二十卷。佚。

《禮記語小》二卷。佚。

《説文經字本義》二十卷。佚。

《古音勸學》三十卷。佚。

《史學蠡測》三十卷。佚。

《讀史可興録》二十卷。佚。

《兩粵水經注》四卷。佚。

《粵風》四卷。佚。

《日用通考》十四卷。佚。

《性理約言》四卷。佚。

《修本堂文集》四卷。佚。

《修本堂外集》四卷。佚。

《修本堂駢體文鈔》二卷。佚。

《禺陽山館詩鈔》十二卷。佚。

《耕話》四卷。佚。

《安宅規模》四卷。佚。

自《易象釋例》以下各書皆未刻。金錫齡於《修本堂稿》後，記録如上，並識云："咸豐六年（公元 1856），本邑開設志局，採訪將書送到局中。七年。適遭回禄，未刻者皆無副本。謹將鈔存各書自撰條例分録於後，俾海内治經之士有所取法焉。"

4. 吴蘭修：蘭修字石華，嘉應州人。嘉慶十三年（公元 1808），中戊辰恩科舉人。道光元年（公元 1821）署番禺縣學訓導。道光四年（公元 1824）九月，建學海堂，石華與趙均共司其役。六年，任學海堂學長。兼粵秀書院監院。伍崇曜跋其所著《南漢紀》云："構書巢於粵秀講院，藏書數萬卷，枕經葄史，自云唤作詞人，死不瞑目。竭十年精力，以成是書。"其意志可以概見。後補信宜縣儒學教諭銜，管訓導事。留省辦理惠濟義倉事宜。羅士琳續補《疇人傳》卷五十一謂其“兼擅算數之學，曾序李雲門侍郎《輯古算經考注》，……立言無多，要能直揭王氏之旨，非深於古法者不能道。又撰有《方程考》……要皆有功於九數也。”（據《尺岡草堂遺文》卷四；民國修《番禺縣續志》卷十四；《疇人傳續補》；伍崇曜《南漢紀跋》；光緒《嘉應州志》卷二十二本傳）《學海堂初、二集》有蘭修文八篇，詩八首。所著《方程考》即見於二集中。《學海堂初、二集》皆蘭修校刻。蘭修有《學海堂二集序》，作於道光十六年十月（公元1836）。

蘭修所著書：

《南漢紀》五卷。存。（道光十四年鄭氏淳一堂刊本；《嶺南遺書》本）

《南漢地理志》一卷。存。（道光刻本；《嶺南遺書》本）

《南漢金石志》二卷。存。（道光刻本；《嶺南遺書》本；《翠琅玕館叢書》本）

《端溪硯史》三卷。存。（道光周氏刻本；《嶺南遺書》本）

《桐華閣詞》一卷。存。（道光刻本；《學海堂叢刻》有《桐華閣詩鈔》一卷）

《石華文集》。未見。（光緒《嘉應州志》卷二十九説“存”；《嶺南文鈔》選有吴蘭修文一卷）

《宋史地理志補正》。未見。（據《國朝嶺南文鈔》卷十四）

《荔村吟草》。未見。（《楚庭耆舊遺詩後集》選有蘭修詩一卷）

5. 曾釗：釗字敏修，又字勉士，南海縣人。卒於咸豐四年（公元1854）。讀書喜校勘譌字脱文，遇秘本，雇人影寫，或就鈔之，積七八年，得數萬卷。擘求古訓，穿穴群書。文字則考之《説文》《玉篇》，訓故則稽之《方言》《爾雅》，能以經解經，確有依據，為吾粵治漢學之最先者。入都初見知於劉逢禄。道光元年（公元 1821），阮元任兩廣總督，任兆麟居督署，偶於書坊見釗所校注吕忱《字林》，以告元，元禮聘之，延請課子。道光五年（公元 1825），選乙酉科拔貢，官廉州府合浦縣儒學教諭。調欽州學正。道光六年秋，任學海堂學長。道光二十一年（公元 1841），祁㙊任兩廣總督，時英人擾粵，釗為之贊勷一切，經畫周密。議叙即用知縣，加知州銜。祁㙊在粵，修碉築壩，募勇團守，旋已議欵，敵兵不至，而所支帑不能報銷者至三十萬。二十四年（公元 1844）五月，祁㙊卒於廣州，後任以釗為督府向用之人，免釗官。罷官後以耕讀為業。老年，藏書數萬卷亦質於人。（據《學海堂志》；陳璞《面城樓文鈔序》；同治修《南海縣志》卷十八；《清史稿·儒林傳》卷三）《學海堂初·二集》選有釗文二十一篇。内《詩毛鄭異同辨》占二卷，《漢晉名譽考》占一卷。

釗所著書：

《周禮注疏小箋》（初名《周禮注疏疑》）五卷。存。（《學海堂叢刻》本）

《虞書命羲和章解》一卷。存。（《嶺南遺書》本）

《毛詩經文定本小序》一卷，《考異》二卷，《音讀》二卷。未見。（據同治《南海縣志·藝文志》）

《詩説》二卷。未見。（同上）

《周易虞氏義箋》七卷。未見。（同上）

《論語述解》一卷。未見。（同上）

《校增字林》一卷。未見。（同上）

《二十一部古韵》二卷。未見。（同上，有方東樹序）

《面城樓集》十卷。存。（《學海堂叢刻》有《面城樓集鈔》四卷。《嶺南文鈔》有曾釗文一卷）

《讀書雜記》五卷。未見。（據同治《南海縣志·藝文志》）

《楊議郎著書》一卷。存。（輯漢楊孚著。《嶺南遺書》本）

《異物志》一卷。存。（同上）

《交州記》二卷。存。（輯晉劉欣期著。《嶺南遺書》本）

《始興記》一卷。存。（輯宋王韶之著。《嶺南遺書》本）

《古輸廖山館藏書目録》。未見。（據《嶺南文鈔》卷十七）

6. 馬福安：福安字聖敬，又字止齋，順德縣人。生乾隆五十四年（公元 1789），卒道光二十六年（公元 1846）。嘉慶二十四年（公元 1819），中己卯科舉人。道光六年（公元 1826），任學海堂學長。道光九年（公元 1829）成進士，改翰林院庶吉士，散館授四川犍為縣知縣。道光十二年十二月（公元 1833），丁内艱歸。服闋，揀發福建，署順昌縣。能捕盜，大吏才之，題沙縣知縣，委署詔安縣。又署漳浦縣。陞安徽六安州知州。丁外艱。服闋，引見，奉旨仍發安徽，到省邸，病卒。年五十八。（據《學海堂志》；曾釗《面城樓文鈔》卷四《安徽六安直隸州知州馬君家傳》；《尺岡草堂遺文》卷四《擬廣東循吏傳》）《學海堂初集》選有福安詩三首。

福安所著書：

《鑑語經世篇》十六卷。未見。

《明代名臣傳贊》十二卷。未見。

《止齋文鈔》二卷。存。（《學海堂叢刻》本）

《貞冬詩存》一卷。未見。

7. 熊景星：景星字伯晴，號笛江，南海縣人。以詩見賞於阮元。恨文士綿弱，學騎射技擊。嘉慶二十一年（公元 1816），中丙子科舉人。大挑二等，選肇慶府開建縣訓導，加教諭銜。官開建十年，以告養歸。道光六年（公元 1826），任學海堂學長。善書畫，自謂詩古文入古不深，所可自信者為書畫。年六十六卒於家。（據《學海堂志》；同治《南海縣志》；《清史稿·文苑傳三》；汪兆鏞《嶺南畫徵略》卷八）《學海堂初集》選有景星文一篇，詩十七首。

景星所著書：

《吉羊溪館詩鈔》三卷，存。（同治五年刊本）

8. 徐榮：榮原名鑑，字鐵孫，廣州駐防漢軍正黄旗人。生於乾隆五十七年（公元1792），卒於咸豐五年（公元1855）。嘉慶二十一年（公元1816），中丙子科舉人。大挑，選直隸正定府藁城縣訓導。道光六年（公元1826），任學海堂學長。道光十六年（公元1836），中丙申恩科進士，以知縣分發浙江，歷官遂昌，嘉興，臨安諸縣。遷玉環同知，升紹興知府，調署杭州。咸豐三年（公元1853），署杭嘉湖道。時洪秀全據金陵，號太平天國。四年（公元1854），祁門失守，榮率兵退至徽州，阨險防守。收復東流，建德二縣。五年（公元1855）二月，太平天國軍至，陣亡。年六十四。（據《番禺縣續志》卷二十六本傳；《學海堂志》；《嶺南畫徵略》卷八）《學海堂初、二集》共選榮詩二十八首。

榮所著書：

《大戴禮補注》。未見。（見《番禺縣續志》本傳）

《梅統》十二卷。存。（咸豐壬子刊本）

《日新要録》。未見。（同上）

《懷古田舍詩節鈔》六卷。存。（同治甲子刊本）

《懷古田舍詩鈔》四十卷。未見。（刻本）

《金石萃編補遺》。未見。（據銘丘撰《徐公傳略》）

9. 張杓：杓字慶瓚，又字磬泉，浙江山陰人。父遊幕廣州，杓入番禺縣學為生員，遂為番禺人。嘉慶十三年（公元1808），中戊辰恩科舉人。掌教香山欖山書院，南雄道南書院。三赴會試不中，大挑二等，選授揭陽縣儒學教諭。阮元督粵，延之教子。道光七年（公元1827）正月，選補學海堂學長。得青盲疾。道光二十年（公元1840），英人犯廣州。杓於團練善後事宜，五上書參贊大臣楊芳，六上書總督祁𡊮，皆口授，洋洋灑灑，足以見其為人。道光某年卒，年七十一。（據《學海堂志》；《面城樓文鈔》卷四《張磬泉孝廉家傳》；陳澧《東塾集》卷五《張磬泉先生傳》；《磨甋齋文存》附《廣東文苑傳稿》）《學海堂初集》選有杓文六篇。

杓所著書：

《磨甋齋文存》一卷。存。（《學海堂叢刻》本）

《儀禮古今文考》一卷。佚。（陳璞《磨甋齋文存序》說："僅有其目。"）

《經史筆記》二卷。佚。（同上）

《增校尸子》一卷。佚。（同上）

《增校四民月令》一卷。佚。（同上）

10. 張維屏：維屏字子樹，號南山，又號松心子，又號珠海老漁。曾祖自浙江山陰遷番禺，遂為番禺縣人。生於乾隆四十五年（公元1780），卒於咸豐九年九月（公元1859）。嘉慶九年（公元1804），中甲子科舉人，大挑知縣，請改教職，選臨高縣教諭。以親老不赴。道光二年（公元1822），中壬午恩科進士，以知縣用，分發湖北，補長陽縣，署黄梅縣，調署松滋縣，廣濟縣，改署襄陽府同知。丁父憂回籍。道光九年（公元1829）七月，補學海堂學長。服闋，不欲為知縣，將改教職，親友助以資，捐升同知，分發江西，署袁州府同知，泰和縣知縣，吉安府通判，南康府知府，曾充江西壬辰科（公元1832）同考試官。後告病歸。道光十八年（公元1838）三月，復補學海堂學長。咸豐九年（公元1859）三月，賦詩辭世。九月十八日卒於里第，年八十。（據《學海堂志》；《東塾集》卷五《張南山先生墓碑銘》；《嶺南畫徵略》卷八）《學海堂初集、三集》共選有維屏文二篇，詩十三首。

維屏所著書：

《松心十集》二十七卷。存。（家刻本）

《松心詩録》十卷。存。(同上)

《松心文鈔》十卷。存。(同上)

《松心雜詩》不分卷。存。(同上)

《聽松廬駢體文》四卷。存。(同上)

《聽松廬詩話》一卷。存。(同上)

《松心日録》。未見。

《松軒隨筆》。未見。

《老漁閒話》。未見。

《藝談録》二卷。存。(家刻本)

《國朝詩人徵略》六十卷。存。(家刻本)

《國朝詩人徵略二編》六十四卷。存。(家刻本)

《廬秀録》四卷。存。(家刻本)

《花甲閒談》十六卷。存。(家刻本;石印小本)

《桂游日記》三卷。存。(家刻本)

《春游唱和詩》一卷。存。(同上)

《聽松廬詩鈔》十六卷。存。(《粤東三子詩鈔》本;家刻本)

《聽松廬詩略》二卷。存。(陳澧選《學海堂叢刻》本)

《讀經求義》。未見。(見陳澧撰《墓碑銘》)

《經字異同》。未見。(同上)

《史鏡》。未見。(同上)

11. 黄子高:子高字叔立,號石溪,番禺縣人。生乾隆五十九年(公元1794)九月,卒道光十九年(公元1839)六月。嘉慶十九年(公元1814),年二十一,補縣生員。精小篆,能畫,留心掌故,考證金石,務為樸學。道光十年(公元1830),督學翁心存以《南海對》試諸生,子高立就千餘言,督學驚異,遂以優行第一貢太學。是年三月,補學海堂學長。屢困鄉闈,卒年四十六。(據《尺岡草堂遺文》卷四;《學海堂志》；譚瑩《樂志堂集》卷十八《黄君石溪墓表》；《清史稿·文苑傳三》）《學海堂初、二、三集》共選有子高文五篇，詩九首。

子高所著書：

《石溪文集》二卷。未見。

《知稼軒詩鈔》九卷。存。（道光二十八年家刻本；《楚庭耆舊遺詩後集》選有子高詩一卷）

《續三十五舉》一卷。存。（《學海堂叢刻》本；涵芬樓石印本）

《粵詩蒐逸》四卷。存。（《嶺南遺書》本）

12. 謝念功：念功字堯山，南海縣人。蘭生之次子。道光元年（公元 1821），與吴蘭修，曾釗，吴應逵，林伯桐，張維屏，黄培芳，張杓，鄧淳，馬福安，熊景星，徐榮，温訓，黄子高，胡調德，結希古堂課，治古文辭。二年（公元 1822），中壬午科舉人。道光十二年（公元 1832）正月，補學海堂學長。大挑二等，就教職，未選而歿，年僅四十。（據（學海堂志》；張維屏《藝談録》卷下；《尺岡草堂遺文》卷四；《楚庭耆舊遺詩續集》卷二十）《學海堂初集》選有念功文一篇，詩二首。

念功所著書：

《夢草草堂詩草》。未見。（《楚庭耆舊遺詩續集》卷二十選有念功詩）

《北游詩》。未見。

13. 儀克中：克中字協一，又字墨農，其先山西太平人，父以鹽運使司知事分發廣東，納妾生子。克中奉母居番禺，遂為番禺人。生於嘉慶元年（公元 1796），卒於道光十七年十二月二十日（公元 1838）。工詩詞，善書畫。嘉慶二十三年（公元 1818），任修《廣東通志》採訪。道光十二年（公元 1832），中壬辰科舉人。十四年（公元 1834）三月，補學海堂學長。祁𡎴巡撫廣東，請為記室。濬靈洲渠，建惠濟倉，皆任經營謀畫。積勞病卒，年四十二。（據《學海堂志》；《面城樓集鈔》卷四《儀君墨農墓志銘》；同治修《番禺縣志》本傳；《嶺南畫徵略》卷八）《學海堂初集》選有克中文二篇，詩三十八首。

克中所著書：

《劍光樓集》文一卷，詩九卷，詞一卷。今存本詩四卷，詞一卷。（學海堂刻本）

《劍光樓筆記》。未見。（據《畫史彙傳》引）

14. 侯康：康原名廷楷，字君模，其先江南無錫人，祖金鉉遷廣東，遂為番禺人。生嘉慶三年（公元 1798），卒道光十七年（公元 1837）。研精注疏，盡通諸經，而史學尤深。正史之外，旁搜群集，倣裴松之注《三國志》例，注隋以前諸史。家貧，以授徒自給。道光十四年（公元 1834），舉優行貢生。十五年，中乙未恩科舉人。十七年（公元 1837）二月，補學海堂學長。是年十一月卒，年四十。（據《東塾集》卷五《二侯傳》；《學海堂志》；《面城樓集鈔》卷四《儀君墨農墓志銘》）《學海堂初、二集》共選康文二十九篇，詩二十首。

康所著書：

《春秋古經説》二卷。存。（《嶺南遺書》本）

《穀梁禮證》二卷。存。（《嶺南遺書》本）

《補後漢書藝文志》四卷。存。（《嶺南遺書》，廣雅書局本）

《補三國藝文志》四卷。存。（《嶺南遺書》，廣雅書局本）

《後漢書補注續》一卷。存。（廣雅書局本）

《三國志補注續》一卷。存。（廣雅書局本）

《惜燭山房詩草》。未見。（據同治修《番禺縣志》卷二十七）

15. 譚瑩：瑩字兆仁，別字玉生，南海縣人。生嘉慶五年（公元 1800），卒同治十年九月（公元 1871）。道光十一年（公元1831），選辛卯恩科優行貢生，入國子監，未赴，捐納為教官。道光十八年（公元1838）三月，補學海堂學長。道光二十四年（公元1844），中甲辰恩科舉人。咸豐九年（公元1859），上官委勸捐出力，奏加內閣中書銜。前後署肇慶府學教授，曲江，博羅縣學教諭，嘉應州學訓導，選授化州訓導。升瓊州府學教授，以老病，不赴任。生平博考粵中文獻，凡粵人著述，蒐羅而盡讀之，其罕見者，告其友伍君崇曜彙刻之，曰《嶺南遺書》五十九種，三百四十三卷；曰《粵十三家集》一百八十二卷；選刻近人詩，曰《楚庭耆舊遺詩》前後集及續集七十四卷。又博採海内書籍罕見者彙刻之，曰《粵雅堂叢書》，一百八十種，共千餘卷。凡為伍氏校刻書二千四百餘卷，為跋尾二百餘篇。為學長三十年，英彦多出其門。卒年七十二。（據《學海堂志》；《東塾集》卷六，《内閣中書銜韶州府學教授加一級譚君墓碣銘》；《尺岡草堂遺文》卷四；《清史稿·文苑傳》卷三）《學海堂初、二、三、四集》共選瑩文二十七篇，詩一百六十八首。

瑩所著書：

《樂志堂詩集》十二卷。存。（咸豐庚申家刻本）

《樂志堂文集》十八卷。存。（咸豐己未家刻本）

《樂志堂文續集》二卷。存。（家刻本）

《樂志堂詩續集》一卷。未見。

《樂志堂文略》四卷。存。（《學海堂叢刻》本）

《續國朝駢體正宗》一卷（未完稿）。存。（刻本）

16. 黄培芳：培芳字子實，又字香石，香山縣人。生乾隆四十三年十二月十二日（公元1779），卒咸豐九年（公元1859）。嘉慶九年（公元1804），中甲子科副榜。二十四年（公元1819）肄業太學，考取武英殿校録官。道光十年（公元1830），選授韶州府乳源縣教諭。十二年（公元1832）調補瓊州府陵水縣教諭。十五年（公元 1835）保升知縣，先補肇慶府訓導。十八年（公元 1838）七月，補學海堂學長。二十一年（公元 1841），襄辦夷務。二十三年（公元 1843）得内閣中書銜。二十五年（公元 1845），選授大埔縣教諭。年八十二卒。（據《黄氏家乘》卷三；《學海堂志》；《尺岡草堂遺文》卷四。）

培芳所著書：

《易宗》九卷。佚。（有自序，見《黄氏家乘》卷六）

《尚書漢學》十卷。佚。（同上）

《書訓纂》十二卷。佚。（同上）

《詩義參》二十卷。佚。（同上）

《春秋左傳翼》三十卷。佚。（同上）

《禮記鄭註翼》十二卷。佚。（同上）

《十三經或問》十三卷。佚。（同上）

《四書闡註闡》十九卷。存。（稿本）

《四書考釋》十九卷。佚。

《國風詩法隅舉》一卷。存。（稿本；有自序，見《黄氏家乘》卷六）

《史傳事略》一卷。存。（刻本）

《浮山小志》三卷。存（《粤嶽山人稿》本，嘉慶癸酉刻）

《重修香山縣志》八卷。存。（道光八年刻本）

《香山志》一卷。未見。（有自序，見《黄氏家乘》卷六）

《重修肇慶府志》二十二卷。存。（道光十三年刊本）

《端州金石略》二卷。存。（載入道光修《肇慶府志》）

《志劄》一卷。存。（稿本）

《永思録》一卷。存。（稿本。序見《黄氏家乘》卷六）

《粤嶽子》二卷。存。（刻本）

《雲泉隨札》二卷，附録一卷。存。（《粤嶽山人稿》本）

《虎坊雜識》四卷。存。（刻本）

《日下偶筆》四卷。未見。（自序見《黄氏家乘》卷六）

《嶺海樓課本》三卷。存。（刻本）

《縹緗雜録》一卷。存。（有自序，見《黄氏家乘》卷六）

《藤陰小記》一卷。存。（同上）

《十七史詳節補訂》二百七十三卷。佚。（同上）

《碑帖偶跋》一卷。佚。

《良方偶存》一卷。佚。（有自序，見《黄氏家乘》卷六）

《嶺海樓詩鈔》十二卷。存。（《粤嶽山人稿》本）

《嶺海樓文鈔》十二卷。未見。（《國朝嶺南文鈔》選有培芳文一卷）

《困學紀聞十箋》二十卷。存。（有自序，見《黄氏家乘》卷六；《學部圖書館善本書目》有之）

《儒林録約刻》四卷。存。（刻本）

《香石山房叢鈔》四卷。未見。（同上）

《才調百首》一卷。未見。（同上）

《唐賢三昧集評鈔》一卷。存。（見刻本《唐賢三昧集》）

《七古評鈔》四卷。未見。（稿本已殘）

《七律評鈔》四卷。未見。（同上）

《秋興詩評》一卷。存。（稿本）

《感舊集選》四卷。佚。

《香石詩話》四卷。存。（嘉慶庚午刻本）

《粤嶽草堂詩話》二卷。存。（宣統二年排印本）

《嶺海樓尺牘偶存》二卷。存。（手寫稿本；有自序，見《黄氏家乘》卷六）

《嶺海樓經義》二卷。存。（刻本）

《重修新會縣志》十四卷。存。（道光二十一年刻本）

《嶺海樓藏書總目》三卷。佚。（有自序，見《黄氏家乘》

卷六）

《廣三百首詩選》存。（稿本已殘缺）

《羅經簡明録》二卷。佚。（同上）

《相地要訣》一卷。存。（手鈔本）

《增訂四庫全書字辨》四卷。存。（道光六年刻本）

《水龍吟譜》一卷。未見。

《繪事隨筆》一卷。存。（稿本）

《參同契彙要》三卷。未見。（有自序，見《黄氏家乘》卷六）

《陰符經注》一卷。未見。（同上）

《參同契摘要》一卷。未見。（同上）

《粤嶽山人集》。未見。（有張維屏序）

《校正火龍經》十一卷。未見。（有序，見《黄氏家乘》卷六）

《兵略》一卷。（附《火龍經》後）存。（咸豐甲寅刻本）

《香石詩説》一卷。存。（民國乙卯刻本）

17. 梁廷枏：廷枏字章冉，順德縣人。生嘉慶元年（公元1796），卒咸豐十一年（公元1861）。道光十五年（公元1835），中甲午科副榜貢生，選州判，改就教職，選潮州府澄海縣教諭銜，管訓導事。歷充越華，越秀書院監院。林則徐督粤，耳其名，詢以籌防戰守事宜，廷枏為規畫形勢，繪海防圖以進。道光二十年（公元1840）正月，補學海堂學長。道光二十九年（公元1849），勷辦夷務。歷任粤督祁𡊮，徐廣縉幕。咸豐元年（公元1851），以薦，賞内閣中書，加侍讀銜。歷修《廣東海防彙覽》《粤海關志》《順德縣志》。卒年六十六。（據《清史列傳》卷七十三；《學海堂志》；民國修《順德縣志》；《嶺南畫徵略》卷八；張維屏《藝談録》卷下）

廷枏所著書：

《南越五主傳》三卷。存。（家刻本；順德龍氏中和園排印本）

《南越叢録》二卷。存。（同上）

《南漢書》十八卷。存。（《藤花亭十種》本；覆刻本）

《南漢考異》十八卷。存。（同上）

《南漢文字》四卷。存。（同上）

《南漢叢録》二卷。存。（同上）

《夷氛聞記》五卷。存。（不著名氏，嶺南大學藏刻本）

《梁元柱年譜》。存。（附《偶然堂集》後）

《論語古解》十卷。存。（《藤花亭十種》本）

《書餘》一卷。存。（同上）

《粵道貢國説》六卷。存。（原刻本）

《耶穌教入中國説》一卷。存。

《蘭崙偶説》一卷。存。

《合省圖説》三卷。存。

《東坡事類》二十二卷。存。（道光刻本；黄氏覆刻本）

《金石稱例》四卷。存。（《藤花亭十種》本）

《續金石稱例》一卷。存。（同上）

《碑文摘奇》一卷。存。（同上）

《蘭亭考》一卷。未見。

《藤花亭書畫跋》五卷。存。

《藤花亭鏡譜》八卷。存。（道光刻本）

《藤花亭散體文》初集十卷。存。（家刻本）

《藤花亭駢體文》四卷。存。（家刻本）

《藤花亭詩集》四卷。存。（家刻本）

《東行日記》一卷。未見。

《澄海訓士録》四卷。未見。

《曲話》五卷。存。（初刻本四卷；《藤花亭十種》本五卷，

又《曲苑》石印五卷本）

《江南春詞補傳》一卷。未見。

《粵秀書院志》一卷。存。

《越華紀略》二卷。存。

《惠濟倉建置略》一卷。存。

《經辨祀典》一卷。存。

《曇花夢雜劇》一卷。存。（道光刻本）

《江梅夢雜劇》一卷。存。（同上）

《斷緣夢雜劇》一卷。存。（同上）

《圓香夢雜劇》一卷。存。（同上）

18. 陳澧：澧字蘭甫，先世江南上元人。祖與父宦居廣州，遂為番禺人。生嘉慶十五年（公元 1810），卒光緒八年正月（公元 1882）。道光六年（公元 1826），考取縣學生員。十一年（公元 1831），舉優行貢生。十二年（公元 1832）中壬辰科舉人。十四年（公元 1834），被選為學海堂專課肄業生。問詩學於張維屏，問經學於侯康。二十年（公元 1840），補學海堂學長。六應會試不第，大挑二等，選授河源縣學訓導。兩月，告病歸。揀選知縣。到班不願出仕，請京官職銜，得國子監學録。為學海堂學長數十年。咸豐十年（公元 1860），曾為東莞龍溪書院山長。同治六年（公元 1867）秋，運使方濬頤創設菊坡精舍，聘為山長。生平讀書，心有所得，即手録之，積數百冊。漢學宋學，能會其通。光緒七年（公元 1881），以耆年碩德，賞五品卿銜。卒年七十三。（《學海堂志》；《自述》；《國史儒林傳采進稿》；汪宗衍先生《陳東塾先生年譜稿》）《學海堂二、三集》選有澧文十六篇，詩八首。

澧所著書：

《漢儒通義》七卷。存。（《東塾叢書》本）

《聲律通考》十卷。存。（同上）

《切韻考》六卷。存。(《東塾叢書》本；涵芬樓排印本)
《切韻考外篇》三卷。存。(同上；又北京大學出版部排印本)
《漢書地理志水道圖説》七卷。存。(同上)
《東塾讀書記》十二卷，又三卷，附一卷。存。(家刻本；《續經解本》；商務印書館排印本)
《東塾集》六卷。存。(菊坡精舍刻本。又另有梁鼎芬編本八卷)
《申范》一卷。存。(同上；又《古學叢刊》本)
《三統術詳説》四卷。存。(廣雅書局刻，《東塾遺書》本)
《水經注西南諸水考》三卷。存。(同上)
《弧三角平視法》一卷。存。(同上)
《摹印述》一卷。存。(同上；又《印學叢書》本)
《説文聲表》十七卷。存。(廖景曾先生藏稿本)
《孝經紀事》一卷。未見。(自序見《東塾剩稿》)
《讀詩日録》一卷。存。(《古學叢刊》本；《微尚齋叢刻》本)
《聲律餘考》。未見。(據陳樹鏞與梁鼎芬手札，原札藏陳垣先生處)
《古樂微》一卷。存。(廖景曾先生有藏本)
《古樂餘論》。未見。
《等韻通》一卷。未見。(《東塾集》卷三有自序)
《東塾類藁》。存。(刻本)
《鍾山集》。存。(刻本)
《初學編音學》一卷。存。(自刻本；《粟香四筆》本)
《字體辨誤》一卷。存。(刻本)
《學海堂志續》。存。(附刻《學海堂志》各章後)
《老子注》一卷。存。(汪兆鏞先生藏鈔本)
《香山縣志》二十二卷。存。(光緒五年刻本)
《自記》一卷。存。(陳氏家藏稿本)

《水經注提綱》四十卷。未見。
《琴律譜》一卷。存。(陳氏家刻本)
《東塾雜俎》十卷。未見。
《朱子語類日鈔》五卷。存。(家刻本)
《陸象山書鈔》六卷。存。(家鈔本)
《公孫龍子注》一卷。存。(汪兆鏞先生校刊本)
《陳東塾先生遺詩》一卷。存。(同上)
《憶江南館詞》一卷。存。(同上)
《唐宋歌詞新譜》。未見。(據《東塾集》卷三有自序)
《東塾隨筆》。未見。
《東塾剩稿》。存。(陳氏家藏稿本)
《讀陶淵明詩劄記》。存。(鈔本)
《識月軒詩話》。未見。
《陳東塾先生遺稿》。存。(嶺南大學藏鈔本,一部分登在《嶺南學報》二卷二期、三期。又國立北平圖書館藏稿本)
《東塾集外文》四卷。存。(汪宗衍輯,未刻)

19. 楊榮緒:榮緒原名榮,字浦香,又作黼香,一字孟桐,番禺縣人。生嘉慶十四年(公元1809),卒同治十三年(公元1874)。道光十五年(公元1835),中乙未恩科舉人。二十五年(公元1845)正月,補學海堂學長。咸豐三年(公元1853),中癸丑恩科進士,改翰林院庶吉士,散館授編修。十年(公元1860),補授河南道御史。十一年,轉掌四川道,顯掌河南道,署刑科禮科給事中。同治二年(公元1863),簡放湖州府知府。時洪秀全已據有湖州。四年(公元1865)克復,乃到任。十年(公元1871),大計卓異,入都引見,回任候升。十三年(公元1874),捐升道員,調赴省,病不能往,卒於公館。年六十六。(據《東塾集》卷六《浙江湖州府知府候選道楊君墓碑銘》;《學海堂志》;《藝談録》卷下)《學海堂二、三集》共選榮緒文十篇,詩十六首。

榮緒所著書:

《讀律提綱》一卷。存。(《學海堂叢刻》本)

《讀左漫筆》一卷。未見。

20. 金錫齡:錫齡字伯年,號芑堂,先世浙江山陰人,高祖宦居於粤,遂為番禺縣人。生嘉慶十六年(公元1811),卒光緒十八年(公元1892)。道光十四年(公元1834),選學海堂專課肄業生。十五年(公元1835),補縣學生員。是秋,中乙未恩科舉人。咸豐三年(公元1853)十一月,補學海堂學長。同治元年(公元1862),詔舉孝廉方正,闔邑舉錫齡以應,力辭之。截取知縣,到班,不願出仕,請京官職銜,得國子監監丞。光緒十四年(公元1888),以耆儒績學,賞加光禄寺署正銜。年八十二卒。(據《劬書室集·八十自述》;民國修《番禺縣續志》卷二十)《學海堂三、四集》選有錫齡文七篇。

錫齡所著書:

《周易雅訓》。未見。(據《八十自述》)

《毛詩釋例》。未見。(同上)

《禮記陳氏集説刊正》。未見。(同上)

《左傳補疏》。未見。(同上)

《穀梁釋義》,未見。(同上)

《理學庸言》二卷。存。(光緒二十一年家刻本)

《劬書室集》十六卷。存。(光緒二十一年家刻本)

21. 鄒伯奇:伯奇字一鶚,又字特夫,南海縣人。生嘉慶二十四年(公元1819),卒同治八年五月(公元1869)。戴熙督學,問音韻源流,伯奇所對獨詳贍,遂進縣學。精研天文,歷算,輿地之學。咸豐七年(公元1857)正月,補學海堂學長。同治三年(公元1864),郭嵩燾撫粤,薦於朝,請置之同文館，有旨命督撫咨送，以疾辭。曾國藩總督兩江，於上海開機器局，並欲於局旁設書院，聘伯奇以數學教授生徒，不就。卒年五十一。（據同治修《南海縣志》卷十八；《學海堂志》；《尺岡草堂遺文》卷三《鄒徵君墓誌》）《學海堂三、四集》選有伯奇文七篇。

伯奇所著書：

《學計一得》一卷。存。（《鄒徵君遺書》本）

《補小爾釋度量衡》一卷。存。（同上）

《格術補》一卷。存。（同上）

《對數尺記》一卷。存。（同上）

《乘方捷術》三卷。存。（同上）

《存稿》一卷。存。（同上）

《輿地全圖》一冊。存。

《恒星圖》二幅。未見。

《廣韻玉篇類音》四卷。未見。

《甲寅恒星表》一卷，《赤道星圖》一卷，《黄道星圖》一卷。未見。

《測量備要》四卷。未見。

《春秋經傳日月考》一卷。存。（案此書在《學計一得》內，又有光緒辛丑兩湖書院重刊單行本）

22. 李能定：能定字碧玲，先世陝西人，以寓粵久，遂為番禺人。道光十四年（公元 1834），被選學海堂專課肄業生。道光十七年（公元 1837）中丁酉科舉人。咸豐八年（公元 1858），十一月，補學海堂學長。（據《番禺縣續志》卷二十；《學海堂志》）《學海堂二、三集》選有能定文三篇。

能定所著書：

《花南軒詩文稿》四卷。未見。

《花南軒筆記》二卷。未見。

《易連珠》一卷。未見。

23. 沈世良：世良字伯眉，先世浙江山陰人。祖及父留滯粵東，遂為番禺人。生道光三年（公元1823），卒咸豐十年正月初一日（公元1860）。附貢生。咸豐八年（公元1858）十一月，補學海堂學長。九年，入貲為教官，選授韶州府學訓導，未赴任。十年，元旦卒，年三十八。（據沈澤棠《懺盦隨筆》卷一；陳澧補《學海堂志》；蘊璘《小祇陀盦詩鈔·後跋》）《學海堂三、四集》選世良文一篇，詩十五首。

世良所著書：

《倪高士年譜》一卷。存。（同治四年伍氏刻本）

《小祇陀盦詩鈔》四卷。存。（同治二年刊本）

《楞華室詞鈔》二卷。存。（咸豐四年自刻本）

24. 陳良玉：良玉字朗山，一字鐵禪，廣州駐防漢軍鑲白旗人。生嘉慶十九年（公元1814），卒光緒七年（公元1881）九月。道光十七年（公元1837），中丁酉科舉人。咸豐九年（公元1859）十一月，補學海堂學長。以助廣西按察使張敬修戎幕事，得請，以知縣用。時良玉已選通州學正。乃就教職。得保舉，加同知銜，再以知縣升用後，儘先補直隸州知州。丁母憂歸，以足疾，遂不復出。同治十年十月（公元1871），復補學海堂學長。卒年六十八。（據《學海堂志》；《尺岡草堂遺文》卷三《即補直隸州知州陳君墓誌銘》；又卷四《擬廣東文苑傳》）《學海堂二、三、四集》選有良玉詩三十首。

良玉所著書：

《梅窩詩鈔》三卷。存。（家刻本）

《梅窩詞鈔》一卷。存。（同上）

《梅窩遺稿》一卷。存。（同上）

25. 朱次琦：次琦字稚圭，一字子襄，南海縣人。生嘉慶十二年（公元1807）八月，卒光緒七年十二月十九日（公元

1882）。道光七年（公元1827），補縣學生員。十四年（公元1834），選學海堂專課肄業生，以疾辭不赴。道光十九年（公元1839），中已亥科舉人。道光二十七年（公元1847），中丁未科進士，選即用知縣，籤分山西。咸豐二年秋（公元1852），選署襄陵縣。三年二月，去任。九年（公元1859）十一月，補學海堂學長，辭不就，仍虛位待之。居九江鄉，講學二十餘年。光緒七年（公元1881），以講明正學，身體力行，詔賜五品卿銜。次琦日事著述，有《國朝名臣言行録》，《國朝逸民傳》，《性學源流》，《宋遼金元明五史實徵録》，《晋乘》等書皆未成，疾作，知難卒事，遂自燔其藁。卒年七十五。（據簡朝亮《朱九江先生年譜》）

次琦所著書：

《朱九江先生集》十卷。存。（門人簡朝亮編刻本）

《是汝師齋遺詩》一卷。存。（《學海堂叢刻》本）

《朱九江先生論史口説》。存。（門人筆記，光緒庚子刊本）

26. 陳璞：璞字子瑜，號古樵，自號尺岡歸樵，又號息翁，番禺縣人。生嘉慶二十五年（公元1820），卒光緒十三年（公元1887）。道光十四年（公元1834）選學海堂專課肄業生。咸豐元年（公元1851），中辛亥恩科舉人。值太平天國之亂，設局辦團，璞贊畫功多，大吏奏保，以知縣選用。八年（公元1858），授江西安福縣知縣。九年十月，丁父憂歸。遂不復出。十一年（公元1861），二月，補學海堂學長。卒年六十八。（據《尺岡草堂遺文》卷三；《學海堂志》；《番禺縣續志》卷二十）《學海堂三、四集》選有璞詩二十五首。

璞所著書：

《尺岡草堂遺詩》八卷。存。（家刻本）

《尺岡草堂遺文》四卷。存。（同上）

《繆篆分韻補正》一卷。未見。

27. 李光廷：光廷字著道，一字恢垣，番禺縣人。生嘉慶十七年（公元1812），卒光緒六年六月（公元1880）。道光十三年（公元1823），選縣學生員。道光二十九年（公元1849），拔貢。咸豐元年（公元1851），中辛亥恩科舉人。二年（公元1852），中壬子科進士。籤分吏部稽勳司主事。三年，值太平天國之亂，適假歸，集里中紳士團練，總沙茭局事。亂平，大吏奏獎，補員外郎。八年（公元1858），入都供職。十一年（公元1861），以父年踰七十，請歸養。同治二年（公元1863）二月，補學海堂學長。復掌端溪書院，修《廣州府志》。終養，竟不復出。晚年鈔書自娛，校刊《守約叢書》六十三種，一百六十卷。年六十九，卒於端溪書院。（據《尺岡草堂遺文》卷三，卷四；民國修《番禺縣續志》卷二十）《學海堂四集》選有光廷文一篇。

光廷所著書：

《漢西域圖考》七卷。存。（家刻本）

《廣元遺山年譜》二卷。存。（家刻本；《適園叢書》本）

《北程考實》二卷。存。（家鈔本）

《宛湄書屋文鈔》十一卷。存。（家刻十一卷本，後陳璞刪為八卷）

《宛湄書屋詩鈔》二卷。存。

《普法戰紀輯要》四卷。存。（《守約叢書》本）

《彭春洲先生詩譜》。存。（刻在《詩義堂後集》卷首）

28. 周寅清：寅清原名以清，號秩卿，順德縣人。約生於乾隆五十八年（公元1793?），卒於光緒元年（公元1875?）。［案《典三賸稿》咸豐三年《自序》説年近六十，假定是年為五十九，故云約生於乾隆五十八年。又《學海堂專課章程》自同治四年至同治十三年（公元1874）冬，稟請督撫之事皆寅清領銜，光緒以後皆由陳璞領銜。故云約卒於光緒元年。］年十六，為縣學生員。應學海堂課，屢列前茅。道光十五年（公元1835），中乙未恩科順天鄉試舉人。二十四年（公元1844），中甲辰科進士。以知縣用，籤分山東，歷任城武，高密，臨淄，昌樂縣知縣，甯海州知州，山東己酉，乙卯兩科同考試官。丁母憂去官。旋里主講鳳山書院。同治二年（公元1863），二月，補學海堂學長。分纂《廣州府志》，僅就緒而卒。（據《學海堂志》；民國修《順德縣志》卷十八）《學海堂初、二、三、四集》選有寅清文六篇。

寅清所著書：

《典三賸藁》二卷。存。（同治辛未刻本）

《典三雜著》一卷。存。（家刻本）

29. 李徵霨：徵霨原名鳴韶，字孟夔，號阮菴，南海縣人。道光九年（公元1829），以縣試第一補縣學生員。十一年（公元1831），中辛卯恩科副榜。十二年（公元1832），中壬辰科舉人。大挑，選授高要縣訓導，兼署德慶州學正。同治九年（公元1870），正月，補學海堂學長。梁紹獻等重修《南海縣志》，未就而紹獻没，徵霨踵而成之，所為列傳多出其手。光緒初，復與修《廣州府志》。年七十二卒於家。（據宣統修《南海縣志》卷十五；《學海堂志》）《學海堂二、三、四集》選有徵霨文三篇，詩二十七首。

徵霨所著書：

《李氏遺稿》四卷。未見。

30. 樊封：封字昆吾，廣州駐防漢軍正白旗人。生乾隆五十四年（公元1789），卒光緒二年（公元1876）。咸豐九年（公元1859），欽賜副榜貢生。光緒元年（公元1875），三月，補學海堂學長。將軍全善延纂《駐粵八旗志》。卒年八十八。（據《番禺縣志》卷二十六；陳澧續《學海堂志》）《學海堂初集》有封詩一首，文二篇。

封所著書：

《駐粵八旗志》二十四卷。存。

《南海百詠續篇》四卷。存。（光緒十九年學海堂刊本）

《論語注商》。未見。（《東塾集》卷三有序。鈔本序下署“光緒二年七月”六字。上文封之生年，由此考定）

《大學集解》。未見。（見《番禺縣續志》卷二十六本傳）

《讀孟稽疑》。未見。（同上）

《海語閣日記》。未見。（同上）

《樸庵筆記》。未見。（同上）

《樸學山房文集》。未見。（同上）

《轍北帆南艣尾詩集》。未見。（同上）

《蟫紅集》二卷。存。（徐紹棨先生藏有鈔本）

31. 何如銓：如銓字嗣農，南海縣人。光緒元年（公元1875），以歲貢生中乙亥恩科舉人。二年（公元1876）六月，補學海堂學長。又任菊坡精舍學長。卒年五十餘。（據宣統《南海縣志》卷十九；陳澧補《學海堂志》）《學海堂四集》選有如銓文三篇，詩一首。《菊坡精舍集》選有如銓文二篇，詩三首。

如銓所著書：

《重輯桑園圍志》十七卷。存。

32. 許其光：其光字懋昭，號涑文，本籍浙江仁和，以先世遊幕至粵，遂為番禺縣人。道光二十六年（公元1846），中丙午科舉人。三十年（公元1850），成進士，殿試一甲第二名，授翰林院編修。咸豐二年（公元1852），充湖北鄉試副考官。十年（公元1860），授福建道監察御史。十一年（公元1861），轉掌四川京畿道，署工科給事中。同治元年（公元1862），充順天鄉試同考官。二年（公元1863）五月，奏劾某親王，奉旨仍回原衙門行走。六年（公元1867），補授侍講。

京察一等，補廣西桂林遺缺知府，改思恩府知府。以剿平土苗各匪案，疆吏奏保，奉旨以道員用，署左江兵備道，巡轄南寧，潯州，鬱林，上思等處。改官直隸候補道。因疾，乞假回籍。光緒三年（公元 1877）十月，補學海堂學長。假滿旋天津，病卒。（據《番禺縣續志》卷二十；陳澧補《學海堂志》）《學海堂三集》選其光文一篇，詩二十三首。

33. 陶福祥：福祥字春海，號愛廬，先世浙江會稽人，徙粵已七傳，遂為番禺縣人。生道光十四年（公元 1834），卒光緒二十二年（公元 1896）。同治十一年（公元 1872），選學海堂專課肄業生。光緒二年（公元 1876），中丙子科舉人，五年（公元 1879）七月，補學海堂學長。法越之役，辦理團練，事平，大吏疏保內閣中書，並延主禺山書院講席。張之洞督粵，設廣雅書局，刊行書籍，聘福祥為總校。之洞移督兩湖，設置兩湖書院，復聘之，商訂規程，評校課卷，三閱月，謝病歸。旋卒，年六十三。（據《番禺縣續志》卷二十三；陳澧補《學海堂志》，及福祥子敦勉先生口述生卒）《學海堂四集》選有福祥文二篇。《菊坡精舍集》選有福祥文七篇。

福祥所著書：

《愛廬經說叢鈔》三十卷。存。（敦勉先生云有刻本）

《北堂書鈔校字記》五卷。存。（姚覲元刊本）

《夢溪筆談校字記》一卷。存。（愛廬刊本，附《夢溪筆溪》後）。

《東漢刊誤》八卷。存。（菊坡精舍刊本）

《愛廬文集》二十四卷。存。（敦勉先生云刊本）

34. 譚宗浚：宗浚原名懋安，字叔裕，瑩之次子，南海縣人。生道光二十六年（公元 1846），卒光緒十四年（公元 1888）三月二十八日。咸豐十一年（公元 1861），中辛酉科舉人。瑩課令十年讀書乃許出仕，授以《文獻通考》，略能記誦。

同治十三年（公元 1874），成進士，以一甲第二人及第，授翰林院編修，加侍讀銜。光緒二年（公元 1876），督學四川，任滿，選諸生文為《蜀秀集》。六年（公元 1880）十月，補學海堂學長。八年（公元 1882），充江南鄉試副考官。十一年（公元 1885），京察一等，記名道府。時方奏修國史儒林文苑傳，派充總纂，因采山，陝，河南，四川，兩廣，滇，黔等省文學出衆者，補入傳中。以伉直為掌院所惡。五月，簡授雲南糧儲道。在滇兩年，再署按察使。以不樂外任，鬱鬱獨居，遂嬰痼疾。十四年（公元 1888）二月，呈請開缺。行至廣西隆安卒，年四十三。（據宣統修《南海縣志》卷十四；陳澧補《學海堂志》；《清史稿·文苑傳三》）《學海堂四集》選有宗湙文十六篇，詩九首。《菊坡精舍集》選有宗湙文七篇，詩六十三首。

宗湙所著書：

《遼史紀事本末》十卷。未見。（據廖廷相《希古堂集序》）

《希古堂文甲集》二卷。存。（光緒庚寅刻本）

《希古堂文乙集》六卷。存。（同上）

《荔村草堂詩鈔》十卷。存。（光緒壬辰刻本）

《荔村草堂詩續鈔》一卷。存。（宣統庚戌家刻本）

《芸潔齋賦草》四卷。存。（光緒乙未刊本）

《芸潔齋試帖》四卷。存。（同上）

《希古堂筆記》。未見。

《止庵筆記》。存。

35. 廖廷相：廷相字澤群，又字子亮，南海縣人。生道光二十四年（公元 1844），卒光緒二十四年（公元 1898）十一月初五日。同治七年（公元 1868），選學海堂專課肄業生，治《禮記》。為陳澧高足弟子。九年（公元 1870），中庚午科舉人。光緒二年（公元 1876），中丙子恩科進士，改庶吉士，授編修。梁肇煌修《順天府志》，聘為分纂。未幾，歸里。光緒七年（公元 1881）十月，補學海堂學長。歷主金山，羊城，應元書院講席，並為菊坡精舍學長。光緒二十年（公元 1894）任廣雅書院院長。卒於廣雅書院，年五十五。（據《清史稿》；《南海廖維則堂家譜》卷三；《番禺縣續志》卷二十六；《學海堂志》）《學海堂四集》選有廷相文十三篇。《菊坡精舍集》選有廷相文八篇。

廷相所著書：

《禮表》十卷。未見。（據《國史稿》本傳）

《群經今古文家法考》一卷。未見。（同上）

《粵東水道分合表》二卷。未見。（宣統修《南海縣志》有自序）

《順天人物志》六卷。未見。（據《國史稿》本傳；刻入《順天府志》中）

《廣雅答問》六卷。未見。（同上）

《讀史劄記》。未見。（同上）

《廖氏文集》一卷。未見。（據宣統修《南海縣志》）

《北郭草堂集》。未見。（《南海廖氏維則堂家譜》卷三選有詩二十七首）

《廣雅書院藏書目録》七卷。存。（廣雅書局刻本）

《廣東輿地圖説條例》。未見。（據宣統修《南海縣志》）

《金石考略》。未見。（同上）

36. 陳瀚：瀚字梅坪，南海縣人。同治九年（公元 1870），中庚午科舉人。十一年（公元 1872）選學海堂專課肄業學生。光緒七年（公元 1881）十月，補學海堂學長。主佛山書院講席。卒年五十六。（據宣統《南海縣志》卷十九）《學海堂四集》選有瀚文四卷。

瀚所著書：

《崇古堂集》。未見。（據宣統修《南海縣志》）

37. 黎維樅：維樅字簾廷，原籍新會，南海縣人。同治十一年（公元 1872），選學海堂專課肄業生。以廩貢生，候選訓導。掌越華書院監院。光緒八年（公元 1882）四月，補學海堂學長。善駢體文，工青緑山水。（據汪兆鏞先生《嶺南畫徵録》卷八；《學海堂志》）《學海堂四集》選有維樅文一篇，詩十四首。《菊坡精舍集》選有維樅文三篇，詩三十九首。

38. 高學燿：學燿字星儀，番禺縣人。附貢生。同治四年（公元 1865），選學海堂專課肄業生，專習《禮記》。五年（公元 1866），總督毛鴻賓，巡撫郭嵩燾開局編輯《廣東圖説》，延學燿為繪圖兼總校。光緒八年（公元 1882）四月，補學海堂學長。（據《學海堂志》；《番禺縣續志》卷二十三）《學海堂四集》選有學燿文六篇。

39. 張其翻：其翻字彦高，嘉應州人。道光十四年（公元 1834），選學海堂專課肄業生。二十年（公元 1840），中甲午科舉人。以大挑官陝西知縣，歷署永壽，富平，韓城等縣。題補紫陽縣知縣。咸豐元年（公元 1851），八年（公元 1858），俱充陝西鄉試同考官。在陝十年，所至有聲。將調署臨潼縣，引疾歸，洪秀全黨破州屬之平遠，其翻隨同官軍克復，奉旨以同知直隸州，歸陝補用。同治四年（公元 1865）洪秀全餘黨陷嘉應，左宗棠統師至，其翻謁陳軍事六條，克復後，宗棠委辦善後諸事，事平，賞加知府銜。光緒十一年（公元 1885）六月，補學海堂學長。十三年（公元 1887），督學汪鳴鑾奏舉績學耆儒，賞四品卿銜。（據光緒《嘉應州志》卷二十三；《學海堂志》）《學海堂二、三、四集》選其翻文六篇，詩四首。

其翻所著書：

《兩漢朔閏表》二卷。存。（《碧琳琅館叢書》本）

《兩漢提要劄記》。未見。（據温仲和《嘉應州志》卷二十九云“存”）

《三國志討論》。未見。(同上)

《南漢讀書雜記》。未見。(同上)

《兩漢日月徵信》。未見。(同上)

《算法統宗難題衍術》。未見。(同上)

《方程正負定式》。未見。(同上)

《量倉八法》。未見。(同上)

《星學入門》。未見。(同上)

《軍帳從事》。未見。(同上)

《辮貞亮室文稿賦鈔》。存。(家刻本)

《入陝歸田記》。未見。(據《嘉應州志》)

《春秋長歷三統校勘表記》。未見。(據《兩漢朔閏表凡例》)

《四分成式》。未見。(同上)

40. 林國賡:國賡字敭伯,番禺縣人。同治十一年(公元1872),選學海堂專課肄業生。光緒十一年(公元1885),選優行貢生,考取八旗官學教習。光緒十二年(公元1886)十二月,補學海堂學長。十四年(公元1888),中戊子科舉人。十六年,總督張之洞聘為廣雅書院史學分校。及張之洞移督兩湖,聘為兩湖書院分校。十八年(公元1892),中壬辰科進士,選翰林院庶吉士,散館改吏部文選司兼驗封司主事。父病,乞假歸。丁艱後不復出。主講端溪書院。為孔氏校理《北堂書鈔》,搜輯佚史八百餘種,積稿盈兩巨簏。年四十九卒。(據《番禺縣續志》卷二十三;《學海堂志》;《廣雅書院同舍録》)《學海堂四集》選國賡文十五篇,詩四十三首。《菊坡精舍集》選有國賡文五篇,詩十一首。

國賡所著書:

《讀陶集劄記》三卷。未見。(據《番禺縣續志》卷二十三)

《元史地理今釋》。未見。

《近鑑齋經説》。未見。

《輷錄盦讀書偶記》。未見。

《讀顧氏日知録禮記》二卷。未見。

《校正影宋本北堂書鈔》一百零六卷。存。(孔氏刻本)

41. 林國贊：國贊字明仲，國賡弟，番禺縣人。生道光三十年（公元1850），卒光緒十五年（公元1889）十月。光緒元年（公元1875），選學海堂專課肄業生。治《三國志》，為陳澧所稱賞。光緒十一年（公元1885），中乙酉科舉人。十四年（公元1888）六月，補學海堂學長。十五年（公元1889），中己丑科進士，以主事用，籤分刑部直隸司行走。中寒，以足疾，乞假歸里，是年卒，年僅四十。(據林國賡《三國志裴注述跋》;《番禺縣續志》卷二十三;《學海堂志》)《學海堂四集》選有國贊文三篇，詩十三首。《菊坡精舍集》選有國贊文五篇。

國贊所著書：

《三國志裴注述》二卷。存。(學海堂刻本)

《三國疆域志補正》三十卷。未見。(據《三國志裴注述跋》;《番禺縣續志》作四十四卷)

《讀三國志雜志》四卷。未見。(據《三國志裴注述跋》)

《讀史叢考》十六卷。未見。(同上)

《三國臆説》八卷。未見。(據《番禺縣續志》)

《讀史記日録》四卷。未見。(同上)

《讀漢書日録》八卷。未見。(同上)

《讀諸史日録》二十卷。未見。(同上)

《讀日知錄札記》二卷。未見。(同上)

《二酉山房文甲集》十二卷,《乙集》六卷,《外集》四卷。未見。(同上)

42. 蘇梯雲：梯雲字月樵，南海縣人。同治十二年（公元1873)，中癸酉科舉人。主講清遠鳳城書院。後任學海堂學長。

年七十，援例請京銜，得中書科中書。（據宣統修《南海縣志》；《學海堂專課章程》）《菊坡精舍集》選有梯雲文五篇。

梯雲所著書：

《四書互證錄》二卷。存。（刻本）

《五經正義》二十卷。未見。

《培厚堂稿》四卷。未見。

《培厚堂雜文》一卷。未見。

43. 黄鈺：鈺，南海縣人。道光三十年（公元1850）歲貢。充學海堂學長。（據同治修《南海縣志》卷九，及宣統修《南海縣志》卷十九《黄鳳書傳》）《學海堂初、二、三集》選鈺文一篇，詩五首。

44. 伍學藻：學藻字用藴，順德縣人。同治五年（公元1866），選學海堂專課肄業生，習《春秋左氏傳》。光緒四年（公元1878），歲貢。任學海堂學長。學藻著述頗多，惜為西潦漂没。又工書畫，尤長人物。（據民國修《順德縣志》卷八及卷十四；《學海堂志》；《嶺南畫徵略》卷八）

學藻所著書：

《十二芙蓉池館遺藁》。未見。

45. 潘乃成：乃成字憲臣，號子康，南海縣人。繼李之子。縣學生員。同治五年（公元1866），選學海堂專課肄業生，習《毛詩》。（據《潘式典堂族譜》卷五；《學海堂志》）《學海堂四集》選有乃成文二篇，《菊坡精舍集》選有乃成文一篇。

46. 劉昌齡：昌齡字星南，原籍浙江山陰，以祖父遊幕來粤；遂為番禺縣人，生道光五年（公元1825），卒光緒十五年（公元1889）。廣州府學增貢生。後任學海堂學長，菊坡精舍學長。歷主講席四十餘年。光緒十四年（公元1888）學使汪鳴鑾以績學耆儒保奏，獎翰林院待詔銜。卒年六十五。（據劉冕卿先生《劉乙照山房世系表》；民國修《番禺縣續志》卷十五，又卷四十二）《學海堂三、四集》選有昌齡文七篇。《菊坡精舍集》選有昌齡文十五篇。

47. 黃紹昌：紹昌字懿傳，號芑香，又號屺鄉，香山縣人。光緒四年（公元 1878），選學海堂專課肄業生。十一年（公元 1885），中乙酉科舉人。同縣何璟督閩，延為記室。歸里後，補學海堂學長。光緒十六年（公元 1890），粵督張之洞聘為廣雅書院文學分校。後主講香山豐山書院，歿於院中。紹昌工詩及駢體文，亦能作梅花小幀。歿後多失傳。（據民國修《香山縣志續篇》卷十一；《嶺南畫徵略》卷十；《廣雅書院同舍錄》；黃佛頤先生説）

紹昌所著書：

《三國志音義》。未見。（據《香山縣志續篇》，《嶺南畫徵略》作"音釋"）

《秋琴館詩文集》。佚。（據《嶺南畫徵略》）

48. 周汝鈞：汝鈞字節生，番禺縣人。卒於光緒三十二年（公元 1906）。光緒四年（公元 1878），選學海堂專課肄業生。八年（公元 1882），中壬午科舉人。十八年（公元 1892），中壬辰科進士，官刑部主事。在都，講求西法，學外國語言文字。丁母憂回籍。光緒二十四年（公元 1898）主講香山欖山書院，兼學海堂學長。光緒二十七年至二十八年間（公元 1901—1902），南番順旅美金山僑商聘為會館董事。伍廷芳任美國公使，派充金山領事署隨員。隨委署金山總領事。期滿，賞加四品銜。光緒二十九年（公元 1903），回粵，任東莞縣師範學堂監督。光緒三十二年（公元 1906），番禺縣紳開辦中學，舉為監督。未開校而卒。（據《番禺縣續志》卷二十三）

49. 范公詒：公詒字伯言，其先浙江上虞人，祖父始改隸番禺縣籍。光緒七年（公元 1881），為學海堂專課肄業生。光緒十七年（公元1891），選優貢生。朝考二等，以教職選用。奉委司安平裕豐兩倉董事，選授龍川縣學訓導。旋舉學海堂學長。（據《番禺縣續志》卷二十三）

公詒所著書：

《水經注書目碑目存佚考》一卷。未見。（《番禺縣續志》云"存。家鈔本"；並錄自序）

《粵東金石略補證》二卷。未見。（同上；並錄凡例）

《宋元刻漢書考》一卷。存。

《潔盦文集》二卷，《詩》一卷。未見。（同上）

50. 漆葆熙：葆熙字蔭宗，一字少臺，番禺縣人。生道光二十八年（公元1848）八月。光緒元年（公元1875），選學海堂專課肄業生。光緒十五年（公元1889），為廣雅書院學生，屢列高等，補齋長。光緒十七年（公元1891），中辛卯科舉人。主長甯縣桂峰書院。旋補學海堂學長，廣雅書院分校。（據《廣雅書院同舍錄》；《番禺縣續志》卷二十三）《菊坡精舍集》選有葆熙文一篇。

葆熙所著書：

《篤志堂集》。未見。（見《番禺縣續志》）

51. 楊裕芬：裕芬字家珍，號惇甫，南海縣人。生咸豐七年（公元1857），卒民國三年（公元1914）。光緒七年（公元1881），選學海堂專課肄業生。光緒十四年（公元1888），中戊子科解元。十八年（公元1892），張之洞聘任兩湖書院經學分校。二十年（公元1894）中甲午科進士，改户部主事。歸主明達，鳳山，端溪各書院。復選為學海堂學長，菊坡精舍學長。三十三年（公元1907），入都供職，掌度支部丞參廳秘書。張之洞奏調學部，審定圖書。宣統三年（公元1911）八月，請終養歸，卒年五十八。（據《學海堂專課章程》；宣統修《南海縣志》卷十；楊履瑞撰《先府君行狀》）《菊坡精舍集》

選有裕芬文一篇。

52. 韓貞元：貞元字瀫庭，廣州駐防旗人。光緒十年（公元 1884）選學海堂專課肄業生，通數學。後被選為學海堂學長。（據《學海堂專課章程》；黄佛頤先生説）

53. 姚筠：筠字嶰雪，號俊卿，番禺縣人。同治六年（公元 1867）優貢生。九年（公元 1870），副榜貢生。十二年（公元 1873）中癸酉科舉人。補饒平縣學訓導。任學海堂學長，及菊坡精舍學長。工詩，善畫，年八十七卒。（據《嶺南畫徵略》卷十）《菊坡精舍集》選有筠詩一首。

54. 丁仁長：仁長字伯厚，晚號潛客，先世由安徽懷寧來粤，遂為番禺人。生咸豐十一年（公元 1861），卒民國十五年（公元 1926）。光緒八年（公元 1882），中壬午科舉人。九年（公元 1883），中癸未科進士，改翰林院庶吉士。十二年（公元 1886），散館，授編修。十七年（公元 1891），充貴州鄉試正考官。十九年，充順天鄉試同考官。二十年，以侍講升用。二十二年（公元 1896），補侍講，轉侍讀，充日講起居注官。丁父憂後，遂不復出。主越華書院。並任學海堂學長。後創議撥惠濟義倉疑，開辦教忠學堂，尋兼大學堂監督，存古學堂監督。民國改元後，僑居香港設塾訓徒，任《番禺縣續志》總纂。後卒於天津。年六十六。（據張學華作《行狀》；黄佛頤先生説）

仁長所著書：

《丁潛客先生遺詩》一卷。存。（民國十八年刊本）

《毛詩傳箋義例考證》未見。（據《行狀》）

55. 吴道鎔：道鎔原名國鎮。字玉臣，號澹庵，番禺縣人。生咸豐三年（公元 1853）。光緒元年（公元 1875），中乙亥恩科舉人。六年（公元 1880），中庚辰科進士，改翰林院編修。回籍後，補學海堂學長，後任高等學堂監督。民國改元後任《番禺縣續志》總纂。晚年，留心鄉邦文獻，輯《廣東文徵》百餘卷。民國二十年（公元1931），八月，《番禺縣續志》四十四卷刻成，為之序。今尚健存，年八十二。（據《番禺縣續志》；黄佛頤先生説）

道鎔所著書：

《明史樂府》七卷。存。（民國二十三年排印本）

五、學海堂專課肄業生考

（一）道光十四年專課肄業生十名

1. 陳澧：見學長。

2. 張其翿：見學長。

3. 吴文起：文起字鶴岑，鶴山縣人，副貢生。道光十四年（公元1834）選學海堂專課肄業生。《學海堂二、三集》選有文起文五篇。

文起所著書：

《大戴禮記廣箋》。未見。（據錢儀吉《衎石齋記事續藁》卷十）

4. 朱次琦：見學長。

5. 李能定：見學長。

6. 侯度：度原名廷椿，字子琴，侯康之弟，番禺縣人。生嘉慶四年（公元1799），卒咸豐五年（公元1855）五月。少貧困，傭書於外，夜歸讀書。年三十七，始為縣學生員。道光十四年（公元1834），選學海堂專課肄業生。十五年，中乙未恩科舉人。道光二十四年（公元1844），大挑一等，試用知縣，分發廣西，署河池州知州。以不善事上官，遭罰俸。洪秀全攻桂林，巡撫鄒鳴鶴命度守城，宿堞旁數月。賊退，又命至梧州辦鹽事，度遂告病歸。甫至家，病卒。度經傳洽熟，尤長於禮學。自大挑後，志在吏治，采古書名言為一編曰《述古軒家訓》。又通算學，所著書亦散失。（據《東塾集》卷五《二侯傳》）《學海堂一、二集》選有度文十二篇。

度所著書：

《述古軒家訓》。佚。（咸豐七年番禺志書局被焚，稿本遂失）

7. 吴僔：僔又名聘，字次人，鶴山縣人，歲貢生。道光十四年（公元1834）選學海堂專課肄業生。《學海堂二、三集》選有僔文十篇。

僔所著書：

《公羊札記》。未見。（據錢儀吉《衎石齋記事續稿》卷十）

8. 潘繼李：繼李，字文彬，一字緒卿，南海縣人。生嘉慶十二年（公元1807）：曾釗主西湖書院，執贄受業，遂得聞漢儒治經家法。治《詩》宗毛鄭，旁及《三禮》。道光十四年（公元1834），選學海堂專課肄業生。二十五年（公元1845），以府試第一補生員。咸豐元年（公元1851），補廩生。同治七年（公元1868），以明經貢太學。邑人潘斯濂督學山東，聘繼李襄校，所得脩脯，盡購碑刻以歸。晚年居鄉。卒於鄉。（據宣統修《南海縣志》卷十九）《學海堂二、三、四集》選繼李文二十二篇。

繼李所著書：

《求是齋集》八卷。未見。

《詩地理續考》二卷。未見。

《聶氏三禮圖辨證》一卷。未見。

《山左游草》一卷。未見。

9. 金錫齡：見學長。

10. 許鍑：鍑初名玉彬，字璘甫，後改易字伯鬲，號青皋，番禺縣人。為吴蘭修弟子。道光十四年（公元1834）選學海堂專課肄業生。玉彬好名畫古器，尤好收書，嘗珮玉剛卯，適學政以《玉剛卯賦》試士，玉彬賦甚工，取入府學為生員。館於伍氏萬松園，嘗與友人結詞社。又校刊黄仲則《兩當軒詩鈔》十四卷，《竹眠詞》二卷。與沈世良輯嶺南自五代迄今共六十餘家詞，為《粤東詞鈔》六卷。晚厭詩詞之學，榜其書室曰蜕學齋，欲寫《十三經》，甫下筆而病，遂卒。（據《東塾集》卷六《許青皋墓碣銘》；民國修《番禺縣續志》卷十九）《學海堂二、三、四集》選有鍑文二篇，詩十八首。

鍑所著書：

《冬榮館遺藁》六卷。存。（咸豐十一年伍氏刻本）

（二）同治五年專課肄業生十名

11. 桂文熾：文熾字海霞，南海縣人。廣州府學增生。同治五年（公元1866），選學海堂專課肄業生。習《史記》。《學海堂四集》選有文熾文三篇，詩二十首，《菊坡精舍集》選有文熾詩五首。

文熾所著書：

《鹿鳴山館詩稿》二卷，《駢體文》二卷。未見。

12. 潘乃成：見學長。

13. 梁起：起原名以瑭，號庚生，南海縣人。樹功之子。縣學附生。同治五年（公元1866），選學海堂專課肄業生，習《昌黎集》。詩才雋逸，尤工駢儷文。光緒十一年（公元1885）中乙酉科舉人。為菊坡精舍學長。大挑一等，以知縣用，分發廣西。因事假歸，旋病卒。（據宣統修《南海縣志》卷十五）《學海堂四集》選有起文七篇，詩七十二首。《菊坡精舍集》選有起文七篇，詩十八首。

14. 孔繼藩：繼藩字惠疇，南海縣人。附生。同治五年（公元1866），選學海堂專課肄業生，習《算經十書》。為鄒伯奇高足弟子，並工測繪。同治十一年（公元1872）續修《南海縣志》，繼藩為之繪圖。光緒二十六年（公元1900），歲貢。

（據《學海堂志》；宣統修《南海縣志》卷十《選舉表》）《學海堂四集》選有繼藩文一篇。

15. 高學燿：見學長。

16. 陳慶修：慶修字念孫，號心梅，澧之從孫，番禺縣人。同治五年（公元 1866），選學海堂專課肄業生，習《周禮》，光緒十一年（公元 1885）中乙酉科舉人。後任菊坡精舍學長，廣雅書院監院。畢生治《周禮》，成《讀周禮札記》若干卷。（據《廣雅書院同舍錄》；《學海堂志》）《學海堂四集》選有慶修文二篇。《菊坡精舍集》選有慶修文四篇。

慶修所著書：

《讀周禮札記》。佚。（民國十六年，舊宅被焚，稿遂灰燼）

17. 崔顏問：顏問，番禺縣人。縣學附生。同治五年（公元 1866），選學海堂專課肄業生，習《朱子大全集》。（據《學海堂志》）

18. 王國瑞：國瑞字進之，番禺縣人。同治五年（公元 1866），選學海堂專課肄業生，習《爾雅》。同治十二年（公元 1873），中癸酉科舉人。大挑分發福建，歷署順昌，新竹，仙游，崇安，閩縣，詔安等知縣，補甯德縣知縣。服官數十里，既老而貧，貯書萬卷外無長物。後卒於福州，身後藏書散佚。我與顧頡剛於民國十五年（公元 1926）到福州，猶於坊肆中購得蓋有“番禺王國瑞藏書”印章者若干冊，後歸國立中山大學。（據民國修《番禺縣續志》卷三十二；吴曾祺《學蔭軒文集序》）《學海堂四集》選有國瑞文五篇。《菊坡精舍集》選有國瑞文九篇。

國瑞所著書：

《學蔭軒文集》六卷。存。（福州排字本）

19. 周果：果字佛緣，順德縣人。縣學廩生，候選訓導。同治五年（公元 1866）選學海堂專課肄業生，習《儀禮》。同治六年（公元1867），中丁卯科舉人。選宗室官學教習。（據民國修《順德縣續志》卷八；《學海堂志》）《學海堂四集》選有果文一篇，詩二十首。

20. 伍學藻：見學長。

（三）同治八年專課肄業生二十名

21. 梁金韜：金韜號巨川，南海縣人。同治六年（公元1867），中丁卯科舉人。八年（公元1869），選學海堂專課肄業生，治《韓昌黎集》。五上公車，不第。遊於朱次琦之門，善為詩古文。（據宣統修《南海縣志》卷十九）《學海堂四集》選有金韜文一篇，詩二十一首。

金韜所著書：

《愛古堂文集》五卷。未見。（《南海縣志》錄有廖廷相序）

《愛古堂詩集》十二卷。未見。

《北征日記》一卷。未見。

《古今錢錄》一卷。未見。（宣統修《南海縣志》録自序）

《梁氏家言》三卷。未見。

《梁氏清芬集》一卷。未見。

22. 黄鶴年：未詳。同治八年（公元1869），選學海堂專課肄業生。

23. 黄潛熙：未詳。同治八年（公元1869），選學海堂專課肄業生。

24. 葉官桃：官桃，南海縣人，同治八年（公元1869），選學海堂專課肄業生。歲貢生。《學海堂四集》選有官桃文一篇。《菊坡精舍集》選有官桃詩二十三首。

25. 劉昌齡：見學長。

26. 鄭權：權字玉山，番禺縣人。府學廩生。同治八年（公元1869），選學海堂專課肄業生。光緒十四年（公元1888），中戊子科舉人。為文才藻富贍，被舉為菊坡精舍學長。

（據民國修《番禺縣續志》卷二十三）《學海堂四集》選有權文四篇，詩三十六首。《菊坡精舍集》選有權文十一篇。詩十六首。

權所著書：

《玉山草堂駢體文》二卷。未見。（稿本未刻）

27．程家瑨：家瑨，番禺縣人。同治八年（公元1869），選學海堂專課肄業生。光緒元年（公元1875），中乙亥恩科舉人。

28．陳翰藻：翰藻，番禺縣人。同治八年（公元1869），選學海堂專課肄業生。

29．鄧維森：維森，字嘯篔，南海縣人。生員。同治八年（公元1869），選學海堂專課肄業生。《學海堂四集》選有維森詩四首。《菊坡精舍集》選有維森文一篇，詩一首。

30．潘應鐘：未詳。同治八年（公元1869），選學海堂專課肄業生。

31．廖廷相：見學長。

32．陳維岳：維岳字喬宗，號廉夫，番禺縣人。生道光十年（公元1830），卒光緒九年（公元1883）。少隨祖父仲良宦居於四川。咸豐九年（公元1859），補縣學生員。同治四年（公元1865），補廩膳生。八年（公元1869）選學海堂專課肄業生。授徒二十餘年。至光緒元年（公元1875），始中乙亥恩科舉人。三年（公元1877）中丁丑科進士。官工部都水司主事。假歸，以貧病故，不復赴都供職。四年（公元1878），主講潮州金山書院，旋以水土不宜，返廣州。卒年五十四。維岳肆力詞章，駢文仿陳其年，詩仿吴偉業，嘗鈔兩家文詩至十餘帙，悉加評註。（據民國修《番禺縣續志》卷二十）

33．黄濤：濤字子鵬，番禺縣人。縣學附生。同治八年（公元1869），選學海堂專課肄業生。光緒十六年（公元

1890），總督張之洞聘為廣雅書院經學分校。（據《廣雅書院同舍錄》）《菊坡精舍集》選有濤文一篇。

34. 崔其湛：其湛，番禺縣人，同治八年（公元 1869），選學海堂專課肄業生。光緒二年（公元 1876）中丙子科舉人。

35. 陳為燠：為燠字館裴，順德縣人。喜為古文詞，尤富記憶力，能全誦《事類賦》，不遺一字。同治八年（公元 1869），選學海堂專課肄業生。九年（公元 1870），中庚午科舉人。光緒六年（公元 1880），中庚辰科進士，以知縣用，改就教職。旋丁父憂，服闋，補瓊州府教授。回籍後，設集義社，及創築船泊水涉，鄉鄰利賴。（據民國修《順德縣志》卷二十）《學海堂四集》選有為燠文二篇。

為燠所著書：

《館裴遺文》一卷。未見。

36. 馬貞榆：貞榆字覺渠，號季立，順德縣人。廩生。同治八年（公元 1869），選學海堂專課肄業生。光緒十六年（公元 1890），兩廣總督張之洞聘為廣雅書院理學分校。後任兩湖文高等學校教習，講授《尚書》《春秋》，所編講義，於今古文之説，辨析至精。光緒三十三年（公元 1907），以尚書溥良奏保，充禮學館顧問官。（據民國修《順德縣志》卷八；《廣雅書院同舍錄》）《學海堂四集》選有貞榆文一篇。

貞榆所著書：

《尚書課程》二卷。存。（兩湖文高等學校刻本）

《左傳口義》三卷。存。（同上）

《經學課程（易）》。存。

《周易要旨》。存。

《讀左傳法》二卷。存。

《歷代地理志韻篇今釋校勘記》。存。（附《歷代地理志韻篇今釋後》）

《地理韻篇唐志補闕正誤考異》。存。(同上)

37. 何藜青：藜青，南海縣人，生員。同治八年（公元1869），選學海堂專課肄業生。《學海堂四集》選有藜青詩四首。《菊坡精舍集》選有藜青詩五首。

38. 陳玉森：未詳。同治八年（公元1869），選學海堂專課肄業生。

39. 黎永椿：永椿字震伯，番禺縣人。生員。同治八年（公元1869），選學海堂專課肄業生。同治十三年（公元1874），同縣陳昌治刊一篆一行本《説文解字》，永椿為之校字，並著《説文通檢》十六卷附焉。大為陳澧所稱賞。年六十餘卒。(《番禺縣續志》卷二十三)《學海堂四集》選有永椿文四篇。《菊坡精舍集》選有永椿文二篇。

永椿所著書：

《説文通檢》十六卷。存。(同治八年刊本；商務印書館影印本)

40. 林事賢：事賢，番禺縣人。伯桐之孫。生員。同治八年（公元1879）選學海堂專課肄業生。金佐基為廣西北流縣知縣，事賢隨為幕友，光緒二十三年（公元1897），五月間，容縣，博白，陸川等處，賊匪蠭起，撲攻北流縣城，事賢隨同佐基守城禦賊，不避艱險，並及於難。部議恤，贈訓導。(據《番禺縣續志》卷二十)。

（四）同治十一年專課肄業生二十名

41. 陳瀚：見學長。

42. 朱衢尊：衢尊原名之繩，字直貽，號木君，南海縣人。為朱士琦之子，次琦之姪。由郡庠生，中同治九年（公元1870）舉人。十一年（公元1872），選學海堂專課肄業生。事生母，庶母至孝，生母，庶母相繼歿，居喪一遵古禮，啜糜飯疏，過百日猶未茹鹽酪。慎選葬地，日行山谷間，冒犯暑熱。

病卒，年二十九。（據宣統《南海縣志》卷十七）

43. 周鸞飛：未詳。同治十一年（公元 1872），選學海堂專課肄業生。

44. 黎維樅：見學長。

45. 梁佶修：佶修，南海縣人。江南道監察御史紹獻之子。縣學生。同治十一年（公元 1872），選學海堂專課肄業生。

46. 桂壇：壇字周山，一字杏帷，南海縣人。卒於光緒十一年（公元 1885）。壇為文燦長子。幼習經學，年十六，以解經拔第一，補縣學生。同治十一年（公元 1872），選學海堂專課肄業生。光緒五年（公元 1879），中己卯科舉人。五經文進御覽。兩赴禮闈，不第。後充福建船政教習。光緒十年（公元 1884），冬，赴楚鄖，奔父喪，徒步走千里，中途感寒疾。抵家數月卒。（據宣統修《南海縣志》卷十七）《菊坡精舍集》選有壇詩一首。

壇所著書：

《晦木軒稿》一卷。存。

47. 黃瑞書：瑞書，番禺縣人。同治十一年（公元 1872），補學海堂專課肄業生。光緒間歲貢。

48. 陶福祥：見學長。

49. 沈葆和：葆和字堯封，番禺縣人。生員。同治十一年（公元 1872），選學海堂專課肄業生。

50. 林國賡：見學長。

51. 周福年：福年，番禺縣人。生員。同治十一年（公元 1872），選學海堂專課肄業生。《學海堂四集》選有福年文二篇。

52. 周森：森字浦航，番禺縣人。生員。同治十一年（公元 1872），選學海堂專課肄業生。《學海堂四集》選有森文一篇。

森所著書：

《二程遺書日鈔》三卷。未見。（據《番禺縣續志》卷三十）

《二程語類》六卷。未見。（《番禺縣續志》錄有《自序》）

53. 梁于渭：于渭字鴻飛，又字杭叔，一字杭雪，番禺縣人。駢文典贍雅麗，似唐初四傑。同治十一年（公元1872），選學海堂專課肄業生。畫仿元人法，意境宕逸，好金石碑版，蓄古錢造像甚夥。在粵屢試不售，以國子監應光緒八年（公元1882）鄉試，取副榜貢生。十一年（公元1885），中順天舉人，十五年（公元1889），成進士，授主事，籤分禮部，歷充祭祠，清吏司司員。居京師，與沈曾植，黄紹箕，葉昌熾，繆荃孫，講金石之學。自負雅才，未入詞館，鬱鬱不得志，遂成心疾。告歸，寓於南海縣學宫孝弟祠，賣畫自給。雖晚歲頹放，終非庸史所及。民國改元後，逾年卒。詩文稿及所著考證金石者曰《麟枕簿》。（據《嶺南畫徵略》卷十）《學海堂四集》選有于渭文二篇，詩十一首。《菊坡精舍集》選有渭文五篇，詩六首。

54. 許焜：焜，號望菴，花縣人。廪生。久侍朱次琦講席，留心史學。同治十一年（公元1872），選學海堂專課肄業生。光緒十五年（公元1889）中己丑科舉人。晚年主講香山書院，卒年六十四。（據民國重修《花縣志》卷九）《學海堂四集》選有焜文一篇。

55. 饒軫：軫字輔星，嘉應州人。生道光二十二年（公元1842），卒光緒二十一年（公元1895）。應坤之子。少承家學，熟於焦循之《易》。師事鄭獻甫，陳澧，遂篤好經術。究心《毛詩》、《三禮》，以鄭氏學為宗。同治十一年（公元1872），選學海堂專課肄業生，習韓文。嘗館於巴陵方氏，方氏藏書甚富，軫得縱觀，其學益博。方氏所刻叢書，其跋有軫代作者。

然久困諸生，至光緒十五年（公元 1889），中己丑科舉人。十八年（公元 1892），成進士，以部曹用，籤得吏部主事，時年已五十一矣。卒年五十四。（據《嘉應州志》卷二十三）《菊坡精舍集》選有軫文二篇。

56. 鄒仲庸：仲庸，字益鴻，伯奇之弟，南海縣人。同治十一年（公元 1872），選學海堂專課肄業生。《學海堂四集》選有仲庸文二篇。

57. 柯兆鵬：兆鵬，南海縣人。同治十一年（公元 1872），選學海堂專課肄業生。《學海堂四集》選有兆鵬文一篇。

58. 廖廷福：廷福字錫兹，南海縣人。廷相之弟。同治十一年（公元 1872），選學海堂專課肄業生。陳澧主講菊坡精舍。以"題黎美周黄牡丹圖"命題，廷福成七古一首，澧稱為壓卷。是圖存仁和王存善家，存善請澧題詠，澧作詩話一則，稱述廷福詩，跋於圖後。廷福尤精詞曲，撰述甚富，與李漁，蔣士銓相頏頡，然以為雕蟲小技，不輕示人，故無傳於世。豪於酒，以是遂殞其天年。（據《南海廖維則堂家譜》）《學海堂四集》選有廷福文六篇，詩一首。《菊坡精舍集》選有廷福詩四首。

廷福所著書：

《紅蕊山房詩稿》二卷，《詞稿》一卷。未見。（《廖維則堂家譜》選有廷福詩二十一首）

59. 陳昌沅：昌沅，番禺縣人。同治十一年（公元 1872），選學海堂專課肄業生。

60. 湯金鑄：鑄字子壽，又字馨顔，花縣人。金銘之弟。同治十一年（公元 1872），選學海堂專課肄業生，精算數之學。光緒二十六年（公元 1900），任兩湖書院分校。

金鑄所著書：

《平面卓記》一卷。存。(兩湖書院刊本)

《三角公式輯要》一卷。存。(兩湖書院刊本)

（五）光緒元年專課肄業生二十名

61. 劉文照：文照，南海縣人。同治三年（公元 1864），中甲子科舉人。十三年（公元 1874），續修《南海縣志》，文照總理局務。光緒元年（公元 1875），選學海堂專課肄業生。

62. 冼寶榦：寶榦字雪耕，南海縣人。生道光二十九年（公元 1849），卒民國十四年（公元 1925）。同治十二年（公元 1873），中癸酉科舉人。光緒元年（公元 1875），選學海堂專課肄業生。九年（公元 1883），中癸未科進士，以知縣用，分發湖南。歷任祁陽，永興，平江，沅陵縣知縣，皆有政聲。又充乙酉，戊子，丁酉科湖南鄉試同考官。光緒二十四年（公元 1898），以母老，告終養回里。民國元年（公元 1912），任佛山志局總纂。十二年（公元 1923），編成《佛山忠義鄉志》二十九卷。卒年七十七。(據沈澤棠作《冼雪耕傳》)

寶榦所著書：

《佛山忠義鄉志》二十卷。存。(民國十二年重修本)

《説文部首音義表》一卷。未見。

《皇輿圖詠》一卷。未見。

《讀禮四種》。未見。

《服制釋義》。未見。

《易學體例圖説》。未見。

《永興縣公餘錄》。存。

《冼字考》。存。

63. 石德芬：德芬原名炳樞，字星巢，番禺縣人。同治十二年（公元 1873）中癸酉科舉人。光緒元年（公元 1875），選學海堂專課肄業生。後官廣西思恩府知府，鎮安府知府，四川川邊兵備道。民國改元後，縱酒卒。(據民國修《番禺縣續志》

卷二十及卷三十二）

德芬所著書：

《畫戟清香樓詩稿》十卷。未見。

《縐春詞》一卷。未見。

64. 林國贊：見學長。

65. 關繼：繼字星華，南海縣人。生員。光緒元年（公元1875），選學海堂專課肄業生。專習數學。《學海堂四集》選有繼文一篇。

66. 梁澍棉：未詳。光緒元年（公元1875），選學海堂專課肄業生。

67. 楊繼芬：繼芬，南海縣人。裕芬之兄。縣學增生。光緒元年（公元1875），選學海堂專課肄業生。《菊坡精舍集》選有繼芬文一篇。

68. 柯兆翔：兆翔，南海縣人。光緒元年（公元1875），選學海堂專課肄業生。

69. 蘇志偉：志偉，南海縣人。光緒元年（公元1875），選學海堂專課肄業生。十一年（公元1885），副榜貢生。

70. 崔顏發：顏發字心香，番禺縣人。光緒元年（公元1875），選學海堂專課肄業生。歲貢生。

71. 漆葆熙：見學長。

72. 龍師矩：師矩，里居未詳。光緒元年（公元1875），選學海堂專課肄業生。

73. 吴鑑：鑑字衡石，新會縣人。光緒元年（公元1875），選學海堂專課肄業生。後選優貢生，朝考知縣。授徒於省城，屢試不售。《學海堂四集》選有鑑文二篇。《菊坡精舍集》選有鑑文一篇。

74. 邱雲鶴：雲鶴，字邴君，高要縣人。光緒元年（公元1875），選學海堂專課肄業生。

75. 王定錢：未詳。光緒元年（公元 1875），選學海堂專課肄業生。

76. 彭學存：學存字莪村。光緒元年（公元 1875），選學海堂專課肄業生。《菊坡精舍集》選有學存文五篇，詩十九首。

77. 羅照滄：照滄字海田，南海縣人。精測繪。同治十一年（公元 1872）續修《南海縣志》，照滄任繪圖。光緒元年（公元 1875），選學海堂專課肄業生。《學海堂四集》選有照滄文一篇。

78. 鄒達泉：達泉，南海縣人。伯奇之子。光緒元年（公元 1875），選學海堂專課肄業生。

79. 于式枚：式枚字晦若，本籍四川營山，寄居廣西，遂為廣西賀縣人。生咸豐九年（公元 1859），卒民國四年（公元 1915）。光緒元年（公元 1875），選學海堂專課肄業生。光緒六年（公元 1880）進士，以庶吉士散館，任兵部主事。李鴻章疏調北洋差遣，歷十餘年，奏牘多出其手。二十二年（公元 1896）鴻章賀俄皇加冕，因歷聘德法英美諸國，式枚充隨員。俄選授禮部主事，由員外郎授御史，遷給事中。贊辛丑和約，賞五品京堂，充政務處幫提調，大學堂總辦，譯學館監督。三十一年（公元 1905），以鴻臚寺少卿，督廣東學政，改提學使，疏辭，命總理廣西鐵路。三十三年（公元 1907），擢郵傳部侍郎，奉命出使德國，充考察憲政大臣。尋調禮部侍郎。宣統元年（公元 1909），六月返國，以疾乞假。以張之洞遺疏薦用，轉吏部侍郎，改學部侍郎，總理禮學館事，修訂法律大臣，國史館副總裁。清亡，僑居青島，未幾卒，年六十三。（據《清史稿》列傳卷二百三十；李文泰《海山詩屋詩話》卷七）《學海堂四集》選有式枚文一篇，詩二首。《菊坡精舍集》選有式枚文七篇。

80. 黄映奎：映奎，字日坡，香山縣人。生咸豐五年（公元1855）八月。卒民國十八年（公元1929）六月。光緒元年（公元1875），選學海堂專課肄業生。三年（公元1877），選府學生員。九年（公元1883），補廩膳生。二十九年（公元1903），歲貢。宣統元年（公元1909）至京考職，就縣丞。遊昌平天壽山，十三陵，居庸關而回，因自號天壽歸來叟。民國改元後，任廣東通志局分纂。卒年七十五。（據黄佛頤先生撰《先考行狀》）《學海堂四集》選映奎詩一首。

映奎所著書：

《續廣東通志藝文略初稿》十二卷。存。（稿本）

《元人名畫錄》三卷。存。（同上）

《國朝嶺南駢體文抄》二卷。存。（同上）

《山堂思舊集》十卷。存。（同上）

《感事集咏彙存》四卷。存。（同上）

《求在我軒駢體文抄》二卷。存。（同上）

《杜齋文集》一卷。存。（同上）

《杜齋詩錄》四卷。存。（同上）

（六）光緒四年專課肄業生二十名

81．葉紉蘭：紉蘭原名夢鎮，字小茗，南海縣人。生道光二十三年（公元1843），卒光緒三十一年（公元1905）。少孤貧，嘗為商家傭，借人書，手鈔百餘卷讀之。光緒二年（公元1876），中丙子科舉人。光緒四年（公元1878），選學海堂專課肄業生，大挑知縣，分發浙江，尋署寧海縣事。清廉有惠政，人民感戴。卸任後，卒於杭州。年六十三。（據宣統修《南海縣志》卷十五）《學海堂四集》選有紉蘭文一篇。

紉蘭所著書：

《讀史管見》二卷。未見。

《廣東文獻袖珍》二卷。未見。

《中日戰事始末記》二卷。未見。

《聽訟須知》一卷。未見。

《家禮撮要》一卷。未見。

《冕海樓詩草》四卷。未見。

82. 劉學修：學修，番禺縣人。光緒四年（公元 1878），選學海堂專課肄業生。五年（公元 1879）中己卯科舉人。

83. 蔡尚鋆：未詳。光緒四年（公元 1878），選學海堂專課肄業生。《菊坡精舍集》選有尚鋆文一篇。

84. 梁辰熙：辰熙，南海縣人，生員。光緒四年（公元 1878），選學海堂專課肄業生。《學海堂四集》選有辰熙文二篇。

85. 何躍龍：躍龍，南海縣人，生員。光緒四年（公元 1878），選學海堂專課肄業生。《學海堂四集》選有躍龍文二篇。

86. 章琮：琮字梅軒，番禺縣人。縣學增生。光緒四年（公元 1878），選學海堂專課肄業生。生平刻苦自勵，精小學，能篆書，善琴。以諸生終。（據民國修《番禺縣續志》卷二十三）

琮所著書：

《殷周九州界限考》二卷。未見。

87. 沈桐：桐字敬甫，號鳳樓，原籍浙江德清縣，寄寓番禺。光緒四年（公元 1878）選學海堂專課肄業生。八年（公元 1882），中壬午科舉人。改歸原籍，光緒二十一年（公元 1895），成進士。仕至山海關道。（據民國修《番禺縣續志》卷十六）《學海堂四集》選有桐文四篇。

88. 周汝鈞：見學長。

89. 黄紹昌：見學長。

90. 周士濬：未詳。光緒四年（公元 1878），選學海堂專課肄業生。

91. 温仲和：仲和字慕柳，一字柳介，嘉應州人。生道光二十九年（公元1849），卒光緒三十年（公元1904）。光緒四年（公元1878），選學海堂專課肄業生。十一年（公元1885），以優貢入太學。十四年（公元1888），中戊子科順天舉人。十五年（公元1889），成進士，改庶吉士，授檢討，充癸巳鄉試磨勘官。請急歸省母疾，遂遭喪，不出。主講金山書院，同文學堂。卒年五十六。（據邱逢甲《柳介温公墓誌銘》）

仲和所著書：

《光緒嘉應州志》三十二卷。存。（光緒刻本）

《求在我齋集》七卷。存。（民國十五年排印本）

《三禮經纂》。未見。

《讀春秋公羊劄記》。未見。

《代數幾何算稿》。未見。

92. 徐受廉：受廉，漢軍正黄旗人。榮之孫。光緒四年（公元1878），選學海堂專課肄業生。十二年（公元1886）進士，翰林院編修。

93. 劉安科：安科字少希，廣州駐防漢軍旗人。光緒四年（公元1878），選學海堂專課肄業生。八年（公元1882），中壬午科舉人。十二年（公元1886），中丙戌科進士，官工部主事。請改外，分發雲南，署臨安府箇舊廳同知。丁憂，服闋，改官陝西，署興平縣知縣。大計，降縣丞。工詩，善畫竹。（據《嶺南畫徵略》卷九）《學海堂四集》選有安科詩一首。

94. 郭兆輝：未詳。光緒四年（公元1878），選學海堂專課肄業生。

95. 鄒鏡瀾：鏡瀾字麗疇，南海縣人。伯奇族孫。精數學。光緒四年（公元1878），選學海堂專課肄業生。

96. 桂廷鈖：廷鈖又名銘珍，字獻之，南海縣人。光緒四年（公元1878），選學海堂專課肄業生。光緒十七年（公元1890），選廣雅書院肄業生。（據《廣雅書院同舍錄》；劉冕卿

先生説）

97. 黎宗獻：未詳。光緒四年（公元 1878），選學海堂專課肄業生。

98. 陳樹鏞：樹鏞字慶笙，新會縣人。生咸豐九年（公元 1859），卒光緒十四年（公元 1888）。光緒四年（公元 1878），選學海堂專課肄業生。生平學精《三禮》。為陳澧高足弟子。澧病亟時，親以遺書付樹鏞編定。未幾，樹鏞亦卒。（據梁鼎芬《節庵先生遺詩·追悼陳三》詩自注）《菊坡精舍集》選有樹鏞文四篇。

樹鏞所著書：

《漢官答問》五卷。存。（《端溪叢書》本）

《文集》四卷。存。（簡朝亮編，刻印中）

《文集補遺》一卷。存。（汪兆鏞先生編）

99. 陳百斯：百斯字藝甫，番禺縣人。光緒四年（公元 1878），選學海堂專課肄業生。

100. 吴壽全：壽全字朋三，順德縣人。光緒四年（公元 1878），選學海堂專課肄業生。光緒末任德國領事。

（七）光緒七年專課肄業生二十名

101. 陳伯陶：伯陶字象華，一字子礪，東莞縣人。生咸豐五年（公元 1855），卒民國十九年八月（公元 1930）。光緒五年（公元 1879），中己卯科解元。七年（公元 1881），選學海堂專課肄業生。十五年（公元 1889），考取内閣中書，充咸安宫教習。館李文田家。十八年（公元 1892），中壬辰科進士，廷試一甲第三名，授翰林院編修。歷充雲南，貴州，山東副考官，武英殿纂修，起居注協修，文淵閣校理，國史館總纂。光緒三十一年（公元 1905），入直南書房。三十二年（公元 1906），學部奏派赴日本考察學務，署江寧提學使。三十四年（公元 1908）七月，署江寧布政使。宣統元年（公元 1909）

五月，再署江寧布政使。十一月，實授江寧提學使。二年（公元 1910）三月，入覲，請假修墓。旋由粵督代奏開缺養親。民國改元，奉母避地九龍，因家焉，自號九龍真逸，沈潛於著述。民國四年（公元 1915），從東莞邑人之請，設志局於九龍，纂修《東莞縣志》。民國十年（公元 1921）書成，凡九十八卷。民國十一年（公元 1922），齎萬金入京，賀滿清廢帝大婚。後卒於九龍，年七十六。（據陳寶琛撰墓誌銘；張學華撰傳）

伯陶所著書：

《孝經説》三卷。未見。

《勝朝粵東遺民錄》四卷。存。（《聚德堂叢書》本）

《宋東莞遺民錄》二卷。存。（同上）

《東莞五忠傳》二卷。存。（排印本）

《重纂東莞縣志》九十八卷。存。（排印本）

《瓜廬詩賸》四卷。存。（排印本）

《瓜廬文賸》四卷，《外編》一卷。未見。

《宋臺秋唱》一卷。存。（《聚德堂叢書》本）

《輯袁督師遺稿》三卷。未見。

《東江考》四卷。未見。

《西部考》二卷。未見。

《增補羅浮志》十六卷。存。（刻本）

102. 楊裕芬：見學長。

103. 程友琦：友琦字洛儒，南海縣人。光緒七年（公元 1881），選學海堂專課肄業生。八年（公元 1882），中壬午科舉人。二十年（公元 1894）中壬午科進士，選庶吉士，授編修。充國史館協修，編書處協修。記名御史。旋補山東道監察御史。廉介不苟，宦京十年，清苦自勵。光緒三十四年（公元 1908），病假歸里，旋卒，年五十八。（據宣統修《南海縣志》）

104. 陳燮梅：未詳。光緒七年（公元1881），選學海堂專課肄業生。

105. 潘樹勳：未詳。光緒七年（公元1881），選學海堂專課肄業生。

106. 汪兆銓：兆銓字莘伯，番禺縣人。生咸豐九年（公元1859）十月。卒民國十八年（公元1929）。光緒七年（公元1881），選學海堂專課肄業生。光緒十一年（公元1885），中乙酉科舉人。任海陽縣教諭。補菊坡精舍學長。民國改元後，任教忠師範學堂校長。卒年七十一。《學海堂四集》選有兆銓文一篇，詩十三首。《菊坡精舍集》選有兆銓文二篇，詩七首。

兆銓所著書：

《惺默齋詩》四卷，文一卷，詞一卷。存。（家刻本）

《莀楚軒詩集》一卷。存。（家刻本）

《莀楚軒續集》。存。（未刻）

107. 崔篆規：未詳。光緒七年（公元1881），選學海堂專課肄業生。

108. 任世熙：世熙字穆臣，番禺縣人。生員。光緒七年（公元1881），選學海堂專課肄業生。

世熙所著書：

《妙蓮華室詩草》二卷。未見。（《番禺縣續志》卷三十一録《自序》）

109. 李肇沅：肇沅，順德縣人。生員。光緒七年（公元1881），選學海堂專課肄業生。《學海堂四集》選有肇沅文一篇。《菊坡精舍集》選肇沅文一篇。

110. 單熙融：熙融字春融，增城縣人。光緒七年（公元1881），選學海堂專課肄業生，舉人。

111. 李定梁：未詳。光緒七年（公元1881），選學海堂專課肄業生。

112. 胡禮恭：未詳。光緒七年（公元 1881），選學海堂專課肄業生。

113. 梁襐階：未詳。光緒七年（公元 1881），選學海堂專課肄業生。

114. 陳慶材：字因之，番禺縣人。昌治之子。光緒七年（公元 1881），選學海堂專課肄業生。出外就幕。

115. 吴家緯：家緯字芳樓，番禺縣人。光緒七年（公元 1881），選學海堂專課肄業生。《學海堂四集》選有家緯文一篇。

116. 范公詒：見學長。

117. 高名漳：名漳，番禺縣人。學燿之子。生員。光緒七年（公元 1881），選學海堂專課肄業生。

118. 盧乃潼：乃潼字梓川，順德縣人。光緒七年（公元 1881），選學海堂專課肄業生。光緒十一年（公元 1885），中乙酉科舉人。後選廣東諮議局副局長。民國改元後，任廣州府中學堂校長。民國十一年（公元 1922）續修《順德縣志》，乃潼預總纂事，民國十八年（公元 1929），成書二十四卷。

119. 羅春榆：未詳。光緒七年（公元 1881），選學海堂專課肄業生。

120. 伍曰寬：曰寬，順德縣人。光緒七年（公元 1881），選學海堂專課肄業生。《學海堂四集》選曰寬詩一首。

（八）光緒十年專課肄業生二十名

121. 張百祥：百祥字子和，番禺縣人。光緒五年（公元 1879）中己卯科舉人。光緒十年（公元 1884），選學海堂專課肄業生。

122. 張其淦：其淦字豫泉，東莞縣人。生咸豐九年（公元 1859）。光緒五年（公元 1879），中己卯科舉人。光緒十年（公元 1884），補學海堂專課肄業生。十八年（公元 1892），中壬辰科進士。二十年（公元 1894），補殿試，授庶吉士。散館，改山西黎城縣知縣。在任四年。義和團之亂，教民七名被戕，以保教不力被參。後改捐安徽候補道，宦皖三年。宣統二年（公元 1910）夏，署安徽提學使。民國改元後，寓居上海，著述自娱。今尚健存，年七十六。

其淦所著書：

《邵村學易》二十卷。存。（民國十五年印本）

《洪範微》一卷。存。（排印本）

《左傳禮説》十卷。存。（排印本）

《老子約》六卷。存。（排印本）

《夢痕仙館詩鈔》二十卷。存。（印本）

《松柏山房駢體文鈔》四卷。存。（刻本）

《五代詠史詩鈔》六卷。存。（刻本）

《邵村詠史詩鈔》十八卷。存。（印本）

《明代千遺民詩詠初編》十卷。存。（民國二十年排印本）

《明代千遺民詩詠二編》十卷。存。（民國二十年排印本）

《明代千遺民詩詠三編》十卷。存。（民國二十一年排印本）

《元八百遺民詩詠》八卷。存。（民國二十二年排印本）

《東莞詩錄》六十五卷。存。（家刻本）

《吟芷居詩話》四卷。存。（附《東莞詩錄》內）

《春秋教旨》二卷。未刻。

《春秋持平》十卷。未刻。

《讀老隨筆》十卷。未刻。

《莊子旨歸》十卷。未刻。

《郭子翼莊偶釋》一卷。未刻。

《讀列隨筆》二卷。未刻。

《寓園文鈔》二卷。未刻。

《兩漢史論》二卷。未刻。

《孟子學説》十卷。未刻。

《紫筠簃雜綴》四卷。未刻。

123. 朱瓊：瓊，花縣人。光緒十年（公元 1884），選學海堂專課肄業生。

124. 陳國政：未詳。光緒十年（公元 1884），選學海堂專課肄業生。

125. 廖昇照：未詳。光緒十年（公元 1884），選學海堂專課肄業生。

126. 陳潁畬：未詳。光緒十年（公元 1884），選學海堂專課肄業生。

127. 張文澧：文澧字勉齋，番禺縣人。生員。光緒十年（公元 1884），選學海堂專課肄業生。嘗賦橄欖詩，陳澧亟稱之。（據民國修《番禺縣續志》卷三十二）《菊坡精舍集》選有文澧詩二首。

文澧所著書：

《安蔬草堂遺稿》一卷。未見。

128. 汪兆鏞：兆鏞字伯序，號憬吾，番禺縣人。生咸豐十一年四月（公元 1861）。光緒十年（公元 1884），選學海堂專課肄業生。十一年（公元 1885），舉優貢生，以知縣用。十五年（公元 1889），中己卯恩科舉人。光緒三十二年（公元 1906）至三十三年，岑春煊督粵，延入幕府。章奏多出其手。民國七年（公元 1918）修《番禺縣續志》，兆鏞任分纂。二十年（公元 1931），成書四十四卷，出於兆鏞之力為多。又嘗編刻陳澧《東塾先生遺詩》、《公孫龍子注》及《憶江南館詞》。現尚健存，年七十五。

兆鏞所著書：

《晋會要》五十六卷，《序目》一卷。未刻。（據沈澤棠《懺盦隨筆》卷八）

《元廣東遺民錄》二卷，《補遺》一卷。存。（刻本）

《廣州新出土三隋碑考》一卷。存。（刻本）

《微尚齋詩》二卷。存。（辛亥冬家刻本）

《雨屋深鐙詞》一卷，續一卷。存。（家刻本）

《澳門雜詩》一卷。存。（戊午冬排印本）

《嶺南畫徵略》十二卷，《補遺》一卷。存。（戊辰排印本）

《番禺縣續志金石略》七卷。存。（民國刻《番禺縣續志》本）

《椶窗筆記》四卷。未刻。

《三續碑傳集》五十卷。未刻。

《微尚齋雜文》六卷。未刻。

《微尚齋詩續稿》四卷。未刻。

129. 俞焕辰：焕辰，先世浙江海甯州人，旅粵久，遂為番禺縣人。生員。光緒十年（公元 1884），選學海堂專課肄業生。

焕辰所著書：

《海山外紀》二卷。存。（肇祖藏稿本）

130. 沈湘：湘字曉帆，番禺縣人。光緒十年（公元 1884），選學海堂專課肄業生。

131. 朱珩：珩號楚白，花縣人。光緒十年（公元 1884），選學海堂專課肄業生。十一年（公元 1885），中乙酉科舉人。會試報罷，任國子助教，熟習遼金元三史，嘗注《元朝秘史》蒙文原本，為李文田，洪鈞所擊賞。任輿圖館編輯。二十一年（公元 1895），中乙未科進士，官刑部主事。以母年高，乞假歸養。十年不仕。服闋入都，充法部統計纂修官。尋遷京師高等審判廳推事，任民事庭庭長。（據民國《花縣志》卷九）

珩所著書：

《元朝秘史》蒙文原本一卷。未見。（據民國《花縣志》卷十）

《中俄交界圖説》，又《釋地》二卷。未見。（同上）

《北徼水道考》一卷。未見。(同上)

《塞北路程補考》一卷。未見。(同上)

《中亞州俄屬遊記》二卷。未見。

《元朝秘史補注》一卷。未見。

《三史國語解檢韻》一卷。未見。

《王氏證治準繩》一卷。未見。

《針灸秘訣辨證》一卷。未見。

《醫案》一卷。未見。

《法庭判牘節存》二卷。未見。

132. 吕湛恩:湛恩,番禺縣人。生員。光緒十年(公元1884),選學海堂專課肄業生。

133. 韓貞元:見學長。

134. 何端揆:未詳。光緒十年(公元1884),選學海堂專課肄業生。

135. 譚澍:未詳。光緒十年(公元1884),選學海堂專課肄業生。

136. 康有濟:有濟字季輒,南海縣人。光緒十年(公元1884),選學海堂專課肄業生。

137. 區省吾:省吾,番禺縣人。光緒十年(公元1884),選學海堂專課肄業生。

138. 沈廷碩:廷碩字孝堅,一字勵菴,番禺縣人。生咸豐十年(公元1860)。光緒十年(公元1884),選學海堂專課肄業生。補縣學生員。十七年(公元1891),入廣雅書院肄業。(據《廣雅書院同舍錄》)

139. 章福基:福基字遐初,番禺縣人。廩生。光緒十年(公元1884),選學海堂專課肄業生。

140. 劉冕卿:冕卿原名勤德,字子修,番禺縣人。昌齡之子。生同治五年十一月十六日(公元1866)。光緒十年(公元1884)，選學海堂專課肄業生。光緒十六年（公元1890)，入廣雅書院肄業。光緒二十五年（公元1899)，補府學生員。三十年（公元1904)，補廩生。三十二年（公元1906)，舉優貢。三十一年（公元1905）朝考一等，以知縣用，籤分山東。後任省議會常駐議員，主理法律科事。旋避地南洋，入砂朥越詩誣埠，又轉吉隆坡埠，任柏榮學校，培德學校，柏屏學校等校校長。民國二十一年（公元1932）始回粵。今尚健存。（據《廣雅書院同舍錄》；冕卿自著《劉乙照山房世系表》)

冕卿所著書：

《乙照山房國粹彙編》十一卷。未刻。

（九）光緒十三年專課肄業生二十名

141. 徐鑄：鑄字巨卿，番禺縣人。生咸豐九年（公元1859)。光緒十一年（公元1885)，中乙酉科舉人。十三年（公元1887)，選學海堂專課肄業生。後為廣雅書院監院。（據《廣雅書院同舍錄》)

142. 康有霖：有霖字沛然，南海縣人。光緒十三年（公元1887)，選學海堂專課肄業生。

143. 衛榮湝：榮湝，番禺縣人。光緒十三年（公元1887)，選學海堂專課肄業生。

144. 陶炳熙：炳熙字檀洲，番禺縣人。生員。光緒十三年（公元1887)，選學海堂專課肄業生。卒年五十。《學海堂四集》選炳熙文一篇。

炳熙所著書：

《善木山房存稿》四卷。存。（民國辛酉排印本）

145. 史久徵：久徵字蘭生，番禺縣人。生員。光緒十三年（公元1887)，選學海堂專課肄業生。里居授徒。

146. 譚駿謀：駿謀字伯蓀，香山縣人。生咸豐九年（公元1859)。光緒十三年（公元1887)，選學海堂專課肄業生。

十五年（公元 1889）十月，入廣雅書院肄業。十七年（公元 1891），中辛卯科舉人。官花翎道員，古巴領事，秘魯代辦使事，二等參贊官。（據民國《香山縣志》卷九；《廣雅書院同舍錄》）

147. 柯有儀：有儀字鳳徵，新會縣人。光緒十七年（公元 1887），選學海堂專課肄業生。

148. 楊其琛：未詳。光緒十七年（公元 1887），選學海堂專課肄業生。

149. 劉敬昭：敬昭字仲簡，南海縣人。光緒十七年（公元 1887），選學海堂專課肄業生。

150. 霍勉經：勉經字董帷，南海縣人。光緒十七年（公元 1887），選學海堂專課肄業生。

151. 楊瀚芬：瀚芬，字季灝，南海縣人。裕芬之弟。光緒十三年（公元 1887），選學海堂專課肄業生。後入廣雅書院肄業。

152. 顧朔：朔字宅南，番禺縣人。生員。光緒十三年（公元 1887），選學海堂專課肄業生。

153. 沈錫球：錫球字貢賢，番禺縣人。生員。光緒十三年（公元 1887），選學海堂專課肄業生。

154. 徐士烜：未詳。光緒十三年（公元 1887），選學海堂專課肄業生。

155. 林象鑾：象鑾字聲馨，番禺縣人。生員。光緒十三年（公元 1887），選學海堂專課肄業生。（據《番禺縣續志》卷二十三）

象鑾所著書：

《心太平室詩集》三卷。未見。（自序見《番禺縣續志》）

156. 高名虞：名虞，字仲凌，番禺縣人。學燿之子。光緒十三年（公元 1887），選學海堂專課肄業生。十七年（公元

1891)，中辛卯科副貢。工設色花卉。（據《嶺南畫徵略》補遺）

157. 王棟：棟，番禺縣人。光緒十三年（公元 1887），選學海堂專課肄業生。光緒十五年（公元 1889），中己丑恩科舉人，以知縣用。

158. 蔡伯慈：未詳。光緒十三年（公元 1887），選學海堂專課肄業生。

159. 何麟章：字石生，香山縣人。璟之子，生員。光緒十三年（公元 1887），選學海堂專課肄業生。

160. 黃瀛奎：瀛奎字可登，號高霖，香山縣人。光緒十三年（公元 1887），選學海堂專課肄業生。

（十）光緒十四年專課肄業生十名

161. 曾文玉：文玉字式如，新會縣人。光緒十四年（公元 1888），選學海堂專課肄業生。後成進士，官工部主事。

162. 歐陽𩁹：𩁹字劍南，順德縣人。光緒八年（公元 1882），中壬午科舉人。十四年（公元 1888），選學海堂專課肄業生。光緒三十年（公元 1904），中甲辰科進士，改工部主事。（據《順德縣志》卷八）

163. 邵墉：墉字芭裁，南海縣人。工篆書。光緒十四年（公元 1888），選學海堂專課肄業生。

164. 朱淇：未詳。光緒十四年（公元 1888），選學海堂專課肄業生。

165. 黃敬義：未詳。光緒十四年（公元 1888），選學海堂專課肄業生。

166. 陳景華：景華字鹿畦，香山縣人。光緒十四年（公元 1888），選學海堂專課肄業生。是年，即中戊子科舉人。官廣西貴縣知縣。民國改元，任廣州警察廳長。後為督軍龍濟光所害。

167. 譚鑣：鑣字康濟，號仲鸞，新會縣人。生同治元年

(公元1862),卒民國十三年(公元1924)。光緒十四年(公元1888),選學海堂專課肄業生。民國五年(公元1916),任廣州文廟奉祀官。時廣州東郊東山龜岡掘地建築,發現古冢,有木刻甫五,甫六,甫七,甫八,甫九,甫十等字。鑣詳考博證,定為南越文王古冢。有《擬上朱省長保存漢初木刻字書》。載《東方雜誌》第十四卷一號。

鑣所著書:

《新會鄉土志教科書》。未見。

《南越古冢發見記》。未見。(據《東方雜誌》十四卷一號,譚鑣《致商務印書館函》)

168. 陳慶龢:慶龢字公睦,番禺縣人。陳澧長孫。生同治八年(公元1869)。光緒十四年(公元1888)正月,選學海堂專課肄業生。七月,入廣雅書院肄業。十七年(公元1891),中辛卯科副貢。十八年(公元1892),遷補廣雅書院齋長。又為廣雅書院經學分校。光緒二十七年(公元1901),兵部右侍郎李昭煒薦舉經濟特科,任安徽候補知府。晉直隸候補道。(據《廣雅書院同舍錄》;民國修《番禺縣續志》卷十五;汪宗衍《陳東塾先生年譜稿》)

169. 洪景楠:景楠字斅生,番禺縣人。光緒十四年(公元1888)。選學海堂專課肄業生。十七年(公元1891),中辛卯科舉人。十八年(公元1892),中壬辰科進士,授內閣中書。現尚健存,任廣州軍事政治學校教員。

170. 凌鶴書:鶴書字孟徵,番禺縣人。光緒十四年(公元1888),選學海堂專課肄業生。十五年(公元1889),中己丑恩科舉人。授徒自給。民國七年(公元1918),修《番禺縣續志》,鶴書任分纂。竟未及見志書之成以卒。

鶴書所著書:

《瀛海論箋正》。存。(排印本)

《宋制置使凌公死事本末》。存。（刻本）

（十一）光緒十六年專課肄業生二十名

171. 蘇逢聖：逢聖字琴蓀，順德縣人。名畫家蘇六朋之孫，畫山水有蒼莽之氣。性倜儻，不事生産，不攻舉業，好讀異書，嗜酒工詩。汪鳴鑾學使稱其天才放逸。光緒十四年（公元1888），中戊子科舉人。十六年（公元1890），選學海堂專課肄業生。（據民國修《順德縣志》卷二十；《嶺南畫徵略》卷十）

逢聖所著書：

《俟園詩鈔》二卷。未見。

《者香書屋遺詩》一卷。未見。

172. （編者按，原文缺172條）

173. 劉熽芬：熽芬字小衡，香山縣人。附貢生。候選訓導。光緒十六年（公元1890），選學海堂專課肄業生。工詩及古文，畫蘭亦楚楚有致。年五十餘卒。（據《嶺南畫徵略》卷十；民國修《香山縣志》卷十一）

熽芬所著書：

《貽令堂文集》。未見。

《小蘇齋詩鈔》。存。（自刻本）

《芚鶉詞》。未見。（《粵東詞鈔》有選本）

《香山詩略》。未見。

174. 談亮：亮字鳴虞，順德縣人。弱冠後，授徒省城光孝寺。光緒十年（公元1884），補府學生員。十六年（公元1890），選學海堂專課肄業生。十七年（公元1891），中辛卯科舉人。亮經學頗有師法，《許書》致力尤深，年四十六卒。（據《順德縣志》卷二十）

175. 周培忠：未詳。光緒十六年（公元1890），選學海堂專課肄業生。

176. 傅維森：維森字君寶，號志丹，原籍直隸南宮，先世遊粤，遂為番禺縣人。生同治三年十一月（公元 1864），卒光緒二十八年（公元 1902）。光緒九年（公元 1883）府試第一，進縣學。光緒十五年（公元 1889）入廣雅書院肄業。十六年（公元 1890），選學海堂專課肄業生。十七年（公元 1891），中辛卯科解元。二十一年（公元 1895），中乙未科進士，改翰林院庶吉士。假歸省親，丁父憂，總督譚鍾麟聘主端溪書院。年三十九，病卒。（據民國修《番禺縣續志》卷二十一；《廣雅書院同舍錄》）

維森所著書：

《缺齋遺稿》文二卷，詩一卷。未見。（有家刻本）

《端溪書院志》七卷。未見。（有端溪書院刻本）

177. 范公譽：公譽，番禺縣人。光緒十六年（公元 1890），選學海堂專課肄業生。

178. 金燿翔：燿翔字介眉，番禺縣人。廩生。光緒十六年（公元 1890），選學海堂專課肄業生。

179. 李文綱：文綱，字伯提，番禺縣人。生員。光緒十六年（公元 1890），選學海堂專課肄業生。民國改元後，重修《番禺縣續志》，任分校。

180. 許鼎新：鼎新字在民，番禺縣人。生同治八年（公元 1869）。縣學生員。光緒十六年（公元 1890），選學海堂專課肄業生。又選廣雅書院肄業生。（據《廣雅書院同舍錄》）

181. 俞恩榮：恩榮字仁軒，一字訒甫，番禺縣人。生同治元年（公元 1862）。廩貢生。光緒十六年（公元 1890），選學海堂專課肄業生。十七年（公元 1891）正月，選廣雅書院肄業生。（據《廣雅書院同舍錄》）

182. 陳桂植：桂植，番禺縣人。光緒十六年（公元 1890），選學海堂專課肄業生。

183. 陳其藺：未詳。光緒十六年（公元 1890），選學海堂專課肄業生。

184. 潘彭壽：彭壽，字有年，號伯鏗，南海縣人。乃成之子。光緒十六年（公元 1890），選學海堂專課肄業生。

185. 譚元璪：元璪，駐廣州旗人。光緒十六年（公元 1890），選學海堂專課肄業生。

186. 沈藻清：藻清，字孝芬，番禺縣人。生員。光緒十六年（公元 1890），選學海堂專課肄業生。後畢業日本宏文師範。民國改元後，重修《番禺縣續志》，任採訪。任廣州中學教員。

187. 馬衍奇：衍奇，字簫雲，番禺縣人。生員。光緒十六年（公元 1890），選學海堂專課肄業生。

188. 陳寶嵩：寶嵩字同仿。光緒十六年（公元 1890），選學海堂專課肄業生。

189. 蔡受采：受采又名綬綵，字最白，順德縣人。生道光二十五年（公元 1845），卒民國九年（公元 1920）。光緒十六年（公元 1890），選學海堂專課肄業生。習天文算學。光緒二十一年（公元 1895），補縣學生員。設帳授徒，並以天星擇日為業。遞年發售《七政經緯曆書》。卒年七十六。

受采所著書：

《中西算學講義》四卷。存。

《七政弧角圖算》一卷。存。

《十八省立命表》三卷。存。

《算學面體補遺集》一卷。未刻。

《春秋天文考》一卷。存。（刻本）

190. 李知學：知學，肇沅之子，順德縣人。光緒十六年（公元 1890），選學海堂專課肄業生。

（十二）光緒十七年專課肄業生十名

191. 談泉：泉原名道隆，字瀛客，新會縣人。光緒十六年（公元1890），選學海堂專課肄業生。

192. 陳昭常：昭常字簡持，新會縣人。生同治七年（公元1868），卒民國三年（公元1914）。光緒十五年（公元1889），中己丑科舉人。十七年（公元1891），選學海堂專課肄業生。二十年（公元1894），中甲午科進士。改即用知縣。報捐道員。後官至吉林巡撫。民國改元後，官吉林都督，廣東巡按使。卒年四十七。

昭常所著書：

《廿四花風館詩詞鈔》一卷。存。（家印本）

《廿四花風館文集》二卷。存。（稿本未刻）

193. 黄紹勤：紹勤字敏生，南海縣人。黄鈺之孫。光緒十七年（公元1891），選學海堂專課肄業生。廩生。三十二年（公元1906），歲貢，授職州判。

194. 馮愈：愈字魯若，南海縣人。縣學附生。光緒十七年（公元1891），選學海堂專課肄業生。

195. 桂坫：坫字南屏，南海縣人。文燦之子。生同治六年（公元1867）七月。光緒十四年（公元1888），選廣雅書院肄業生。十七年（公元1891），選學海堂專課肄業生。是年，中辛卯科舉人。二十年（公元1894），中甲午恩科進士，改翰林庶吉士。散館授檢討。保送浙江知府。今尚健存。

坫所著書：

《晋專宋瓦室類藁》五卷。存。（光緒戊戌刻本）

196. 鍾梓良：梓良字杞卿，番禺縣人。廩生。光緒十七年（公元1891），選學海堂專課肄業生。二十四年（公元1898），歲貢。今尚健存。

197. 張德瀛：德瀛字采珊，番禺縣人。光緒十七年（公元1891），選學海堂專課肄業生。是年，中辛卯科舉人。善倚聲，能作墨梅不俗。（據《嶺南畫徵略》卷九）

德瀛所著書：

《耕煙詞》五卷。存。（家刻本）

《詞徵》六卷。存。（家刻本）

198. 盧寶彝：寶彝字衛星，乃潼之弟，順德縣人。生同治元年九月（公元1862）。光緒十七年（公元1891）正月，選學海堂專課肄業生。同月，補廣雅書院肄業生。二十三年（公元1897），選丁酉科拔貢。二十七年（公元1901）副貢。（據《廣雅書院同舍錄》）

199. 蘇志侃：未詳。光緒十七年（公元1891），選學海堂專課肄業生。

200. 吕澤恩：未詳。光緒十七年（公元1891），選學海堂專課肄業生。

（十三）光緒十九年專課肄業生二十名

201. 柳芬：芬字芝田，番禺縣人。廩貢生。光緒十九年（公元1893），選學海堂專課肄業生。

202. 羅汝楠：汝楠，字憩棠，南海縣人。光緒十九年（公元1893），選學海堂專課肄業生。後奉派遊學日本。光緒二十九年（公元1903）任教忠師範學堂地理教員，至宣統元年（公元1909），成《中國近世輿地圖説》二十三卷。現尚健存，任香港大學教員。

汝楠所著書：

《中國近世輿地圖説》二十三卷。存。（宣統元年石印本）

《歷代地理志彙編》。未見。

203. 王寶善：未詳。光緒十九年（公元1893），選學海堂專課肄業生。

204. 吕潁思：未詳。光緒十九年（公元1893），選學海堂專課肄業生。

205. 桂坡：坡，南海縣人。光緒十九年（公元1893），選學海堂專課肄業生。

206. 沈福田：福田字硯農，番禺縣人。生員。生同治八年（公元1869）。光緒十九年（公元1893），選學海堂專課肄業生。二十年（公元1894）入廣雅書院肄業。（據《廣雅書院同舍錄》）

福田所著書：

《且食蛤蜊齋詩稿》十五卷。存。（排印本）

207. 周慎潛：未詳。光緒十九年（公元1893），選學海堂專課肄業生。

208. 崔樹芬：樹芬，字芰南，番禺縣人。光緒十九年（公元1893），選學海堂專課肄業生。二十七年（公元1901），中辛丑補行庚子科舉人。

209. 崔浚榮：浚榮，番禺人。光緒十九年（公元1893），選學海堂專課肄業生。

210. 史久鑑：久鑑，字伯衡，番禺縣人。生員。澄之孫，光緒十九年（公元1893），選學海堂專課肄業生。

211. 范公謨：公謨字叔年，番禺縣人。生同治七年（公元1868）。卒光緒二十六年（公元1900）。光緒十八年（公元1892），選廣雅書院肄業生。十九年（公元1893），選學海堂專課肄業生。是年，中癸巳恩科舉人。二十年（公元1894），中甲午恩科進士，籤分吏部主事。卒年三十三。（據《番禺縣續志》卷二十三；《廣雅書院同舍録》）

212. 金敬燿：敬燿，番禺縣人。錫齡之孫。光緒十九年（公元1893），選學海堂專課肄業生。

213. 鄭廷杰：廷杰字恒敬，别字冠儔，新會縣人。生同治元年（公元1862）。縣學優附生。光緒十六年（公元1890），選廣雅書院肄業生。十九年（公元1893），選學海堂專課肄業生。

214. 張熻煌：熻煌，新會縣人。光緒十九年（公元1893），選學海堂專課肄業生。《菊坡精舍集》選有熻煌詩二首。

215. 利鵬飛：鵬飛字鬴廷，號富立，南海縣人。光緒十九年（公元1893），選學海堂專課肄業生。旋補廩生。講學於省城，課程略仿廣雅書院例，以經史理文次第，分期程業。尤長於《三禮》。以為此後當以讀史之眼識讀經。《六經》遺制多與西政合，《周禮》可為例證。為學使張百熙所賞識，選優行，擬以鵬飛准貢。俄鵬飛報丁父憂，遂特薦鵬飛於廷，奉旨以訓導歸部銓選。鵬飛向有咯血疾，丁父喪後，哀毀逾甚，疾益深，卒於家，年三十八。嘗欲萃古今禮説而匯通之，名曰《三禮闡微》，書成未半而卒。（據宣統修《南海縣志》卷十九）

鵬飛所著書：

《獵古書軒詩文集》。未見。

216. 陳衍緒：衍緒字仲纘，番禺縣人。璞之子。光緒十九年（公元1893），選學海堂專課肄業生。

217. 黄棟：棟字伯宇，番禺縣人。生同治七年（公元1868）。監生。光緒十九年（公元1893），選學海堂專課肄業生。二十年正月（公元1894），選廣雅書院肄業生。（據《廣雅書院同舍錄》）

218. 黄昭聲：未詳。光緒十九年（公元1893），選學海堂專課肄業生。

219. 梁振藻：振藻，字子芹，順德縣人。生員。光緒十九年（公元1893），選學海堂專課肄業生。

220. 王之桂：之桂字友梧，東莞縣人。光緒十九年（公元1893），選學海堂專課肄業生。二十九年（公元1903），補縣學生員。今尚健存。

（十四）光緒二十年專課肄業生十名

221．黎國廉：國廉字季裴，順德縣人。光緒十九年（公元1893），中癸已恩科舉人。二十年（公元1894），選學海堂專課肄業生。後官福建補用道，署興泉永道。（據民國修《順德縣志》卷十八）

222．黄綸書：未詳。光緒二十年（公元1894），選學海堂專課肄業生。

223．平遠：平遠，舒穆勒姓，字藴山，別字毅菴，廣州駐防鑲藍旗滿洲人。生同治三年（公元1864）。廣州府學附生，光緒十四年正月（公元1888），選廣雅書院肄業生。二十年（公元1894），選學海堂專課肄業生。二十三年（公元1897），選丁酉科拔貢。（據《廣雅書院同舍錄》）

224．陳其敬：未詳。光緒二十年（公元1894），選學海堂專課肄業生。

225．何炳忠：未詳。光緒二十年（公元1894），選學海堂專課肄業生。

226．温霽：霽字晴初，順德縣人。光緒二十年（公元1894），選學海堂專課肄業生。光緒三十四年（公元1908）歲貢。今尚健存。

227．鄧家讓：家讓字恭叔，三水縣人。光緒二十年（公元1894），選學海堂專課肄業生。副貢。

228．鍾守瀛：未詳。光緒二十年（公元1894），選學海堂專課肄業生。

229．梁元楷：元楷，番禺縣人。光緒二十年（公元1894），選學海堂專課肄業生。二十七年（公元1901），中辛丑並補行庚子科舉人。

230．邱鍾麒：鍾麒字瑞石，番禺縣人。光緒二十年（公元1894），選學海堂專課肄業生。

（十五）光緒二十二年專課肄業生二十名

231. 龔其奉：其奉，南海縣人。光緒十九年（公元1893），中癸巳科舉人。二十二年（公元1896），選學海堂專課肄業生。

232. 歐賡祥：賡祥字鳳墀，香山縣人。光緒十四年（公元1888），中戊子科順天舉人。二十二年（公元1896），選學海堂專課肄業生。

233. 邱作津：未詳。光緒二十二年（公元1896），選學海堂專課肄業生。

234. 譚祖任：祖任字篆卿，南海縣人。宗浚之子。生光緒四年（公元1878）。廩生。光緒十九年（公元1893），選廣雅書院肄業生。二十二年（公元1896），選學海堂專課肄業生。二十六年（公元1900），優貢。（據《廣雅書院同舍錄》）

235. 陳金韜：金韜，番禺縣人。光緒二十二年（公元1896），選學海堂專課肄業生。今尚健存。

236. 陳國照：未詳。光緒二十二年（公元1896），選學海堂專課肄業生。

237. 譚祖楷：未詳。光緒二十二年（公元1896），選學海堂專課肄業生。

238. 吕達英：未詳。光緒二十二年（公元1896），選學海堂專課肄業生。

239. 陳桂杰：未詳。光緒二十二年（公元1896），選學海堂專課肄業生。

240. 俞炳章：炳章，番禺縣人。光緒二十二年（公元1896），選學海堂專課肄業生。

241. 沈溥霖：溥霖，番禺縣人。光緒二十二年（公元1896），選學海堂專課肄業生。宣統元年（公元1909），拔貢。

242. 俞成章：成章，番禺縣人。光緒二十二年（公元1896），選學海堂專課肄業生。

243. 梁琮：琮字璧荃，新會縣人。光緒二十二年（公元1896），選學海堂專課肄業生。今尚健存。

244. 朱秋青：未詳。光緒二十二年（公元1896），選學海堂專課肄業生。

245. 林懋康：未詳。光緒二十二年（公元1896），選學海堂專課肄業生。

246. 何宗驥：未詳。光緒二十二年（公元1896），選學海堂專課肄業生。

247. 韓銘勳：旗人。光緒二十二年（公元1896），選學海堂專課肄業生。

248. 馬衍熙：衍熙字繼卿，番禺縣人。光緒二十二年（公元1896），選學海堂專課肄業生。

249. 吳鸞章：鸞章，番禺縣人。家緯之子。光緒二十二年（公元1896），選學海堂專課肄業生。

250. 方耀垣：耀垣，番禺縣人。光緒二十二年（公元1896），選學海堂專課肄業生。

（十六）光緒二十三年專課肄業生十名

251. 黄廷策：廷策，南海縣人。光緒二十三年（公元1897），選學海堂專課肄業生。

252. 陳昌顥：昌顥，番禺縣人。光緒二十三年（公元1897），選學海堂專課肄業生。

253. 陳受同：受同字覲侯，廣州駐防漢軍鑲白旗人。良玉之孫。光緒二十三年（公元1897），選學海堂專課肄業生。

254. 鄭道鎔：道鎔，三水縣人。光緒二十三年（公元1897），選學海堂專課肄業生。

255. 王啓祥：啓祥字國瑞，番禺縣人。光緒二十三年

（公元 1897），選學海堂專課肄業生。

256. 吴遠基：未詳。光緒二十三年（公元 1897），選學海堂專課肄業生。

257. 柳龍驤：龍驤字鏡芙，番禺縣人。光緒二十三年（公元 1897），選學海堂專課肄業生。

258. 范公讜：公讜字季馨，番禺縣人。公謨之弟。光緒二十三年（公元 1897），選學海堂專課肄業生。二十六年（公元 1900），優貢。

259. 李慶旒：慶旒字冕群，香山縣人。光緒二十三年（公元 1897），選學海堂專課肄業生。

260. 蘇啓心：未詳。光緒二十三年（公元 1897），選學海堂專課肄業生。

六、《學海堂集》選取人名考（已見上者不重列）

（一）《學海堂初集》選取人名

1. 鄭灝若：灝若字蘐坪，番禺縣人。嘉慶十八年（公元 1813）拔貢生。阮元開學海堂，拔識最先。因命與侯康，周以清等，同輯《四書文話》。（據《番禺縣續志》卷十九）《學海堂初集》選有灝若文六篇。

灝若所著書：

《榕屋詩鈔》。未見。（據凌揚藻《嶺海詩鈔》）

《吟秋草》。未見。（案《嶺南文鈔》卷八金菁莪有《題鄭蘐坪吟秋草後》）

2. 梁國珍：國珍字希聘，號玉臣，番禺縣人。肄業學海堂，以《文筆對》為阮元所稱賞。署信宜縣訓導。道光十二年（公元 1832）舉人。改官内閣漢票籤中書舍人，協辦侍讀。京察一等，記名以同知用。二十一年（公元 1841），成進士，以知縣用。尋奉旨歸原衙門行走。充方略館分校，國史館校録。

丁憂歸，服闋還京，卒於獻縣旅次。（據《番禺縣續志》卷十九）《學海堂初集》選有國珍文四篇，詩一首。

國珍所著書：

《守鶴廬經説》。未見。（見《番禺縣續志》卷二十八）

《守鶴廬詩稿》。未見。（《楚庭耆舊遺詩續集》卷二十八選有國珍詩）

3. 黎應期：應期，嘉應州人。嘉慶十二年（公元1807）副榜貢生。（據温仲和輯《嘉應州志》卷二十）《學海堂初集》選有應期文一篇。

應期所著書：

《四書讀解》。未見。（據《嘉應州志》卷二十九）

4. 吴岳：岳又名應嶽，字仁齋，鶴山縣人。廩生。道光五年（公元1825）歲貢。黄培芳稱為畏友，以為篤於信道，力行不惑。（據《香石詩話》卷二，卷三；《肇慶府志·選舉表》）《學海堂初集》選有岳文二篇。

岳所著書：

《易説旁通》。未見。（據李欣榮《寸心草堂文鈔》）

5. 鄧淳：淳字粹如，一字樸庵，東莞縣人。生乾隆四十三年（公元1778），卒咸豐二年（公元1851）。嘉慶二年（公元1797），補府學生員。嘉慶二十三年（公元1818），阮元督粵，纂修《廣東通志》，命淳採訪東莞事，淳修《東莞草志》五十卷以進。旋檄為省局分校，淳又編次《嶺南叢述》六十卷以進。道光元年（公元1821），舉孝廉方正。旋主龍溪書院。林則徐督粵，嚴禁鴉片，淳條陳善後十策。道光二十一年（公元1841），又上平夷諸策。晚年，貧病交迫，卒年七十五。（據《面城樓集鈔》卷四《鄧徵君别傳》；《尺岡草堂遺文》卷四《擬廣東儒林傳》；陳伯陶修《東莞縣志》卷七十一；鄧淳手寫寄黄香石《詩稿》）《學海堂初集》選有鄧淳文二篇。

淳所著書：

《粵東名儒言行錄》二十四卷。存。（道光刻本）

《嶺南叢述》六十卷。存。（道光庚寅刻本；道光乙未補刻本）

《家範輯要》三十卷。存。（道光刻本）

《主一齋隨筆》十二卷。未見。（有刻本，肇祖少時於外家見之）

《乾惕錄》二卷。未見。

《寶安詩正》六十卷。存。（張其淦《東莞詩錄》據此而擴充之）

《鄧氏獻徵錄》八卷。未見。（有刻本，肇祖少時於鄧氏外家見之）

《樸庵存稿》八卷。附《贈言》一卷，《年譜》一卷。未見。（《嶺南文鈔》選有鄧淳文一卷）

《東莞縣草志》五十卷。未見。

6. 温訓：訓字伊初，長樂縣人。與吴蘭修，曾釗等結希古堂文課。道光五年（公元 1825）選乙酉科拔貢生。道光十二年（公元 1832），中壬辰科舉人。（據《嶺南文鈔》；《東塾集》卷六《祭温伊初文》；《藝談錄》卷下）《學海堂初集》選有訓文一篇。

訓所著書：

《登雲山房文稿》四卷。存。（道光番禺潘正理編刻本；《嶺南文鈔》選有訓文一卷）

7. 楊懋建：懋建字掌生，嘉應州人。道光十一年（公元 1831），舉辛卯恩科優貢。同年，中舉人。十三年（公元 1833），會副通明進士，考取國子監學正，内廷國史，功臣，方略等館分校官。晚年，主講連州南軒書院。（據楊家植《留香小閣詩詞鈔跋》）《學海堂初、二集》選有懋建文三篇，詩一首。

懋建所著書：

《禹貢新圖説》二卷。未見。(《嘉應州志》卷二十九説“存”)

《留香小閣詩詞鈔》二卷。存。(民國十一年排印本)

《京塵雜録》四卷。存。(光緒丙戌同文書局石印本)

8. 劉天惠：天惠，南海縣人。生員。《學海堂初集》選有天惠文一篇。

9. 梁光釗：光釗，三水縣人。廪生。《學海堂初集》選有光釗文一篇。

10. 梁傑：傑，高要縣人。生員。《學海堂初集》選有傑文一篇。

11. 陳同：同字鎮常，號小鄭，順德縣人。道光元年（公元1821）舉人。六年（公元1826）成進士，選知縣。性簡傲，有古狂士態。而天真活潑，胸中絶無町畦。所為詩文，苦思冥索。而豪闊則出自本色。（據咸豐修《順德縣志》卷二十六）《學海堂初集》選有同文一篇，詩四首。

同所著書：

《陳小鄭稿》。未見。(《楚庭耆舊遺詩後集》選有同詩一卷)

12. 梁梅：梅字錫仲，號子春，順德縣人。少能詩，工駢文，為曾燠所擊賞。道光八年（公元1828），舉優貢。卒年五十一。（據民國修《順德縣志》卷十七）《學海堂初、二、三集》選有梅文五篇，詩六十九首。

梅所著書：

有《寒木齋詩》二卷，《文》二卷。未見。(《楚庭耆舊遺詩後集》選有梅詩一卷)

13. 劉灜：灜，番禺縣人。廪生。《學海堂初集》選有灜文二篇，詩一首。

14. 居鍠：鍠，原名溥，又名樟華，最後更名鍠，字少楠，番禺縣人。年四十餘，始補生員。後死於潮州。（據《尺岡草堂遺文》卷四），《學海堂初集》選有溥文五篇，詩九首。

鍠所著書：

《離江草》。未見。

《梅溪草》。未見。

《獅林草》。未見。

《西園草》。未見。

《杉湖草》。未見。

《居少楠文鈔》一卷，《詩鈔》一卷。存。（饒平陳氏《繡詩樓叢書》本。《楚庭耆舊遺詩後集》選有鍠詩一卷）

15. 梁鑑：鑑，南海縣人，生員。《學海堂初、二、三集》選有鑑文一篇，詩二十二首。

16. 劉廣居：廣居，字卓越，東莞縣人。嘉慶十九年（公元 1814）生員。（據《國朝東莞題名錄》）《學海堂初集》選有廣居文一篇。

17. 李清華：清華，原名殿芳，字漱六，順德縣人。嘉慶十二年（1807）舉人。任羅定訓導，越華書院監院。官內閣中書。《學海堂初集》選有清華文一篇，詩一首。

18. 顏立：立，連平州人。署番禺縣訓導。《學海堂初集》選有立文一篇。

19. 李光昭：光昭字秋田，嘉應州人。廩膳生。溫汝能選《粵東詩海》《文海》，光昭實襄其事。卒於羊城。（《嘉應州志》卷二十三；《藝談錄》卷下）《學海堂初、三集》選光昭詩二十九首。

光昭所著書：

《鐵樹堂詩鈔》三卷。存。（黄喬松編刻本）

《鐵樹堂賦鈔》。存。（鈔本）

《南漢樂府》。存。（黄佛頤先生藏有藁本）

20. 陳夢照：夢照，番禺縣人，生員。《學海堂初集》選有夢照詩一首。

21. 姚覲光：覲光，番禺縣人。生員。《學海堂初集》選有覲光詩二首。

22. 吴奎光：奎光字竹香，南海縣人。監生。《學海堂初集》選有奎光詩二首。

奎光所著書：

《建業堂詩集》十五卷。未見。（吴榮光《石雲山人文集》卷三有《建業堂詩集序》）

《楚庭詩話》。未見。（據吴榮光《建業堂詩集序》）

《群書考證》。未見。（同上）

23. 崔弼：弼字積匡，又字鼎來，番禺縣人。年十二能詩，有詩一卷曰《丱兮集》。嘉慶六年（公元1801）中辛酉科舉人。與曾燠最相得。家甚貧，而日事著述。阮元督粵，聘修《廣東通志》。弼並善書畫。卒年八十九。阮元題其墓曰“詩人崔鼎來寶藏”。（據《藝談錄》卷下；《尺岡草堂遺文》卷四；《嶺南畫徵略》卷六）《學海堂初、二集》選有弼文一篇，詩十首。

弼所著書：

《波羅外紀》八卷。存。（光緒八年崔氏補刊本）

《兩粵水經注》。未見。

《珍帚編詩集》十卷。存。（嘉慶庚午年家刻本；光緒八年補刊本）

《遊寧草》。未見。

24. 漆璘：璘字仲琛，又字東樵，番禺縣人。嘉慶三年（公元1798）舉人。七上公車皆不第。晚年絶意進取，卒年六十四。（據《藝談錄》卷下；同治《番禺縣志》卷四十六）《學海堂初集》選有璘詩一首。

璘所著書：

《三禮舉義》四卷。未見。

《春秋舉義》三卷。未見。

《思古堂詩鈔》。未見。(張維屏有序)

《鐵鳳齋文集》五卷。未見。

《劍光集》二卷。未見。

《損齋筆記》二卷。未見。

25. 蘇應亨：應亨，字雲衢，順德縣人。嘉慶十三年（公元1808）舉人。《學海堂初集》選有應亨詩一首。

26. 何其杰：其杰，嘉應州人。嘉慶十二年（公元1807）舉人。東安訓導，粵秀書院監院，國子監監丞。(據光緒《嘉應州志·選舉表》)《學海堂初集》選有其杰詩一首。

27. 黎國光：國光，番禺縣人。道光五年（公元1825）拔貢。同年，中乙酉科舉人。《學海堂初集》選有國光詩七首。

28. 羅日章：日章，字絅益，一字曦亭，番禺縣人。嘉慶五年（公元1800）副榜貢生。官樂會縣教諭。(據《嶺海詩鈔》)《學海堂初集》選有日章詩一首。

日章所著書：

《四書集註訂疑》。未見。

《讀史指謬》。未見。

《七經補義》。未見。

29. 楊時濟：時濟號星槎，嘉應州人。嘉慶十五年（公元1810）舉人。府學東莞縣訓導。(見《嘉應州志》，劉杰《詠梅集古》題詞)《學海堂初集》選時濟詩八首。

30. 張其翰：其翰字鳳曹，嘉應州人。道光二年（公元1822）舉人。大挑知縣，官陝西。後請捐輸，改廣西知府。李沅發倡亂，蔓延及桂林，其翰以八十人倉卒禦之，大破其衆。以功，賞戴花翎，以知府儘先補用。先後署柳州，潯州二府知府。咸豐三年（公元1853），署右江道。甫受印，因公鐫秩，遂罷歸。九年（公元 1859），石達魁衆南竄，陷嘉應州城，其翰於州城失守後，奉制軍檄辦團事，積勞，以病卒。（據《嘉應州志》卷二十三）《學海堂初集》選有其翰詩四首。

其翰所著書：

《仙花吟館詩文稿》。未見。（《嘉應州志》卷二十九説“存”）

《詠花書屋賦鈔》。未見。（同上）

31. 徐青：青字又白，嘉應州人。與李光昭，顔崇衡為友，為詩耑宗韓愈而自擬於孟郊。年既高，始就試，補廩膳生員。（據《嘉應州志》卷二十三）《學海堂初集》選有青詩二首。

青所著書：

《聿修堂詩稿》。未見。（《嘉應州志》卷二十九説“存”）

32. 李有祺：有祺，字廣蒲，號壽石，新會縣人。廩貢生。工詩。（據同治修《新會縣志續》卷六）《學海堂初、二、三集》選有有祺詩十七首。

有祺所著書：

《夢鯉山房詩鈔》七卷。存。（同治壬戌二厓書屋刊本）

33. 蔡如苹：如苹字鹿野，順德縣人。生員。工韻語書畫，喜遊矚，往往憑眺長吟。（據咸豐修《順德縣志》卷二十七）《學海堂初、二集》選有如苹詩三首。

如苹所著書：

《緑野詩鈔》。未見。（《楚庭耆舊遺詩後集》選有如苹詩一卷）

34. 梁家桂：家桂，南海縣人，生員。《學海堂初集》選有家桂詩一首。

35. 顔斯總：斯總，字詒銓，一字君猷，南海縣人。嘉慶十五年（公元 1890）順天舉人。（據《楚庭耆舊遺詩後集》）《學海堂初集》選有斯總詩三首。

斯總所著書：

《聽秋草堂詩鈔》。未見。(《楚庭耆舊遺詩後集》選有斯總詩一卷)

《雨窗漫筆》。未見。(據《茅洲詩話》)

《國朝語林》。未見。(同上)

36. 石懷璧：懷璧，南海縣人。監生。《學海堂初集》選有懷璧詩二首。

37. 李中培：中培字根五，嘉應州人。生員。道光十六年(公元1836)，授徒羊城，時學海堂以"朱子不廢古訓説"命題課士，中培本舊纂以立説，得首賞。乃復取四書考證名物圖表，及隸書辨譌各種，凡有關《四書》中朱子之説，與古訓相證明者，附注各説下，條理成篇，分為十六卷，末附《朱注引用文獻考略》四卷。(據《嘉應州志》卷二十九)《學海堂初集》選有中培詩一首。《三集》選有文一篇。

中培所著書：

《朱子不廢古訓説》十六卷。未見。(《嘉應州志》説"存")

《四書集注文獻考略》四卷。未見。(同上)

38. 梁國琛：國琛，番禺縣人。生員。《學海堂初集》選有國琛詩一首。

39. 邵詠：詠字子言，號芝房，電白縣人。乾隆五十七年(公元1792)優貢生。入京師，讀書法源寺，從馮敏昌游。詩文書畫篆刻，能各臻其妙。後掌教邑書院。阮元為粵督，延修省誌。年瀕六十，始官韶州府訓導，以母憂去。服闋，補順德縣訓導，未幾卒。(據許汝韶輯《高涼耆舊文鈔》；《嶺南畫徵略》卷七)《學海堂初集》選有詠詩四首。

詠所著書：

《電白縣志》二十卷。存。(詠與崔翼周同纂修，道光十四年刊本)

《馮魚山年譜》一卷。存。

《芝房文鈔》一卷。存。（道光四年刊本；又《高涼耆舊文鈔》選有《種芝山房文集》一卷；《嶺南文鈔》選有邵詠文一卷）

《芝房詩存》二卷。存。（道光五年刻本）

《芝房印譜》。未見。

40. 李應中：應中，南海縣人。《學海堂初、二集》選有應中詩四首，並序。

41. 廖紀：紀字秋喬，又名子僑，嘉應州人。監生。三赴秋闈不遇，遂絶意進取，致力於詩。（據《嘉應州志》卷二十三；李文泰《海山詩屋詩話》卷五）《學海堂初集》選有紀《續南海百詠》詩二十首。

紀所著書：

《萬樹松齋詩藁》。未見。

《續南海百詠》。未見。（《學海堂初集》選有二十首）

42. 陶克昌：克昌字綬之，番禺縣人。縣學生員。重刊《海雲禪藻》，後人考明遺老逸事，多取資於此。（據《番禺縣續志》卷十九）《學海堂初集》選有克昌詩三首。

克昌所著書：

《不如不來齋稿》。佚。（道光十三年大水漂失）

43. 黎昱：昱，嘉應州人。道光十二年（公元 1832）舉人。官福建寧化縣知縣。（《嘉應州志》卷二十）《學海堂集》選有昱詩二首。

44. 黄應麟：應麟，番禺縣人。舉人。《學海堂初集》選有應麟詩一首。

45. 蔡錦泉：錦泉字文淵，一字春帆，如苹之弟，順德縣人。從謝蘭生游，兼嫻繪事，蘭生妻之以女。道光五年（公元 1825）拔貢。十一年（公元 1831）解元。十二年進士，翰林院編修，十五年（公元 1835），入直上書房。十六年，提督湖南學政。以忤大吏，秩滿，緣永順案鐫職。先後主豐湖，端溪講席。援例為内閣中書。後丁母憂，未終喪而卒。（據《國朝詩人徵略二編》；《嶺南畫徵略》卷八）《學海堂初集》選有錦泉詩一首。

錦泉所著書：

《聽桐山館集》。未見。

46. 吴應韶：應韶，鶴山縣人。生員。《學海堂初集》選有應韶詩一首。

47. 李鳳修：鳳修，嘉應州人。廩生。《學海堂初集》選有鳳修詩四首。

48. 郭培：培，順德縣人。道光二年（公元 1822）舉人。《學海堂初集》選有培詩二首。

49. 鍾啓韶：啓韶字琴德，又字鳳石，新會縣人。乾隆五十七年（公元 1792）舉人。（據《藝談録》卷下；《楚庭耆舊遺詩前集》）《學海堂初集》選有啓韶詩一首。

啓韶所著書：

《讀書樓詩鈔》。未見。（《楚庭耆舊遺詩前集》選有啓韶詩一卷）

《笛航游草》。未見。（據《嶺海詩鈔》卷十四）

50. 何應翰：應翰，博羅縣人。選拔廩生。《學海堂初集》選有應翰詩三首。

51. 劉汝棣：汝棣，嘉應州人。道光二年（公元 1822），優貢生。選鑲藍旗官學教習。《學海堂初集》選有汝棣詩一首。

52. 周永福：永福，高要縣人。生員。《學海堂初集》選有永福詩一首。

53. 石鳳臺：鳳臺，南海縣人。廩生。《學海堂初集》選有鳳臺詩一首。

54. 黄喬松：喬松字鑑仙，一字蒼厓，番禺縣人。少與黄培芳共筆硯，長培芳數歲。貢生。官雲南鹽課提舉司提舉。嘉慶十四年（公元1809）海寇起，撰《平海策》，當道延之襄事，密陳方略，悉中機要。家無擔石而座客常滿。喜與寒士鐫詩稿。為詩文，援筆立就。（據《香石詩話》；《藝談錄》下；同治修《番禺縣志》卷四十六）《學海堂初、二集》選有喬松詩四首。

喬松所著書：

《鯨碧樓詩鈔》。未見。（《楚庭耆舊遺詩前集》選有喬松詩一卷）

《嶽雲堂詩鈔》。未見。

《粵東三子詩鈔》。存。（道光刻本）

55. 張應鳳：應鳳，廣州府學生員。《學海堂初集》選有應鳳詩一首。

56. 梁光槐：光槐，三水縣人。廩生。《學海堂初集》選有光槐詩二首。

57. 錢鯤：鯤，三水縣人。生員。《學海堂初集》選有鯤詩一首。

58. 何惠祖：惠祖，三水縣人。生員。《學海堂初集》選有惠祖詩一首。

59. 梁伯顯：伯顯，三水縣人。生員。《學海堂初集》選有伯顯詩一首。

60. 石炳：炳，南海縣人。監生。《學海堂初、二、三集》選有炳詩十七首。

61. 張達翔：達翔，南海縣人。貢生。《學海堂初集》選有達翔詩二首。

62. 葉其英：其英，嘉應州人。道光二十年（公元1840），中庚子恩科舉人。（《嘉應州志》卷二十九）《學海堂初集》選有其英詩一首。

其英所著書：

《稻香詩集》十卷。未見。（據《嘉應州志》卷二十九）

63. 吴林光：林光字佩芳，一字叔生，南海縣人。道光二年（公元1822）中順天舉人。十三年（公元1833），中癸巳科進士。出宰江西，歷署吉水，南康縣事，授鉛山縣知縣。頗有政聲。道光二十四年（公元1844），有典庫被劫之案，因罣吏議。後捐復，署吴城同知。卒年五十六。（據同治修《南海縣志》卷十三）《學海堂初集》選有林光詩一首。

64. 徐智超：智超，番禺縣人。廩生。《學海堂初集》選有智超詩一首。

65. 周文蔚：文蔚，高要縣人。生員。《學海堂初集》選有文蔚詩一首。

66. 吴彌光：彌光，字章垣，號樸園，榮光之弟，南海縣人。生乾隆五十四年（公元1789），卒同治十年（公元1871）。由邑庠生，候選詹事府主簿。道光十四年（公元1834）中甲午科舉人。校刊《勝朝遺事初、二編》十餘種。卒年八十三。（據民國修《佛山忠義鄉志》卷十四）《學海堂初、二集》選有彌光詩四首。

彌光所著書：

《芬陀羅館詩文鈔》六卷。存。

《醒俗篇》一卷。未見。

《羅浮紀游》。未見。

67. 鄭喬松：喬松，恩平縣人。廩生。《學海堂初、二集》選有喬松詩四首。

68. 李汝梅：汝梅，字雪菴，新會縣人。生員。（據《藝談錄》卷下）《學海堂初集》選有汝梅詩三首。

69. 吴梅修：梅修，嘉應州人。道光十四年（公元1834）副貢生。《學海堂初集》選有梅修詩四首。

70. 黄光宗：光宗，南海縣人。舉人。《學海堂初集》選有光宗詩三首。

71. 謝光輔：光輔，字煌佐，又號漁璜，番禺縣人。嘉慶九年（公元 1804）舉人，選臨高教諭。道光元年（公元 1821），預修《廣東通志》。又修《瓊州府志》。（據同治修《番禺縣志》卷四十五）《學海堂初集》選有光輔詩一首。

光輔所著書：

《鷗波草堂詩草》。未見。

72. 張總章：總章字公銓，號厓山，新會縣人。監生。弱冠即棄帖括，絶意仕進，寄情山水。與同邑何殿春最相交好。晚年，邑人士築惠泉詩社，推總章與殿春為領袖。卒年七十九。（據同治修《新會縣志續》卷六）《學海堂初集》選有總章詩一首。

總章所著書：

《奇石山房詩鈔》四卷。未見。

73. 李燓：燓，嘉應州人。廩生。《學海堂初集》選有燓詩一首。

74. 吴家樹：家樹字石屏，番禺縣人。嘉慶二十一年（公元 1816），中丙子科舉人，官瓊山縣訓導。（據《藝談錄》卷下；同治修《番禺縣志》卷十二）《學海堂初集》選有家樹詩一首。

家樹所著書：

《遊瓊草》一卷。存。（家刻本）

75. 李汝孚：汝孚，嘉應州人。生員。《學海堂初集》選有汝孚詩一首。

76. 李中楷：中楷，嘉應州人。道光二年（公元 1822）舉人。《學海堂初集》選有中楷詩一首。

77. 黄位清：位清字瀛波，一字春帆，番禺縣人。嘉慶九年（公元 1804）副貢。道光元年（公元 1821）舉人。家居授徒，晚年究日者之術，藉以自給。年老請京職銜，得國子監學正。（據《東塾集》卷六；《藝談錄》卷下）《學海堂初集》選有位清詩三首。

位清所著書：

《論語章旨》二卷。未見。

《詩緒餘錄》八卷。（道光己亥葉氏刻本）

《詩異文錄》三卷。未見。

《聖廟祀典輯聞》十三卷。存。（刻本）

《先聖年譜考》二卷。未見。

《孟子時事考》二卷。未見。

《松風閣詩鈔》。未見。

《松風閣詞鈔》。未見。（《粵東詞鈔》選有位清詞一卷）

78. 崔樹良：樹良，南海縣人。舉人。《學海堂初集》選有樹良詩六首。

79. 鄭棻：棻字子幹，號棉舟，番禺縣人。生嘉慶六年（公元 1801），卒道光十四年（公元 1834）。生員。早喪偶，招子庸愛其才，以女妻之。家貧甚，連不得志於有司，落魄以歿，年僅三十四。（據《國朝詩人徵略二編》卷六十四）《學海堂初集》選有棻詩六首。

棻所著書：

《照天樓詩鈔》。未見。

《寰中詠古三百首》。未見。

附　録

方東樹：東樹字植之，安徽桐城縣人。生乾隆三十七年（公元 1772），卒咸豐元年（公元 1851）。生員。東樹善為古文。宗朱子，力攻漢學家考證之學。《學海堂初集》選有東樹《漢晉名譽考》一篇，當時擬作也。東樹又著《書林揚觶》，自序云："兩粤制府阮大司馬既創建學海堂之明年。乙酉（公元1825）初春，首以學者願著何書策堂中學徒，余慨後世著書太易而多，殆於有孔子所謂不知而作者，因誦往哲遺言及肌見所及，為十有六論，以諗同志，知者或有取於鄙言也。"這和阮元的見解略相歧異。東樹又著《漢學商兑》三卷，更力詆漢學家而衛宋儒，這書序作於道光六年（公元1826），則在道光五年刊《學海堂初集》之後。此外東樹所著，有《一得拳膺録》、《儀衛堂文集》等書。

秀琨：琨字子璞，漢軍旗人。咸豐初，約葉英華，張維屏，黄培芳，宋光寶，李秉綬諸名流，共結石園畫社，社在廣州城北大石街，（據《番禺縣續志》卷四十）《學海堂初集》附録琨詩一首。

范濬：濬，浙江四明人。《學海堂初集》附録濬詩一首。

（二）**《學海堂二集》選取人名**（已見上者不重列）

80．丁熙：熙字桂裳，番禺縣人。道光十五年（公元1835），中乙末恩科舉人。官新興訓導，加内閣中書銜。才長命短，士論惜之。（據同治修《番禺縣志》卷十二；《藝談錄》卷下）《學海堂二集》選有熙文一篇，詩一首。

81．孟鴻光：鴻光，字蒲生，父山西人，客於粤，鴻光生於粤，不能歸山西，遂為番禺人。入縣學。道光十四年（公元1834），中甲午科舉人。記誦浩博。為詩文，屬對工巧。好小學及金石文字，能為篆隸書，尤善刻印。鄉試屢不中，遂頽放。中鄉試後，會試復不中，晚而生子，又殤，落落無歡，未幾卒。其文詩無存者。（據《東塾集》卷五《書孟蒲生》）《學海堂二、三集》選有鴻光文二篇，詩六首。

鴻光所著書：

《梅雪軒印譜》。未見。

82．麥照：照，順德縣人，廩生。《學海堂二集》選有照文一篇。

83. 胡調德：調德字道卿，一字稌香，南海縣人。貧病嗜學，弱冠補縣學生員。授徒養親，不與外事，致力於漢儒訓詁之學，尤嗜唐宋八家文。與曾釗，吴蘭修，徐榮，張維屏等二十餘人，同結希古堂課，而辨析疑異，獨心折釗。學海堂開，調德所作課藝，為阮元等所喜，由是知名。嘗因學海堂課以《牂牁江考》命題，遂陳西北江水道壅塞之患，冀當道革除之。道光十年（公元1830），分纂《南海縣志》，創編《江防略》。卒年六十。（據同治修《南海縣志》卷十九）《學海堂二集》選有調德文一篇，詩五首。

調德所著書：

《尺木齋文集》四卷。未見。（譚瑩有《序》）

《魚苗經》一卷。未見。（據譚瑩《樂志堂文續集》卷一《胡稻香遺集序》；《九江儒林鄉志》卷八載《魚苗經》一卷）

84. 吴天榆：天榆，番禺縣人。嘉慶二十一年（公元1816）副貢。（據同治修《番禺縣志》卷十二）《學海堂二集》選有天榆文一篇。

85. 夏時彦：時彦，番禺縣人。道光八年（公元1828），中戊子科舉人。任定安教諭。《學海堂二集》選有時彦文二篇。

86. 梁漢鵬：漢鵬字南溟，番禺縣人。明算學，吴蘭修，侯康，侯度，陳澧常從之學算。漢鵬於金木百工之事莫不窮究，尤善製火藥，總督祁𡎴，運使潘仕成皆延請製之。所著算書數十篇，歿後其子藏之不示人。（據《東塾集》卷四《梁南溟傳》）《學海堂二集》選有漢鵬文一篇。

87. 方蓬瀛：蓬瀛，番禺縣人。生員。《學海堂二集》選有蓬瀛文一篇。

88. 茹葵：葵，新會縣人。咸豐四年（公元1854）歲貢。

（據同治《新會縣志》卷五）《學海堂二集》選有葵文一篇。

89. 關昌言：昌言，南海縣人。生員。《學海堂二集》選有昌言文一篇。

90. 葉世謙：世謙，南海縣人。道光十七年（公元1837）舉人。任封川教諭。《學海堂二集》選有世謙文一篇。

91. 陳士荃：士荃，嘉應州人。道光二十八年（公元1848）副貢。《學海堂二、三集》選有士荃文一篇，詩一首。

92. 黄子亮：子亮，廣州府學生員。《學海堂二集》選有子亮文一篇。

93. 徐良琛：良琛字西卿，一字夢秋，南海縣人。生員。《學海堂二集》選有良琛文一篇，詩二十四首。

良琛所著書：

《搴芙蓉館集》。未見。（《楚庭耆舊遺詩後集》選良琛詩二卷）

94. 徐國儀：國儀，南海縣人。《學海堂二集》選有國儀詩四首。

95. 李嵩：嵩，瓊州人。舉人。《學海堂二集》選嵩詩一首。

96. 楊質：質，潮州人。生員。《學海堂二集》選有質詩一首。

97. 尤步星：步星字坤立，順德縣人。生員。《學海堂二集》選有步星詩一首。

步星所著書：

《五雲詩鈔》。四卷。存。（道光間寫刻本）

98. 蕭江：江字子漁，又字嶺海，自號嶺海漁，順德縣人。布衣。通漢《易》，所著散佚。（據咸豐修《順德縣志》卷十八）《學海堂二集》選有江詩二首。

江所著書：

《蕭江詩文集》。存。（刻本）

99. 李森：森，新會縣人。監生。《學海堂二集》選有森詩二首。

100. 張虞衡：虞衡，順德縣人。監生。《學海堂二集》選有虞衡詩一首。

101. 胡海平：海平字安波，順德縣人。道光五年（公元1825）舉人，分發南河知縣。《學海堂二集》選有海平詩一首。

102. 何貞：貞，順德縣人。附生。《學海堂二集》選有貞詩六首。

103. 石溥：溥，番禺縣人。監生。《學海堂二集》選有溥詩六首。

104. 吴宗漢：宗漢，番禺縣人。生員。《學海堂二集》選有宗漢詩五首。

105. 周仁：仁，高要縣人。監生。《學海堂二集》選有仁詩四首。

106. 張有年：有年，順德縣人。附生。《學海堂二集》選有有年詩四首。

107. 宋作卿：作卿，肇慶府人。生員。《學海堂二集》選有作卿詩二首。

108. 區璇光：璇光，南海縣人。生員。《學海堂二集》選有璇光詩八首。

109. 韓棣華：棣華，四會縣人。廩生。《學海堂二集》選有棣華詩三首。

110. 劉步蟾：步蟾字羽樵，三水縣人，生員。（據《國朝詩人徵略》二編卷五十八）《學海堂二集》選有步蟾詩十八首。

步蟾所著書：

《沙鷗吟舫詩鈔》。未見。（《楚庭耆舊續集》選有步蟾詩）

111. 李應梅：應梅，南海縣人，生員。《學海堂二集》選有應梅詩三首。

112. 陳滉：滉，字苧村，順德縣人，監生。（據《藝談録》卷下）《學海堂二、三集》選有滉詩十首。

滉所著書：

《味香簃詩鈔》。未見。

113. 曾偉仁：偉仁，增城縣人。歲貢。《學海堂二集》選有偉仁詩二首。

114. 衛景昌：景昌，番禺縣人。生員。《學海堂二集》選有景昌詩二十一首。

115. 劉嶽：嶽，順德縣人。監生。《學海堂二、三、四集》選有嶽詩七十首。

116. 周天苑：天苑，順德縣人。監生。《學海堂二集》選有天苑詩一首。

117. 李賚卿：賚卿，南海縣人。《學海堂二集》選有賚卿詩一首。

118. 馮國楠：國楠，改名慶良，南海縣人。舉人。官汀州府知府。《學海堂二集》選有國楠詩一首。

119. 李有倫：《學海堂二集》選有有倫詩二首。

120. 梁允諧：允諧，番禺縣人。廪生。《學海堂二集》選有允諧詩二首。

121. 阮榕齡：榕齡，號竹潭，新會縣人。監生。家赤貧，發憤力學。年三十，尚作童子師。己橐筆遊郡城，聞易容之太守家藏書甚富，借恣漁獵。太守族故有易景陶者，時之官曲阜，邀與偕行。乃西遊洞庭，登黄鶴，歷陳宋故墟，渡河涉泗，復還轅沂江漢，陟南嶽，下漓水，挹桂林巖洞之秀。晚年生計益蹙，猶力事著述，自云"顧影一燈，馳心萬卷"，可以見其志趣。（據同治修《新會縣志續》卷六；《白沙叢考》卷末）《學海堂二、三集》選有榕齡詩七首。

榕齡所著書：

《白沙年譜》二卷。存。（咸豐元年家刻本）

《白沙弟子考》一卷。存。（同上）

《白沙叢考》一卷。存。（同上）

《竹潭文集》四卷。未見。

《竹潭詩集》四卷。未見。

122. 吴綬綸：綬綸，嘉應州人。《學海堂二集》選有綬綸詩一首。

123. 葉濱：濱，嘉應州人。《學海堂二集》選有濱詩一首。

124. 吴應麟：應麟，鶴山縣人。舉人。《學海堂二集》選有應麟詩三首。

125. 范如松：如松字君喬，番禺縣人。嘉慶二十一年（公元 1816）優貢。道光十一年（公元 1831），辛卯恩科舉人。十二年（公元 1832），會試挑取謄録。（據民國修《番禺縣續志》卷三十二；倪鴻《桐陰清話》卷三）《學海堂二集》選有如松詩一首。

如松所著書：

《書三味軒詞稿》。未見。（《粵東詞鈔》選如松詞三首）

126. 曾慕顏：《學海堂二集》選有慕顔詩一首。

127. 朱堯勳：堯勳，南海縣人。生員。《學海堂二集》選有堯勳詩一首。

128. 陳曇：曇，字仲卿，其先福建同安人，其父始籍番禺，為番禺縣人。生乾隆四十九年（公元 1784），卒咸豐元年五月（公元 1851）。弱冠，補縣學生員，伊秉綬，曾燠皆奇其才。屢試不售，入都應順天府，復不遇。轉客山西凡數年。途中登泰山，及嵩少，又由山西度太行，登嵩嶽。晚歲以貢生出為澄海訓導，僅歲餘，卒於家。年六十八。曇工詩，及駢文，亦工畫。生平慕鄺湛若（露）之為人，以鄺詩集名《嶠雅》，故自名其詩曰《海騷》，又顏其齋曰鄺齋。（據彭泰來《昨夢齋文集》卷三《署澄海縣訓導陳君墓誌銘》；《國朝詩人徵略二編》卷五十八）《學海堂二集》選有曇詩一首。

曇所著書：

《海騷》十二卷。存。（家刻本）

《感遇堂詩集》八卷，《文集》四卷，《外集》四卷。存。（咸豐二年刊本）

《鄺齋雜記》八卷。存。（道光九年東莞陳汝亨校刊本）

《補宋方孚若南海百詠》一卷。存。（鈔本）

《鄺齋續記》。未見。

《南北史姓名詳録》。未見。

《師友集》二十卷。未見。

《文學碎金》。未見。

《芙蓉怨傳奇》。未見。

《奕學纂要》。未見。

129. 勞鎮：鎮，順德縣人。舉人。《學海堂二集》選有鎮詩一首。

130. 李正茂：正茂，旗籍生員。《學海堂二集》選有正茂詩二首。

131. 劉錫鵬：錫鵬，番禺縣人。生員。《學海堂二集》選有錫鵬詩一首。

132. 張先庚：先庚，番禺縣人。生員。《學海堂二集》選有先庚詩一首。

133. 麥受嵩：受嵩，南海縣人。監生。《學海堂二集》選有受嵩詩一首。

134. 周仲良：仲良，番禺縣人。生員。《學海堂二集》選有仲良詩三首。

135. 石元輝：元輝，南海縣人。生員。《學海堂二集》選有元輝詩十首。

136. 康鳳書：鳳書，順德縣人。廩監生。《學海堂二集》選有鳳書詩五首。

137. 李有常：有常，新會縣人。道光五年（公元 1825）優貢。《學海堂二集》選有有常詩三首。

138. 簡逢年：逢年，順德縣人。附貢。《學海堂二集》選有逢年詩一首。

139. 鍾鷹揚：鷹揚，番禺縣人。嘉慶十三年（公元 1808）武科舉人。《學海堂二集》選有鷹揚詩一首。

140. 李表：表字仁山，番禺縣人。廩貢。《學海堂二集》選有表詩一首。

141. 胡步青：步青，順德縣人。舉人。《學海堂二集》選有步青詩一首。

142. 周瑞生：瑞生字夢石，番禺縣人。道光十七年（公元 1837）貢生。雅慕黎二樵為人，遂自號三樵。工詩，擅花卉。年七十餘，登臨腰脚甚健。（據《嶺南畫徵略》卷八）《學海堂二集》選有瑞生詩一首。

瑞生所著書：

《三樵山房詩鈔》。五卷。存。

143. 鄧蓉春：蓉春，三水縣人。生員。《學海堂二集》選有蓉春詩二首。

144. 冼君詔：《學海堂二集》選有君詔詩一首。

145. 童杰：《學海堂二集》選有杰詩三首。

146. 繆艮：艮字蓮仙，浙江杭州人。生乾隆三十一年（公元 1766）。生員。遊幕各地。道光七年（公元 1827），著《塗説》成，自序云："今年六十有二，中間之燕之吴，之越，之邗，之皖，之閩，之豫章，之粵東，或十年，或五六年，或三四年。統計消磨於風塵困頓中者又歷有年所。"在廣州，有粵語《客途秋恨》歌，自悲身世，至今婦孺傳誦。《學海堂二集》選有艮詩二首。

艮所著書：

《文章遊戲》四集，共三十二卷。存。（光緒間刻本）

《客途秋恨》一卷。存。（坊刻本）

《塗説》四卷。存。（道光戊子刻本）

147. 舒思令：《學海堂二集》選有思令詩一首。

148. 唐良臣：《學海堂二集》選有良臣詩一首。

149. 劉彤：彤，番禺縣人。《學海堂二、三集》選有彤詩三首。

150. 姚亨元：《學海堂二集》選有亨元詩一首。

151. 鄧泰：泰字約之，順德縣人。生員。與同縣陳滉齊名交好。《學海堂二、三集》選有泰詩六首。

泰所著書：

《心蓮詩鈔》四卷。未見。

152. 鄧葯房：《學海堂二集》選有葯房詩一首。

153. 張翔：《學海堂二集》選有翔詩一首。

154. 秦賢書：賢書，番禺縣人。生員。《學海堂二集》選有賢書詩二首。

155. 陳汝標：汝標，清遠縣人。生員。《學海堂二集》選有汝標詩一首。

156. 漆毅遠：毅遠，番禺縣人。監生。《學海堂二、三集》選有毅遠詩八首。

157. 張步雲：步雲，肇慶府人。生員。《學海堂二集》選有步雲詩一首。

158. 李義厓：義厓，新會縣人。監生。《學海堂二集》選有義厓詩二首。

159. 譚瑀：瑀字幹年，號石甫，南海縣人。道光元年

（公元1821），中辛巳恩科舉人。以母老，援例出佐鄜州。母喪後，以西潦，辦平糶事，以勞獎，授陝西略陽縣知縣，調署吳堡縣。未幾卒。（據同治修《南海縣志》）《學海堂二集》選有瑀詩一首。

160．梁德高：德高，順德縣人。生員。《學海堂二集》選有德高詩一首。

161．葉蓉史：蓉史，嘉應州人。生員。《學海堂二集》選有蓉史詩一首。

162．張毓芝：毓芝，嘉應州人。生員。《學海堂二集》選有毓芝詩一首。

163．岑澂：澂字清泰，又號鐵泉，南海縣人。屢試不第，中年後遨遊廣西，為人襄辦牢盆，來往征途，於山川風俗，皆以詩紀之。（據同治修《南海縣志》卷十八）《學海堂二、三集》選有清泰詩三首。

澂所著書：

《箟簩山人詩集》十卷。存。（道光刻本）

《鐵泉詩鈔》一卷。存。（《同門詩鈔》本）

164．張桂楣：《學海堂二集》選有桂楣詩二首。

165．黃大勳：《學海堂二集》選有大勳詩一首。

166．徐兆鳴：兆鳴，番禺縣人。廩生。《學海堂二集》選有兆鳴詩一首。

167．張祥瀛：祥瀛，番禺縣人。監生。《學海堂二集》選有祥瀛詩一首。

168．譚言：《學海堂二集》選有言詩二首。

169．何鯤：鯤字雲衢，東莞縣人。道光元年（公元1821）舉人。創設東莞縣明倫堂萬頃沙田，成一邑美利，邑人至今稱誦，為報功祠祀之。（《東莞縣志》卷七一）《學海堂二集》選有鯤詩一首。

170. 鄺錦書：《學海堂二集》選有錦書詩一首。

171. 賴洪禧：洪禧字疇叶，號介生，東莞縣人。生乾隆三十七年（公元1772），卒咸豐四年（公元1854）。縣學增生。性高逸，博學工詩，兼精草隸。家貧，授徒里中，以古學相切靡，從遊者輒百數十人。道光二十五年（公元1845）年七十四，六至羅浮，居酥醪觀。飛騰健步，有所見聞，筆之簡端，續黄培芳《浮山小志》一書，成《浮山新志》三卷。卒年八十三。（據《浮山新志序》；《東莞縣志》卷七十）《學海堂二、三集》選有洪禧詩二首。

洪禧所著書：

《浮山小志》三卷。存。（道光刻本；又《聚德堂叢書》，《浮山志》本）

《紅棉館詩鈔》。四卷。存。（道光間黄喬松編刻本）

《學庸指掌》。未見。

172. 蕭彦初：彦初，嘉應州人，生員。《學海堂二集》選有彦初詩一首。

173. 湯漢章：《學海堂二集》選有漢章詩一首。

174. 顔壽增：壽增，南海縣人。貢生。《學海堂二集》選有壽增詩一首。

175. 何端義：端義，番禺縣人。生員。《學海堂二集》選有端義詩一首。

176. 麥覲光：覲光，順德縣人。舉人。《學海堂二集》選有覲光詩一首。

177. 楊瑜：瑜，花縣人。生員。《學海堂二集》選有瑜詩一首。

178. 麥瑞光：瑞光，廣州府學生員。《學海堂二集》選有瑞光詩一首。

179. 詹鈞：鈞，香山縣人。生員。《學海堂二集》選有鈞詩一首。

180. 莫光儀：光儀，番禺縣人。《學海堂二集》選有光儀詩一首。

181. 莫光仁：光仁，番禺縣人。道光十七年（公元1837）舉人。《學海堂二集》選有光仁詩一首。

（三）**《學海堂三集》選取人名**（已見上者不重列）

182. 桂文燦：文燦字子白，一字昊庭，南海縣人。生道光三年（公元1823），卒光緒十年十月（公元1884）。遊陳澧之門，澧大器之。以解經第一，補生員。道光二十九年（公元1849），中己酉科舉人。同治元年（公元1862），至京師，獻所著《經學叢書》，得旨留覽。十二月十七日，奉諭云："所呈各種考證箋注，均尚詳明。《群經補證》一篇，於近儒惠棟，戴震，段玉裁，王念孫諸經説，多所糾正，薈萃衆家，確有依據，具見潛心研究之功。"二年（公元1863），正月，應詔陳言三十條。又遵旨密陳海防事宜。天下傳誦。曾國藩督兩江，以書，招文燦於軍中，聞母病，航海歸。旋丁母艱。粵督毛鴻賓，粵撫郭嵩燾修粵東輿圖，聘文燦説山川，成《廣東圖説》九十二卷。同治十年（公元1871），再至京師，旋謁曾國藩於金陵，與論學。文燦著《弟子職解詁》，《四言曲禮》諸書，國藩稱善。光緒九年（公元1883），復至京師，府尹周家楣延文燦修《順天節孝録》。是年，截取知縣。十年二月（公元1884），選湖北鄖縣。六月抵鄂。臬司黄彭年檄文燦治獄。七月，履鄖縣任。積勞成病，卒於官，年六十二。（據《南海縣志》卷十九）《學海堂三、四集》選有文燦文六篇。

文燦所著書：

《先正典型》二卷。未見。

《四書集註箋》四卷。未見。

《子思子集解》一卷。未見。

《朱子述鄭録》二卷。未見。

《八行輯要》八卷。未見。

《語類》二卷。未見。

《易大義補》一卷。存。(《桂氏經學叢書》本)

《詩箋禮注異義考》一卷。存。(同上)

《周禮通釋》六卷。存。(同上)

《箴膏肓評》一卷。存。(同上)

《起廢疾評》一卷。存。(同上)

《發墨守評》一卷。存。(同上)

《論語皇疏考證》十卷。存。(同上)

《重輯江氏論語集解》二卷。未見。

《孝經集證》四卷。存。(《桂氏經學叢書》本)

《孝經集解》一卷。存。(同上)

《孟子趙注考證》。存。(同上)

《經學博采録》十二卷。未見。

《毛詩傳假借考》一卷。未見。

《毛詩鄭讀考》一卷。未見。

《詩古今注》一卷。未見。

《春秋左傳集注》一卷。未見。

《禹貢川澤考》四卷。存。(《經學叢書》本)

《毛詩釋地》六卷。存。(同上)

《春秋列國疆域圖考》一卷。未見。

《群經輿地表》一卷。未見。

《廣東圖説》九十二卷。存。

《四海記》一卷。未見。

《海國表》一卷。未見。

《掌故紀聞》二卷。未見。

《周禮今釋》六卷。未見。

《讀史紀要》二卷。未見。

《説文部首句讀》一卷。未見。

《奏疏》四卷。未見。

《牧令蒭言》二卷。未見。

《在官要覽》二卷。未見。

《疑獄紀聞》一卷。未見。

《海防集覽》二卷。未見。

《節孝録》十四卷。未見。

《宰郿公牘》二卷。未見。

《潛心堂文集》十卷，《詩集》二卷。未見。

《桂氏大宗譜》二卷。未見。

《家譜》四卷。未見。

《都山日記》四卷。未見。

《四言曲禮》一卷。未見。

《女誡》一卷。未見。

《好生古訓》一卷。未見。

《三字孝經》一卷。未見。

《年譜》一卷。未見。

《家訓》一卷。未見。

183. 黄以宏：以宏字子謙，南海縣人。治經通漢儒之學，以解經補縣學生員。道光二十九年（公元1849），中己酉科舉人。咸豐元年（公元1851）會試，留居京師，有隱於燕市之意。（據宣統修《南海縣志》卷十九）《學海堂三集》選有以宏文十一篇。中有《詩中篇名相同解》三篇，尤為人所稱誦。

184. 徐灝：灝字子遠，自號靈洲山人。原籍浙江錢塘，先世遊幕留粤，遂為番禺縣人。生嘉慶十五年（公元1810），卒光緒五年（公元1879）。監生。道光七年（公元1827），佐南海縣幕。咸豐七年（公元1857），避兵横沙，按察使周起濱聘入幕。總督勞崇光復聘為上客。自勞崇光後，總督如英贊湯，晏端書，劉長佑，毛鴻賓，瑞麟，皆資其擘畫。廣西巡撫張凱嵩駐軍南甯，遣使邀灝，由是改官同知，加知府銜，任討賊專職。賊定，隨節至桂林，提調軍需善後局，兼營務署。迭署柳州府通判，陸川縣知縣，旋署慶遠府知府，皆有政聲。巡撫涂宗瀛，倪文蔚，楊重雅，皆深器重之，委以撫署總文案。旋由知府薦擢道員。卒年七十。（據民國修《番禺縣續志》卷二十一）《學海堂三集》選有灝文三篇。

灝所著書：

《通介堂經説》三十七卷。存。（《學壽堂叢書》本）

《説文段注箋》二十八卷。存。

《樂律考》二卷。存。（《學壽堂叢書》本）

《洞淵餘録》二卷。未見。

《通介堂文集》二卷。未見。

《靈洲山人詩録》六卷。存。（《學壽堂叢書》本）

《攓雲閣詞》二卷。未見。

《蠶桑譜》二卷。未見。

《九數比例》。未見。

《算學提綱》。未見。

《名法指掌圖》四卷。未見。

185. 何廼賡：廼賡，番禺縣人。道光二十三年（公元1843）副貢。官文昌縣教諭。（據同治修《番禺縣志》卷十二）《學海堂三集》選有廼賡文三篇。

186. 崔棪：棪，番禺縣人。生員。《學海堂三集》選有棪文一篇。

187. 周以貞：以貞，順德縣人。卒於道光三十年（公元1850）。監生。《學海堂三集》選有以貞文一篇。

188. 虞必芳：必芳字子馨，番禺縣人。為駢體文沈博絶麗，為張維屏，譚瑩所推服。從陳澧遊，陳澧亦深愛之，謂其“文既高，行又甚修，孝友惇篤，貧而益介”。早卒，年三十二。卒後陳澧就其家求得遺稿，録而序之。（據《東塾集》卷三《虞子馨遺文序》；民國修《番禺縣續志》卷十九）《學海堂三集》選有必芳文七篇。

必芳所著書：

《虞子馨遺文》。未見。（陳澧有《序》）

189. 高學瀛：學瀛字子登，番禺縣人。學燿之弟。咸豐六年（公元 1856）副榜貢生。同治元年（公元 1862）中壬戌恩科舉人。二年（公元 1863），中癸亥恩科進士，改翰林院庶吉士，散館授編修，充國史館纂修。假歸，主三水縣行臺書院講席，訓課甚勤，旋卒。（據民國修《番禺縣志》卷二十三）《學海堂三集》選有學瀛文一編。

190. 唐光瀛：光瀛，番禺縣人。生員。《學海堂三集》選有光瀛文一篇。

191. 馬應楷：應楷字式如，順德縣人。咸豐五年（公元 1855）優貢。（據民國修《順德縣續志》卷八）《學海堂三集》選有應楷文一篇。

192. 梁廷顯：廷顯，南海縣人，生員。《學海堂三集》選有廷顯文一篇。

193. 冼先：先，南海縣人，監生。《學海堂三、四集》選有先文五篇。

194. 桂文烜：文烜，南海縣人。文燦之兄。道光二十九年（公元 1849）副貢。《學海堂三集》選有文烜文一篇。

195. 章鳳翰：鳳翰，番禺縣人。為李能定婿。同治二年（公元 1863）寓居雷州，海水溢濫，與妻李氏同溺死。（據《東塾集》卷五《書章鳳翰妻李氏》）《學海堂三集》選有鳳翰文一篇，詩一首。

196. 黄漸泰：漸泰，番禺縣人。《學海堂三集》選有漸泰文一篇。

197. 李應田：應田字研卿，順德縣人。清華之子。道光二十三年（公元 1843）舉人。咸豐二年（公元 1852）進士。散館翰林院檢討，加侍讀銜，浙江候補道，以河道補用。《學海堂三集》選有應田文一篇，詩四首。

198. 張祥晉：祥晉，字賓嵎，番禺縣人。維屏子。生嘉慶二十二年（公元 1817），卒咸豐八年（公元 1858）。道光十七年（公元 1837），中丁酉科舉人。屢會試不中，以海疆捐輸，議叙員外郎。分發工部營繕司行走，選刑部江蘇司員外郎，轉江南道監察御史。咸豐元年（公元 1851），授刑科給事中。時太平天國軍興，祥晉言事切直，改授廣西左江道，以出京遲緩，被革職。以獻策科爾沁郡王僧格林沁，穿渠水引徒駭河灌高唐州之李開方敵營，三日渠成，敵乞降。王奏復祥晉官，發江蘇候補。英人陷廣州，祥晉歸省，時方盛暑，感疾卒，年四十二。（據《東塾集》卷五《張賓嵎墓碑銘》；同治修《番禺縣志》卷四十八）《學海堂三集》選祥晉文一篇。

199. 袁梓貴：梓貴字仲芳，一字琴知，高要縣人。道光二十四年（公元 1844）。中甲辰科舉人。以課徒為業。卒年五十。《學海堂三集》選有梓貴文一篇，詩一首。

梓貴所著書：

《小潛樓詩集》四卷，《文集》四卷。存。（光緒乙酉梁氏怡園刻本）

200. 梁儆如：儆如，南海縣人。生員。《學海堂三集》選有儆如文一篇。

201. 丁照：照字鑑湖，番禺縣人。附貢生。揭陽縣訓導，即選知縣。加同知銜。（據《藝談録》卷下）《學海堂三集》選有照文一篇，詩九首。

202. 熊次夔：次夔，字西園，南海縣人。道光二十九年（公元1949）舉人。《學海堂三集》選有次夔詩十三首。

203. 黎如瑋：如瑋字方流，順德縣人。道光二十三年（公元1843）舉人。工詩文，兼工書法。善醫。（據《藝談録》卷下；《嶺南畫徵略》卷九）《學海堂三集》選有如瑋詩二十首。

204. 夏必顯：必顯，番禺縣人。舉人。《學海堂三集》選有必顯詩八首。

205. 李昭同：昭同，南海縣人。生員。《學海堂三集》選有昭同詩一首。

206. 趙泰清：泰清，新會縣人。咸豐六年（公元1856），中補行乙卯科舉人。九年（公元1859），考取景山官學漢教習。大挑二等，任文昌縣訓導。《學海堂三集》選泰清詩一首。

207. 蘇鏡：鏡，順德縣人，監生。《學海堂三集》選鏡詩十二首。

208. 李陽：陽，南海縣人。監生。《學海堂三集》選有陽詩四首。

209. 尹兆蓉：兆蓉字拜墀，號秋橋，東莞縣人。同治五年（公元1866）恩貢生。《學海堂三集》選有兆蓉詩六首。

兆蓉所著書：

《緑荷池館詩鈔》。未見。（《東莞詩録》選有兆蓉詩二十五首）

210. 潘士芬：士芬，南海縣人。監生。《學海堂三集》選有士芬詩一首。

211. 老起龍：起龍，南海縣人。生員。《學海堂三集》選有起龍詩一首。

212. 林璋器：璋器字玉甫，晚號玉道人，英德縣人。道光十七年（公元1837）拔貢。選拔後館南雄葉氏，葉永年嘗從問學。後歸里教授，門下著籍者甚衆。工楷草，善畫梅及木棉。（據民國修《英德縣續志》卷十）《學海堂三集》選有璋器詩四首。

璋器所著書：

《玉道人詩》一卷。存。（排印本）

213. 黎錫光：錫光，新會縣人。生員。《學海堂三、四集》選有錫光詩十九首。

214. 關志和：志和，南海縣人。生員。《學海堂三集》選有志和詩一首。

215. 黎良佑：良佑，南海縣人。生員。《學海堂三集》選有良佑詩一首。

216. 史敏：敏，番禺縣人。生員。《學海堂三集》選有敏詩一首。

217. 余懷繡：懷繡，南海縣人。《學海堂三集》選有懷繡詩一首。

218. 馮秋泉：秋泉，南海縣人。《學海堂三集》選有秋泉詩一首。

219. 簡士良：士良字懿修，號東洲，東莞縣人。道光間廩貢生。愛詩如性命，五七言並工。（據《東莞縣志》卷七十一）《學海堂三集》選有士良詩九首。

士良所著書：

《秦瓦硯齋詩鈔》七卷。存。（刻本）

220. 李建勳：建勳，南海縣人。監生。《學海堂三集》選有建勳詩八首。

221. 劉若鷗：若鷗，又名若琨，改名鳳彤，南海縣人。咸豐元年（公元 1851）舉人。《學海堂三集》選有若鷗詩四首。

222. 張遵：遵，南海縣人。監生。《學海堂三集》選有遵詩七首。

223. 顔薰：薰字紫虚，南海縣人。安貧嗜學，專力於詩。海幢寺長老延至寺中教諸僧徒數年。（據《藝談録》卷下）《學海堂三、四集》選有薰詩二十九首。

薰所著書：

《紫墟詩鈔》二卷。存。（刻本，與《藹儔詩鈔》合刊）

224. 許瑶光：瑶光，番禺縣人。道光二十三年（公元1843）優貢。樂會縣訓導。（據同治修《番禺縣志》卷十二）《學海堂三集》選有瑶光詩一首。

225. 劉穆：穆，南海縣人。監生。《學海堂三集》選有穆詩一首。

226. 何其焱：其焱，南海縣人。《學海堂三集》選有其焱詩二首。

227. 黄鎮節：鎮節，南海縣人。監生。《學海堂三集》選有鎮節詩一首。

228. 黄璿：璿，南海縣人。監生。《學海堂三集》選有璿詩十首。

229. 劉錫章：錫章，番禺縣人。道光二十年（公元1840），中庚子恩科舉人。《學海堂三集》選有錫章詩四首。

230. 黄國祥：國祥，南海縣人。監生。《學海堂三集》選有國祥詩一首。

231. 劉繹：繹，番禺縣人。監生。《學海堂三集》選有繹詩三首。

232. 廖崑：崑，順德縣人，監生，《學海堂三集》選有崑詩一首。

233. 李之芬：之芬，南海縣人，監生，《學海堂三集》選有之芬詩一首。

234. 周永鎬：永鎬，高要縣人。優貢。《學海堂三集》選有永鎬詩二首。

235. 劉焯：焯，番禺縣人。監生。《學海堂三集》選有焯詩一首。

236. 楊引之：引之，番禺縣人。監生。《學海堂三集》選有引之詩二首。

237. 陳策書：策書，南海縣人。廩生。《學海堂三集》選有策書詩□首。

238. 梁元愷：元愷，南海縣人。生員。《學海堂三集》選有元愷詩一首。

239. 曾守一：守一，南海縣人。監生。《學海堂三集》選有守一詩一首。

240. 陳受昌：受昌，番禺縣人。監生。《學海堂三集》選有受昌詩十首。

241. 梁玉森：玉森，字藹儔，南海縣人。生員。《學海堂三集》選有玉森詩十首。

玉森所著書：

《藹儔詩鈔》二卷。存。（鶴山吕氏刻本）

242. 洪國煇：國煇，番禺縣人。生員。《學海堂三集》選有國煇詩一首。

243. 陳禮庸：禮庸，番禺縣人。生員。《學海堂三、四集》選有禮庸文二篇。詩十二首。

244. 陳達榮：達榮，新會縣人。咸豐十一年（公元1861）辛酉並補行戊午科舉人。《學海堂三集》選有達榮詩一首。

245. 潘定桂：定桂字子駿，一字駿坡，番禺縣人。增生。少負異才，年三十，竟卒。（據《番禺潘氏詩略》）《學海堂三集》選有定桂詩一首。

定桂所著書：

《三十六村草堂詩鈔》。存。（《番禺潘氏詩略》本）

246. 吴灦：灦字韶笙，番禺縣人。生員。工詩及駢文。為人作書記，藻采翩翩，當道争延致之。同治六年（公元1867）客惠州，得疾歸，卒於舟中。（據民國《番禺縣續志》卷十九）《學海堂三、四集》選有灦文一篇，詩五首。

灦所著書：

《求是軒遺藁》六卷。存。（刻本）

247. 史端：端，番禺縣人。知縣史善長之子。原籍浙江山陰。監生。《學海堂三集》選有端詩十首。

248. 梁琨：琨，南海縣人。生員。《學海堂三集》選有琨詩四首。

249. 張因榮：因榮，南海縣人。監生。《學海堂三集》選有因榮詩三首。

250. 唐承慶：承慶，番禺縣人。生員。《學海堂三集》選有承慶詩二首。

251. 劉康年：康年，番禺縣人。監生。《學海堂三集》選有康年詩七首。

252. 何濤：濤，番禺縣人。監生。《學海堂三集》選有濤詩一首。

253. 劉彬：彬，番禺縣人。監生。《學海堂三集》選有彬詩二首。

254. 郭賢翰：賢翰，南海縣人。監生。《學海堂三集》選有賢翰詩一首。

255. 曾照：照字曉山，花縣人。監生。《學海堂三集》選有照詩一首。

照所著書：

《花南草堂詩鈔》。未見。

256. 周志濂：志濂，順德縣人。監生。《學海堂三集》選有志濂詩一首。

257. 張仕輝：仕輝，新會縣人。生員。《學海堂三集》選有仕輝詩二首。

258. 石宗漢：宗漢，南海縣人。監生。《學海堂三集》選有宗漢詩一首。

259. 金鑄：鑄，番禺縣人。監生。《學海堂三集》有鑄詩一首。

260. 李謙培：謙培，番禺縣人。生員。《學海堂三集》有謙培詩一首。

261. 唐傑：傑，南海縣人。監生。《學海堂三集》有傑詩一首。

262. 招成材：成材，南海縣人。道光二十九年（公元1849），拔貢。咸豐十一年（公元1861），中辛酉科並補行戊午科舉人。《學海堂三集》選有成材詩九首。

263. 吴文任：文任，鶴山縣人。生員。《學海堂三集》選有文任詩四首。

264. 李應棠：應棠，字召卿，順德縣人。道光二十九年（公元1849）舉人。文昌教諭。《學海堂三集》選有應棠詩四首。

265. 李長榮：長榮字子黼，又號子虎居士，南海縣人。廩貢生。即選訓導。官光禄寺典簿。長榮為張維屏弟子，弱冠即有詩名。所居名柳堂，友朋觴詠，一時稱盛。著有《柳堂師友録》。《學海堂三集》選有長榮詩三首。

長榮所著書：

《柳堂師友詩録》。存。（同治刊本）

《茅洲詩話》四卷。存。（袖珍刻本）

266. 王壽：壽，南海縣人。監生。《學海堂三集》選有壽詩一首。

267. 洪國涵：國涵，番禺縣人。監生。《學海堂三集》選有國涵詩一首。

268. 潘其莢：其莢，南海縣人。道光二十三年（公元1843）舉人。《學海堂三集》選有其莢詩三首。

269. 招仲敭：仲敭，南海縣人。生員。《學海堂三、四集》選有仲敭文一篇，詩十首。

270. 柳代雯：代雯，番禺縣人。監生。《學海堂三集》選有代雯詩一首。

271. 徐清：清，南海縣人。道光二十四年（公元1844）舉人。《學海堂三集》選有清詩一首。

272. 張祥鑑：祥鑑，字韶臺，番禺縣人。維屏之子。道光十九年（公元1839），中順天鄉試舉人。工詞，善繪事。娶臨川畫家李秉綬女。閨房翰墨相尚，見稱於時。（據《嶺南畫徵略》卷八）《學海堂三集》選有祥鑑詩一首。

273. 金銘吉：銘吉，番禺縣人。舉人。即選知縣。《學海堂三集》選有銘吉詩一首。

274. 張如蘭：如蘭，番禺縣人。監生。《學海堂三集》選有如蘭詩一首。

275. 任直：直，南海縣人。監生。《學海堂三集》選有直詩一首。

276. 陳範：範，順德縣人。道光舉人。《學海堂三集》選有範詩五首。

277. 陳維新：維新，南海縣人。道光十七年（公元1837）舉人。《學海堂三集》選有維新詩四首。

278. 張器：器，南海縣人。監生。《學海堂三集》選有器詩三首。

279. 李星煇：星煇，新會縣人。監生。《學海堂三集》選有星煇詩三首。

280. 黄沐：沐，南海縣人。監生。《學海堂三集》選有沐詩四首。

（四）《學海堂四集》選取人名（已見上者不重列）

281. 趙齊嬰：齊嬰字子韶，不知何許人，亦不知其姓，幼時，趙氏養為子，鄰嫗告之曰：我見爾抱養時，外江晏姓子也。廣東人謂江浙曰外江子，子韶乃自名齊嬰，以寓其姓。生道光六年（公元 1826），卒同治四年七月（公元 1865）。齊嬰為古學，穎鋭勤篤，尤好考究地理。以遠夷亂中國，益發憤考雷翥海外，至西海諸國土，莫不詳悉。撰《漢書西域傳圖考》四卷。載《學海堂四集》，同治三年（公元 1864），有旨各省繪地圖以進，廣東督撫命文武官各繪圖，而開府於廣州府學宮，延粵士五人總核之，即齊嬰與鄒伯奇，陳澧，徐灝，桂文燿也。文武官所繪圖及舊志書之圖皆齟齬不合，齊嬰晝夜鉤稽，繪圖若絲髮，字如粟米。遂病卒。年四十。（據《東塾集》卷六《子韶墓誌銘》；《番禺縣續志》卷二十）《學海堂四集》選有齊嬰文七篇。

齊嬰所著書：

《歷代州域形勢節録》一卷。存。（咸豐十年刊本）

282. 葉官蘭：官蘭，南海縣人。《學海堂四集》選有官蘭文一篇。

283. 潘珍堂：珍堂，南海縣人。生員。同治十一年（公元 1872），續修《南海縣志》，珍堂任分纂。《學海堂四集》選有珍堂文五篇，詩八首。

284. 馮佐勛：佐勛，順德縣人。生員。《學海堂四集》選有佐勛文一篇。

285. 陳宗詢：宗詢字孝彬，番禺縣人。澧之第三子。生道光二十八年（公元 1848）八月。光緒元年（公元 1875）補縣學生員。後補廩生。《學海堂四集》選有宗詢文一篇。

286. 金佑基：佑基，番禺縣人。錫齡之子。生員。《學海堂四集》選有佑基文三篇。《菊坡精舍集》選佑基文一篇。

287. 陳宗侃：宗侃字孝直，番禺縣人。澧之次子。生道光二十六年（公元1846）十月。同治四年（公元1865）補縣學生員。光緒五年（公元1879）選優貢。《學海堂四集》選有宗侃文二篇。

288. 譚樹：樹，南海縣人。《學海堂四集》選有樹文一篇。

289. 伊德齡：德齡，南海縣人。《學海堂四集》選有德齡文一篇，詩一首。

290. 陳宗穎：宗穎，字孝堅，番禺縣人。澧之四子。生咸豐四年（公元1854）十二月。光緒十四年（公元1888）優貢生。陽山縣學訓導。工篆書，善填詞。（據《番禺縣續志》卷二十）《學海堂四集》選有宗穎文二篇。

宗穎所著書：

《逹神惜齋詞》一卷。未見。（未刻）

291. 汪舜俞：舜俞，浙江人。生員。《學海堂四集》選有舜俞文一篇。

292. 陳耀科：《學海堂四集》選有耀科文一篇。

293. 金俶基：俶基，番禺縣人，錫齡之子。同治十二年（公元1873）舉人。《學海堂四集》選有俶基文一篇。

294. 金保基：保基，番禺縣人。錫齡之子。生員。《學海堂四集》選有保基文一篇。《菊坡精舍集》選保基文一篇。

295. 李保孺：保孺字慕堂，南海縣人。《學海堂四集》選有保孺文一篇，詩二十三首。

保孺所著書：

《委懷書舫遺草》二卷。存。（同治庚午刻本）

296. 胡來清：來清，後更名葆廉，順德縣人。咸豐九年（公元1859）中己未恩科舉人。官光禄寺署正。（據民國修

《順德縣志》卷八)《學海堂四集》選有來清文一篇。

297. 張祖詒:《學海堂四集》選有祖詒文一篇。

298. 楊謨:《學海堂四集》選有謨文一篇。

299. 于式樾:式樾,廣西賀縣人。監生。《學海堂四集》選有式樾文一篇。

300. 汪瑔:瑔,字玉泉,號芙生,一字越人,又號穀盦,本貫浙江山陰,先世客粵久,遂為番禺縣人。生道光八年(公元1828),卒光緒十七年二月(公元1891)。少工詩,長有文名。咸豐三年(公元1853)入曲江令五福幕。同治五年(公元1866),入布政使俊達幕。光緒元年(公元1875),入總督劉坤一幕,又入張樹聲,曾國荃幕。年六十四卒於家。(據《隨山館猥藁》卷首《墓誌銘》;《番禺縣續志》卷二十一)《學海堂四集》選有瑔文四篇,詩五首。

瑔所著書:

《隨山館猥藁》十卷。存。

《隨山館續藁》二卷。存。

《隨山館文藁》四卷。存。

《隨山館詞藁》一卷。《續藁》一卷。存。

《無聞子》一卷。存。

《松煙小録》六卷。存。

《旅談》五卷。存。

《尺牘》二卷。存。

《選林胡駱曾四公奏議》八卷。未見。

301. 周炳如:炳如,順德縣人。《學海堂四集》選有炳如文一篇。

302. 朱啓連:啓連字跂惠,一字棣垞,原籍浙江蕭山,以先世僑粵久,遂為番禺縣人。生咸豐三年(公元1853),卒光緒二十五年(公元1899)。年十九,遊汪瑔之門。瑔妻以女。嘗入總督張之洞幕。專力為古文。有峻潔幽峭之稱。工五七言詩，善草隸書。卒年四十七。（據《棣垞集》卷首《朱君家傳》；《番禺縣續志》卷二十三）《學海堂四集》選有啓連文二篇，詩三首。

啓連所著書：

《棣垞集》四卷，《外集》三卷。存。（光緒家刻本）

《琴説》二卷。未見。

《琴譜》。未見。

303. 梁瑞芳：《學海堂四集》選有瑞芳文一篇。

304. 湯金銘：金銘字儆盤，花縣人。年十五，以歲考第一補生員。越年，歲考一等，補廩生。同治十二年（公元1873），拔貢。精算學，與弟金鑄並為張之洞所器重，聘充廣東水陸師範學堂，湖北武備學堂教習。（據民國修《花縣志》卷九）《學海堂四集》選有金銘文三篇。

305. 陳起榮：起榮，字倬雲，號奎垣，番禺縣人。縣學生。熟於史事，尤工駢體文，為譚瑩高足弟子。里居授徒，從遊者日衆。曾校刊彭兆蓀輯《南北朝文鈔》。（據《番禺縣續志》卷二十）《學海堂四集》選有起榮文一篇，詩三首。

起榮所著書：

《如不及齋文集》二卷。存。（家刻本）

306. 康有亮：有亮，南海縣人。《學海堂四集》選有有亮文一篇。

307. 潘恕：恕字子羽，一字夢蓮，號鴻軒，番禺縣人。生員。其從兄仕成奉命督修六省戰船，嘗招恕於幕中。恕好讀書，於史部尤熟。工詩，善繪事。卒年五十五。（據《梅花集古詩》卷首廖鶴年撰傳；《番禺潘氏詩略》；《嶺南畫徵略》卷八）《學海堂四集》選有恕詩五首。

恕所著書：

《十國春秋摘要》十卷。未見。

《南漢雜事詩》一卷。未見。

《論粵東金石絶句》一卷，《樂府》一卷。未見。

《梅花集古詩》二卷。存。（光緒家刻本）

《雙桐圃文鈔》二卷。未見。

《雙桐圃詩鈔》四卷。存。（《番禺潘氏詩略》選有《雙桐圃集》）

《鐙影詞》一卷。未見。

《桐圃題詠》一卷。未見。

308. 張錫禧：《學海堂四集》選有錫禧詩一首。

309. 周繼宣：《學海堂四集》選有繼宣詩十七首。

310. 高普照：《學海堂四集》選有普照詩十首。

311. 梁以賡：以賡，南海縣人。《學海堂四集》選有以賡詩九首。

312. 顔師孔：師孔字仰之，南海縣人。《學海堂四集》選有師孔詩二首。

師孔所著書：

《赍葵堂詩詞鈔》。存。（家刻本）

313. 吴志澐：《學海堂四集》選有志澐詩三首。

314. 蕭遡常：遡常字瑶笙，南海縣人。《學海堂四集》選有遡常詩十五首。

遡常所著書：

《敝帚集》。存。（《繡詩樓叢書》本）

《蕭齋餘事》。存。（刻本）

315. 曹為霖：為霖，南海縣人。咸豐元年（公元 1851）舉人。《學海堂四集》選有為霖詩一首。

316. 胡仁：仁字義門，南海縣人。《學海堂四集》選有仁詩三首。

317. 吕洪：洪字福瑜，號拔湖，鶴山縣人。道光十七年（公元 1837）拔貢。十九年（公元 1839）舉人。韶州府訓導。授徒省城，生徒頗衆。《學海堂四集》選有洪詩十七首。

洪所著書：

《吕拔湖詞》。存。（《竹林詞鈔本》）

318. 蘇棫：棫字棫農，順德縣人。《學海堂四集》選有棫詩一首。《菊坡精舍集》選有棫詩六首。

319. 梁樹功：樹功字靄仁，號豆村，南海縣人。生嘉慶二十五年（公元 1820），卒同治元年（公元 1862）。熊景星女夫。生員。以體弱過勞，發疾，遂習藝事以自怡悦。尤善書畫，書法蒼勁，畫樹石作古篆勢。（據《東塾集》卷六；《嶺南畫徵略》卷八）《學海堂四集》選有樹功詩一首。

320. 周國琛：國琛字獻南，順德縣人。光緒五年（公元 1879）舉人。九年（公元 1883）進士。廣西懷遠縣知縣。（據民國修《順德縣志》卷八）《學海堂四集》選有國琛詩一首。

321. 裘頤壽：頤壽，江西省人。監生。《學海堂四集》選有頤壽詩一首。

322. 潘飛聲：飛聲字蘭史，番禺縣人。生咸豐八年（公元 1858）。工詩，善屬文。曾受德國人之聘，至柏林，講説中國文字。後寓居上海。今尚健存。《學海堂四集》選有飛聲詩一首。

飛聲所著書：

《緑水園詩話》。未見。

《説劍堂集》十四種。存。（刻本）

《在山泉詩話》。存。（排字本）

《粵東詞鈔》三編。存。（刻本）

323. 阮懷甫：《學海堂四集》選有懷甫詩五首。

324. 梁少鸞：少鸞，新會縣人。生員。《學海堂四集》選有少鸞詩一首。

325. 黄謙：謙字虚谷，香山縣人。生員。《學海堂四集》選有謙詩一首。

謙所著書：

《虚谷詩鈔》二卷。存。（家藏稿本）

326. 顏以湘：以湘，南海縣人。生員。《學海堂四集》選有以湘詩一首。

327. 沈澤棠：澤棠原名澤蘅，字芷鄰，號懺盦，番禺縣人。世良之子。卒於民國十五年（公元 1926）。同治十二年（公元 1873）舉人。以知縣用。卒年八十餘。（據《番禺縣續志》卷十六）《學海堂四集》選有澤蘅詩一首。

澤蘅所著書：

《懺盦隨筆》八卷。存。（宣統二年家刻本）

《懺盦遺稿詩》二卷，《詞》一卷。存。（民國十六年刻本）

《懺盦詞話》一卷。存。（刻本）

附　記

馮樹勳：樹勳字筱雲，號述翁，南海縣人。道光間舉人。咸豐三年揀發江蘇知縣，初權青浦縣。五年（公元 1855），調任南匯縣。仿阮元在粵學海堂課式，月課經史詩賦，人不限地，額不拘人，即以其在南海時所居芸香草堂名其課，復於惠南書院東偏，葺草堂數楹，為諸生遊息地。八年（公元 1858）元宵，堂成，自為古風詩三十四韻記之，詩中自注云："予預學海堂課時，文達公（阮元）雖去任，尚幸在私淑之列。"是能師阮元者，故附記於此。今存《芸香草堂雅集唱和詩》一卷。

七、學海堂所刻書考

（一）《皇清經解》一百八十三種。一千四百卷。續刻八卷。

這書為阮元所輯，又名《學海堂經解》。元既建學海堂為課士之所，又取清代以來解經各書。發凡起例，酌定去取，命錢塘嚴杰編輯為《皇清經解》。嚴杰跋云："是編以人之先後為次序，不以書為次序，凡見於雜家小説家及文集中者，亦挨次編録，計一千四百卷。"這書的刊刻，經始於道光四年（公元1824），至道光九年（公元1829）始告成。道光六年（公元1826）時，元已移節滇黔，不及親自檢閲板刻之告成矣。這書刻成，板存於學海堂旁之文瀾閣，板片共一百零九架。

咸豐七年（公元1857），英人據粵秀山，學長等以山堂多藏書板，募有能取出者，厚賞之，有通事某甲取出，然缺失者大半矣。乃以舟載至城西之泌冲，庋於鄒氏祠堂。咸豐十一年（公元1861），總督勞崇光，捐銀七百兩，補刻《皇清經解》，諸官紳亦捐資助成之，共銀七千兩。至同治元年（公元1862）補刊完成。南海孔廣鏞《總校皇清經解私識》云：

> 道光壬午，廣帥阮文達相國（元）集刊國朝諸家所著為《皇清經解》一千四百餘卷，其版昔藏粵秀山之學海堂。咸豐丁巳毁於夷氛，十僅存四。越四載，長沙勞辛階制府（崇光）來督是邦，慨然有重刊之志，經始於咸豐辛酉，告成於同治壬戌，總校者鄭小谷比部（獻甫），陳蘭甫廣文（澧），譚玉笙舍人（瑩），與廣鏞四人，因官書不便叙跋，私識於此。

可知補刊時總校之得人。又補刊時，加入馮登府所著書七種於後，凡《石經考異》六種，《三家詩異文疏證》一種，共七種，七卷。合前所刊，共為一百九十種，一千四百零八卷。此書頗通行，内容目録太多，不贅録。（據《皇清經解》，《學海堂

志》)

(二)《揅經室集》十四卷,《二集》八卷,《三集》五卷,《四集》二卷,《詩集》十一卷,《續集》十一卷,《再續集》六卷,《外集》五卷。

這書阮元著,重刻文選樓本。咸豐七年(公元 1857),英人擾廣州,這書板有缺,後亦補完。

(三)《學海堂初集》十五卷,附一卷,《二集》二十二卷,《三集》二十四卷,《四集》二十八卷。

這書初集十五卷,道光四年(公元 1824)冬阮元選刻。附一卷,為何南鈺所選,刻成於道光五年。《二集》為嘉興錢儀吉所彙選,吴蘭修編校,刻成於道光十八年(公元 1838)。《三集》為張維屏所選,刻成於咸豐九年(公元 1859)。《四集》為陳澧所選,未刻成而歿,金錫齡編成之,刻成於光緒十二年(公元 1886)。《四集》皆題"啓秀山房藏板"。

(四)《學海堂叢刻》第一函六種,第二函六種。

這書第一函刻於光緒三年(公元 1877),内有阮元《石畫記》五卷,林伯桐《供冀小言》一卷,張維屏《聽松廬詩略》二卷,黄子高《續三十五舉》一卷,楊榮緒《讀律提綱》一卷,吴蘭修《桐花閣詞鈔》一卷。第二函刻於光緒十二年(公元 1886),内有曾釗《周禮注疏小箋》四卷,又《面城樓集鈔》四卷,張杓《磨甋齋文存》一卷,馬福安《止齋文鈔》二卷,譚瑩《樂志堂文略》四卷,朱次琦《是汝師齋遺詩》一卷。

(五)《劍光樓集》四卷,《詞》一卷。

這書儀克中著,題"學海堂藏版"。

(六)《三國志裴注述》二卷。

這書林國贊著。下署云"學海堂叢刻之□",蓋預備加入《學海堂叢刻》中者。

（七）《國朝嶺南文鈔》十八卷。

這書陳在謙評輯，首頁題云“學海堂藏板”。

（八）《南海百詠》一卷。

這書宋方信孺著。學海堂刊。

（九）《南海百詠續編》四卷。

這書樊封撰。光緒十九年（公元1893）學海堂重刊。卷一、卷二末題平遠，陶敦臨校，卷三、卷四末題黎維樅，陶敦勉校。

（十）《史目表》一卷。

這書洪飴孫撰。署云“光緒戊寅（公元1878）夏啓秀山房刊”。

（十一）《廣博物志》五十卷。

這書明董斯張著。光緒五年（公元1879）學海堂刊。

（十二）《通典》二百卷。

這書唐杜佑著。同治十年（公元1871）學海堂重刊殿本。

（十三）《續通典》一百四十四卷。

這書乾隆三十二年（公元1767）敕編。學海堂重刊殿本。

（十四）《皇朝通典》一百卷。

這書乾隆三十二年（公元1767）敕編。學海堂重刊殿本。

（十五）《四庫全書總目録提要》二百卷，《四庫全書簡明目録》二十卷。

這書同治七年（公元1868）廣州書局刻，學海堂藏板。

（十六）《四庫附存書目》十卷。

這書胡虔輯。光緒十年（公元1884）學海堂重刊。

（十七）《前漢紀》三十卷。

這書漢荀悦撰。學海堂刊。

（十八）《後漢紀》三十卷。

這書晉袁宏撰。學海堂刊。

（十九）《西漢會要》七十卷。

這書宋徐天麟撰。學海堂刊。

（二十）《東漢會要》四十卷。

這書宋徐天麟撰。學海堂刊。

（二十一）《北溪字義》二卷。

這書宋陳淳撰。學海堂刊。

（二十二）《數學精詳》十二卷。（即《九數通考》）

這書屈曾發著。學海堂刻。

（二十三）《嶺南集》八卷。

這書清杭世駿著。學海堂刊。

（二十四）《紀文達遺集》三十二卷。

這書紀昀著。學海堂刻。

（二十五）《知足齋詩文集》三十二卷。

這書朱珪撰。學海堂刻。

（二十六）《廣駢體文鈔》十七卷。

這書陳均編，學海堂刻。

（二十七）《經典釋文》三十卷。

這書唐陸德明著，盧文弨綴輯《考證》。同治十年（公元1871）重雕抱經堂本，題"粵秀山文瀾閣藏板"。書之每卷末題有高學燿，王國瑞，陳慶修，譚宗浚，廖廷相，黎永椿，劉昌齡，馮佐勛等名字校勘。

（二十八）《史論一篇》四卷。

這書明張溥撰。光緒壬辰學海堂刊。

（二十九）《學海堂志》一卷。

這書林伯桐著，道光十八年（公元1838）刻本。又陳澧續，同治五年（公元1866）補刊本。

（三十）《學海堂專課章程》。

以上所述，除本之書籍外，以詢之於師友長者為多。我最感謝的為黄佛頤先生，供給我以不少的材料。至於本文缺漏錯誤之處，望讀者不吝詳示，以備他日改正。如蒙函示，寄交廣州嶺南大學嶺南學報編輯處為盼。肇祖附啓。民國二十二年五月二日。

附　録

菊坡精舍考略

菊坡精舍創建於同治六年（公元 1867）秋，由巡撫蔣益澧，運使方濬頤撥款建築，選粵秀，越華，羊城三書院肄業生，入院肄業，聘陳澧為院長，月課經史文筆，並籌撥膏伙經費。又鹽運使鍾謙鈞捐經費二萬兩。陳澧有《菊坡精舍記》，今録其文於下：

> 澧掌教菊坡精舍，方子箴方伯（濬頤）命之曰："精舍宜有記，吾子宜為之。"澧敬諾。初粵秀山有道士祀神之廟，曰應元宫，其西偏有臺榭樹木，曰吟風閣，後改曰長春仙館，遭夷亂廢圮。蔣香泉中丞（益澧）與方伯議改為書院，方伯葺而新之，題曰菊坡精舍。言於中丞，以澧為掌教。澧辭，方伯命之再三，乃敬從。始議為書院時，以書院多課時文，此當別為課。澧既應聘，請如學海堂法，課以經史文筆。學海堂一歲四課，精舍一歲三十課，可以佐之，吾不自立法也。每課期諸生來聽講，澧既命題而講之，遂講讀書之法，取顧亭林説，大書"行己有恥，博學於文"二語揭於前軒，吾不自立説也。因而申之曰，博學於文，當先習一藝。《韓詩外傳》曰："好一則博，多好則雜也，非博也。"又申之曰："讀經史子集四部書皆學

也，而當以經為主。尤以行己有耻為先。吾老矣，勉承方伯命，抗顏為師，所以告諸生者如是。”諸生欣然聽之，澧遂記之，以答方伯盛意焉。

精舍設院長一人評校課業。自光緒八年（公元 1882）陳澧卒，諸生在院中設陳先生祠。自後不設院長，仿學海堂例，公舉學長四人，分任評校。至光緒二十九年（公元 1903）十月廢。

菊坡精舍之學長，今可考者如下：

廖廷相　楊裕芬　鄭　權　劉昌齡　陳慶修　梁　起
何如銓　汪兆銓　姚　筠　于式枚

（以上俱見《學海堂考》）

菊坡精舍肄業生，除已見於學長外，據《菊坡精舍集》所選取之人名，列載於下：

王國瑞*	黃　濤*	鄧維森*	郭汝舟	吕紹端
蘇梯雲*	羅惇仁	陳昌源	潘乃成*	金佑基*
陶福祥*	陶敦復	林誦芬	林國賡*	譚鵾英
陳　琛	陳樹鏞*	梁高鎮	鄧佩蘭	金俊基
黎永椿*	饒　軫*	歐陽琛	文廷式	譚宗浚*
陳邦顔	程維清	林國贊*	彭學存*	李肇沅*
李璇光	金保基*	謝廷璋	潘百祥	黎維樅*
梁于渭*	馮炳森	梁鑾藻	蔡尚鋆*	漆葆熙*
吴　鑑*	林兆蘭	陳鳳昌	梁廣淞	勞肇光
徐澄溥	陳鴻翮	陳序璿	桂文熾*	陳景韓
史悠履	林禄元	洪景琦	廖廷福*	沈　棪
張燏煌*	張文澧*	董耀輝	譚國恩	游卓元
陳慶桂	霍偉南	張彪蔚	陳　鏞	鄒慶雲
梁鈞銓	陸子衡	許應鑾	桂　壇*	陳熾垣

黄禮安	馮槐昌	徐梅生	馮　鑑	李啓祥
莊榮第	尹紹廷	許學英	何驤華	錢世昌
李寶宸	沈葆霖	莫文海	葉官桃*	劉　纓
蘇　棫*	胡鳴岡	温繼昌	何頌堯	江文淮
何藜青*	何昌渠			

（姓名後有*符號者，已見《學海堂考》）

《菊坡精舍》所刻書分記於下：

《通志堂經解》。納蘭性德輯。同治十一年（公元 1872）十月重刊。

《古經解彙函》，《小學彙函》。陳澧輯。

《十三經注疏》。

《禮書》一百五十卷。宋陳暘著。

《樂書》二百卷。宋陳暘著。

《春秋繁露》十七卷。凌曙注。

《孫子》，《吴子》，《司馬法》三種合刻。

《東塾集》六卷，附《申范》一卷。陳澧著。

《菊坡精舍集》二十卷。陳澧，廖廷相編。

《白石道人四種》。宋姜夔著。

（原載《嶺南學報》第 3 卷第 3、4 期，1934 年）

附錄三　《學海堂志》目錄

學海堂集

道光五年　啟秀山房藏板

《學海堂集》目録[①]

學海堂初集

卷 别	習 作	作 者
卷一	易之彖解	阮 元
		吴蘭修
		鄭灝若
	尚書之訓解	張 杓
		吴蘭修
		熊景星
	詩之雅解	梁國珍
		黎應期
		鄭灝若
	儀禮之記之傳解	梁國珍
	春秋之傳解	張 杓
	儀禮之記之傳春秋之傳解	張維屏
卷二	問儀禮釋宫何人為精確	林伯桐
	問虞夏書商頌易卦辭何以不言性亦皆無性字言性始於何書周人漢人言性其義與孔孟合否	林伯桐 儀克中
	問資治通鑑自元豐以後為註釋音義者共幾家各家優劣何如	林伯桐 儀克中
	釋廣	曾 釗
卷三	詩毛鄭異同辨(上)	曾 釗
卷四	詩毛鄭異同辨(下)	曾 釗
卷五	書東莞陳氏學蔀通辨後	吴 岳

① 編輯按：麥哲維原著只附録《學海堂初集》目録，今將《學海堂集》二集、三集、四集目録一併補入中譯本。

卷別	習作	作者
		林伯桐
		阮　元
卷六	白沙學出濂溪說	吴應逵
		鄧　淳
		鄭灝若
	浚儀王氏困學紀聞跋	張　杓
		吴應逵
		林伯桐
		鄭灝若
	崑山顧氏日知錄跋	張　杓
		吴蘭修
		林伯桐
		溫　訓
	嘉定錢氏十駕齋養新錄跋	張　杓
		吴蘭修
		林伯桐
		曾　釗
		鄭灝若
		鄧　淳
卷七	魏收魏書跋	吴蘭修
		楊懋建
		梁國珍
	一切經音義跋	黄子高
	繫辭說	曾　釗
	文筆考	劉天惠
		梁國珍
		侯　康
		梁光釗
	文選註考	黄子高
	梁昭明太子文選序註	張　杓
卷八	四書文源流考	鄭灝若
		梁　傑
		楊懋建
		周以清
		侯　康

卷別	習作	作者
	四書文話序	阮元
卷九	漢晉名譽考	曾釗
		方東樹
卷十	端溪硯石賦	陳同
		梁梅
		黃子高
		劉瀛
	孔雀賦	居溥
		梁鑑
		譚瑩
		梁梅
		劉廣居
	端州石室銘	李清華
		顔立
		劉瀛
	恭讀四庫全書目錄跋後	居溥
	擬庾開府謝滕王集序啟	侯康
	擬三月三日蒲澗修禊序	譚瑩
卷十一	和方孚若南海百詠	
	番山	李光昭
	禺山	李光昭
		儀克中
	任囂城	趙均
	三城	儀克中
	清海軍樓	趙均
	五仙觀	儀克中
	廣平堂	陳夢照
	石屏堂	林伯桐
		姚覲光
	十賢祠	儀克中
	鐵柱	李光昭
		儀克中
		吴奎光
	藥洲	吴蘭修
	九曜石	吴蘭修

卷　別	習　作	作　者
		趙　均
	越樓	儀克中
	南濠	崔　弼
		吴應逵
		譚　瑩
		梁　梅
	法性寺	儀克中
	風幡堂	儀克中
	筆授軒	崔　弼
	菩提樹	吴應逵
	任囂墓	吴應逵
	淨慧寺千佛塔	吴應逵
	眾妙堂	李光昭
		漆　璘
	劉氏銅像	黄　鈺
		黄子高
	劉氏雙闕	熊景星
		李光昭
	番塔	吴應逵
	海山樓	蘇應亨
		何其杰
	越井岡	儀克中
	越臺井	儀克中
	西竺山廣果寺	儀克中
	東七寺	李光昭
	西七寺	李光昭
	南七寺	李光昭
	北七寺	李光昭
	浮邱山	李光昭
	珊瑚井	黎國光
	朝漢臺	羅日章
	劉氏郊壇	儀克中
	劉王花隖	李光昭
		熊景星
	蕃人塚	楊時濟

卷别	習作	作者
	花田	吴蘭修
	石門	儀克中
	貪泉	吴應逵
	沈香浦	吴應逵
	鑒空閣	謝念功
	靈洲	儀克中
	甘溪	熊景星
		李光昭
	馬蛟山	張其翰
	雷洞	吴奎光
	蒲澗	李光昭
		張其翰
卷十二	滴水巖	熊景星
		楊時濟
		徐　青
	菖蒲觀覺真寺	儀克中
	流杯池	儀克中
	葛仙翁煉丹石	儀克中
	鮑姑井	儀克中
	懸鐘	李有祺
	趙佗疑塚	儀克中
	寶象峯勝因寺	儀克中
	虎跑泉	李光昭
	動石	譚　瑩
		蔡如苹
	白雲洞	何其杰
		儀克中
	三教殿	李光昭
	鶴舒臺	李光昭
		梁家桂
	大小水簾洞	黎國光
	虎頭巖	儀克中
	景泰山七仙寺	儀克中
	卓錫泉	李光昭
	順菴	儀克中

卷　別	習　作	作　者
	陵山	吴蘭修
	馬鞍山	儀克中
	琵琶洲	吴蘭修
	相對岡	顏斯總
	南海廟	石懷璧
		阮　福
	浴日亭	李光昭
		石懷璧
	銅鼓	李中培
		黎國光
		梁國琛
	波羅密果	李光昭
		吴應逵
	王登洲	儀克中
	靈化寺	儀克中
	走珠石	邵　詠
	盧循河南故城	儀克中
	大通寺	儀克中
	抱旂山	儀克中
	花山寺	姚覲光
	黄巢磯	吴應逵
		李應中
	金芝巖	熊景星
	清遠峽	邵　詠
	峽山廣慶寺	熊景星
	飛來殿	邵　詠
	達磨石	儀克中
	釣臺	儀克中
	和光洞	李有祺
	沈犀潭	儀克中
	龍磨角石	儀克中
	老人松	儀克中
	資福寺羅漢閣	李有祺
	鳳皇臺	李光昭
	會仙觀	李光昭

卷別	習作	作者
		熊景星
	龍窟	邵　詠
	金牛山	儀克中
	仙湧山	徐　青
	媚川都	吴蘭修
		吴應逵
	劉氏山	熊景星
	續和南海百詠 選二十首	廖　紀
卷十三	春日訪南園故址	陳　同
		陶克昌
		梁　梅
	初夏書齋四詠	
	竹絲簾	張維屏
		熊景星
		陳　同
		馬福安
		林伯桐
		黎　昱
		陶克昌
		劉　瀛
		蔡如苹
		黄應麟
		李有祺
	葵葉扇	張維屏
		熊景星
		楊時濟
		梁　梅
		李有祺
		蔡錦泉
	蒲草席	張維屏
		熊景星
		陳　同
		楊時濟
		馬福安
		謝念功

卷　別	習　作	作　者
		黎國光
		吴應詔
	篛篾篷	張維屏
		熊景星
		陳　同
		馬福安
		徐　榮
		梁　梅
		陶克昌
		李鳳修
		郭　培
	擬張茂先勵志詩	林伯桐
		崔　弼
		鍾啟韶
		黎國光
	九日登白雲山望海上白雲	梁　梅
		張維屏
		吴蘭修
		儀克中
		李有祺
卷十四	賦得司空表聖詩品句	
	閲音修篁	梁　梅
	風日水濱	譚　瑩
	緑杉野屋	梁　梅
		何應翰
	海風碧雲	梁　梅
	夜渚月明	徐　榮
		梁　梅
		譚　瑩
	太華夜碧	徐　榮
	玉壺買春	徐　榮
	賞雨茅屋	徐　榮
	左右修竹	梁　梅
	眠琴緑陰	徐　榮
	人澹如菊	徐　榮

卷別	習作	作者
	空潭瀉春	譚　瑩
		何應翰
	古鏡照神	熊景星
	明月前身	何應翰
	月明華屋	熊景星
		徐　榮
	畫橋碧陰	徐　榮
		劉汝棣
		梁　梅
		譚　瑩
	明漪絶底	周永福
	奇花初胎	徐　榮
		樊　封
	楊柳池臺	熊景星
		徐　榮
	明月雪時	石鳳臺
	築屋松下	梁　梅
	脱帽看詩	梁　梅
	一客聽琴	徐　榮
		梁　梅
	花覆茅檐	徐　榮
	擬元人十臺詩詠粵東十臺	
	越王臺	徐　榮
		居　溥
	鶴舒臺	徐　榮
	逍遥臺	徐　榮
	崧　臺	徐　榮
		秀　琨
	釣魚臺	徐　榮
		范　濬
	石屏臺	徐　榮
	妙高臺	徐　榮
		梁　鑑
		黄喬松
	寶月臺	徐　榮

卷 別	習 作	作 者
		居 溥
		張應鳳
	望煙臺	徐 榮
		黄 鈺
	見日臺	徐 榮
	三十六江樓歌	梁光槐
	蓮鬚閣黄牡丹詩事歌	梁光槐
		梁 梅
		錢 鯤
	梓人詩	李應中
		何惠祖
		梁 鑑
	過菖蒲澗採新蒲養之英石硯山坳中	李清華
		劉 瀛
	擬張曲江望月懷遠	李應中
		譚 瑩
	夏日遊廣州城外諸山林園館用杜工部游何將軍山林韻	趙 均
		梁伯顯
		黄子高
		石 炳
		梁 梅
		張達翔
		黄子高
	帆 影	楊時濟
		葉其英
		儀克中
		吴林光
		徐智超
	塔 影	趙 均
		儀克中
	讀杜工部秋興詩	周文蔚
		吴彌光
		秀 琨
	讀謝惠連秋懷詩次韻	鄭喬松
卷十五	嶺南荔枝詞	譚 瑩

卷别	習作	作者
		楊時濟
		李汝梅
		梁國珍
		吴梅修
		黄光宗
		黎國光
		謝光輔
		張總章
		徐智超
		趙　均
		李鳳修
		梁　梅
		黄喬松
		黎　昱
		顔斯總
		李　爕
		吴家樹
		李汝孚
		李中楷
		張其翰
		崔　弼
		林伯桐
		吴應逵
		羅日章
		熊景星
		黄位清
		崔樹良
		阮　福
卷十六	新建粤秀山學海堂記	趙　均
	新建粤秀山學海堂碑	吴　岳
		譚　瑩
	新建粤秀山學海堂題名記	樊　封
	粤秀山新建學海堂銘 並序	樊　封
	新建粤秀山學海堂詩序	居　溥
		謝念功

卷別	習作	作者
	新建粵秀山學海堂記	崔弼
	新建粵秀山學海堂 上梁文	譚瑩
	學海堂種梅記	吴蘭修
	新建學海堂詩	徐榮
		鄭棻

學海堂二集

卷別	習作	作者
卷一	釋儒	林伯桐
		曾釗
	釋則	阮福
	釋良上	吴俜
	釋良下	吴俜
	釋餸	侯康
	釋敦	侯康
		丁熙
卷二	日月為易解	曾釗
		李能定
	八卦方位辨	吴俜
	易例跋	侯康
	尚書古今文異同考	侯康
卷三	詩有誦歌弦舞説	侯康
	豳風物侯較遲解	侯度
	玉瓚黄流解	孟鴻光
	騋牝三千解	陳澧
	雅詩多言文王少言武王解	侯康
卷四	儀禮名義説	林伯桐
		侯康
	敬事祖禓解	侯康
	周禮故書攷	林伯桐
卷五	社攷	侯康
	宗法攷	侯度
	釋奠釋菜攷	楊懋建

卷別	習作	作者
卷六	鄉飲酒賓主坐位解	侯　康
	庶姓異姓同異	曾　釗
		麥　照
	水屬不理孫解	侯　度
	冕後無斿辨	胡調德
	讀萬充宗兄弟同昭穆説書後	吴　傳
	周初洛邑宗廟攷	吴文起
		吴天榆
卷七	春秋劉光伯規杜辨	吴　傳
		陳　澧
	孝經古義攷	侯　康
		周以清
	四書逸箋跋	侯　康
	亞飯三飯四飯攷	曾　釗
卷八	大戴禮記攷	吴文起
卷九	爾雅足以辨言説	林伯桐
		侯　康
	書江艮庭徵君六書説後	陳　澧
	説文假借例釋	侯　康
		吴　傳
	經典釋文跋 二首	夏時彦
	一切經音義跋	阮　元
	孟子音義跋	侯　康
卷十	方程考	吴蘭修
	夕桀解	梁漢鵬
卷十一	惠氏後漢書補注跋	侯　康
	後漢書補注續	侯　康
卷十二	問三國志裴注至詳贍杭氏世駿又補其闕此外尚有可補正者否	侯　康
卷十三	後漢書文苑列傳跋 三首	孟鴻光
		方蓬瀛
	晉書跋 二首	侯　康
		譚　瑩
	南唐書馬陸兩家孰長論	侯　度
	書趙德夫金石録後	侯　康

卷 別	習 作	作 者
卷十四	百越先賢志跋	侯 康
	金鑑録真僞辨	黄子高
		譚 瑩
	唐張九皋碑跋	侯 康
		侯 度
	大學衍義補書後	儀克中
卷十五	擬張融悔賦	居 鍠
		張其翻
		楊 榮
	勵志賦	茹 棻
		潘繼李
	餐菊賦	居 鍠
卷十六	甘溪賦	侯 康
	江瑶柱賦 并序	譚 瑩
	龍眼賦 并序	闕昌言
		侯 康
	素馨燈賦	譚 瑩
		陳 澧
	擬庾子山春賦	張其翻
		葉世謙
	擬楊盈川卧讀書架賦	陳士荃
	説士甘於肉賦	吴蘭修
	白雲山九龍泉銘并序	張其翻
		黄子亮
	拱北樓延祐銅漏壺銘 并序 用元史天文志仰儀銘韵	張其翻
	何邵公贊	林伯桐
		會 釗
卷十七	恭擬平定回疆露佈	梁 梅
		譚 瑩
	讀蔡邕郭林宗碑文書後	侯 康
	漢南宫侯秉正廟碑銘	居 鍠
		楊 榮
	擬冼夫人廟碑	譚 瑩
		徐良琛
	擬重修廣州城南三大忠祠碑	楊 榮

卷 別	習 作	作 者
		李能定
	周濂溪先生像刻石記	吴 傳
卷十八	用江文通雜體詩三十首法擬唐宋元明二十首並序	李應中
	秋日詠懷擬張曲江感遇	林伯桐
		胡調德
		李應中
	雲泉山館擬王右丞藍田山石門精舍	林伯桐
		胡調德
	黄木灣觀海擬孟襄陽望洞庭湖	林伯桐
		徐良琛
	秋江送别擬王龍標芙蓉樓	徐國儀
	夢游羅浮擬李翰林夢游天姥吟	林伯桐
		李 嵩
	越臺懷古擬高常侍古大梁行	林伯桐
		徐國儀
	嶺南無雪擬岑嘉州白雪歌	楊 質
		尤步星
		蕭 江
	大忠祠擬杜工部蜀相廟	徐國儀
	啓秀山房秋葉擬韋蘇州郡齋雨中與諸文士燕集	林伯桐
	游六榕寺擬韓退之山石	徐國儀
	西郊游擬柳柳州南磵中題	林伯桐
	月華詩擬元微之月三十韻	徐良琛
	雙門底賣書坊擬白香山新樂府	侯 康
	南漢宫詞擬李義山隋宫	徐良琛
		侯 康
		蕭 江
	七夕擬温飛卿池塘七夕	徐良琛
	登浴雲樓觀安期生象擬李長吉浩歌	徐良琛
	聽琴詩擬歐陽永叔贈沈遵	吴蘭修
		李 森
		胡調德
	晚游萬松山擬余武溪晚至松門僧舍	李有祺
	白雲山擬蘇子瞻武昌西山	徐良琛
	試西樵茶恩平緑石硯擬黄山谷團茶洮州緑石硯詩	徐良琛

卷　別	習　作	作　者
	郊游擬王介甫出郊	胡調德
	南漢鐵㙮擬周方泉姜白石金塗㙮歌	李　森
	閒吟擬陸放翁閒中自詠	李有祺
	秋日擬陳簡齋春日	林伯桐
	唐荔園懷古擬元遺山西園詩	侯　康
	榆花歌擬薩雁門織女圖詩 附録	阮　福
	儒林鄉漁庄圖擬虞道園漁村圖詩	胡調德
		李有祺
	中秋玩月擬高青邱張校理宅得南字	林伯桐
		張虞衡
	銀河詩擬何大復明月篇	胡海平
	登學海堂至山亭擬黎維敬登九成臺	林伯桐
		徐良琛
卷十九	嶺南勸耕詩	徐　榮
		黄　鈺
		何　貞
		石　溥
		吴宗漢
		周　仁
		張有年
		宋作卿
	擬左太冲詠史八首	區璇光
		楊　榮
		陳良玉
	宋代三賢詠	
	余襄公	徐良琛
		韓棣華
		劉步蟾
		李應梅
	崔清獻公	徐良琛
		韓棣華
		劉步蟾
		李應梅
	李忠簡公	徐良琛
		韓棣華

卷 別	習 作	作 者
		劉步蟾
		李應梅
	訪樂昌漢桂陽太守碑	林伯桐
	訪漢議郎楊孝元南雪故址	林伯桐
	擬東坡和潞公超然臺	林伯桐
		陳 滉
		曾偉仁
	昔遊詩效姜白石	儀克中
卷二十	續天隋子漁具詠	
	朋罛	衛景昌
		劉 嶽
		劉步蟾
	公姥罛	衛景昌
		劉 嶽
		劉步蟾
	墻罛	衛景昌
		劉 嶽
		劉步蟾
	兄弟釣	衛景昌
		劉 嶽
		劉步蟾
	細釣	衛景昌
		劉 嶽
		劉步蟾
	罾門	衛景昌
		劉 嶽
		劉步蟾
	魚牌	衛景昌
		劉 嶽
		劉步蟾
	魚鎗	衛景昌
		劉 嶽
		劉步蟾
	魚鐙	衛景昌
		劉 嶽

卷　別	習　作	作　者
		劉步蟾
	塗跳	衛景昌
		劉　嶽
		劉步蟾
	跳白	衛景昌
		劉　嶽
		劉步蟾
	塞箔	衛景昌
		劉　嶽
		劉步蟾
	魚籠	衛景昌
		劉　嶽
		劉步蟾
	魚鎗	衛景昌
		劉　嶽
		劉步蟾
	魚花筐	衛景昌
		劉　嶽
		劉步蟾
	石螺	周天苑
	鬭蟋蟀	李賫卿
		梁　鑒
		馮國楠
	七夕詠古	
	承華殿	李鳴韶
		李有倫
	長生殿	李鳴韶
		譚　瑩
	蔡經家	徐良琛
		譚　瑩
	緱氏山	李鳴韶
		李有論
	讀後漢書樂府四十首	
	褒德侯	張其䎘
		譚　瑩

卷別	習作	作者
	野穀生	侯　康
		劉　嶽
	伏不鬪	侯　康
		梁允諧
		張其翻
	汴渠成	侯　康
		譚　瑩
		劉　嶽
	白馬生	侯　康
	避二鮑	侯　康
	廉頗後	侯　康
		劉　嶽
	王伯齊	張其翻
		劉　嶽
	為善樂	阮榕齡
	收陳歆	譚　瑩
	山公嫗	侯　康
		張其翻
	馬如羊	侯　康
		梁允諧
	吾道東	侯　康
		譚　瑩
		劉　嶽
	張曾子	侯　康
		譚　瑩
	字升卿	譚　瑩
		劉　嶽
	奪牛翁	侯　康
	祭皋陶	侯　康
		劉　嶽
	因樹屋	侯　康
		阮榕齡
	埋車輪	侯　康
		譚　瑩
		阮榕齡

卷別	習作	作者
		劉嶽
	狀人紀	侯康
		譚瑩
卷二十一	仙掌石新得米元章詩刻歌	吴綬綸
		葉濱
	拱北樓銅壺歌	徐良琛
		吴應麟
	乾亨鉛錢歌	劉嶽
		范如松
		石炳
	南漢鐵柱歌	曾慕顔
		朱堯勳
	張鐵橋畫馬行	徐良琛
		石炳
		陳曇
	珠江行	許玉彬
		勞鎮
	茉莉田	劉嶽
		李正茂
		劉錫鵬
		張先庚
	擬東坡秧馬歌次韻	居鍠
		麥受嵩
	南海神廟碑歌 用玉谿生韓碑韻	周仲良
		丁熙
		石元輝
	詠嶺南茶	
	西樵茶	李鳴韶
		李有祺
	和平茶	李鳴韶
		李有祺
		康鳳書
	清遠茶	李有祺
		李有常
		康鳳書

卷別	習作	作者
	羅浮茶	李有祺
		李有常
	蓮花峯茶	李有常
	古勞茶	康鳳書
	河南茶	康鳳書
	新安茶	康鳳書
	羅岡洞探梅	陳　澋
		簡逢年
		李有祺
		鍾鷹揚
		李　表
		徐良琛
		吴應麟
		曾偉仁
		胡步青
		周瑞生
		鄧蓉春
	刺桐花歌	譚　瑩
卷二十二	謁包孝肅祠	崔　弼
		冼君詔
	白雲洞	陳士荃
		童　杰
		崔　弼
	碧落洞	崔　弼
		周仲良
		童　杰
		繆　艮
	歸猿洞	崔　弼
		舒思令
		唐良臣
	胡蝶洞	劉　彤
		童　杰
	韶石	徐良琛
		姚亨元
	端石	徐良琛

卷別	習作	作者
		吴應麟
	英石	徐良琛
		鄧泰
	蠟石	徐良琛
		崔弼
	樹陰 二首	鄧藥房
	苔痕	張翔
	詠苔五題	
	陟釐	秦賢書
		繆艮
	石濡	陳汝標
		梁鑑
	屋遊	周仲良
		許玉彬
	垣衣	漆毅遠
		張步雲
	地衣	梁鑑
		許玉彬
	嶺南四市詩	
	羊城花市	孟鴻光
		李義圧
	廉州珠市	孟鴻光
		譚瑀
	東莞香市	孟鴻光
	羅浮藥市	李義圧
		孟鴻光
		黄喬松
	春陰 四首	徐榮
		居鍠
		梁德高
		葉蓉史
	秋草 四首	侯康
		張毓芝
	木芙蓉 八首	侯康
		徐良琛

卷別	習作	作者
	木棉 十首	石　炳
		石元暉
	松花	譚　瑩
		岑清泰
	稻花	石　炳
		張桂榗
	菜花	徐良琛
		黄大勲
		鄧　泰
	茗花	張桂榗
		徐良琛
	鐵樹	梁　梅
		譚　瑩
	水松	楊懋建
		鄭　棻
	蒲葵	梁　梅
		鄧　泰
		夏時彦
	樱竹	譚　瑩
		鄧　泰
	水仙花 二首	孟鴻光
		徐兆鳴
	佛手橙 集句	吴彌光
	鶴	梁　梅
		居　鍠
		李有祺
	白鸚鵡 二首	吴彌光
		張祥瀛
		譚　瑩
		蔡如苹
	鰣魚	劉　彤
	燕窩	劉　嶽
	金錢花 三首	譚　言
		何　鯤
		李正茂

卷別	習作	作者
		秦賢書
	米囊花 三首	譚言
		麥受嵩
		劉嶽
	嶺南刈稻詞 六首	衛景昌
		石元輝
		徐良琛
	田了詞 六首	鄺錦書
	半塘采菱詞	賴洪禧
		鄧蓉春
		蕭彥初
	鷓鴣詞 十六首	林伯桐
	魚鷹曲 四首	譚瑩
	論詩絶句 十首	梁梅
	粵秀山文瀾閣落成詩 四首	譚瑩
	至山亭觀梅歌	鄭棻
		居鍠
		湯漢章
	遙送儀徵相國陛辭回雲貴總督任	楊榮
		顏壽增
		何端義
		麥觀光
		楊瑜
		石炳
		麥瑞光
		詹鈞
		莫光儀
		莫光仁
		譚瑀

宫保中堂雲臺夫子於甲申冬選刻《學海堂初集》，自乙酉春至丙戌夏，尚經數課如“釋儒”、“《一切經音義》跋”、“何邵公贊”，皆是其用江文通《雜體擬古》諸作則。丙春閲兵時，舟中點定者，今卷十八各詩是也。迨丙秋移節，始設學長，料理季課。嗣後督撫大吏如成大司寇、李協揆、盧宫師、祁宫保暨翁、徐、李、王、李諸學使，皆親加考校，樂育日深。而堂中後起，亦多聰穎好學之士，蒸蒸濯磨各體佳卷。蘭脩等錄存積成卷帙，適嘉興錢新梧給諫遊粤，為之彙選。至鄧制府課堂中士，屢詢近選，於是《二集》刊成。凡為學指歸，《初集》敘中隱栝已盡。大抵勗以有本之學，進以有用之書，蘭脩等謹守師法，不敢愆忘。此集卷帙稍增而義例如一，因前功也。剞劂事竣，爰述其緣起，綴於簡端。

道光十有六年十月學海堂弟子吴蘭脩謹識

學海堂三集

序

自道光乙未年《學海堂二集》刻成後，制府中丞學使課士如舊。閲己酉年，積卷既多，葉相國命選刻《三集》，維屏等選為一帙，釐為二十四卷，呈請鑒定，以付梓人。會有兵事，今乃告竣，續於《初集》、《二集》之後而印行之。

咸豐己未年春三月番禺張維屏謹識

卷別	習作	作者
卷一	釋士	吴文起
		桂文燦
	釋祊	侯　度
		潘繼李
	釋祊上	黄以宏

卷　別	習　作	作　者
	釋祊中	黄以宏
	釋祊下	黄以宏
卷二	釋阿	潘繼李
	釋穎	侯　度
		楊榮緒
		金錫齡
	釋菰	鄒伯奇
		吴文起
卷三	禋於六宗解	劉昌齡
	禋於六宗解上	黄以宏
	禋於六宗解下	黄以宏
	黑水入南海解	陳　澧
	詩中篇名相同解上	黄以宏
	詩中篇名相同解中	黄以宏
	詩中篇名相同解下	黄以宏
	以雅以南以籥不僭解	徐　灝
卷四	周禮授田解	桂文燦
	師儒宗友得民解	潘繼李
		周寅清
	考工記五材解	周寅清
		黄以宏
	儀禮宅者解一	潘繼李
	禮日禮月解	黄以宏
		金錫齡
卷五	毋勦説解	楊榮緒
		李能定
	禮記朝覲私覿何以相連解	何廼賡
		金錫齡
	家有塾黨有庠術有序解	吴　傳
		何廼賡
		潘繼李
	入學鼓篋孫其業也解	李中培
	論語北辰解	陳　澧
卷六	裼襲考一	侯　度
	裼襲考二	侯　度

卷別	習作	作者
	裼襲考三	侯　度
卷七	裼襲攷	桂文燦
		崔　棪
	韋弁裳色攷	黄以宏
		何廼賡
		潘繼李
卷八	元端攷	吴文起
	深衣攷	周以貞
		鄒伯奇
	戈戟攷	鄒伯奇
		虞必芳
卷九	儀禮大射儀官名攷	黄以宏
	大射所在考	陳　澧
	千里而近千里而遙考	高學瀛
	月令攷	侯　度
		唐光瀛
		陳　澧
		金錫齡
卷十	鄭氏詩箋禮注異義攷	桂文燦
	經傳卜筮攷	馬應楷
卷十一	文王稱王辨	鄒伯奇
	詩譜次第説	潘繼李
	魯頌車徒數與周禮論語註不同説	吴　傳
	禮不下庶人説	潘繼李
	元辰説	梁廷顯
		潘繼李
	八蜡説	金錫齡
		冼　先
	穀梁善於經説	劉昌齡
	説文轉注叚借説	劉昌齡
	發墨守箴膏肓起廢疾論	桂文烜
卷十二	易音書後	侯　度
	金壇段氏毛詩故訓傳定本跋	潘繼李
	陳長發毛詩稽古編跋	金錫齡
		吴文起

卷　別	習　作	作　者
		吳　傳
卷十三	皇侃論語義疏跋	鄒伯奇
		桂文燦
		章鳳翰
		潘繼李
	說文繫傳跋	徐　灝
	書張有復古編後	孟鴻光
卷十四	牂牁江攷	陳　澧
	洪氏隸釋跋	譚　榮
	郡齋讀書志跋	黃子高
	武功縣志跋	梁　梅
		陳　澧
	黃衷海語跋	譚　瑩
	丙丁龜鑑書後	譚　瑩
		黃　鈺
卷十五	秋禊賦 有序	陳　澧
	擬陸士龍歲暮賦 有序	譚　瑩
		楊榮緒
	鹽田賦 有序	譚　瑩
	海珠寺得月臺賦 有序	許玉彬
	紅梅驛賦 有序	譚　瑩
	賦賦 有序	潘繼李
	畫賦	梁　梅
卷十六	五仙觀大鐘賦	潘繼李
	圍鑪賦	陳　澧
	酒帘賦 有序	譚　瑩
	榕賦	潘繼李
	白秋海棠賦	許玉彬
	紫藤花賦	黃漸泰
	擬張文獻公荔枝賦 有序	李徵霨
	香櫞賦	沈世良
	青苔賦 有序	張維屏
	擬傅元鷹賦 有序	潘繼李
	錦雞賦 有序	陳　澧
		李應田

卷别	習作	作者
	緑鳩賦 有序	虞必芳
	巨魚賦	潘繼李
	嘉魚賦 有序	李徵霨
		張其翻
卷十七	擬孔融薦禰衡表	楊榮緒
	擬諭咪唎㗎佛蘭西等各島夷檄	張祥晉
	擬酈道元水經注序	譚　瑩
	除夕小港看桃花詩序	楊榮緒
	徐偃矯制命鼓鑄鹽鐵論一	譚　瑩
	徐偃矯制命鼓鑄鹽鐵論二	譚　瑩
	李晟表薦張延賞為相論	譚　瑩
	擬重修南園前後五先生抗風軒記	虞必芳
	擬袁督師祠堂碑	虞必芳
	擬廣州北門外明季紹武君臣冢碑	譚　瑩
	擬清明節祭共冢文	袁梓貴
	擬清明節祭共冢文	梁傚如
卷十八	明太祖功臣頌 並序	虞必芳
	擬江交通閩中草木頌頌粤中草木 並序	陳　澧
		虞必芳
	兩漢循吏贊 並序	虞必芳
	補楊孚南裔異物贊 並序	陳　澧
	南海廟波羅蜜贊 並序	李徵霨
	擬虎門銘一 有序	楊榮緒
	擬虎門銘二 有序	楊榮緒
	鎮海樓銘 並序	楊榮緒
	二帝子祠碣銘 並序	丁　照
	擬重修五仙觀碑銘	許其光
卷十九	讀漢書擬西涯樂府二十首	
	刎頸交	熊次夔
		楊榮緒
		黎如瑋
		夏必顯
	羹頡侯	黎如瑋
		夏必顯
	城下釣	熊次夔

卷 別	習 作	作 者
		楊榮緒
	季布諾	熊次夔
		黎如瑋
	千金裝	熊次夔
	羅雀行	熊次夔
		楊榮緒
	罵座謠	楊榮緒
		黎如瑋
		夏必顯
	故將軍	黎如瑋
		李昭同
	鄧氏錢	熊次夔
		陳　璞
		趙泰清
	臣朔饑	熊次夔
	撲滿歎	熊次夔
	負薪謳	熊次夔
	沐猴舞	熊次夔
		黎如瑋
		夏必顯
	長門賦	熊次夔
	五侯鯖	熊次夔
	教兒詔	熊次夔
	同姓鄉	夏必顯
	拜牀下	夏必顯
	董賢來	夏必顯
	投閣哀	夏必顯
	擬南史樂府二十首	
	葛燈籠	蘇　鏡
	金蓮華	蘇　鏡
		李　陽
	夜投籤	尹兆蓉
	柰何帝	蘇　鏡
		李　陽
	夜量沙	蘇　鏡

卷 別	習 作	作 者
		尹兆蓉
		劉 嶽
		潘士芬
	無負公	許其光
	風流相	尹兆蓉
		李 陽
	孔公醉	許其光
	石頭城	蘇 鏡
		許其光
		尹兆蓉
	鍾山隱	蘇 鏡
	東堂射	蘇 鏡
		老起龍
		林瑋器
	蒼頭公	許其光
	開西邸	蘇 鏡
	賦競病	尹兆蓉
	封侯相	許其光
	竹如意	許其光
	桃花米	蘇 鏡
	談風月	尹兆蓉
	通天臺	許其光
		李 陽
	五柳樹	許其光
	擬北史樂府二十六首	
	翦惡馬	黎錫光
		許其光
		蘇 鏡
	理亂絲	黎錫光
		許其光
	狩岐陽	許其光
	御龍舟	黎錫光
		許其光
	獵三堆	黎錫光
		許其光

卷 別	習 作	作 者
		蘇 鏡
		關志和
	比張良	黎錫光
		許其光
		黎良佑
		史 敏
	黃頷兒	黎錫光
		許其光
	好秀才	許其光
	人師難	黎錫光
	潘將軍	黎錫光
	樓懸鼓	黎錫光
		余懷繡
	雙兔碑	黎錫光
		章鳳翰
	射雕手	黎錫光
		許其光
	鷩蛺蝶	許其光
	芒山戰	黎錫光
	錐刺舌	黎錫光
	唯齋居	黎錫光
		許其光
		林璋器
	叔射牛	黎錫光
		馮秋泉
	竹同書	余懷繡
	肉飛仙	黎錫光
	八十宗	許其光
		蘇 鏡
	瘠駱駝	許其光
	髑髑生	許其光
		林璋器
	哀江南	黎錫光
	劉儀同	林璋器
	學生屋	黎錫光

卷　別	習　作	作　者
		許其光
	補禽言六首	黄子高
	兜兜	
	鉤割	
	先顧	
	泥滑滑	
	克丁當	
	都護	
卷二十	擬韓昌黎秋懷詩十首	劉　嶽
	詠學海堂中草木九首 用東坡和子由記園中草木體	簡士良
	梯田引二首	岑清泰
	晨具詩十二首	
	犂耙	劉　嶽
		李建勳
		劉若鵾
	茅挑	劉　嶽
		張　遵
	鋤	劉若鵾
		李建勳
	鐮	李建勳
		顏　薰
	竹笠	劉　嶽
		劉若鵾
		顏　薰
		許瑤光
		劉　穆
	蓑衣	劉　嶽
		李建勳
		張　遵
	篩箕	李建勳
		何其焱
	穀圍	李建勳
		何其焱
	磨	劉若鵾
		顏　薰

卷别	習作	作者
	碓	劉嶽
		顔薰
	水車	劉嶽
		李建勳
	風櫃	李建勳
		黄鎮節
	擬唐人十樵詩	
	樵谿	黄瑢
	樵家	黄瑢
		李徵霨
		劉錫章
		劉嶽
	樵叟	黄瑢
		李徵霨
		劉錫章
		劉嶽
	樵子	黄瑢
		李徵霨
		黄國祥
	樵徑	黄瑢
		李徵霨
		劉錫章
		劉繹
		劉嶽
	樵斧	黄瑢
		劉錫章
		劉繹
	樵擔	黄瑢
		李徵霨
		劉繹
		劉嶽
	樵風	黄瑢
		李徵霨
	樵火	黄瑢
		李徵霨

卷別	習作	作者
		廖　崑
		李之芬
	樵歌	黄　璿
		李徵霨
	和劉隨州雜詠八首	
	幽琴	顔　薫
		阮榕齡
		周永鎬
	晚桃	顔　薫
		阮榕齡
		劉　嶽
		鄧　泰
	秦鏡	顔　薫
	古劍	顔　薫
		劉　焯
		阮榕齡
		楊引之
		周永鎬
		陳策書
	疲馬	顔　薫
		劉　彤
	舊井	顔　薫
		石　炳
		梁元愷
	白鷺	顔　薫
		曾守一
		劉　嶽
	寒釭	顔　薫
		阮榕齡
		楊引之
		鄧　泰
	海幢寺放生羊二首 用東坡岐亭詩韻	譚　瑩
卷二十一	觀吴越錢忠懿王金塗塔拓本	陳良玉
		陳受昌
	大理石屏歌 用韓昌黎石鼓歌韻	梁　梅

卷　別	習　作	作　者
	題鄺海雪抱琴遺像	沈世良
		梁玉森
	水車行	陳　澧
	銅礮	黎如瑋
	沙田行	張　遵
	大水歎	陳　澧
		陳　滉
		洪國煇
	甲辰大水歎 並序	陳禮庸
		賴洪禧
	颶風歎	陳達榮
		顔　薰
	青奴曲	譚　瑩
	其二	譚　瑩
	竹葉符倣昌谷體	梁　梅
	西樵白雲洞杜鵑花盛開	潘定桂
	鬭鵪鶉行	袁梓貴
卷二十二	擬杜工部江頭五詠	
	丁香	陳　滉
	麗春	李有祺
	梔子	李有祺
	鸂鶒	陳　滉
	花鴨	陳　滉
	和陳中洲用樂府題作唐體十二首	
	有所思	吴　灜
	關山月	史　端
		梁　琨
		張因榮
	紫騮馬	史　端
	劉生	史　端
		梁　琨
		陳禮庸
	折楊柳	史　端
		唐承慶
	梅花落	史　端

卷 別	習 作	作 者
		唐承慶
	從軍樂	史 端
		梁 琨
		張因榮
	明妃怨	吴 灝
		梁 琨
	古意	史 端
	難忘曲	史 端
	關隴吟	史 端
		張因榮
	長安道	史 端
	和陳獨漉江行雜詠十首	
	江星	劉康年
	村燈	劉 嶽
	櫓聲	劉康年
	潮痕	劉康年
	雨帆	劉 嶽
	晾罾	劉康年
	蘆煙	劉康年
	孤嶼	劉 嶽
	魚板	劉康年
	新苗	劉康年
	詠七夕節物八事	
	銀河	何 濤
		劉 彬
	月	黎如瑋
		劉 彬
		顔 薰
	曝衣	郭賢翰
		曾 照
		周志濂
		張仕輝
	針	梁 鑑
		陳 璞
	鵲	梁 鑑

卷　別	習　作	作　者
		石宗漢
	蜘蛛	金　鑄
	花	梁　鑑
		張仕輝
		李謙培
	果	唐　傑
卷二十三	和陳獨漉懷古十首	
	燕臺	張維屏
		楊榮緒
		丁　照
	姑蘇	張維屏
		黎如瑋
	楚中	張維屏
		丁　照
	咸陽	張維屏
		丁　照
	沛中	黎如瑋
		丁　照
	洛陽	張維屏
		黎如瑋
		丁　照
	蜀中	張維屏
		丁　照
	鄴中	楊榮緒
		丁　照
	金陵	張維屏
		楊榮緒
		丁　照
		黎如瑋
	隋宫	張維屏
		楊榮緒
		丁　照
	和方九谷舊邊詩八首 招成材序	
	遼東	招成材
		吴文任

卷　別	習　作	作　者
	薊州	招成材
		吴文任
	宣府	招成材
		沈世良
	大同	招成材
		沈世良
	榆林	招成材
		沈世良
		吴文任
	甯夏	招成材
		沈世良
		吴文任
	固原	招成材
		沈世良
	甘肅	招成材
		沈世良
	讀東坡嶺外詩詠古六首	
	蒲澗信長老	李光昭
		譚　瑩
		許玉彬
	鄧道士	梁　梅
		李光昭
		譚　瑩
		許玉彬
	老符秀才	梁　梅
		李光昭
		譚　瑩
		許玉彬
	黎子雲兄弟	譚　瑩
		許玉彬
	林氏媪	梁　梅
		李光昭
		譚　瑩
		許玉彬
	春夢婆	李光昭

卷　別	習　作	作　者
		譚　瑩
		許玉彬
	和四禽詩	
	崔珏鴛鴦	梁　鑑
		梁　鑑
		李應棠
	鄭谷鷓鴣	梁　鑑
		梁　鑑
		黄　鈺
		李應田
		李應棠
	袁凱白燕	梁　鑑
		梁　鑑
		李應田
		李應棠
	顧文昱白雁	梁　鑑
		梁　鑑
		李應田
		李應棠
	十春詩	
	春雨	梁　鑑
		黎如瑋
		李長榮
		許玉彬
	春晴	黎如瑋
	春雲	黎如瑋
		王　壽
	春水	張　遵
	春郊	梁　鑑
		黎如瑋
		洪國涵
		李長榮
		張　遵
	春樹	梁　鑑
		黎如瑋

卷別	習作	作者
	春苔	梁　鑑
		黎如瑋
		李長榮
		張　遵
	春草	黎如瑋
		陳　滉
		許玉彬
	春愁	梁　鑑
		黎如瑋
		張　遵
	春夢	梁　鑑
		黎如瑋
	分和趙雲松分校雜詠十二首	
	宣名	漆毅遠
		顏　薰
	封門	顏　薰
	發策	顏　薰
	選韻	漆毅遠
		顏　薰
	刷題	潘其炎
	薦條	漆毅遠
		顏　薰
		潘其炎
	卷箱	漆毅遠
		顏　薰
	藍筆	漆毅遠
		顏　薰
	落卷	漆毅遠
		顏　薰
	撥房	漆毅遠
		顏　薰
		潘其炎
	填榜	顏　薰
	房卷	顏　薰
	緑陰	譚　瑩

卷別	習作	作者
		沈世良
	白桃花	招仲敭
		沈世良
		柳代雯
		許玉彬
		招成材
		劉　彤
	玉簪花	徐　清
		張祥鑑
		李應田
		金銘吉
		張如蘭
		任　直
	桐花鳳四首	譚　瑩
卷二十四	和高青邱宮詞十首	
	吴宮	陳　範
	楚宮	陳　範
	秦宮	陳惟新
		張　器
		李星煇
	漢宮	陳　範
		李星煇
		張　器
		黄　沐
		陳惟新
	魏宮	陳　範
		張　器
	晉宮	李星煇
		黄　沐
	齊宮	陳　滉
	陳宮	陳　滉
		黄　沐
	隋宮	陳　範
		陳　滉
		陳惟新

卷　別	習　作	作　者
	唐宮	陳惟新
		黄　沐
	采桑詞三十二首 有序	譚　瑩
	論詞絶句有序	梁　梅
		譚　瑩
		陳　澧

學海堂四集

《學海堂三集》，咸豐己未年刊成。嗣後，督撫學使每年季課考校如舊。歲月既久，卷帙遂多。陳蘭甫先生選為《四集》，未成而歿。錫齡等編成之，分為二十八卷付梓。迄今告竣，爰述其緣起於篇端。

光緒丙戌年春三月金錫齡謹識

卷　别	習　作	作　者
卷一	周易古訓考	金錫齡
		趙齊嬰
	茅茹彙征考	高學燿
	先甲後甲先庚後庚解	林國賡
	解利西南解	葉官蘭
	當位不當位解	劉昌齡
	坎離為乾坤之家説	黎永椿
卷二	書舜典七政考	劉昌齡
	釋會	高學瀛
	禹貢字義説	趙齊嬰
		桂文燦
	禹貢陪尾考	林國賡
	岷山之陽至于衡山過九江至于敷淺原解	黎永椿
卷三	盤庚説	高學燿
		林國賡

卷别	習作	作者
	洪範五事配五行説	潘繼李
	日月之行有冬有夏解	高學瀛
	召誥節性解	廖廷相
		周　森
	周洛邑廟考	黎永椿
	常伯常任考	林國賡
卷四	召南江沱解	黎永椿
	釋展	廖廷相
	釋褩	林國賡
	四牡周道説	王國瑞
	西南其户解	廖廷福
	其軍三單説	廖廷福
	維申及甫解	廖廷相
		廖廷福
	如彼棲苴解	陶福祥
	三壽作朋解	周寅清
	毛傳説文異同考	高光燿
	毛公述傳獨標興體説一	林國賡
	毛公述傳獨標興體説二	
	毛公述傳獨標興體説三	
	毛公述傳獨標興體説四	
	毛公述傳獨標興體説五	
	毛公述傳獨標興體説六	
卷五	毛詩草木鳥獸蟲魚疏考證	陶福祥
	詩地理續考	潘繼李
卷六	九賦考	王國瑞
	周官六聊説	吴　鑑
	求地中辨	張其翻
	錢鎛考	潘繼李
	犧尊象尊考	桂文燦
卷七	周禮六辭解	廖廷相
	旗旐考	廖廷相
	釋邸	潘珍堂
	釋車	潘珍堂
	攷工記輳輈辨	廖廷福

卷別	習作	作者
	鞠深解	廖廷相
	周禮致太平論	潘珍堂
		馮佐勛
卷八	士冠禮有司考	劉昌齡
		廖廷相
	士冠禮贊者洗于房中解	林國賡
	儀禮注疏凡例考	陳慶修
卷九	曲禮布席考	廖廷相
	月令中星考	鄒仲庸
		孔繼藩
	魯郊解	王國瑞
	加爵考	潘乃成
		陳宗詢
	干袷解	高學燿
	射宫考	王國瑞
	射侯考	高學瀛
	聶崇義三禮圖集注跋	潘珍堂
卷十	豫章考	林國賡
	作三軍考	金佑基
	七音説	金佑基
	公羊傳注引漢律考	金佑基
	范氏穀梁略例考	陳慶修
卷十一	告朔考	陳宗侃
	石臺考經書後	潘繼李
		高學燿
	爾雅濫泉沃泉氿泉解	柯兆鵬
	釋秠	潘珍堂
	雅注犍為舍人考	陳為燠
	先立乎其大者解	譚　樹
卷十二	群經古今文家法考	劉昌齡
	書經典釋文序録後	桂文燦
	説文解字略例	高學瀛
	釋人	廖廷相
	釋箸	王國瑞
	釋被	潘乃成

卷　別	習　作	作　者
卷十三	補小爾雅釋度量衡三篇 并注	鄒伯奇
	廣方言	趙齊嬰
卷十四	三十輻共一轂説	羅照滄
	楊子雲太元測法考	趙齊嬰
	宋何承天調日法解	鄒仲庸
	綴術考	伊德齡
	平晷銘 並序	孔繼藩
		關　繼
卷十五	漢書西域圖考	趙齊嬰
	漢書地理志應劭水道考	馬貞榆
	尚書史體説	周寅清
	兩漢吏治考	陳宗穎
		汪舜俞
	古代田考	潘珍堂
	水經注溫水泿水考	趙齊嬰
卷十六	西漢學術論	譚宗浚
	秦楚之際諸國形勢論	潘乃位
	漢制使天下誦考經論	陳宗侃
	漢通烏孫斷匈奴右臂論	何躍龍
	李廣程不識優劣論	陳為燠
	漢張騫使西域論	沈　桐
	東漢風俗論上	譚宗浚
	東漢風俗論下	
	荀彧劉穆之論	沈　桐
	陸遜陸抗論	陳耀科
		許　焜
	陶淵明大賢篤志論	譚宗浚
	張燕公變府兵為彍騎得失論	趙齊嬰
	胡安定先生論贊	吴　鑑
	南宋中興四將論	葉官桃
	古今治盜各有得失論	陳　瀚
卷十七	擬重刊兩漢紀序	廖廷相
	重刊兩漢紀跋	材國贊
	讀史記孔子世家書後	金俶基
	讀東漢陳伯始增立捕盜法疏	

卷別	習作	作者
		周福年
	書後漢書鄭康成傳後	潘繼李
		高學燿
	後漢書黄憲傳書後	金保基
	論衡跋	譚宗浚
	干令升晉紀總論跋	何躍龍
		沈　桐
	唐律疏議跋	周福年
	杜牧之戰論守論書後	梁辰熙
	伊洛淵源録書後	陳宗穎
	宋史孫奭傳書後	廖廷相
	陸清獻公讀禮志疑跋一	廖廷相
	陸清獻公讀禮志疑跋二	
	趙秋谷聲調譜跋	譚宗浚
卷十八	擬荀子賦	梁　起
	擬魏邯鄲子叔投壺賦	吴家緯
	廣潘黄門秋興賦	李保孺
	擬鮑明遠園葵賦	葉紉蘭
	擬江總持南越木槿賦	胡來清
	廣盧師道納涼賦	陳　瀚
	擬杜少陵雕賦	陳　瀚
	擬吕衡州由鹿賦	陳禮庸
	述畫賦	譚宗浚
	廣文賦	張祖詒
	國子監石鼓賦	楊　謨
		于式樾
卷十九	新涼賦	汪　瑔
	閏中元賦	譚　瑩
	大庾嶺賦	梁　起
	海潮賦	梁　起
		梁金韜
	越王臺賦	何如銓
	鎮海樓賦	鄭　權
	唐荔園賦	于式枚
	羅浮山見日臺賦	盧乃潼

卷別	習作	作者
	粵秀山新泉賦	周炳如
	白雲山九龍泉賦	陶炳熙
	榕樹賦	梁　起
		廖廷福
	紅豆賦	譚　瑩
	雁來紅賦	梁　起
	落花生賦	梁　起
	凌霄花賦	陳禮庸
	魚子蘭賦	梁于渭
	新燕賦	朱啓連
	梅花雀賦	陳　瀚
	竹簟賦	梁瑞芳
	芏塘賦	廖廷福
卷二十	擬南越進馴象表	湯金銘
	恭擬收復信宜肅清露布	譚宗浚
	擬蔡中郎釋誨	譚宗浚
	擬王元長議給虜書疏	梁辰熙
	擬劉孝綽梁昭明太子集序	林國賡
	擬梁簡文帝與湘東王論文書	盧乃潼
	擬吕衡州凌烟閣勳臣頌	陳起榮
	擬孫樵乞巧對	譚　瑩
	重刻兩漢會要序	梁辰熙
	新刻庾開府集序	林國贊
	十二月十九日妙高臺祝東坡生日詩序	汪　瑔
	閏上巳蘭湖修禊序	吴　瀏
卷二十一	**重　刊**	
	武英殿十三經注疏恭跋	林國賡
	經典釋文跋	林國贊
	讀劉知幾史通書後	招仲敭
	重刊陽湖李氏駢體文鈔跋	鄭　權
	史記天官書書後	湯金銘
	漢昭烈帝取蜀論	譚宗浚
	陳思王論	李光廷
	恭擬平定髮逆捻逆頌	譚宗浚
	英德觀音巖頌	鄭　權

卷　別	習　作	作　者
	東漢高士贊	鄭　權
	卞忠貞公贊	黎維樅
	擬洪稚存天山贊瀚海贊	朱啟連
	花阡銘	譚　瑩
	玉山泉銘	桂文熾
	越王井銘	梁于渭
		梁　起
卷二十二	恭擬金陵大功告成祭告南海神廟碑	何如銓
	擬重修南海神廟碑	譚　瑩
	廣州城北新建昭忠祠碑記	譚宗浚
	擬虞仲翔祠碑	譚宗浚
		湯金銘
	海珠李忠簡公祠碑	沈　桐
	擬重脩惠州白鶴峯蘇文忠公新居碑記	李肇沅
	擬張燕公廣州都督宋廣平遺愛碑頌	汪兆銓
	東莞伯何公祠堂碑	桂文熾
	太子少保提督崑公撫定信宜碑記	何如銓
	重修學海堂記	譚宗浚
	粵秀山新建菊坡精舍碑文	周　果
	新建應元書院記	桂文熾
	重修拱北樓記	譚宗浚
	重修三十六江樓碑記	汪　瑔
	擬重修粵秀山安期生祠碑記	譚宗浚
	柵頭新建花神廟碑記	譚　瑩
	學海堂補種花木記	汪　瑔
	祭竈文	譚　瑩
	閏七夕乞巧文	康有亮
卷二十三	**樂　府**	
	讀張玉笥集樂府擬作	
	黄金臺	潘　恕
	安期生	譚宗浚
	月支王頭酒杯歌	譚宗浚
	縛虎行	梁玉森
	胭脂井	梁玉森
	陳濤斜	張錫禧

卷別	習作	作者
	嶺南新正樂府	
	送蠶姑	李徵霨
		譚宗浚
	照田禾	李徵霨
		譚宗浚
	打燈謎	李徵霨
		譚宗浚
	奪花炮	李徵霨
		譚宗浚
	續王漁洋讀三國志小樂府	梁玉森
		招仲敭
	讀晉書載記小樂府	梁　起
		林國賡
		鄭　權
		周繼宣
		梁于渭
		高普照
	南漢樂府	梁以賡
卷二十四	**五　古**	
	仿江醴陵雜擬	
	李都尉陵 從軍	梁金韜
	班婕妤 詠扇	梁金韜
		桂文熾
	劉文學楨 感遇	梁金韜
	王待中粲 懷德	桂文熾
	嵇中散康 言志	桂文熾
	阮步兵籍 詠懷	梁金韜
	潘黄門岳 述哀	梁金韜
	左記室思 詠史	梁金韜
	盧中郎諶 感交	梁金韜
	郭宏晨璞 遊仙	梁金韜
	殷東陽仲文 興矚	梁金韜
	陶徵君潛 田居	梁金韜
		桂文熾
	謝臨川靈連 遊山	桂文熾

卷 別	習 作	作 者
	顔特進延之 侍宴	桂文熾
	謝法曹惠連 惜别	桂文熾
	王徵君微 養疾	梁金韜
	謝光禄莊 郊遊	梁金韜
	鮑參軍昭 戎行	梁金韜
	和陶淵明飲酒詩	伍學藻
	擬謝康樂山水詩九首	
	遊南亭	梁于渭
	遊赤石進帆海	劉 嶽
		梁于渭
	登江中孤嶼	梁于渭
	登永嘉緑嶂山詩	劉 嶽
		梁于渭
	石室山詩	劉 嶽
		梁于渭
	石壁精舍還湖中作	劉 嶽
		梁于渭
	登石門最高頂	劉 嶽
		顔師孔
	從斤竹澗越嶺溪行	劉 嶽
		梁于渭
	夜宿石門詩	劉 嶽
	讀孟襄陽詩和作六首	伍學藻
	尋香山湛上人	
	宿天台桐柏觀	
	題終南翠微寺空上人房	
	登鹿門山	
	游明禪師西山蘭若	
	疾愈過龍泉寺精舍	
	讀儲太祝五古和作八首	
	田家雜興四首	
	田家即事	梁金韜
	釣魚灣	吴志澐
	樵父詞	梁金韜
		吴志澐

卷　別	習　作	作　者
	牧童詞	梁金韜
	偶讀昌黎五古和作三首	梁　起
	齪齪	
	駑驥	
	薦士	
	和昌黎縣齋有懷	蕭瓊常
	擬東坡小圃五詠	
	人參	梁　起
	地黃	譚宗浚
		曹為霖
	枸杞	梁　起
		譚宗浚
	甘菊	梁　起
		譚宗浚
	薏苡	譚宗浚
		梁　起
	遊白雲山和黎瑤石五古	
	登白雲最高頂	劉　嶽
		朱啟連
	入白雲寺酌九龍泉	劉　嶽
	溯水簾洞過月溪寺	劉　嶽
		朱啟連
	鶴舒臺	劉　嶽
	玉虹澗	劉　嶽
		朱啟連
	和戴文節公西樵七勝詩	
	華蓋峰	譚宗浚
		蕭瓊常
	若谷	譚宗浚
		蕭瓊常
	白雲巖	譚宗浚
	白雲巖	蕭瓊常
	雲瀑	譚宗浚
	雲瀑	蕭瓊常
	應潮湖	譚宗浚

卷　別	習　作	作　者
	三湖書院	譚宗浚
		陳　璞
	寵嵸閣	譚宗浚
		陳　璞
	重修廣州府學宫慶成恭賦	伍學藻
	嶺外遊仙詩七首擬郭景純遊仙次原韻	蕭寖常
	遊七星巖讀端州石室記	劉安科
		胡　仁
	嶺南懷古	
	二禺帝子	吕　洪
	趙王佗	梁玉森
	虞仲翔	吕　洪
		梁玉森
	葛令	吕　洪
	宋廣平	梁玉森
	二蘇	梁玉森
	海都堂	吕　洪
	鄺生	吕　洪
		梁金韜
	觀晚穫	劉　嶽
	盆中小松用少陵四松韻	梁　起
		黎維樅
		胡　仁
		梁以賡
	詠夏園草木學東坡和子由園中草木體	
	葵花	梁　起
	木槿	
	芭蕉	
	荷	
	凌霄	
卷二十五	**七　古**	
	讀山谷集次韻擬作三首	梁　起
	詠李伯時摹韓幹馬次子由韻	
	聽宋宗儒摘阮歌	
	書磨厓碑後	

卷別	習作	作者
	和黃山谷演雅	陳禮庸
		汪兆銓
	和陳后山古墨行	譚宗浚
	和吳梅村宮扇	桂文熾
		梁起
	玉帶生歌和朱竹垞	桂文熾
	戚將軍劍歌和岑金紀	譚宗浚
	雨雹行	梁起
	壬戌七月颶風歎	陳璞
	鬬龍船行	汪瑔
	七月燒衣曲	梁起
	織婦歎	李保孺
	薪貴謠	桂文熾
	南越銅鼓歌	潘恕
	藤鼓行	蘇棫
		梁樹功
	雷州謁寇萊公廟	沈世良
	壬戌之秋七月既望寶陀寺妙高臺玩月拜東坡先生遺像	潘恕
	松風亭梅花盛開拜東坡先生生日	
		周國琛
	厓門行	譚宗浚
	永福陵行	梁玉森
		陳璞
	秋日訪東皋遺址弔陳忠簡	譚瑩
		桂文熾
	重脩梁藥亭先生墓	譚宗浚
	讀吳梅村詩書後即擬其體	梁玉森
		陳璞
	偶閱蔣清容太史雪中人樂府感賦	梁玉森
	阮太傅重刻西嶽華山碑拓本	譚宗浚
	東坡六榕兩大字榻本書後	何藜青
	大灘尾看桃花	裘頤壽
		潘飛聲
	浴日亭歌	伍日寬
卷二十六	**五律**	

卷　別	習　作	作　者
	讀李太白五律和作六首	
	寄淮南友人	譚宗浚
		何藜青
	送友人入蜀	譚宗浚
	送麴十少府	譚宗浚
		何藜青
	秋登宣城謝眺北樓	譚宗浚
	謝公亭	譚宗浚
		何藜青
	夜泊牛渚懷古	譚宗浚
	讀杜集秋野五首和作	劉　嶽
		阮懷甫
	讀杜詩和作	
	天河	譚　瑩
		許　鍑
	八月十五夜月	劉　嶽
	熱	劉　嶽
	初冬	陳良玉
	擣衣	譚　瑩
	又雪	陳良玉
	螢火	梁　起
	對雪	陳良玉
	苦竹	梁　起
	孤雁	譚　瑩
	歸燕	譚　瑩
	促織	譚　瑩
	蒹葭	許　鍑
	鷗	譚　瑩
	除架	招仲敭
	漱珠岡訪楊議郎故宅	桂文熾
		蕭騪常
		梁少鸞
	修復南園疏池沼植花木詩	鄧維森
	箏柱	潘　恕
	畫舫	潘　恕

卷　別	習　作	作　者
	哈密瓜	李徵霨
		鄧維森
	安肅菜	李徵霨
		鄧維森
	擬長至日	
	圜丘禮成恭紀	何如銓
	謁南海神廟	桂文熾
	岳忠武王墓	黎雜樅
	謁慈元廟	譚宗浚
	載酒堂謁東坡遺像	桂文熾
	于忠肅公祠	胡　仁
	寄題都中顧亭林先生祠	汪　瑔
	風蘭	顔　薰
卷二十七	**七　律**	
	擬杜工部諸將五首	桂文熾
	偶讀西崑酬唱集和作八首	
	南朝	譚宗浚
	漢武	譚宗浚
		劉　嶽
	公子	譚宗浚
	明皇	譚宗浚
		劉　嶽
	始皇	譚宗浚
	舊將	譚宗浚
		黎錫光
	成都	譚宗浚
	宋玉	劉　嶽
	七夕詠古五首	陳　璞
	百子池	
	九華殿	
	披香閣	
	屠城觀	
	長生殿	
	和鄺海雪赤鸚鵡八首	陳禮庸
	和易秋河白牡丹	黎維樅

卷 別	習 作	作 者
		黎錫光
		林國贊
		鄧維森
	綠萼梅	黄 謙
		陳 璞
	追和厲太鴻秦淮懷古四首	朱啟連
	和張船山驛柳	沈世良
	讀赤雅追和黄蓉石比部	陳良玉
	秋雨	于式枚
		廖廷福
		譚宗浚
		顔以湘
	粤東十二樓詩和元人十臺即仿其體	
	越華樓	陳良玉
		陳 璞
	望氣樓	吕 洪
	望氣樓	陳良玉
		陳 璞
		吕 洪
	風度樓	陳良玉
		陳 璞
		吕 洪
	風采樓	陳良玉
		陳 璞
		吕 洪
	嶺南第一樓	陳良玉
		陳 璞
		吕 洪
	清海軍樓	陳良玉
		陳 璞
		吕 洪
	合江樓	陳良玉
		陳 璞
		吕 洪
	蘇公樓	陳良玉

卷 別	習 作	作 者
		陳 璞
		吕 洪
	鐵漢樓	陳良玉
		陳 璞
		吕 洪
	碧玉樓	陳良玉
		陳 璞
		吕 洪
	鎮海樓	陳良玉
		陳 璞
		吕 洪
	閱江樓	陳良玉
		陳 璞
		吕 洪
	漱珠岡訪楊議郎故宅	于式枚
	題黎忠愍蓮鬚閣畫像	桂文熾
	補和沈氏白燕堂粵臺古跡八詠	
	浮邱井	譚 瑩
		李徵霨
	陸賈祠	譚 瑩
		李徵霨
	虞翻苑	譚 瑩
		李徵霨
	望氣樓	譚 瑩
		李徵霨
	沈香浦	譚 瑩
		李徵霨
	荔支灣	譚 瑩
		李徵霨
	素馨田	譚 瑩
		李徵霨
	抗風軒	譚 瑩
		李徵霨
	春日游城北詠前明古跡五首	陳良玉
	雲淙别墅	

卷　別	習　作	作　者
	晴眉閣	
	蘭湖詩社	
	百花塚	
	紹武君臣塚	
	分和宋方孚若南海百詠	譚宗浚
	禺山	
	法性寺	
	風幡堂	
	任囂墓	
	浮邱山	
	朝漢臺	
	花田	
	葛仙翁煉丹石	
	鮑姑井	
	白雲洞	
	順菴	
	達摩石	
	鑒古八詠	
	古書	顔　薰
	古劍	沈世良
	古鏡	沈世良
		顔　薰
	古琴	沈世良
	古錦	沈世良
	古鼎	顔　薰
	古帖	沈世良
	古錢	顔　薰
	梅影	顔　薰
		顔師孔
	雁來紅	劉　嶽
		黎維樅
	拒霜	劉　嶽
	烏桕	黎維樅
	鷓鴣	黎維樅
		劉　嶽

卷　別	習　作	作　者
		劉景熙
		黄映奎
	桐陰	陳禮庸
	落葉	顔師孔
	大樹	黎維樅
		伊德齡
	消夏六詠	
	驟雨	汪　瑔
		吴　灝
		陳起榮
	涼月	陳起榮
	譜荔	汪　瑔
	燒筍	汪　瑔
	蕉窗	吴　灝
		陳起榮
	瓜棚	吴　灝
	銅鼓	沈澤蘅
卷二十八	**七　絶**	
	恭擬平定新疆回部鐃歌十二首有序	汪兆銓
		林國賡
	論國朝人古文絶句	李保孺
	補元遺山王漁洋論詩絶句	譚宗浚
	擬明宫詞	周　果
		黎維樅
	春日游花埭絶句	蕭鎅常
	廣州燈夕詞	潘珍堂
	反昌黎南食詩十五首	梁　起